NOTA DEL EDITOR

Es motivo de especial satisfacción y orgullo poner en manos de los lectores una obra esencial en el rico quehacer de Fernando Lázaro Carreter. Maestro de varias generaciones de estudiosos de la lengua y la literatura españolas, su erudición y fina sensibilidad lingüística hace que estas páginas adquieran el valor inestimable de un manual, que acabará por volverse imprescindible, para el buen uso oral y escrito de nuestra lengua.

El dardo en la palabra reúne por primera vez los artículos que se publicaron, con este mismo título, en periódicos de España y de la América hispánica. Su compilación permite ver con claridad que no sólo se trata de un vastísimo compendio del uso del idioma sino que es, además, una vivaz, tiernamente irónica, bienhumorada y sugerente crónica de la formidable y en ocasiones pintoresca evolución de la sociedad española a lo largo de las dos últimas décadas.

Con esta edición, Círculo de Lectores y Galaxia Gutenberg se suman al empeño que aglutina en torno a la Real Academia Española a las personalidades e instituciones preocupadas por preservar la primigenia y fecunda riqueza de la lengua española, «nuestro patrimonio común más consistente», en la expresión certera del actual director de la Academia. Del conocimiento y uso que hagamos del idioma que compartimos dependen su futura grandeza o su depauperación; algo, en definitiva, que concierne a todos y que de todos exige el amor y la responsabilidad que debemos a lo que nos es más íntimo.

GALAXIA GUTENBERG - CÍRCULO DE LECTORES

Primavera de 1997

Primera edición
Barcelona, 1997

FERNANDO
LÁZARO CARRETER

EL DARDO
EN LA
PALABRA

Galaxia Gutenberg
Círculo de Lectores

ÍNDICE

1977

1980

1981

1982

1983

1984

1989

1990

1991

1994

1995

1996

PRÓLOGO

Unos veinte años han andado rondando estos «dardos» por los periódicos y, más por instigaciones ajenas que por voluntad propia, me decido a reunirlos en libro. Dada mi desidia recopilatoria, tal vez no estén todos los que he publicado, pero sin duda figuran los más, empezando por los primeros, que vieron luz semanalmente en el añorado vespertino madrileño *Informaciones* por invitación de quien fue su director, Jesús de la Serna. Tras un pequeño eclipse, Luis María Anson, que había sido nombrado director de la Agencia EFE, quiso que continuara la serie de artículos interrumpida al dejar de aparecer el diario. Serían un poco más extensos, con frecuencia mensual; y tendrían gran difusión al ser distribuidos entre numerosos periódicos de España y de América. Los directores siguientes de la Agencia continuaron acogiéndolos, con particular afecto Alfonso Sobrado Palomares: queda así explicado que los nombres de tan queridos amigos figuren al frente de estas páginas.

Una lengua natural es el archivo adonde han ido a parar las experiencias, saberes y creencias de una comunidad. Pero este archivo no permanece inerte, sino que está en permanente actividad, parte de la cual es revisionista: los hablantes mudan el valor o la vigencia de las palabras y de las expresiones. El cambio más frecuente se produce porque algunas se hacen obsolescentes, y tienden a la extinción; otras, sin embargo, se incorporan al uso, en no pocas ocasiones con connotaciones precisas.

De esa manera, el gran archivo idiomático constituye un escenario de tensiones deliberadas o inconscientes que lo someten a permanente arqueo y remoción. Tales tensiones actúan en las dos direcciones que señaló Saussure, necesarias para el vivir de las lenguas: unas, en efecto, son centrípetas, y se oponen a los cambios en el cuerpo idiomático; tratan de mantenerlo tal como está constituido en su momento, y tuvo sus manifestaciones más radicales en el purismo (freno a todo lo extranjero) y en el casticismo (vigencia permanente de lo propio y castizo) dieciochescos. Más o menos atenuadas, ambas vetustas tendencias subsisten, justamente desdeñadas, pero se aprovechan sus nombres para descalificar sin razón aquellas otras que desean evitar al idioma cambios arbitrarios o disgregadores, con el fin de que pueda seguir sirviendo para el entendimiento del mayor número posible de personas durante el mayor tiempo posible. En tal sentido proceden o deberían proceder la escuela, la lengua escrita literaria o no, la oratoria en todas sus manifestaciones y, por supuesto, las Academias.

Frente a estas fuerzas que conspiran a conservar una cierta identidad lingüística, operan los empeños centrífugos, actuantes en sentido contrario. Los militantes de esta causa sólo en muy escasa medida se consideran responsables de la estabilidad del sistema heredado, entendiendo que la lengua en que han nacido no les obliga, y ello por múltiples razones que van desde su instrucción deficiente hasta la utilización del lenguaje para la exhibición personal. No me refiero, claro es, a los escritores que tantas veces lo fuerzan por necesidades expresivas, especialmente líricas; aludo a quienes creen que violentándolo y apartándose del común van a crecer en la estima ajena. Muchas veces, los desvíos obedecen al deseo de mostrar con el habla la pertenencia a determinado grupo (juvenil, de clase, político, etc.); con mucha frecuencia acontece eso en los profesionales de la comunicación, hasta el punto de haberse creado una jerga que muchos juzgan imprescindible usar como seña de identidad, y que, actuando centrífugamente, acaba influyendo en el uso general: sobre este asunto se vuelve una y otra vez en varios de estos artículos.

La convergencia conflictiva de los vectores que aglutinan y de los que dispersan impulsa la evolución de las lenguas. Gracias a su acción, cambian, sin dejar de ser ellas mismas. Ha habido circunstancias históricas en que las fuerzas disolventes, incultura esencialmente, han sido irresistibles, y han hecho perder su identidad a la lengua afectada, el latín por ejemplo. En otras, sometidas a grave riesgo de fractura, se ha producido la supervivencia y la continuidad bastante coherente; tal es el caso del español en todo su ámbito americano, por la victoria de fuerzas consolidadoras: acuerdo de políticos y educadores, y extensión apreciable de la lengua escrita especialmente en la literatura y, sobre todo, en los periódicos.

Porque de entre los grupos de hablantes que ejercen un influjo más enérgico en el estado y en el curso de la lengua, destaca el formado por los periodistas, de modo principal si hablan en la radio y en la televisión, o si escriben para ellas: son muchos más los oyentes que los lectores, si bien suele concederse más autoridad en materia de lenguaje a lo que se ve escrito. No cabe olvidar, por otra parte, que muchos profesionales actúan indistintamente en ambos medios. Y distan de ser unánimes sus pareceres acerca de si deben actuar ralentizando o acelerando la evolución del sistema, si han de acogerse a banderas sosegadoras o si deben, al contrario, sumarse a los insurgentes.

Y es que el periodismo del papel o del micro es un fenómeno muy complejo, que no permite decidir entre una u otra opción sin matices. Un diario escrito o un programa hablado en todas sus secciones con el mismo tono formal resultaría insufrible. Al contrario, un lenguaje sostenidamente desenfadado y desinhibido –pienso en ciertos cronistas deportivos–, conquista sin duda adeptos, muchos tal vez, pero provoca el desdén y la irritación de quienes rebasan un cociente intelectual mínimo; aparte la responsabilidad en que incurren por contribuir al afianzamiento de sus leales en la ignorancia. (Duda: ¿y si no saben hacerlo mejor?) Parece evidente que el lenguaje empleado debe corresponderse con el género o subgénero: la libertad idiomática que concede una noticia es mucho menor que la disponible al comentar una corrida o un partido, por ejemplo. En cualquier caso, ese lenguaje resulta de la persona que escribe o habla para el público, a la cual condicionan su cultura idiomática y su idea acerca del modo más eficaz de establecer comunicación con los lectores u oyentes.

Este último factor es fundamental, pero también muy poco dirigible o gobernable desde fuera; merece, sin embargo, un comentario general. Existe lo que podemos llamar grado cero del lenguaje periodístico, que se limita a la mera representación de los hechos. Así, se lee en un matutino madrileño: «La Guardia Civil interceptó ayer cerca de Ceuta dos pateras en las que pretendían llegar hasta la Península cincuenta y dos marroquíes. Veintiún emigrantes más fueron localizados en la provincia de Cádiz. Son casi doscientos los inmigrantes ilegales localizados en Andalucía en agosto». La irrelevancia lingüística de tal noticia es evidente, aunque pueda potenciarse por otros recursos semióticos: lugar de inserción, tamaño y tipo de letra, fotografía aneja, etc. Y significa más o menos en función de la información previa poseída por el lector, es decir, de si es o no capaz de situarla en lo que se sabe acerca de la llegada a España de africanos empujados por el hambre, y de los problemas que esto plantea. Pero, repetimos, idiomáticamente, ese texto posee una frialdad próxima al cero.

Muchas veces, el género la impone y el comunicador no tiene más remedio que aceptarla, aunque no suele ser una temperatura confortable para él, pues, poco o mucho, desea hacerse perceptible. Parece lógico; lo malo es que muy a menudo lo intenta del modo más fácil: mostrándose distinto y chocante con el lenguaje, si goza de libertad para ello o se la toma. Y así, altera frecuentemente lo llano y sencillo con meras infracciones del sentido común: se verá en muchos de estos «dardos».

Se trata de un camino errado: el lenguaje del periodismo no ha de ser monótono, su melodía no puede producirse tañendo una misma cuerda; pero la polifonía necesaria no debe resultar de disonancias y de notas erradas o fallidas. La variedad polifónica resulta de manejar inteligentemente el repertorio general de posibilidades que la lengua ofrece a todos, de tal modo que el mensaje en nada extrañe a los receptores cualquiera que sea su cultura. No suele tenerse en cuenta que el idioma bien empleado es bien entendido y apreciado por las personas poco instruidas, mientras que las rarezas y las extravagancias, aunque no sean percibidas por esas personas, estremecen a quien sí posee alguna instrucción. Proceder con ese tiento cuesta mucho más que hacerse notar por gestos anómalos, pues exige sentido hondo del idioma, respeto a su dificultad (nunca se puede estar seguro de su dominio) y conciencia de la dificultad que entraña la sencillez; obliga a mayor sindéresis para elegir y cambiar los tonos, y a poseer una discreta capacidad de invención para manejar los recursos comunes, junto con un acusado sentido de la autocrítica. Es mucho más difícil llamar la atención por esas cualidades que por prevaricar –según la palabra de Cervantes–, pero la calificación que merece quien lo logra puede ser excelente.

Cuestión aparte es la de si está facultado para innovar quien usa la voz pública, para coadyuvar al cambio de los usos y para introducir los nuevos. El Padre Feijoo reconocía esa potestad sólo a los que llamaba «poetas príncipes». Quizá no haga falta sangre azul literaria para actuar en ese frente, pero sí conviene ser consciente de que lanzar novedades al comercio idiomático es –y ahora apelo a

Fray Luis— «negocio de particular juicio», y que una prudente desconfianza ante las ocurrencias propias constituye una gran virtud. Pero están las ajenas, y sucede muy a menudo que su adopción se ofrece con un halo de novedad prestigiosa. Son muchos los dóciles a tal sugestión, de modo que una invención gratuita –pongamos decir *punto y final* o *señalar por último que*– se propaga como un virus incontrolable. Procediendo con tanta ligereza, sin aduana alguna ante productos de *prêt-à-porter* o géneros averiados, se ejerce un activismo centrífugo que desdeña el hecho de que el lenguaje es una copropiedad y de que, en serlo, en contribuir al mantenimiento de tal situación nos va mucho a quienes, en España o en América, hablamos la lengua española. No sólo, claro es, por motivos estéticos.

El empleo público de los medios de comunicación debería tener siempre ese objetivo de unidad, al servicio del cual hemos ido escribiendo año tras año estos artículos. Recomendar tal atención no exhorta a alinearse en un frente cerrado a la evolución, antes al contrario. Los cambios en el lenguaje resultan siempre, como es natural, de mutaciones en la sociedad hablante. Un idioma inmóvil certificaría la parálisis mental y hasta física de quienes lo emplean. En una comunidad viva, lo extranjero constituye siempre una tentación, sobre todo si por cualquier razón se considera superior y, por tanto, deseable; en nuestra época se ha desarrollado un sentimiento de hospitalidad quizá más intenso que nunca, anejo al apremiante deseo de poseer cuanto la civilización contemporánea ofrece de más atractivo y confortable. Ante este afán, la costumbre idiomática propia cede con gusto a lo nuevo, y no cabe queja alguna si ello contribuye al progreso de los hablantes. El periodismo no puede permanecer, no ha permanecido nunca, indiferente a los problemas que tal situación plantea, y vemos su función, absolutamente decisiva, en no oponer barreras a las novedades ni en franquearles la puerta sin discriminación. Quien se expresa en los medios –y, por supuesto, quien enseña en las aulas español u otra disciplina: el que enseña en español tiene la primaria obligación de ser profesor de español– ha de hacerlo enjuiciando su lenguaje y el ajeno, y procurando el tiento preciso para que la novedad, la variación, la moda o, incluso, la transgresión que emplea o promueve sirva al fin de mejorar o de ampliar las posibilidades comunicativas y expresivas de la lengua. Todo aquello que no apunta a ese objetivo debería ser mirado con cautela y con sospecha de ser mera moda, libre de correr su suerte pero sin apoyo. Las innovaciones son de origen indígena o importadas. No pueden merecer objeción alguna las necesarias, las cuales se producen por cambios y novedades que la sociedad toma en préstamo de otras lenguas para designar cosas y acciones que ha incorporado a sus modos de pensar y de vivir. Tal vez satisficiera poder despegarlas de su original foráneo y ponerles etiqueta propia, como se hizo, por ejemplo, en el caso de *azafata* por el inglés *steward*; pero con ello se obtuvo una victoria bastante precaria, pírrica casi, dado que esa vieja voz remozada no se ha generalizado por todo el ámbito del idioma (con lo cual nos separa a los españoles de los muchos más que comparten nuestro idioma). Y esa práctica sólo disimularía dependencia real de los países que inventan. El neologismo necesario no sólo parece inevitable: es imprescindible. Algunas veces ofrece un aspecto insólito por sus rasgos gráficos, fónicos o morfológicos tan disonantes de la melodía idiomática que nos es familiar. Es cuestión que se planteó Juan de Valdés hace más de cuatro siglos –los arabismos de entonces no eran menos raros que los anglicismos actuales– y la resolvió concluyendo que el tiempo, como sucedió, los ablandaría y habilitaría para el uso común. Hoy la cuestión se complica porque las palabras extranjeras no sólo entran por el oído, como ocurrió con los préstamos árabes medievales, sino que se ven: la publicidad las pone ante los ojos en vallas y carteles, en todos los medios de comunicación, y son ya muchos los hispanohablantes para quienes el inglés no es un total desconocido. El modesto intento de españolización que hizo la Academia al registrar en su Diccionario *güisqui* por *whisky*, apenas si ha logrado acogida en la lengua escrita, antes bien, la acompañó una moderada rechifla al conocerse el acuerdo. Y es que, adaptado el anglicismo (o el galicismo: ¿*butic* por *boutique*?) más o menos de ese modo así, resulta más hiriente a la vista que respetando su grafía originaria, sobre todo si se hace notar con cursiva o comillas su extranjería. Pero la tentación hispanizadora es grande, y yo mismo he sucumbido a ella, pero sin consecuencias, en unos pocos casos con alguna propuesta, según se verá: es muy grande el número de anglicismos que caen sobre el castellano –no estamos solos: ocurre en cuantas lenguas nos rodean– y se siente, a veces, la inquietud de que pierda su identidad y deje de ser. La hispanización debería ser afrontada y fomentada en todos los dominios del idioma si se aceptara uniformemente; pero ni siquiera nos hemos puesto de acuerdo en denominar del mismo modo un artefacto tan cotidiano como es el *ordenador*, ya que en América se prefiere *computador* o *computadora* conforme al inglés, frente al francés que en España adoptamos como modelo. No cabe, pues, optar por decisiones tajantes, pues casi nada es tajante y neto en la vida del idioma.

Sólo cabe prevenir contra el extranjerismo superfluo: ¿por qué los terroristas han de acogerse al *santuario* del país vecino, y no al *sagrado* donde se ponían a salvo de la justicia nuestros delincuentes? Y ¿qué añade a la loción para después del afeitado llamarla *after-shave*? Sólo es más breve; y es cierto que exhala distinción, lo cual hace imprescindible el vocablo para quienes se perecen por distinguirse. Aunque sin duda es importante este móvil como inductor de neologismos, lo cual obliga a plantearse la cuestión de cuándo son necesarios: hasta la precisión subjetiva que, de una expresión neológica, sienta un hablante con influencia pública puede determinar la instalación de un huésped superfluo en la lengua.

Pero no son los extranjerismos el problema de más envergadura que debe afrontar quien habla o escribe para el público: mucho más importante, y por ello más atención merece en las páginas que siguen, es la inseguridad en su propia lengua (general entre millones de ciudadanos, muchos docentes incluidos). Las infracciones que por su causa se cometen contra el uso común distan de reportar los beneficios que tantas veces es justo atribuir al influjo advenedizo, y se siguen para quien la padece dos consecuencias: yerra, y es dócil al error ajeno. Los titubeos en el manejo del idioma son de muy diversa etiología cultural y psicológica, y de difícil tratamiento cuando se ha salido de los estudios medios y universitarios sin haber establecido íntima amistad con el lenguaje, que tal vez va a servir de instrumento profesional. Y son especialmente preocupantes como radiografía de la instrucción del país y del estado de su razón, así como de su enseñanza, porque mientras la han recibido los escolares, no se les han corregido yerros que lo merecían, ni se les han sugerido modos mejores: es nefasta la fe pedagógica en el espontaneísmo, también profesada por muchas de sus víctimas, según la cual parece sagrado lo primero que viene a la lengua o a la pluma (a la tecla, ahora); merece respeto casi reverencial y prima sobre lo resultante de la reflexión o del estudio, que es «artificial», según ese dogma integrista, degradación última del rousseaunismo. Sus adeptos –¡tantos locutores!– practican con mayor o menor denuedo esa actitud laxista, y la defienden con el argumento de que así están más cerca del auditorio y de los lectores. Sin embargo, lo «natural» en el lenguaje, como en todo, es cuanto el hablante ha integrado en su persona para construirse como individuo, entre otras cosas, lo que le han enseñado y ha aprendido desde el parvulario. Tan espontáneo es el *andé* del niño como el *anduve* de la madre que lo corrige; simplemente, ésta actúa en un nivel cultural superior. Quien enseña o, por un medio u otro, sirve de modelo a los demás hablantes, tiene el deber de fomentar en ellos una espontaneidad más rica y más compleja; ello es difícil, si además la expresión ha de ser fresca y simple, tan lejana de la afectación como de la rudeza. Hasta en literatura y en todas las artes, la manifestación que juzgamos más natural suele resultar del trabajo por serlo. Quien en trance de ser leído u oído en público da por válida la primera ocurrencia, es mucho más chapucero que espontáneo: no debería olvidar nunca que casi todo puede decirse, como mínimo, de otra manera que tal vez sea mejor: más clara, más rotunda, más irónica, menos enrevesada, mejor ajustada al asunto, a su intención, a las expectativas de quienes han de leerlo u oírlo, y al momento. (Ah, la consabida excusa de la prisa, que a tanta desidia o a tanta torpeza suele servir de parapeto.)

Tales son los supuestos principales que han guiado la redacción de los «dardos». Nacieron como un desahogo ante rasgos que deterioran nuestro sistema de comunicación, precisamente en y por los medios que de él se sirven. Por desgracia, sólo los hemos observado en España: de extender la exploración a América, el panorama se ampliaría enormemente; pero es una tarea que debe hacerse con solvencia –y se hace– allí mismo sobre el terreno. Han tenido también el propósito, obviamente ingenuo, de salir al paso –sin melindres puristas– de desvíos atentatorios contra la continuidad y crecimiento coherente de nuestra lengua. No deja de causar cierta prevención a algunos este empeño, parte por la tradición tosca, cutre más bien, de la crítica idiomática en España, y parte por haberla declarado ajena a su objeto la lingüística contemporánea. Parte también porque parece contrariar la libertad que en todo, también en la expresión, se anhela. Pero sorprende ver cómo pregoneros de ésta o aprensivos ante el menor intento de poner cauce al uso idiomático, se quejan de vez en cuando del mal estado general del lenguaje, de lo deficiente de su enseñanza y, por ello, de las transgresiones gratuitas que se observan en los medios de comunicación (y en muchas otras partes: el Parlamento, la Administración, el foro, las aulas, la literatura, los púlpitos...: todas son solidarias). Creyéndola conveniente, me he impuesto durante varios lustros esa tarea, perfectamente consciente de su casi inutilidad inmediata: multitud de veces, los lectores me han enviado recortes de periódicos donde se infringía aquello que un «dardo» intentaba corregir dos o tres páginas antes. Se trata de una empresa que no puede afrontarse aisladamente por una o por algunas personas: requiere un planteamiento pedagógico de gran amplitud, fundado en la convicción profunda de que una cierta pulcritud idiomática es esencial para el avance material, espiritual y político de la sociedad, y para su instalación en el mundo contemporáneo; pero me ha animado a proseguir la esperanza de que el goteo de estos artículos en la prensa halle alguna vez acogida entre quienes pueden hacer algo efectivo: gobernantes, educadores, responsables de los medios de comunicación.

Por lo demás, es cierto que una actividad de este tipo se funda en una base subjetiva incompatible en gran parte con el rigor científico: el idioma vive en cada hablante, en mí por tanto, de un modo que otro u otros pueden objetar razonadamente. Está, por otra parte, lo inseguro de los fenómenos observables en un momento dado, que pueden desaparecer o asentarse en muy poco tiempo; de hecho, algunos vocablos cuyo empleo criticaba antes de 1992, aparecieron registrados en el Diccionario académico de ese año; y tal vez con mi voto favorable. En ocasiones, lo señalo al publicar ahora esos trabajos, pero mantengo el texto original puesto que, si carecen ya de utilidad, podrán servir al menos para ilustrar la historia del léxico en este último cuarto de siglo.

Ese motivo, y la presunción de que ahora en libro pueden alcanzar una eficacia superior a la que pudieron tener en los periódicos, cuyas páginas son tan fugaces, me han movido a compilarlos. Y la amable tenacidad de Hans Meinke, perseverante durante años en su intento persuasor de que tal presunción no era ilusoria. Reciban él y su equipo de Círculo de Lectores el testimonio de mi gratitud.

Fernando Lázaro Carreter
De la Real Academia Española

1975

El dardo en la palabra

Verba volant..., saltan ágilmente de bocas a oídos, cruzan como meteoros ante millones de ojos fundando la vida social, portadoras de sentido, esto es, de información, afecto, verdad o engaño. Y lo normal es que alcancen su objetivo. Incalculable el poder, la eficacia de las palabras.

Si esto es así, ¿vale la pena fijarse en alguna, en algunas, asaetearlas y abatirlas de la bandada voladora, para declararlas de mala ley? Los tiempos no están para proscripciones, y nuestra comunicación va tan urgida que apenas si puede seleccionar los materiales. Por otro lado, ¿es lícito acotar la libertad en uno de sus pocos predios anchos? ¿En nombre de qué, recortar aún más lo escasísimo?

«Le purisme est toujours pauvre», escribió Voltaire; «Los que a todas voces peregrinas niegan la entrada en nuestra locución, llaman a esta austeridad pureza de la lengua castellana... ¡Pureza! Antes se deberá llamar pobreza, desnudez, miseria, sequedad», clamó Feijoo cuando contradictores sin talento le calentaron los calvos cascos. Ambos prohombres dieciochescos pensaban coincidentemente en el vocablo extranjero que cruza fronteras fertilizando las culturas que lo adoptan. Hoy, tanto como nunca, esa rapiña es necesaria para no descolgarnos del mundo: revela inquietud, voluntad de seguir a pesar de los frenos. ¿Qué hacer si no inventamos, si en ciencia, en técnica y hasta en pensamiento llevamos compases ajenos? Únicamente, se pediría mayor cordura al adoptar; y la pediremos.

Pero hay otros neologismos que resultan de irreflexión. Los acompaña la disculpa del «¡qué más da, si nos entendemos!». Salen del cine, de la televisión, de la noticia mal traducida, del deseo mimético de estar *à la page* y *fashionable*; los introducen pulcros ejecutivos eficientes, tanto más impresionantes cuanto más se producen *in the English manner*; los propagan bocas de ganso; y los maneja inocentemente la masa hablante que no puede, porque no sabe, desconfiar.

Existen también triviales errores no importados, lagunas ignorantes que se extienden como aceite y calan en zonas extensas. Son descuidos, faltas de sentido común idiomático, que escasea como el otro pues suelen ir parejos. Miles de radioyentes escuchan los domingos a locutores enlazados por cadenas deportivas proclamar que tal y cual marcador «continúa *inalterable*». Si es así, ¿por qué se esfuerzan los caros héroes de la bota, por qué se afanan tras el balón, pugnando por alterar algo que es *inalterable*? Hubo algún engolado locutor a quien *inalterado* pareció poco; le siguieron cien, doscientos, encandilados con su tonta invención.

Con todo, «¡qué más da, si nos entendemos!». Pues da. Primero, porque el idioma no es nuestro: lo compartimos con muchas naciones, y romperlo a gusto propio es quebrar lo único firme de nuestro futuro. Segundo, porque pensamos con el idioma; si se usa mal, pensaremos mal; y si lo cambiamos, pensaremos como aquellos con quienes no nos gustaría pensar. Tercero, porque ejercer la libertad, en esto como en todo, no consiste en dejarse llevar, sino en saber y poder ir. El purismo empobrece las lenguas; el casticismo las enrancia. Sólo el libre comercio idiomático favorece la marcha de una sociedad al ritmo del tiempo. Pero ese comercio libre no debe abrirse a la pacotilla, a la baratija con que se presentan nuevos colonos de fuera y de dentro, juntos muchas veces, a señorear: que dominen nuestra palabra, y ya estará dominado nuestro seso; que nos la cambien, y estarán cambiándonos. No es cuestión de estética y adorno: afecta a las raíces mismas de la vida social.

Pero ¿por dónde pasa la frontera, en qué punto ha de ejercer su rigor la aduana? *Informaciones* me ha encomendado, con tenacidad y confianza que me honran, una sección donde intente el deslinde. Hemos discutido lo a contrapelo que puede caer tal propósito: ¿no seremos interpretados como servidores de un prejuicio burgués? Porque se piensa que hablar y escribir bien es ideal de viejo régimen, antipático atributo de clase, y que, si hay enfrentadas dos culturas, han de ser precisos dos idiomas desiguales, el atildado de unos frente al llano de los otros, que se alzaría como flámula de contestación. Quienes piensan así, «se engañan gravemente, afirmando que la existencia de dos culturas diferentes [la burguesa y la proletaria] lleva a la formación de dos lenguas diferentes y a la negación de la necesidad de una lengua única». Tal afirmó Stalin hace un cuarto de siglo. No es injuriando el lenguaje como se abaten barreras; con ello se destruiría un instrumento fundamental para abatirlas. Por lo demás, ¿a qué clases pertenecen los más eficaces destructores? Voy a titular mi sección «El dardo en la palabra». Saeta semanal para apresar el vocablo y verlo de cerca. Dardo también mi propia palabra, porque alguna vez podrá indignarse. Procuraré que mis comentarios sean breves: para leídos entre parada y parada de metro. Serán poco doctos, y evitaré a toda costa que huelan a casticismo de chalina y pañosa, aroma tan frecuente en el tratamiento periodístico de los males del idioma.

Desde ahora, perdón por mis seguras faltas, y sincera demanda de ayuda a mis lectores. Esta empresa resultará modesta sólo por mí; pero es importante y de todos.

Rutinario

Leo en un periódico que los carabineros han descubierto un intento de sacar fraudulentamente divisas, cuando realizaban el *rutinario* registro de equipajes, y mi primera reacción es pensar que alguien debería exhortar a los carabineros a que actuaran con más diligencia: probablemente lograrían descubrir más valijas delincuentes.

Pero, claro, lo que el redactor de la noticia quiere comunicar es que el registro no era extraordinario, y que el hallazgo se hizo cuando los agentes realizaban un examen normal o habitual de las maletas. Y ese *rutinario* salta a los ojos como una solemne barbaridad. Porque calificar así el trabajo de quien cumple con las obligaciones de su oficio o sigue las instrucciones recibidas, es ofensa que no merecen el cuerpo de carabineros ni persona alguna.

De tal adjetivo en tal mal empleo se han apropiado los medios de difusión, y es raro el día en que no nos lo lanza una onda hertziana o nos asalta desde alguna columna periodística. *Rutinario* entró como galicismo en castellano (francés *routinier*) a fines del XVIII, y la Academia lo incluyó en su Diccionario en 1847; antes, en 1817, se registró *rutina*; y antes aún, el vocablo base *ruta*, del francés *route*. La familia se había colado, pues, en español escalonadamente. La *routine* consistía, primariamente, en la marcha por un camino conocido, de donde pasó con facilidad a la aceptación que el español recibió de la lengua hermana al adoptar tal palabra: «Costumbre inveterada, hábito adquirido de hacer las cosas por mera práctica y sin razonarlas».

Llegaba, pues, con un fuerte halo peyorativo, que se ha mantenido hasta hoy. Ganivet hablaba de *vulgaridades rutinarias*; Coloma, de *medianías rutinarias*; Echegaray llamaba a un rico *torpe y rutinario*; y Baroja, a un burgués de Shanti Andía, *bruto, rutinario, indelicado*. La *rutina* es, en la conciencia lingüística hispana, abominable. A Plinio, el estupendo detective manchego de García Pavón, le asustaba que un exceso de tranquilidad en Tomelloso, sin crimen alguno que llevarse a la meninges, le proporcionara meses, años tal vez, «de aburrimiento y trabajo *rutinario*, sin entidad». Luis Romero proclamaba con energía, en 1962: «Hay que acabar con las *rutinarias* costumbres; resultan siniestras, macabras». ¿Se comprende por qué decía antes que se injuriaba gravemente a los probos funcionarios de la aduana calificando sus registros de *rutinarios*?

Claro que, como casi todas las palabras, también ésta puede teñirse con matices positivos. Galdós (1906) habla del «metódico, *rutinario* y honradísimo personal de una oficina»; corresponde a una visión afectuosa de la vulgaridad, apreciable en quien carece de otras cualidades: aquella, por lo menos, que la ejercite a conciencia. Con esos mismos ojos se ve Unamuno (1935), añorando más que describiendo su vida como «mansa, *rutinaria*, humilde».

Pero esta capacidad entrañable no recubre tampoco los usos modernos que permiten hablar de chequeos *rutinarios*, operaciones *rutinarias*, informes *rutinarios*, registros *rutinarios*, etc., etc. Todo esto es puro inglés, lengua en que el galicismo *routine* se aplica como adjetivo a cuanto se hace de acuerdo con un procedimiento establecido. Que es el sentido que a *rutina* y *rutinario* dan, en ejemplos como los anteriores, muchos de quienes nos traducen las noticias o de quienes las redactan con la mente arrullada por la prestigiosa parla americana.

Resulta necesario evitar tan peligrosa necedad. Porque vamos a correr el riesgo de no entender frases posibles como éstas: «El ministro de Información y Turismo, en sus *rutinarios* comentarios a lo acordado en el Consejo de Ministros...»; «Raphael ha estrenado en el último de sus *rutinarios* recitales, una linda canción»; «Televisión Española interrumpió su programa *rutinario* para dar la noticia». ¿No nos sirven adjetivos como *habitual, normal, diario, semanal, ordinario*, etc., e incluso ninguno, para decir con exactitud eso que queremos decir?

Nominar

Gerardo Diego ha publicado este año su *Carmen Jubilar*, cántico de júbilo y jubilación. Ha querido mostrar que nadie lo apea de su cima lírica, aunque la alarma septuagenaria sonara hace tiempo para él en el escalafón docente. Ya no es profesor de letras, aunque siga siendo, mientras la historia dure, maestro de las letras. ¿Recuerdan sus comienzos de catedrático? Aquel *Brindis* de 1920 con que empezaba su larga y fecunda faena por institutos, ruedos nobles y nada fáciles. Ahora recuerda a los amigos a quienes lanzó entonces su montera, y los evoca:

> A vosotros, los vivos y los muertos,
> muertos, pero vivientes en mi abrazo,
> uno por uno *nominados*.

Cuando Gerardo dice «diego» nadie diga «digo»: estemos seguros de su palabra. Ahí, en ese verso final, *nomina* con su memoria, pone nombre y apellidos a cada uno de aquellos amigos de Santander.

Y eso es *nominar*, solamente: dar nombre a una persona o cosa. El vocablo rueda por el idioma desde la Edad Media, pero con poca presencia, desplazado por *denominar* y *nombrar* (y *llamar*), que conjuran su posible ambigüedad. Últimamente, ni se oía ni apenas se leía: habitaba ese limbo idiomático donde sólo entra con tiento la mano de los poetas. Pero he aquí que, de pronto, lo están sacando a rastras de su retiro los traductores a mocosuena, para lanzarlo al torrente de las noticias impresas o radiodifundidas. Peligroso torrente, que deja charcos a su paso donde se estancan antihigiénicos limos. Y éste puede quedar.

Leemos y escuchamos que tal o cual actor o director ha sido «*nominado* para un Oscar»; pero es noticia que sólo interesa a algún experto en celuloide, y el vocablo ofrece desde allí escaso peligro. Se nos dice también, sin embargo, en noticias de mayor radio, que un personaje yanqui va a ser o fue «*nominado* para la Presidencia de los USA». Y entonces sí que se eriza el cabello: por el personaje, tal vez, pero también por el verbo. Porque el inglés *nominate* significa 'designar a alguien como candidato para una elección o nombramiento; proponerlo para un cargo'. Si en Norteamérica hablan de la *nomination* para la Presidencia o para obtener un muñequito en Hollywood, están en su derecho y en sus derechos: se refieren a una designación de candidatos.

En español, no: *nominate* y *nominar* son falsos compañeros de viaje, emparejados por su común étimo latino, *nominare* 'nombrar' (el inglés, del participio *nominatus*). Y a tan aparentes amigos hay que separarlos. Digamos, para andar por nuestra casa, que a aquel artista de cine se le ha *designado* candidato para el Oscar; y que el prohombre del gran imperio va a ser o ha sido elegido, *proclamado* candidato para la Presidencia. Así de sencillo.

Pronto serán las elecciones americanas, y el vocablo, lo verán ustedes, saltará de linotipias y ondas. Serán gotas aisladas, capaces de horadar con el tiempo, si no se atajan. Evitemos, pues es aún posible, ese atentado contra el idioma, para no hallárnoslo cuando nuestra compleja luz opinante se descomponga al atravesar el prisma de las urnas. *Nominar* candidatos parecería feo: sería casi nombrarlos y eso es, justo, lo que no interesa. Elijámoslos. En nuestro polvoriento archivo léxico-político, tenemos recursos suficientes para afrontar esa y parecidas incidencias.

México, Texas

Ayer –e importa poco cuándo fue ayer, porque es diario– oí a un locutor de televisión hablar de la frontera entre *México* y *Texas*, pronunciados ambos vocablos así, con *ks*. Más sorprendente aún: cantantes hispanos disfrazados de charros aparecen –¿aparecían?– en la pantalla con sus mariachis entonando loores a «*Méksico* lindo». Es el fetichismo, la adoración de la letra, de que habló el gran lingüista venezolano Ángel Rosenblat.

Urge poner remedio a ese desaguisado fonético, propagado cada día por las ondas como grave testimonio de incultura nacional. *México* y *Texas* se pronuncian con *j*, queridos locutores, admirados cantantes. El error no es sólo nuestro: de esa tenaz *x* de *México* (que seducía a Valle-Inclán) y *mexicano* se han quejado en muchos países de Hispanoamérica. En 1936, ante el desorden, la Academia Argentina de Letras –lo cuenta Capdevila– pidió dictamen al ilustre Alfonso Reyes, el cual, en breve nota, reiteró lo que ya la Academia conocía y todos debían saber. Los españoles conquistadores oían a los indígenas llamarse *meshica* (la *sh* equivale aquí próximamente a ese diagrama inglés, a la *ch* francesa, a la *x*, *ix* catalanas y a la *x* gallega). Era así también como sonaba la *x* en las voces patrimoniales castellanas del XVI (*dixe*, *exe*), y, por tanto, la transcripción *México* (= *Méshico*) se impuso.

Pero esa *sh* evolucionó pronto en todo el dominio castellano, Ultramar incluido, a *j*, y la letra *x* permaneció representando el nuevo sonido. Por donde *México* sonó enseguida *Méjico*. A la vez, entraban en el idioma numerosos cultismos (*examen, éxito, existir*), también con *x*, pero, pronunciada a la latina, *ks* (o más relajadamente *gs* e incluso *s*, como ahora). De ese modo, *x* correspondía a fonemas distintos: *j* por un lado, y el grupo *ks*, con realizaciones variables, por otro. Tal posibilidad perturbó a los gramáticos, los cuales le dieron diversas soluciones, hasta llegar a la octava edición de la *Ortografía* académica (1815), que estableció la situación actual: *j* siempre que pronunciemos el sonido uvular; *x*, para las voces no patrimoniales, cultismos a los que no afectó el cambio de *x* a *sh* y a *j* (*axila, nexo, laxo*). Aunque se produjeron dobletes como *anexo-anejo*. Algunos cultismos, con todo habían sido arrebatados por la confusión, y *lujo*, a pesar de su origen y de la Academia, se pronunció y escribió así, y no *luxo*.

A *complejo* le sucedió otro tanto. Varias palabras que se habían pasado también a la *j*, como *convejo, ortodojo, heterodojia*, patrocinadas por Unamuno, regresaron al redil latino con alguna resistencia. «No hay forma –escribía en 1867 el ilustre colombiano Cuervo– de que los estudiantes pronuncien *plexo* en vez de *plejo*.» *Praxedes*, nombre de una santa, se quedó allí como *Prajedes* o *Prajedis*; entre nosotros, se limitó extravagantemente a hacerse masculino y esdrújulo.

Todo esto sucedió también en Méjico, como dijimos: la *j* y la *x* se repartieron fonética y ortográficamente igual que aquí. Sólo se resistieron en la escritura el nombre de la nación, el del gentilicio y el de algunos topónimos, que se quedaron con su *x* en desacuerdo con la pronunciación. Y así siguen las cosas. ¿Por qué? «Por curioso accidente histórico, se ha creado en torno a la conservación de la grafía *x* (aunque siempre pronunciándola como *j*, en lo que todos están de acuerdo en mi país), un complejo de nacionalismo, que hace sentir a la opinión general que es más patriótico escribir *México* que *Méjico*, como si la conservación de la vieja ortografía robusteciera el sentimiento de la independencia nacional», escribía Reyes en el mencionado informe.

Sobre el sentido de ese «complejo de nacionalismo» es más preciso Rosenblat: «Parece que en Méjico se ha hecho de la *x* bandera de izquierdismo, y que, en cambio, la *j* es signo de espíritu conservador o arcaizante». Comenta lo rara que resulta esa encarnación de lo progresista en lo vetusto, y añade: «Que mis amigos izquierdistas de Méjico, cuya fe en el progreso social y en la habilitación de lo indígena comparto plenamente, me perdonen esta intromisión en un problema que les llega tan al alma. Pero la conservación de la *x* de *México* es un caso claro de fetichismo de la letra».

No hagamos de ello cuestión: ya Unamuno se encorajinó por todos con esa «equis intrusa» que tanto perturba en el territorio hispanohablante. Respetemos en los mejicanos su prurito ortográfico, tan selectivo que no alcanza a Jalapa, Juárez, Guanajuato y Guadalajara. Entre nosotros, parece manía aristocratizante de los Xiquena, Xavier, Ximénez o Mexía. «Podemos, por deferencia especial, escribir *México* –afirma Rosenblat– como quieren los mexicanos. Pero también podemos, sin faltarle al respeto a nadie, escribir tranquilamente *Méjico*, *mejicano*, para evitar la pronunciación falsa de *ks*, que está cundiendo aun entre mucha gente culta.» La Academia, neutralísima, reconoció en 1959 ambas grafías.

Lo que importa es que nadie pronuncie *Méksico* ni *meksicano*, y, por las mismas razones, ni *Teksas* ni *teksano*. Por lo menos, que no se falle en esto. En otros vocablos, la cuestión resulta ardua y propicia al error. Hace pocos años, un diplomático y escritor nuestro asistió a una recepción oficial en que un ministro de aquella nación le preguntó amablemente por sus proyectos de viaje. «De aquí, quiero ir a Oaxaca», le contestó. Violenta indignación del ministro: siempre ajenos los españoles a las cosas de América. «¡Se pronuncia Guajaca!» (como, en efecto, escribían los viejos mapas, los antiguos historiadores y geógrafos). El diplomático dejó pasar el vendaval, y luego, como no queriendo la cosa, dejó caer al político mejicano: «Parece importante la próxima entrevista de los Presidentes Echevarría y *Nijon*».

Todo acabó como es preciso que, con *x* por medio o *j*, acaben las cosas entre españoles y mejicanos: con un noble apretón de manos.

A nivel (de)

Recibo el cuestionario de una revista que me pide opinión: «¿En qué medida cree usted que la cultura mundial de los últimos años se refleja en la cultura española, tanto *a nivel de presencia* como *de influencia*?». Y me aterra contestar: no sabría hacerlo al nivel exactísimo de la pregunta. Ahí es nada: medir niveles de presencia e influencia; agarrota tanta precisión.

¿De dónde ha salido ese pulcro sucedáneo preposicional? Por supuesto, de las elegancias expresivas de los tecnócratas, que hallaron bastardo el uso de nuestras simples y canijas preposiciones. ¿Por qué decir algo tan ordinario como que *el asunto se debatirá entre los ministros*, pudiendo afirmarse hermosamente que será debatido *a nivel de ministros*? Tan peregrino y exquisito lenguaje ha calado hondo; y hasta estudiantes rebeldes pueden informar de que hay acuerdo *a nivel de delegados de curso*. Hace poco, oí en una homilía: «Si se considera la cuestión *a nivel de novios...*»: exaltante nivel, sin duda. Es curiosa, por cierto, la avidez de muchos eclesiásticos por las más recientes novedades idiomáticas. Iniciado el proceso, no extrañará escuchar un día que la salvación del alma es negocio que se ventila a nivel de Dios.

Hubo antes otro *nivel* de penetración afortunada: el *de vida*. Llegó por vía francesa (*niveau de vie*), a fines de los cuarenta si mis datos son ciertos. No está nada mal, porque expresa metafóricamente una altura relativa, y parece insustituible. Más feo es otro galicismo empleado por médicos que hablan de que tal o cual pupa se localiza *al nivel de la piel, de las mucosas*, etc.; ¿tan profano es decir *en la piel* o *en las mucosas*? Restrepo lo censuraba ya en 1955.

La década de los sesenta, la del copo tecnocrático, nos trajo como importaciones precisas para el desarrollo anglicismos regeneradores. Entre ellos, *a nivel (de)*. Fue por esos años cuando prensa y balances de empresas y bancos empezaron a poblarse de tal hierba: «a nivel estatal», «a nivel de dirección», «a nivel técnico», etc. Un periódico de 1972 insertaba este atractivo anuncio: «Cuatro relaciones públicas alto nivel necesita importante sociedad»; las graciosas elipsis del texto certificaban ya la ciudadanía y familiaridad castellana que era preciso reconocer a un oficio joven y a su locución complementaria. Lo dirán con orgullo los afortunados que obtuvieron el empleo: «Soy relaciones públicas alto nivel».

Level ha desarrollado en inglés una amplia arborización de significados que giran en torno a la idea de «rango». Y así, puede leerse en cualquier periódico: «Stipulated that the meeting should be *on the level of* foreign ministers» (nuestro ejemplo anterior del debate *entre* ministros). No parece, ni mucho menos, mala invención; pero no es nuestra. Las preposiciones castellanas han servido siempre, y pueden seguir sirviéndonos sin poner en peligro nuestra sintaxis, para decir a nuestro modo lo que en Norteamérica refieren con su *level*. Sólo halla justificado, por la dificultad de expresarlo de otra manera *a alto nivel*. Y es especialmente ridículo el encantador anglicismo cuando no se establece con él rango alguno: *a nivel de presencia, a nivel de influencia, a nivel de novios* (que no es rango, sino feliz accidente).

¿A qué debe el triunfo tal tumorcillo? Seguramente al mito del cientificismo a ultranza. Para los planificadores desarrollistas, con la cápita reticulada, dispuesta en coordenadas entre las que cuelgan como lianas las curvas de los procesos económicos, *a nivel de* es un modo de traducir al lenguaje su abstracto artilugio ordenador. Las horizontales del organigrama, del balance o del proyecto tramado son los niveles. Estar algo en una de ellas es estar a aquel nivel de la estructura. Cada *a nivel de* es una rayita de su complejo y exacto andamio mental proyectado sobre la gramática, un *point de repère* para sus austeras orgías planificadoras.

Vertiginoso efecto geométrico al que nadie ha dejado de ser sensible. *A nivel de* es garantía de rigor y de orden: quien lo usa no habla a locas (aunque lo haga a tontas). Y como el bien es difusivo, según enseñaban antes en las clases de moral, he aquí que tan matemática piececita acude a los labios y a la pluma de más gente cada vez. «La corrida falló a nivel de picadores»; «Huelga a nivel de ferroviarios»; «Incendios a nivel de librerías»... Da gusto presenciar ese maravilloso festival cartesiano que es el país nuestro.

Singladura

Acabo de estar en una toma de posesión, donde una vez más se ha aludido a eso de la *singladura*. Es bien conocido el ritual de tales actos: quien sale manifiesta que marcha con la satisfacción del deber cumplido, da gracias, proclama lealtades y elogia al sucesor. Quien lo ha echado expresa cuánto notará su ausencia, lo encomia y pone su esperanza en el nuevo, aclarando, para evitar malos entendidos que se trata de un relevo. Por fin, el entrante da gracias, proclama lealtades y elogia al antecesor. Para uno, termina una *singladura*; el otro emprende otra *singladura*. El trío se abraza, los abrazan todos con enérgicas y rápidas palmadas en la espalda, y las sonrisas subrayan este tableteo, que a mí me consuela mucho porque revela la superación cultísima de posibles tensiones, reticencias o amarguras. Me siento aún más confortado si, en tales ceremonias, los oficiantes no se aluden entre sí con apellidos y títulos, sino lisamente con nombres de pila e hipocorísticos: «Mi gratitud, Mauricio...». «Te prometo, Manolo...» Así debe ser: todos amigos; quienes no lo sean, fuera. Se han desterrado viejas formas austeras, protocolarias, selladas por simples apretones de manos: los golpes en las espaldas, repicando con nervio y cariño, manifiestan grandes progresos en nuestra civilidad.

En estas ocasiones, y, en general, siempre que se trata de marchas y regresos, de idas y llegadas, de balances de etapa y emprendimientos de otra, son muy socorridas las imágenes marineras. Navíos somos desde la más remota clasicidad. El barco que abandona puerto y se interna en el proceloso mar, el que emerge del horizonte y retorna de su travesía, son respectivamente símbolos del albur y del logro de toda empresa humana: alegorías al alcance de las más exiguas fortunas retóricas. De ahí la *singladura* que tanto suena en las tomas de posesión, y que escriben plumas arrebatadas por un furor poético municipal.

Leamos cómo empleaba la palabra el gran naturalista José Celestino Mutis en 1760: «Hacíamos un camino ventajoso, prometiéndonos una *singladura* igual o mayor a la del día anterior». «¡Qué extraño! –se dirán los amantes de tal vocablo–; a este Mutis se le acaba muy pronto la singladura.» Porque la singladura que ahora se elogia en su final o se alienta en su comienzo ha de ser larga, muy larga. Si a un designado se le invitara a hacer en su cargo la singladura de una sola jornada, declinaría un honor que ni a imprimir saludas le daba tiempo.

Y, sin embargo, así es. Ya García de Palacio definía esa palabra en 1587 como «lo que un navío navega entre día y noche»; y Franciosini lo repetía en 1620; y Pando, como otros lexicógrafos del mar anteriores o posteriores, precisaba de *singladura*, en 1956: «Es el camino que una embarcación anda o hace en veinticuatro horas, contadas desde un mediodía al siguiente». El Diccionario académico consagra tal acepción y añade ésta: «En las navegaciones, intervalo de veinticuatro horas que empiezan ordinariamente a contarse al ser mediodía». Tan metida está en la entraña de *singladura* la referencia a un solo día, que etimólogos antiguos la hacían derivar de *singula die* (hoy sabemos que procede del francés *singler*, 'navegar', y éste del escandinavo *singla* o del normando antiguo *segl*, 'vela'; *singlar* en español sigue significando 'navegar').

Con estos datos, podrán estimarse como merecen los oradores y escritores de agua dulce que dicen cosas así: «Hoy sale el barco-escuela para una singladura de tres meses»; «Emprendemos ahora una singladura que deseamos larga y fecunda»; «José María, puedes estar satisfecho; al final de tu singladura de doce años, te vas dejando una gran obra realizada. Difícil será a tu sucesor (etc.); difícil, pero no imposible (etc.); porque Ricardo, cuya bien probada eficacia (etc.)».

¿Recambios? Hay varios: *navegación, periplo, travesía…*: consulten el benemérito *Diccionario* de don Julio Casares quienes quieran mantener tiesa y firme la comparación de una aventura humana con la del navío. No les exijamos la misma precisión que a un almirante, pero sí más que a un barquero.

Énfasis

En el Diccionario se ha colado ya, por la autoridad de sus valedo-
res, el crudo anglicismo *enfatizar* (inglés *to emphasize*); se define
como «expresarse con énfasis» y «poner énfasis en la expresión de
alguna cosa». («No *enfatices*» podrá decirle una chica a un chico,
cuando éste se le ponga volcánico elogiándole algún encanto.)
Pero es que no había más remedio, pues Antonio Machado había
escrito ya en 1936 que «el orador *enfatiza* y pedantea en mayor o
menor grado». Y es mucho don Antonio, y han sido muchos los
buenos escritores de las dos orillas del español que se han enca-
prichado con ese verbo. El cual, por lo demás, se limita a acompañar a otros de idéntico origen retórico o gramatical, como *acentuar* o *apostrofar*.

¿Qué *énfasis* se pone al enfatizar? Por supuesto, el consistente
en un determinado relieve espiratorio o de tono en la pronunciación (los gramáticos hablamos, por ejemplo, de *énfasis* acentual),
o en una cierta hinchazón en el modo de hablar o escribir contraria a la sencillez. Cuando Luis Rosales afirma, por ejemplo: «No
quisiera dar *énfasis* a mis palabras» (1966), sólo proclama su deseo de ser natural.

La expresión que puede ser matizada por el énfasis no ha de ser
exclusivamente la oral o escrita: también nos expresamos por medio de gestos. Y así, son textos muy propios los siguientes: «Todo
el que se conduce en la vida con ademanes de *énfasis* patético es
un simulador» (Pérez de Ayala, 1921); «Dos voluntarios se colo-
caron con *énfasis* dos boinas rojas» (Gironella, 1961); «Uno de
los jóvenes aplaudió con *énfasis*» (Cortázar, 1965).

Como el énfasis es siempre una afectación, se mueve como ésta
por la fina linde que media entre lo serio y lo ridículo. Azorín lo elogiaba en 1924, barriendo para casa: «Cuando se hable del *énfasis*
del español, asentid: pero a ese énfasis llamadle dignidad. El español es noble y digno». Nótese, sin embargo, cómo el gran maestro
de la prosa castellana percibe el matiz peyorativo que anida en el
vocablo, y desea sustituirlo por otro: *dignidad*. Evidentemente, cuando Dámaso Alonso decía en 1950 que «hay una tendencia
nacional hacia el *énfasis* retórico», no manifestaba ninguna complacencia (y es que hay que ver qué grados alcanzaba por aquellas

fechas; puede admirarse aún, como conservado en formol, entre varios oradores de entonces que aún hablan).

Parece claro que, en español, el énfasis es actitud que se considera con recelo y hasta con hostilidad. Al énfasis se oponen, como virtudes, la gravedad, la mesura, la sencillez. De ahí que un uso de tal vocablo, calcado del inglés y hoy en franca difusión, venga bien a contrapelo de lo nuestro. En inglés, efectivamente, *emphasis* significa «relieve especial que se concede a algo para resaltar su importancia». Tal acepción se refiere, pues, a una actitud emotivamente neutral de quien enfatiza: puede poner énfasis en algo que dice (con intención didáctica, por ejemplo), sin ser él mismo enfático. Nuestro *énfasis*, en cambio, siempre califica o descalifica a quien lo pone, como persona grandilocuente o amanerada.

Las dos acepciones, la propiamente española y la inglesa, pueden convivir en una misma frase, haciéndola ambigua. Tal acontece con esta de Álvaro de Laiglesia: «Puso *énfasis* en la exposición de sus propósitos literarios» (1953). Porque esto puede significar:

– que aquella persona, al referirse a tales propósitos, lo hizo con tono enfático; o

– angloparlando, que, al exponer sus proyectos, destacó especialmente los literarios.

A esta última acepción, destempladamente bárbara, se dirige el presente dardo. Leo en un historiador: «Los diversos períodos históricos no los hemos tratado con el mismo *énfasis*» (1965); en un obispo: «Un pontífice puede dar un *énfasis* o fuerza obligatoria a un documento determinado» (1970); en un pedagogo: «La pedagogía de la televisión escolar hace *énfasis* [por *hincapié*, claro] en la importancia del esfuerzo de cada alumno» (1965).

¿Tan difícil es evitar la cesión de esta pequeñita pero significativa base en nuestro idioma al de los emperadores?

Agresivo

Soy radioyente en el trayecto que media entre mi casa y la Universidad. Comienzan los primeros compases de una música augusta, y desde mi absoluta ignorancia, me pregunto: ¿Haydn?; ¿Händel? Pero los compases se atenúan y una voz solemnísima invita a confiar en los servicios de determinada institución bancaria. Me irrito, y como no tengo a mano otra cosa para desahogarme, aprieto el claxon. ¿Qué respetará nuestra organización socioeconómica, si así capitaliza los menos venales productos del espíritu? Y enseguida suelto otro claxonazo –voy por autopista y no hay guardias a la redonda– porque la enfática locutora, en su argumentación estimulante, afirma que dicho Banco es sumamente *agresivo*. Sí, me digo: lo está demostrando. Agresivo, por lo menos, contra el idioma.

Porque ya está el dichoso adjetivo entremetiéndose hostil en él, por obra de los tecnócratas donjulianes que no vacilan en abrir las puertas del español a la angloparla. ¡Un banco agresivo! ¿Qué pensarán los millones de oyentes o lectores que no están al tanto de esa moda lingüístico-ejecutiva? Aquellos santuarios de la prudencia y del aval, del paso sobre seguro y de la discreta cortesía, convertidos en ofensores, mortificantes, atacantes, estridentes, hirientes..., que todas estas cosas significa *agresivo* en castellano.

Tan serenos ellos, y poseídos ahora de una condición, la agresividad, que según leo en una enciclopedia, «se considera a menudo como importante síntoma de desequilibrio e inadaptación del ser a su medio». Sabido es que, en las alturas tecnocráticas, no se andan por las ramas de la reflexión idiomática; de ese modo, la mejor recomendación con que, en tales medios, puede acreditarse a una persona es la de *agresiva*. Vendedor *agresivo* es quien vende más que nadie (o sea, eficaz o eficiente). Una campaña *agresiva* de publicidad será aquella que convierta en mansos consumidores del producto publicado a todas sus víctimas (o sea, una campaña penetrante o incisiva o persistente o intensa). Hasta he leído una entrevista calificada de agresiva, hecha a una estrella, y que tal vez se procuró ella misma y hasta pagó, no para que la insultase el periodista, sino para manifestar a fondo su des-inhibición (o sea, una entrevista a fondo, sincera, descarada y hasta escandalosa: de todo había allí).

¿Por qué invade *agresivo* un campo donde no hace ninguna falta? Naturalmente, porque en inglés *aggressive*, significa 'caracterizado por una gran energía, ambición o capacidad de iniciativa' y 'lo que resulta de tales cualidades'. Es normal, pues, que los norteamericanos puedan hablar elogiosamente de *an aggressive salesman* o de un *aggressive leadership*, pero ¿por qué nosotros?

Esa palabra posee, en español, un significado amenazador desde que ingresó en él a mediados del siglo pasado. Si *agresión* se documenta desde principios del xvi, y *agresor* antes aún, no ocurre lo mismo con *agredir* (que molestaba a Cuervo) y el resto de la familia. Pero entró, claro es, con su hostigador sentido latino. «La mora multitud... / circundó a la feroz guardia africana / con *agresivo* impulso», escribió tempranamente Zorrilla (1852). Y así ha seguido entre quienes hablan como se debe: «No me sentía alegre, sino *agresivo*, con ganas de hacer una barbaridad» (Baroja, 1911). Pero también las cosas pueden tener tal cualidad; Valle-Inclán hablaba de la «*agresiva* voz» de una corneta militar (1909); Picón, del «desentono *agresivo* de unos colores mal casados» (1909); Halcón, de una «tierra *agresiva* y calcinada».

Me parece mal síntoma que ese adjetivo haya recibido en inglés tal significado: parece indicio de que la agresividad toma carta de naturaleza en las relaciones humanas, no sólo sin aprensiones, sino incluso como mérito. Allá ellos. Lo inadmisible es que nosotros recibamos el paquete con gesto acogedor y agradecido: se trata de otro petardo que ponemos en los cimientos del idioma. Yo, la verdad, ante la vista de un vendedor *agresivo*, ante el anuncio de una campaña *agresiva*, ante la convocatoria de unas instituciones *agresivas*, estoy dispuesto a telefonear a la comisaría más próxima.

Rótulos extranjeros

Hace algunas semanas –la noticia es pública– un grupo nutrido de Académicos, que representábamos el sentir unánime de la Corporación, realizamos nuestra marcha verde a casa del Director. Verde, sin ironías alusivas, porque, si no me engaño, tal es el color de nuestro uniforme (lo vi una sola vez, sobre el robusto cuerpo de don Armando Cotarelo, cuyo ancho perfil hacía resaltar lo ridículamente exiguo del espadín). Íbamos a pedir a don Dámaso Alonso que dejara sin efecto su dimisión, cuyas razones profundas no entendíamos. Nos las dio, y no nos convencieron. Quería verse libre de sujeciones para llevar adelante su obra personal (le prometimos toda la ayuda y toda la libertad necesarias). Temía que sus setenta y siete años le hubieran restado facultades para su importante tarea (pero su lucidez y su talento no han sufrido merma alguna; antes al contrario: el hecho simple de plantearse el problema de dimitir revela que a su pasmosa inteligencia no le ha afectado el paso de la edad). Presentía momentos difíciles para la convivencia internacional de la Academia, y quería ver a la cabeza de ella una persona más joven y dinámica para afrontarlos (sin embargo, su nombre y su obra son respetados en Ultramar tanto como aquí, y constituyen prenda de unidad). La ayuda oficial que recibe es escasa; disposiciones fundamentales para el porvenir de la Academia dormitan en el Ministerio de Educación y Ciencia sin que nadie les eche una firma (será cosa de activar corporativamente la cuestión). Por fin, bajo su mandato académico, la lengua española ha sufrido los más graves atentados de su historia (le contradijimos: bajo el de cualquiera hubiese sucedido igual; la Academia nada puede hacer para evitarlos: es un estado de conciencia colectiva poco cuidadosa, que escapa por completo a su posibilidad de acción).

A nuestro favor había argumentos decisivos. La Institución está comprometida en trabajos que él mismo ha instaurado o impulsado, y nadie mejor para procurar su adelantamiento. En su persona coincidimos todos; su autoridad es respetada sin la menor reticencia. De su universal prestigio personal se beneficia la Academia, y ésta lo necesita en momentos importantes como son los actuales. Mil razones más que tan brillantes dialécticos como los reunidos en el chalecito de la vieja travesía del Zarzal, hoy convertida en rutilante carretera urbana, alumbraron con fuerza persuasiva. Salimos confortados con la esperanza de que Dámaso Alonso seguirá gobernándonos, para bien de la Academia y de su misión nacional e internacional. En definitiva, para bien de la lengua española como infraestructura de una comunidad de pueblos con un porvenir claro señalado en la historia.

Pero mi marcha hacia la casa del Director fue más bien preocupada. Se me ocurrió hacerlo por la calle de Félix Boix. Todavía en la esquina de la Castellana un rótulo lucía esplendente: *Helen's American Pies*. Luego, ya en la calle, una sucesión de sobresaltos: *Photokin, Dog and Cat, Tony's Cleaner, Yanct-ze, Darling, Andros, Milady, Vittorio, Votre ligne, Knight 'N' Squire...*

Del albornoz obligatorio hemos pasado al *top-less* en nuestras playas (ya he visto esta grácil moda en las costas tarraconenses). Del nacionalismo lingüístico de la postguerra, que proscribió en los rótulos todo nombre extranjero (y así, en mi Zaragoza, el *mu-*

sic-hall Royal Concert, pasó a llamarse desérticamente Oasis), hemos arribado al desenfreno actual. En toda esa calle madrileña, casi un solo nombre familiar, *La escoba*, rodeado de tanto exotismo que parece aguardar su trabajo.

Todo experto en propaganda, en captación de público, sabe la poderosa fuerza atractiva de los nombres extranjeros como marca o seña: Gillo Dorfles ha escrito sobre ello páginas magistrales desde una perspectiva marxista. ¿Cómo evitarlos? Desde luego, no prohibiéndolos: hasta en eso debe ser respetado el albedrío individual. Una democracia verdadera no veda el ejercicio de la libertad, mientras no dañe directa y gravemente a la nación. Se limita, cuando es poco sensato, a dificultarlo, a rodearlo de condiciones. En este caso, y puesto que el empleo de rótulos con nombres extranjeros supone una suerte de menosprecio al idioma, y que de ellos se benefician quienes los adoptan por su mayor fuerza apelativa, nada me parecería más justo que imponerles una contribución especial. No postulo que los comercios se llamen todos *Casa Manolo* o *Rodríguez e Hijos*, pero entre estos nombres y *Tony's Cleaner* median muchas posibilidades de invención. Renunciar a ellas debe costar dinero. (Pero no se me tome en serio lo del tributo: ignoro si resultaría democrático. Tal vez bastara un poco de sentido común, de apego al país de que son o en que están los comerciantes xenófilos.)

No dudo de que en la melancólica retirada intentada por Dámaso Alonso, han sido factor coadyuvante esos rótulos de su americanísimo barrio. Consuélese –o desespérese– pensando que florecen por doquier.

Asequible

En esta ocasión el lío es sólo nuestro, y ninguna lengua extranjera ni sus paladines del interior tienen la culpa. *Asequible* es voz dieciochesca, derivada del verbo latino *assequi*, 'alcanzar'; como la definía el Diccionario académico de 1780, significa «que tiene posibilidad de conseguirse o alcanzarse».

Por tanto, sólo debe aplicarse a cosas, porque las anteriores definiciones implican la consecución de algo para apropiárselo. Y, en efecto, el Diccionario Manual de la Academia, en sus ediciones de 1927 y 1950, repite esta advertencia: «No se aplica a personas, y así, en vez de Fulano no es *asequible*, dígase *accesible, tra-*

table». En efecto, la confusión parece haberse originado a causa de la parcial homofonía entre *accesible* y *asequible*, y ha consistido en que el primero ha traspasado al segundo uno de sus significados que es el descrito así por el Diccionario Histórico: «Dícese de la persona de fácil acceso o trato». De Bretón de los Herreros son estos versos que figuran en dicho inventario léxico: «La condesita, / aunque bocado de prócer, / es humana y *accesible*» (1838). Bretón, por tanto, no confundía.

En cambio, es de Baroja esta prosa: «A Silvestre [Paradox], que le pareció el más *asequible*, le dio repetidos ataques» (1901). Entre Bretón y Baroja ha ido, pues, fraguándose el error; este último, es el único gran escritor en quien lo descubro, aunque seguramente habrá más. Hasta los textos legales, en los que todo tormento idiomático suele tener su asiento (olvidando la bella tradición del Código Civil), es posible comprobar que en esto no marran. Propondré como demostración y esperanza el siguiente fragmento del Fuero del Trabajo: «El Estado asume la tarea [...] de hacer *asequibles* a todos los españoles las formas de propiedad ligadas vitalmente a la persona humana».

Asequibles son sólo las cosas que pueden adquirirse para poseerlas; cosas variadísimas, que van desde las ideas a los garbanzos; y si no, léanse estos dos fragmentos tan dispares:

«La gracia abrillanta las ideas, las adorna, las hace amar, las adhiere a la memoria, vierte sobre ellas una luz que las vuelve más *asequibles* y claras» (W. Fernández-Flórez, 1945).

«Entre los garbanzos, tan vulgares y tan *asequibles* entonces, la carne de morcillo era lo selecto» (A. Díaz Cañabate, 1963).

Con tales pasajes a la vista, bien claro está que calificar de *asequible* a una persona, es prácticamente desacreditarla como venal. ¡Qué distinta cosa hubiera dicho de aquella condesita Bretón de los Herreros, llamándola así! Aunque el paso se ha dado: el canónigo Juan Francisco Muñoz y Pabón hace pensar de este modo a una dama, en una de sus espirituales novelas: «Era menester mucho aplomo y mucho dominio de sí misma para, sin preferencias por ninguno, ser con todos amable y *asequible*». ¡Caramba con la dama! ¡Qué bien hubiese quedado el novelista escribiendo ahí *accesible*!

Como vemos, la confusión no es sólo vulgar; pero es confusión, y debe ser evitada. Se trata, simplemente, de que no se aplica con rigor el adjetivo debido, y se acude a otro que se le parece. Tampoco los precios son asequibles, sino baratos, razonables, ajustados, justos... Son las cosas a que corresponden tales precios las que pueden serlo. O no, en cuyo caso son *inasequibles*. Lo que no puedo comprar o entender es para mí *inasequible*. Ténganlo en cuenta quienes se precian de ser «*inasequibles* al desaliento». Merecen nuestra enhorabuena, pero digan, por favor, *inaccesible* y hablarán con propiedad.

Nombres de futbolistas

Estupendo y colosal esfuerzo informativo el que realizan los domingos muchas emisoras radiofónicas, enlazándose en cadenas que permiten saber instantáneamente del gol, la zancadilla y la tarjeta amarilla. TVE pone un copete vespertino de perfección, ofreciendo un partido íntegro. Plausible proeza, merced a la cual se puede seguir minuciosamente el curso de asunto que importa tanto como es la marcha de la liga de fútbol. Los televidentes debemos especial gratitud a la semanal retransmisión, que pone un fondo tenso y excitante a lo que, sin ella, sería final soso de una víspera de lunes.

Lo malo es que a veces se oyen cosas que estropean el placer. Por ejemplo, el modo de nombrar a los futbolistas. Hay uno, de mi admirado Zaragoza F. C., que realiza en sus apellidos una síntesis castellano-catalana al llamarse García Castany. Esto es, García «Castañ», puesto que *ny* es sólo la grafía catalana correspondiente al fonema que en castellano representamos como ñ (Castany equivale a Castaño, ambos derivados del latín *castaneus*). La cosa es tan simple, y tan digna de ser sabida por quienes profesan el oficio de hablar al público, que deja estupefacto oírles pronunciar *Castani*, así con *n* más *i*.

La cuestión puede parecer ligera, pero no lo es. Hay que ver qué cuidado (loable) ponen muchos locutores en pronunciar nombres extranjeros, sobre todo si son ingleses. ¿Por qué no lo mantienen cuando se trata de cualquiera de los apellidos (o topónimos) españoles? ¿A qué fin esos deslices, que se sienten como puyacitos de menosprecio por quienes oyen desfiguradas sus palabras? Entre las muchas cosas que debe proponerse una política idiomática –hasta

ahora inexistente– está como fundamental que ninguna de nuestras lenguas sufra la menor injuria en los medios de difusión.
¿Cómo lograrlo? No soy arbitrista, pero no me parecería hazaña
irrealizable que tales medios contasen con expertos en los idiomas
hispanos, cuyo oficio fuera conjurar esos desaguisados. Los cuales,
y sin salir del marco de las retransmisiones deportivas, afectan
también a algunos apellidos castellanos.

¿No han oído ustedes aludir a unos jugadores llamados *Valdez* y
Ozorio? Cada vez que sale eso por el altavoz, mi estupor iguala,
por lo menos, al que deben experimentar ambos deportistas. ¡Venir
a la Madre Patria, cuna de los Valdés y los Osorio, para que les
cambien así la gracia! Otra vez el fetichismo de la letra. Ocurre simplemente, que el seseo americano, (o andaluz o canario), el cual
iguala en una sola pronunciación, la *s* y la *c* (*z*) castellanas, produce allí la misma confusión gráfica que, por ejemplo, ocasiona la
identidad fónica de *b* y *v*. Al no corresponder diferencia alguna de
pronunciación a la diferencia de letras, éstas (¡las letras sólo!) se in-
tercambian con mucha frecuencia. De igual modo que cualquier
hispano de ortografía vacilante escribe *b* por *v*, o viceversa, un se-
seante utiliza *z* donde debería escribir *s*, y al revés. Los señores *Valdez* y *Ozorio*, a pesar de que firman así, se han llamado siempre en
sus países de origen, *Valdés* y *Osorio*. Han tenido que cruzar el
Atlántico y llegar bien estipendiados al solar del idioma para enterarse de que habían vivido hasta ese momento en el error.

Tales confusiones gráficas, que continuamente sorprenden en los
rótulos de cualquier ciudad hispanoamericana, empezaron bien
tempranamente en Andalucía. Rafael Lapesa, eminente investigador de la antigua pronunciación, registra en un manuscrito sevillano de 1487 escrituras como *Roblez, inglez, Andrez* y *Blaz*, reveladoras de confusiones en el momento en que la gran transformación
de las sibilantes estaba en marcha. Era error comparable (comparable sólo, porque ahora es exclusivamente gráfico) al que comentamos; en el cual haga Dios que no recaigan varios de quienes de
modo tan esforzado nos hacen fascinante la tarde del domingo.

Desde

La Gramática y el Diccionario académicos son tajantes en cuanto a la función de la preposición *desde*; y así, dice el *Esbozo*: «Desde. Sirve para denotar principio de tiempo o de lugar: *desde* la creación del mundo; *desde* Madrid hasta Sevilla; *desde* ahora; *desde* mañana». Marca, pues, un punto de partida temporal o espacial, un lugar o un tiempo en el cual se inicia algo (una acción o una contemplación). Aunque no es raro ver que buenos escritores o hablantes se evadan un tanto de aquel rigor con frases como: «*Desde* este supuesto, podemos avanzar en nuestro razonamiento»; «*Desde* tales logros, nos será posible alcanzar objetivos más ambiciosos». Ni el *supuesto* ni los *logros* son lugares o tiempos, pero sí arranques muy concretos para conducir un proceso ideal *a*, *hasta* o *hacia* su final.

La preposición *desde* es, pues, el primer término de una relación, función de otro término al que tiende o en que acaba: «*Desde* el lunes hasta hoy...»; «*Desde* Segovia hasta San Rafael...»; «*Desde* ese monte se ve el mar»; «*Desde* ayer hay clase». Unas veces, como en los dos primeros ejemplos, la tendencia se explicita con otra preposición (*hasta*, *a*); otras, como en los dos últimos, *desde* señala un lugar o un tiempo en que comienza el proceso a que enseguida se alude, y que está como anunciado por ella.

Pero, de pronto, *desde* ha empezado a usarse sin marcar lugar ni tiempo, y hasta sin apuntar a nada, como en inglés. «All creation is *from* conflict», escribió Yeats: 'Toda creación se produce *desde* el conflicto', podríamos traducir angloparlando, cuando el castellano requeriría 'Toda creación se produce mediante conflictos' o 'partiendo de conflictos'. La anomalía está adquiriendo gran «excremento» (como dice un amigo mío que pretende hablar con lógica), y tal vez se esté aún a tiempo de atajarla.

Ocurre, sin embargo, que ese *desde* extravagante se está lanzando en tribunas tan altas, que para abatirlo se precisarían el vuelo y el brío de un Mirage. La primera vez que me sobresaltó fue en la jura del Rey. Toda España pudo oír la recia y empastada voz del señor Rodríguez de Valcárcel introduciendo en la recepción del juramento este inciso, excepcional también por sus dos preposiciones: «Señores procuradores, señores consejeros: *desde* la emoción *en* el recuerdo de Franco, ¡Viva el Rey!, ¡Viva España!».

Y como si ese lugar, el estrado de las Cortes, fuera misteriosamente propicio al *desde* anglobárbaro, he aquí que el nuevo Presidente lo ha clamado y proclamado ¡cinco veces nada menos!, en su cauto, prudentísimo discurso del pasado día 29. Helas aquí en fila; nótese como *desde* precede siempre a un nombre abstracto:

«Todos sabemos que el señor Presidente del Gobierno ha anunciado su propósito de acudir a estas Cortes para exponer la política que pretende impulsar *desde* la acción del Gobierno». (Esto es, *mediante* o *con*; aparte, claro, de que la frase no suspende el ánimo por su elegancia.)

«Ahora bien, lo que no puede dudar nadie es que esta Cámara, *desde* (quería decir *con*) una decidida voluntad de colaboración, ejercerá sus funciones *desde* la cierta significación institucional que le atribuyen las Leyes Fundamentales.» (No entiendo nada desde el *desde*.)

«Estoy seguro, señores procuradores, de que ejercitaremos nuestra función [...] con el único objetivo de servir a nuestro pueblo *desde* (= *con*) la lealtad al Rey.» (También en lo que suprimo hay un párrafo audazmente esotérico.)

«Creo que estas palabras (las netas del mensaje real) esclarecen de raíz la conducta que hemos de seguir; un comportamiento nutrido (?) por el pueblo, imperativo (?) de la dignidad y la libertad, la dignidad que asume la historia y la libertad que, sin ataduras, pero *desde* (= *con*) la dignidad, se encara decidida con el futuro.»

Que me perdone mi viejo amigo el señor Fernández Miranda, pero su oración no merece plácemes ni por su forma ni por su ignoto sentido, tan velado que encantara a Gracián. No puede decirse de ella que sea una ráfaga de luz en las penumbras que nos rodean. Esta vez, ha olvidado a Feijoo para aproximarse a Soto Marne.

Me preocupa ese *desde* que no indica lugar, ni tiempo, ni anuncia punto de llegada. Podría ser la preposición dilecta de la mujer de Lot, la de quedarse en la ucronía y la utopía. El *desde* castellano es una cuerda de arco que se tensa para lanzar algo *a*, *hasta* o *hacia* adelante. Horrible cosa que sólo se mire al origen, cuando todos los cuellos del país se alzan queriendo otear, columbrar, avizorar adónde se dirige la flecha (si la hay). Así llevamos varias semanas, mientras *desde* los lugares de decisión se nos lanza una desazonadora consigna: la de que urge esperar.

Imperfecto en «-ra»

Así, con título de pieza musical compuesta en rara escala, llamamos los gramáticos a formas como *cantara* o *bebiera*, que en la escuela reciben el nombre complejo de pretéritos imperfectos de subjuntivo. Como tales subjuntivos funcionan ordinariamente, y equivalen a las formas acabadas en -*se*: «Dijo que lo *aguardáramos* (o *aguardásemos*)».

Pero el imperfecto en -*ra* (no el terminado en -*se*) es en ciertos usos literarios permutable por *cantó*, según se advierte en estos versos de García Lorca (1927), donde ambas formas se suceden con idéntica significación:

> ¡Cuántas veces te *aguardó*,
> cuántas veces te *aguardara*
> cara fresca, negro pelo,
> en esta verde baranda!

De esa manera, el imperfecto en -*ra* puede funcionar como subjuntivo (alternando opcionalmente con -*se*, y también como indicativo, equivalente a un pretérito. Este valor modal indicativo es, justamente, el primitivo, ya que *cantara* procede del latín *cantaveram*, 'yo había cantado'. Y con él figura en los más antiguos textos del idioma:

«Fizo enbiar por la tienda que *dexara* [= había dejado] allá» (*Cantar del Mío Cid*, v. 624).

«Non *dormiera* [había dormido] la noche» (Berceo, *Vida de Santa Oria*, 647).

Muy pronto al valor *cantara* = 'había cantado' se le sumó el de «cantó», sobre todo en el lenguaje del Romancero:

«Allí *hablara* [= habló] el buen rey, / bien oiréis lo que habló».

«Salto *diera* [= dio] en la cama, / que parece un gavilán.»

Pero ambos usos indicativos («había cantado» o «cantó») se quedaban ya como propios de la literatura, porque en la lengua hablada, el empleo de *cantara* se iba confundiendo con el de *cantase* como subjuntivos subordinados («Dijo que lo *aguardáramos* o *aguardásemos*»), afianzándose de tal modo que los valores indicativos apenas si se detectan en la segunda mitad del siglo XVII. El castellano tenía consolidado su sistema: *había cantado*, por un lado, *cantó*, por otro; y *cantara*, olvidado su origen indicativo, sólo funcionaba ya como subjuntivo. Se diferenciaba con ello del gallego, que mantendría hasta hoy *cantara* con valor de pluscuamperfecto: «Chamou cando ti xa marcharas» 'Llamó cuando tú ya te habías marchado'.

Sin embargo, los escritores románticos, grandes admiradores de la Edad Media, resucitaron *cantara* con el significado de «cantó» o «había cantado»:

> Esa noche y esa luna
> las mismas son que *miraran*
> indiferentes tu dicha,

apostrofa Espronceda a la pobre Elvira, víctima del bergante don Félix de Montemar. La restauración romántica tuvo fortuna, y desde entonces hasta hoy (véase el texto de García Lorca) se ha mantenido con fuerza, igual en España que en América. Compruébese con este pasaje de Rodó, en que *dejara* funciona como pretérito vago, entre «había dejado» y «dejó»: «No es ya Montevideo la ciudad humilde [...] que él *dejara* al partir».

Pero ese empleo, según los gramáticos, es absolutamente literario: «ajeno a la lengua hablada», afirma Gili Gaya, y repite el Esbozo académico. Lo mismo aseguran Alcina y Blecua en su recentísima *Gramática* (Ariel, 1975): «(cantara) se usa hoy con una clara intención estilística en la lengua literaria, y es prácticamente desconocido en la lengua hablada».

¿Desconocido? Vive Dios que no, si algunos locutores de televisión hablan nuestro idioma. Ese literarísimo imperfecto en *-ra* vive, pulula y triunfa, ¡quién lo dijera!, en las retransmisiones deportivas. Ya he confesado mi vehemente afición al partido de los domingos, y no me perdí, claro es, el trascendental Barcelona-Madrid del pasado día de los Inocentes. Qué emoción la mía al escuchar la parla medieval o romántica –no se sabe bien– del locutor, cuando ya en los preliminares del encuentro, y describiendo el homenaje que se tributaba al fisioterapeuta del equipo catalán y de la selección nacional, don Ángel Mur, señaló cómo Amancio abrazaba con cariño a quien tantas veces lo *masajeara* («¡Cuántas veces te masajeé, / cuántas veces te masajeara...!», debía de pensar el señor Mur, en aquel emotivo instante). No fue una broma, un chusco alarde de buen decir, porque el locutor se lanzó a un apasionado empleo de formas en *-ra*, que bastaran a TVE, si otros galardones no conquistara antes, para merecer el de dechado de medioeval o... medio tonta.

Ente

Aún estamos a tiempo de evitar la solemne tontería de utilizar *ente* en la acepción de «organismo», a pesar de que el desaguisado figura ya en el Boletín Oficial del Estado, gran receptáculo de impericias idiomáticas. Aparece aquel vocablo en un decreto que, para más inri, se refiere a cuestiones lingüísticas: el que regula –es un decir– el empleo de las lenguas «vernáculas», las cuales –dice– al tener «la consideración de lenguas nacionales», deberán ser amparadas y protegidas «por la acción del Estado y demás *entes* y corporaciones de Derecho Público».

Tengo la impresión de que el vocablo cuenta con la amistad de muchos jóvenes demócratas, que se empapan de prensa italiana, en un loable esfuerzo de *réciclage*. Leo, por ejemplo, en un notable comentarista político, que, obstinado en combatir al catipunan (= «grupo de personas que, obrando con disimulo, defiende su interés particular»), alza su voz contra «el anuncio de que unos *entes* que hoy están compuestos con falta de representatividad [...] elegirían a procuradores que serían tan poco representativos como ellos».

Ahora bien, si organismos, corporaciones, instituciones, etc., etc., son tan poco representativos, ¿no ocurrirá realmente que el término *entes* les conviene con total propiedad? ¿Serán eso, es decir, Diccionario en mano, «sujetos ridículos o que en su modo y parte se hacen reparables», o bien, entes de razón, «que no tienen ser real y verdadero, y sólo existen en el entendimiento»? Lo dudo, porque son bien reales y verdaderos, y el joven procurador y político que así escribe lo sabe bien. Sobre que le parezcan ridículos, me abstengo prudentemente de presumir su intención. En cualquier caso, al *BOE* no cabe atribuirle reticencias en ese punto: entes son para él, incuestionablemente, organismos hechos, derechos y respetables. Y eso, señores redactores del ilustre papel, señores políticos, es puro italiano, y usarlo indica manifiesta falta de respeto al propio idioma.

Tenemos el latinismo *ente* en castellano, desde el siglo XVII, como tecnicismo de la jerga filosófica, sinónimo de «ser», para designar, como el *Diccionario de Autoridades* (1732) definía: «Todo lo que realmente existe» («o puede existir», según añaden las ediciones posteriores). Y así se ha venido empleando el vocablo, siempre en restringidos campos filosóficos y científicos, hasta hoy. Pero la escasa vocación metafísica hispana, o su genial propensión a abatir lo sublime, hizo que *ente* adquiriera pronto los poco favorables significados que hemos visto. El zote fray Gerundio de Campazas confesaba, en 1752: «Jamás pude entender por *ente* otra cosa que un hombre irregular o risible por algún camino». Y eso le pasó a la generalidad de los hispanohablantes. Doña Beatriz, en la moratiniana comedia *El viejo y la niña* (1790), apostrofa así a su celoso y cruel hermano: «Cuidado, / hombre, que te vas haciendo / el *ente* más fastidioso, / más ridículo y más fiero / que se puede imaginar». Otro personaje de Bretón (1883) dice de un tiparraco: «¡Vaya un *ente*!».

Ya en nuestro siglo, la acepción continúa confirmada con textos como los siguientes:

«...a tantos *entes* presuntuosos e ineficaces que pueblan la sociedad» (Marañón, 1934).

«...como si yo fuera un muñeco, un *ente*, un don nadie» (Unamuno, 1935).

«...esos *entes* inefables que se llaman fuerzas vivas» (Díaz-Cañabate, 1952; ¿adivinaba el estupendo escritor la posterior expansión del vocablo?).

Según mis datos, sólo por Navarra *ente* ha adquirido un significado positivo: decir allí de alguien que «es muy ente» supone atribuirle gracia y ocurrencia.

Ente, pues, aparte su sentido técnico tradicional, designa personas –sólo personas– ridículas (o chispeantes). Ahora nos lo importan designando organismos o instituciones. Para evitar que *ente*, en tal acepción foránea, se contagie del significado hispano, ¿no convendría suspender la importación? Maldita la falta que hace.

1976

El discurso del Presidente

El discurso pronunciado por don Carlos Arias el día 28 ha producido insatisfacciones basadas en su ambigüedad ideológica, que tiene correspondencia, como es natural, con el lenguaje empleado. No se trata tanto de que sus expresiones hayan sido ambiguas –aunque el pasaje dedicado a los partidos políticos, por ejemplo, constituya un notable espécimen de oscuridad–, sino de que los equívocos se producen por la sucesión de asertos poco compatibles. Extrayéndolos de su contexto, es posible construir con algunos de ellos un programa tajantemente renovador; pero quien lo prefiera podrá elaborar con otros el programa contrario. Que tal efecto estaba previsto lo prueba el hecho de que el ministro de Justicia se vio en la precisión de aclarar, recién acabado el discurso: «Esperen a juzgar al Presidente y al Gobierno por sus frutos».

Muchos comentaristas han hecho notar que tal pieza oratoria funcionó, en su parte más decisiva, con un mecanismo sintáctico adversativo: *sí, pero...* De ese tipo de oraciones dice A. Alonso que «contraponen limitando»; si además, como tantas veces ocurre en ese texto, el desarrollo que sigue a *pero* es mucho más prolijo y enérgico que lo afirmado antes, el sentido global del período tiende a ser invadido por las aserciones limitadoras.

Se ha advertido igualmente que el discurso fue organizado para conseguir la adhesión del auditorio presente. Ello lo condicionó lingüísticamente, ya que tuvo que acumular lo que en Retórica política se denomina *efectos modelizantes* (H. D. Laswell), esto es, recursos que alientan a los oyentes en sus creencias, y que son más propios del lenguaje ceremonial (conmemoraciones, homenajes, etc.) que de discursos pronunciados ante un país expectante. Éstos obligan al orador a emplear *efectos de contraste*, que implican una toma de postura con vistas –en los países democráticos– a la adhesión mayoritaria, legitimadora del poder. Debe admitirse –Laswell lo señala– que los efectos modelizantes no son menos azarosos que los de contraste, por cuanto pueden provocar en exceso a la oposición, radicalizando sus actitudes (cosa que hoy cierta izquier-

da tampoco debería olvidar en sus comportamientos verbales).
Como es lógico, el Presidente, al decidirse por su fórmula oratoria
debió de prever la magnitud de los riesgos. El tiempo dirá si con
acierto.

En esta breve radiografía de urgencia, me parece claro que los
mayores motivos de ambigüedad, vistos a través del lenguaje, se
produjeron por el temido empleo de los *key symbols* de la democracia, a la cual –aun designada como *alternativa democrática* en
este pasaje vital–, «caminamos con serena decisión». Tales símbo-
los-clave, tras los estudios estadísticos del mencionado Laswell,
son: *derechos, libertad(es), democracia* e *igualdad.* Salvo el último, si no me engaño, figuran en el discurso presidencial, pero en
proporción y con relieve mucho menores que los de los símbolos
creados por el período histórico precedente. Los cuales fueron
compareciendo en lugares estratégicos (no pocas veces tras el *pero*
adversativo): *fidelidad* y *lealtad, unidad, paz, orden, tradición,
autoridad, firmeza, eficacia...,* como inspiradores de las *reformas,*
término también muy utilizado, pero casi siempre en contextos
propicios a su neutralización.

Conviviendo con ellos, los símbolos democráticos aparecen no
pocas veces (justificando el programa prospectivo que algunos periódicos han extraído), pero muchas veces en asociaciones típicas
del sistema retórico anterior (como *justicia* y *libertad*), o con rápidas matizaciones o contrastes del tipo: *libertad, no anarquía;
democracia* pero *española,* o basada en «algunas modificaciones
muy limitadas de las Leyes Fundamentales». Por lo demás, sería
injusto no advertir que hubo algún pasaje en que el Sr. Arias
afrontó los efectos de contraste, aunque, insistimos, quedaron
anegados por los de modelamiento.

Como he dicho, *igualdad* fue, si he leído sin distracción, el único
símbolo democrático ausente (no olvidado, por cierto, en la declaración del Equipo de Democracia Cristiana). En su lugar, surgieron
con insistencia los ya conocidos de *justicia social, menos diferencias, sociedad más homogénea,* etc. Añadamos que si el término *democracia* fue el más empleado, según el diario *ABC,* y marca por
tanto el objetivo fundamental del discurso, apareció casi continuamente condicionado por los usos retóricos del período anterior, caracterizado, según el Presidente, porque en él fue precisa «una *prudente administración de la plenitud democrática».* Así, en contra

de la definición de aquella forma de gobierno, que el Diccionario académico hace como «predominio del pueblo en el gobierno político de un Estado», el señor Presidente formuló aserciones como ésta: «La determinación de la política nacional es función primordial y *exclusiva* del Gobierno». La jerarquía democrática que establece sigue este orden: políticos, gobernantes, instituciones y *ciudadanos*. El pueblo se define en varios pasajes como mero *sugeridor* de decisiones; así, el Movimiento Nacional debe «*presentar* a los órganos del Estado por medio de sus vías representativas, las *aspiraciones* del pueblo español»; «se acometerá cualquier reforma que la prudencia aconseje y el pueblo español *demande*». El Gobierno «dialoga» con el país, pero no parecen vincularlo sus consensos: «Procederá con decisión y tacto, estableciendo un *diálogo* permanente con el pueblo».

Cualquier español comprende las dificultades –mejor, tribulaciones– que pesan sobre el señor Arias. Pero el país está confuso, y el discurso no lo saca de dudas. El propio Presidente dijo con decisión que «esta es la hora» de las reformas. Si es así, no debe olvidarse que la democracia se asienta sobre el frágil y diamantino soporte de la Retórica: no olvidemos su común origen ateniense; y una de las condiciones aristotélicas del discurso es la *propiedad* o «correspondencia con los asuntos de que se trata» (*Ret.*, 1408 a). La ambigüedad del discurso presidencial se debe, insisto, siempre desde mi perspectiva idiomática, a su falta de correspondencia con el asunto debatido: la democracia. Ésta se acepta o no; pero si ha llegado la hora de promoverla, es necesario utilizar su lenguaje específico, sus «*key symbols*», aunque actúen como arriesgados efectos de contraste. Utilizando un término bárbaro que empleamos lógicos y gramáticos, España precisa ser desambiguada.

Vale

La Academia ha dicho vale a *vale*, ese bisílabo resolutivo con que se atajan encargos, se sellan citas y se rubrican acuerdos: «Cómprame el periódico»; «*Vale*». «¿A las seis, en tu puerta?»; «*Vale*». «Si me hace un descuento, me lo llevo»; «*Vale*». Para casi todo, vale; y entrará en el Diccionario con una definición simple: «Voz que expresa asentimiento o conformidad».

Tal uso se ha difundido triunfalmente en poco tiempo. Lo oí por vez primera no hace muchos años en Salamanca, a una amiga madrileña muy aficionada a los tics de la corte. Me chocó, y ella me motejó de ignorante porque en Madrid todo el mundo lo decía. Irrumpía por entonces la era tecnocrática y desarrollista. Quizá no haya relación entre una cosa y otra, pero puede haberla: *vale* es una pieza de singular valor económico, un eficiente ahorratiempo que evita despilfarros verbales. Por menos de nada, el interlocutor te deja con la palabra en la boca, y evita prodigar las suyas.

Lo cierto es que el país se pobló de seiscientos y de *vales*, hasta convertirse éstos en la más preclara manifestación de vulgaridad de la nueva sociedad consumista. Pertenece a ese repertorio de acuñaciones idiomáticas que suplen todo esfuerzo por su repetición automática. Es en extremo vulgar precisamente por eso, por su frecuencia, por su reiteración monocorde e invariada. Está desplazando a otras piezas léxicas que pueden emplearse en las mismas ocasiones (*bien, de acuerdo, conforme, como quieras...*), y asumiendo el monopolio del asentimiento. En lugar de enriquecer el idioma, lo disminuye, lo reduce en esa zona, invalidando lo existente o marcándolo como propio de inadaptados a la uniformadora y chata modernidad. Ni siquiera tiene la utilidad de servir como distintivo de clase: *vale* puede oírse lo mismo en los andamios que en los pasillos de la Universidad, igual en las butacas de un teatro caro que en un cine de barrio. Las peculiaridades lingüísticas caracterizan el grado de cultura, no la pertenencia a un grupo socioeconómico.

Aparte su abusiva y tonta reiteración, el invento es bueno. Se ha forjado sobre el *ya vale* (o, simplemente, *vale*) con que pedimos que se interrumpa una acción en curso: «*(Ya) vale* de bromas»; «No eches más, *vale*»; «*Vale*, no sigas». De este empleo (que, por cierto, no recoge el Diccionario), se ha extendido al moderno, que ahora sanciona la Academia porque constituye un desarrollo perfectamente explicable desde el proceso evolutivo de nuestro idioma. Nada había, pues, que oponerle, salvo su machaconeo avulgarado: pero el Diccionario sólo define los usos, y no es responsable de los abusos.

En la sesión académica en que se ventiló este problema, un argumento fue decisivo: *vale* ha cerrado el paso en España al yanquismo *okay*, de tan desoladora prevalencia en otras tierras hispanohablantes. Atroz *okay*, con una cabeza de puente peligrosa en la jerga de la aviación comercial y de las agencias de viajes. «Su billete está *okay*» contestan al viajero que pregunta si ya lo tiene en regla. Bien que escriban en el papelito *O.K.*, si es tal la convención internacional, pero de eso a lanzar el espantoso exabrupto media un trecho que los empleados del aire deberían evitar.

Por ahora, es la única amenaza del *okay* que padecemos; en Hispanoamérica, este adjetivo, adverbio e interjección, que de todo sirve, espolvorea como salivillas el idioma de muchos hablantes, a pesar de múltiples esfuerzos para contenerlo. Que no faltan, por cierto, en las propias escuelas norteamericanas, por su abuso, culturalmente parecido al de nuestro *vale*. Por lo demás, el origen de *okay* es curioso. Según parece salió del nombre *Democratic O.K. Club*, cuya primera reunión tuvo lugar en marzo de 1840; *O.K.* eran las iniciales de *Old Kinderhook*, el pueblo natal de Martin van Buren, octavo Presidente de los Estados Unidos, a quien el club apoyaba. Admirable y sintomático hecho que *O.K.*, *okay*, gran consagrador de acuerdos, naciera en un contexto democrático.

Doméstico

Las oficinas de viajes lo han consagrado ya, colgándolo, el cartelito que anuncia: «Vuelos *domésticos*». Quiere aludir con ello a los que se realizan dentro del territorio nacional. Ahí está, evidentemente, el *domestic* inglés, definido así por el *Webster's New World Dictionary*: «of one's homeland», del propio país. El vocablo anda también entrometiéndose en el idioma de los políticos; el Presidente Arias no lo evitó en su discurso del 28.i: «Queremos que la realidad *doméstica* y la acción exterior de nuestro país vayan progresivamente confirmando...». Difícil tarea la de luchar contra un mal uso que se sanciona desde la cumbre del poder, pero intentémoslo.

El *Diccionario de Autoridades* (1732) sólo recogió tres acepciones de ese adjetivo:

«En su riguroso sentido, vale todo lo que pertenece o es propio de la casa». En efecto, el latín *domesticos* deriva de *domus* que significa 'casa'. Y así, hablamos con propiedad de «asuntos *domésticos*», de «rencillas *domésticas*», etc.

«Vale también lo que se cría en casa, que con el trato de la gente se hace manso y apacible, a diferencia de lo que se cría en el campo.» En este sentido, hablaba Quevedo de un «áspid que, *doméstico* y a modo de perrillo, acudía en una casa a la hora de comer».

«Se toma muy de ordinario por el criado que sirve en una casa.»

Son las tres únicas acepciones que sigue avalando el Diccionario académico en su última edición (1970). Como puede verse, en ninguna de ellas encajan ni los vuelos *domésticos* de las compañías de aviación, ni la realidad *doméstica* del señor Presidente del Consejo. Diccionario en mano, no habría más vuelos de esa clase que los de objetos lanzados en una trifulca matrimonial, ni otra realidad política que la de todos metidos en casa, sin comparecencia posible en unidades superiores a la familia. Evidentemente, tales compañías y el señor Presidente aluden a hazañas más estimulantes, y donde dicen *doméstico* y *doméstica*, a la inglesa, debemos entender 'nacional'.

Pero, curiosamente, la acepción anómala que denunciamos no lo fue en otras épocas de nuestra lengua. He aquí textos del siglo XV en los cuales ese adjetivo anda muy próximo a la actual acepción del inglés:

«En ayuntamientos de gentes y debates *domésticos*...» (Alonso de Cartagena).

«Guerras civiles e *domésticas*» (F. Pérez de Guzmán).

«(Decía que) más justo y honesto era destruir a los fieles *domésticos* que los extraños de África» (H. Pérez del Pulgar).

Está claro que la palabra se refiere a ámbitos superiores a los de la familia: pueden identificarse con los de todo un pueblo o una nación. En el XVI, Pedro Mexía se refería a las «discordias *domésticas*» de los judíos, y el Padre Mariana definía las «discordias *domésticas*» como «peste de los grandes imperios». Tal empleo prosiguió en los siglos posteriores, y así, en el XVII, Salas Barbadillo se refería a un rey que había tenido «muchos enemigos *domésticos*» (esto es, de su propio reino), y en el XVIII el Padre Feijoo decía de los gitanos que eran «gente medio *doméstica* medio forastera».

Tal vez haya ejemplos del siglo XIX que no he encontrado, pero mi impresión es que aquella acepción, tan pujante en el XV y en los Siglos de Oro, fue perdiendo progresivamente vigor; a ello tal vez se debe el que no haya dejado huella en diccionarios. En cualquier caso, su presencia en la lengua moderna no continúa su vieja tradición hispana, sino que representa una cruda adaptación del *domestic* inglés. El fenómeno no es único en nuestra lengua; en muchos aspectos, puede compararse a lo sucedido con *deporte*, vocablo que, en la Edad Media significaba 'distracción, entretenimiento' (creo que por galicismo; en francés, la voz *déport* se documenta desde 1160 con esa acepción), y así se usó aún en el XVI; pero quedó olvidada, para no reaparecer hasta finales del siglo pasado, como calco del inglés *sport*, el cual, curiosamente, deriva del francés *desport*. Los que adoptaron *sport* como *deporte* estuvieron, pues, mucho más acertados que quienes, en Francia, prefirieron el anglicismo a su voz vernácula, origen de aquél.

Pero en este último caso, la resurrección de la vieja voz por inducción del idioma isleño, era forzosa, ya que se precisaba dar nombre a una actividad de nueva configuración social. Nada justifica en cambio que el *domestic* británico promueva el uso de *doméstico* fuera de las acepciones consagradas por la Academia. Y así, el *Diccionario politécnico de las lenguas española e inglesa* (1965), da muy juiciosamente como equivalente de aquel adjetivo, *nacional, del país, interior* (e *intestinas* cuando ha de decirse de luchas o guerras).

Continuemos jugueteando a angloparlar, y acabaremos refiriéndonos con complacencia al *British Dominion of Gibraltar*. ¿Por qué enfadarnos con esta situación colonial, si –por no hablar de otras– estamos cediendo trozos de soberanía en nuestra lengua con tanta docilidad sin que nadie nos lo pida?

En pelotas

Los incuestionables descubrimientos realizados en el cine y en el teatro de nuestro país, han dado impulso a la locución *en pelotas* para salir del suburbio e instalarse en el idioma corriente, hablado o escrito. Y así –un ejemplo entre mil– he podido leer en un articulista a quien admiro mucho, la verdadera y necesaria afirmación de que «el público de las salas cinematográficas no ulula cuando la actriz se queda *en pelotas*». Me fijo en este texto porque puntualiza: «si es que tal vulgarismo puede decirse de una actriz».

He aquí un equívoco en el que la mayor parte de los hispanoha-blantes ha caído. La historia es muy simple. Esa locución se documenta en la forma *en pelota* desde el siglo XVII, aunque debió de surgir en el XVI. Cuando los galeotes corresponden como es sabido a la libertad que les procura Don Quijote, dice Cervantes que «a Sancho le quitaron el gabán y dejáronle *en pelota*». Evidentemente, no quedó desnudo, sino «a cuerpo». Por esa época, a la desnudez total se aludía con las locuciones *en cueros* y *en carnes*. Y con aquella acepción se documenta a lo largo del seiscientos, aunque cargándose progresivamente de la que va a seguirle. En efecto, el cambio semántico que conducirá del significado 'a cuerpo' al de 'sin ropa', puede vislumbrarse en este texto de los *Avisos* de Barrionuevo: «hombres y mujeres, *en pelota*, medio vestidos y desnudos». Y aparece ya plenamente confirmado en el siglo XVIII, cuando del Padre Isla habla de «un joven desnudo y *en pelota* como su madre le parió». A partir de entonces, no se documenta la vieja acepción, que quedó fijada en las locuciones *en cuerpo* y, después, *a cuerpo*.

Obsérvese que *en pelotas* surge y se mantiene durante siglos en singular. Y ello porque es heredera de la locución medieval *en pellote*, con la que se aludía al vestido casero. Trotaconventos persuade a Doña Endrina de que la visite, en el *Libro del Buen Amor*, con estas palabras:

> Desde aquí a la mi tienda non hay si non una pasada,
> *en pellote* vos iredes como por vuestra morada.

Los cambios de indumentaria –el olvido del *pellote*– dejaron esta palabra a merced de la etimología popular y en la locución fue sustituida por *pelota*, derivado burlesco de *piel*, latín *pellis* (se ha dicho que tal vez de *pelo*, pero no lo creo por el género). Influyó también el hecho de que *pella* significara, precisamente, pelota. De ese modo, *en pelota* equivalía a *en pellote*, esto es, 'a cuerpo' (o con atuendo casero) sugiriendo ya hiperbólicamente el desnudo total: ir a cuerpo o en cuerpo (falta de etiqueta que, por ejemplo, en la corte sólo era lícita al heredero del rey), era como no ir vestido formalmente, y se ponderaba diciendo que se iba en pura piel, o en puros cueros, *en pelota*. En el XVIII, como vimos, la locución perdió su sentido hiperbólico, para ajustarse a su significado literal: desnudo totalmente.

Pero la historia prosiguió; en la voz *pelota* dejó de advertirse su vinculación con piel, y fue creciendo la etimología popular que la asociaba con los atributos viriles. En medios populares, se impuso el plural, y desde el siglo XIX comienza a registrarse *en pelotas*, tanto en España como en América, alternando con el singular. Éste es dominante en los escritores que poseen buen sentido del idioma, y que no han caído en la vulgar tentación asociativa. He aquí ejemplos de las dos orillas de nuestra lengua:

«El jefe se quedó *en pelota*» (Miguel Ángel Asturias, 1952).

«Volvió a hacer la operación de secarse *en pelota*» (Juan Rulfo, 1953).

«A mí no me importa beber, ni fumar ni andar *en pelota*» (R. Pérez de Ayala, 1921).

Cuando, en el *Diario de un emigrante*, Miguel Delibes se expresa por su cuenta, utiliza cuidadosamente el singular; en cambio, cuando es Lorenzo, su gran personaje, quien habla, dice siempre *en pelotas*. Ningún ejemplo mejor para mostrar una conciencia lingüística alerta, que distingue bien entre el uso propio, de excelente alcurnia, y el vulgar.

¿Qué hacer? *En pelotas*, que revela una asociación maliciosa y tosca, está extendido por todo el ámbito del idioma, y hay que confesar su rotundidad expresiva. ¿Puede decirse de las mujeres? No sólo las pelotas se les atribuyen para encarecer su valor, sino, directamente, lo que las pelotas evitan nombrar. Léanse, si no, los ejemplos que Camilo José Cela aporta en su *Diccionario secreto*, I, pp. 105 y ss. Pero fuera de esas hipérboles del carácter y de la valentía, parece evidente que atribuir pelendengues a las damas es barbaridad contra natura. En cambio, el singular, esto es, «en piel o en pellejo», les acomoda tan bien como a los hombres. Y Pérez de Ayala escribía adecuadamente de una actriz que «se presenta casi *en pelota*».

Esto último ocurría en 1912; ahora vuelve a suceder en 1976. Los progresos son bien notables. Pero, dejando esto aparte, me permito recomendar la locución *en pelota*, y el olvido completo del plural. O si ello resulta ya imposible, que los hablantes distingan con claridad *en pelotas* y *en pelota* y que no confundan esta última, el pellejo o cuero, con las témporas.

Mentalizar(se), concienciar(se)

Las novedades lingüísticas no son cosa de salón o de cenáculo, sino de cielo abierto. El domingo pasado, cumpliendo un precepto médico –«no leer, no escribir, andar mucho»–, recorría jadeando mis veredillas de El Escorial, cuando me crucé con un matrimonio maduro que iba charlando. Él, rechoncho y popular, fuerte cayado y cráneo protegido por un «nipadeo», como la guasa riojana llama a la boina ibérica; ella, condigna en peso y tierna bondad en los ojos. Al cruzarnos, cacé esta perla de su cháchara:

–Tenemos que *mentalizarnos* y acostumbrarnos a lo moderno.

Extraordinario. ¿En qué tendría que mentalizarse aquel sólido y apacible matrimonio? El verbo *mentalizar(se)* y su hermano gemelo *concienciar(se)* llegaron hace pocos años, y ya campan en nuestros predios con la normalidad descrita. Sí existe el participio inglés *minded* en la acepción de «inclinado en pensamientos, voluntades, gustos e intereses en una dirección específica». Me parece, sin que de momento pueda precisar más, que por ahí debe buscarse el origen. *Mentalizar* se ha construido sobre el adjetivo *mental* en serie con *centralizar, nacionalizar, bestializarse, brutalizarse*, etc. Aparentemente está bien; pero no lo parece tanto si pensamos que estos últimos verbos significan 'hacer(se), volver(se) bestial y brutal', y que *mentalizar(se)* no quiere decir 'hacer(se), volver(se) mental'. Esta simple prueba demuestra lo forzada que resulta la invención o adaptación. (Tampoco es comparable con los verbos derivados de nombres, que acaban en -*l*, como *metalizar* o *fosilizar*, cuya acepción no es tampoco homogénea semánticamente con la de *mentalizar*). En cuanto a *concienciar(se)*, el castellano no posee ni un solo verbo creado sobre un sustantivo terminado en -*ancia*, -*encia*.

Henos, pues, con dos vocablos de pelaje bien extraño, que ya circulan hasta por entre las jaras, cabras y peñas de El Escorial. Peor: no es sólo su diseño morfológico lo que resulta poco nacional. Más chocante es lo que delata su extraño significado. Probablemente, tales palabras se nos han colado por dos vías distintas aunque de una sola intención. Ambos caminos son, si no me engaño, la propaganda comercial y el activismo político. La sociedad de consumo, que ha convertido el mundo en un zoco y ha impuesto como ideal humano la compraventa, ha necesitado para constituirse y precisa para subsistir una acción que desconsuele si cualquier objeto resulta duradero y haga desear su consunción; que obligue a anhelar ardientemente lo innecesario o inútil; que sea capaz de hacernos odiar a muerte nuestra lavadora si otra a la venta cuenta con un programa más. Para lograr tal prodigio, los expertos en publicidad han de *mentalizar* y *concienciar* a la gente, han de vapulear su sesera hasta anestesiarla.

Luego están los políticos, que tanto han aprendido de la publicidad. *Mentalizar* o *concienciar* a la base es su objeto. Y sus métodos, la misma invasión de las almas, idéntico zarandeo, igual absorción. Consignas simples, razonables o no, lanzadas como cantos a las cabezas, hasta que entren y se fundan con la masa encefálica. Con impulso bastante para que rompan cualquier filtro, cualquier propósito de crítica. La *mentalización* o *concienciación* que así se procura constituye la negación misma de la Retórica, que Nietzsche proclamaba como «arte esencialmente republicano» y como «la más alta actividad intelectual del hombre político», por cuanto trata de ganar adeptos a una causa rindiendo racionalmente voluntades indiferentes u hostiles. Años después, Ortega y Gasset lo expresaría en estas palabras: «La política significa una acción sobre la voluntad indeterminada del pueblo, no sobre sus músculos, una educación, no una imposición».

Ahora hay que *concienciar* y *mentalizar*. Y nuestro pueblo se *conciencia* y se *mentaliza*, consagrando por el uso de tales verbos, e introduciéndolos en una lengua que tiene alojadas en su forma interior las locuciones *hacerse a la idea de...*, e *irse haciendo a la idea de...*, las cuales formulan una actitud de convencimiento paulatino y deliberado, perfectamente controlado por el individuo. Antes se trataba de persuadir, esto es, de conducir al interlocutor por una senda dialéctica, que él tenía que recorrer paso a paso hasta el punto deseado. Ahora se le *mentaliza* o *conciencia* tomándolo a volandas e instalándolo en dicho punto, quiera o no quiera. Y él acepta esa ocupación de su libertad. Además, hacerse uno a una idea comporta que ésta sea bien delimitada; el paseante de El Escorial, con su «hay que *mentalizarse*» se refería a una disposición difusa del ánimo para recibir cuanto quisieran colarle.

Por el país de la «real gana», del «no me convencerás», del «lo hago porque quiero», deambulan ya como palabras y hechos estas rotundas abdicaciones de la personalidad. Y a mí me parece síntoma un tanto inquietante.

Un «tanto» en las Cortes

El jueves pasado publicaba el diario *Ya* un sorprendente artículo de su cronista en las Cortes Españolas, señor González Muñiz. Soy lector asiduo de su sección: el señor González Muñiz se acredita en ella como costumbrista de primer orden, aplicando su lente a la más alta institución política del país. Cuando ésta se convierta en objeto de historiadores, la colección de sus crónicas será consultada como fuente de máximo caudal. Son cuadros costumbristas parlamentarios más próximos a la suavidad de Mesonero que a la acidez de Larra. Ello no libra de riesgos a su autor –alguno habrá corrido, imagino–, pues son inherentes a la condición de costumbrista por benévolo que sea: ya señalaba el Curioso Parlante en 1820 cómo «hay cosas que, para ponerlas en ridículo, basta parar la atención en ellas». Y eso afecta también a tan severa y trascendente cosa como las Cortes: de vez en cuando –hombres son– dan una zapateta ante la cual *difficile est saturan non scribere*. Un Juvenal redivivo se hubiera sentido arrebatado por la inspiración ante el debate del pasado día 17, y hubiese escrito un poema capaz de remitir al olvido la Sátira IV, la del consejo convocado por Domiciano para ver qué se hacía con un grandísimo pez.

Ahorrando a mis lectores los preciosos y precisos detalles que pueden leer en *Ya*, ocurrió en síntesis lo siguiente. El texto de un proyecto de ley que se sometía a la Comisión de Presupuestos, decía en uno de sus artículos:

«La intervención de la aplicación o empleo de las cantidades destinadas a obras, suministros, adquisiciones y servicios, que comprenderá *tanto* el examen documental *como* la comprobación material...».

La Comisión decidió prescindir de «la comprobación material», y se puso punto detrás de *documental*; así fue votado y aprobado el artículo.

Pero he aquí que un señor procurador cayó en la cuenta de que el texto, si se mantenía el *tanto*, era agramatical. Sencillo, ¿no?, el arreglo: se suprimía tal partícula, y en paz. Pues no era tan sencillo: el reglamento de las Cortes impide volver sobre un texto ya aprobado, y así lo recordó a la Comisión quien tiene el deber de velar por la intangible pureza de los procedimientos: su presidente, señor Pinilla. Otros señores procuradores apoyaron su celo. En vano clamaba un miembro de la Comisión, con prudentísima alarma: «¡Vamos a hacer el ridículo ante el país!». Pero algunos se mantenían en su *tanto*, pensando sin duda que quien es fiel al reglamento de las Cortes puede afrontar gallardamente la risa de la nación. La escena debió de ser un puro encanto, y lo es en la pluma aguda y benevolente del señor González Muñiz. Antes, los primores formales se confiaban al trabajo posterior de una Comisión de Corrección de Estilo, pero, según recuerda el cronista, «estos nobles y claros varones la suprimieron en octubre de 1971, al discutir el nuevo reglamento de las Cortes, porque dijeron entonces que para saber escribir en castellano correcto, ellos y nadie más».

Por fortuna, los cielos lanzaron un ramalazo de cordura sobre nuestros legisladores, los más reacios pasaron el Rubicón reglamentista, y quedó conjurada la injuria que amagaba contra la lengua castellana. (Aun así, albergo dudas sobre la corrección del texto: suprimido el sumario de la «comprobación material», ¿queda airoso el verbo *comprenderá*?)

He aquí un caso claro de competencia de legalidades. Pues los procuradores acogidos al *noli me tangere* del artículo aprobado, negaban la superioridad de rango que, sobre aquella ordenanza, poseen las leyes del idioma. Leyes que se han dado en menospreciar y vulnerar, empezando por un elevado número de políticos que hablan y escriben chapucerísimamente. El famoso Andrés Piquer proclamó ante la Academia Médico-Matritense, en 1768: «Es cosa extravagante que se fíe la salud de los hombres a quien no se puede fiar un párrafo de lengua latina». Exageraba el buen don Andrés, pero no creo que sea hiperbólico alarmarse porque legislen o pretendan legislar quienes sistemáticamente conculcan las leyes que el pueblo español ha impuesto a su lengua, y que son más firmes y duraderas que cualquier reglamento. Ante unos procuradores que no perciben la unidad de la conjunción discontinua *tanto... como*, lo menos que puede uno pensar es ¡tate, tate! Si no puede confiárseles un párrafo de lengua castellana...

Ante cosas así me siento muy preocupado, porque una propensión depresiva y cavilosa me lleva a interpretar actitudes y gestos ajenos tal vez más allá de lo que fuera lícito. Siempre simpaticé con aquella niña del cuento, que lloraba al ver un hacha colgada de la pared pues podía caerse y hacer daño. El caso es que las Cortes Españolas tienen que convertir en leyes unas reformas propuestas por el Gobierno, en una dirección de marcha que, por los indicios, desea una mayoría del país (no entro aquí en las cuestiones arduas de la velocidad y el trazado de ruta: hablo sólo de la dirección del avance). Y ante lo ocurrido con el *tanto* de marras, empiezo a inquietarme temiendo que el reglamento o las leyes que estuvieron a punto de ser incompatibles el día 17 con algo tan compartido y común como es la lengua, caigan como un hacha sobre los compartidos y comunes proyectos de reforma. Si nuestros procuradores frecuentaran a Horacio, darían seguramente con estos versos suyos que incitan a profunda meditación: «Quid leges sine moribus / vanae proficiunt?» (*Carmina*, XXIV, 35).

Reclamarse de

Soy lector constante de no menos de media docena de semanarios. Y como no me inquietan los asuntos del corazón de famosas y famosos, de aristócratas y *parvenus*, ni está entre mis defectos el de fanático *voyeur*, dicho se está que tales revistas son políticas. De aquella asepsia que presidió el antiguo régimen, se ha pasado a la contaminación actual, de tal modo que no bastan los sobresaltos de la prensa diaria: las revistas semanales todas los multiplican por cien. Es lógico: se está dejando que el péndulo haga su formal recorrido. Y aún no es tiempo de quejarse, porque aún falta mucho para contrarrestar tantos decenios de parón. Pero como «ir al fútbol siempre también aburre», como sentencia un inolvidable personaje de Miguel Mihura, espero ya con impaciencia el descubrimiento de que en el mundo hay cosas mil veces más importantes que las visitas del señor Fraga al Rey o los discursos del señor Girón. Claro que, para llegar a una prensa que las comente, debemos aguardar a ver qué sale de tales visitas y tales discursos.

Mientras tanto, nuestras revistas desempeñan su papel, y yo las leo devotamente. Pero ocurre muchas veces que al sobresalto de lo que dicen se añade el susto de cómo lo dicen; lo cual, actuando sobre mi insidiosa aunque leve hipertensión, puede conducirme al desastre. Por ello, mi médico –gran médico el salmantino doctor García Bermejo– me recomienda que no lea y que frecuente riscos y arroyos. Claro que yo, suicidamente, me hago un sayo con sus consejos.

El preámbulo viene a cuento de que una de esas revistas poco favorables al Gobierno que constituyen mi droga hebdomadaria, estampó hace poco el siguiente titular: «Actualmente hay en la oposición nada menos que diecinueve partidos, grupos o grupúsculos que *se reclaman de* un socialismo democrático inspirado en Carlos Marx». Lo entendí, como cualquiera, y pasé adelante a absorber la noticia, absolviendo el título. Mi conclusión fue que eran mala cosa tantos grupos *reclamándose* de lo mismo, y que tal vez tenga necesidad el país de reclamarles pronto por su desunión. Pero, horror, a la semana siguiente, y bajo la rúbrica «Los socialdemócratas no se entienden», la misma revista imprimía esta noticia apasionante: «Muy activos han estado en los últimos días los diversos grupos que *se reclaman de* la socialdemocracia».

Tremendo impacto, como ahora se dice. No un golpe, sino dos en la misma matadura. Y, como estos días, no sé por qué, me da por el latín, me acordé enseguida de la *Philippica* XII de Cicerón: «Cuiusvis hominis est errare, nullius nisi insipientis in errore perseverare». Verdad grande: cualquiera puede equivocarse; sólo los insensatos perseveran en el error. El autor o autores de esos escritos la han tomado con los socialistas, y pretenden que nos los imaginemos dedicados a la afanosa tarea de *reclamarse de* algo, cuando tantas otras cosas tienen que hacer.

Y ¿qué es este extraño verbo? Un castizo diría que un galicismo como la copa de un pino; quien no lo es, poda el pino para dejarlo en galicismo simple. *Se réclamer de* está documentado en francés desde el siglo XIII, como término jurídico para significar la acción de apelar a un tribunal contra la sentencia de otro inferior. Y *reclamarse* aparece en textos medievales españoles, con el sentido piadosamente gálico de 'encomendarse' o 'apelar': «Que non puedo al templo entrar / ni a Dios me *reclamar*», se lee en la *Vida de Santa María Egipciaca* (468-469). Y similar acepción posee en textos posteriores de Montoro o Urrea.

Pero tal empleo afrancesado no atravesó la linde del siglo XVI, y el castellano no acompañó al francés en la posterior evolución semántica de *se réclamer (de)*; efectivamente, en dicho idioma llegó a significar, como define el *Larousse* grande, 'invocar en favor propio' («*Se réclamer du* droit des gens», o según dice el *Larousse* pequeño, 'prevalerse' (tomando este verbo a la francesa, esto es, 'acogerse a algo, autorizarse con algo en las pretensiones'): «*Se réclamer des* ancêtres».

Tras este rodeo, hemos llegado a ese *reclamarse de* que la revista en cuestión atribuye a socialistas y socialdemócratas: todos sus grupos aspiran a ser reconocidos como tales, pues todos dicen ser eso y reclaman para sí la legitimidad histórica o internacional de su ideología. Y lo que aquellos textos deberían decir es, simplemente que los partidos y grupos aludidos *invocan* o *dicen representar* o *se acogen a* o *se autorizan con...*, o mil cosas más que no sean *reclamarse*.

Contra quien descalifique la defensa del idioma y la necesidad de preservarlo de tonterías, pensando que tal defensa obedece a prejuicios burgueses, me acogeré al siguiente texto que Lenin escribía a vuelapluma, mientras oía los discursos pronunciados en una reunión del partido (3 de diciembre de 1924): «Estamos destrozando la lengua rusa. Empleamos sin necesidad palabras extranjeras [...] Naturalmente, cuando alguno que no ha podido aprender a leer hasta hace poco, en particular los periódicos, se entrega a esa lectura asiduamente, asimila en ellos a su pesar las peculiaridades de su estilo. Sin embargo, es justamente la lengua de nuestros periódicos la que empieza a corromperse. Si puede excusarse en quien ha aprendido hace poco a leer el empleo de palabras extranjeras que le han atraído por su novedad, es imposible perdonarlo a los hombres de letras. ¿No ha llegado el tiempo de declarar la guerra al uso injustificado de palabras extranjeras? Confieso que si ese empleo injustificado de palabras extranjeras me irrita (pues obstaculiza nuestro influjo sobre las masas), ciertos errores de los colaboradores de prensa logran sacarme de mis casillas [...] ¿No ha llegado la hora de declarar la guerra a la deformación de la lengua rusa?». Si Lenin hubiera sido español, y en esta hora, ¿qué habría dicho?

Señores políticos: si ahondamos aun poco, va a ocurrir que el purismo es hoy la más alta expresión de la democracia.

Bueno

Cuando agarre un catarro y pueda pasarme todo el día oyendo la radio o viendo la tele, mediré la densidad con que *bueno* aparece encabezando las respuestas a las siempre interesantes preguntas que hacen los locutores a sus entrevistados.

–Me ha dicho un pajarito que vas a hacer una coproducción en Italia.

–*Bueno*, estamos en conversaciones y si hay arreglo económico...

–También me ha dicho que tienes algunas escenas de destape.

–*Bueno*, si el guión lo exige y hay que desnudarse, pues me desnudo. A mí eso me da igual que posar de luto y con mantilla.

–Una pregunta indiscreta: ¿cuándo te casas?

–*Bueno*, no tengo novio.

–Pero ¡si llevas viviendo tres meses con Rafaelito del Esla...!

–*Bueno*, somos amigos. De momento, cohabitamos. Quiero decir que vivimos juntos. Cuando estemos seguros, hablaremos de boda.

Conversaciones así amenizan durante horas y horas miles de hogares españoles, algunos talleres, y acompañan a los automovilistas en sus viajes. (¿Se habrá pensado en estudiar la posible correlación entre accidentes y ciertos programas radiofónicos?)

Se trata de un *bueno* hertziano, casi exclusivo de la entrevista ante micrófonos, con el que inevitablemente comienzan sus réplicas casi todos los llamados a ilustrar al país con sus opiniones, informaciones y puntos de vista. Por supuesto, se aferran a él de modo especial los inexpertos, aquellos a quienes intimidan el micro o la cámara. Pero no lo desprecian los personajes y personajillos desenvueltos, que han hallado en tal uso interjectivo de *bueno* un decoroso correlato con el *well* inglés y el *bon* francés: algo así como un punto de apoyo sólido para cimentar en él una respuesta meditada, concentrada, sabrosísima:

–¿Qué opinión le merece el proyecto de Ley de Asociaciones?

–*Bueno*, habrá que ver en qué lo dejan las Cortes.

Salvo estos casos de grave responsabilidad, la tal muletilla desempeña una función no despreciable. En la conversación ordinaria, el lenguaje interior –el de la mente– y su formulación oral son simultáneos. Al escribir, la situación varía, pues la expresión ha de seguir al pensamiento, aunque sea a corta distancia; con la pluma en la mano, nos sentimos en la obligación de dar forma a lo que va fabricando la mente, y, por tanto, de proyectar y modelar la expresión. La situación de quien responde para el público ante la radio o la televisión parece intermedia: ha de dar una sensación de normalidad a veces infinitesimalmente pequeña que precisa el cerebro para realizar sus operaciones, con el fin de configurar decentemente sus palabras y que éstas no sean una patochada (aunque resulten serlo en un porcentaje escalofriante de casos). La emisión de un *bueno* ayuda a esa estrategia de bien quedar, que era impensable antes del *boom* de los medios de difusión audiovisuales.

Hasta ese momento, nuestro idioma desconocía tal comodín. Es signo de asentimiento («¿Bailamos?» «*Bueno*»), satisfacción («*Bueno*, ya me ha hablado de boda»), sorpresa («¡*Bueno!* Pero ¿no estabas en América?»), y otros variados movimientos anímicos. Sirve para reanudar un tema abandonado («*Bueno*, habíamos quedado en que me hará un descuento»), o para abandonar el que se está tratando («*Bueno*, dejemos las cosas como están»). No hay diccionario que pueda registrar las múltiples situaciones en que aparece *bueno* como interjección; pero tarde o temprano habrá que hacerle un hueco en el léxico oficial a ese uso hertziano, aunque debamos combatir su proliferación con toda fuerza.

Yo, con manía que no recomiendo a nadie porque puede ser injusta, descalifico mentalmente a quien comparece en las ondas precedido de *buenos*. Ese tonto artilugio me anuncia, por lo tanto, su falta de personalidad, su insensibilidad para las muletillas. Preferiría mil veces que se tomara el tiempo preciso para responder, sin ningún tipo de disimulo, porque ello inspira o debe inspirar confianza. En general, tenemos los españoles muy pobre idea acerca de qué sea «hablar bien», e identificamos esta cualidad con la prontitud y fluencia de lenguaje, sin pausas ni silencios (ya sabemos qué meritorio parece a opositores y examinandos haber hablado: «por lo menos, no me he callado»), atendiendo más al ruido que a la nuez.

Hablar, responder bien, es hacerlo juiciosamente, meditando lo que se dice, sin caer, claro, en el extremo de la premiosidad. Nos falta por completo una pedagogía generalizada de la expresión oral pública. Todo educador francés recibe al recibir su título un memorándum ministerial en el que se contiene, entre otras muchas, la siguiente advertencia: «Hablar bien no es hablar con elocuencia, ni siquiera con facilidad. De ordinario, el que habla fácilmente tiene pocas cosas que decir. Es que su pensamiento no le ofrece resistencia y lo viste con trajes confeccionados. Hablar bien no es hablar con fluidez sino hablar con precisión. Puede titubearse cuando el titubeo obedece al deseo de ser fiel a los hechos y a las ideas. Habla bien [...] el que actúa como árbitro entre su pensamiento y su expresión. Hay que habituar a nuestros alumnos, cuando hablan, a ser severos consigo mismos, a dudar, a tantear, en lugar de decir cualquier cosa».

El *bueno* hertziano suele ser sólo eso: el muelle en que se apoya el pie para saltar con cualquier cosa. De veras, evitémoslo. No añadamos la pesadumbre de oírlo mil veces a la de escuchar lo que en tantas entrevistas se pregunta y se responde.

Semántica

La cosa empezó hará unos seis años. Un distinguido político a quien no tenía el honor de conocer, tuvo la discreta idea de consultarme sobre el significado preciso de la palabra *Semántica*, que él oía emplear tanto en las sesiones de las Cortes y del Consejo Nacional. Por los contextos en que tal voz se usaba, deduje que los representantes del pueblo en tales organismos querían referirse con ella a asuntos meramente formales, y no de significación. Si discutiendo algún problema, alguien afirmaba que aquello era «una simple cuestión *semántica*» quería decir que la discusión no era de fondo sino de mera formulación lingüística. La prensa se hizo eco pronto de tal empleo, y hoy la *Semántica*, y sus adjetivos *semántico* y *semántica* van y vienen en discursos escritos, para designar lo que, dificultando deliberada o inconscientemente la comprensión, es fuente de oscuridades. Veámoslo en tres políticos de orientación política diversa.

Poco antes de acceder al Gobierno, uno de los más eminentes publicó un artículo titulado, precisamente, «La semántica». Era un loable exhorto a que se hable con claridad (aludía, por ejemplo, a los partes del equipo médico que atendió a Franco) y a llamar al pan, pan, y al vino, vino. Y estampaba allí esta aserción clave: «¿No podríamos escudarnos un poco menos en la *Semántica* y un poco más en la transparencia? [...] Llamemos úlcera a la úlcera, hidropesía a la hidropesía, y totalitarios a los que lo sean, aunque vengan disfrazados de demócratas. Librémonos del abuso de la *semántica*». Está, pues, bien clara la identificación de ésta con una especie de maniobrerismo lingüístico perturbador.

Hace pocas semanas, Josep Meliá, comentando el eco desfavorable que obtuvieron los recientes discursos de los señores Arias y Villar Mir, aseguraba: «Es increíble, en este aspecto, cómo un nuevo gobierno puede sufrir los dos mayores reveses que imaginarse puedan por un simple problema *semántico*. [Ambos discursos] son más mortificantes por la forma que por el fondo, más por sus silencios que por sus novedades, más por la falta de sintonía ambiental que por sus errores conceptuales». Aunque no se entiende bien a qué se alude en este texto con la palabra *semántico*, parece que se toma también como instrumento de oscuridad, de perturbación del pensamiento en su expresión formal, el cual, sin la acción semántica, hubiera sido menos objetable.

Por fin, Pablo Castellano, en el primero de unos artículos que ha dedicado recientemente a la «Unidad socialista», y tras aludir a los numerosos grupos y personas que hoy *se reclaman* del socialismo (véase nuestro dardo de la semana pasada) puntualiza: «Cuando algunos hablamos de la unidad socialista, con absoluto respeto a quienes difieran de nuestro criterio, no buscamos una heterogénea unidad de socialismo, que a veces no tienen más puntos en común que lo *semántico*». El pensamiento del señor Castellano está claro: aquellos grupos y personas se proclaman socialistas sin serlo o siéndolo sólo de boquilla, *semánticamente*. Lo *semántico* consiste, pues, aquí en utilizar el término *socialismo* pero no sus contenidos profundos, su significado real.

Es admirable comprobar cómo el sistema, el gobierno y la oposición están de acuerdo al menos en algo: en hablar un idioma caótico. Parodiándolos, podíamos decir que presentan notables coincidencias *semánticas*. Pero ocurre que la *Semántica*, la vieja ciencia lingüística creada por Michel Bréal a finales del siglo XIX, y que, como todas las ciencias, ha ido variando de contenidos y de métodos hasta hoy, nada tiene que ver con lo que le achacan nuestros políticos en sus esfuerzos por hablar con suma finura científica.

Porque la *Semántica* es la ciencia de los significados, no de los aspectos formales del lenguaje. La Semántica horada las palabras y las frases para desentrañar sus significados, para denunciar sus ambigüedades, y poner a las claras qué quieren decir. Si dos personas difieren en *lo semántico*, no es que sea una cuestión de palabras lo que les aparta: es que están defendiendo posturas diferentes. Si los discursos de los señores Arias y Villar Mir parecieron aceptables a algunos, es porque *semánticamente* les satisficieron. Y si cuantos se autodenominan «socialistas» tienen en común lo semántico, resulta que lo son de veras. que podrían llamarse de cualquier otro modo y seguirían siéndolo: lo contrario justamente de lo que pretendía decir el señor Castellano.

Censuraba don José María de Areilza a los especialistas, entre ellos a los profesores universitarios, el hecho de que se refugien en «el tecnicismo de sus áreas genéricas como en una clave secreta para iniciados». Hay algo peor, como estamos viendo: que los no iniciados entren en el recinto de los especialistas con el mismo desenfado que un perro en misa. Abandonen los políticos la Semántica a quienes saben qué hacerse con ella, y creen su lengua a otras expensas. O si lo hacen a las nuestras, que sea con propiedad y respeto y sabiendo lo que dicen. Mientras no lo sepan, que dejen la Semántica en paz.

Lívido

No creo que sea ya posible limpiar *lívido* de su equivocada y corriente acepción porque se halla inmensamente difundida por todo el ámbito del español. Generalmente se identifica la *lividez* con la palidez extrema, con el color de la piel casi aderezada de muerte. Y, sin embargo, el Diccionario académico define *lívido* muy precisamente así: «*amoratado*, que tira a morado». Y a ese color tiran las restantes palabras de la familia: *lividez, lividecer, livor* («color cárdeno», latinismo que usó Góngora) y *livorar* («golpear brutalmente hasta producir cardenales», que empleó, mucho antes, Berceo). En latín, de donde todo esto proviene, *lividus* significaba «azulado plomizo».

A pesar de su abolengo, ni *lívido* ni *lividez* son vocablos patrimoniales; es cierto que el primero se documenta en algún vocabulario hispanolatino renacentista, pero su empleo empieza a producirse con abundancia en el siglo XVIII; y del segundo no hay testimonios hasta el siglo XIX; (por su parte, *lividecer* no tiene más de sesenta o setenta años en el idioma). Todo hace pensar que los introdujeron en castellano los traductores o lectores del francés, lengua en que *livide* y *lividité* están ya instalados desde el siglo XIV.

Los primeros empleos de *lívido* en el setecientos (Feijoo, Clavijo y Fajardo, por ejemplo) se hacen con toda propiedad. Pero, en francés, tal adjetivo fue perdiendo su sentido originario («de couleur plombé, bleuâtre et tirant sur le noir», definía Larousse), para adquirir el de «extremadamente pálido, de color terroso», que es casi exclusivo hoy en aquella lengua. Y el español la acompañó en aquella mutación semántica, pero sin que muchos escritores olvidaran el significado primigenio. Quintana, por ejemplo, escribía adecuadamente:

> En su *lívido* cuello,
> del nudo atroz que le arrancó la vida,
> aún mostraba la huella sanguinosa.

Pero, casi a la vez, con mayor arrebato y descuido, al descubrir Espronceda las peripecias de su estudiante de Salamanca por ultratumba, hablaba de cómo lo abrazó Elvira convertida en un «cariado, *lívido* esqueleto». Las dos acepciones, la propia y la espuria galicista, conviven, pues, ya en la primera mitad del XIX; y no sólo en España, sino también en América. En 1892, el lexicógrafo guatemalteco A. Bartres advertía a sus compatriotas: «¿Quién no toma entre nosotros *lívido* por 'pálido, descolorido'? Sin embargo, lo que significa *lívido* en castellano es 'amoratado'». Poco después (1907), insistiría con máxima autoridad Rufino José Cuervo: «*Lívido* significa 'amoratado', y no 'pálido' o cosa parecida».

Nuestros escritores (y hablantes, claro) pueden dividirse en dos grupos bien diferenciados: el de los que conocen el significado de esa familia léxica y el de quienes lo ignoran. Véanse unos ejemplos de este último: «Aquel mísero estudiante noruego, *lívido* y muy mal vestido» (Echegaray, 1905); «Su palidez era *lívida* (Fernán Caballero, 1908); «Tigre Juan se puso de una *lividez* cenizosa» (Pérez de Ayala, 1925).

Frente a ellos, obsérvese la cuidadosa precisión de estos otros autores: «Aumentó la *lividez* de las ojeras» (Jacinto O. Picón,

1921); «Lumíneos ocres, cálidos carmines, / ebúrneas y rosadas morbideces / dejaron los dorados camarines / para ser sangre, podre y *livideces*» (M. Machado, 1920). «Por la ventana abierta sobre las *livideces* del alba entró un revuelo de aire frío» (Valle-Inclán, 1927); «No necesito verme para sentir la palidez del rostro, la *lividez* de los labios» (Carlos Fuentes, 1962).

Escritores hay que enumeran lo pálido y lo lívido como miembros de una gradación ascendente: «Se fue poniendo *pálido, lívido*, desencajado» (P. A. Alarcón, 1875); «*Pálido*, casi *lívido*, los ojos le brillaban» (Echegaray, 1900); «Se puso, más que pálido, *lívido*» (E. Pardo Bazán, 1891). No parece que, en su intención, los personajes pasen de lo pálido a lo amoratado, sino a lo palidísimo.

La confusión es tal que el Padre Restrepo pedía en 1943 la homologación –pongámonos modernos– de *lívido* con *pálido*, «pues que de este color al cárdeno pocas líneas hay». Yo no sé cuantas líneas habrá, pero mi modesta agudeza visual me asegura que son muchas. Que alguien, forzada la andorga por comer y beber, pase en breves instantes de lo cárdeno a lo pálido, o al revés, no quiere decir que entre ambos tonos de su piel medien pocas líneas.

Ya he confesado mis dudas de que pueda rehacerse el mal camino andado, pero aquí está la advertencia por si alguien quiere recogerla. Mientras el *Larousse* califica de anticuado el uso de *livide* como 'amoratado', muchos de nuestros mejores escritores lo mantienen en español; oponiéndose tácitamente a quienes sólo conocen su significado galicista. Con la primera acepción, nos vinculamos al latín (aunque el vocablo nos llegara por conducto francés); con la segunda aceptamos un huésped innecesario. No confundir *pálido* y *lívido* ayudaría a la exactitud descriptiva de nuestro idioma.

Enervar

Ante muchas palabras, pierde uno tierra y se encuentra como en un estado de ingravidez, sin saber hacia dónde echar los pies y aun sin poder echarlos. A mí me ocurre eso con el vocablo *enervar*: si una dama me confesara que la enervo, no sabría si engramear la testa o abatirla como pollo mantudo. Porque en puro castellano, el de siempre, eso significaría que la dejo sin fuerzas, desfallecida y sujeta a mi albedrío; pero en castellano (?) de hoy querría decir que la irrito, la crispo y la impaciento hasta el punto de desear mi aniquilación. Lo lógico es que me decidiera por este último sentido, y que me retirase con el cuerpo y el alma hechos una bayeta. ¿En qué iba a bañarse el optimismo de imaginar que aquella dama no hablaba a la moda, si lo que *enervar* quiere decir dominadoramente en la parla diaria es eso: 'estimular los nervios, sacudirlos como con un lancetazo o una descarga de muchos voltios'?

Y sin embargo, lo que el verbo significa es exactamente lo contrario, o casi: 'Quitar las fuerzas, debilitar y enflaquecer', tal como aseguraba en 1732 el *Diccionario de Autoridades*, sancionando una palabra que se había introducido un siglo antes en el idioma como latinismo (de *enervare*, 'debilitar, afeminar, agotar'). He aquí uno de los primeros testimonios de su empleo: «Considerando que no hay cosa que así *enerve* el cuerpo y debilite, sus fuerzas como el oprimirle de ordinario con tales cargas...» (Juan de Solórzano, 1647).

Y ésa es la significación única que yo aprendí cuando me llegó la vez de incorporar tal palabra a mi idioma, aunque sólo para conocerla, no para usarla: hasta hace pocos años, hubiera resultado pedantísimo decir algo así como que a una persona enferma la *enerva* andar, o que debe administrarse tal medicamento con mucha prudencia porque tiene efecto *enervante*. *Enervar* y sus derivados habían sido prácticamente borrados del español por *debilitar* y los suyos.

Pero he aquí que ha resurgido con fuerza en los últimos años, sobre todo entre jóvenes, con su significación latinohispana por completo olvidada y sustituida por la francesa. Porque es en francés, efectivamente, donde se produjo esa mutación semántica, y donde, desde la segunda mitad del siglo XIX, *énerver* significa 'irritar, sobreexcitar los nervios' (aunque los diccionarios galos no han olvidado la vieja acepción, coincidente con la española por su común origen latino, y tan contradictoria con la actual). No tengo noticia, al menos no la encuentro registrada lexicográficamente, de que el inglés haya realizado tan innecesaria adopción: *to enervate* quiere decir sólo 'debilitar la vitalidad' y 'reducir el vigor mental o moral'.

De esta manera, la lengua francesa sigue sufragando la indigencia de muchos hispanos, que no contentos con *irritar, enojar, fas-*

tidiar, impacientar, crispar, encrespar, sublevar, indignar, encolerizar, enrabiar, enfurecer, sulfurar, exasperar, sacar de quicio, sacar de madre, sacar de sus casillas, y hasta *cabrear,* se sienten impulsados a echar mano a ese *enervar* francés, que hace tanta falta en nuestro idioma como pan en eucaristía (según la moderna parla clerical llama a la misa; habrá, pues, que rejuvenecer y adaptar a la moda el viejo y castizo dicho).

La cosa anda ya por la prensa; leo, efectivamente, en un comentarista político: «Aunque la creencia general es la de que el Gobierno no estaba entonces interesado en absoluto en la detención de Carrillo, y menos aún en fechas anteriores al referéndum, el hecho de que la policía no estuviera enterada de la celebración de la rueda de prensa de Carrillo [...] *enervó* al presidente».

Obsérvese, además, de qué modo inoportuno se cuela ese verbo en tal texto: cualquier persona que esté poco al tanto de las proezas idiomáticas más rabiosamente contemporáneas, entenderá ahí que el señor Suárez resultó muy debilitado por aquella inoportuna detención. Lo cual, si bien se mira, a lo peor es verdad. A lo peor era lo que se andaba buscando y lo que se está pretendiendo por muchos tirios y no pocos troyanos. Para ellos, la ambigüedad de *enervar* viene como anillo al dedo: «*Enervemos* al presidente», se dicen, esto es, «pongámoslo furioso» y «castiguémosle los nervios para dejarlo sin fuerza».

Una razón más para evitar ese verbo que a tan sombrías maquinaciones se presta. Yo creo que estaba muerto y bien muerto. Pero si lo resucitamos, que no sea con su acepción gálica. El comentarista aludido hubiera quedado pero que muy bien desoyendo la sirena modernísima del *enervar,* y diciendo más justamente lo que quería: que el presidente Suárez montó en cólera, tronó y echó sapos y culebras por su boca, cuando supo que tamaña tribulación caía sobre sus hombros en las vísperas de Navidad.

Norma y uso del idioma

Hace poco, con mejor intención que acierto, se me preguntaba en una encuesta qué tipo de lengua debe enseñarse a los escolares, si «la estrictamente académica, absolutamente divorciada del contexto lingüístico en que se mueve el alumno, o una lengua que, de algún modo, considere ese contexto y admita determinados hechos de habla como algo totalmente aceptable».

Pienso que esta pregunta plantea un problema que es acuciante para muchas personas, y al cual debe empezarse a dar respuestas. Por lo pronto, no deja de alarmarme la posibilidad de que el profesor haya de asumir la responsabilidad de calificar como admisibles «determinados hechos» de la expresión espontánea escolar: ¿en qué lugar colocaría la frontera?; ¿quién, profesor o no, posee el pulso capaz de ponderar lo aceptable para distinguirlo de lo espurio?; y ¿por qué acoger unas cosas y rechazar otras? Me temo que se acabará abriendo las puertas sin discriminación, y proclamando que el monte entero es orégano.

A favor de esta posibilidad están muchos pedagogos que adoran la simplicidad, la espontaneidad de los alumnos, y consideran profanación cualquier deseo de alterarla. Me confieso escéptico en tan benéficos dogmas, y, por tanto, culpable si estampo herejías; por puro sentido común, creo que la tarea de los profesores consiste justamente en modelar e incluso domar aquella espontaneidad, la cual, en un número grande de casos, no es tan espontánea como se cree: su principal componente es imitativo; el espíritu de los muchachos se configura en buena parte como receptáculo de influjos ajenos (familia, amigos, cine, televisión…), no siempre cultural y lingüísticamente respetables. ¿Será censurable el profesor que reclame su parte de influjo en las mentes de unos jóvenes ciudadanos que la sociedad le ha confiado para que los eduque? Me parece que a todo el cuerpo docente nos está agarrotando una suerte de temor ante el tabú de la no injerencia en la personalidad del alumno. De la beligerancia absoluta de un antaño próximo con que se le impedía respirar, hemos pasado al cruce de manos, al miedo a intervenir aunque sea poco, para librarnos de dictados que revolotean hoy, en este retablo de las maravillas, sobre quien no dice que el rey viste de oro, aunque lo vea desnudo. ¿No habrá un ten con ten, de difícil hallazgo por supuesto (pero en eso consiste el arte del profesor), que sin la menor pretensión de alterar la individualidad del estudiante, ni el curso futuro de sus convicciones y creencias, sin hacerle sentir ningún yugo, ninguna imposición, lleve a su mente la seguridad de que hay cosas válidas y otras que no lo son, y de que *necesita precisamente esas cosas válidas para forjar su personalidad*? Entre otras, una posesión suficiente de su idioma.

El asunto empieza a plantearse mal cuando a la lengua espontánea del estudiante se le opone la «lengua académica». Confieso ignorar qué es esto. Existe –cada vez menos– el estilo de quienes cultivan el «pastiche», con los ojos puestos en modelos de antaño, que antes de escribir una palabra examinan su legalidad en el Diccionario de la Academia. Como, por ejemplo, no figura en él *riqueza* con la acepción de 'abundancia proporcional de una cosa' (lapsus que acaba de ser salvado), se vedarán decir o escribir que tal líquido posee una gran *riqueza alcohólica*. No existe la «lengua académica», sino la «academicista», que es algo distinto: antigualla sin valor ni utilidad.

Tal vez porque algunos académicos hayan empleado tal estilo, «academicismo» se ha hecho, en ciertas opiniones, sinónimo de «académico», con grave error. Puede asegurarse, por otra parte, que ha habido siempre más relamidos academicistas entre los aspirantes a académicos que entre quienes lo son. La realidad es que la Academia no posee un modelo propio de lengua –menos ahora que nunca–, y que su misión actual suele ser muy mal comprendida. Tal corporación no puede aspirar –y, cuando aspiró, fracasó, porque es empresa imposible– a imponer modos de hablar y de escribir. Primero, porque los idiomas no se construyen en los laboratorios, sino en la sociedad que los emplea. Después, porque España no es dueña de la lengua española: ni siquiera es ya la nación en que esa lengua cuenta con mayor número de hablantes: México nos supera. De ese modo, sus funciones reguladoras se supeditan a la de negociar, pactar en pie de igualdad con los demás países del condominio, una *unidad básica* que garantice, porque es social, cultural y hasta económicamente necesaria, la perduración de un sistema lingüístico común.

Tal sentido tiene –y debe tener más– el Diccionario académico. En rigor, no es perfecto por el modo de hacerse. Le faltan palabras y acepciones –la anterior de *riqueza*, por ejemplo– a causa de descuidos que la Institución procura subsanar continuamente, y le sobran abundantes entradas léxicas. La base de dicho Diccionario sigue siendo el dieciochesco de *Autoridades*, cuando sólo el habla de la metrópoli era tomada en consideración. Entraron entonces múltiples regionalismos y localismos y si no se recogieron más es porque faltó diligencia a los académicos encargados de hacerlo. Esta tónica prosiguió, y el venerable libro aparece hoy cuajado de sorianismos, murcianismos o leonesismos (y arcaísmos por supuesto;

pero ése es otro problema), de circulación más reducida. Al amparo de ese criterio, los americanos han pedido, como es natural, el registro de muchas formas nacionales, e incluso locales. Es éste un problema sobre el que las Academias deberán adoptar un criterio firme, probablemente en el sentido de limitar la estancia en su vocabulario a las palabras que, efectivamente, constituyen el patrimonio común o, por lo menos, el de amplias zonas del territorio idiomático, español o americano.

Prescindiendo de esas adherencias de origen hereditario o emotivo, el cuerpo fundamental del Diccionario está formado por miles de palabras que todos compartimos, pero no necesariamente por todas las que usamos y podemos usar sin preocupación alguna. Ya hemos dicho que su no constancia puede deberse a simple lapsus; y también porque el notario no va delante de los hechos, sino que los sigue, y la misión de la Academia es notarial, fedataria. Registra en sus ficheros lo que llega a su conocimiento: e imprime en el Diccionario lo que, por su difusión, le parece consignable. De ese modo, cuanto en él figura lleva su documentación en regla; pero mucho de lo que no aparece está en espera de tenerla, y, para ello, necesita vivir libremente sin ser prohibido.

Curiosamente, mucha gente es lo que espera de esa corporación: vetos. Se le piden casi a diario. ¿Qué ocurriría si se decidiera a formularlos? ¿No se producirán reacciones irritadas o sarcásticas? Por otra parte, no se crea que en el seno mismo de las comisiones académicas podría llegarse a acuerdos fáciles acerca de qué autorizar y qué vetar.

Debe confiarse mucho más en la tarea que pueden desarrollar los profesores de lengua, conduciendo con conocimientos e instinto el fluir velocísimo del idioma, que en el eficacia dudosa de las proscripciones oficiales: en cada decisión la Academia podría dejarse jirones de prestigio. Y ello, tanto en lo referente al léxico como en lo gramatical y estilístico. La tarea de limpiar y pulir el español es responsabilidad mucho más directa del cuerpo docente. Y este deber tendría que imprimirse fuertemente en el ánimo, no sólo de los profesores de español de cualquier grado, sino en el de todos los profesores que enseñan en español, porque también son (quizá, antes que nada) profesores de español. Hoy, que se cometen tantos atentados contra nuestro idioma, serán escasos todos los esfuerzos.

No existe ese espantajo llamado «lengua académica», y la «academicista» es mero fósil. Lo que sí existe es una *lengua media culta*, común a todos los países hispanohablantes, que sirve de instrumento expresivo al idioma escrito (del cual el literario es sólo un aspecto) y a la comunicación oral. Esa lengua se caracteriza por su riqueza y variedad.

En ella, con el correr del tiempo, se ha decantado la cultura más valiosa de cuantos hablamos castellano; ha sido habilitada para sutilezas e invenciones mentales cada vez más refinadas; ha incorporado, y sigue incorporando, hallazgos verbales de otras lenguas que le son precisos para mantener sus posibilidades –o esperanzas– de ser vehículo de una cultura creadora y dialogante con las demás culturas avanzadas.

Incuestionablemente, el Bachillerato debe proponerse –¡con su único curso obligatorio de español!– introducir a los ciudadanos en la posesión de esa *lengua media culta*, escrita y oral, común a todo el ámbito del idioma. Y ello –perdón por la insistencia– no por prurito «académico», sino porque estamos convencidos de que sólo a través de aquella posesión es posible el acceso a una ciudadanía libre y fecunda. Esto requiere una breve aclaración, pues también se presenta con alguna maraña perturbadora. Pero merecerá artículo aparte.

Idioma y ciudadanía

Bien hablar y bien escribir (no se me oculta lo relativo del adverbio: no aludo a oradores fluidos ni a escritores, sino a quienes se expresan ejercitando algún control sobre su habla y su escritura) tiende a verse en nuestros días como atributo de clase social. En realidad así es, y así ha parecido siempre, pero con una diferencia importante: la clase que así se expresaba, se reconocía como «superior»; impresionaba e infundía respeto desde que empezaba a hablar, y escandalizaba si no lo hacía de aquel modo. Quienes procedíamos de estratos sociales humildísimos, no cuestionábamos aquel lenguaje: tratábamos de apropiárnoslo. Hoy, no; las clases víctimas de la secular injusticia de la incultura, tienden a convertir ésta en forma de cultura, y a proponerla como instrumento contra la otra, la denominada burguesa.

Se enfrentan fundamentalmente los gustos en las artes y se introduce, dentro del bloque diferencial, el lenguaje. El idioma «correcto» ya no resulta, para muchos, deseable, por entender que es una manifestación más de la superestructura. Les basta, dicen o piensan, el suyo propio, el de su ámbito familiar y socioeconómico. De ese modo, el idioma que oyen en las aulas y que quiere imbuírseles en ellas puede resultarles raro o ininteligible y desdeñable. He aquí el primer problema grave con que puede enfrentarse el profesor en muchos centros (y en muchas regiones; pero tampoco me ocuparé ahora de tal cuestión); la indiferencia e incluso hostilidad de los estudiantes ante una lengua más refinada, copiosa y flexible. La tentación –quién sabe si propiciada por rusonianos pedagogos– consistirá, tal vez, en abandonar y resignarse: convertir la clase en trámite de convicción. O, por el contrario, hacer frente a aquel desinterés, enrigideciendo la exigencia: peligroso e injusto modo de reaccionar, que inhabilitaría para la acción necesaria.

La situación de perplejidad estuvo viva en la sociedad y en la pedagogía soviéticas durante años. Y, si no estoy equivocado, acabaron con ella los artículos que publicó Stalin en *Pravda* en 1950. Su esfuerzo se concentró en demostrar que la lengua no es una superestructura crecida a la economía y dependiente de ella. No debe confundirse, aseguraba el líder soviético, la lengua con la cultura: ésta puede ser burguesa o socialista, mientras que la lengua, como medio de comunicación entre los hombres, es común a todo el pueblo. Y escribía, dogmáticamente, pero con evidente razón: «Esos camaradas [quienes pensaban lo contrario] se equivocan gravemente al afirmar que la existencia de dos culturas diferentes conduce a la formación de dos lenguas diferentes y a la negación de la necesidad de una lengua única».

La lengua debe ser considerada y tratada como instrumento. La comunicación no es su único objetivo, sino también la creación del pensamiento. Son los objetos comunicables los que importan, no los signos: pero sucede que, sin signos, no hay objetos comunicables. Y que, por tanto, la potencialidad del pensamiento es función de la riqueza y complejidad que posea el sistema sígnico, el idioma con que se piensa. Nada más absurdo que valorar la pobreza de tal sistema como atributo de clase, como arrogante emblema de un estado social, de un modo peculiar de cultura. Un movimiento socializador, que tienda a una participación colectiva en los bienes, no puede empezar deseando el empobrecimiento de éstos ni de sus medios de producción. Y ocurre que, dicho en toscos términos materiales, el idioma es un medio básico de producción (cosa que ya afirmó N. J. Marr).

Creo que sin un convencimiento así o parecido, el profesor de español actuará fría o tímidamente ante el muy probable prejuicio de sus alumnos. Ha de estar muy persuadido de la bondad de su causa para que el desaliento no lo paralice (para exigir, por ejemplo, una ortografía cuidadosa) y para poder transmitir a los escolares su propia convicción. El idioma de éstos, rudimentario, mezcla informe de vulgarismos, tics callejeros y clichés, no es respetable. Pero debe ser respetado (puesto que es inculpable) para montar sobre él, estratégicamente, su enriquecimiento. De algún modo deben convencerse los alumnos de que su estado lingüístico, si no salen de él, los frenará social y profesionalmente (también cívica y políticamente). Y de que el profesor, decidiéndose a no intervenir, consagraría una injusticia; porque siempre habrá muchachos, allí o en otros centros, que posean mejores instrumentos de pensamiento y expresión, adquiridos en el medio cultural de que proceden.

Estimamos, por ello absolutamente preciso que el profesor atraiga a los alumnos hacia la lengua que él mismo habla y escribe, a la norma culta media. Para lo cual, según hemos dicho, resulta necesario partir del respeto total a las deficiencias expresivas de los muchachos: éstos no deben sentirse humillados, si hay que ganar su confianza y si se desea interesarlos eficazmente en el proceso de su perfeccionamiento. Puede llegarse a su inhibición y, como ya he dicho, a su hostilidad si se valora explícitamente como muy bajo su idioma, si se lo reprochamos, si, desde el primer momento, se les proponen modelos refinados o exquisitos de literatura. El arte de empezar (¿por dónde?, ¿cómo?) es muy dificultoso, y variará, naturalmente, con el nivel de conocimientos de la clase, su procedencia, lugar, etcétera.

En cualquier caso, no deben proscribirse las peculiaridades individuales (idiolectos) o de grupo. Lo que sí pensamos que debe hacerse pronto es ir acostumbrando a la autocrítica, a la conciencia reflexiva sobre cómo se dicen las cosas. Es el problema de los «registros» idiomáticos. La situación culturalmente más baja corresponde a aquellos que sólo poseen un registro para su comunicación. Es lo que suele ocurrir con multitud de alumnos en los primeros años de su actividad escolar. Una pedagogía lingüística racional, a la que los planes de estudio concedieran el tiempo preciso para su desarrollo, debe consistir en ir aumentando los registros en que el alumno puede expresarse, no para que menosprecie o suprima los más llanos, familiares, regionales y hasta jergales que constituyen su hábito, sino *para que aprenda a identificarlos como tales.* Pretender que un muchacho se exprese, hablando o escribiendo, como un adulto educado sería empresa vana e inútil, ya que ese adulto no se expresa –si no es pedante– de un modo uniforme, sino que cambia de registros con gran movilidad: en ello consiste su cultura.

Ese control crítico es el que conviene imbuir a los escolares; no es el reproche del profesor lo que interesa, sino la calificación que ellos mismos hagan de su propia expresión, conscientes de que están utilizando un vulgarismo, un tic estudiantil, un regionalismo, un localismo, una voz o un giro de ámbito familiar, etcétera, *que no pertenecen a la lengua media culta,* la cual deben ir poseyendo poco a poco, gracias al trabajo de las aulas y a su permeabilidad y receptibilidad para esa lengua.

Otra cuestión, y muy ardua, es la de las tácticas concretas para lograrlo. Nuestra tradición pedagógica parece más bien pobre en lo referente a la enseñanza práctica de la lengua materna. También en esto tenemos una revolución pendiente de la que nada se habla ni en las alturas oficiales ni en las otras. ¿Para cuándo la implantación efectiva de una metodología eficaz, en una acción semejante a la que tuvo lugar en Francia a principios de siglo? No es cuestión intrascendente: la vida social depende de la cultura idiomática de los ciudadanos mucho más de lo que suele creerse. Y si no se pone remedio a tiempo –está siendo ya demasiado tarde– es lícito imaginar que van a resultar poco eficaces los esfuerzos que se hagan en otras cosas para edificar una sociedad más justa y progresiva.

Dislates diversos

Se me permitirá hoy un *potpourri*, que es el calco francés del español *olla podrida* (sólo que luego importamos el «popurrí», porque era muy arduo decir que la banda municipal iba a interpretar una olla podrida de *La revoltosa*).

Voy a ensartar, pues, una selección de las variadas notas que tomo cuando leo los periódicos u oigo radio y televisión. Contra nadie en particular van dirigidas –salvo un par de ellas, pero no me consta que los aludidos sean responsables–, y confío por tanto en que nadie me diga, como Pedro el cabrero a Don Quijote: «Si es, señor, que me habéis de andar zahiriendo a cada paso los vocablos, no acabaremos en un año».

A nadie tengo por cabrero (salvo a los propiamente dichos), y mucho menos a mí por Quijote. Pero hay que zaherir los vocablos cuando resultan bordes y de mala ley. Y son muchos de tal laya los que chisporrotean en el castellano de articulistas, informadores y locutores.

Empecemos con estos últimos. ¿Cree alguien que han hecho caso a las razones objetivas que di hace varias semanas para que renunciasen al imperfecto en *-ra*, tan frecuente en las retransmisiones deportivas? Craso error. Continúan diciendo que «el gol de ventaja que tal equipo *obtuviera* en tal campo inclina el pronóstico de hoy a su favor». ¿Imagina alguno de mis lectores que, tras haber apuntado que *invariable* o *inalterable* es sólo lo que no puede variarse o alterarse (cosa que no ocurre con un partido de fútbol, pues se juega para alterar el tanteo), desaparecería de los informes deportivos dominicales aquello de «El marcador continúa *invariable* (o *inalterable*)»? Equivocada suposición: los *invariables* o *inalterables* –por *invariado* o *inalterado*– siguen manando de las cadenas radiofónicas.

Añadamos ahora un rubí que ya he oído un par de veces en contextos como el siguiente: «El disparo de X es *defectivo* y sale fuera». Sí, *defectivo* es lo mismo que *defectuoso*, pero mucho más cursi. Imaginemos a un tendero hablando como los locutores, y ofreciéndonos rebajado un cacharro porque es levemente *defectivo*.

Vengamos a los escritos. He aquí un pasaje recientemente leído en una revista; el redactor anunciaba con satisfacción una mejora de TVE: el retorno de «Los libros», serie, decía, «que tan *remarcable* aceptación *obtuviera* (imperfecto en *-ra*, aunque esta vez fuera de los campos de juego) hace ahora dos años». ¿Qué es ese *remarcable* sino un galicismo traído a empujones, viejo merodeador por nuestra lengua, innecesario a todas luces porque ya tenemos *notable*.

Recordarán tal vez mis lectores lo que escribí a propósito del anglicismo *doméstico*, empleado para aludir a lo que es propio del país, de la nación. Aportaba como eximente que el castellano conoció tal uso entre los siglos XV-XVII, pero recomendaba evitarlo en favor de lo neto de su significado actual. Pues bien, no sólo *doméstico* se emplea en aquella acepción, sino que veo utilizado a la pata la llana su sinónimo *casero* para significar también 'nacional'. He aquí el edificante pasaje, también de un semanario: «En sólo dos meses, decía el *New York Times*, la prensa se ha destacado como el principal foro de la opinión pública [...] reflejando la diversidad de opiniones *caseras*». Si no lo sabían, ya lo saben: el caserismo no es sólo horrible tendencia de los árbitros de fútbol. Contemplada desde esta perspectiva, la nación ya no deberá ser simbolizada por una arrogante y majestuosa matrona, sino por un ama de casa con mandil, igual que las que anuncian detergentes.

Otro periódico –diario esta vez– atribuía al jefe provincial de Sanidad, en titulares grandes, esta declaración: «La situación no es *alarmista*» (se refería a casos de meningitis registrados en Madrid). Como tales palabras no venían entrecomilladas, no hay seguridad de que dicho médico fuera responsable del adjetivo. *Alarmista* es, como todo el mundo sabe y el Diccionario define, «la *persona* que hace cundir noticias alarmantes», por lo cual una situación no puede ser *alarmista* sino *alarmante*.

Un conocido semanario recogía, a su vez, hace poco una respuesta, pero no sé si a la letra, del señor Cantarero del Castillo a la pregunta de si se uniría «con los cien socialismos» que compiten por alzarse con el santo y la cera: «Creo que sí, siempre que estuviesen en una línea democrática, tanto en lo *procedimental* como en los objetivos mismos». ¡Qué hermoso y puro y propio hubiera quedado decir ahí, simplemente, los *procedimientos*! (Sugerencia que brindo a muchos abogados amantes de tal voz.)

Por último, una pregunta que formulo al Ministerio de la Vivienda sin acogerme, por supuesto, al derecho de petición. En el diario *Arriba* (20 de febrero de 1976), tal organismo publicaba una nota referente al derribo de chabolas en el Camino de Perales, y a su texto pertenece este párrafo: «Los ocupantes de este grupo de chabolas han sido trasladados a treinta *fillods* construidos directamente por el Instituto Nacional de la Vivienda en la avenida de San Fermín. La adjudicación de dichos *fillods* fue realizada mediante sorteo». Por favor, ¿qué son los *fillods*? Si a los chabolistas se les dijo que iban a adjudicarles tales cosas, así, sin más explicación, es muy posible que un escalofrío les recorriese los tuétanos.

Vivir en «cantaría»

El título de hoy es sólo un aparente enigma. Parodia a Pedro Salinas cuando, añorando un mundo sin nombres, con sólo él y la amada frente a frente, anónimos, únicos en la Tierra, siendo un *tú* y un *yo* inconfundibles, exclama:

> ¡Qué alegría tan alta:
> vivir en los pronombres!

¿Sobre qué piezas gramaticales vivimos los españoles? Abro este mismo periódico de hace unos días –pero todos los días ofrece muestras– y leo cosas así:

«En cuanto a los cuatro líderes políticos detenidos tras la formación de Coordinación Democrática, el Gobierno *estaría* dispuesto a que [...] permanecieran en Carabanchel hasta después del 1 de mayo».

«Tras el agitado fin de semana [...] se calcula que algo más de trescientas personas *habrían sido* detenidas.»

«El titular de Exteriores *habría olvidado* el *affaire* de su desaparición en la televisión.»

Evidentemente, esos usos de las formas *cantaría*, *habría cantado* (potenciales de la vieja gramática, condicionales de indicativo en la nueva) no son castellanos: nos separan de ellos los Pirineos. Propios son del francés, pero, desde hace años, y ahora con una intensidad alarmante, nos los están colando muchos periodistas inadvertidos. En efecto, el condicional galo, tiene, entre otras aplicaciones, la de «señalar un hecho dudoso, eventual, particularmente cuando se presente ese hecho como un "se dice", como una aserción cuya verdad no se garantiza», según explica tan bien el austero Grevisse. Es, en suma, el condicional de rumor, de lo que no consta fehacientemente: «X *rencontrerait* Y prochainement».

Pero esto, repito, no es nuestro. En español, *cantaría* es el futuro imperfecto del pasado («Anunció que *volvería*»), y *habría cantado* el perfecto («Dijo que a las seis *habría acabado*»), y su empleo más frecuente acontece, como es notorio, en las oraciones condicionales. Son, pues, formas *relativas*, esto es, explícitamente medidas desde otras formas pasadas y anteriores (*anunció-dijo*).

En tres casos principales pueden aparecer sin esa relación explícita con otro tiempo verbal:

–para atenuar cortésmente la expresión de un deseo, un reproche, una petición... («*Deberían cerrar* la ventanilla»; «*Habrían podido llegar* antes»; «*¿Querría darme* fuego?*»*; «*Habría deseado* hablar con usted»);

–para expresar la probabilidad en el pasado («*Tendría* entonces veinte años»; «por aquella época, se *habría casado* ya»);

–en el llamado «estilo indirecto libre», puramente literario («Lo pensó mejor: *iría* con él»), en el que, sin embargo, es perceptible la dependencia de otro verbo no expreso («y *decidió* que *iría* con él»).

Dejando aparte estos usos periféricos, recordemos que el empleo principal antes descrito implica la correlación con un tiempo pasado, a diferencia del francés, el cual permite la formulación de una eventualidad sin dependencia de verbo alguno. Y es esa posibilidad galicista la que ha servido de modelo al redactor de los tres rumores que hemos propuesto como ejemplos, y que en castellano derecho se expondrían fácilmente diciendo que «el Gobierno *parece estar dispuesto*...», que «se calcula que *tal vez han sido detenidas* más de trescientas personas»; y que «*según indicios*, el titular de Exteriores *ha olvidado*...». Así o de otras maneras parecidas, pero no con condicionales claramente espurios.

La incorrección pulula en los periódicos con densidad aflictiva; repito que más, últimamente: produce la sensación de que vivimos en *cantaría*, en *habría cantado*. Y no es motivo de alegría sino de alta desdicha que los diarios se pueblen con el condicional del rumor. Primero, porque estropean malamente el idioma; después, porque ese empleo y su frecuencia son indicios de falta de información. Ya casi ante nosotros no hay ni *tú* ni *yo*: somos *nosotros*, la colectividad, un país en expectativa. Y se nos hace vivir no en el *cantamos* y *cantaremos*, no en el *sucede* y *sucederá*, es decir, no en el *presente* y en el *futuro de nuestro presente* (aunque sea imperfecto), sino en el *cantaría* y *habría cantado*, que son, repitámoslo, los *futuros del pasado*, los tiempos de las suposiciones, de los acontecimientos entrevistos, de las noticias filtradas por rendijas.

Queda la ilusión: ya he dicho alguna otra vez que urge esperar. Tal vez dentro de pocos días, el Presidente Arias levante una punta del velo que oculta asuntos decisivos para nuestras vidas, y anuncie que se nos permite intervenir en ellas. Pero mientras eso llega, me permito aconsejar a los periodistas que se olviden del condicional francés: ni el desaliento autoriza a ultrajar nuestra lengua.

La «geografía española»

Primero, como suele ocurrir, fue una graciosa invención: a alguien, para aludir al cuerpo físico del país, con sus montes, sus ríos, sus llanos y sus pueblos, se le ocurrió decir la *geografía española*. Ahora es, sencillamente un tópico que produce rubor. Y más aún cuando se expande con *toda* (*toda la geografía española*), y, ya fluvialmente, como procesión que no cesa, en *a todo lo largo y lo ancho de la geografía española*. ¿Puede imaginarse nada más despilfarrador que decir, simplemente, *España*?

Cuando se habló primeramente de la *geografía española*, el proceso inventivo fue similar al que, en la época clásica, acuñó *anatomía* y *notomía* para designar el esqueleto, y después, aflamencadamente, el cuerpo soberbio de una mujer. Y puesto que al cuerpo se le ve también como edificio, tal palabra, en ese contexto, puede alternar con *arquitectura* (y también como *hechuras*, a lo basto). Se trata, en suma, de designar una cosa con el nombre de la ciencia que se ocupa de ella. Y también de una técnica, como cuando hablamos de la *fontanería* o la *carpintería* de una casa. Un tipo de metonimia que no previó la retórica clásica.

Pero tal cosa no es corriente, y no hablamos de la *Zoología* del Coto de Doñana, ni de la *Botánica* de los Pirineos, ni de la *Aeronáutica* para designar aviones, ni exclamamos ante el cielo estrellado: «¡Qué maravillosa *Astronomía*!». Y sin embargo, se lee y oye a troche y moche eso de la *geografía española*. Insisto: un hallazgo expresivo notable en su inventor, convertido en plaga pública por su repetición insistente, que lo ha trivializado hasta la náusea.

La expresión, con sus enfáticas expansiones, es una de las muchas acuñaciones lingüísticas del Régimen, mantenida de arenga en arenga por sus partidarios de tal modo victoriosa que hoy la emplean también muchos de sus enemigos. La triunfal metonimia es resultado de esa especie de erotismo con que rodean el amor a la patria todos los nacionalismos, amor que se cree más puro e indiscutible cuanto más inflamado de verbo se manifiesta. Don Juan, el gran avasallador, no sería Don Juan, si no tejiera en torno de Doña Inés una red de piropos: ángel de amor, paloma, estrella, espejo, luz; si las lágrimas de la novicia fueran menos que perlas, si a la conquista no asistieran el aura y el ruiseñor con su prestigio. El dictador clásico invade de igual modo con su facundia a la nación poseída, y la embriaga de palabras. De memoria sé, cual una tirada del Tenorio, un fabuloso madrigal de Mussolini, que, mal traducido, empezaba así: «Nosotros queremos forjar una Italia grande, una Italia soberbia, una Italia majestuosa, la Italia de nuestros poetas, de nuestros guerreros, de nuestros mártires...». Recuerdo que el Duce, al llegar a este punto, ya no pudo proseguir, aclamado.

Efectivamente, el nacionalismo se produce de ese modo: con un magno y público zureo en torno de la patria, expresado con los más hermosos vocablos que puedan ser. Su erotismo se manifiesta a lo humano («España es una mujer, y una gran mujer», escribía Giménez Caballero en 1933) o a lo divino («España, novia de Cristo», puntualizaba un año después Eugenio Montes). Se habló poco después de la *geografía* española, invención no menos amorosa pero más púdica. Sin embargo, todos los que amamos sabemos que el amor ni siquiera requiere hablar de él.

Cuando oigo o leo eso de *a todo lo largo y lo ancho de la geografía española* (o equivalentes: en una revista de la oposición se daba cuenta el otro día de los incidentes ocurridos con ocasión del Aberri Eguna *a lo largo y a lo ancho de toda la geografía vasca*), un calambre me baja del colodrillo al talón. Difícilmente se hallaría algo más toscamente cursi. ¡Con lo fácil que es llamar *España* a España!

Y, sin embargo, corre desde algún tiempo una onda en sentido contrario, de apariencia adusta y distanciadora. Es la de *Estado español*, con la cual se recubre un programa de planificación política, y, en ese sentido, resulta explicable. Pero no acierto a ver razón alguna que justifique ese nombre. Ni aun cuando el territorio estaba dividido en reinos independientes se negó a esta tierra ese nombre. «*España* la de occidente», la llamó Alfonso X, y le dio como ámbito «del un cabo de los montes Pirineos que llegan hasta el mar; de la otra parte, del mar océano; de la otra, del mar Tirreno». Buscando alguna justificación a ese modo de nombrarla he acudido a un clásico mayor del federalismo, a Pi y Margall. Ni una sola vez habla en *Las nacionalidades* (1987) de «Estado español»; antes bien, el término *Estado* aparece en él con connotaciones peyorativas («En vista de las continuas usurpaciones del Estado, he abrazado el federalismo»). Se refiere en alguna ocasión a la *nación española*, pero el término *España* priva absolutamente, contextos como éste, en que muchos escribirían hoy *Estado español*: «En 1854 [...] se organizaban ya federalmente los jornaleros de Cataluña y federalmente aspiraban a unirse con los demás de *España*».

Y *Espanya* fue en la «veu d'un fill», Joan Maragall, que la exhortó a desvestirse de su luto secular, y a sonreír con los siete colores del iris; temiéndola sorda, no vaciló en rematar su oda estremecedora con un «Adéu, *Espanya!*». Discutamos las cosas, no sus designaciones. Ni la *geografía española* ni el *Estado español* pueden suplantar el nombre viejo, sencillo y austero de esta tierra que deseamos ver mejor.

Mono, monada

Nada hay que oponer a *mono* y *monada* (como sinónimos de 'lindo' y 'lindeza o cosa linda') en cuanto al origen: voces castellanas son, y aquí se cargaron con tales acepciones. Deseo llamar la atención simplemente contra el abuso en su empleo. Al igual que el último rey portugués, don Manuel, cuando supo que un embajador hispanoamericano a quien debía recibir se apellidaba Porras y Porras (*porra* significa en portugués el miembro viril), podríamos exclamar: «¡Lo que molesta es la insistencia!».

No sólo el exceso de carga, sino la inoportunidad. Me puso en ganas de escribir sobre ello oír a una dama de apariencia distinguida: «Pues a mí, las cuevas de Nerja me parecen las más *monas* de España». Recordé enseguida lo que se cuenta de Pepito de Zamora, pintor y figurinista de la *Belle Époque*. Harto de ver hermosas cosas, no conocía El Escorial, y algunos amigos se propusieron remediar tal indigencia. Lo llevaron un día, y antes de llegar le taparon los ojos con un pañuelo para que la sorpresa fuera total cuando le ofrecieran una deslumbrante perspectiva. Lo plantaron en efecto en el azañesco jardín de los Frailes, allá donde la geometría arquitectónica roza lo sublime, y le quitaron el pañuelo. Pepito de Zamora, hiriendo el suelo con una patadita, exclamó:

—Pero ¡qué *monada*!

(También se contó la anécdota de un prohombre hispano cuando los ingenieros le explicaron el Plan Badajoz, pero no me la creo.)

Nuestra penuria idiomática es tal que bordeamos siempre la estolidez. Echamos mano de las palabras-comodín, porque ignoramos la justa y apropiada. Hay gentes que, literalmente, no sabrían hablar si las privasen del adjetivo *bonito-a*. Para ellas, *bonito* puede serlo todo, desde el pez así llamado hasta un cuadro de Goya, desde un panty hasta un augusto barranco pirenaico. Tan *bonita* puede ser la mamarrachada festivalera cantada por micro, como una emocionante sonata de Beethoven. Vivimos en la época de lo *bonito* y de lo *mono*, de la ausencia de criterios, del automatismo verbal.

Por otra parte, *mono* y *bonito* revelan cierta contención mental digna de estima. Porque abundan más aquellos a quienes enardece cualquier estímulo positivo y se lanzan por la pendiente de lo *grandioso* y *monumental*, de lo *precioso* y *formidable*.

–¿Qué te parece, mamá, este bikini?

–Es *mono*.

–¿*Mono*, dices? ¡Es *fantástico*!

Inflación analfabeta de vocabulario, falta de control, ignorancia idiomática en suma, ineptitud para llamar a las cosas por su nombre, a las acciones por su verbo y a las cualidades con su adjetivo. Añadamos que en estos desplazamientos intervienen factores de distinción, pruritos de selección social frente a la gente llana, que siente justo y sensato pudor ante el arrumaco léxico (aunque, en su pobreza, se agarra al *bonito* como casi única pieza para calificar bien).

Por lo demás, como he dicho, *mono*, *monada* (y *monería*) tienen antigua raigambre en castellano. Su actual acepción debió producirse a fines del xvii, pues ya la registra el *Diccionario de Autoridades*. Y la evolución semántica que condujo a ella parece clara. *Mono* se llamó al imitador (aún hoy hablamos de *mono de imitación*). Jiménez Patón (1639) sentenciaba con extremada conciencia de clase: «Que un mecánico humilde, un zafio labrador quiera ser *mono* en esto [traer galas] y otras cosas, es vicio intolerable». También se señalaba así a quien intentaba llamar la atención coquetamente; Fray Juan de los Ángeles (1608) execraba a las monjas livianas que «están en los coros como *monas*, haciendo gestos y meneos».

Pero después, poco después, se vio el lado bueno de tales acciones (el XVIII es el primer siglo moderno porque quitó a muchas cosas naturales el sambenito de ilícitas), y el Padre Feijoo (1742) aporta esta noticia sobre el modo de producirse aquel cambio semántico: «A cada paso se ven niñas que, con sus jueguecillos, imitan aquella festiva inquietud de las monas: y aun por eso se suele dar a aquellos juguetes el nombre de *monadas* o *monerías*; y de las niñas que son muy festivas se dice que son muy *monas*».

No sólo de las niñas: las menos niñas también podían serlo («Es muy gitana y muy *mona*», dice la moratiniana Doña Irene, haciéndole el género de su hija al rico Don Diego); y también las cosas, como acredita *Autoridades*. Lástima grande que el triunfo de este adjetivo arrumbara casi el empleo de *lindo-a* (del latín *legitimus*), hoy de muy corta circulación entre nosotros, en contraste con su vigencia en América, especialmente en el Río de la Plata.

Ninguna objeción, pues, a la genealogía de *mono*, *monada* y *monería*; sí, y mucho, a su uso muchas veces desproporcionado con el objeto a que se aplica; y a su aburridísima frecuencia. («¡Lo que molesta es la insistencia!»)

Gualda

Nadie se alarme: *gualda* es voz castellana, procedente del germánico *walda*, y se documenta en nuestro idioma desde finales del siglo XV. Aunque los antiguos lexicógrafos se anduvieron, al tratarla, con algún despiste, que inició Nebrija, el cual creyó que la planta así nombrada podía identificarse con la llamada en latín *glastrum*, cuyo zumo es azul. Copia la noticia Covarrubias (no tengo a mano el *Dioscórides*, fuente tal vez del error), el cual añade la pintoresca noticia de que «antiguamente, los ingleses se teñían con este color cuando salían en campaña a pelear, por parecer a sus enemigos más feroces».

Pero los escritores usaban este nombre de color con toda propiedad, y Lope de Vega dice de una hermosa gata que tenía «el pelo rubio a pura *gualda* / y un alma en cada niña de esmeralda». El Padre Pireda asegura de alguien que se puso «más amarillo que *gualdas*». Y Cervantes confirma lo inequívoco de ese color con estos versos: «Haga el suelo de esmeraldas / la juncia, y la flor de *gualdas* / la vuelva en rico topacio».

Se trata, en efecto, de una hierba que el Diccionario clasifica entre las rosedáceas, «con tallos ramosos de cuatro a seis decímetros de altura; hojas enteras, lanceoladas, con un diente a cada lado de la base; flores amarillas en espigas compactas, y fruto capsular con semillas pequeñas en forma de riñón. Aunque abunda bastante como hierba silvestre, se cultiva para teñir de amarillo dorado con su cocimiento».

Si copio estos datos es porque, para muchos, constituirán una sorpresa. Desde siempre (o desde *Las corsarias*) se sabe que la bandera española es roja y *gualda*, y, por exclusión, deducimos que esta palabra tiene que ver con lo amarillo. Tal vez ese término resulta ser capricho de los expertos en heráldica, diestros en uno de los lenguajes más esotéricos que existen. Recuerdo que durante la República nos explicaba con más llaneza el maestro que la bandera nacional era roja, amarilla y morada; y todos nos entendíamos. Luego renació el *gualda*, con todo el prestigio casi sacro que tiene lo incomprensible, y quizá porque su propiedad es mayor: no alude a un amarillo cualquiera, sino al de tonalidades doradas, al de los cervantinos topacios. A cambio, resignémonos a lo que ya aseguraba Julián Marías (1965): «son muy pocos los jóvenes que saben lo que quiere decir esa palabra». ¿Sólo jóvenes? Estoy cierto de que una parte importante de mis lectores adultos se enterará ahora de que la *gualda* es una hierba.

Pero no escribo para depararles tan grata sorpresa, sino otra más emocionante aún: que tal vocablo funciona también como adjetivo de dos terminaciones: y así, existen en castellano *gualdo* y *gualda*. He aquí un texto antiguo, del naturalista Piedrahita (1688): «de estos [pájaros], los más celebrados son el toche, de color *gualdo* y negro...»; he aquí otros modernos:

«Anchos frutales muestran los redondos y *gualdos* membrillos» (Azorín, 1912).

«Lleva al busto, bajo la sarta de corales, un *gualdo* pañuelo de seda» (Concha Espina, 1914).

Tal adjetivo, en su doble forma, lo registra ya *Autoridades* (1734), y no han olvidado el masculino muchos escritores de todas las épocas: acabamos de ver tres ejemplos probatorios. Pero abundan también quienes prefieren el femenino, entre ellos, algunos de los mayores de hoy, como Alberti (1934): «Metal *gualda* y perejil crestado». Usan para ello de una potestad que permite matizar el color de un objeto añadiéndole el nombre de otro objeto que lo evoca sin error: y así hablamos de un camisón *rosa*, de unas ojeras *violeta* (normalmente en singular), de un bello bolso *lila*, de unos ojos *esmeralda*.

En casi todos los casos, se trata de una facultad recibida del francés como señaló el insigne don Rufino José Cuervo, introducida por las revistas de modas. Sin embargo, dudo de que el empleo de *gualda* por *gualdo* tenga ese origen, en vista de este texto de Carrillo Sotomayor (1608):

> De rojo y *gualda* la copiosa Flora
> el manzano te ofrece matizado.

No *gualdo*, como deberíamos esperar en serie con rojo. ¿O es que la formación de *gualdo* para funcionar como adjetivo fue posterior? Es cuestión que ignoro. En cualquier caso, la existencia de la forma masculina, tal vez debiera favorecer la extensión de su uso; tendría que enseñarse que los colores de la bandera son el rojo y el *gualdo*. Los escritores, si son grandes, pueden obrar con libertad, pues bula tienen para ello. Sin embargo, a mí, calificar el trigo de *gualda* me sorprende tanto como si oyera hablar de pelo *castaña*.

Contactar

Hace pocos días, un periodista radiofónico tuvo la gentileza de entrevistarme para un programa sobre problemas de la lengua española. Escuché y respondí con impasibilidad las consabidas acusaciones de *elitista* y *aristocratizante* que tuvo a bien propinar a la Real Academia Española, haciéndola responsable, o poco menos, de cuantos desastres padece el idioma. Con la mayor cortesía le expliqué que la responsabilidad de la buena andanza del castellano corresponde, por igual, al cuerpo docente, que en todos niveles y grados tiene que esforzarse por evitar su descarrío, y a quienes, con la pluma o de palabra, emplean nuestra lengua: están moral y socialmente obligados a estudiar lo que es español y lo que no lo es, para proceder en consecuencia a la hora de ejercitar su oficio. Pero él insistió:

—Y ¿no podría la Academia *contactar* con...?

Ahí lo interrumpí, con dureza de que me arrepiento:

–Sería inútil, si usted, y otras personas como usted, emplean el verbo *contactar*.

No sé si la entrevista se emitió tal como quedó grabada. En cualquier caso, estoy arrepentido de mi intemperancia, porque a nadie puede acusarse, en particular, de lo que es hábito generalizado. Sin embargo, creo que no me faltaba razón. Resulta cómodo acusar a la Academia, pero ¿cuántos profesionales de la expresión hablada o escrita consultan el Diccionario antes de pronunciarse? ¿Cuántos se enteran metódicamente de las novedades que en su léxico introduce la Corporación, y de las que va dando cuenta en su Boletín? Y –lo que es más importante– ¿son muchos los que reflexionan en virtud de su propia conciencia lingüística, de sus lecturas, de su cultura, de su conocimiento de lenguas extranjeras, acerca de *qué es* y de *qué no es* buen castellano, con independencia de la opinión de la Academia? Padecemos, como pueblo, una tendencia a enajenar responsabilidades, a remitir a otras instancias lo que debemos resolver nosotros. La Academia trabaja incesantemente; pero la mies es mucha: un idioma que incorpora apresuradamente una cultura, en gran medida, no creada por sus hablantes; y que posee una extensión geográfica y humana de muy considerable magnitud, cuya unidad esencial hay que mantener, en contacto con las Academias hispanoamericanas. Sin la colaboración de quienes tienen el idioma como instrumento público de su oficio, lo seguro es el fracaso.

He aquí un vocablo sobre el que es posible actuar, para derribarlo y excluirlo: *contactar*. No es sino una vilísima adaptación del inglés *to contact*, que el *Webster's New World Dictionary* define así: 'entrar en contacto con'; pero añadiendo esta observación: «Se usa ahora ampliamente con este significado, *a pesar de las objeciones que suscita*». Sorprendente: lo que a muchos angloparlantes parece mal, merece complacencias de muchos hispanos, que se traen el vocablo y aquí lo absuelven de su sambenito de origen.

Por supuesto, lo patrocinan los donjulianes de siempre; ejecutivos y tecnócratas. «Vaya a Berna y *contacte* con M. Dupont»; «La Sociedad X me ha encargado que *contacte* con Vd»… ¡Resulta tan eficiente y dinámico y operativo! ¡Cuántas Lockheads y evasiones se habrán facilitado con ese enérgico verbo! Y de ahí, con el sentido reverencial de lo vivaz que la prensa ha tenido siempre, ha dado el salto a los periódicos escritos u orales, con una potencia que está resultando irresistible en las últimas semanas. He aquí lo que escribía en un titular de primera página, hace una semana, un diario madrileño: «Según Sánchez Albornoz, es deber del Rey *contactar* con la oposición».

Me resisto a creer que don Claudio afirmara tal evidencia de ese modo. Más bien diría, imagino, que el Rey tiene el deber de *establecer contactos*, de *entrar en contacto*, de *mantener relaciones*, o algo parecido, con la oposición. Pero aun suponiendo que el ilustre historiador se hubiera expresado así, me parece deber del periódico haber evitado que tal verbo apareciera en sus páginas, porque las leyes del idioma tienen rango superior a las de la literalidad, cuando no se trata de una cuestión de fondo. En cualquier caso, estoy inclinado a pensar que Sánchez Albornoz no empleó tal verbo, ya que éste aparece en el mismo periódico con alguna frecuencia, como capricho quizá del responsable de sus titulares. He aquí otra muestra: «Mayor Zaragoza *contacta* con la oposición catalana».

Curioso. A juzgar por estos dos rótulos, parece que con la oposición no puede hacerse otra cosa que *contactar*. Pero algo es algo; porque en las relaciones de amor, ésa es ya una fase muy avanzada del proceso de acercamiento.

Y/O

Si esta sandez progresa, dispongámonos a asistir a una merienda en que nuestra anfitriona nos pregunte: «¿Quiere usted chocolate *y/o* leche?».

Con ello, culta y elípticamente, nos habrá formulado tres opciones a la vez. En efecto, nos habrá preguntado:

–si queremos chocolate;
–si queremos leche;
–si queremos chocolate y leche, simultáneamente.

¿No es hermoso? Pues esto empieza ya a leerse y hasta oírse en castellano, sin que a los usuarios les estallen las mejillas de rubor.

Por supuesto, su origen no puede ser más ilustre: como casi todas las grandes joyas que estamos incorporando a nuestro tesoro lingüístico, ésta también procede del inglés. Si usted busca el reservado en un establecimiento público americano, y halla una puerta con la inscripción «Men *and/or* women», entre sin vacilar y sin temor a la promiscuidad: dentro habrá un cubículo para varones y otro para mujeres, perfectamente diferenciados.

La expresión *and/or* procede del lenguaje de la lógica, para señalar lo que se llama la «disyunción inclusiva»; pero el idioma inglés lo ha asimilado para los empleos más ordinarios, en ejercicio de una libre decisión comunitaria. De la lógica procede también la adopción de la preposición latina *versus*, con la acepción de 'contra', que al no angloparlante le produce una impresión de tierna pedantería: «Detroit *versus* (o *vs*) Cleveland at baseball» puede leerse en cualquier diario norteamericano. (Lo cual, por otra parte, hace reflexionar sobre el aprecio que pueblos de civilización no latina hacen de lo que nosotros despreciamos. Cuestión es esta merecedora de un comentario severo y dilatado: cuando aquí se persigue hasta la saña la cultura clásica, a la vez que nos mofamos de la «barbarie» cultural yanqui, ¿somos conscientes de lo que hacemos? ¿Se sabe que los clásicos griegos y latinos se difunden y se *leen* en múltiples y abundantes ediciones en Norteamérica, traducidos o en versión bilingüe? ¡Cuánta frivolidad e inconsistencia en nuestros desdenes!)

El caso es que *versus*, por «contra», y las conjunciones *and*, *or* separadas por barra en la escritura, se nos están colando en nuestro idioma más culto, como ápice de distinción científica: «Chomsky *versus* Skinner»; «Un recurso representativo *y/o* expresivo». Pero no ocurre sólo en la escritura: ya se oye en las exposiciones académicas, resolviendo fónicamente el *y/o* por el simple expediente de enunciarlas seguidas.

El grupo conjuntivo *y/o* es, gramaticalmente, una coordinación de coordinadores, posible en inglés pero no en castellano. El valor semántico de *y* es combinatorio; el de *o*, alternativo o disyuntivo. Aparentemente se excluyen, de tal modo que «¿Quiere chocolate *y* leche?» o «¿Quiere chocolate *o* leche?» parecen lógicamente incompatibles. Sin embargo, no siempre *o* presenta una alternativa entre términos que se desplazan mutuamente; hay casos en que el hablante puede optar indistintamente por *y* o por *o*: «Aquí *y* (*o*) en mi casa, estoy a su disposición».

Otras veces, *o* posee el valor de disyunción inclusiva atribuible a *y/o*: «Quizá venga a vernos mi hermano *o* mi primo»; en efecto, no se elimina la posibilidad de que vengan ambos. Y hay ocasiones en que *o* es sólo metalingüísticamente disyuntiva, porque en realidad conecta términos equivalentes (disyunción apositiva): «El hueso que hay entre la cadera y la rodilla, o fémur».

Sin embargo, estos y otros valores semánticos de *o* no son anejos a la conjunción, que, como ha demostrado el gramático holandés S. C. Dick (1972), los recibe contextualmente: *y* indica pura combinación; *o*, pura alternativa. Un idioma científicamente preciso como es el de la lógica puede permitirse la escueta y neta formulación *y/o*, tomando como invariantes ambas conjunciones. Pero no creo que esta convención deba ser imitada por nuestros científicos y por nuestros traductores, que sin desdoro ni pérdida de pulcritud pueden escribir: «Considerando este asunto desde una perspectiva individual *o* social, o desde ambas...». ¿Un poco más largo? Pero ¡si no se nos tasan las palabras con tarifa telegráfica!

Y donde ya parece abusivo, redicho y pedante el *y/o* es en la escritura o en el habla corrientes. Según hemos visto, *o* no es siempre alternativo. Si me ofrecen chocolate *o* leche, lo probable es que sea sin intención de obligarme a escoger: puedo renunciar a ambas cosas y elegir las dos. Dejemos el juego de nuestras conjunciones, tajantes unas veces y cómodamente ambiguas otras. Se ha dicho con razón que no hay apenas construcciones ambiguas en la conversación real. En cualquier caso, se aprecia poca ventaja en torturar nuestra sintaxis con ese extravagante *y/o* que, como *a nivel de*, *contactar*, *agresivo*, *rutinario* y tantas tonterías semejantes, nos van a dar voto en las elecciones norteamericanas antes que en las nuestras.

¿Lengua española o castellana? (I)

No pretendo reavivar un debate que lleva siglos manifestándose y sobre el cual será difícil que recaiga acuerdo satisfactorio para todos, mientras las cuestiones idiomáticas sean planteadas con más emoción que frialdad reflexiva. Es decir, mientras no se alcance una situación de ponderación parecida, por ejemplo, a la de Francia, país de gran riqueza y variedad lingüística y dialectal, pero donde a nadie se le ocurre llamar *francien* al *français*, lengua esta última que tuvo su origen en aquel dialecto de la Île-de-France. En cualquier caso, bueno sería que, en el uso corriente, pudieran alternar con neutralidad *castellano* y *español*. Pero, insisto, el problema es arduo, y aquí sólo pretendo introducir un elemento nuevo en la discusión, que apoyaría, creo, dicha alternancia.

El tema del nombre de la lengua fue magistralmente tratado por Amado Alonso (1945), y a él me remito. Hasta 1924 y 1925, respectivamente, la Academia llamó *de la lengua castellana* a su Gramática y a su Diccionario. Al cambiar de criterio, obedecía, con toda seguridad, a una sugerencia de don Ramón Menéndez Pidal, el cual, en un artículo de 1918, había escrito: «Puestos a escoger entre los dos nombres de *lengua española* y *lengua castellana*, hay que desechar este segundo por muy impropio. Usada (la denominación *lengua española*) desde la Edad Media, vino a hacerse más oportuna en el Siglo de Oro de nuestra literatura, cuando ya la nación constaba de los reinos de León, Castilla, Aragón y Navarra unidos. Si Castilla fue el alma de esta unidad, los otros reinos colaboraron en el perfeccionamiento de la lengua literaria, bastando recordar en la literatura clásica nombres navarros, aragoneses y valencianos como Huarte, los Argensola, Gracián, Gil Polo y Guillén de Castro, para comprender el exclusivismo del nombre *lengua castellana*». (Pero tal vez tenga más fuerza recordar que el idioma cuenta con millares de voces no surgidas precisamente en Castilla.)

La decisión académica de sustituir este término por el de *lengua española* suscitó protestas, como la de Cambó, el cual argumentaba que el castellano no es la única lengua española. En A. Alonso hallará el lector interesado razones para matizar tal opinión, que mezcla, según él, en la denominación *lengua española*, un significado geopolítico y otro estrictamente lingüístico. Pero, insisto, no es ese el problema que ahora me interesa, sino el de explicar por qué la Academia, desde su fundación hasta el acuerdo de 1923, llamó *castellano* a la lengua. El gran filólogo navarro interpreta esa decisión como resultante de las inducciones de su siglo. En la alternativa entre *español* y *castellano* que la tradición le brindaba (y que Covarrubias había resuelto en 1611 llamando a su diccionario *Tesoro de la lengua castellana o española*), la Corporación recién fundada habría preferido el último término por una razón erudita –Castilla es el solar del idioma y su árbitro–, y otra política: el centralismo borbónico desea configurar toda la vida nacional según el modelo castellano.

Sin embargo, los hechos no parecen dar la razón a las dos hipótesis de A. Alonso. Por lo pronto, la Academia, en sus años fundacionales, carecía de una opinión correcta sobre los orígenes del idioma. Pretende que, en la génesis de éste, han intervenido dos protagonistas: los españoles que, con el latín «algo alterado» por el influjo godo, se refugiaron de la acometida sarracena en los montes de Asturias; y los cristianos que permanecieron en la zona ocupada (mozárabes). Es en territorio asturiano –y no en Castilla– donde sitúan los académicos la cuna del español; según ellos, su expansión hacia el sur se produjo por la acción reconquistadora de los reyes «de León y Castilla» (obsérvese el orden). Y en su avance, leoneses y castellanos se encontraron con los mozárabes, los otros protagonistas, quienes aportaron al caudal del idioma los arabismos que habían incorporado a su latín. De ese modo, dicen en 1726, «todo este agregado o cúmulo de voces es lo que constituye y forma la lengua castellana». No se ve, por tanto, que la Academia tuviera entonces una noticia clara del papel de Castilla en la formación del idioma: pensaba que Asturias, León y la mozarabía habían asistido con superiores títulos a su constitución. No puede asentirse, pues, al supuesto de que el término *castellano* se adoptara por razones genealógicas.

Pero el caso es que la Corporación tampoco atribuye ninguna patente de corrección al habla de Castilla. Al contrario: se asigna estricta igualdad al léxico central y al periférico. A diferencia del exclusivismo cortesano del diccionario francés, el de *Autoridades* desea acoger todas las voces provinciales que pueda. Al preguntar a la Academia el zaragozano J. F. Escuder (1727) qué tipo de palabras debe enviar, le instruyen así: «Las voces que se ha tenido intención de poner son aquellas que usan comúnmente en el reino de Aragón, o se han usado en otros tiempos, excluyendo las que son puramente de la lengua lemosina, pero no las que tienen origen conocido de la latina, griega, árabe, italiana, etc., pues *éstas vienen a ser voces castellanas aunque sean usadas sólo en Aragón*».

La última aserción constituye una prueba clara de la liberalidad no castellanista de la Academia, que se continúa hasta nuestros días en que el Diccionario se ensancha constantemente, no sólo con voces de todas las regiones, sino con americanismos que, conforme al centenario criterio académico, tienen derecho a ser considerados voces castellanas (o españolas).

Discutiremos en otro artículo si el término *castellano* se prefirió en virtud de un «centralismo uniformador».

¿Lengua española o castellana? (II)

Decíamos que, según Amado Alonso, la Academia prefirió el término *castellano* al ser fundada en el siglo XVIII, movida por un «centralismo uniformador». Se basa para ello en esta declaración del *Diccionario de Autoridades* (1726): «Se anotarán aquellas voces y frases que están recibidas debidamente por el uso cortesano». Pero es el caso que el texto sigue diciendo: «y las que están anticuadas, como también las que fueren bajas o bárbaras». Si a esto se añade la acogida que dispensó a las voces provinciales, según expusimos ya, ¿dónde queda el criterio cortesano de la Academia?

Precisamente, el más temprano ataque público que recibió la Corporación fue el del historiador Luis Salazar, el cual le reprochaba que varios académicos no fueran madrileños (había, por lo menos, un sardo, un leonés, cuatro andaluces y extremeños y varios corresponsales en distintas regiones); él se siente escandalizado de que tal cosa pueda ocurrir «en una población tan grande y tan culta como Madrid». Está claro que Salazar y trece salazares más hubieran configurado el Diccionario y la Academia de otro modo, centralista y cortesano, pero Villena y sus compañeros no lo hicieron.

No vino ninguna consigna de las oficinas reales que, lógicamente, puestas a pensar en esto, hubieran preferido el término *español* como nombre del idioma de España, de igual modo que se llama *francés* la lengua de Francia. Pero los documentos que emanaron de palacio por aquellos años, hablan indistintamente de *castellano* y *español*. Lo mismo acontece –con preferencias individuales de los redactores– en los discursos preliminares del *Diccionario*, y en otros papeles del archivo académico. Amado Alonso, que percibió tal convivencia de términos, la interpreta afirmando que «*castellano* lleva ahora dentro de sí *español*», lo cual es plausible, y que «es como decir, "español de Castilla"»; no: *castellano* significa «español de España, aunque no sea Castilla». Los dos términos funcionan para la Academia como estrictamente sinónimos, con la sinonimia con que los empleaba Covarrubias (1611) en el venerado *Tesoro de la lengua castellana o española*. Esta identidad, que era la del pueblo, habían querido romperla eruditos y filólogos de los siglos XVI y XVII con distingos que carecieron, en general, de audiencia. El gran lexicógrafo áureo no los oyó, como tampoco sus sucesores, los académicos dieciochescos.

Pero ¿por qué deciden éstos llamar *castellano* al idioma? ¿Qué razón precisa les mueve a tal preferencia? Ábrase el tomo primero de *Autoridades* por la página primera, y se leerá: «Diccionario de la lengua castellana, de la Real Academia Española». Pruébese a poner la otra denominación, y resulta«Diccionario de la lengua *española*, de la Real Academia *Española*». Realícese esta misma experiencia en los siguientes contextos:

«...la pureza y elegancia de la lengua *castellana* dominante en la monarquía *española*».

«...nuestro deseo de formar, debajo de la real autoridad, una Academia *Española* que se ejercite en cultivar la pureza y elegancia de la lengua *castellana*.»

Son frases del memorial de Villena al rey pidiéndole permiso y autorización para constituir la Academia. Y la secretaría real contesta así:

«El Rey, no dudando de las grandes ventajas que se deben prometer de una Academia para trabajar en un diccionario exacto y puntual de la lengua *española*...».

Pocas líneas antes, en las proximidades del sintagma *Academia Española*, el documento habla de lengua *castellana*.

Siento mucho verme obligado a proponer una explicación tan mecánica para asunto al que suele concederse cierta trascendencia. Pero he de formular mi hipótesis así: la Academia, al constituirse, no siente preferencia especial por ninguno de los dos nombres del idioma. Si se llama a sí misma *Española*, y cifra su deseo en elaborar un diccionario de la lengua *castellana*, resulta patente en su intención la identidad referencial de ambas denominaciones. Al elegir la última, no la privilegia por razones genealógicas (tan confusas entonces) ni de primacía del castellano (puesto que rechazará mucho de lo castellano, y admitirá en cambio muchos vocablos de otros solares regionales), sino que, considerándolas exactamente sinónimas, establece una elegante distinción, un variación retórica, entre el adjetivo que se atribuye (*Española*) y el que asigna a la lengua (*castellana*).

Éste era el elemento nuevo que deseaba introducir en el problema de cómo ha de llamarse la lengua común: la corporación académica, siguiendo lo que es aún sentir muy difundido, no tuvo preferencia alguna por un término u otro hasta 1923 en que, por razones científicas muy atendibles, introducidas por Menéndez Pidal, optó por *español*. Pero he creído conveniente recordar aquella centenaria tradición suya de indiferencia neutral, que pudiera resultarnos ejemplar ahora.

Contemplar

No he asistido nunca a sesiones de Cortes, Consejos, Concejos, etc., pero a juzgar por los relatos de lo que en ellas se dice, sus miembros hacen gala de una notable intrepidez lingüística, no ya reformista sino en la línea de la más abrupta ruptura. De aquellos recintos donde los barbarismos retumban, éstos saltan a la prensa, a la radio, a la televisión, que los apuntalan, y el ejemplo prende devastadoramente.

Fijémonos hoy en el uso que nuestros legisladores hacen del verbo *contemplar*. Tal enmienda se produce porque tal ley no *contempla* alguna cosa que, según el enmendante, debía *contemplar*. Pero la ponencia replica que aquella cosa ya está *contemplada* en el artículo doce, párrafo dos. Luego, los periódicos lo cuentan así, o de modo parecido: «El señor Horcajo *contempló* el problema que suponen esas avionetas de tipo publicitario que durante las corridas de toros evolucionan sobre unos miles de personas...».

El concejal no contempló las avionetas sino el problema, para que algún reglamento contemple éste y prohíba aquéllas. Son modos de hablar que parecen corresponder a lo que llamaban los míticos áureos «alta contemplación». Son modos insensatos de hablar y escribir.

Será inútil que busquemos en el Diccionario alguna excusa para el desatino. *Contemplar* es:

a) Poner la atención en alguna cosa material o espiritual: «*Contemplaron* los lejanos cúmulos de nubes» (C. Fuentes, 1962). «Cuando el hombre se pone a *contemplar* alguna verdad que quiere saber...» (Huarte de San Juan, 1575).

b) Mirar, considerar, juzgar: «*Contemplábase* y mirábase en un instante sin mujer, sin amigo y sin criados» (Cervantes). «Siendo tan delicados los órganos del hombre, *contémplese* cuáles serán los de la hormiga» (Feijoo). «Y agradeced que no os eche / de mi casa, *contemplando* / que sois hombres y mujeres» (Ramón de la Cruz).

c) Complacer a una persona, ser condescendiente con ella: «No insistas ni lo *contemples* más; si no quiere venir, que se quede en casa».

d) Ocuparse el alma en pensar en Dios: «(El alma) así ungida es levantada en espíritu, y levantada *contempla*, y *contemplando* ama» (Fray Luis de Granada).

Evidentemente, en ninguno de estos apartados cabe el *contemplar* de los hemiciclos. Podría pensarse que, tal vez, en el segundo... Pero no: ese verbo, en cualquier acepción, necesita un sujeto animado; ni un cigarrillo, ni un reloj, ni una estalactita pueden contemplar. Sólo como disculpable énfasis toleraron a Napoleón sus soldados el anuncio de que los *contemplaban* no sé cuántos siglos. Porque, en francés, tampoco pueden hacerlo más que los seres con ánima.

Y la ley no la tiene: es como una estalactita. Ni la ley ni sus títulos, ni sus artículos, ni sus reglamentos. Pero si esto es así, ¿de dónde habrán sacado nuestros celosos políticos y legisladores ese verbo *contemplar* que hasta hace poco se han venido lanzando como pelotilla de ping-pong? Vacilar en esto supondría dudar de su fidelidad a la lengua inglesa, donde *to contemplate* significa 'prestar atención a algo, considerarlo, tenerlo en cuenta, preverlo'. Y el sujeto de *to contemplate* puede no ser animado: «...the opinion [...] that while science [...] *contemplates* a world of facts without values, religion...» (W. R. Inge); «the law would seem *to contemplate* that it should be made...» (M. Marshall).

No parece excesivo que procuradores, consejeros, munícipes, letrados y periodistas expulsen de su lenguaje la acepción comentada del verbo *contemplar*. Lo que pretenden decir lo dicen mejor otras muchas palabras españolas: *considerar, atender, prever, tener en cuenta, tomar en consideración*... Su fértil conocimiento del idioma les proporcionará sustitutos cómodos de ese *contemplar*, que, en español, se presenta con adherencias semánticas de quietismo, permanencia, inmovilidad, estancamiento y paralización.

Las sesiones de Cortes (foro desde el que han irradiado tan infeliz anglicismo) no han sido últimamente, según los periódicos, una inocente partida de ping-pong, y muchos señores procuradores han distado de la dócil receptividad inherente a la contemplación. Parece que el viejo espíritu místico allí reinante se está evaporando, y que ya se procede sin contemplaciones. Hago votos porque con él se volatilice este vocablo que tan bien lo encarnó, y que las leyes empiecen a atender, considerar y tener en cuenta. Son los legisladores quienes deben contemplar algo bien a la vista, y que, enunciado con la lapidaria acuñación de Juan de Mairena, suena así: lo que pasa en la calle.

Cartas de lectores

No puedo alardear de que el volumen de mi correspondencia se haya hecho inabarcable desde que escribo estos dardos, porque sólo es verdad que ha aumentado un poco: lo justo para no sentir vacío alrededor de mi tarea. Una parte importante de las cartas se refiere al régimen preposicional. Cuestión ardua: muchas veces se ha recordado aquel comentario de Baroja recogido por Ortega: «¿Lo ven ustedes? No hay cosa peor que ponerse a pensar en cómo se deben decir las cosas, porque acaba uno por perder la cabeza. Yo había escrito aquí: Aviraneta bajó *de* zapatillas. Pero me he preguntado si está bien o mal dicho, y ya no sé si se debe decir: Aviraneta bajó *de* zapatillas, o bajó *con* zapatillas, o bajó *a* zapatillas».

Una lectora me pregunta si es correcto decir *atentar a*, si no sería preferible *atentar contra*; y cita este pasaje del señor Meilán: «Tras cuarenta años de profundas transformaciones sociales, se da por primera vez en la historia de España el contexto adecuado para que las asociaciones políticas funcionen, lo que, lejos de ser un *atentado a la unidad,* puede ser el camino para la vertebración de España».

También yo creo preferible –idiomáticamente, claro– *atentar contra.* Pero la Academia considera aceptables de igual modo ambos regímenes, amparada en abundantes autoridades: «atentar *al* honor» (Martínez de la Rosa); «atentar *a* la persona o dignidad real» (Alcalá Galiano); «has atentado *a* mi vida» (Núñez de Arce); pero «atentar *contra* la soberanía del pueblo» (Martínez de la Rosa); «atentar *contra* la honra de un amigo» (Bretón de los Herreros).

Se justifica *atentar a* por la regla sintáctica que favorece en el régimen de un verbo formado con una preposición (*a + tentar,* del latín *attemptare*), el uso de esa preposición (convenir *con,* acudir *a,* deponer *de*); y *atentar contra* porque, olvidado el origen compositivo, el significado del verbo sugiere la preferencia por *contra.* No deja de sorprender, como a mi corresponsal, el uso casi constante que se está haciendo de *a*. Entre todas mis notas sobre esta cuestión, sólo tengo una con *contra*, en un manifiesto de hace unos días, donde se condena «todo atentado *contra* los sólidos criterios morales que son exigibles en la administración de la cosa pública» (giro este último con que los manifestantes traducen *res publica*).

Pero que esto de las preposiciones no es el fuerte de muchos que escriben en los periódicos, lo prueban dos recortes que, pulcramente pegados en cuartillas, me envía un lector de Sevilla. Dicen así: «El ministro de Asuntos Exteriores, señor Areilza, estaría (?) estudiando una combinación de embajadores y representantes diplomáticos españoles, ejecutores inmediatos *a* su política exterior».

Quien escribió esto pensó en representantes *dóciles, sumisos, obedientes* o algo parecido, pero tales vocablos le parecieron fuertes, y apeló a *ejecutores*, endilgando al adjetivo la preposición que le rondaba por la mente. Se olvidó de que los ejecutores son *ejecutores de*.

«Otras personalidades que habían mostrado su total conformidad y adhesión *con* la convocatoria (para la manifestación de combatientes), han destacado que la nota del Gobierno es muy elogiosa para Franco...» El *con* que conviene a *conformidad*, se ha desplazado tras *adhesión*, que exige *a*, y el resultado es ese adefesio.

Un joven lector de Cáceres me ha remitido otro recorte correspondiente a una crónica que anuncia el final del espacio llamado *Directísimo*. Y en la carta adjunta, me dice: «Le subrayo palabras que usted mismo ha censurado. O no le leen en su periódico o le toman el pelo». Por supuesto que descarto esta última posibilidad, señor A. G. Pero no deja de preocuparme la crónica, que, copiada en sus partes relevantes, reza así: «Se llegó incluso a decir que durante los meses del estío [*Directísimo*] se haría cada semana en un lugar de veraneo, recorriendo así gran parte de nuestra *geografía*. La realidad es que *Directísimo* interrumpe su *singladura* el sábado 19 del próximo mes de junio [...] Y es José María Íñigo quien nos confirma la noticia [...]: "Nos viene muy bien parar estos meses; así tendremos tiempo para traer nuevas ideas, *contactar* con personajes universales y cambiar un poco la cara al programa"».

¿Qué quiere usted que le diga, amable corresponsal cacereño? «Sunt philologi qui contra Fortuna negant», podría afirmar parodiando a Pacuvio; estoy entre ellos. Pero a ver si me equivoco, y resulta que sí hay fortuna, y ruedan mejor las cosas.

De ortografía

Casi tanto como los estudiantes, temo –y solemos temer los profesores– los exámenes. En mi caso, no tanto por el trabajo que oca-
sionan como por la responsabilidad. Carezco de vocación y aptitud
judiciales, y me inquieta mucho el casi seguro riesgo de cometer alguna injusticia. Los casos extremos, como es natural, no plantean
dificultad: el ejercicio correcto y el desastroso conllevan su calificación, y no hay más que rectificarla. Lo malo es ese sesenta o setenta por ciento de alumnos que andan por el filo de la navaja, y cuya
suerte final puede depender de la fatiga, el humor, el temple mo-
mentáneo de quien califica. Sus ejercicios son los que desazonan,
los que me hacen temer que hayan sido juzgados inadecuadamente
en una racha de benevolencia o de rigor. Por eso, suelo darles un repaso sin tener en cuenta la primera nota, para contrarrestar en lo
posible lo que en ella hubiera de aleatorio. Pero ¿por qué no ha de
haberlo también en la segunda lectura?

Un grave factor de perturbación en ese enojoso trance de calificar, tanto exámenes como ejercicios de clase, lo constituyen las
faltas de ortografía, que saltan de repente aun en los escritos de
estudiantes aceptables. No he hecho este año un cómputo estadís-
tico, ni lo publicaría por respeto a mis alumnos. Por lo demás, es
defecto tan generalizado que analizar los resultados en un pequeño grupo minimizaría el problema. El cual presenta síntomas muy
alarmantes desde hace algunos años. Se ha producido, efectivamente, una distensión en la exigencia individual y social en este
punto, y estamos alcanzando un ápice de incultura ortográfica difícilmente superable. El motivo más simple para explicar tal situación podría residir en las dificultades objetivas de nuestra escritura: el sistema gráfico castellano sería tan complicado, que los
errores se explicarían por esa causa.

Parece evidente que no puede sostenerse tal explicación si com-
paramos nuestra ortografía con la inglesa o francesa, por ejemplo,
en que las distancias entre pronunciación y escritura son mucho
mayores. Claro que la diferencia, en español, podría ser no tanta,
y hasta hubiera podido tender a la correspondencia exacta, de haberse procedido con mayor energía en épocas pretéritas, cuando se
produjo, por ejemplo, el total silenciamiento de *h* o la neutraliza-

ción fonológica de *b* y *v*, procedentes de orígenes latinos distintos. Pero no se hizo, ni cabe culpar por ello a nadie, pues se obraba en nombre de un principio tan legítimo culturalmente como era el de resaltar el parentesco visual del castellano y el latín.

La Academia, al ser fundada en el siglo XVIII, se encontró con un pequeño caos. Llegaban a ella voces de escritura del todo fonetizada, junto con otras a las que un prurito etimologizante separaba poco o mucho de la pronunciación. Su primer acuerdo fue el de restituirlas todas a su etimología: «de suerte que no se oscurezca su primitivo origen». Pero pronto tuvo que atenuar el criterio, al chocar con la realidad. De seguirlo, iba a salir una ortografía bastante extravagante: ¿cómo iban a sancionar *hayer* (ellos creían que procedía directamente de *heri*), *valumbra* (de *volumen*), *varrer* (de *verrere*), etc., si la tradición había fijado ya *ayer*, *balumbra* y *barrer*? Ni siquiera se atrevieron los académicos a escribir *hoy*, a pesar de su claro origen (latín *hodie*), impresionados por la autoridad de Nebrija, Covarrubias y otros muchos escritores que preferían *oy* (la *h* llegaría, por fin, a tal vocablo muchos años más tarde).

De este modo, la Corporación anduvo con criterios lógicamente vacilantes a lo largo del siglo, entre los alegatos de quienes querían acercar la ortografía a la prosodia, y de quienes deseaban configurar la imagen escrita del castellano a la de su lengua matriz. Unos y otros aducían razones igualmente justificables. En 1739, se acordó atender «en primer lugar a la pronunciación», y sólo como criterio subsidiario, a la etimología. Ese movimiento pendular es paralelo al que se observa en los dos primeros diccionarios de la Academia Francesa; el primero etimologizó lo suyo, y consagró escrituras como *corps*, *temps*, *teste* (cabeza) y *honeste*, algunas, como las dos primeras, para siempre: la edición de 1718 declara haberse mantenido en línea etimológica, pero sin fanatismo.

La Española fue mucho menos latinizante de lo que se piensa, y apenas si cometió violencias que no estuvieran en el uso. Cuando en lo prosódico opta por una solución alatinada, se cuida mucho de advertir que se limita a aceptar una de las soluciones vivas: la más cuidada, claro es, como *abstinencia*, *substancia*, *obstáculo*, etc., «porque ninguno, si no es queriendo afectar blandura, las pronuncia sin la *b*». Aplicando ese principio, acoge *acceso*, *accidente*, *precepto*, *concepto*, *conspiración*, *instruir* y otros muchos cultismos pronunciados así; pero no se le ocurre restituir *acceptar, conoscer, crescer, succeder, redempción, transnochar assumpto, sancto,* como la etimología exigía, porque se desviaban gráficamente de lo que todo el mundo decía. Hay dos casos en que sí se mostró resolutiva: frente a *dotor, dotrina* casi absolutamente generales, patrocinó *doctor* y *doctrina* con el éxito futuro que a la vista está.

Nuestra ortografía, como todas, resulta, pues, del enfrentamiento de tendencias difícilmente conciliables, y se ha fijado sin fidelidad absoluta ni a la fonética ni al latín. Pero ello no significa que sus dificultades sean insuperables: se sabe que una escolarización adecuada podría darlas por vencidas antes de llegar los alumnos a los catorce años de edad. Habrá que buscar por otros caminos las causas de su descrédito actual.

Desidia ortográfica

El descuido en la corrección ortográfica a que nos referíamos en el artículo anterior, no afecta sólo a los escolares en sus privados y nerviosos ejercicios de examen, sino que se manifiesta de modo arrogante en los medios de difusión. Hace algunos meses, la televisión lanzó a las pantallas un *aprobechamiento* sin el menor rubor. Y los periódicos nos afligen constantemente con errores graves, hasta en los titulares. Un alumno me preguntó hace unos días: «¿Por qué escribe usted *objección* con dos ces?». Lo había visto en un trabajo mío publicado en un semanario, y la pregunta era casi una venganza contra mi exigencia en este punto. Le expliqué que era cosa del linotipista, pero ¿se creyó mi justificación?

Hay que buscar el motivo real de la vigente desidia en el difundido convencimiento de que la corrección ortográfica no sirve para nada. O, según formulaciones más extremas, en que exigir tal corrección es antidemocrático –siempre saldrán favorecidos quienes hayan disfrutado de una instrucción más larga y cara–, y por lo cual, la ortografía, en cuanto prejuicio burgués que es, debe saltar con los restantes prejuicios. De estos argumentos, el que más fuerza me hace es el de que, efectivamente, el buen o mal uso de las letras establece una rápida diferencia entre los ciudadanos, los califica inmediatamente en una escala cultural, sin tener en cuenta que aquello tal vez no acuse nada más que una penuria económica que les privó de educación suficiente. Pero ya no me resulta posible aceptar el remedio: acabar con las normas ortográficas. Como tampoco parece lógico que, para arrasar las diferencias de clases, se imponga un socialismo de la pobreza. La participación simultánea en la cultura y en el bienestar parece objetivo más deseable.

¿No sirve para nada, efectivamente, la ortografía actual, y habría que amoldarla con exactitud a la prosodia? Antes, tendríamos que ponernos de acuerdo sobre qué prosodia adoptar, la de *soldado*, *soldao* o *sordao*, la de *llover* o *yover*, la de *rezar* o *resar*, la de *huele* o *güele*, y me temo que ese acuerdo tardaría mucho en llegar, porque, claro es, en la discusión tendría que llevar una voz muy cantante la mayoría de los hispanohablantes, que no está precisamente en España, y que haría prevalecer sus peculiaridades prosódicas. Esa propuesta simplificadora, que ha tenido ilustres defensores desde Gonzalo Correas hasta Juan Ramón Jiménez, es sostenida hoy por muchos con una fe que raya en el arbitrismo. No suelen llegar, en sus propósitos reformistas, a las últimas consecuencias, ya que parten de una norma ideal –la suya– sin caer en la cuenta de que existen otras muchas normas repartidas por el ámbito del español.

Pero hay, además, un obstáculo que se alza como prácticamente insalvable a la hora de pensar en una norma ortográfica paralela a una presunta norma fonética, y es el hecho de que cortaríamos con toda nuestra cultura escrita, aun la más próxima a nosotros, la cual adquiriría repentinamente un aire remoto y ajeno.

Ya oigo al arbitrista argumentar: bastaría con ir imprimiendo las obras del pasado con la ortografía nueva. ¿Podría hacerse con todas? Infinidad de libros que no se han reimpreso nunca, ¿hallarían ahora editor? Pasar de la grafía fonética a la lectura de obras impresas con la tradicional, implicaría dar un salto casi tan largo como el que se precisa para enfrentarse con la edición diplomática de un texto medieval. Un salto que las nuevas generaciones «mono-gráficas» no darían, produciéndose así la ruptura a que aludía antes. Para las actuales sólo representaría un susto leer a Machado, por ejemplo, así:

> La embídia de la birtúd
> ízo a Kaín kriminál.
> ¡Glória a Kaín! Oy el bízio
> es lo ke se embídia más;

y a Unamuno, de este modo:

¡Bibír únos días en el silénzio i del silénzio nosótros, los ke de ordinário bibímos en el barúllo (¿o *barúyo*?) i del barúllo! Parezía ke oíamos tódo lo ke la tiérra kálla (¿o *káya*?) miéntras nosótros, sus íjos, dámos bóces para aturdírnos kon éllas (¿o *éyas*?) i no oír la boz del silenzio dibino.

No pasaríamos del sobresalto, no podríamos proseguir la lectura, pero ¿ocurriría lo mismo con quienes, conocedores de este solo sistema, pasaran a *envidia*, *virtud*, *vicio*, etc.? Tendrían la impresión de penetrar en un período arcano, y lo probable es que la continuidad cultural, ya amenazada por otros motivos, recibiera por éste la última puntilla. Además, insisto, ¿nos seguirían en este proyecto todos los pueblos que son tan dueños como nosotros del idioma castellano?

Vista desde otra perspectiva, la convención ortográfica es un gran bien, pues constituye uno de los principales factores de unidad de la inmensa masa humana hispanohablante. Mientras fonética, léxico y hasta gramática separan a unos países de otros, a unas clases sociales de otras, la norma escrita es el gran aglutinador del idioma, el que le proporciona su cohesión más firme. Las innumerables diferencias locales que hacen del español un «puzzle» dentro de su relativa unidad, se reducen, yo diría que gustosa y casi unánimemente, ante las convenciones de vocabulario, morfología, sintaxis y ortografía de la lengua escrita. Ella, mucho más que la oral, es la que nos permite sentirnos miembros de la misma comunidad.

No es, pues, bueno el sistema de arruinar la convención ortográfica que nos une, y menos por desidia o ignorancia. Mil veces preferible es el de elevar la instrucción general para que esa sencilla convención sea conocida por todos. Y el de volver a rodearla de su antiguo prestigio. Si el castellano fuera sólo nuestro, de nada y ante nadie tendríamos que responder. Pero erosionar su unidad en cualquier punto, nos atribularía con una culpa histórica irreparable. Concedo al tema tanta importancia, que aún habré de volver sobre él.

Ortografía y rigor

Afirmábamos en los dos artículos precedentes que una suerte de menosprecio rodea hoy a la ortografía. El descrédito social que se seguía en tiempos no muy lejanos para quien cometía faltas, se ha trocado hoy en indiferencia. Hasta dentro del sistema educativo han perdido importancia: muchos profesores piensan –hay honrosas excepciones– que la instrucción ortográfica, la corrección y, en su caso, la sanción de los errores son de incumbencia exclusiva de quien enseña español, y que las equivocaciones cometidas al escribir de otras disciplinas no son valorables. Olvidan una máxima que deberían grabar en su responsabilidad de enseñantes, y es la de que todo profesor que enseña en español es profesor de español. Formando yo parte de un tribunal con un ejemplar colega de matemáticas, contestó así a un alumno que iba a preguntarle el porqué de su suspenso, cuando había resuelto a la perfección el difícil problema: «Es verdad; ha resuelto bien un problema; pero no ha dado solución correcta a otro: *tangente*, amigo mío, se escribe con g, no con *j*».

Parece claro que a la ortografía le ha alcanzado la pérdida de prestigio de otras convenciones. En parte, por *révolte*, en parte por aflojamiento de cuanto suponga exigencia o autoexigencia. Los síntomas de que ambas causas están operando sobre el cuerpo docente, son bastante claros. Pero como el cuerpo docente se forma en la Universidad, cae sobre ésta una parte muy importante de responsabilidad por lo que está sucediendo.

El problema, por lo que dijimos la semana pasada, es muy grave. Considerado como *révolte* contra lo establecido, resulta insensato. No todas las convenciones que nos rodean son merecedoras de derribo por el hecho de que algunas lo merezcan. Confieso que empiezan a alarmarme muchos comportamientos colectivos en este punto. Parece como si, dada la consigna de libertad, el ejercicio de ésta consistiera en subvertirlo todo por el hecho de existir y de estar admitido. Una actitud así sólo puede conducir a la desintegración del organismo social, a una liquidación de cuanto el hombre ha construido a lo largo de la historia, mezclando en el mismo derrumbamiento tanto lo inválido como lo valioso. La perspectiva universitaria ofrece en este punto más ocasiones para el desaliento que para la esperanza; y eso que es el lugar donde el análisis crítico debería realizarse con mayor exigencia. Pero esto daría lugar a consideraciones –a veces aterradoras– que no son de este lugar.

El caso es que, por una causa u otra, la laxitud, la relajación, la atonía ante el idioma, cuando no la clara hostilidad contra sus reglas –que no son otras que las que, a lo largo de su historia, se ha ido dando el pueblo español– se estiman hoy como mucho más «democráticas» que su aceptación. Y se está creando así, poco a poco, la peligrosa ecuación que identifica «democracia» con insumisión a todo y con falta de rigor. Se prefieren las ideas simples a las complejas, el camino llano al áspero, y muchas veces, el orfeón que grita a la voz que razona. Todo ello es lógico, todo tiene una clara explicación en el pasado inmediato, en que lo sensato, lo opinable y lo insensato se han hecho tragar con el mismo cucharón. Ahora el signo de lo que se traga ha cambiado, pero no se ha mejorado la capacidad crítica para discernir entre lo sensato, lo opinable y lo insensato.

El país está en situación de exigir a los políticos que hoy se disputan la notoriedad una educación para la democracia; la cual se identifica fundamentalmente con la simple educación, con la capacidad para decidir entre el sí y el no sin dejarse influir con hábiles arrastres. Se trata de devolver a la palabra *rigor* su quinta acepción del Diccionario: la de «propiedad y precisión», olvidando las de severidad, intransigencia o agresividad. *Rigor*, *autoridad*, *libertad*, son conceptos y palabras necesariamente compatibles, que es preciso limpiar de adherencias ideológicas o partidistas, con el fin de hacerlas útiles para la convivencia.

Hace algunos años defendía yo el estudio de la literatura, amenazado por una reforma del Bachillerato, alegando entre otras razones el papel fundamental que debe desempeñar en una *educación para la democracia* (tan importante o más que la *educación democrática*). Por razones similares, es decir, porque fomenta la disciplina de la mente y la independencia de juicio, ha de ser defendida la formación idiomática de los jóvenes ciudadanos. Dentro de la cual, la enseñanza y exigencia de pulcritud ortográfica no son las partes menos desdeñables. Imbuyéndola en los alumnos (¡exigiéndola a periodistas y a todos cuantos escriben!), se les están imbuyendo hábitos de pulcritud mental, de exactitud. Puede afirmarse *a priori* que quien no cuida ese aspecto de la escritura, está ante el saber en actitud ajena y distante; es casi seguro, que si falla ante un problema tan simple como es el de escribir sin faltas, fallará igualmente ante los problemas de su profesión o de su ciencia; las probabilidades de que sólo sea un chapucero, serán muchas. Y de que en su vida cívica siga siéndolo, también. (Lo cual no garantiza, claro, que lo contrario sea cierto: seguro que hay asesinos de galana y pulcra escritura.)

Nuestra ortografía es pura convención; incluso, como vimos, convención de absurdo origen en muchos casos. Pero está ahí, uniéndonos a muchos pueblos, garantizando la circulación de la cultura escrita, sirviendo de privilegiado instrumento educativo... ¿Debe entrar en el saco de las convenciones destinadas al vertedero?

1977

Referéndums

Una ausencia de Madrid en jueves me impidió leer en la sección «Torre del Aire», de este periódico, la propuesta que hizo su autor Gonzalo Torrente Ballester, a propósito del plural que debe dársele a *referéndum*. Pero de una alusión que a ello hacía Francisco Umbral en una de sus desenfadadas, dolientes y hermosas crónicas de *El País*, me parece deducir que era *referéndumes* la solución que patrocinaba mi admirado compañero de Academia.

El dictamen –si era ése, y, si no, perdóname, querido Torrente– parece correctísimo, en la medida en que propugna una solución morfológica normal en español. Sin embargo, como todo es discutible, y más estas cosas de lenguaje que son un condominio de muchos millones de reyes, tal vez convenga repasar otras soluciones, y aun proponer alguna, por si entre todos se lograra llegar a un acuerdo satisfactorio.

Referéndum fue adoptado del latín como tecnicismo político en Francia (*référendum*) casi en los umbrales de la Revolución (1781), para designar la «ley que ha de llevarse nuevamente a la aprobación del pueblo», y el acto mismo de llevarla. Y aunque el plural latino es *referenda*, los franceses prefirieron acogerse a sus normas morfológicas, y dicen desde entonces *référendums*. En inglés –que, como todas las lenguas cultas, recibió pronto la palabra– ambas soluciones conviven, y tan lícito gramaticalmente es *referendums* como *referenda*. Esos dos mismos plurales emplean los alemanes, al que añaden un tercero de cuño germánico: *Referenden*.

A nosotros se nos planteó también el problema de decidir, y optamos por *referéndums*, aunque no desconozcamos el plural latino *referenda*: acabo de leerlo en unas declaraciones del ministro de Asuntos Exteriores. La Academia patrocinó *álbumes*, por ejemplo, con evidente éxito; y en tal sentido podría intentarse la regularización de ese rebelde plural, igualándolo como *referéndumes*. Sin embargo, parece que la Corporación no se orienta por ese camino. El *Esbozo* (1973) nada dice de tal palabra pero sí se refiere a otra de contextura parecida, *memorándum*, cuyo posible plural, *memorándumes*, rechaza, porque «produce una estructura insólita y desapacible para el oído español». Su parecer es que tales palabras deben quedar invariables, marcando su número por el de los vocablos adyacentes: el *memórandum* y los *memorándum* (el *referéndum* y los *referéndum*).

Quizá fuera una salida elegante: aunque, si bien se piensa, tal vez no sea una salida: si *memorándums* no se ajusta a la morfología castellana, tampoco es castellano dejar de marcar con un signo explícito los nombres plurales. Y ocurre que, desde hace algunos decenios, lo que se está produciendo es una debilitación de la regla que obliga a que esa marca tras consonante sea -*es*, y un auge de otra que permite, con bastante normalidad, la simple adición de -*s* al singular. Es lo que sostiene con muy buenas razones Emilio Lorenzo (1966) para aceptar formaciones como *bóers, búnkers, gángsters*, etc., si el grupo consonántico producido al final de la palabra existe en castellano a final de sílaba (-*rs*, por ejemplo figura en *intersticio*).

Pero el problema grave se produce cuando ese grupo final es completamente ajeno al español, como ocurre con -*ms* en *referéndums*. De ahí que Emilio Lorenzo acoja parte de la propuesta formulada por Manuel Seco (1964), consistente en mantener el singular *referéndum* y crear un plural «ad hoc»: *referendos*; Lorenzo, más radicalmente y muy consecuentemente, desearía ver hispanizado también el singular, haciéndolo *referendo*.

La cuestión, que se plantea más agudamente en italiano, donde, por carecer de -*s* distintiva del plural lo normal es oponer *il referendum* a *i referendum*, ha motivado una recentísima moción del gramático Aldo Gabrielli (1976) coincidente en todo con la de mi querido colega madrileño: «Nada impediría –dice– usar una forma *referendo*, con plural regular: *i referendi*». (Y añade –lo que me parece de perlas– que otro tanto podría hacerse con *currículum*: ¡sería tan fácil hablar en español de *currículo* y *currículos*!)

¿*Referéndums* (vituperado por la Academia), *referéndumes*, *referenda*, *referéndum-referendos*, *referendo-referendos*? Todavía se me ocurre otra posibilidad, tan sencilla como obvia. Si el latín *referéndum* ha producido en castellano el nombre *refrendo* (*refrendar* está en nuestro idioma desde el siglo xv), ¿por qué no olvidarnos por completo de la forma matriz, y llamar al *referéndum*, simplemente, *refrendo* nacional?

Sólo veo un inconveniente a esta solución: que nos apartaría de los demás idiomas, donde *referéndum* es común como tecnicismo político. Pero es que ellos no tienen *refrendar* ni *refrendo*, y el español, sí.

Inflacción

Las terminaciones *-ción* y *-cción* juegan continuamente malas pasadas a los hispanohablantes. Hay una propensión a mezclarlas, que se conjuraría sin más que hurgar en la memoria buscando la etimología de la palabra problemática. Porque basta con saber que el castellano *-ción* sucedió en muchas palabras al latín *-tione(m)* (en otras, fue *-zon: cargazón, cerrazón, comezón*, etc.), y que *-cción* es el sucesor de *-actione(m)*; y así, *natione(m)* ha producido *nación*, mientras que *acción* ha salido de *actione(m)*. Pero ya no hay que contar con los conocimientos latinos de los españoles, desde que un Ministerio eficientísimo decretó su inutilidad.

Poseemos en español ciento treinta palabras acabadas en *-cción*. No son muchas para que, con una pedagogía racional y constante desde la escuela, cualquier ciudadano, aun privado de humanidades clásicas, pudiera conocer su ortología y su ortografía sin la menor vacilación. Son muchas menos que las terminadas en *-ción*, y de ahí que bastara con no dudar en aquellas para que, como consecuencia, se excluyese el error en éstas. Aparte de que muchas de las que cuentan con *-cc-* son tan raras, que muy bien pudiera prescindirse de aludirlas en una enseñanza elemental (*contrafacción, madefacción, arefacción, confacción, sabelección*, etc.); las importantes, no pasarán de ochenta o noventa. Y sin embargo, no es infrecuente hallar en los umbrales de la Universidad –poco antes y poco después– alumnos que escriben *redación* o *satisfación*, por aludir sólo a dos faltas muy corrientes.

Pero, en fin, ello se explica en cierto modo, porque no en balde se produce en nuestro idioma lo que don Rufino José Cuervo llamó «repugnancia» histórica del castellano al grupo *-cc-*. Sin embargo, esa repugnancia parece haberse convertido últimamente en fervor, a juzgar por cómo está creciendo un movimiento en sentido contrario, que lleva esa doble *-c-* donde no le corresponde; es lo que se denomina en lingüística «ultracorrección» o «hipercorrección», fenómeno que se produce cuando el hablante interpreta como incorrecta una forma correcta, y la restituye a lo que él cree su normalidad (*ex-pléndido*, tan frecuente, es un ejemplo espléndido).

En efecto, leo en los titulares de un importante diario de la mañana: «A modo de *contricción*».

Imagínenlo escrito en unas letras gordísimas, para que el efecto resulte más sorprendente. Su responsable tal vez ha entendido que, con -*cc*- la *contricción* resultaría más perfecta, sentida y eficaz. Pero es así, con una sola -*c*- como se pronuncia y escribe esa palabra, que procede del latín eclesiástico *contritione(m)*, el cual, por cierto, como derivado de *conterere*, significa 'aplastamiento' o 'machacamiento'. La misma -*c*- posee *atrición*, de *attritione(m)*.

Pero ese error ultracultista no afecta sólo a tal vocablo, sino que se extiende por un numeroso grupo de palabras formadas con el sufijo -*ción*. Hay bastantes personas que se pasan de rosca pronunciando *discrección* (por *discreción*), o que no se concretan o sujetan mucho al hablar de *concrección* y *sujección* (por *concreción* y *sujeción*); que prefieren la inoportuna *objección* a la siempre conveniente *objeción*; y que hablan de *erudicción* o *tradicción*, bien en contra de cuanto la erudición y la tradición aconsejan.

Pero donde tal ampulosidad fono-gráfica alcanza su más frecuente eficacia es en la palabra *inflación*. ¿Quién ha dejado de oírla o de leerla con frecuencia cada vez más alarmante como *inflacción*? De modo parecido a esos vocablos que, con sus sonidos, quieren imitar la realidad que expresan (*borbotón*, *tintineo*, *susurro*), también éste, portador de tantas tribulaciones mundiales, se ha inflado en la boca de muchos, y ha puesto en circulación esa -*c*- excedente; era lógico que el fenómeno inflacionario, ya corriente en las varias palabras que hemos visto, no dejara de afectar a la *inflacción* misma. Y no son teóricamente ignaros quienes pronuncian *inflacción* a troche y moche: hace pocas semanas, un ministro nos obsequió por televisión con un buen lote de *inflacciones*. Y como a él le correspondía en gran medida combatirlas –aunque no era la suya cartera «económica»– yo experimenté, y experimento, las inquietudes que a cualquiera pueden ocurrírsele. Pero es el caso que un líder de la oposición democrática pronuncia de ese modo normalmente. Y así estoy, sin saber a qué *inflacción* temer más, como el asno de Buridán (ya conocen su historia: se dejó morir de hambre, al no decidirse por el agua o la cebada que se le estaban ofreciendo).

A *inflación* le corresponde una sola -c- como palabra procedente del latín *inflatione(m)*. La tenemos en castellano desde finales del xiv o principios del xv con su significación etimológica, es decir, 'acción y efecto de soplar dentro de algo' y, por tanto, 'hinchazón', y también 'engreimiento' o 'presunción'. Fueron los ingleses quienes la aplicaron al campo económico, en la odiosa acepción que ha prevalecido en todas las lenguas, es decir, la de 'crecimiento en el volumen de dinero y créditos, en relación con los bienes adquiribles, que produce una continuada subida de precios'. El Diccionario académico define el fenómeno como 'excesiva emisión de billetes en reemplazo de moneda'; no entiendo de ello, pero me parece que la *inflación*, puede deberse a otras causas. En cualquier caso, *inflación*, con una -c-; ah, y *deflación* también.

Dilema

Hace pocas semanas, una amiga nos confió a mi mujer y a mí:

–Estamos en un *dilema*: no sabemos dónde pasar el mes de agosto.

–Pero ¿es que podéis pasarlo en dos sitios, y no sabéis cuál elegir? –le pregunté.

–¡Qué va! Es que no tenemos ni idea acerca de dónde podremos ir.

Ya me había chocado en el habla de otras personas este extravagante empleo del vocablo *dilema*. Incluso lo había oído en plural a un cronista deportivo: «Si Gárate no puede jugar, al Atlético se le plantean varios *dilemas*». Se trataba de realizar varios cambios en la alineación, que no implicaban optar entre series de dos posibilidades.

Por fin, veo que el mal uso ha saltado a la letra impresa, y así, en un semanario de principios de julio, leo este texto escrito por un comentarista político a quien admiro mucho por su perspicuidad: «Con la reforma del Código Penal, lo partidos políticos serán ya en España de "circulación legal". No todos, por supuesto, y con un "pequeño trámite": la famosa ventanilla. ¿Quiénes pasarán por ella? He aquí un *dilema* que en la última semana ha tenido a mal traer a los observadores».

Desgraciadamente, el pasaje tiene errores lingüísticos como *quienes* si se refiere, como parece, a los partidos políticos (el antecedente de *quien* ha de ser siempre personal; el pronombre adecuado hubiera sido *cuáles*); y *tener a mal traer* no es castellano: la locución conveniente es *traer a mal traer*.

Pero tampoco lo que trajo a mal traer a los observadores era un *dilema*, y a eso íbamos. El comentarista utilizaba esa palabra con la misma impropiedad que mi amiga afligida por la incertidumbre canicular. El vocablo en cuestión procede del griego *dilemma*, compuesto de *di-* (dos) y *lemma* (premisa, proposición). Entró en español por vía culta, y se documenta desde finales del siglo XVI con su acepción lógica, única que registra el Diccionario académico: «Argumento formado de dos proposiciones contrarias disyuntivamente, con tal artificio, que negada o concedida cualquiera de las dos, queda demostrado lo que se intenta probar».

Pero de esa precisa y técnica acepción, el término pasó a la lengua general con la más amplia de 'disyuntiva', de 'opción entre *dos* cosas'. Los datos más antiguos que poseo de esta ampliación semántica, corresponden a finales del ochocientos, pero puede haberlos anteriores; helos aquí: «¿Desde cuándo acá tiene nadie derecho en la libre República literaria a someter a ningún escritor al tremendo dilema "o César o nada"?» (Caro, 1882). «Citemos finalmente este profundo *dilema* que, como se dice vulgarmente, no tiene vuelta de hoja: "El reo de muerte se muestra abatido o valeroso"» (Maragall, 1895).

En nuestro siglo, los ejemplos son abundantísimos, y justifican que se produzca pronto el registro de esa acepción en el Diccionario oficial. Ya la acoge, por ejemplo, doña María Moliner en su excelente *Diccionario de uso del español*, formulándola de este modo: «Disyuntiva. Situación de alguien cuando tiene forzosamente que elegir entre dos soluciones, ambas malas: "Me puso en el *dilema* de aceptar sus condiciones o marcharme"». Bastantes años antes, en 1911, el lexicógrafo argentino Segovia, definía el vocablo así: «Disyuntiva en que hay que optar entre dos cosas desagradables o perjudiciales». Curiosamente, esta última precisión, común como vemos a los dos lexicógrafos citados, se produce también en inglés: según el diccionario de *Webster*, el dilema implica elegir entre «unpleasant alternatives».

Parece que en francés –vía indudable por donde la acepción de 'disyuntiva' entró en español– el requisito de escoger entre dos cosas que no placen no es imprescindible. El *Larousse* se limita a definir así *dilemme*: «Obligación de escoger entre dos opciones posibles» (y añade que el empleo de la palabra con este sentido no técnico es desaconsejado por ciertos gramáticos; que yo sepa, nadie lo ha reprobado entre nosotros).

Y no creo que, en castellano, aquella condición sea necesaria. Hay casos en que, obviamente, la elección ha de producirse entre dos males: «Los médicos, ya saben mis lectores que se mueven en este *dilema*: o dejan morir al enfermo o le matan» (Unamuno, 1935). «¿Firmaría o no el decreto disolutorio del arma de Artillería? Don Amadeo resolvió el *dilema* en sentido afirmativo» (Fernández Almagro, 1956). Pero en estos otros pasajes no se observa esa precisión: «Hay que plantearse valerosamente el *dilema* de escoger entre el idealismo y el realismo» (Maeztu, 1926). «La disyuntiva era en realidad otra muy distinta de la de civilización y barbarie [...] Justamente porque el *dilema* se planteó mal» (Tovar, 1960).

En cualquier caso, lo que me importaba advertir es que estamos ante un *dilema* sólo cuando debemos optar entre *dos* posibilidades, y solamente dos. Que mi perpleja amiga, ignorando aún dónde se tostaría al sol de agosto, no estaba ante un dilema; como tampoco constituía dilema preguntarse por los partidos políticos que pasarían por la ventanilla del Ministerio de la Gobernación. El dilema es el que se les planteaba entre pasar o no pasar. (Por cierto, cuando escribo estas líneas no sé aún qué decidirán; me tiene en vilo este «suspense» o *suspensión*, como quiere la Academia.)

Vota (o votad) socialista

No se trata de una exhortación: que, llegado el momento, cada uno vote lo que quiera o, mejor, lo que en conciencia deba. Jamás podré actuar profesionalmente en política por falta de convicciones; creo en unas pocas cosas claras y simples para ordenar justamente la vida ciudadana; pero temo no encontrarlas reunidas o, mejor dicho, presiento que voy a hallarlas mezcladas con otras no tan simples ni tan claras en los programas que muy pronto nos propondrán los partidos, por lo cual, ¿cómo voy a recomendar este o el otro? Harto haré con aclararme yo mismo, y asumir a solas mi responsabilidad de votar. Por otra parte, recomendar una conducta concreta me parecería intromisión en el recinto de la conciencia ajena. Con este convencimiento, ¿qué posibilidades hay para ejercer de político? Decididamente sólo me es posible funcionar como *outsider* que apoya o reprueba soluciones concretas, pero no en bloque los programas que dictan un jefe o un comité. Y, en cualquier caso, si me decidiera, jamás lo haría utilizando la construcción sintáctica a que apunto en el título.

No podrá decirse esta vez que mi advertencia sale demasiado tarde. Aún no ha empezado el *spray* a engalanar los espacios libres que, en vallas y muros, han dejado el pasado refrendo y la aún pendiente amnistía; aún no ha llegado ese instante en que muchos centenares de militantes se lancen a las calles a eternizar lo efímero, y a impedir que los fervorosos de las elecciones siguientes puedan hacer otro tanto. Pero en los laboratorios políticos, los estados mayores planean aceleradamente la campaña, rimando los pareados que actúen a modo de fervorines colectivos, y troquelando las consignas terebrantes que movilicen al pueblo hacia las urnas con las papeletas de su color.

Y sólo a modo de comentario inútil, sin la menor pretensión de que nadie se digne hacerme caso, me atrevo a advertir que ese «Vota socialista», o «democratacristiano», o «liberal», o «comunista» –si se puede–, igual que el «Vota PSP» u «ORT» o «LCR» o «PP», que, según la prensa, van a lanzarse como eslóganes de muchos partidos, son puro mimetismo. Naturalmente, ¿qué más da, cuando lo que se pretende es la eficacia? Pero quede la constancia, sin acritud, sin protesta, y hasta con una resignada aquiescencia, de que eso no es castellano. Y hablo de resignación aquiescente, porque podemos estar seguros de que ya lo será. Y prometo no dejarme llevar de ningún purismo a la hora de decidir mi voto.

El eslogan «vota socialista» –precisamente ese, y por ello figura como título de mi comentario– fue acuñado en Francia, para hacer propaganda del Frente Popular durante las elecciones de 1936, según informa Lamberto Pignotti en su espléndido libro *La super-nada* (1974; traducción española publicada por el editor F. Torres en 1976), que es una disección implacable de los trucos de la publicidad. Admirable fe la de los franceses en el poder de la palabra, en la fuerza de la retórica y hasta de la poesía, que debería ser compartida por nosotros, si no queremos ir siempre «a zaga», por decirlo con una locución medieval muy propia para el caso. Y como los italianos, tras la guerra, se hallaban en una indigencia demoidiomática comparable a la nuestra, «Vota (o votad) socialista» cubrió las fachadas todas de aquella península, ya durante la campaña electoral de 1946. Si no me engaño, en Portugal, el contracto y eficacísimo estímulo no sólo sirvió a los partidarios de Mario Soares, sino que lo usaron indiscriminadamente los de otros líderes. Porque estas cosas no están protegidas por patente alguna y debe lucharse con las mismas armas. Y al modo como las invenciones revolucionarias de la pintura vanguardista de entreguerras, que tanto escandalizan a la burguesía, han ido a trivializarse en cretonas y papeles estampados, la gran industria capitalista se ha hecho también con el invento de sus odiados socialistas: según Pignotti, muy pronto, sobre tal hallazgo sintáctico, se modelaron frases publicitarias del tipo «Camine Pirelli», «Vuele BOAC», «Vista Cori» o «Sonría Durban's». Supongo que las habrá también en España, pero no me he fijado en ellas.

Así que no deberá extrañarnos ver por las calles muy pronto una floración de carteles y pintadas sugiriendo «Vota aliado-popular» o «vota federado demócrata-cristiano». Quién sabe, incluso, puestos a ser elípticos, y sintéticos y enérgicos, si no se inventan estímulos del tipo «Votad González», «Votad Sánchez Montero» o «Votad Fernández de la Mora y Mon».

Insisto en que tales construcciones no son castellanas, pero, al menos, «Vota (o votad) socialista», ¡está tan cerca de serlo! Efectivamente, nuestra lengua admite la secuencia *verbo + adjetivo* cuando éste funciona como adverbio normalmente de modo: jugar *alto*, trabajar *duro*, hablar *claro*. Eso mismo ocurre en francés: *parler bas, sentir bon, chanter faux*. Y es, precisamente, ese esquema sintáctico, el que, según los gramáticos Wagner y Pinchon, ha modelado los giros «Voter socialiste» (y otros derivados: «Votar blanc», «Voter rouge», etc.). El paso, en francés, como en español (si bien calcándolo) ha consistido en forzar a un adjetivo que no tiene una correspondencia fácil con un adverbio de modo (*socialistamente* sería muy raro, casi como *azulmente* o *calvamente*), a funcionar como tal.

Y de ello resulta un efecto persuasivo mil veces más poderoso que el que tiene «Vota (o votad) a los socialistas», en la medida en que, con este eslogan, se establece una diferencia o una distancia entre los votantes y los candidatos, mientras con «Vota (o votad) socialista», unos y otros protagonistas del acto electoral se identifican, se atraen como resultado de una ideología común. No se trata tanto de votar a los socialistas, cuanto de votar a los socialistas siendo uno de ellos.

Reconozco todo esto, y ello me impide poner cara de perro a ese pequeño portento de la propaganda política. Pero si, aun con todo, tal fórmula gramatical sigue produciéndome aprensión –¡qué le vamos a hacer!– es porque no se ha inventado en España, y me fastidia la continua necesidad de homologarnos también idiomáticamente: ¿cuándo vamos a homologar?

Dijistes

O *vinistes*, o *mirastes* o *estuvistes*, tanto da: me refiero a la -s final espuria, que multitudinaria y pujante está invadiendo el habla de todo el mundo, incluidos muchos locutores de radio y televisión, y hasta muchos actores que interpretan obras de lenguaje acrisolado no dudando en salpimentarlo con tan enojosa zafiedad.

Esa irrupción de la -s en la segunda persona singular de los pretéritos lleva muchos siglos amagando, pero siempre en forma de intentona sofocada y claudicante ante la más vigorosa reacción de la escuela. Aunque su presencia no se documenta en la lengua escrita hasta el siglo XVIII (según Menéndez Pidal, en el comediógrafo Cañizares que vivió entre 1676 y 1750), lo cierto es que muchos judíos de Oriente dicen, por ejemplo, *cogistes* por *cogiste*, lo cual permitiría sospechar que ya se añadía tal -s en el habla vulgar por los años de su expulsión.

Pero, insisto, la acción de la escuela ha sido más fuerte a lo largo de los tiempos, y aunque no ha podido acotolar tal -s (si se me permite el estupendo aragonesismo), la ha mantenido a raya. De hecho, no podía oírse en boca de personas medianamente ilustradas, y por supuesto, era imposible leerla fuera de textos deliberadamente avulgarados. Hoy, en cambio... Basta con que escuchen a estudiantes, y aun a muchas personas de carrera, que presten un poco de oído al transistor o al televisor: el tímpano se les va a poner perdido de eses. Lo cual tiene, por sí mismo, menos importancia que el hecho de que da testimonio, a saber, la vertiginosa pérdida de prestigio que las enseñanzas de la escuela están experimentando; y la correlativa falta de sanción social que acompaña a aquella rebeldía, que no es un puro y vital ejercicio de la libertad, sino un indicio, me imagino que pavoroso, del camino que está recorriendo la cultura colectiva.

En fin, nadie o muy pocos se dan cuenta de que esta descapitalización cultural es el más grave problema que hoy tiene planteado el país (de la ruina económica, del atraso técnico, de tantos otros males puede salirse con sacrificios en plazos relativamente cortos; de la ignorancia, de la impreparación, de la frivolidad en que hayan caído veinte o treinta promociones de ciudadanos, y de las frustraciones que ello vaya a causarles, resulta imposible salir sin plazos que se cuenten por decenios), y parece inútil y hasta sospechoso de elitismo o esteticismo o mero aburguesamiento clamar por ello. Yo me limito a advertirlo, así, de pasada, seguro de que no hipertrofio el significado de algo en apariencia tan intrascendente como puede ser una -s de más en *dijistes* y compañía.

La cual es un añadido analógico que se hace a tal forma verbal y que no existía en latín. *Amavisti* y *legisti* dice este idioma, sin -s, de donde el castellano heredó *amaste* y *leíste*. Sin embargo, es forma relativamente anómala en nuestro sistema verbal, por cuanto las segundas personas singulares de las demás formas acaban en -s: *miras, mirabas, mirarás, mires, miraras*, etc. Y, por supuesto, las segundas personas plurales: *miráis, mirabais, miraréis, miréis, miraseis*, etc. Al quedar aislado *amaste*, sin la terminación que, en nuestra conciencia lingüística se identifica con la segunda persona, ha habido la tendencia vulgar a atribuírsela por analogía: *mirastes* y *dijistes*.

Estas últimas formas fueron, hasta el siglo XVII, las correspondientes a la segunda persona del plural: *vosotros leístes* era la formación normal y bien latina (*vos legistis*). De ahí que, probablemente por impedir la confusión de números, se mantuviera con relativa firmeza la oposición entre *leíste* (singular) y *leistes* (plural). Pero, por el seiscientos, y tal vez porque tal oposición se estaba desmoronando, la lengua sintió la necesidad de fortalecerla de otro modo: introduciendo el diptongo del presente *teméis* en el pretérito, hecho que ya aparece en las *Novelas Ejemplares* (1613) donde Cervantes escribe *hicisteis*, en vez del etimológico y hasta entonces bastante constante (vosotros) *hicistes*.

De esa manera, introduciendo un enérgico rasgo diferencial del plural (ese diptongo en la desinencia), la forma singular *hiciste*, *dijiste, miraste*, quedó indefensa y más expuesta el influjo analógico antes descrito. Sólo –insisto una vez más– la ha defendido la escuela. Andrés Bello y Rufino José Cuervo están a la cabeza de la lucha en América contra ese «provincialismo», como lo llamó el primero, o ese «desgarrón» vulgar, según sentencia del segundo. En España, creo que todos los gramáticos han estado unánimes en condenarlo a mazmorras. Pero ahora avanza ya casi victoriosa por la superficie del idioma, aclamada por quienes identifican la espontaneidad y el popularismo con la vulgaridad y la rudeza más consternadoras.

Autosuicidio

Asistimos a un apogeo de vitalidad del formante griego *autos-* 'mismo', que se prefija a un número creciente de palabras, y cuya expansión comenzó en las lenguas europeas durante el siglo XVIII. Por entonces se adoptó del griego el odioso *autócrata* 'quien gobierna por sí mismo', lanzado al vocabulario internacional por la Revolución Francesa; en España no se descubre su huella hasta 1835, precisamente en Larra. El camino estaba abierto para *autocracia*, que vino enseguida. Anterior es, en español, *autonomía*, introducido en francés en el XVI, y entre nosotros a principios del XVIII, y que sólo a partir de ese siglo alcanzó plena difusión, con sus derivados *autónomo, autonomista* y *autonómico*.

Antes del setecientos, el susodicho formante griego había mostrado escasa actividad; había las siguientes palabras que contaban con él:

–*autóctono*; documentado en francés en 1560; en castellano, sin embargo, no se registra hasta 1684;

–*autógrafo*; francés, 1580; español, 1617;

–*autómata*; francés, 1534; español, hacia 1760 (pero hay *autómato* en 1582); *automático* se incorporó al francés a fines del XVIII, y posteriormente a nuestro idioma;

–*autopsia*, 'acción de ver con los propios ojos', se usa en la lengua de nuestros vecinos desde 1573; entre nosotros, desde principios del setecientos.

Quizá haya algún caso más en que no caigo; pero parece evidente que el castellano, en cuanto a la aceptación de palabras formadas con *auto-* fue a remolque del francés (salvo casos esporádicos —como el *autómato* antes mencionado— en que se traducía directamente del griego).

Y esa lengua —y también el inglés: a veces es difícil saber cuál ha precedido a cuál— fue la impulsora de la creación o adopción de palabras dotadas de tal prefijo a lo largo del siglo XIX, que fueron dócilmente aceptadas por nuestro idioma: *autobiografía* y *autobiográfico, autoclave, automotor, autonomista* ('partidario de las autonomías regionales'), *autorregulación, autosugestión*, etc. Y son ya muy siglo XX, *autocrítica, autodefensa, autodestrucción, autodeterminación, autofinanciamiento, autogestión, autoinfección, autolocomoción, autoservicio, automatizar, automoción, autoplastia, autorretrato, autopropulsión*, y otras muchas. Algunas se han formado para romancear palabras inglesas formadas con *self-*.

No sé qué papel nos habrá tocado en la invención de tales vocablos, y, por si acaso, prefiero no averiguarlo. Pero he aquí que hay uno salido, si no me engaño, de la minerva hispana, y que produce la más desconcertante estupefacción. Se trata del *autosuicidio* y el *autosuicidarse*, muy traídos y llevados por la prensa con motivo de la sesión en que las Cortes aprobaron la Ley de Reforma Política que decidía su extinción. Así, un influyente rotativo escribía lo que sigue: «[El presidente Suárez] entra en el año nuevo con una imagen notablemente mejorada, debido a su doble victoria de persuadir a las Cortes franquistas para que se *autosuicidasen* y...».

(Por cierto que el redactor daba testimonio de su pulcritud idiomática escribiendo, poco después, esta lindeza: «Se han reunido *para* discutir los planes *para* tomar parte en las elecciones *para* el primer parlamento democrático».)

¡*Autosuicidio* y *autosuicidarse*! «Risum teneatis», como recomendó el clásico: reprimid la risa. Pero ¿sabrán quienes así farfullan qué significa *suicidarse*? Para quienes lo ignoran —y que, por lo leído, son muchos— he aquí la definición del Diccionario: «Quitarse violenta y voluntariamente la vida». Es decir, que *auto-* prefijado a *suicidarse* es albarda sobre albarda, mejor dicho, sobre dos albardas, porque la idea de 'darse muerte a sí mismo' ya la expresan suficientemente *sui-* y *-se*, en el verbo.

No podía ser de otro modo, puesto que el común de las gentes no reconoce el formante latino *sui*. Si se justifica así —y por otras razones – la anormal constitución de ese verbo, ya no se explica en cambio que pueda ignorarse o inadvertirse la función refleja de -*me*, -*te*, -*se*, -*nos* y -*os* añadidos obligatoriamente a la forma verbal (*me* suicidaré, *te* suicidarás, etc.), ya que marcan de modo nítido «acción del sujeto en él mismo». ¿Para qué, entonces, el bombástico, hipercaracterizador y ridiculísimo *auto*-, en *autosuicidarse*? ¿Es que se puede suicidar a otro? Claro, a veces se ha hecho, pero ya sabemos que ahí esa palabra significa otra cosa. Y ¿por qué razón en *autosuicidio*, si *suicidio* ya significa lo que sus usuarios quieren significar inflándolo? Misterios son estos que, si bien se piensan, sumen en profundo estupor.

Confiemos en que los inventores se arrepientan, y en que el adefesio no cuaje hasta el punto de que el idioma se enriquezca súbitamente con vocablos tan exquisitos como *autopeinarse, autorrascarse, autorreírse, autofirmar, autosudar*... Dejo el etcétera a la libre imaginación de mis lectores.

Disgresión

Así titulaba hace poco un artículo cierto diario madrileño leidísimo. Artículo, por cierto, dedicado a comentar la inminente toma de posesión del nuevo presidente norteamericano, que empezaba con estas palabras: «Por una temporada vamos a vivir inmersos en el carterismo». ¿Inadvertencia o solapadísima malicia? Pero es del título de lo que deseo tratar, y no del contenido, de ese poco afortunado vocablo *disgresión* que tanto se oye, entre oradores, y no escasas veces se lee.

La verdad es que no se trata de un desvío moderno. Se localiza ya en la Crónica de don Álvaro de Luna (entre 1445 y 1460), cuyo autor se refiere en una ocasión a «la *disgressión* que avemos fecho». A partir de aquel momento, en todos los siglos existen autores que han mostrado su preferencia por tal forma: «Me parece que hemos hecho gran *disgresión*» (Escalante, 1583); «En este intervalo de tiempo, en esta *disgresión* y largo paréntesis» (Salas Barbadillo, 1620).

En el XVIII, quienes la defiendan podrían invocar como precedentes nada menos que a Feijoo y a Jovellanos. Claro que no a Moratín. Y dentro del siglo romántico, baste el siguiente texto, del gran argentino D. F. Sarmiento: «Hay en toda la vida de este malogrado joven tal originalidad, que vale sin duda la pena hacer una *disgresión* en favor de su memoria» (1845).

Otros varios nombres podrían añadirse a la lista de los partidarios de tal vocablo: el Padre Acosta (1591), A. de Herrera (1601), Suárez de Figueroa (1617), ¡Quevedo!... Y más cerca de nosotros, el propio Simón Bolívar. Por el contrario, los grandes clásicos, con Cervantes a la cabeza, emplearon con constancia *digresión*. En Lope de Vega se lee una vez *disgresión*, pero como afirma el benemérito compilador de su léxico, C. Fernández Gómez, es variante de *discreción*, no de *digresión*. Para nuestro principal lexicógrafo áureo, Sebastián de Covarrubias (1611), no hay más que esta forma: y tal ha sido el parecer de la Academia, desde su primer diccionario (1732), en el que se decía: «Es voz puramente latina».

Así ocurre, en efecto. Y siéndolo, y perteneciendo aún hoy al lenguaje culto –no creo que pueda oírse mucho en el popular– sorprende más que tantos escritores, a lo largo de cinco siglos, en España y en América, hayan descuidado de tal modo su etimología. Que no es otra que *digressione(m)*, forma derivada del verbo *digredi* 'apartarse'.

Sobre este problema escribió un breve artículo, atinado como suyo, el eminente filólogo venezolano Ángel Rosenblat. Señala en él cómo la vacilación de tal vocablo se explica por confusión entre *dis-* y *di-*, dos variantes del mismo prefijo, el cual adopta la segunda forma en ciertos contextos (*digerir, difamar, dilatar, dirigir, digresión*, etc.), y la primera en otros (*disponer, discernir, distar*...). Sin embargo, hay palabras españolas que tienen *dis-* donde el latín tenía *di-*: *disminuir* de *diminuere* (frente al más culto y etimológico *diminutivo*); el *disfamar* de los clásicos y aun de la lengua hablada actual de muchas partes, y que procede de *diffamare*. A esa misma tendencia a favor de *dis-* cabría atribuir la *disgresión*, etimológicamente aberrante.

No cabe duda. Pero pienso que ha podido intervenir algún otro factor, de naturaleza aparentemente culta. Es muy posible, en efecto, que se haya sentido una falsa relación etimológica entre *digresión* y *disgregar* cuando entre ellas no existe parentesco alguno. Ya hemos visto que la primera procede de *digredi* 'apartarse', palabra a su vez formada sobre *gredi* 'andar' (*di-* o *dis-* comportan una idea de desvío). Constituyen, por tanto, su familia *agresión, ingreso, ingrediente* ('que entra'), *progreso, regreso, transgresión* y tantas más.

Pero *disgregar* (del latín tardío *disgregare*) procede de *grex*, *gregis*, 'rebaño', que ha producido en español *grey*, y derivados como *agregar*, *congregar* o *segregar*. *Disgregar*, significa pues, en última instancia, 'separar una grey, un conjunto unido'. Y en la media en que la *disgresión* es un apartamiento, un desvío, una ruptura de una unidad o un orden esperables, no parece difícil que haya acudido a ella el prefijo *dis-* de *disgregar*, por confusión seudoculta, como antes he sugerido.

En cualquier caso, la vitalidad de tal formante ha sido grande en castellano, y ha desplazado a otros en algunas palabras. Así, frente a la etimológica *deforme*, constituida con un *de-* privativo ('privado, alterado de forma'), tenemos el muy corriente *disforme*, en que *dis-* ha sustituido a *de-*. Anómalo es también el prefijo en *disfrutar*, procedente de un verbo del bajo latín, *exfructare* 'coger la fruta del árbol'; *ex-* se reemplazó en castellano antiguo por *des-*, que marcaba mejor el carácter de despojo a que se somete el frutal. Y así, Góngora escribía con toda propiedad: «Si alguna tarde saliere / a *desfrutar* los almendros».

Pero se fue olvidando el origen hortelano del vocablo, y comenzó, tal vez avanzado el XVIII, la presión de *dis-*, que acabó introduciéndose definitivamente en el vocablo, y aportando a él significaciones y connotaciones distintas.

Todas estas alteraciones y pugnas constituyen un testimonio de la vida del idioma, de la actividad de los hablantes para forjarse un instrumento adecuado a las necesidades de su expresión. Pero no me parece que sea ése el caso de *disgresión*, donde no ha habido cambio de prefijo, sino de una forma por otra del mismo prefijo, y además, insisto, en una palabra de empleo limitado a personas que tienen la obligación de conocer el carácter latinísimo y cultísimo de *digresión*. En ellas no hay eximente: se trata, pura y simplemente, de un error, aunque les preceda un amplio cortejo de ilustres.

Postgraduado

¿Quién diría que, bajo esta palabra con puro «pedigree» latino, yace un anglicismo de pura cepa?. Y es que, como suele decirse sabiamente, donde menos te piensas salta la liebre. Los pueblos cultos de Occidente han sido muy proclives a forjar latinismos, que luego han exportado, pero ya como voces de su propio peculio. De Alemania, por ejemplo, nos llegó *álbum*, libro con hojas en blanco (de ahí su nombre) para recoger autógrafos, pensamientos y versos, juego al que las damas románticas fueron tan inclinadas. El inglés exportó *specimen*, que nuestro Diccionario ha hispanizado como *espécimen*, 'muestra, modelo, señal'. Y muy probablemente, hemos recibido del francés voces de especial uso político, como *ultimátum*, *memorándum* y *referéndum*, cuyos plurales nos están creando problemas, según vimos.

Si no me equivoco, empezó a hablarse de *postgraduados* en los años que siguieron inmediatamente a la guerra. (La Academia no se ha dado por enterada de tal vocablo, con muy buenas razones, como veremos; si lo hubiera acogido, es seguro que le hubiese quitado la *t* al prefijo, como se la apeó en *posguerra*.) En mi memoria, el nacimiento de tal palabra va asociado a actividades consejiles (me refiero al CSIC). Con ella se trataba de evitar el término tradicional *licenciado*, tal vez porque se precisaba referirse también a otro tipo de graduados cuyo título no consistía administrativamente en una Licenciatura. En realidad, Diccionario en mano, tampoco el término *graduado* servía para encuadrar a quienes habían realizado estudios que, entonces, no eran universitarios. Pero se pasó por encima de tal voz, para recibir con plácemes generales el anglicismo *postgraduado*, que ya utilizaba en 1951 el Secretario del aludido Consejo: «Hay docentes que lo son cuando investigan, y en torno a cada uno de ellos existen alumnos *postgraduados*» (José María Albareda).

¿Vino directamente de Norteamérica el neologismo? Me imagino que no; supongo que viajaba a través de Hispanoamérica, donde por entonces los vocabulistas avisados –así, Rodolfo Oroz, en Chile– denunciaban el disparate.

¿Por qué era disparate? En los Estados Unidos, un *post-graduate* es alguien que continúa sus estudios tras su graduación en una *high school* es decir, en un centro de enseñanza secundario; y que los prolonga, por tanto, en una Universidad. Tiene allí, pues, sentido hablar de una post-graduación. Pero en España, aunque un bachiller es efectivamente un *graduado* («tiene el grado de bachiller»), el nombre se aplica casi con exclusividad al que ha alcanzado un título superior. Tras esa graduación –y en las carreras cursadas en Facultad o Escuela de una Universidad tradicional o politécnica– sólo cabe acceder a otros estudios posteriores: los de doctorado, que confieren un nuevo *grado*. Y así, prácticamente, *graduados* son todos los ciudadanos que han obtenido un título universitario, incluido el de doctor.

¿Qué será, pues, un *postgraduado*? Exactamente, un *graduado*: quien ha terminado los estudios en la Universidad, incluida la ampliación de ámbito que ésta tuvo a raíz de la Ley de Educación. Entonces: ¿qué falta hace el término *postgraduado*, si ya tenemos otro, *graduado*, que significa lo mismo? Eso, pregúntese a sus introductores y patrocinadores. Por otra parte, *graduado* significa lo mismo que *postgraduado*, sólo que sin disparate alguno; el participio significa algo concluso, acabado, perfecto. Si la formación analógica cundiera, tendríamos que hablar de *postcasados*, *postnacidos*, de reyes *postabdicados*, de barbas *postafeitadas*, de rehenes *postsecuestrados*, de leyes *postabolidas*, de afirmaciones *postdichas*, etc., etc.

Naturalmente, alguna razón habrá para que eso de *postgraduados* haya cundido. Apenas si hay neologismo que se inserte gratuitamente. Aquel término se aplica a designar esa situación indecisa de una persona que, habiendo terminado administrativamente sus estudios, poseedora de un título, se halla aún pendiente de perfeccionar sus saberes y de instalarse profesionalmente. Es aún un estudiante, sin serlo de manera oficial; y tal parece el sentido general de *post-* cuando entra en muchas formaciones léxicas, como en la ya aludida *posguerra*: 'Tiempo inmediato a la terminación de una guerra y durante el cual subsisten las perturbaciones ocasionadas por la misma'. (De que ese tiempo puede ser larguísimo, estamos teniendo a diario inquietante comprobación.) *Post-* añadiría, pues, en *postgraduado* esa nota de que tal situación prolonga la situación anterior, agravada con nuevas responsabilidades y necesidades.

Pero aun así resulta innecesario en ese caso concreto. Porque cuando la instalación profesional se ha producido, aunque sea aún en conato, hablamos ya de médicos, abogados, profesores, arquitectos, etc. Y aun cuando no se haya logrado, solemos hablar de ingenieros, de profesores, de arquitectos, de médicos... en paro, mirando hacia adelante, a la situación de llegada y no a la de partida. El vocablo *graduado* queda así con su potencia intacta para designar exactamente lo que *postgraduado* quiere significar: la persona que, con sus estudios acabados, sigue precisada de esfuerzos y ayudas para convertir su título en algo más que en un permiso o licencia potencial.

Esperemos que, renunciando al yanquismo *postgraduado*, absolutamente innecesario, y recuperando nuestro tradicional término *graduado*, la nueva situación española empiece a enterarse del problema que los ciudadanos así llamados plantean y sufren, como primer paso para la solución.

¿En qué va a consistir el milenario?

Ha pasado ya tiempo desde la inauguración solemne del milenario de la lengua castellana. Se ha explicado por muchos que no se trata, en rigor, del milenario ni de la lengua castellana: en el acto inaugural mismo lo hizo constar Emilio Alarcos. Y continuamos sin saber por qué y para qué se ha organizado esta conmemoración, que, de momento, va dejando sólo un rastro de conferencias y de artículos de prensa. Algo es, pero menos de lo que cabría esperar de ella como oportunidad para considerar seriamente los problemas que acucian a nuestro idioma. No es hora de loas, sino de reflexión y de acción. Sin embargo, quienes deben impulsar la reflexión y actuar continúan indiferentes ante estas cuestiones, que figuran entre las más graves que tenemos planteadas.

El castellano –su estima como idioma común, identificado en el mundo como «español»– ha salido muy mal parado de la situación política anterior. ¿Bastará un artículo de la Constitución para ponerlo a salvo de recelos y malquerencias? Quizá sólo unos años de efectivo ejercicio de la libertad lingüística, de palpable protección al cultivo de las restantes lenguas puedan llevar en los territorios que las poseen a una auténtica situación de bilingüismo que supere la actual diglosia (en la cual no es siempre el castellano la lengua privilegiada), y que neutralice satisfactoriamente las tensiones. Pero, de momento, nadie da los pasos precisos para que ese objetivo se alcance cuanto antes. ¿No sería oportuno que, en el marco del milenario, se convocara una reunión de parlamentarios, filólogos y sociólogos, capaces de llegar a un consenso sobre las líneas maestras que deben orientar la política idiomática en España?

Ése es uno de los problemas, pero hay otros. Así, el progresivo deterioro de la capacidad lingüística de los españoles. No acusemos a los medios de comunicación social, que se limitan a reflejar lo que es un empobrecimiento colectivo. El cual, salvo en casos aislados, no obedece a una consciente rebelión contra la norma, sino a una inculpable ignorancia que desearían superar cuantos la padecen. Son muchos quienes demandan de la Academia Española una intervención más eficaz (esa Academia de la lengua «central» que se halla en una situación económica insostenible, imposibilitada casi de cumplir con sus deberes más perentorios). Pero no es justo exigir a dicho instituto esa misión, que, en todos los países, corresponde por completo al sistema docente. Es en éste en el que hay que actuar para que se produzcan efectos apreciables, capaces de lograr una nivelación por arriba y, con ello, una ruptura de las barreras idiomáticas, que constituyen un factor de desigualdad social más insidioso que los económicos.

Temo que no se piense demasiado en tal necesidad, que los partidos políticos estén muy lejos aún de inscribir la educación idiomática igualitaria entre sus reivindicaciones. Hace más de un año publiqué aquí mismo un par de artículos informando de la ley francesa de defensa de la lengua y de los debates que precedieron a su promulgación en la Asamblea y en el Senado. Y fueron los partidos de izquierda los que exigieron un esfuerzo pedagógico mayor para que aquella riqueza fuera repartida con mayor equidad. La demanda sigue manifestándose; en un número reciente de la revista racionalista *La Pensée* se afirma: «La situación de hecho es, en Francia, esencialmente, que la igualdad de oportunidades lingüísticas está por conquistar». Y es que la constitución de una sociedad más homogénea económicamente sólo puede lograrse mediante una homogeneización cultural. La mayor parte de los países desarrollados lo ha comprendido así. Refiriéndose a Alemania Federal, por ejemplo, ha escrito B. Schlieben-Lange: «Es cierto que la igualdad de oportunidades [...] siempre se halla obstaculizada por la lengua [...] la política educativa deberá centrarse en el debate de las barreras lingüísticas».

De ahí procede la reciente incorporación de la pedagogía y de la didáctica a las actividades universitarias en gran parte del mundo (aquí se copió con los *ices*: ¿con qué objetivos verdaderamente útiles?). Ambas actividades, desprestigiadas antes, reducida su acción a los ámbitos de la enseñanza primaria y armadas hoy con un notable aparato técnico, se orientan hacia esa misión social de incorporar grandes masas estudiantiles procedentes de medios familiares pobres, al aprendizaje de ciencias y técnicas reservadas hasta hace poco a las clases superiores. Y ese aprendizaje tiene como mediador necesario el idioma, que no es sólo «organon» para la expresión, sino instrumento de averiguación y de conocimiento. Las técnicas de la educación lingüística están experimentando una rápida transformación, motivada por el hecho de que también los educandos han cambiado. Si antes accedían casi sólo a las enseñanzas media y universitaria alumnos que, en sus casas, aprendían y practicaban un tipo de lengua suficiente en principio para la comprensión de las materias objeto de estudio, hoy acuden a las aulas millares de muchachos que no cuentan con ese respaldo y que chocan violentamente con el idioma del profesor y de los libros, hasta el punto de resultar vencidos en proporciones alarmantes. Los fracasos escolares, a cuyo incremento estamos asistiendo sin poner remedio, se deben en un porcentaje elevadísimo a la imposibilidad que muchos estudiantes tienen de entender ese lenguaje tan radicalmente distinto del que les sirve como simple medio de relación.

La queja del profesorado es unánime en todos los niveles, desde el básico al superior, acerca de la incompetencia lingüística de los escolares. Cunde el desaliento entre todos; me escriben o me hablan a veces antiguos alumnos, ahora profesores, lamentándose de lo mismo, y a todos respondo que el lamento no sirve, que no hay que cargar las culpas al nivel educativo anterior, y que hay que empezar. Alguna vez, y en algún punto, habrá que empezar. ¿No podría servir también el milenario para planear de otro modo la enseñanza del idioma, y para que el pueblo español adquiriera la certidumbre de que en ello se juega buena parte de su futuro? Hay que cambiar los planes de estudio y los métodos didácticos; se hace preciso destruir los prejuicios con que una formación política desorientada desprestigia la necesidad de hablar bien y de escribir bien (¡que no es expresarse «académicamente», como muchos creen!), porque ello no debe constituir un atributo de clase, sino un medio fundamental de emancipacion. No habrá democracia mientras unos sepan expresarse satisfactoriamente y otros no; mientras unos comprendan y otros no; mientras el eslogan pueda sustituir al razonamiento articulado que se somete a ciudadanos verdaderamente libres porque tienen adiestrado el espíritu para entender y hacerse entender.

1980

El cheli

La formación de jergas de grupo es fenómeno absolutamente normal en todas las sociedades. Esos modos de hablar desempeñan dos funciones principales: permiten que los miembros del grupo se identifiquen entre sí como tales, y diferencian al grupo y lo protegen impidiendo el acceso a los no iniciados. La palabra *jerga*, en su acepción común, parece referirse sólo al lenguaje esotérico de los delincuentes, pero los lingüistas la aplican a cualquier microsistema diferenciado que funciona como hemos dicho. Las más frecuentes son las profesionales: hay jergas de médicos, de deportistas, de taurinos, de teólogos, de afiladores..., con grados de comprensibilidad muy variables. Pero hay también jergas estudiantiles, de taller, de cuartel, de cárcel y hasta familiares.

Las más chocantes son, claro, aquellas que excluyen gratuitamente al ciudadano común; que dos científicos o dos artesanos hablen de cosas de su oficio con términos que no entendemos parece lógico. Pero que una conversación sobre cosas normales se produzca en un lenguaje apenas comprensible, forjado adrede para ser secreto, molesta o irrita. La jerga más viva hoy es el«cheli», caracterizada por el hecho de que sus usuarios sólo comparten un rasgo: el de tener una edad semejante.

Las jergas que podríamos llamar normales carecen de tal exigencia; las hablan jóvenes o viejos indistintamente, porque los intereses del grupo a que pertenecen poco tienen que ver con los años. Me parece que la diferenciación idiomática basada consciente y provocativamente en ser joven es un hecho bastante nuevo, motivado por los principios educativos que han desplazado, declarándolos bárbaros, los métodos antiguos: aquellos que consideraban al niño como un adulto inmaduro, y la infancia y la adolescencia como simples estados de transición.

Los jóvenes, desde hace algún tiempo, constituyen un sector especial dentro de la sociedad, halagado, solicitado y a veces explotado por la industria, el comercio y la política. Porque, en gran mayoría, han asumido completamente en serio ese papel otorgado y son muchos los que se salen de su clase social para integrarse en el sector de edad, dotado como tal de ideología, costumbres y distintivos propios. Sus gustos, su atuendo, los locales y lugares que frecuentan, y en no pocos casos su concepción de la moral privada y pública, no sólo los afirman en su condición juvenil, sino que les sirven para exhibir una oposición, rayana en la hostilidad muchas veces, a los que nacieron antes. La juventud les parece una condición sustantiva o, cuando no, digna de ser vivida como si no hubiera después.

El «cheli», jerga, repetimos, más de edad que de clase, es un instrumento al servicio de la identidad del sector, no del individuo. El sociolingüista Basil Bernstein, que ha estudiado fenómenos semejantes en los Estados Unidos, ha concluido que «a pesar de su calor y vitalidad aparentes, este lenguaje se caracteriza fundamentalmente, y en el sentido literal del término, por su impersonalidad». Y que es esa impersonalidad la que permite a sus hablantes «recurrir sin preocupación y sin ningún sentimiento de vergüenza o de culpabilidad a términos brutales, carentes de finura, y a adoptar comportamientos acordes con esos términos». Así, no es raro que cualquier *fric* pueda decirle a una *chorba* o chica de su grupo que tiene unas *cachas molonas*, esto es, unas piernas bonitas, y obrar en consecuencia, si ella se deja, *picándosela, clavándosela* o *tabicándosela*.

El santo y seña, la pieza decisiva del «cheli» básico es, me parece, el *jo, macho*. Para quienes –ellos y ellas– no dominan a fondo la jerga, esa frasecilla interjectiva, repitiéndola mucho, expresa una vehemente voluntad de participación. En cursos más avanzados, la fonética, el léxico y hasta la sintaxis despliegan sus peculiaridades, algunas supervivientes del *slang* achulado o agitanado vigente desde el siglo anterior. Otras, por el contrario, son de creación original, mediante metáforas, anglicismos, deformación de vocablos o adopción de nuevos sentidos. Concentrándonos en el vocabulario (debo advertir que se modifica con bastante rapidez y que sus acepciones son difíciles de definir con brevedad), he aquí unas muestras: *movida* es una 'acción extraordinaria o particularmente intensa'; *tronco* significa 'amigo', como *colega* (pero ésta es voz más propia del hampa); *basca*, 'peña o grupo de troncos'; *paliza*, 'pelma'; *calandrias*, 'pesetas'; *tejo* o *guil*, 'duro'; *marchoso*, 'activo, decidido, divertido, audaz'; *jula* o *julandrón*, 'marica'; *ligar*, 'conseguir'; *amuermarse*, 'aburrirse'; *carroza*, en principio, 'miembro del rollo que los troncos consideran ya pasado de edad', y por extensión, 'persona mayor, solemne, que el rollo ni toma en consideración'. En *bocata*, 'bocadillo'; *vinate*, 'un vino'; *fumata*, 'acción de fumar tabaco o drogas', y *camarata*, 'camarero', se observan los sufijos preferidos por el «cheli». *Demasiao* (combinado a veces por *tu mach*) ha especializado una función autónoma (un *coche demasiao*) con el significado de 'excesivo'; cuenta con la variante barcelonesa *(qué) fuerte*, ya bastante difundida por Madrid. Están luego las frases hechas, algunas verdaderamente expresivas: *me enrolla cantidá*, 'me gusta mucho'; *montárselo guapo*, 'hacer bien una cosa'; *sentir las vibraciones de alguien*, 'sentirse identificado con él'; *ir la priva cantidá*, 'gustar el alcohol'; *echarse unos pelotazos*, 'tomarse unas copas'; *ser algo un mosqueo*, 'suscitar algo sospechas'; *jalarse una rosca o un donut*, 'besarse', y tal vez bastante más; *marcárselo guapísimo*, 'hacerlo bien'; *ligar bronce*, 'ponerse moreno'; *ser de lo más crudo*, 'ser desmesurado en procedimiento y consecuencias'.

El ámbito conceptual de esta jerga, como el de todas las de su tipo, resulta muy limitado: alude a procesos anímicos rudimentarios, como aburrirse, divertirse o lucirse; al trato sexual, a personas del círculo, a valoraciones simples de personas y objetos. Si el individuo *flipa*, es decir, fuma drogas menores, o *esnifa* inhalando cocaína y consume otros tóxicos, su vocabulario aumenta: el *caballo* es la heroína que se *mete* o inyecta; el *costo*, el *chocolate* o *tate*, la *mandanga* o el *fumo* designan el hachís; el *porro*, la *trompeta*, el *canuto*, el *cono* o el *varillo* aluden al cigarro de tabaco con hachís o marihuana, que *sube*, *pega* o *coloca*; *tirar un talego* significa 'comprar mil pesetas de hachís'; el *camello* o 'vendedor intermediario' trata de que *esté bien pasao*, es decir, 'ventajosamente adquirido'; su enemiga, la brigada de estupefacientes, se llama la *estupa*. El adicto ya saturado por la droga está *colgao*; por extensión, también lo está quien, sin consumirla, se considera vencido por la adversidad.

Como fenómeno sociolingüístico, el «cheli» brinda problemas interesantes a un investigador que profundice en su estudio. Como indicio social, como síntoma debería ser cuidadosamente observado por quienes deben: tal vez tenga más trascendencia que la de mera curiosidad o moda y las conclusiones pueden ser desoladoras. Donde sí ha rendido frutos el «cheli» es en el ámbito estético, al emplearlo un prosista de excepción: Francisco Umbral (sus émulos no cuentan). De igual modo que utilizaron Quevedo, Barrionuevo, Solís, Mendoza y tantos otros la junciana o germanía; o Valle-Inclán y Arniches, los timos jergales tabernarios, delincuentes o simplemente suburbiales. He leído y oído ataques a Umbral por servirse del «cheli»; también los recibió Valle-Inclán; y Quevedo, que tanto molestaba por esa y por otras razones, contó con un Tribunal de la Justa Venganza. Siempre hay un tribunal dispuesto a condenar a un artista cuando éste piensa que lo que pasa en la calle no son simples eventos consuetudinarios que acontecen en la rúa. Pero éste es otro cantar.

Dígalo con rodeos

La modernidad exige el circunloquio. Nuestro viejo idioma se nos estaba muriendo de casto y de sencillo, pero han acudido a salvarlo los perifrásticos, que huyen de los atajos como los navíos de las sirtes. Hoy, al igual que todos los domingos, me he pertrechado de varios periódicos para compensar las prisas con que he de mirar sólo los titulares en los días de trabajo. Y enterado ya a fondo de todas las desventuras del mundo, me he aplicado a la curiosa comprobación del tiempo que he perdido deambulando por los laberintos verbales de las noticias. No lo he medido, pero es mucho: tal vez un tercio de exceso, si se tiene en cuenta el que hay que consumir desentrañando enigmas.

Por ejemplo este: de un grupo de creyentes se afirma que están haciendo «experiencias de oración en un contexto de comunidad». ¿Entenderá alguien, leyendo a velocidad normal, que a lo que se dedican tales creyentes es a la plegaria en común? (Gran novedad, por cierto.) La charada no es fácil, y descifrarla exige el concurso de tantas potencias como un teorema lógico. Al resolverla y quedarse uno con aquel resultado, es natural que la cólera se desate contra el escribidor por habernos arrebatado un trocito de vida tan tontamente. Sin salir de lo religioso, otro despacho habla del grave accidente sufrido en Brasil por una «expedición de peregrinos»; era, claro, una peregrinación o romería, pero contemplada por el redactor como un equipo de exploradores de la Antártida.

El rodeo se impone; al alegre curso del torrente se está prefiriendo el largo e insulso meandro sintáctico. Es notable la aversión al vocablo simple cuando éste puede descomponerse en un verbo seguido de complemento que significan aproximadamente lo mismo. Ahí están, empedrando el lenguaje periodístico –y también el de los libros– *dar comienzo* por *comenzar*, *darse a la fuga* por *fugarse*, y mil perífrasis de este jaez: *poner de manifiesto, dar por finalizado, tomar el acuerdo, hacer público, dar aviso, poner fin, mantener una conversación, realizar una entrevista, hacer entrega, ser objeto de una agresión...* Todos estos excesos pueden evitarse con verbos simples de una precisión absoluta. No es que tales expresiones sean incorrectas, pero hace aborrecerlas su exclusividad y frecuencia. Resultan, por otra parte, sintomáticas del automatismo con que sus usuarios hablan y escriben, y, en definitiva, de su penuria mental, de su falta de familiaridad con las raíces populares e históricas de su lengua.

Es este gusto el que hoy parece ausente de multitud de personas –periodistas, políticos, profesores– que hacen uso público de la palabra. No pretendemos que cada uno se erija en casticista rancio o en purista intolerante. Ambas actitudes parecen igualmente antipáticas por lo que tienen de cerradas al necesario progreso de las lenguas. Cuando un objeto nuevo o un concepto inédito se incorporan a la vida común, hay que darles nombre, tomándolo si es preciso de otras lenguas. El Padre Feijoo se burlaba de quienes proscribían tozudamente los préstamos, y preferían inventar o adaptar vocablos de la lengua propia: «Hacen lo que los pobres soberbios –decía–, que quieren más hambrear que pedir». No se trata de ser pobres soberbios, pero tampoco de aceptarlo todo como limosna y, aún menos, de triturar nuestro propio patrimonio.

Para ello hay que conocerlo y amarlo. Es lo que va faltando: el amor que nace del conocer. ¿Cuánto leen con la finalidad de poseer mejor su idioma quienes deben usarlo como herramienta de trabajo? Me temo que no abundan las excepciones en la desidia general. Y es, sin embargo, la lectura la que va edificando la conciencia lingüística, la que perfila los rasgos de lo que antiguamente se llamaba el «genio de la lengua». Es decir, la propiedad que una lengua tiene de ser ella misma, y que, impresa en la mente de sus hablantes, les permite dilucidar cuanto la viola, hasta sentirlo como insufrible. Paradójicamente, esa conciencia es más nítida en el pueblo llano que en muchos «cultos»; pero éstos pueden arrebatársela pronto al pueblo llano, que es siempre débil ante sus agresiones. Oí días pasados en el aeropuerto de Málaga un fragmento de la conversación de un mecánico que, desde el vestíbulo, se comunicaba por medio de un radiotransmisor con un compañero que trabajaba dentro de un avión: «¿Está ya arreglado ese asiento?», preguntaba el de fuera. Y la contestación fue: «Ciento por ciento afirmativo». Póngase a la respuesta acento andaluz, y se tendrá un anticipo de lo que puede ser en unos años el castellano popular.

Los rodeos perifrásticos del tipo reseñado, mejor dicho, su abuso, no corresponden al genio de nuestra lengua; quienes los emplean deberían esforzarse, si no en evitarlos por completo, en emplearlos con tiento: que no jubilen los verbos simples. Y cuando los utilizan, sería muy aconsejable que no cometieran disparates. Hay uno que pulula por doquier, y que registro dos veces en un periódico de hoy. Una noticia da cuenta de un atraco: tres individuos armados *hicieron acto de presencia* en una sucursal bancaria, y se llevaron dos millones de pesetas. Otra asegura que durante la manifestación pacífica de unos obreros, la policía no *hizo acto de presencia*. Está claro que ambos redactores, amiguísimos del meandro, han querido evitar los llanos verbos *presentarse*, *aparecer* u otro cualquiera que allí hiciera buen papel. Lo de *acto de presencia* les resultaba más fino, más culto, infinitamente más actual.

Lo malo es que tal expresión quiere decir: «Asistencia breve y puramente formularia a una reunión o ceremonia». Hago acto de presencia, por ejemplo, en el homenaje a un amigo, cuando no puedo asistir a todo él, y me presento allí para manifestarle mi adhesión con sólo unas palabras de saludo: se trata, como dice la Academia, de una «asistencia breve y formularia». ¿Era eso lo que hicieron los atracadores del banco, que metieron el resuello en el cuerpo a una docena de personas, y arramblaron con los dos millones? ¿Faltó la policía a un deber cortés, manteniéndose alejada de la manifestación proletaria? Ciento por ciento afirmativa tendría que ser la respuesta, al modo del malagueño aeroportuario.

Pero está claro que los redactores de las dos noticias, como tantos otros que escriben y dicen eso, no es en la mano donde tienen el Diccionario. Ojalá tampoco lo empleen para elevar la altura del asiento de sus sillas. Porque ya es sabido lo útil que tan voluminoso libro puede resultar para ese fin.

Finalizar

Bajo el patrocinio conjunto de la Universidad de Salamanca y la empresa mejicana de televisión, Televisa, se han celebrado en aquella ciudad, a principios de septiembre, unas conversaciones entre escritores, periodistas y filólogos, para deliberar acerca de qué tenemos que hacer para que el idioma no se nos rompa, y de cómo pueden contribuir a ese objetivo los medios de difusión. Ello permitió que en las viejas aulas salmantinas compitieran en agudeza y arte de ingenio Delibes, Rulfo, Umbral, Cela, Torrente, Zablukobski, Luca de Tena, Fontán, Anson, Hermida...: no pueden nombrarse todos por ser tantos los invitados. Fue unánime el deseo de que el español pueda seguir siendo vínculo de ese enorme trozo de humanidad que lo habla, ya que con él se asegura la pervivencia de muchos de los valores en que millones de hombres y de mujeres creen.

Pronunció Dámaso Alonso la lección inaugural: fue una serena advertencia a quienes ni siquiera sospechan que nuestra lengua puede fragmentarse. La inquietud no es nueva; y fue en América, justamente, donde se manifestó el siglo pasado. Andrés Bello anunció tal posibilidad (y para combatirla compuso su siempre viva *Gramática*); el colombiano Rufino José Cuervo la presentó como prácticamente inevitable; Menéndez Pidal argumentó contra ellos en 1918, con razones tranquilizadoras: las condiciones de la vida moderna y la difusión de la cultura hacían irrepetibles las circunstancias en que el latín se quebró y se dividió en multitud de lenguas y dialectos neolatinos. Esas razones nos han confortado muchos años a americanos y a españoles, pero ahora crecen los motivos para sentir inquietud. La iniciativa de Televisa, reuniéndonos, no respondía a un móvil especulativo, sino a las dificultades que a diario se le plantean para comunicarse con el público que sigue sus emisiones en gran parte del continente americano.

Repito: Dámaso Alonso puso magistralmente las cosas en su punto. La fragmentación del castellano no es aún una amenaza inmediata; pero es ciertamente una amenaza. Puso ejemplos: el objeto que en España llamamos bolígrafo recibe seis o siete nombres diferentes en el ámbito hispánico. Si esta facilidad de dispersión léxica se multiplica por los cientos y cientos de objetos impuestos por la vida moderna que hay que nombrar y adjetivar, y cuyas acciones se precisa referir, la ruptura puede acontecer quizá con rapidez insospechada.

En las conversaciones salmantinas, estos temores manifestados por el director de la Academia Española aparecieron y reaparecieron numerosas veces. Para atenuarlos o aumentarlos, según los talantes, pero sin desecharlos nunca. Yo mismo hube de advertir cómo la disgregación idiomática es ya un hecho, según algunos filólogos catastrofistas: el uruguayo Rona, el soviético Stepanov o el checo Bartoš. Y en el discurso de clausura, en el cual presenté las conclusiones del simposio, advertí de qué modo sin la acción coordinada de los sistemas docentes y de las Academias de todos los países hispanohablantes, y sin la atención rigurosa que deben prestar quienes hablan y escriben para el público a cómo lo hacen, las predicciones sombrías de Cuervo distan de ser fantásticas.

Se expuso –expuse– en nuestras reuniones la necesidad de llegar por consenso a una cierta «normalización» del idioma en los periódicos y en los medios audiovisuales. Según mi intención, «normalizar» significa tan sólo (y nada menos) esto: en la prensa escrita y en ciertos programas de radio y de televisión, se habría de poner buen cuidado en emplear sólo el español que, en todo su dominio, se reconoce como «buen español»; en introducir los vocablos nuevos uniformemente; y en corregir con suavidad y cuando aún se esté a tiempo las divergencias ya establecidas. No creo, por ejemplo, que fuera imposible, aunque sí larga tarea, ir eliminando del español de España los feos anglicismos *aparcar*, *aparcamiento*, sustituyéndolos por *estacionar* y *estacionamiento*, normalmente preferidos en América, con lo cual, en ese punto, se suprimiría una innecesaria diferencia. Radio, televisión y prensa, acordes, podrían cerrar centenares de brechas abiertas en la unidad del idioma por la irreflexión o el capricho, sin olvidar nunca que las soluciones americanas son, en multitud de casos, preferibles a las nuestras.

Tal vez el término *normalizar* no sea muy afortunado, porque suscitó las reservas de que ese intento frenaría el libre crecimiento del idioma, coartaría la creatividad artística y produciría una especie de español homogeneizado y soso. Pero está bien claro que tales peligros no existen. Por lo pronto, la *normalización* sólo habría de afectar a la lengua de los medios de difusión, no a los escritores, que, para serlo, necesitan inventar su idioma (a veces, su dialecto). La expansión del castellano no sería limitada, sino encauzada para evitar la superfetación del léxico. El temor de que se produjera una prosa informativa insípida, se justifica aún menos, porque es exactamente el efecto contrario el que se buscaría *normalizando*: ya hemos dicho que se trataría de emplear un buen español. Y esto impondría el deber de estudiar con ahínco el idioma para movilizar las posibilidades todas que ofrece, y que a causa de la incuria actual, debida por partes iguales a pereza e incultura, están siendo olvidadas por abundantes informadores.

Una sola muestra particularmente irritante. Invito a mis posibles lectores españoles (no sé si sucede lo mismo en América, por lo que he de limitar mi invitación) a recorrer con atención los diarios o las revistas, y a escuchar cualquier emisión de radio o de televisión en busca de los verbos *acabar*, *terminar* o *concluir*. Lo normal será que no lean u oigan más que *finalizar*: todo *finaliza*, nada *acaba*, *termina* o *concluye*. La prensa y el gremio casi unánime del micro han decidido jubilar esos tres verbos españoles, y privilegiar con su sobo al otro, por completo inocente de tal idolatría. Muy formalmente solicito de quienes me leen esta comprobación, para exhortarles a una cruzada que rescate a aquellos exiliados. Oigan un rato las conexiones dominicales de radio que informan sobre la marcha de los encuentros de fútbol; conecten la televisión cuando va dando cuenta de los resultados, y los partidos están a punto de...: torrentes de *finalizar* se precipitan, se empujan por los altavoces en incontenible y mareante hemorragia.

¿Qué ocurriría si a tales demóstenes del estadio, que pecan más porque tienen más ocasiones, se les invitara a «normalizar» su idioma? Muchos de ellos fruncirían el ceño y se aprestarían a defender la libertad que profesan, afirmando no estar dispuestos a perder ni un céntimo de sus tesoros expresivos. Finalizarían enfadándose.

De alguna manera

He aquí literalmente transcrita la pregunta que un locutor radiofónico lanzó hace poco, en una entrevista, a un director de cine: «¿No crees que, a nivel de imagen, tu cine ha evolucionado de alguna manera hasta hacerse como más autónomo semióticamente?». Yo iba conduciendo cuando oí esto, y hube de orillar el coche y detenerme para cobrar aliento. Me pareció un milagro que todo siguiera en pie, y que la gente continuara yendo a sus asuntos como si aquel hecho no se hubiera producido. ¿Cuánta es la resistencia de la ciudad, capaz de encajar sin daño aparente las ondas miasmáticas que la acribillan creando tan densa contaminación verbal? Ni siquiera al entrevistado le afectó la pregunta, pues respondió que sí, que su cine, «a nivel de imagen», se había hecho «como más autónomo», «semióticamente», «de alguna manera». Y continuó vivo.

Prescindamos del síntoma anivelista revelador por sí solo de grave afección del espíritu; dejemos también ese «como» seguido de adjetivo o participio («Lo engaña su mujer y está *como muy enfadado*»), que añade importantes motivos de alarma al anterior; no toquemos la semiótica, flor lábil que nace del corazón mismo del caos: de todo ello será preciso hablar en otras ocasiones. Y quedémonos con el último tic: ese *de alguna manera* que monstruosamente multiplicado, como se dice de las células malignas, invade todos los resquicios de la prolación hispana, sobre todo si se manifiesta en público. Oigan la radio y la televisión, escuchen a entrevistadores y entrevistados, e intenten llevar cuenta de las veces que dicen *de alguna manera*: más fácil resultará contar los rayos del sol. Tal hiperplasia obedecerá a algún motivo, y no es desdeñable la curiosidad de dar con él.

Como de casi todo, cabe de este fenómeno una explicación consoladora, que ya ha sido propuesta –defendida por escrito y, conmigo, de palabra– por un ilustre pensador y agudo intérprete de cuanto nos pasa. Dice, y me decía, que ese melindre, esa atenuación de lo que se afirma («Acabarán dándose cuenta de que las huelgas constituyen un atentado contra la democracia, *de alguna manera más grave que el terrorismo*»), sobre todo, combinado con un *yo diría que*, es un indicio positivo de que nuestro secular dogmatismo se tambalea, y de que viene a sustituirlo una especie de duda metódica ante las cosas, como adelantada de una nueva actitud más racional y flexible. ¡Cuánto bueno nos sucedería si tal sucediera, si nuestras aserciones, tajantes, secas y radicales, admitieran el merodeo de una sospecha de error, de un reconocimiento de que otro puede pensar sin pecar cosa distinta, de que la opinión que avanzo no tiene vocación de espada, sino, al menos en la forma, una textura amable y retráctil!: «esto que digo –vendría a significar el tic– es falible; puede ser verdadero *de alguna manera*, pero tal vez no tanto si se considera de otro modo». Insisto: nada mejor podría ocurrirnos.

No negaré un origen cortés a la irrupción de la triunfante muletilla. Y también una cierta prudencia: el locutor de marras se exponía a que el cineasta le contestase que no había tenido intención de acentuar la autonomía semiótica de la imagen. Y a que, incluso, le enfureciera tal posibilidad. Una opinión suavizada con el *de alguna manera*, puede afrontar con menos desdoro el «de ninguna manera». Pero ¿qué ocurre cuando lo que se dice es de clavo pasado, y ni de lejos admite más que una manera? He aquí ejemplos de periódicos que tengo anotados en mi cuaderno:

«Puede asegurarse, *de alguna manera*, que la traída de los restos de Alfonso XIII al panteón de El Escorial constituye una reparación histórica». «La huelga de la Seat encubre *de alguna manera* una pugna desesperada de las dos centrales sindicales más poderosas para extender sus áreas de influencia.» «El temporal de nieve ha quebrantado *de alguna manera* la economía de la región valenciana.» «Los teólogos españoles que han firmado el documento para solidarizarse *de alguna manera* con Küng, son, en gran numero, jesuitas.»

Difícilmente podrán interpretarse como síntomas de aprensión cartesiana tales simplezas. El *de alguna manera*, en esas frases, no es que sea prescindible: es que está en ellas con la misma oportunidad que una nevera en un glaciar. Pero es la moda: hay que meterlo, a cuento o no, en cualquier rincón de lo hablado o de lo escrito, con la intención de quedar *chic*. Es un rasgo de distinción, un *charme*, un *touch* de elegancia inigualable. Y, por tanto, insufrible. En el lenguaje oral –donde sin duda entró primero–, admitiendo el propósito de cautela expresiva como inductor cumple otros fines que se sobreañaden al meramente lindo de la escritura: ayuda a la fluencia del discurso, a la soltura de quienes creen que ésta es condición inexcusable para quedar bien. Lo emplean los alumnos en las exposiciones de clases, los artistas de cine, teatro y cabaré cuando comparecen ante los micros para ponerse o mantenerse en candelero, los políticos que temen defraudar a la afición... Se oye ya –cosa atroz –en las juntas universitarias. Y, claro, lo proyectan, como con arma de repetición los locutores, especialmente cuando no leen: apenas precisan de una fracción de segundo para ver cómo han de seguir, allí está el *de alguna manera*, eslaboncillo, engrudo y trampolín a un tiempo.

Se explica que los profesionales de la palabra quieran ofrecer una imagen satisfactoria de su caudal oratorio, y hasta que apelen a alguna trampa. Bien está el excipiente cuando sepan que lo es, que se trata de una apelación *in extremis*, de un clavo ardiendo al que agarrarse excepcionalmente. Pero no si es frecuente, único y estimado como flor fragante del discurso: entonces resulta deletéreo y contaminante. Y como una hora de audición hertziana ejerce más influjo sobre la población que un entero curso escolar en las aulas, pronto habrá masas enormes de ciudadanos ornando lo que dicen con el primoroso tic. («A esta sopa le falta sal *de alguna manera*»; «¿Vamos esta tarde *de alguna manera* al cine?».)

Que se exprese bien una sociedad ha de ser un primordial objetivo educativo. Pero hablar bien no quiere decir hablar rápido y seguido, o con piezas ociosas de quitaipón, sino establecer una correspondencia justa entre lo que se quiere decir y lo que se dice. A quienes no aspiramos a quintilianos ni a jerónimos, a quienes no soñamos con ser milagros del foro, el parlamento o el micro, no debe importarnos el titubeo aunque nuestra profesión o una ocasión cualquiera nos obliguen a hablar en público. Nadie me inspira más confianza que aquel que, aun con dotes de fluencia verbal, vacila pugnando por hallar una expresión exacta. Se cuenta no sé con qué verdad, que un estilo titubeante fue muy característico de algunos miembros ilustres de la Institución Libre de Enseñanza; y que se hizo puro amaneramiento en ciertos epígonos suyos, los cuales tartamudeaban para alardear de grave seso. Ni en un extremo ni en otro está lo deseable: ni en hablar entre colapsos, ni en dar bastonazos de esquí –*de alguna manera*– al discurso para que corra.

Reconducir

Cualquier consumidor de información habrá notado la tremenda dosis de este verbo que últimamente se ha inyectado al producto. Ningún ejemplo mejor podría aducirse para probar la influencia casi monstruosa que ejercen los medios de difusión sobre la lengua común. *Reconducir* era desde antiguo un término jurídico que significaba «prorrogar un arrendamiento», y vivía lánguidamente en el idioma. Estoy seguro de que ningún arrendador proponía al arrendatario *reconducir* el contrato: se limitaba a subirle el importe. Pero, claro, no es ésta la acepción que se da al vocablo restaurado desde principios del presente año, como enseguida vamos a ver. De momento, limitémonos a constatar su bulliciosa presencia en noticias y noticiarios españoles.

La velocidad con que hoy se propagan las novedades idiomáticas es vertiginosa. En tiempos pasados tardaban años en ser aceptadas, y esa larga duración del proceso actuaba de filtro que retenía la suciedad y sólo concedía visado a lo útil. Tomemos como muestra el sustantivo *esplendor*. Se documenta ya en el siglo XIV; lo empleaban algunos doctos para alatinar e ilustrar su estilo, pero pululó durante cientos de años por los arrabales del idioma sin entrar. Cuando a Góngora se le ocurrió usarlo, cayeron sobre poeta y vocablo denuestos enardecidos; los discípulos del cordobés emplearon pródigamente *esplendor* a lo largo del XVII, pero era en pláticas de poetas de las que nadie hizo caso. Sólo los imitaban algunos predicadores ansiosos de empedrar la palabra divina con gemas preciosas, pero dieron en ridículos fraigerundios y recibieron a mediados del XVIII el palmetazo de Isla por valerse de aquel osado latinismo (y de otros como *festivo, cóncavo* o *diáfano*): aunque ya llevaba cuatro siglos llamando a la puerta, no había logrado penetrar en la ciudad de los hablantes. Seguía siendo risible para el sentido lingüístico común, encarnado por el jesuita. Y eso que ya figuraba en el *Diccionario de Autoridades,* porque la Academia no podía desairar a sus eminentes padrinos.

Hasta el ochocientos no se estableció la normal circulación de *esplendor*. En sólo un poema de Espronceda, el *Himno al sol*, lo hallo con cinco vocablos más que también reprocharon a Góngora: *trémulo, desvanecerse, radiante, resplandor* y *piélago*, igualmente vagabundos por el idioma desde la Edad Media. No sólo se documentan en la poesía: andan ya por los escritos más ordinarios. ¿Qué había propiciado un triunfo tan repentino? Ni más ni menos que el desarrollo de la prensa; los escritores del xix solían ser políticos y periodistas y su contacto con el público era directo, extenso y frecuente. Mediaban entre las innovaciones y los hablantes con extraordinaria eficacia. Esas innovaciones podían ser viejos latinismos como los citados, o voces tomadas de lenguas modernas.

La función mediadora del político y del periodista ha multiplicado hoy increíblemente su poder. Una sola agencia de noticias, con el resonador de docenas y aun centenares de periódicos y emisoras, hace que cualquier novedad de lenguaje entre por los ojos y los oídos de millones de hablantes; si se reitera, si se martillea con ella, los hablantes acabarán acogiéndola. Lo cual parece saludable cuando la invención es buena, pero ¿qué ocurre cuando se trata de una simple memez (*a nivel de, en base a, de alguna manera...*)?

Muy distinta a la marcha de *esplendor* es la que lleva *reconducir*. Todos sabemos demasiado bien que, a comienzos de enero, la Unión de Centro Democrático y el Gobierno anunciaron su decisión de abandonar el artículo 151 de la Constitución como vía para acceder a las autonomías regionales, y adoptar la que regula el artículo 143. Dicho partido y su Gobierno habían alentado hasta entonces el procedimiento expedito, ofreciéndolo incluso a regiones que, de ser consultadas, hubieran contestado con un «no, gracias». La mecha, sin embargo, estaba prendida, y el aire del súbito paso atrás encendió la llama de la protesta, fundada en vejación: bien reciente está el referéndum andaluz, réplica justa de la dignidad ofendida. Partido y Gobierno están intentando sofocar el incendio con la mezcla extintora de dos verbos: se trata, dicen, de *racionalizar* el proceso autonómico, y de *reconducirlo* según el artículo lento.

¿Qué acepción dan a esta última voz? Ya hemos visto cómo la Academia sólo sanciona el de «prorrogar un arrendamiento», que aquí no es aplicable. Pero algunos diccionarios –M. Moliner, *Larousse español*– añaden otra: «conducir o llevar una cosa al sitio de donde ha salido o ha sido traída», «llevar de nuevo una cosa a donde estaba». Tal es el significado que le daba A. García Valdecasas (1965) cuando, tras referirse a algunas preguntas que Kant había formulado, asegura: «Años más tarde *recondujo* las tres, como a su fundamento último, a la pregunta: ¿Qué es el hombre?». El vocablo, pues, aunque muy escasamente, funcionaba ya para indicar la marcha atrás en un proceso iniciado que no se desarrollaba a gusto.

El *reconducir* ucedista habría de significar, por tanto, según esta acepción, que el Gobierno daba marcha atrás en esa fenomenal algarabía. Acepción que sería inconstitucional, y fuera del alcance de los aprendices de brujo. Ahora bien, ese verbo, hábilmente interpretado, sugería también la significación de «conducir otra vez», igual que *rehacer* es «hacer nuevamente»; y ésa es la sugerencia que se ha estimulado. Al vehículo autonómico no se le detiene; simplemente, se le hace entrar por otro camino, de velocidad limitada pero cuyo final es el mismo paraíso. Es esta acepción, insisto, «avanzar por otra vía», la que se infla debilitando la otra, la del retroceso previo. Más o menos, a *reconducir* se le hace sinónimo de *rectificar* o *variar el rumbo*, y ese sentido triunfa sobre el que se iba dibujando en los diccionarios y en las escasas muestras de su empleo anterior. Pero entonces, se dirá, ¿por qué no habla directamente el Gobierno de *rectificar*? Sencillamente porque los gobiernos no pueden rectificar: no se equivocan. Con el verbo *reconducir* ha venido Dios a salvarlos.

El vocablo, dotado de su nuevo meollo significativo, cuenta, pues, con cuatro meses escasos de vida, pero posee ya la fuerza de un jayán. Con total audacia se ha salido de sus casillas originarias —el incendio autonomista—, y empieza a funcionar por su cuenta en otras circunstancias. Aún está próxima a ellas en este empleo a que lo somete un líder de Castilla: «Espero que los partidos políticos puedan *reconducir sus criterios* hacia posiciones más favorables al Estatuto». *Modificar, cambiar, reconsiderar* y otros vocablos tan indígenas no le sirven a este demóstenes meseteño. Pero en una sección de crítica televisiva, su titular juzga una emisión nocturna de los viernes —sólo he visto una, y no fue sonrojo sino rubeola lo que me acometió— con estas palabras: «Si ese programa aspira a conseguir sus propósitos, habrá que *reconducirlo*». ¿Adónde? ¿Al juzgado mas próximo?

Bien, ahí está el flamante *reconducir*; se *reconducen* las autonomías, los criterios y los programas de televisión. Dentro de nada, quienes concursen en estos últimos y se equivoquen sobre el color del caballo blanco de Santiago, preguntarán al jurado: «¿Puedo *reconducir* mi respuesta?». No faltarán tampoco los diputados que pidan la palabra para una *reconducción*.

Destino del castellano

El editor barcelonés Puvill acaba de publicar un facsímil de la *Revista Nueva*, que en 1899 –nótese la fecha– sacó a luz L. Ruiz Contreras. Es un testimonio apasionante de las reacciones españolas –ira, esperanza, bochorno y anhelo de progreso– ante el desastre; también de las estéticas que se disputaban el derecho a expresar una nueva ética nacional. Abundan las reflexiones sobre el lenguaje. Pío Baroja, por ejemplo, trazando una «patología del golfo», ilumina sobre el alcance y difusión de este término por las conversaciones madrileñas; Unamuno, a su vez, gesticula cargado de razones contra el purismo y lanza una consigna para que el idioma se ponga a la altura de sus destinos: «Hay que hacer el español internacional con el castellano, y si éste ofreciese resistencia, sobre él, sin él o contra él». Una idea, evidentemente obvia, vertebra sus alegatos: la de que el castellano dio su «núcleo de concentración y unidad» al pueblo español. Su gran amigo P. Jiménez Ilundáin, como haciéndole eco, pocos meses más tarde, presentaba apocalípticamente esa idea en un largo ensayo sobre «El separatismo en España». En aquellos momentos de magno desánimo, Ilundáin ve el país sumido en un proceso de disolución: si el castellano ha construido la nación, los embates que ésta sufre por ímpetu de los separatismos acabarán con ella. Y si tales movimientos triunfan, «Cataluña o Vizcaya, por ejemplo, serán al poco tiempo países no sólo enemigos, sino absolutamente extraños al pueblo español», cosa que nunca ocurrirá, piensa, con los países americanos, porque nos ata a ellos el vínculo irrompible de la lengua.

Son trenos jeremíacos los que profiere en su ambiguo escrito este asiduo corresponsal de don Miguel; no ve peligrar, asegura, la comunidad de sus compatriotas, cualquiera que sea la organización que se den, «sino en el caso de que la parte separada abandone la lengua que les era común». Y advierte que «catalanes, gallegos y vascos han empezado por aquí, y a nadie le costará gran trabajo discurrir dónde pararán más o menos pronto, si los españoles de lengua castellana, adquiriendo de nuevo el nervio y buen sentido de la raza que perdieron, no se empeñan en afianzar para siempre esta unidad que se deshace, imponiendo a buenas o a malas su lengua, con exclusión de otra cualquiera».

Como Ilundáin escribe mal, no acierto a entender el sentido último de sus palabras: ignoro si tienen o les falta un tinte irónico que las salve. Pero es lo cierto que, pocos lustros después, se realizó la absurda y cruel experiencia de imponer «a malas» el idioma castellano para excluir de España los demás, y el resultado ahí lo tenemos: por gran parte del territorio se fruncen ceños o se alzan gestos hostiles contra la lengua del centro. Hay, incluso, quienes, en las zonas castellanohablantes, lamentan carecer de un idioma propio, y esgrimen sus peculiaridades dialectales como blasón distintivo.

La democracia ha tenido, entre otras virtudes, la de sacar a luz conflictos que se estaban pudriendo, como este de la convivencia idiomática, dificilísima ya a fuerza de torpezas represoras. Pero la reacción amenaza con ser de signo idéntico y contrario, sin que nadie parezca decidido a parar de una vez el péndulo. A un secular impulso expansivo del castellano, en gran medida espontáneo aunque envenenado por las represiones, está sucediendo el de rechazo que niega obstinadamente a aquél toda legitimidad histórica. Y si la imposición de la lengua central servía claramente un designio político, otros designios de ese mismo carácter sirven muchos proyectos actuales para reducirla y amenguar su ámbito. Las lenguas son inocentes, pero sirven como armas dóciles a quienes saben instrumentalizarlas con astucia. Mientras la hegemonía obligada del castellano obedecía a un plan de Estado uniformador más que unificador, las reticencias u hostilidades contra él pueden deberse, en muchos casos, tanto o más que a salvaguardar las lenguas antes oprimidas, a un propósito debilitador del Estado, que se ampara con el sagrado derecho a defender el mayor tesoro espiritual de cada pueblo, que es su idioma propio.

Detrás de todo conflicto idiomático hay siempre un problema político grave. Lo penoso es que se libre en aquel terreno el combate que debiera ventilarse en éste. La lengua castellana no tiene culpa, ni es parte en la contienda que ahora encrespa los ánimos. La cual se funda en un formidable deseo de corregir la historia, de hacer volver atrás las aguas y de ordenar de otro modo las relaciones territoriales y políticas de la vieja España. Sin embargo, sólo unos pocos hablan claramente: los que se baten por romper su unidad y quienes niegan con tozudez que unidad y variedad sean compatibles. Los radicales, en suma, de las partes o del todo. Entre ambos extremos, el Gobierno –los Gobiernos–, los partidos, los sindicatos, los grupos ciudadanos, obran con una deliberada ambigüedad, y el problema de fondo, el de cómo ha de organizarse lo que es aún la nación, se va enmascarando y aplazando, mientras en la superficie bullen los litigios idiomáticos, en gran parte de los cuales el castellano suele pleitear ahora como parte más débil.

Millones de ciudadanos asistimos con estupor a estas reyertas, no resueltas por la Constitución ni por un planteamiento riguroso y sereno del problema de fondo, el de cómo va a ser –si va a ser– España. Puede ocurrir que ésta sea sólo un nombre, como muchos pretenden, o que constituya una sólida realidad, según pensamos tal vez muchos más. Pero, aun ateniéndonos a lo que bulle en la superficie, la pugna entre las lenguas, nadie, salvo los radicales de ambos polos, lo encara con nitidez. Si existe la voluntad de mantener la unidad estatal del país, el castellano –el español– debe ser protegido y no asediado (y no me refiero, claro, a la simple protección de las leyes). Nadie sensato piensa ya en imponerlo ni en desalojar con él, a lo Ilundáin, las demás lenguas. Son los hablantes de éstas quienes deben decidir si en su horizonte político figura o no la nación común. Y si su decisión es afirmativa, el castellano no puede resultarles huésped, ni ingrato, ni incómodo. El argumento de Unamuno sigue en pie: el castellano dio su «núcleo de concentración y unidad» a los españoles.

Hace pocos meses, el director de la revista parisiense *Éléments*, Michel Marmin, publicó un opúsculo titulado *Destin du français*. Afronta en él problemas que se dan en la lengua vecina igual que en la nuestra; pero el principal parece radicalmente diverso. Marmin afirma, en efecto: «El destino de la lengua francesa es muy rigurosamene consustancial con el de Francia. Aun añadiría, para precisar, esta verdad: que la lengua francesa no tiene más razón de ser que la de Francia». Nuestra situación es muy diferente, porque el castellano, aunque redujera su ámbito y malviviese en España, tendría su razón de ser en América; gracias a América aseguraría su presencia fundamental en el mundo.

Por otra parte, la relación idioma-nación hay que invertirla en nuestro caso, pues es el destino de España el que depende de la lengua castellana, y no al revés. Ojalá todos, incluidos los políticos todos, tuviéramos noticia clara de este hecho; porque los síntomas son de que sólo algunos la poseen.

Heridas del idioma

He sacrificado un día de mis vacaciones rompiendo papeles; quiérese decir que me las he acortado en un día, porque romper papeles es uno de los trabajos más arduos que conozco: obliga a tomar decisiones durante horas y horas, igual que un ejecutivo. ¿Cómo estar seguro de que esto carece de importancia y de que esto otro, en cambio, merece el honor de la carpeta? Entre medio metro cúbico de invitaciones, participaciones, recibos, recetas, prospectos, catálogos y oficios, aparecen apuntes que no entiendo ya (¿por qué habré anotado en octavillas estas frases de San Agustín, de Persio, de Montaigne...?) y muchos, muchísimos trozos de periódicos que arranco mientras los leo, con un dislate lingüístico en el centro mismo del pellizco. Son, repito, muchos centenares, y hay que hacer una selección para prescindir de los efímeros y conservar los más tenaces, los que merecerán un dardo especial. He aquí algunos de los primeros, demostrativos de la irresponsabilidad con que escriben muchos responsables directos de la salud del idioma español.

Leo, por ejemplo, que «no está aún resuelto el acomodamiento de nuestros atletas en Moscú»; el periodista quería decir *acomodo*, pero esta palabra tiene un no sé qué de plebeyo si se compara con la otra tan larga y sonora. El mismo tipo de error se observa en la noticia que anuncia una «rueda de *consultaciones*» en Londres, y en otra que alaba las *concertaciones* hispano-andinas en política exterior. En los tres casos, los escribidores padecen de empacho sufijal y lo segregan por donde pueden. En el primer ejemplo, como hemos visto, se pega uno a *acomodo*; en los dos últimos, a *consulta* y *concierto*, respectivamente, vocablos a los que tal coda convierte en adefesios. Son víctimas de una carencia absoluta de gusto lingüístico, del horror de sus padres a la lectura, de una falta aflictiva de familiaridad con eso que se llama el genio de la lengua, sin la cual debería estar vedado el uso público de la pluma. Algo parecido le sucede al bárbaro que afirma: «Las noticias de Afganistán no son *alarmistas*». Él quería decir *alarmantes*, e ignora que *alarmista* es la «persona que hace cundir noticias alarmantes». Una noticia no puede ser *alarmista*; puede serlo quien la propaga. *Alarmante* es lo que alarma, mientras que *alarmista* es quien tiene intención de alarmar. Esa confusa eminencia del bolígrafo no distinguirá tampoco entre *cambiante* y *cambista*, entre *colorante* y *colorista* o entre *aguante* y *agüista*. El diccionario no les merece ni un saludo a tales artistas (¿o artantes?).

Este baile de vocablos por las desiertas estancias craneanas de muchos que escriben produce filigranas como ésta: «Los tres equipos que están *implícitos* en el descenso son el Español, el Hércules y el Rayo»; eran cábalas que se hacían antes de acabar la Liga de fútbol, y ese infeliz confundió *implícito* con *implicado*. Le pareció más propio y lindo, mucho más esdrújulo. Otro cronista deportivo aseguraba que el árbitro de un partido se *irrogó* facultades que no tenía: ¡ah, qué vieja y duradera la confusión de *arrogarse* e *irrogar(se)*! Cuando un defensa dé un patadón a un delantero contrario, ese cronista afirmará, cómo dudarlo, que aquél le *arrogó* una grave lesión al atacante (¿o ataquista?).

Pues ¿y los entrevistadores? En mi baúl de las maravillas me ha salido una entrevista con un médico. Tema: el aterrador de los subnormales. El reportero, con notable afán de precisión, inquiere del experto: «*¿Qué colectivo de* personas de ese tipo hay en España?*». Naturalmente, a la cifra que da el doctor hay que añadirle una unidad, porque no revela firme salud mental sustituir el interrogativo *cuántas* por la alucinante perífrasis *qué colectivo de*. Imaginemos, si esta sandez llegara a triunfar, preguntando un maestro a sus niños: «¿Qué colectivo son tres por cuatro?», y un mercero a un cliente: «¿Qué colectivo de camisetas se lleva por fin?».

Pero esto ya no es simple confusión, sino pedantería; no constituye error, sino proeza con que el periodista aspira a ser admirado. Porque el informador audaz y moderno, jovial y desenfadado, a quien no arredran las dificultades más que a Bond, es capaz de escribir esto que copio literalmente de un diario madrileño de abril: «Ayer se publicó *contemporáneamente* en Francia, Italia y Estados Unidos el texto íntegro de una carta del teólogo H. Küng...». ¡Contemporáneamente por *simultáneamente* o a la vez! No, no es un baile de palabras como los de antes, sino arrogancia de galán, desplante de genio que se pone por montera los diccionarios todos y proclama mirando a los tendidos que el idioma es él.

Escarbo más entre los papeles y me salen tres recortes de sendos periódicos que recogen las declaraciones de un prohombre municipal; defiende en ellas la coalición que gobierna Madrid, frente a los retintines y refunfuños de la oposición. Los tres diarios coinciden al reproducir las palabras del jerifalte; suya es, pues, la responsabilidad cuando afirma: «Esto *pone en evidencia* nuestra buena fe, y demuestra que la acusación de los ucedistas es falsa»; y más adelante: «...lo que *pone en evidencia* que se consultó al Ministerio antes de proceder a la demolición». ¡Temible parentesco el de las palabras! Porque si *evidenciar* significa «hacer patente y manifestar la certeza de una cosa; probar y mostrar que no sólo es cierta, sino clara», ocurre que *poner en evidencia*, como explica el diccionario, quiere decir «poner en ridículo, en situación desairada». El jerarca de la villa afirmaba, pues, sin saberlo, como M. Jourdain, que la coalición concejil anda haciendo cosas que dan risa.

Otra plaga de la que tengo cosecha opima es la de las metáforas. «El Papa inicia su *periplo* por seis países de África», anunciaba con grandes letras un matutino de la Corte, pero resulta que viajó en avión y que se acercó poco al mar. «En su nueva *singladura* apostólica...», decía el cuerpo de la noticia; ocurre que *singladura* es la distancia recorrida por una nave en veinticuatro horas, y que el viaje papal duró varios días. Supongo que en noticias posteriores se afirmaría que Su Santidad fue recibido *en olor de multitud* (no tengo recortes recientes de esto, pero se lee mucho), el cual es, bien se sabe, muy desagradable olor.

Mi arqueo de papeles me produce material para muchos dardos. Hoy me he limitado a espigar sin orden, porque, después de la fatigosa tarea, no tengo el ánimo muy cartesiano. Ni muy alegre: contemplo con algún espanto estos cientos de pedazos arrancados de periódicos a puro tirón. Contienen todos graves heridas de nuestra lengua.

Señas idiomáticas de identidad

Cuando a mis veinte años vine a estudiar a Madrid, me bastaba abrir la boca para ser reconocido como «maño». Aparte de que a muchos aragoneses nos repatea el ser llamados «maños», a mí me encocoraba tener una filiación tan transparente. No soy campechano, y por entonces practicaba fanáticamente el ideal de mi paisano Gracián: celarse a muchos, abrirse a pocos, no exhibir los vados para evitar el fácil tránsito. Y como, además, para mi proyecto de ser profesor de español el tonillo era obstáculo, lo combatí con fuerza y casi logré desarraigarlo. El baturro sólo me sale ahora en la conversación familiar y, claro, apenas piso Zaragoza y se me ensancha el alma oyéndolo. Ni fue operación difícil, ni me traumatizó. No me ha quitado tampoco una mota de aragonesismo, cada vez más tenaz en mi alma, y más hondo cuanto más tiempo pasa y más tierras conozco.

Confieso esto porque ahora soplan vientos contrarios, y muchos que tienen el idioma oral como instrumento principal de su oficio –parlamentarios, locutores, abogados, profesores...– alardean de su origen: sueltan la tarabilla con los sones y tonos más acendrados y, a veces, toscamente provinciales, como airón de boina terruñera. Van con su prosapia por delante, y la exhiben antes de que nadie se la pida. Muchos comen de ella o aspiran a hacerlo. No se celan: proclaman. Y están dispuestos a defender su parla, si alguien se atreviera a sugerirles una prudente represión de tipismo. ¿Argumentos? En la babilonia idiomática que es hoy España, no hay sofisma, dislate o necedad que no se haya argüido. Los arbitristas, los locos repúblicos –algunos, no tan locos– están haciendo su septiembre, vendimiando voluntades inseguras y poco informadas. ¿Cómo y cuándo se recompondrá esta babel?

Nuestro problema puede plantearse así: ¿deben las personas que *hablan* ante audiencias públicas, sobre todo si son de origen regional diverso, esforzarse por ajustar su expresión a la norma castellana culta y común? Este simple planteamiento dejaría perplejo a cualquier europeo de esos a cuya área queremos pertenecer. Y si nos asegurara que, en su país, una buena dicción, horra de localismos, es condición necesaria para quien ha de actuar públicamente, se expondría a las sonrisas inteligentes de muchos entendidos de aquí, que compadecerían tanto prejuicio burgués y tanta sumisión centralista a Londres, París o Estocolmo.

La verdad es que, en España, nunca hemos llegado en esto a puntos de exigencia exquisita. Políticos ha habido siempre, y hombres públicos agilísimos de labia, que jamás soltaron el pelo de sus dehesas fonéticas. Y esto, lejos de producir un rechazo ateniense, caía y cae bien, con gloria incluso para el crisóstomo. Esa comprensión ha solido entenderse como prueba de la llaneza nuestra, que no se para en barras tan delgadas. A mí, tanta llaneza y tanta comprensión me han parecido siempre un claro síntoma de incultura colectiva y de pigricia mental, propias de una tribu de calidades rollizas pero sin finura para saltar ágilmente listones altos.

Hogaño ya no son sólo los próceres; como la radio y la televisión acribillan los espacios de voces, oímos hablar a gentes de todos los pelajes. Descartemos a quienes la falta de instrucción exime de poner cuidado; pero ¡cuántos cientos, miles de ocupantes del micro, con títulos en su haber, comparecen con una dicción estremecedora, de peña de fútbol o ágape de cumpleaños! Incluyo a muchísimos profesionales de la onda hertziana. Pronuncian a la pata la llana, a tumba abierta: seseos, yeísmos, ceceos, aspiraciones, tonos regionales, -aos popularísimos. Insisto: un simple reproche por tan mala conducta puede valerle a uno el dicterio de fascista. Diversas circunstancias me han hecho escuchar abundantemente, estos dos últimos años, emisoras francesas de radio y televisión: he oído a los franceses en las arengas de Censier y en cursos del Collège de France. De veras que, contemplando su ajuste exacto a la pronunciación correcta, la comparación con lo nuestro me ha producido bochorno.

¡Claro! Francia, cumbre del centralismo, me arguye enseguida uno de nuestros llanos, de nuestros celosos custodios de las señas de identidad. E Inglaterra, amigo mío, y hasta Italia. Se equivoca usted si cree que eso que, para entendernos, llamamos «español correcto» es algo propio de una región concreta, de esa Castilla ayer dominadora (y hoy miserable) en que usted piensa. O, más exactamente, de Madrid. Porque el buen decir no es un producto geográfico, sino cultural; carece de solar, y vive como un modelo virtual que debe y puede aprenderse en las escuelas y, si no, por un propósito deliberado, si el hablante estima que la posesión de aquel instrumento lo enriquece como persona. Cuando ocurre

que, además, ese hablante aspira a manifestarse en público, el conocimiento de tal idioma, de su convencional ortología culta y común, no es –no debería ser– una opción voluntaria, sino una obligación rigurosamente exigida por la sociedad.

Entonces –puede decirme mi oponente airado– lo que usted
quiere es que hablemos todos igual, que perdamos nuestras señas
de identidad. No, no me entiende usted. Ya le he dicho que, si se
me escarba un poco, el baturro me sale con terquedad. Lo que
afirmo es que hay signos de identidad para andar por casa (y son
fundamentales porque en casa se vive, se goza, se rabia y hasta
suele acaecer la muerte), y hay otras, más convencionales pero no
menos identificadoras para hablar en público. Me señalan como
miembro de una comunidad que, por el esfuerzo de sus miembros
(no sólo los castellanos) y por la acción secular de la historia, ha
creado nada menos que eso: un idioma de cultura. Si se para
a pensar, verá qué pocos pueblos lo han conseguido en el mundo.
Y, qué quiere usted, me siento a gusto en ese idioma, y celebraría
que se fortaleciese con el respeto de quienes lo hablan. No renun-
cie, por favor, a nada: ni siquiera a una lengua que tiene perfectamente definidos sus módulos de corrección. Que no están en Madrid, ni en Valladolid, ni en Burgos (donde hay gentes que hablan
pésimamente), sino en cualquier español de allí, o de Las Palmas,
Alcoy, Lugo o Tafalla que conoce y practica la norma lingüística
española.

Ya sé que tratar de estas cosas ahora es como predicar la bula de
Cruzada, y más si el sermón es de un académico (por definición,
«retro», *camp* y carroza). Tengo la certeza, sin embargo, de que lo
viejo y decrépito y chocho, en materia lingüística, es el no hacer
nada de unos políticos, y el mucho hacer demente de otros, profesionales o aficionados. Quizá llegue un día en que un partido
–¿cuál?; en Francia han sido los de izquierda– inscriba en su programa la igualdad de oportunidades idiomáticas de los ciudadanos, el ideal de que todos participen de la lengua común en su mejor nivel. Ese día habrá nacido en España una idea joven.

Frenesí de partículas

Los escolares de antes llamábamos partículas a las palabras invariables de escaso cuerpo fónico ordinariamente. Ese término apenas si tiene hoy vigencia, pero lo emplearemos aquí para delatar su frenesí en la jerga de los políticos y *mass media*. Porque, en ella, preposiciones, conjunciones y adverbios bailan dislocadamente, sobresaltando la sintaxis y haciendo retemblar el edificio del idioma.

Se afirma con verdad que la introducción de voces nuevas no altera gravemente la identidad de una lengua. El progreso material e intelectual obliga a los pueblos inventores a crear vocablos, y a los otros, a los receptores, a adoptarlos. Gracias a ello, la cultura y la civilización no son privilegio de unos pocos, y pueden ser compartidas. Ya Voltaire, y coincidiendo con él nuestro Feijoo, afirmaban que el purismo empobrece las lenguas. No sólo las lenguas, sino las naciones, si, como suele ocurrir, la obstinación contra los neologismos enmascara la lucha a muerte contra la modernidad. Dado el caso de que las aduanas lingüísticas hubieran funcionado inflexiblemente, aún hablaríamos como pecheros medievales; y viviríamos, por tanto, y pensaríamos como ellos .

Pero no se es moderno por el simple hecho de expresarse como los modernos, de igual modo que unas caderas celulíticas no se estilizan juvenilmente embutiéndolas en *blue jeans*. Y es esa ridiculez la que practica una multitud de políticos, ejecutivos, periodistas, locutores y demás artistas de la labia. En su intento de elevarse sobre el pelotón pedestre, se hacen remotos de parla; y se nos alzan, claro que se nos alzan, pero al limbo de los necios, dejándonos el idioma como un bebedero de corral. Contra ellos van mis dardos, y no contra quienes, experimentando una necesidad real, traen la palabra precisa de donde está, o la inventan.

No mis dardos: nubes de tábanos deberían abatirse sobre esos pavorreales facilísimos del pío, porque, a lo tonto, están produciendo grave daño al futuro del país. Se me ha honrado invitándome a hablar, en el Congreso Iberoamericano de Asociaciones de Periodistas reunido en junio en Madrid, sobre la unidad de la lengua. Lo esencial de mi exposición puede resumirse en casi un silogismo: España e Hispanoamérica forman un bloque de naciones con un fondo común de valores, creencias y actitudes cuya invulnerabilidad se asienta en su unidad; esa unidad de pensamiento, de modo de estar en el mundo, la garantiza, frente a la acción exterior y contra sus posibles perturbaciones internas, la unidad del idioma; por tanto, atentar contra ésta supone atentar contra los intereses fundamentales de la comunidad. Y esto, en definitiva, es lo que hacen los vanílocuos que, pluma en mano y micro en boca, adornan su charla con guindas de su cosecha o arrebatadas al huerto anglosajón. Si su triunfo continúa, el español va a morirse en sus manos, más hábiles, sin duda, para majar granzas.

Que entren palabras extranjeras poco importa, ya lo he dicho, si se cumplen dos condiciones inexcusables: que sean necesarias y que se adopten del mismo modo en todo el ámbito del idioma. Ya hay un número alarmante de casos en que estas condiciones, especialmente la última, no se cumplen. Y puede llegar un momento en que, aun reconociendo un chileno, por ejemplo, que un nicaragüense o un español hablan castellano, porque la sintaxis y sus articulaciones lo son, no comprenda los nombres, los adjetivos, los verbos que emplean. En conjurar esto trabajan las Academias de la lengua, intentando unificar las adopciones; pero media docena de locutores, veinte periodistas y treinta líderes políticos estratégicamente situados, pueden desbaratar en dos días el trabajo académico de diez años. Soy francamente pesimista cuando observo la frivolidad, la irresponsabilidad idiomática que campean aquí mismo, en el solar del castellano.

Porque no son ya sólo las palabras llenas –adjetivos, nombres, verbos– las que invaden con su extraña faz la cháchara, sino que parece haberse declarado una guerra sin cuartel a las partículas, las cuales, en todas las lenguas, han solido ser piezas muy resistentes al cambio, como responsables últimas de su identidad. Leibniz había sentenciado: «Voces constituunt materiam, particulae formant orationes». Idea que, expuesta a su manera por Gregorio Garcés (1791), rezaba así: «Las partículas no son otra cosa que aquellas menudas partes que forman y dan fuerza a aquella íntima unión que debe llevar consigo un compuesto y acabado raciocinio; cuyas partes así deben de unirse y darse, por este medio, vigor y claridad». Ello significa que esas voces invariables –los nexos, sobre todo– son los nudos de la red idiomática, la cual se desmalla si se rompen o se sueltan.

El vanílocuo hodierno es gran cortador de nudos. No se siente menor que Alejandro, tan poco respetuoso con el célebre de Gordión y taja con su lengua cuantos topa. He tenido la curiosidad de subrayar en tres matutinos madrileños del mismo día los nexos bastardos. Como es natural, los he marcado en rojo, y el papel chorreaba alarmantemente. No se dice de un conflicto que puede resolverse *mediante* negociaciones, sino *por la vía de* las negociaciones. Unos terroristas huyeron *a bordo* de un taxi robado (*a punta de pistola*, claro), y no *en* él. Una ovación se mantuvo *a lo largo de* dos minutos. El Ministerio informó *a través del* gabinete de prensa. Un futbolista puso una zancadilla *sobre* otro y lo derribó en el área. *En base a* declaraciones de un capitoste, ha aumentado la seguridad ciudadana. Los atletas se preparan *de cara a* la Olimpiada de Moscú. Una medida gubernamental ha caído mal *a nivel* de vendedores ambulantes. Se valora positivamente *desde* la oposición la dimisión de un personaje. Los jerifaltes de un partido se reúnen *en orden a* perfilar su actitud en el próximo congreso. No se tienen noticias *en torno a* los asaltantes de una joyería. Un automovilista que, *junto a* unos amigos, se dirigía a Toledo, murió en accidente. Y tal vez tengamos que hacer concesiones importantes al Mercado Común *en aras de* nuestro ingreso en él.

¿Desean extravagancias adverbiales? He aquí una breve serie. *Previamente a* su reunión, unos políticos recibieron a ciertos dirigentes obreros, mientras que un cantante, *seguidamente a* su actuación en un festival, salió para la Argentina. Muy bien puede ocurrir que las sesiones del Congreso se celebren *simultáneamente a* las del Senado. Un malhechor, *anteriormente a* su detención, disparó su pistola e hirió a un transeúnte. El orador, *de entrada*, afrontó el problema del paro, y un ciclista triunfó meritoriamente llegando *en solitario* a la meta. Pareciéndole a un redactor que *anoche* es una trivialidad, lo mejora escribiendo *en la noche de ayer*.

¿Y qué me dicen ustedes del *en profundidad*, locución modal que nos ha invadido como el polen primaveral de las gramíneas? Se anuncian análisis *en profundidad* de las sandeces menos respetables; y cuando no son sandeces, el ofrecimiento de analizarlas *en profundidad* no suele pasar de examinarlas con alguna demora o con cierta extensión. El abuso hiperbólico y la pedantería han producido en su himeneo abundantes engendros: éste es el más presuntuoso y falso. Pero ha caído tan en gracia a los vanílocuos del Parlamento, el micro y la péñola que enmudecerían de repente si el empleo de esta estomagante locución les fuera prohibido por premática. ¿Qué iban a hacer los pobres, fuera de sus simas, andando por el ras de la tierra?

Ni rey ni Roque los sacarían del hondo. Porque la necesidad del vanílocuo es arrogante. Que salte hecho pedazos el idioma –nuestra amarra al mundo del futuro– les importa, gramo más, gramo menos, un rábano.

Como muy importante

Me fascina la jerga *starlette*. Llamo así, para mi uso privado, la que hablan en entrevistas de radio y televisión esas lindas criaturas que aspiran a semidiosas del espectáculo, bien en carne mortal, bien por celuloide interpuesto. Naturalmente, no son ellas solas sus inventoras; a la creación de tal dialecto contribuyen otras fuerzas: colegialas tontolinas, locutores y locutoras dicharacheros, *disc jockeys*, cantantes, actorcitos y estudiantes de cualquier nivel y grado: una fauna juvenil y normalmente roquera (quiero decir: adoradora del *rock*). Entre todos configuran la encantadora jerga, cuyos nichos de producción y difusión más activos son los centros escolares, las cafeterías y las discotecas. Pero de ellas se benefician eminentemente las *starlettes*, que la lucen como parte importante de su *métier*.

Permite identificarla fácilmente un rasgo gramatical característico: la anteposición de *como* a adjetivos y a adverbios, por lo común con un adverbio de grado interpuesto. He aquí una breve selección de piezas que he capturado por el espacio hertziano:

«La película es *como muy* graciosa, *como muy* divertida para el público». «Con él –un director de cine– se trabaja *como muy* cómoda.» «Tu pregunta es *como muy* indiscreta.» «Me gustan más los perros que los gatos; son *como más* cariñosos.» «A mí esas cosas me salen *como espontáneamente*, no las pienso.» «Pero eso está *como bastante* lejos, ¿no crees?» «Lo erótico es *como menos* zafio que el porno, no sé, *como más* elegante; no te sabría decir, pero creo que se distingue *como muy* bien lo erótico de lo porno.»

Ni que decir tiene que, esta última, es la perla de mi colección, prácticamente insuperable. La emitió una muchacha aria, rubia, de ojos claros avellanados, y con todos los signos de una perfecta evolución zoológica; viéndola, nada permitía pensar que fuese capaz de segregar aquello. Pero lo fue, y sin un parpadeo. El tic gramatical, tras varios lustros de gestación y de latencia, ha irrumpido con tal vigor, que no será extraño su triunfo en la lengua común. De momento, aún no amenaza con gravedad; para controlar el empuje de cualquier innovación lingüística, observo el habla de la mujer que ayuda a la mía en las faenas domésticas: es una manchega cabal. Ya afirmó hace poco que un jabón era mejor que otro «*a nivel* de blancura». Cuando me advierta que aguarde a tomar el café porque «está *como muy* caliente», declararé ya hundido ese trozo del idioma, que aún no se cuartea. Pero desconfío, porque nuestra manchega es grandísima apasionada de la televisión.

¿De dónde ha salido tal melindre? Contamos en nuestro viejo patrimonio con el *como* comparativo, el cual, según Bello explicaba, puede emplearse «en calidad de simple afijo o partícula prepositiva, sustituyendo al sentido propio de una palabra o frase el de mera semejanza con él»; y lo confirma con este pasaje cervantino: «Encontró Don Quijote con dos *como clérigos o estudiantes*». Esa observación de don Andrés la han repetido otros filólogos; Menéndez Pidal, comentando a Fray Luis de León («Calló Marcelo... y como recogiéndose...»), advierte: «*Como recogiéndose* no afirma que se recogiera: *como* viene a ser un simple afijo o partícula prepositiva para denotar mera semejanza con la voz que le sigue». Y Rodríguez Marín recuerda el comienzo de un romance festivo: «En una *como* ciudad, / unos *como* caballeros, / en unos *como* caballos / hacen unos *como* juegos».

Más normal es ese afijo ante ciertos adjetivos, donde la semejanza rectifica la literalidad del sentido: «ser *como bobo*» no es ser bobo; y «quedarse *como muerto*» dista de quedarse muerto. Su claro carácter comparativo impide que el atributo se entienda literalmente aplicado al sujeto: el *como* los separa aunque los asemeje. Estando fundado este uso en el carácter comparativo de tal adverbio, sólo puede emplearse cuando, en efecto, es posible cotejar. De ahí que preceda sin dificultad a adjetivos del tipo *loco, lelo, memo, atontado, idiota, asustado*; o a otros que indican defecto físico: *cojo, ciego, manco*... En general, se refieren a cualidades de las personas o de los animales que no se poseen, aunque lo parezca.

Lo que no puede decirse, fuera del *starlette*, es que alguien resulta «como bastante simpático», si es realmente simpático y, menos aún, que «vive como muy lejos», si en verdad vive lejos. En idioma *starlette* sí, ya lo he dicho: tal tipo de construcción es su rasgo más preclaro. El carácter comparativo del *como* se ha desvanecido casi por completo, y se ha consumado el proceso de conversión en afijo que ya apuntó Bello. Funciona prácticamente como un prefijo del adjetivo y del adverbio, que apenas denota (es decir: no modifica la significación de los vocablos que le siguen), sino que connota (les añade significaciones secundarias y, en último término, prescindibles).

Resulta, pues, difícil describir el mecanismo significativo de este moderno dengue gramatical. Cuando uno de sus usuarios dice, por ejemplo, que tal o cual película, o que este o aquel actor «es *como muy* importante» (el adjetivo *importante* resulta también básico en el *starlette*), opera en él una especie de temor a calificar resueltamente, a comprometerse con una valoración franca. De ahí que se proteja con el *como* de la semejanza. Pero al ser imposible que algo o alguien sea *como muy importante* (o lo es o no lo es; si sólo lo pareciera es que no lo era), en realidad se está afirmado que *es muy importante*. ¡Lo es como si lo fuera!: he aquí, en última instancia, el melifluo, el vaporoso y grácil repulgo verbal, *dribbling* sin pelota y toreo de salón en que este juego idiomático consiste.

Decimos, por eso, que el *como* del *starlette* apenas aporta significación (al igual que el *de alguna manera* y *yo diría que*). Pero que sí connota; ¡y cuánto! Oí hace poco a un cantante, príncipe con guitarra del micro, que la política le parecía «*como muy* aburrida». Y acompañó la sentencia con un mohín de asco cautivador. Dejando aparte su contenido, que estremecería a todos los televidentes concienciados, el simple *como muy* brindaba abundantes informaciones secundarias acerca del nene. Bastaban esas dos palabras para saberle firme antimachista, defensor del *unisex* en lo idiomático y en lo demás; para estar seguro de que desprecia a los y a las carrozas (voz que designa a quienes están ya en la treintena y más arriba); para tener la certidumbre que para él lo ideal es el amor; de que confunde a Zola con Cela y a Sartre con Sastre; de que comete increíbles faltas de ortografía... Si, además, se le miraba el rostro, los estigmas de la memez completaban cuanto se podía saber del ídolo guitarrero.

No me gusta nada el *starlette* hablado por varones, aunque sean mozuelos. Entre estudiantes me produce pena. En cambio, ya lo he dicho, lo encuentro bellísimo en labios de esas muchachas que se lanzan con fe a la conquista de un sueño, y que encuentran «*como muy* bonito» llegar a ser una Loren o una Minelli. Añade encanto a los suyos propios y aporta superfluidad a su personal, necesaria y vivificante superfluidad.

1981

Tema

Hay que pensar a veces si será responsable un aceite adulterado de ciertos sarpullidos atípicos que le salen al idioma. De pronto, se delata un caso en el Parlamento, en un periódico, en una estación de radio, no se le presta mucha atención, confiando en que sea esporádico, y, a las dos semanas, el mal ha hecho estragos hasta en los más remotos lugares.

No se sabe por qué algunos de esos dislates adquieren fuerza de tromba, y ningún dique los resiste. El propio Clemenceau, con ser él, y aun apelando al remedio drástico del sarcasmo, no pudo impedir que se instalara en la lengua francesa el verbo *solutionner*. Se cuenta que el diputado Paul Deschanel –fue presidente de la República y miembro de la Academia– clamó un día al Gobierno desde su escaño: «¡Hay que solucionar la cuestión!». Y Clemenceau, con voz no menos fuerte, le replicó, veloz como el rayo: «Muy bien; vamos a *ocupacionarnos* de ello». El caso es que *solutionner* entró en el *Larousse* de 1906; y halló tan favorable acogida en nuestro mundo, que se coló en el Diccionario académico. Quien tantas batallas había ganado, no pudo evitar el triunfo de un verbo inútil.

Desde hace dos o tres años, padecemos en España –ignoro si también en América– la tonta, pero supongo que invencible agresión de un uso dislocado y superfetatorio de *tema*. Un ejemplo ayudará a comprenderlo. Me interesaba yo hace poco con un director general por una subvención solicitada para una determinada sociedad científica, y su respuesta, generosa, fue de este tenor: «No se preocupe: mañana mismo pondré en marcha el *tema*». Ni era él el inventor de uso tan aberrante, ni, por supuesto, constituía un caso aislado. Porque ese mismo día en un gran rotativo nacional, y sólo en tres medias columnas, pude contar hasta cinco empleos disparatados del mismo vocablo. Aquí están, para que no me dejen mentir.

«Hemos de hacer ver al Gobierno que cierta política autonómica que se está desarrollando en torno (?) al ministerio encargado del *tema*, lo que hace es debilitar al Estado.» De donde resulta que los ministerios se encargan de temas. La Hacienda es un «tema», la Defensa otro, y así sucesivamente.

«Unión de Centro Democrático modificó el criterio adoptado en comisión, y se opuso a este *tema*.» Que aquí era la exigencia de que los funcionarios municipales navarros conocieran la lengua vasca.

Sigue el informador: «Después de que el *tema* no prosperara en el pleno, intervino Urralburu». Era, pues, el mismo de antes.

Según el periódico, ese diputado foral afirmó: «Cuando no se ha dado cauce a un derecho legítimo (¿los hay ilegítimos?), están ustedes llamando a que por vías no legales otros aprovechen como excusa, también este *tema*».

La noticia concluye haciendo saber que «con respecto a este *tema*, el grupo parlamentario de UCD difundió ayer un comunicado...», etc., etc.

Tal es el giro imprevisible que nuestro vocablo ha dado, y que triunfa por doquier. «Tiene que adelgazar; ha de ocuparse en serio del *tema*», recomienda el médico a una paciente. Mi vecino abogado, de quien me separa un tabique, instruye a un cliente: «Hay que hacer el depósito que le reclaman, para poder seguir adelante con el *tema*». Y si pregunto inquieto al guardián de mi garaje por los ladridos amenazadores de su perro cuando me ve, contesta: «No se preocupe del *tema*: no muerde». Se trata de una floración extraordinaria, que, de ser de claveles, mantendría a España en una primavera adorable.

No deja de sorprender, sin embargo, la pujanza que tal vocablo ha tenido en español, a pesar de estar destinada a usos preferentemente cultos. Se tomó del griego a principios del siglo xv, con una aceptación que definía a la perfección Covarrubias, dos siglos más tarde: «El sujeto o propósito que uno toma para discurrir sobre él; como el tema del sermón». Pero, ya entonces, otros varios sentidos, de clara naturaleza popular, se habían venido a sumar a aquel primero. El gran lexicógrafo áureo recogía la locución *Tomar tema con uno*, en el sentido de «dar en parecerle mal sus cosas». O el refrán *Cada loco con su tema*, «porque siempre tienen algún bordoncillo particular, y por la mayor parte lo que fue ocasión para perder el jucio». Y también los adjetivos *temoso* y *temático*, ambos en la acepción de 'tenaz y porfiado'. Porque, aunque él no lo registrara, *tema* significaba 'obstinación'.

Hemos de ver en esta pequeña expansión de sentidos, más bien humorísticos, la acción de los estudiantes, por medio de los cuales el *tema* de las facultades se comunicó al pueblo llano. Surgieron también otros significados técnicos, como el musical o el morfológico. Pero, en los usos generales, la palabra ya no amplió, al menos en España, los ya adquiridos en el siglo XVII, que son los registrados por el Diccionario académico de 1970. Parece, incluso, que algunos de ellos tendían a declinar: ¿se comprende hoy a Lope de Vega, por ejemplo, cuando dice de un personaje que «si no tuviera *tema* (es decir, una idea fija), jamás hubiera sido locura»? El vocablo propendía a recluirse en sus acepciones cultas y técnicas: un *tema* de conversación, el *tema* de una conferencia, tal o cual *tema* de Bach. (Aunque el refrán de los locos continúa vigente, porque seguimos sin poder constituirnos en orfeón.)

Pero, de pronto, ha estallado en el empleo millonario que hemos descrito. Puede significarlo todo o casi todo. Sustituye normalmente a *asunto*, voz a la que de hecho ha desplazado; pero también a muchas más: *expediente, cuestión, proyecto, negocio, propósito* y tantas otras que apenas si cuentan con coincidencias significativas entre sí ni con *tema*. En estas condiciones, si tal sustitución resulta posible, es porque el contenido semántico de todas ellas tiende a cero, a no ser nada. *Tema* viene a ser palabra tan vacía como *cosa*; algo muy parecido a lo que llamamos los gramáticos una proforma, esto es, un vocablo que cuenta con todas las propiedades de los de su clase (los nombres en este caso), menos las semánticas.

Hablar con proformas implica una grave disminución mental; es síntoma de pereza o puerilidad. Ambas cosas, paradójicamente unidas con una fuerte dosis de pedantería y de esclavitud a la moda, explican el triunfo de este vulgarismo que infecta hoy la parla de miles de españoles.

Elite

La Real Academia Española se ha decidido ya a introducir este vocablo francés en su Diccionario. Y lo ha adoptado precisamente así: *elite*, sin acento gráfico, lo cual implica la obligación de pronunciarlo como palabra llana y con su *-e* final bien clara. Tales resoluciones están fundadas en razón, aunque sorprenderán tal vez a quienes, viendo la palabra en su escritura francesa, *élite*, la pronuncian como esdrújula. El triunfante galicismo ha penetrado con fuerza en todas las lenguas cultas. Es cómodo y práctico; funciona como una abreviación de 'lo más distinguido y selecto', 'lo resultante de una última y minuciosa selección'; no en vano procede, en francés, del verbo latino *eligere*: es una elección hecha con pinzas y guantes. En español poseemos metáforas remilgadas para expresar eso mismo, como *flor*, *nata* o *crema*; y alguna tan hortelana como *cogollo*. Cuando Agustín Lara, el músico mexicano, cantó a Madrid en su famoso chotis, piropeó de lo lindo a algunos tertulianos fijos de un notorio bar, llamándolos «*crema* de la intelectualidad»; olvidó, en cambio, a ciertas clientas fijas, cuyas mesas alternan con las de aquellos talentos, y que podían ser la «*nata* de la virtud». Más rápido, aunque menos poético, hubiera sido llamar a unos y a otras *elite* de sus respectivas y bien avenidas cofradías. Y decididamente peor, aludirlos como *cogollos* o *flores*, respectivamente.

Por otra parte, está claro que aquellas metáforas tienen vedados muchos contextos, en los que, sin embargo, *elite* entra como un guante. Piénsese en la extravagancia, de afirmar, por ejemplo, que se ha reunido en un congreso «la *flor* de los dentistas», que el terrorismo lo combaten fuerzas policíacas de *crema*» o que a tal medida fiscal se opone «la *nata* de los banqueros». Si en estos tres ejemplos decimos *cogollo*, el resultado aun produce mayor náusea. Con *elite* se queda bien siempre, porque no connota nada, y no hace cosquillas. Permite además derivados tan solventes como *elitismo* y *elitista*; ¿quién se atrevería a derivar nada de *crema*, *nata*, *cogollo* y *flor*?

Todas estas razones abrieron hace ya muchos años el camino a *elite* en nuestra lengua –y en las demás, aunque por otras razones–, escribiéndose al principio y entre comillas para hacer notar su origen espurio. Y al ser sólo privilegio de unos pocos hablantes cultivados, se pronunciaba bien, a la francesa, con su acento en la *i*. Así siguen haciéndolo aún muchos en España y en América. Pero como, a imitación suya, se la apropiaron también semicultos e incultos, éstos empezaron a pronunciar *élite*, con acento en la *é-* inicial, ya que así la veían escrita; y este adefesio fonético se ha expandido como una calumnia, y ya amenaza con la perpetuación de la grafía *élite*, tal como tantas veces se ve en la prensa.

Es el «fetichismo de la letra», que denunció el eminente filólogo caraqueño Ángel Rosenblat, la perturbación que lo escrito ejerce muchas veces en lo oral. Porque quienes pronuncian *élite*, o escriben así el vocablo sin comillas que denuncien su carácter extranjero, desconocen por completo que la tilde acentual sirve para cosas muy distintas en francés y en español. Nosotros sólo tenemos una tilde (´), frente a las tres francesas: los llamados acentos agudo, grave y circunflejo. En español la empleamos para señalar la sílaba tónica, la que, dentro de la palabra, pronunciamos con intensidad mayor. En francés los acentos indican otras cosas; el agudo y el grave se aplican sólo sobre la vocal *e* (excepto en muy pocas palabras, como *voilà* o *delà*), y marcan respectivamente que la *e* es cerrada o abierta. Estos rasgos nada tienen que ver con la intensidad, sino con la abertura menor o mayor de la boca al emitir dicha vocal. Si se escribe en francés *vérité*, ello no indica que esta palabra sea esdrújula y aguda a la vez, advierte sólo de que la vocal *é* es cerrada en ambos casos. (El circunflejo tiene otras funciones que aquí no nos importan.)

Se lucen, pues, aquellos que, viendo escrito *élite*, interpretan la tilde como marca de fuerza espiratoria, y echan el bofe pronunciando esa pobre *é*, dándole un relieve que no tiene en su lengua. Sin duda que se siente halagada en su tránsito por bocas hispanas, pero hacemos el mismo ridículo que si tratáramos de «excelencia» a un cabo de gendarmes.

En inglés, la voz ha sido recibida con su tilde originaria (*élite*) o sin ella (*elite*); la pronunciación difiere en un caso y otro, pero no afecta al acento fónico, que hiere siempre la sílaba *lit(e)*. En alemán, ingresó sin tilde (¡cómo no recordar las *Elitetruppen*!), y su pronunciación es, por supuesto, grave o llana. No se han armado, pues, nuestro barullo, porque sus principios acentuales son otros.

Hace cinco años –perdón por citarme–, decía yo en el diario madrileño *Informaciones*: «Escribamos *elite* si nos decidimos a hispanizar la palabra; y «*élite*» entre comillas, si aún mostramos aprensiones puristas. Pero pronunciemos *elite* y nunca *élite*». Exhortaba allí a la Academia a definirse pronto en el asunto. Ya lo ha hecho: hay que escribir y pronunciar *elite*, conservando para la *i* su tonicidad etimológica. No caben aprensiones puristas: la corporación nos ha absuelto de ellas, no por capricho, sino impelida por la masa abrumadora de testimonios que almacena en sus ficheros. Son los escritores de citra y ultramar, y los hablantes, quienes han instalado el galicismo en nuestra lengua, no los académicos. Éstos sólo podían intentar poner orden en la adopción, invitar a todos los hispanohablantes a que procedamos igual. He aquí, pues, su invitación: siendo imparable la fuerza de tal palabra, abrámosle aunque sólo sea la gatera; pero que entre con cierto aseo uniforme.

Cabe una objeción: si se trata de mantener la fonética etimológica, ¿por qué no se ha adoptado esa voz como *elit*? Sencillamente, porque el final en *it* tónico es contrario a la fonología del español; sólo aparece en el arabismo *cenit*, y en *pitpit*, nombre onomatopéyico de un pájaro; por supuesto, también en *Judit*. ¿Valía la pena introducir *elit(e)* en un paradigma tan pobre y atípico?

Al Padre Restrepo la introducción de la palabra en el Diccionario le hubiera gustado poco; en 1943, con ese estilo tiernamente tosco de los puristas, escribió: «Es galicismo hasta la médula, y tan zopencos hemos sido que lo traducimos al español con una acentuación bárbara de que se burlarían los señores de París». Valía la pena que la Academia diera ese paso para que ya no se rían más de nosotros esos señores.

Analistas y politólogos

Un movimiento léxico muy conocido pretende elevar la dignidad de las personas cambiando el nombre de aquello que las clasifica o caracteriza. Bien conocido es el chiste brutal de los palurdos que fueron al circo atraídos por el anuncio que se hacía de una *troupe* de *liliputienses*, y se encontraron con una realidad mucho menos fantástica que el nombre. Especialmente proclives a la corrida de escalas son los sustantivos que designan oficios. Don Francisco de Quevedo ya se burlaba en su tiempo de aquel barbero «que se corría de que lo llamasen así», y prefería ser reconocido como «tundidor de mejillas y sastre de barbas». O de un verdugo a quien sólo consolaba de su excesivo trabajo la negra honrilla de saberse «criado del Rey».

En zonas que no admiten sarcasmo, el proceso ascendente tiene hoy enorme fuerza, y, en pocos años, hemos visto cómo el *maes-*

tro cambiaba su hermoso título por el de *profesor*, el *aparejador* por el de arquitecto técnico, y el practicante por el de *ayudante técnico sanitario*. Paralelamente, se les exigen nuevas condiciones y se amplían o se cambian legalmente, aunque sea poco, sus competencias: lo imprescindible –da la impresión– para justificar el cambio de los títulos tradicionales, nada necesitados de moverse por mucho que exigencias y competencias lo hagan.

Esta tendencia a aupar los nombres es palpable en todas las actividades sociales. Hasta hace poco, un Director General era normalmente en España un alto funcionario ministerial que ostentaba «la dirección superior de un cuerpo o de un ramo». No hay ahora empresa que se precie si no tiene a su cabeza un excelso *Director General*: pronto los habrá hasta en los puestos de venta ambulante. No les bastaba el sobrio y escueto nombre de *director*.

Los ejemplos podrían multiplicarse en todos los países hispánicos, y tal vez en los de cualquier lengua, porque obedecen a una tendencia humana perfectamente explicable. Muchas veces, contrarresta el proceso descalificador contrario, el desdén con que miran los de arriba a los de más abajo: aunque sólo sea con las palabras, éstos tratan de subirse a par suyo. Hay casos, sin embargo, en que no se halla justificación. Ahora, por ejemplo, ha llegado el momento de sublimar, exaltar nominalmente y engrandecer con flatos de la voz a los comentaristas de prensa, radio y televisión que se especializan en cuestiones político-sociales. Empieza a llamárseles *analistas*, añadiéndoles el adjetivo de lo que analizan. No bastaba, está bien claro, su nombre tradicional de *comentaristas*, o el más nuevo de *columnistas* (es decir, redactores de una columna especializada, si se trata de prensa), y ha sido preciso apelar a ese término pretencioso, con el que, es de suponer, se instalan en un peldaño superior al de quienes se aplican a materias de menos pingorote: cultura, sucesos o deportes, pongamos por caso.

Evidentemente, no se trata de un término disparatado, puesto que aquellas cuestiones son susceptibles de análisis. Pero aquí se invade un territorio semántico bien delimitado, confundiéndolo. Porque *analista* es ya «el que hace análisis químicos o médicos», y también la «persona que se dedica al estudio del análisis matemático». Acepciones, las dos, de prestigio técnico o científico, que es, justamente, el que aspiran a beneficiar los profesionales del comentario.

Lo malo es que ese corrimiento de escalas resulta perfectamente innecesario, porque *comentarista* o *columnista* dicen exactamente lo mismo, no equivocan, no desplazan, y aunque hayan sido vocablos inducidos por el inglés (*columnista*, seguro; *comentarista*, muy probable), hacían falta para designar una realidad no engendrada en nuestros pagos. Pero, contando ya con esos dos términos, ¿hace alguna falta *analista*, que, en esa acepción periodística, es un anglicismo aún más rudo? Sería hermoso verlo desaparecer por el sumidero que traga las vanidades.

Además de su origen y de su superfluidad, se opone a su introducción un cierto instinto de justicia. No parece que pueda darse ese título tan prestigioso a todos los que, en los medios de comunicación, comentan lo que sucede en lo político y aledaños. Habrá —hay— algunos que hablan o escriben con informaciones precisas tras larga meditación y con buen estilo; esto es, cumpliendo ciertos requisitos «científicos» que les confieren autoridad. Pero habrá —hay— otros que analizan entre whisky y Winston, con la inspiración aneja a estos estímulos, y a quienes el instinto se resiste a llamar *analistas*. Se argüirá que también hay arquitectos, abogados, médicos, catedráticos y analistas de laboratorio muy malos, y que todos se benefician del mismo nombre. No es igual: a efectos lingüísticos —los que aquí se plantean—, tienen una designación acuñada en el Diccionario; y lo que se debate es la oportunidad de que aspire a entrar en él un anglicismo inútil. Comprendo que este argumento resulta insignificante, y que, por sí solo, carece de fuerza, pero quizá la adquiera sumado a los otros expuestos.

Está avanzando, a la vez, otro neologismo en estrecha vecindad con éste, usado prácticamente como sinónimo suyo: *politólogo*, recientemente acuñado sobre el esquema *ideólogo, musicólogo, lexicólogo*, etc. Resulta aún más sublime que *analista*, aunque pésimamente construido: lo correcto, y aún más feo, sería *politicólogo*. Nombre que evoca más bien a alguien que, sin dedicarse necesariamente a la política, posee especiales conocimientos de ella. Los cuales no tienen por qué ser contingentes y referidos a una realidad circunstancial, que son los característicos del comentarista (o *analista*), sino preferentemente teóricos, resultantes de una aplicación estudiosa a la ciencia política. Un especialista en tal ciencia podría ser —si se atreve con el término— un *politicólogo*; un glosador del acontecer diario, evidentemente no.

Pero rueda la bola, engordando de énfasis y pedantería. Ahora se han alzado con esos nombres los especialistas en Congreso, partidos y sindicatos. Lo lógico es que el proceso siga, y tengamos pronto *analistas* de cultura, de sucesos, de deportes, y hasta de bodas y divorcios sonados. El paso siguiente, podemos estar seguros, lo darán los *culturólogos, sucesólogos, deportólogos, nupciólogos* y demás.

Al final, uno piensa: ¿qué más da, si con ello alcanzan felicidad unos cuantos ciudadanos honrados? Al fin y al cabo, todos seguiremos leyendo y escuchando a unos pocos, atraídos por sus nombres propios, y no por el título que les o se den.

Colectivo

El empleo de *colectivo* como nombre empezó a sonar por España, si no estoy equivocado, hace una quincena de años. Al menos, por entonces empezó a chocarme; siempre se refería a grupos teatrales que se declaraban independientes y actuaban fuera de los circuitos comerciales. Muchos grupos se denominaban a sí mismos *colectivos*. Su actividad, como es bien sabido, constituyó una forma solapada de lucha contra el franquismo, que no escapó a veces de duras sanciones. Las alusiones directas o alegóricas a la dictadura eran patentes o latentes en aquellos espectáculos; pero el alcance de las pullas iba más lejos, y se dirigía genéricamente contra el orden burgués. El término *colectivo* mismo denunciaba ya la intención: procede del vocabulario comunista, como ha señalado el lingüista italiano Maurizio Dardano. No digo que todos aquellos grupos fueran comunistas, pero a todos los unía –y sigue uniéndolos, claro– una misma intención antiburguesa, en los frentes sociopolítico y teatral. Si, en este último, el sistema impone un autor, un director y unos actores de nombre conocido en primeros papeles, que se destacan con letras grandes en las carteleras (cosas todas ellas bien alejadas de lo colectivo), las nuevas tropas artísticas se afirmaban haciendo todo lo contrario.

Frente al autor, en efecto, representaban –insisto: y aún representan, porque el fenómeno tiene pujanza– obras imaginadas entre todos, frecuentemente sin palabras; no había director, y el juego escénico dependía de las iniciativas de los actores, libremente discutidas; tampoco existían grandes papeles, y cualquier intención de divismo se neutralizaba con el total anonimato de los intérpretes. En muchos casos, esta corresponsabilidad se fortalecía con una ascética vida comunitaria: el ejemplo del *Living* norteamericano fue para muchos jóvenes del mundo entero, entre ellos los nuestros, deslumbrante revelación. Y, como he dicho, renunciando a designaciones como «compañía» –con el tufo de lo que se quería combatir– o «grupo teatral» o algo semejante, la terminología del partido les dio nombre de pila: serían *colectivos*.

La palabra, de difusión internacional, parece sumamente apropiada. Hacía falta para designar esa realidad nueva, es decir, para que ésta existiera; porque nada tiene existencia sin un nombre. Un colectivo teatral, trabajando del modo que hemos dicho, ningún parecido tiene con esos fortuitos conjuntos de aficionados que, desde tiempo inmemorial, se reúnen para satisfacer una vocación exclusivamente histriónica, sin pretensiones profesionales, aunque alguno de sus miembros aspire a integrarse en la profesión. Tales conjuntos no son anónimos, y, salvo en contadas ocasiones, sólo aspiran a reproducir en un pequeño ámbito (la fábrica, el círculo, la parroquia, el barrio, etc.) lo que ya ha sido ofrecido por el teatro comercial. Quienes forman un *colectivo* dedicado al arte dramático son, al menos circunstancialmente, profesionales, sirven un proyecto social bien definido –por lo común, el de cambiar la sociedad–, y aborrecen lo que aman los aficionados tradicionales: el lucimiento personal, el pequeño y efímero triunfo entre amigos complacientes. Esto, unido necesariamente a la autogestión de todos los asuntos del grupo, es lo que requería ser nominado; y aquel término se posó sobre ellos tan oportunamente como una gaviota en el mástil de un náufrago. Confieso que a mí me parecía redondo el acierto del término (no tanto el de lo que designaban; he asistido a muchas representaciones de ese tipo, y me sobran los dedos de una mano para contar las que me han permitido atisbar una esperanza en su futuro artístico).

Eran los únicos colectivos que yo conocía; los únicos que, aun a regañadientes, se permitían. Hasta que ha llegado la normalidad democrática, y han florecido en todos los jardines, hasta en los más alejados del coto teatral. Ahora se habla y se escribe normalmente del *colectivo* de los notarios, del de los estudiantes de informática, del de los *gays*, del de los enfermos de un hospital... El colectivo de los profesores no numerarios arranca poder al de los numerarios, y el de obreros de Renault reivindica sus derechos. El término marxista circula ya sin rebozo, aunque muchos de los usuarios desconozcan su origen: simplemente, se ha puesto de moda, y ésta no tiene que dar cuenta de sus actos.

En tales aplicaciones, el vocablo apenas admite justificación: los *colectivos*, en la mera acepción de «personas que comparten ciertos intereses», e, incluso, que actúan mancomunadamente en su defensa, han existido siempre, sin necesidad de llamarse así. Se hablaba de «los notarios», «los estudiantes», «los obreros», etc. La idea de «conjunto» estaba ya en el plural y en el artículo. Pero esa idea de simple «conjunto» no bastó a quienes deseaban imbuir en ciertos grupos una actitud beligerante y reivindicativa ante los conflictos sociales. Políticamente, la invención está lejos de ser un dislate. Cuando uno pertenece a un *colectivo* y lo arropa tal palabra, se siente más fuerte, como si acumulara la potencia total del grupo. El término sugiere la energía resultante de multiplicar energías, invencibilidad, límites netos e inflexibles ante colectivos de intereses contrarios... Basta con infundir a tan vigorosa solidaridad una corriente de lucha *ad hoc*, para convertirla en un pequeño –o grande– ejército combatiente: tiene bandera y consigna.

Claro que la moda, la dichosa moda, la amiga del alma de quienes hablan sin pensar, está aguando la neta y dura densidad política del vocablo. Se da el nombre de *colectivos* a conjuntos de personas carentes del mordiente típico del producto: plumas hay capaces de escribir sobre un *colectivo* de frailes mínimos. Sencillamente, el nombre se está trivializando como sinónimo insulso de «grupo» o «conjunto». No tardaremos en oír hablar del colectivo del Real Madrid o del River Plate; o de la buena lidia que, en el ruedo, hizo el colectivo de tal o cual torero. Con lo cual, la intención que presidió aquel desplazamiento semántico a favor de los intereses comunistas, habría sido pulverizada. Confieso que, como filólogo o amador de las palabras, lo lamentaré de veras, porque todas las realidades, gusten o no, deben tener su nombre.

Me permitiría sugerir que se frenara ese proceso de trivialización: conduce a una acepción neologista de *colectivo* perfectamente inútil. Mi renuencia ante ella está, tal vez, dictada por aquel significado teatral con que la conocí, y que tan acertado me pareció porque daba nombre a una cosa nueva con un término muy asimilable. Dar otro nombre a lo que ya tiene el suyo, supone multiplicar los entes sin necesidad. En ello hemos estado de acuerdo cuantos asesoramos idiomáticamente a la Agencia Efe, que, para su uso interno, hemos formulado la siguiente recomendación: «*Colectivo*. Empléese en esta acepción: conjunto de personas unidas por los mismos intereses políticos, artísticos, sociales, etc., que se agrupan para una empresa común, realizándola y gestionándola entre todas ellas. Evítese el uso de *colectivo* para designar grupos en los que no se dan estas circunstancias».

El dequeísmo

«Le dije *de que* no fuera, y fue» se lamentaba por la radio el otro día una mujer, contando cómo su hijo la había desobedecido acudiendo a una competición motociclista de aficionados, que le resultó casi fatal. «Me han propuesto *de que* haga una coproducción en México, y estoy aguardando el guión», afirmaba poco después una estrella nuestra de brillo medio. Y, a los pocos minutos, un árbitro de fútbol, que comparecía en el mismo programa de entrevistas, justificaba la sanción impuesta a un jugador porque le ordenó *de que* no protestara sus decisiones, y el muchacho le correspondió con una higa.

A la plaga del *de que* la han bautizado con el nombre de *dequeísmo* los lingüistas americanos, que han sido los pioneros en detectarlo, pues, según todos los indicios, fue en el español de Ultramar donde el fenómeno surgió hace unos pocos decenios. Y con tal fuerza expansiva, que parece afectar al continente entero, y ya a España, como lo revelan esos datos radiofónicos, y miles que pueden aportarse con sólo escuchar en cualquier parte. El proceso posee tal empuje, y es de tanta importancia gramatical, que merece mucha atención. Si llegara a triunfar, una regla fundamental de nuestro idioma, que exige la construcción apreposicional de las oraciones sustantivas en función de complemento directo («Le dije *que* no fuera», «Me han propuesto *que* haga...», «Le ordenó *que* no protestara»), sería sustituida por otra que obligaría a anteponerles *de*.

Lo sorprendente del caso es que, esta vez, la innovación no se introduce por esa vía semiculta y semiconsciente del periodismo apresurado que solemos denunciar, sino que parece provenir de usos radicalmente populares, en gran medida espontáneos. Tampoco parece haber nacido el *dequeísmo* en un lugar concreto desde el cual se haya producido su irradiación (aunque es asunto que requeriría averiguaciones exactas), sino que más parece fruto de una poligénesis. Y si esto no es así, si resulta detectable un origen concreto, será preciso conceder que existía en toda la comunidad hablante una predisposición latente (¿o patente?) a acoger y a reproducir la novedad, y que tal propensión es tan misteriosa por lo menos como la poligénesis. No deja de ser curioso el hecho de que estando gestándose los cambios lingüísticos ante los ojos de todos, seamos muchas veces ciegos para percibirlos. Los advertimos cuando están en una fase avanzada, y hay que acudir a hipótesis explicativas por fallos claros de la observación, que hubiera permitido saber con precisión sus razones. Es lógico que no podamos justificar exactamente los cambios idiomáticos antiguos, si se nos escapan las causas de los que están ocurriendo.

En cualquier caso, el *dequeísmo* no resulta de la frivolidad que impulsa otros fenómenos idiomáticos actuales, y que constituyen manifestaciones de vulgaridad. Es, escuetamente, un vulgarismo. La diferencia que establecemos entre *vulgaridad* y *vulgarismo* parece útil para clasificar hechos que obedecen a causas diferentes. La vulgaridad procede de un errado afán de distinción; se cultiva, en general, por indoctos de corbata, y se orienta a producir apariencias de cultura, modernidad o desenfado. Pretende efectos de distancia o apartamiento de lo común: quien, hablando o escribiendo, emplea vulgaridades (y usa *a nivel de*, *en base a*, *de cara a*, por ejemplo, a tontas e idiotas), cree que así queda muy bien y que exhibe una destreza expresiva a la altura de los tiempos.

Los vulgarismos no responden a tales pretensiones. Son empleados por cuantos no poseen otros recursos mejores para hablar o piensan de buena fe que es así como se habla (aunque a veces sospechen que su expresión no es correcta, y sufran por ello). En los dos tipos de prevaricaciones hay quebranto de norma, pero los juicios que merecen son muy diferentes. La vulgaridad es normalmente culpable, por voluntaria; el vulgarismo carece ordinariamente de culpa, y obedece a una débil escolarización. Aquella se hace desdeñosa con los buenos usos, y cree superarlos; este último no se compara con ellos, y, si lo hace, es para añorarlos. Aunque es frecuente que los adictos a la vulgaridad incurran también en vulgarismos. A la postre, su insensibilidad idiomática tiene el mismo fundamento ignorante.

¿Por qué razón, en grandes zonas del inmenso cuerpo del español se ha desarrollado el *dequeísmo*, la presencia de esa preposición parásita ante la oración complementaria de verbos como *mandar, pensar, decir, sospechar, imaginar, contar, proponer, anunciar, disponer, saber, temer, suplicar* y tantos más (todos los que admiten tal tipo de complemento)? No es fácil dar con ella. Cabría pensar en la acción analógica de oraciones cuyos verbos cuentan con un obligado régimen preposicional («Eso depende *de que* llegue a tiempo»; «Estoy seguro *de que* fue allí»); pero su naturaleza sintáctica es tan diferente, que no parece probable tal acción. De manera provisional, nos inclinaríamos a pensar en que *de* se ha introducido tras los verbos susodichos por inducción del régimen de sus nombres correspondientes. «Le ordenó *que* acudiera» dice aproximadamente lo mismo que «Le dio la orden *de que* acudiera»; los contenidos semánticos de «Temo *que* no llegue a tiempo» y «Siento el temor *de que* no llegue a tiempo» son sumamente vecinos. Parece, por tanto, plausible que el *de que*, propio de las construcciones nominales, se haya introducido en las verbales, causando la anomalía dequeísta: «Le ordenó *de que* acudiera», «Temo *de que* no llegue a tiempo».

¿Por que se ha realizado tal inducción en nuestro tiempo, y no antes? Hay que buscar una explicación en el progreso de otra tendencia idiomática, que, justamente, favorece el empleo del verbo seguido de complemento, en lugar del verbo sinónimo solo: *dar la orden*, en vez de *ordenar*; *hacer una propuesta*, por *proponer*; *dirigir una súplica*, por *suplicar*. En muchos de estos casos, la oración ha de proseguir con un *de que*, innecesario si aquella descomposición no se verifica. Sería, pues, el auge de estas perífrasis lo que habría aumentado la frecuencia del *de que*, y, por tanto, su capacidad para inducir el dequeísmo.

Pero, se acepte o no esta explicación gramatical de su origen, lo cierto es que estamos ante un fenómeno extremadamente vulgar, que exige una reacción vigorosa por parte de la escuela y de todos los medios de difusión. Tenemos noticia de que esa reacción se ha producido ya, y con notable éxito, en algunos países de Hispanoamérica. Sabemos que, en España, luchan contra ese pequeño monstruo abundantes profesores. La lucha debe convertirse en una firme cruzada general: no debe haber «mejores» ni «peores» en el empleo y disfrute del bien comunal por excelencia, que es el idioma.

Carisma

Las multitudes que el 27 de febrero se manifestaron en toda España por la libertad, la democracia y la Constitución, aclamaron justamente a «los hombres de la radio» (hombres y mujeres, se entiende), que, en la terrible noche del Parlamento secuestrado, ganaron con el Rey y las instituciones una difícil batalla de paz. Transmitiendo incesantemente, y dando noticias de estricta tranquilidad en el territorio entero, salvo en Valencia, consiguieron convencer a todos, especialmente a los conjurados indecisos, de lo que obviamente no era cierto: de que los sucesos del Congreso y de Valencia eran sólo incidentes aislados y aventura de cuatro exaltados. El papel de los hombres y de las mujeres del micro fue trascendental para España. Y han recibido la gratitud que merecen.

Millones de ciudadanos pasamos la alucinante noche con dos o tres emisoras sintonizadas, en pleno estrabismo auditivo, y con los ojos puestos en el televisor. ¿A quién podía importar la corrección lingüística de aquellos informadores emocionados, en horas tan aciagas? Interesaban sólo las noticias, aunque llegaran en un caló medianamente inteligible. Pero la normalidad ha vuelto, y, con ella, la necesidad de que recuperen su importancia las otras misiones de los medios de difusión audiovisuales. En primerísimo término, el de servir de norma de lenguaje. La misma decisión cívica con que aquellos profesionales se lanzaron a las calles solitarias y heladas a contar qué sucedía, deben adoptar ante la responsabilidad didáctica que, aún más que la escuela, tienen contraída con la comunidad hispanohablante. Y eso, lo mismo cuando leen sus cuartillas que cuando improvisan. Tal empresa de paz y de cultura no es tan intrépida ni vistosa, pero es, por lo menos, tan decisiva. Y no se cumple.

Abro un momento mi aparato de radio, y paseo su aguja por las emisoras madrileñas. Una da noticias de la Universiada, los juegos deportivos universitarios que se celebran estos días en el Pirineo aragonés, y, por si fuera exótico el viaje, explica a quienes deseen asistir «qué condiciones hay que *hacer* para llegar a Jaca».

Paso a otra, que instruye al público sobre los espectáculos infantiles del día, y el artista de turno, queriendo afirmar que escasean las películas aptas para todos los públicos, se decide por este giro gongórico: «hay disminución de películas en cuanto a todos los públicos se refiere». Y concluye la lista con el siguiente epifonema recapitulador: «Esta es la lista *exhausta* de películas para niños». Probablemente su intención era decir exhaustiva, que es más pedante y, por tanto, más periodístico que *completa*; pero le ha salido *exhausta*, que tal vez se refiera a la flaqueza o escasez de tales filmes.

Cambio de onda; una bien impostada voz femenina habla también de cine. Cuenta argumentos; un personaje le ruega a otro no sé qué una vez *en* semana; otro, que es padre, ha entrado ya *en* las puertas de la vejez. La locutora padece de «enismo» preposicional, y mudo el disco antes de oírle afirmar que alguien marcha *en* su casa o que se va *en* la calle arriba.

Una cuarta radiodifusora emite noticias; la sorprendo asegurando, esto es, leyendo que «no se produjo abandono del Tribunal Constitucional por parte de los policías destinados a custodiar *el mismo*». (¿No se tratará, sin embargo, de una nota oficial remitida?) Lo simple hubiera sido escribir que «los policías destinados a custodiar el Tribunal Constitucional no lo abandonaron». Seis palabras menos, y en buen orden. Pero los medios informativos, en general, no están por lo simple sino por lo compuesto. Adoran lo escarolado y lo curvilíneo; su mejor cifra para unir dos puntos es el ocho. Y ahí está ese terrible *el mismo* con que nos afligen de continuo prensas y ondas. «Se detuvo un coche y una señora bajó · *del mismo*» (por *de él*); «...policías destinados a custodiar *el mismo*» (por *a custodiarlo*); «una manifestación que transcurrió con normalidad durante todo el recorrido *de la misma*» (por *durante todo su recorrido*). Pero, de acuerdo con un presunto lema germánico, ¿por qué hacer fáciles las cosas, si también funcionan las difíciles?

He oído todos esos disparates en sólo cinco minutos de escucha. Multiplíquense por todas las horas del día en los cientos de emisoras de todo el mundo hispano, y obtendremos una densidad de agresiones por segundo al idioma, que éste, ni aun dentro de un búnker podría resistir. Son miles de guerrilleros hostigándolo micrófono en mano. Y muchos tirando con carga anglosajona.

Por ejemplo, uno, principalísimo, que casi a diario dispara por la ventana de Televisión Española. Hoy –no importa el día–, en el noticiario deportivo, ha asegurado que el *squash* (ese frontón enano y enjaulado grato a los yanquis) gozaba ya de gran aceptación y *carisma* en España. La cabellera se me ha erguido. Hasta ahora tal imbecilidad venían afirmándola él y otros colegas, de ciertos políticos, de algunas estrellas, de tal cual futbolista. Querían decir que tiraban del público y lo atraían con su *charme* y su *flavor*. Pero es la primera vez que la oigo aplicada a cosas, y en aquella construcción subnormal.

Carisma, en español, es palabra de origen griego, sublime y rara; designa, según la Academia, el «don gratuito que concede Dios con abundancia a una criatura»; como, por ejemplo, el de curar enfermedades, el de lenguas o el de profecía. Un vocablo para designar tan impresionantes facultades, se rodeó de respeto entre nosotros, y se quedó en su altar, sin que nadie osara tocarlo. Me parece que otro tanto ocurrió en francés. Pero, en inglés, lengua menos respetuosa con los misterios, fue apeada y lanzada al comercio para designar algún poder o virtud sobresalientes atribuidos a una persona, capaces de subyugar y atraer a las gentes como un fluido sobrenatural. De ahí a atribuirlo a una estrella de cine o a un ídolo del *ring* o del estadio, había un paso. Y se dio.

Algunos profesionales de la información, tan atentos a cualquier novedad foránea que adorne cual guinda su pastel expresivo, como sordos a la voz secular y entrañable de su propio idioma, nos han plantado este *carisma*, que arraigará si el Espíritu Santo no lo impide. Particularmente, no me parece mal, atribuido a hombres y mujeres de amplísimo influjo, que, en esta época sin milagros, arrastren a los demás a grandes empresas. Concedérselo a un travolta o a un maradona, constituye sin duda una dilapidación; no obstante, si hay pródigos tontos, con su pan se lo coman. Pero al *squash*... Y decir, además, que goza de gran *carisma*... Dispongámonos a que la publicidad se lo apropie, y empiece a anunciarnos lavadoras, licores, cigarrillos, dispositivos menstruales y ropa interior de enorme carisma.

De la cumbre al interregno

Leo en un reciente artículo firmado por un conocido columnista: «En esta *cumbre* los responsables del gobierno en las provincias españolas han podido *captar el pulso* de la actual situación política». Lo cual, traducido al simple idioma de la calle, significa exactamente: «En esta reunión, los gobernadores civiles han quedado informados de la situación política». Casi la mitad de palabras y, como mínimo, el quíntuplo de nitidez. Pero ya no cabe dudar de que, para muchos, ni el ahorro de energía expresiva ni la claridad, la santa claridad, forman parte de sus ideales. Domina en ellos, por el contrario, el afán de exhibir ringorrangos retóricos, que consideran lujo y elegancia del estilo, y son sólo el lazo de la coliflor.

Captar el pulso... ¿Acaso dice a sus amigos el autor de tal artículo: «Me he *captado* el pulso esta mañana, y tenía noventa pulsaciones»? El pulso se capta o no a los lipotímicos, desmayados o moribundos; a quienes viven y colean se les *toma.* ¿O era eso lo que astuta y solapadamente daba a entender el pasaje: que la situación política española es tan átona y desfallecida que su débil pulso debe ser *captado* como si fuera señal de otra galaxia? Pero no: situado el párrafo en su contexto, se pierde la esperanza de que fuera tan aguda la intención. Quien lo escribió estaba, sencillamente, en trance metafórico, furor que, cuando acomete, atropella el sentido común y lo arrebata.

En esa tesitura entusiasta ha hablado antes de una cumbre de gobernadores civiles. Así de alto. Pero por grande que sea el respeto debido a la autoridad, y por venerable que parezca la de tales funcionarios, ofrece alguna resistencia imaginarlos constituidos en cumbre. He aquí otra sandez, que lo es por virtud del abuso. Se trata de un mero calco o traducción del inglés *summit,* palabra que puede designar cuanto descuella, está arriba u ocupa una posición más alta, un ápice, la cumbre de un monte, la punta de una pirámide... En una de sus acepciones, la que nos ha contagiado, significa «reunión del más alto nivel, en especial, de jefes de Estado o de Gobierno» (*Webster*); parece claro que ésta no corresponde a los gobernadores provinciales, que mandan mucho, en efecto, pero no supremamente.

La infiltración del vocablo en nuestro idioma empezó, si no me engaño, a raíz del *top* de Yalta (1945), en que Roosevelt, Stalin y

Churchill hicieron con Europa lo que llevamos años viviendo. Hubo que traducir aquel término, y se dio, entonces o poco después, con el calco feliz de *cumbre*. Aquella sí que lo era: prohombres victoriosos que trincharon el continente a placer. Se trataba, efectivamente, de una traducción afortunada, puesto que, en español, aparte de la acepción 'cima', *cumbre* significa 'la mayor elevación de una cosa o último grado a que puede llegar'. Nada impide que esa «cosa» sea una concentración de prepotentes. Me parece que el vocablo se mantuvo en sus límites solamente durante algunos años; podía hablarse, por ejemplo, de una cumbre del Papa con los jerarcas máximos de otras Iglesias; o de la celebrada por varios jefes de Estado e, incluso, de Gobierno.

Pero, de pronto, la *cumbre* se ha abajado y ha empezado a correr por el idioma como atacada de picor. Han empezado a celebrarse cumbres, no sólo, como vemos, de gobernadores civiles –que son autoridades delegadas–, sino de ejecutivos y técnicos de empresas, de sindicalistas, de representantes estudiantiles y hasta de mandos de la policía urbana. Si la palabra, en sus comienzos, hacía pensar en montes ciclópeos, evocó luego también airosas colinas y graciosos collados; en su aminoramiento, cumbre puede ser, en cualquier momento, un montoncito de tierra al lado de un hormiguero.

Celebraríamos que ese proceso se detuviera. Las lenguas se enriquecen en sus mutuos contactos, y este calco anglicista es bello y útil y expresivo si se constriñe a su empleo original. Pero si se abusa de él, si se llama *cumbre* a una junta de vecinos, habremos empobrecido nuestro idioma, al desplazar sus términos propios (*reunión, conferencia, junta, asamblea, consejo...*), y sustituirlos por algo que, en definitiva, será una insulsez, privado de su gracia metafórica de origen.

No sólo eso: habremos cambiado en un punto nuestra visión castellana del mundo por la anglosajona. Exactamente como ocurre con ese *a nivel de* que nos aflige aquí y en Ultramar. Frente a la horizontalidad de relaciones, en definitiva democrática, que se advierte en buena parte de nuestro sistema léxico, se está imponiendo una ordenación vertical y jerárquica, radicalmente ajena a nosotros. Se empieza considerando las cosas *en base a*, se sitúan *a nivel de*, y, empujándolas escala arriba, son elevadas a la *cumbre*.

Culpa del énfasis, esa pegajosa sarna que ha acometido a tantos hablantes y escribientes. No es que colectivamente nos hayamos hecho más ampulosos. Ocurre tan sólo que muchos que viven de la pluma y del micro –y de la cátedra, por qué no, y del foro y de la política– carecen de la más pequeña sensibilidad idiomática. Tienen pelos en la lengua, desconocen su idioma y son incapaces de detectar, por tanto, lo ajeno. Pero, a la vez, sienten la necesidad de distinguirse, de alzarse un palmo o dos sobre el común, hablando «de otra manera». Y ese modo es el énfasis, el rodeo por frases bien pobladas de vocablos de moda. El resultado es que no se expresan con el sencillo lenguaje del pueblo, pero tampoco logran individualizarse porque hablan y escriben todos igual, todos mal. Las excepciones –por fortuna, las hay– son las que sobresalen, las que oyentes y lectores buscan por su originalidad.

El énfasis de antaño requería grandes conocimientos idiomáticos para merecer tal nombre. Hoy sólo exige audacia y desdén por los modos simples del ciudadano medio. Una forma muy fácil de alcanzarlo consiste en desplazar la palabra propia y adecuada, sustituyéndola por otra más rara aunque no sea su sinónima. Ya lo hemos visto: *cumbre* por *reunión*, y *captar* (el pulso) por *tomarlo*. Otro ejemplo: ¿como llamaríamos al tiempo que transcurre entre dos sucesos? Se me ocurre tal vez como a usted, lector, que el nombre conveniente sería *intervalo* o *plazo*. Véase cuál emplea una comentarista política en su brillante artículo de esta semana: «En el largo *interregno* de las siete horas que mediaron entre el programa en directo con que nos obsequió la radio conectada al salón del Congreso, y el mensaje de Su Majestad, ¿qué sucedió?». Eso podemos preguntarnos ¿qué sucedió? Pues que no hubo *interregno*, el cual, Diccionario en mano, es el «espacio de tiempo en que un Estado no tiene soberano». Pero está bien claro que en aquellas horas –las del secuestro del Parlamento– España sí tuvo un soberano con los atributos precisos.

Dislates de este calibre pululan por ondas y prensas convirtiendo en caos el instrumento que se nos ha dado para entendernos. Y así proseguirá su descomposición mientras no adquiramos la certidumbre de que el idioma no se aprende por impregnación, sino por estudio. Y mientras cuantos hacemos uso público de la palabra no grabemos en nuestro corazón la consigna de maese Pedro: «Llaneza, muchacho, no te encumbres, que toda afectación es mala». («No te *encumbres*», dice; ¿aconsejaba en profecía?)

Santuario

Se cuenta que el último rey de Portugal, don Manuel II, habiendo preguntado a su ayuda de cámara el nombre de un embajador hispanoamericano cuyas cartas credenciales debía recibir aquel día, se encontró con la resistencia del palaciego a decírselo: «Majestad, no sé si debo...». Pero la orden del monarca venció el púdico temor, y con un desmayo de voz, le dio el nombre: «Se llama Raúl Porras y Porras». No es difícil imaginar el porqué de aquel melindre. Y se cuenta que el desdichado rey, a quien la dignidad de la corona obligaba a permanecer impasible en los trances graves, se limitó a comentar: «Lo que me molesta es la insistencia». Esto es lo que sucede con los dislates del lenguaje que pululan por la prensa y fatigan las ondas: aun siendo muchos, parecen más de los que son, por su tenacidad y frecuencia. Mi maestro, el profesor de la Universidad de Barcelona José Manuel Blecua, ha publicado en *Heraldo de Aragón* un precioso artículo titulado «Nueva aguja de navegar cultos», sobre la plantilla de la famosa sátira antigongorina de Quevedo, que empieza: «Quien quisiere ser culto en sólo un día, / la jeri-aprenderá-gonza siguiente». Al hilo de una sesuda reflexión deportiva, nuestro gran filólogo va enhebrando varias de las frecuentes y laureadas sandeces con que muchos profesionales de la pluma y del micro nos vapulean desde la hora prima, por todos los medios a su alcance, que son los *mass*. Blecua inicia así su broma: «La *filosofía* que se *contempla* en las altas *instancias* del poder del *Estado español a nivel de* ministros, directores generales y *líderes* de los partidos políticos en el *contencioso* del CIID, *en base a* las informaciones de los medios de comunicación, no *contacta* con la *realidad objetiva*». Por el artículo desfilan *cuestionar*, *ente*, *responsabilizar*, *de cara a*, *mentalizarse*, *cumplimentación*, *colectivo*, *desinformar*, *y/o*, *ofertar*..., docenas de bobaditas que navegan por el torrente sanguíneo del idioma, envenenándolo. Mientras sus usuarios, nuestros agrestes políticos y sus corifeos, hablando y escribiendo así, creen estar caminando por la cresta de la modernidad, y confunden el estupor de sus oyentes o lectores con el pasmo a que aspiran.

Pero confesamos con don Manuel de Portugal que lo molesto es la insistencia. Que traigan a su prosa tal o cual extranjerismo diestramente injerido, o la adornen con una invención propia, puede ser gracia y alivio del estilo. Así, quien tuvo la ocurrencia de afirmar que un personaje fue recibido *en olor de multitud*, aunque no demostraba finura de olfato, hacía patente su modesta creatividad personal. Pero quienes, después, adueñándose del invento, que debía ser *privati iuris*, lo han hecho mostrenco repitiendo tal locución con fervor lauretano, padecen de perlesía mental crónica. Y es sabido cuán numerosa resulta la turba de tales perléticos.

¿Se le ocurrió a algún periodista con pujos creadores decir que un comando etarra se había refugiado en su *santuario* de Francia tras cometer el crimen consuetudinario? O, como es más probable, ¿trajo tal novedad algún teletipo angloparlante? Porque se trata de purísimo inglés (o francés). *Santuario* ha significado y significa en español «templo en que se venera la imagen de un santo de especial devoción» y «parte anterior del tabernáculo». No hay que imaginar a los terroristas refugiándose en tan piadosos lugares. Aunque los templos (de ahí la acepción anglofrancesa) tenían el privilegio de amparar a quienes se recogían en ellos. En nuestra lengua eso se llamó *acogerse a sagrado*; el *sagrado*, explica el *Diccionario de Autoridades*, «se toma por el lugar que sirve de recurso a los delincuentes, y se ha permitido para su refugio, en donde están seguros de la justicia, en los delitos que no exceptúa el derecho». Se decía también *acogerse a la Iglesia*; y no lo hacían sólo los malhechores airados, sino también quienes, haciéndose clérigos, se libraban de sus deudas o de pagar tributos.

Aquella costumbre y privilegio han dado abundante juego literario. Los criminales, perseguidos por la justicia, se metían en un templo a cuyas puertas habían de detenerse los alguaciles. Allí, mantenidos por colegas y aficionados, aguardaban la ocasión de escapar, que se producía normalmente. En la lengua de los rufianes, eso se denominó *llamarse* o *hacerse* (a) *altana*, *antana* o *andana*, voces estas últimas que significaban 'iglesia' en la lengua de germanía. Por eso, el padre de Pablos el Buscón «siempre andaba por las iglesias, y no de puro buen cristiano». Y él mismo, cuando en Sevilla salió una noche con unos rufos «a montería de corchetes», y libraron «de sus malditas ánimas» a dos, hubo de refugiarse con la cuadrilla en la iglesia Mayor, donde, a su olor, acudieron ninfas, entre ellas la Grajal, con la que Pablos navegó en ansias. No reinaba, pues, un recogimiento edificante en el sacro refugio.

De otro personaje cuenta Quevedo en las *Capitulaciones* que, habiéndose *hecho antana*, recibía en la iglesia ocho o diez reales diarios de una hembra a la que había embaucado. (*Llamarse antana* o *andana* poseía ya en el siglo XVIII su significado actual; el *Diccionario de Autoridades* [1726] define así *antana*: «Voz que sólo tiene uso en la frase vulgar *llamarse antana* [que otros dicen *andana*], y se da a entender con ella que alguno niega con tenacidad lo que ha dicho u ofrecido».)

A donde se esconden, pues, llamándose andana a la antigua, nuestros *abertzales* de metralleta, es metafóricamente, en el *sagrado* de Francia, no en ese *santuario* de que hablan los periódicos y las radios. En francés *sanctuaire*, y en inglés *sanctuary*, sí que tienen la acepción de 'asilo inviolable'. En inglés, además, la de lugar donde se ampara a los pajaritos inocentes de los pájaros de cuenta. Pero no es esta acepción la que nos han traído nuestros avisados informadores, sino la otra, la más recia. Del inglés o del francés la han tomado para explicarnos que Francia, nuestro amor, es la iglesia que acoge a los etarras, cuando regresan de sus habituales monterías. Una iglesia laica, como es natural, *désaffectée* pero celosa de sus privilegios y responsabilidades maternales.

He aquí un ejemplo claro de extranjerismo inútil. Tenemos en español, siglos ha, el concepto y la palabra. Pero nunca falta un follón que diga una vanidad. Querido José Manuel Blecua: añade *santuario* a tu «Nueva aguja de marear» insensatos.

De cara al Mundial de fútbol

No quiero engañar a nadie con este título, que encabeza un artículo meramente idiomático, y, por tanto, sin importancia. ¡Cuánto lamento ser incompetente en los asuntos que rodean a ese acontecimiento planetario! Celebraría tener dotes para contribuir con un comentario, una glosa, una crítica, aunque sólo fuera un canto lírico al pasmoso espectáculo que España va a conocer en 1982, y que va a convertirnos en ombligo del mundo y envidia de naciones. Pero aunque excite mis neuronas patrióticas, y considere la lluvia de oro —dicen— que va a caernos, capaz de resarcirnos de esta sequía bíblica abatida sobre España, sólo se me ocurre pensar en dónde podré ponerme al abrigo de tan formidable cataclismo.

Pido disculpa por mi tenaz misantropía, y entro derecho en el tema de hoy.

Que es el de una triunfal locución prepositiva nacida al castellano de acá, y que puede oírse y leerse con superabundancia: «Se hacen preparativos *de cara al* Mundial de fútbol»; «Los partidos se organizan *de cara a* las próximas elecciones»; «Se estudian los precios *de cara a* la próxima campaña agrícola». El dichoso giro flamea en los púlpitos («Sed buenos *de cara a* vuestra salvación»), en los foros («Presentaré pruebas *de cara a* probar la inocencia del acusado»), en las cátedras, en las tribunas, y cómo no, viaja en las ondas de radio y televisión que cruzan el espacio cubriéndolo con sus alegres banderolas de dislates. Advirtamos que la tal locución presenta muchas veces la forma abreviada (y más digna de gratitud) *cara a*.

La modernidad del giro es grande: no lo he localizado antes de 1966, aunque esta fecha, con mejores datos, tenga quizá que atrasarse unos años. Figura en un informe de Televisión Española –¿cómo no?–, donde se dice que la programación «tendrá un interesante enfoque *cara al* fin de semana del espectador medio». (Dios mío, cuántas promesas incumplidas por el bien llamado «ente»). Es por esas fechas, año más, año menos, cuando inicia una escalada que habrá de conducirlo a su ápice actual.

Resulta claro que la novedad de la locución consiste en aplicarla para establecer relaciones de finalidad, como sucedáneo de *para* o de *con vistas a*. Con su originario valor prepositivo de «dirección» próximamente equivalente a *hacia*, se documenta desde los primeros siglos del idioma: ya hay un «*cara al* sol» en las *Partidas*. Su término suele ser un nombre de lugar, como en ese ejemplo alfonsí, y en millares que podrían aducirse a lo largo de los siglos. He aquí uno del xvi; en una pieza de Micael de Carvajal, unos personajes preguntan a unos viajeros adónde se dirigen; y éstos contestan: «Hermanos, *de cara a* Egipto». Dando un salto a nuestro siglo, leemos en un poema de J. L. Borges: «El agua se abre a infinitas huellas, / y en ociosas canoas, *de cara a* las estrellas, / el hombre mide el vago tiempo con el cigarro».

Pero ese nombre que sirve de término puede transformarse en un lugar figurado. Manuel y Antonio Machado hacen decir a la protagonista de *La prima Fernanda*: «Tengo que vivir *de cara* / *al* porvenir»; en su *Automoribundia*, Gómez de la Serna, refiriéndose al famoso lienzo de Solana que presidía las reuniones de Pombo, escribe: «Todos me decían que, por fin, un cuadro estaba en su sitio, *cara a* la vida, en la tertulia popular»; poco antes, Eugenio Montes se había referido a un Rey que «lanza por el océano las naves *cara a* la fábula increíble de la India». Figuradamente, un lugar puede ser cualquier cosa hacia la que se encamina la intención. Buero Vallejo se dirigía así a la Academia el día de su ingreso (1972): «Y ahora, *de cara al* tema con el que me he atrevido a solicitar vuestra atención, debo reconocer mi osadía al elegirlo». Los ejemplos pululan, sobre todo en la época contemporánea. En todos ellos, el hablante o el escritor expresan un movimiento, una marcha o una tendencia hacia un lugar concreto o imaginario (tan imaginario que puede ser un tiempo o un tema). El rostro, real o fictivamente, mira a ese sitio, en avance hacia él.

Pero cuando se aceleran los preparativos «*de cara al Mundial* de fútbol», lo que domina es la idea de «previsión»: se hace algo para algún fin, expresado con un nombre que significa un proceso; e, incluso, con un infinitivo («*de cara a probar* su inocencia»). La idea de lugar, básica en el empleo tradicional de la locución, falta por completo en el neológico. No se percibe en éste la significación locativa que tiene en los textos que hemos aducido; es, lo hemos dicho, un sustituto soso de *con vistas a* (y, a veces, simplemente, de *para*: «Se reúnen hoy *de cara a* intentar un acuerdo»). Pero ¿por qué el éxito de la locución de marras a expensas de *con vistas a*, sobre la que no ofrece ventaja alguna? Habría que preguntarse antes por qué, y en fecha no muy lejana, cobró fuerza esta última, a expensas de la modestísima *para*. No es difícil imaginar que ello se debió a que proporcionaba relieve a la «intención» y a la «previsión», sobreañadiéndolas a la mera «finalidad» que expresa la preposición. Facilitaba además el estilo nominal, tan grato a los titulares de prensa; escribir «Se modernizará nuestro Ejército *con vistas al* ingreso en la OTAN» resulta mil veces más elegante que encabezar así la noticia: «Se modernizará nuestro ejército *para* ingresar (o el ingreso) en la OTAN». Incuestionablemente, esa locución ampliaba las posibilidades expresivas del idioma.

Supongamos que esto haya ocurrido así; sin embargo, queda en pie la pregunta anterior: ¿por qué *de cara a* se nos ha colado, oscureciendo a *con vistas a*? Y aquí ya no cabe más causa que la sinrazón. Corresponde a una tendencia que hoy se observa, y de la cual ya he hablado en estos artículos, a la formulación más larga. La misma que ha sembrado nuestro idioma con la sal de *en base a* o *a nivel de*. Donde tantísimas veces podría aparecer una sencilla preposición, es empujada por esos robustos y ajayanados rodeos, que confieren un no sé qué de pericia y cultura a quien los usa. La pericia y cultura, claro, que no poseen. Aquella tendencia se combina con el prurito de novedad: es más nuevo *de cara a* que *con vistas a*. Y nada importa que sea más feo –a mí, por lo menos, me lo parece–, si es capaz de producir un efecto *étourdissant*, de sabio distanciamiento del modo de hablar común.

Hoy, *de cara a* no se cae de los labios de altos cargos, locutores, líderes, ejecutivos, informadores y *starlettes*. Es un soldado más en el combate contra el buen gusto idiomático, que se ha decretado por universal consenso de los que tienen la voz y la palabra. Nada les importa ser chocantes: en eso reside lo que, en su propia lengua, se llama su «carisma». Y así van apartándose del pueblo hablante, y destrozando la unidad lingüística de los hispanos, cuando, si tuvieran una pizca de seso, fortalecerla debiera ser su obsesión.

Vamos ya *de cara al* Mundial de fútbol (y esto sí que está bien dicho), pero no se hacen preparativos *de cara a* él, sino *para* o *con vistas a* él. Parece posible que aún cupiera restituir los usos normales de tales locuciones prepositivas. Pero hablan tanto y tan fuerte aquellos a quienes hablamos, que ya no tienen sentido.

1982

Jugar un papel

Para los franceses, una pieza dramática fue un juego (*jeu*) desde el siglo XII y representarla fue jugar (*jouer*), ya en el XV. Por esa época también, la parte de que se hacía cargo cada actor, y que se le entregaba en un manuscrito enrollado (*roulé*), fue un *rôle*. Se «jugaba», pues, una obra, y se jugaban por tanto sus *rôles* o papeles. La idea del teatro como juego se desarrolló también en lenguas no románicas, como el inglés (*to play*) y el alemán (*spielen*). No pocos estetas y filósofos, desde Schlegel a Gadamer, se han ocupado de la estrecha relación entre el juego y la representación escénica. Para el último de los citados, el juego es una representación que se hace para nadie; con la salvedad del teatro, donde «el espectador ocupa el lugar del jugador».

No es mi propósito hablar ahora de teatro, aunque sí está claro que, para los españoles, las piezas teatrales no fueron *juegos*. Hay un texto en las *Partidas* (siglo XIII) que puede hacer dudar; ordena en él el Rey Sabio que los clérigos no sean «fazedores de *juegos* de escarnios» en los templos. La analogía *juegos-jeux*, término este último con que, según hemos dicho, designaban los franceses las obras dramáticas, puede hacer pensar que ese nombre aludía a algo parecido en Castilla. Pero, hace años, aventuré la hipótesis, no desmentida hasta ahora, de que los tales juegos de escarnios eran espectáculos juglarescos o ajuglarados, consistentes en danzas, pantomimas, mojigangas, oraciones contrahechas, sermones grotescos, canciones lascivas y diálogos bufos: diversiones que el pueblo celebraba en las iglesias, inútilmente prohibidas por los concilios, desde el de Valladolid (1228) hasta el de Aranda (1473). Eran, pues, juegos, en la pura acepción de jugar, nada parecida a la de *jeux*, nombre de actividades que poseían una organización literaria e institucional.

Salvo esa dudosísima referencia alfonsí, nada permite sospechar una acepción dramática en *juego*: esta palabra, y *jugar*, no tuvieron nunca ningún contacto con el teatro entre nosotros. *Papel*, sí; designaba, ya en el siglo XVII, el cuadernillo en que estaba escrita la parte del texto que le tocaba interpretar a cada actriz o actor: igual exactamente que hoy. En definitiva, el nombre respondía a una idea muy semejante a la que había llevado a los franceses a llamarlo *rôle*, aunque ahora no fuese arrollado. Se daba al intérprete su papel con el texto escrito, de donde *papel* pasó a significar también la figura (galán, dama, gracioso, padre, etc.) que dicho intérprete había de representar en la función.

Pero, de ese ámbito escénico, el *papel* pasó a otras significaciones figuradas. En el siglo XVII, se extendió la concepción estoica (Epicteto, Séneca) de la vida como representación. *El gran teatro del mundo* es su más célebre plasmación literaria; y en ella, el personaje Autor, esto es, Dios, afirma: «Yo a cada uno / el *papel* le daré que le convenga». Todos representamos el papel que la Providencia nos ha asignado. Por esta vía, la imagen se arborizó y dio lugar a numerosas acepciones: *hacer buen* o *mal papel, hacer el papel* (simular), *hacer el papel* de una cosa (sustituirla con otra distinta), *hacer papel* una cosa (ser útil), *invertirse los papeles* (volverse las tornas), etc.

Pero lo que jamás se dijo en español, hasta este siglo, es *jugar un papel*, puesto que, entre nosotros, como hemos visto, los papeles no se juegan. El verbo más tempranamente usado fue *hacer*: los papeles se *hacían*. Así lo leemos en Lope de Vega, Quevedo, Gracián. Y esa construcción se prolongó durante los siglos siguientes, hasta el nuestro.

Sin embargo, la variación estilística, que tanto importa a los escritores, obligó a que *hacer* (un papel) compitiera con otros verbos. *Tener* lo emplea alguna vez Calderón. Debe de ser antiguo en este uso *representar*, aunque no conozco ejemplos anteriores al ochocientos. *Desempeñar* parece de esa misma época: quizá no tenga más de siglo y medio de vida. Esporádicamente, y ya más tarde, se registra alguna vez el infortunado *ejecutar*.

Pero, en nuestro siglo, se ha colado el aborrecible *jugar un papel*, a pesar de los bombardeos (Restrepo, Gascón) de que ha sido objeto. Tan profundamente está hundido ya en el idioma, que será imposible extraerlo: habría que perforar las meninges de millones de hablantes. Pero la esperanza no debe perderse, y bien pudiera ocurrir que a algún lector intoxicado le sirviera de triaca este artículo.

Si mis datos son correctos, ese galicismo entró en español hace ochenta o noventa años. Los ilustrados y los románticos, tan galicistas en general, le hicieron frente. Conmueve verlo usado en estado puro por el peruano B. Díaz Romero: «El lago Titicaca –escribía en 1909– *ha jugado un gran rol* en la historia de los antiguos pueblos del Perú». ¡Pobre lago Titicaca, ignorante de que hacía tal cosa! Pero no nos escandalicemos, porque uno de los primeros escritores que se tiraron al monte por el lado de acá de los Pirineos fue Unamuno. No lo he leído atentamente con ese fin, pero casi juraría que *jugar un papel* es, en él, exclusivo, desde sus primeros escritos. Un ejemplo de 1908: «En España, no *juegan papel* histórico sobresaliente las queridas de los reyes». No resulta imposible que fuera don Miguel, aquel paladín del idioma, el ariete de este barbarismo, dada la influencia que sus artículos y sus libros ejercieron.

En cualquier caso, la penetración de *jugar un papel* en los grandes escritores contemporáneos parece muy débil. Casi todos utilizan *desempeñar*, *hacer* o *representar*; algunos, *tener*. Por el contrario, a los pequeños, menudos y minutísimos, ni por descuido se les ocurre que los papeles no se juegan, ni en el teatro de las tablas, ni en el del mundo. Serían incapaces de afirmar que la actriz tal va a *jugar el papel* de Medea, pero aseguran sin pestañear que esa misma actriz ha *jugado un papel importante* en un asunto.

De cuantos detentan la voz pública, no hay ni que hablar; son ellos los que hablan sin oír, sin leer y sin pensar. Fue precisamente un reportaje televisivo de fecha reciente el que me incitó a escribir este articulillo. Se trataba de la subida del precio de la carne de cordero y el intrépido reportero había decidido tratar el asunto «exhaustivamente» y «en profundidad», remontándose a sus orígenes. Marchó con la cámara a tierras burgalesas, y allí entrevistó a un pastor. He aquí su pregunta exacta: «¿Qué *papel juegan* los pastores en el precio de los corderos?». El buen pastor –todos son buenos– enfiló hacia él los ojos asombrados por la boina y el estupor: se adivinó que estaba preguntándose por la pregunta. De repente, brilló luz en sus pupilas: ¡había comprendido! Y ésta fue su respuesta: «Pues *nos jugamos* que no los venderemos si sigue subiendo». (El entrevistador lo miró conmiserativamente, y continuó con otras cuestiones como si nada hubiera sucedido.)

Yo hubiera dado un fuerte abrazo a aquel maravilloso pastor. La pregunta le había resultado incomprensible, en uso de su irrenunciable obligación constitucional de conocer la lengua castellana. Era el funcionario parlante el que no cumplía con ella, por culpable desidia cívica y profesional. Pero estoy seguro de que, al escuchar aquella magnífica respuesta, pensó que el pastor era un imbécil.

Importante

Un semanario madrileño publicó hace poco una encuesta en que diez mujeres muy populares en la vida española contestaban acerca del tipo de hombre preferido por ellas. La leí con avidez, como hicieron, supongo, varios millares de varones, porque, en el fondo, nos gusta muchísimo clasificarnos. Quiero decir, más concretamente, que quienes devoramos aquellas columnas, deseábamos ardientemente (aunque, eso sí, yo al menos, de modo ideal) saber si podíamos ser el hombre de algunas de tan conocidas mujeres. Si alguien logró verse reconocido –y ojalá fueran muchos–, seguro que bendijo su buena planta, y que aquel día salió a la calle con la cabeza más alta y el paso más firme. No faltó, tal vez, quien se dejara el bastón en casa y las gafas de lejos en el bolsillo.

Yo no tuve tanta suerte. Creo reunir ciertos rasgos sueltos, mencionados por una o por otra, pero no coincido exactamente con ninguno de los retratos particulares diseñados. El más próximo es el trazado por una diputada para quien lo fundamental (*sic*) es que el hombre sea grande, «porque me da la sensación de que recoge, y que es, en cierto sentido, protector y acogedor»; esto me va bien. Pero luego exige que lleve el pelo suelto y corto, «mejor, rizado y algo alborotado». Adiós, esperanza.

Tampoco necesito mirarme al espejo para saber que otra encuestada, cantante *pop* ella, me valoraría negativamente, como ahora dicen los políticos con inmodesta estupidez. Lean: «Me gustan altos, muy, muy delgados, más bien flacos, de hombros anchos, de caderas muy estrechas, de miembros muy largos, piel blanca, pelo negro, ojos verdes, nariz ni muy grande ni muy pequeña y boca grande. En general, huesudos». Cuando ve a un chico, dice esta fanática de la astenia, «lo primero que me entra es el físico». Inútil, pues, el intento de una penetración más refinada, que ponga en juego las sutilezas del ingenio. Está claro, además, que, si involuntariamente como suele ocurrir, se ha dejado de ser chico, nada.

No quiero proseguir este inventario de decepciones. Pero las he trocado en inocente venganza, fijándome en cómo se expresan estas mujeres tan exigentes e inconformables. Me ha chocado, por ejemplo, el abuso que algunas hacen del adjetivo *importante*. Sólo tres de las respuestas no usan para nada dicho adjetivo. Lo emplean muy bien una distinguida escritora y una pionera del desnudo con pelos y señales. He aquí muestras de esta última: «El primer golpe –será, supongo, de vista– es muy *importante*»; «Lo que me parece *importante* es vivir la sexualidad sin trabas»; son afirmaciones de una modestia gramatical elogiable. Como la de una notoria abogada, según la cual, en el hombre, «la expresión es *importante*, la vivacidad de los ojos, las manos». Pero roza ya la extravagancia asegurar, en voz de una activa parlamentaria socialista: «Las manos también son *importantes*, y, por cierto, las piernas de los hombres también me deben gustar, porque lo único que me gusta del fútbol es la imagen que tengo de las piernas de los tíos. Así que lo del mito de la pierna de la tía debe valer para la pierna del tío. Pero todo eso debe ser peludo, ¿eh?». He prolongado algo esta cita para que se observen los peligros de la ambigüedad: parece que la pierna de la tía ha de ser agorilada, con clara vocación de pata. Más tarde añade: «Que se note que la vestimenta no es una cosa *importante*, aunque vaya bien y con cierta armonía de colores».

No son, en realidad, reprobables estos dos empleos del adjetivo; pero interesan como síntomas; aparecen ahí empujados por el auge trivializador de *importante* en nuestros días. Veámoslo en frases de dos populares más de la encuesta. Corresponde la primera a otra diputada, pero más indefinida: se ha salido de su partido en un rasgo progresista, y, como ya no representa a sus electores, anda por el Parlamento representándose a sí misma. No es desdeñable representación, por cierto. Antes de su conversión pascaliana y de ver el error en que se había sumido, fue exaltada a un gran cargo del Ministerio de Cultura, sin duda por las cualidades exquisitas de que da testimonio su contestación a la encuesta. Exige al hombre «sensibilidad ante el arte, un paisaje bonito o un libro», o que vista, por ejemplo, «un *blazer* azul marino o a cuadros, pantalón gris y una camisa estampada, de estampadito discreto». Dado el número de varones que nos ajustamos a ese canon, ¿quién duda de que esta culta mujer reunirá votos a espuertas en las próximas elecciones? Yo no le daré el mío, sin embargo, porque ha dicho esto: prefiere a las personas «de formación humanística *importante*». Dios santo. Aquí resplandece la aberración. Igual que en esto otro que dice la más encendida de nuestras folklóricas, el genio de España encarnado en un«tablao» flamenco, la cual, tras dudar de que nadie supere en guapura a los andaluces, y de humillarlos a renglón seguido poniendo como modelos de arrogancia varonil a Cary Grant, Rock Hudson y Tyrone Power, afirma: «No me gusta tanto el hombre perfecto como el hombre con fuerza. Me gustan unos ojos *importantes*, una mirada *importante*, el pelo castaño o negro...».

Es asombroso este empleo recentísimo de *importante*, que autoriza a usos aún más audaces. Habrá hortelanos que se jacten de criar cebollas *importantes*, tragones felices por devorar un cocido *importante*, sudorosos que se den un baño *importante*, motoristas a quienes gusta hacer un ruido *importante*, y hasta estreñidos que logren, por fin, una satisfacción *importante* (y lo será para ellos). No son extravagancias mías: escuchen la radio o la televisión españolas. El error resulta fácil de detectar: *importante* es un adjetivo «transitivo»: requiere un complemento explícito o implícito. Así, «poseer una formación humanística *importante* (para ser culto)» o «es un hombre *importante* (en la política, los negocios, etc.)». Lo imposible hasta hace poco era emplearlo intransitivamente, decir esa sandez de la «mirada *importante*».

En tan rupestre empleo han confluido tres fuerzas destructoras: el énfasis, la pobreza expresiva y la moda. La diputada refinadísima y la folklórica ardiente querían ponderar el sustantivo, acompañarlo con una calificación que manifestara toda la vehemencia de su alma, toda la intensidad del afecto con que consideran la formación humanística, los ojos y la mirada del hombre ideal. Pero su repertorio idiomático no les ofrecía solución, y entonces, ¿qué mejor que echar mano de un comodín de moda? ¡*Importante*! Ya no bastan *grande, interesante, profundo, notable, atrayente, inteligente*... ¿qué se yo? Cada situación requeriría un adjetivo adecuado, esto es, exigiría disponer de cierto arsenal de palabras y de talento para usarlas.

No yerro al pronosticar la rápida degradación total de este adjetivo, que ha perdurado durante siglos para calificar todo aquello que, de verdad, importa. Ha entrado en la imparable corriente de la trivialidad, donde quedará listo para ser aplicado de cualquier manera y a cualquier cosa. ¿Cómo diremos, muy pronto, que algo es auténticamente importante? ¿Cómo expresaremos, por ejemplo, que el triunfo de la selección española en el Mundial de fútbol sería el acontecimiento más *importante* de nuestra historia contemporánea?

Lo ignoro. En cualquier caso, como es un hecho ineluctable, nadie piense que voy a borrar de mi ideal a una mujer por deslizarse a emplear tal palabra. Otra cosa es que me pida el voto.

Entrenar

El solsticio de verano ha traído a España –alta ocasión en el correr de los siglos–, el Mundial de fútbol, fuente de incontables satisfacciones. Empezando por el bando del Alcalde de Madrid, exhortando a acoger bien a los forasteros, en estilo y tono de un corregidor de villa coronada. (Querido Enrique, tu humor escéptico es una de las pocas candelillas que lucen en la niebla.) Pero no menos ilusionante ha sido la presencia de los forasteros mismos, muchos de los cuales no fueron instruidos en crianza por sus propios alcaldes, de modo especial los británicos, que han llenado de pantorrillas desnudas nuestras ciudades, en plan safari, y que han trasegado media cosecha nacional de vinos y licores. Verlos tan rubios, tan desahogados, tan prepotentes y dueños, ha sido para dar mil gracias al cielo.

Hermoso ha tenido que ser también el Mundial Cultural paralelo, del que no sé nada. Sólo la retransmisión por televisión de una antología de zarzuelas, presentada por un cronista deportivo, porque, en su Mundial, a todo se atreven. Terminaba la primera parte con la jota de *Gigantes y cabezudos* bailada por danzantes a estiragarra; y el presentador asomó la inspirada testa para informarnos de que acabábamos de presenciar la vibrante jota de *La corte de Faraón*. Tal vez le hubiera dado un soplo aórtico de haber confundido a Ardiles con Vercauteren, pero, en este caso, reapareció, instantes después, volvió a sonreírnos como si nada, y pidió disculpas por su lapsus, debido, dijo, a que no había leído el programa. Probablemente necesitará el menú para saber si está comiendo pastas de té o habichuelas. Por ese dato, y por la zarzuela misma, con música previamente grabada, es por lo que imagino que el Mundial Cultural ha debido de ser cosa de mucho gusto.

Y luego, claro, ha brillado –está brillando aún cuando escribo–
el inigualable espectáculo del fútbol, tan indescriptible. Quizá por
ello ha sido tan mal descrito por no pocos intrépidos del micro,
que, en estos días, han contaminado la atmósfera con tal densidad
de disparates por centímetro cúbico, que algún asmático lo ha pasado mal. Pensé grabar alguna retransmisión para analizarla luego; pero desistí porque, para ello, había que oírla otra vez.

Por supuesto, casi todos los locutores deportivos se han con-
chabado para dar un golpe antipreposicional. Su conjura tiene
más objetivos: ya he denunciado múltiples veces, sin que las fuerzas del orden lingüístico se movilicen, cómo han decidido aniqui-
lar los verbos *acabar, terminar, concluir, dar fin* y otros semejantes, para imponer la dictadura de *finalizar*. Pues bien, en su plan
entra igualmente contribuir al arrasamiento de las preposiciones;
a ellos les corresponde la misión de implantar *sobre* en sus es-
combros. Y así, están creando un idioma surrealista, en el cual se
formulan salvajadas de este tenor: «el árbitro pita falta *sobre* Gutiérrez» (es a Gutiérrez a quien se la han pitado); «Bertoni pasa
sobre Rossi» (y no es que haya pasado el balón hacia la zona en
que está Rossi: se lo ha dejado en la misma punta de la bota);
«Camacho comete una falta *sobre* Rummenigge» (no es obsceno
lo que esto significa; simplemente, le ha puesto una zancadilla);
«Maradona dispara *sobre* puerta» (no crean que la pelota pasa
por encima: el áureo muchacho ha disparado raso y perverso contra la puerta). Tales frases son hipotéticas, especialmente la última, pero tómense como trasunto de las que se oyen realmente. La
lucha pro *sobre* que estos indomables hombres de la radio y de la
televisión están llevando a cabo desde hace años, aguardaba el
Mundial 82 para alcanzar su definitiva victoria. Ya han triunfado,
ya han conseguido humillar un poco más a la lengua española,
aprovechándose de que son dueños de las ondas veintitrés horas
al día (dedican la que queda a instruirnos sobre la zarzuela y otros
fenómenos culturales).

E idéntica consagración solsticial ha obtenido por obra suya el
empleo intransitivo de *entrenar*. Cuando no nos cuentan los partidos nos explican sus circunstancias y nos conducen por sus arrabales de declaraciones, chismes, lesiones, opiniones, alineaciones y,
lógicamente, entrenamientos. Resulta hiriente, pero es así: no nos
dicen que «España *se entrena* en Navacerrada», sino que *entrena*

en ese lugar. No afirman que «ayer no *se entrenó* Quini», sino que no *entrenó*. Se ha neutralizado la útil oposición entre *entrenarse* (pronominal) y *entrenar* (transitivo), que permitía distinguir, con perfecta funcionalidad idiomática, la acción que realiza el deportista cuando se adiestra y se prepara para competir (*entrenarse*), y la que ejecuta quien lo adiestra y prepara (*entrenar*), esto sí, el entrenador. *Entrenar* es también la acción que desempeña otro deportista u otro equipo que actúan frente al entrenado, para crear una situación parecida a la que se producirá cuando éste compita realmente («El Sabadell *entrenó* a la selección nacional»).

Esto estaba muy claro, y marchaba perfectamente hasta hace pocos años. Un jugador *se entrenaba*; y el entrenador *entrenaba*. Si alguien oía o leía que «Di Stefano *entrenará* pronto», entendía sin vacilación que Di Stefano iba a ser contratado como entrenador de algún equipo. Hoy, ante una frase así, cabría pensar que el veterano futbolista, harto de ver a estos chicuelos, volvía a los campos para atizarle al balón ejemplarmente. Otra erosión innecesaria y perturbadora al castellano, sin más causa que la irresponsabilidad.

Pero huyamos, para acabar, del fascinante mundo de la esfera de cuero, porque este tránsito estacional ha aportado otro acontecimiento, si bien consuetudinario y sin la excepcionalidad milenaria del Campeonato. Me refiero a los exámenes, con su cortejo de aprobados y suspensos. Y he aquí que análoga memez que la de *entrenar* se registra en el ámbito académico. Porque también en él se ha producido el cese de la oposición entre *suspender* y *ser suspendido*. Hasta hace, tal vez, unos diez años, el profesor *suspendía*, y el alumno *era suspendido*. Resultaba apabullante la entrada del escolar en casa proclamando: «*Me han suspendido*». Ahora apechuga él con la acción, y afirma: «*He suspendido*».

Aquí ha obrado, claramente, la inducción analógica de *aprobar* («He *aprobado* tres asignaturas») sobre *suspender* («He *suspendido tres asignaturas*»). No se comprende, en cambio, por qué *entrenar* ha desplazado a *entrenarse*. Lo que sí se ve, con nitidez cegadora, es que, desde el punto de vista idiomático, las áreas cerebrales de nuestra comunidad hablante tienden a acercarse a las pedestres, en aproximación fraternal. Lo malo es que, en lo de *suspender*, no tenemos locutor a quien achacarle la culpa. La tiene el primer progenitor que, oyendo a su criaturita decir eso, no la llevó al psicoanalista.

Victoria pírrica

Comenté el mes pasado los inauditos bienes que ha deparado a España el Mundial de fútbol. Así, hemos activado nuestra solidaridad fraterna con la América ibérica, llorando como la propia las amargas eliminaciones de Honduras, Argentina y Brasil. Las banderas españolas, que parecían olvidadas, han poblado numerosos estadios, donde se gritaba por docenas de millares de gargantas enardecidas: «¡España, España!», y no: «¡Estado español, Estado español!». Ante tal maravilla, poco importa que aquellas banderas tuvieran que plegarse enseguida como paraguas, marchitadas por el gol contrario, y que el orfeón unánime se redujera a los modestos límites de un corro de farra. Por fin, ya nos hemos dado cuenta de que no somos una potencia futbolística, como en 1898 nos enteramos de que los Estados Unidos nos aventajaban en barcos. Gracias a ello, surgirá, como entonces, la benéfica pléyade de los regeneracionistas, los cuales lograrán una mejoría de nuestra capacidad de juego, y, por tal vía, la reincorporación del país a un lugar que nunca debió haber perdido.

Claro que puede ocurrir lo contrario, si cunde más la injusta opinión de que ese deporte está en manos de una cuadrilla de desaprensivos, y el público, en vez de acudir a los estadios, se dedica los domingos a leer libros. No creo, sin embargo, en esta posibilidad, que sería derrotista y de resultados imprevisibles para la vida nacional. Lo lógico es que afirmemos nuestra voluntad de futuro arreglando los asuntos del fútbol. Yo, que tan mal los conozco, me pronuncio por ello, y por confirmar nuestra adhesión a los regentes y a los regidos de la Federación, que, según afirman, han actuado con suma honradez. Esto debe bastar para otorgarles la confianza general.

Hemos de prepararnos ya, desde ahora mismo, para el próximo Mundial. Y me siento dispuesto a aportar mi granito de mostaza (el fútbol no debe reconstruirse con arena, sino con fuertes condimentos), exhortando a los informadores que a él acudan para que sigan destruyendo la lengua castellana con aún mayor contundencia. Y para que continúen fortaleciendo nuestra capacidad mental con sus profundas reflexiones. El método puesto en práctica por la Televisión Española en el reciente campeonato ha sido excelente. Actuaban en cada retransmisión un par de locutores. Uno nos contaba lo que veíamos, sin meterse en más; era el que decía, por ejemplo, que Juanito pasaba *sobre* Alonso. El otro, en cambio, era el encargado de introducir cuñas teóricas: comentaba tácticas, valoraba estrategias y extraía consecuencias de lo que pasaba en el terreno de juego. Gracias a él, los lerdos podíamos observar cosas tan interesantes como éstas: que un equipo intentaba empatar si iba perdiendo; que tal otro jugaba con lentitud; que un jugador propendía a irse al centro; que la defensa actuaba con contundencia, y que, por esa causa, la delantera contraria hallaba dificultades en sus ataques. Fue excitante oír a uno de tales meditadores, en la azarosa prórroga del Francia-Alemania, cuando los germanos lograron igualar el tanteo tras ir perdiendo por 3 a 1. «Señores, lo que es la vida», nos decía. «La de vueltas que da la historia», insistía, puesto ya en onda spengleriana. Oyéndole, España entera elevó varios puntos su capacidad reflexiva.

Que sigan así: tienen ante ellos cuatro años para perfeccionarse aún más. Desde aquí los animo –a ellos, y también a los que escriben– para que prosigan hablando de *victorias pírricas*. ¿No han escuchado o leído esto mis lectores? Cuando un equipo alcanzaba el triunfo por un solo gol de diferencia, nuestros informadores, en crecido número, calificaban la victoria de *pírrica*. Antaño se solía decir, en esos casos, que el equipo vencedor había ganado «por la mínima diferencia», o simplemente, *por la mínima*. Lo cual estaba bastante bien; pero resulta mucho mejor eso de que su victoria ha sido *pírrica*. Me parece un acierto la incorporación de ese adjetivo al caudal circulante del idioma, que así aumenta su riqueza con un vocablo cultísimo. ¿Por qué habían de emplearlo sólo los doctos? La democracia participativa e igualitaria no debe permitir que existan bastiones reservados. A partir de ahora, una palabra tan tonta como *mínimo* andará del brazo y se tratará de tú con *pírrico*. Que este vocablo se apee de su pedestal, y que podamos decir todos *temperaturas pírricas*, *precios pírricos* y *salario pírrico*; y hasta que hagamos sinónimas *minifalda* y *pirrifalda*. Se trata de otro venturoso fruto del Mundial 82.

Evidentemente, no había derecho a que, para utilizar bien el adjetivo *pírrico*, fuera preciso saber estas cosas: que Pirro (318-272 a. J. C.) fue un rey del Epiro, con deseos de conquistar Sicilia, Italia y hasta África. Que Tarento, ciudad griega del sur de Italia, corría el peligro de ser ocupada por Roma. Que los tarentinos llamaron en su auxilio a Pirro, el cual acudió en su ayuda con un poderoso ejército, en el que figuraban elefantes. Que Pirro libró en Heraclea, ciudad del golfo de Tarento, una cruenta batalla con los romanos (año 281 a. J. C.), en la cual los legionarios, aterrorizados por los elefantes, fueron derrotados, no sin causar gravísimos daños al enemigo. Que Pirro no obtuvo ningún provecho de aquella victoria, pues, habiendo pasado a Sicilia, Roma ocupó la Italia meridional. Pirro regresó; pero, vencido en Benevento, tuvo que volverse al Epiro. En Heraclea había logrado una victoria *a costa de grandes pérdidas, sin que le sirviera para nada.* Fue la primera victoria pírrica de la historia. Una victoria en que el vencedor salió peor parado que el vencido.

Era injusto que se requirieran tantos conocimientos para usar con propiedad la expresión *victoria pírrica.* En el Mundial, tendría que haberse aplicado, por ejemplo, a un equipo que, habiendo vencido con gran esfuerzo a su contrario, quedaba, sin embargo eliminado, mientras éste, por tener o ganar más puntos, seguía adelante. No sé si se produjo tal situación, ni importa tanto elitismo ni tanta pudibundez expresiva. Nuestros informadores de pluma o micro hicieron *pírrica* cualquier victoria por un solo tanto, especialmente si era 1-0.

Pero, así como me parece admirable esa popularización del recóndito vocablo, no estoy tan seguro del acierto de otro retransmisor oral, este del género meramente narrativo. Apareció en la pantalla el rostro sudado de un jugador –creo que polaco–, sangrando por una brecha abierta en un pómulo. El contador de evidencias aseveró: «Como pueden ver, lleva una herida debajo del párpado». Insisto: no sé si es prudente empezar a confundir de tal modo el vocabulario anatómico. Aunque tal vez sí: debo combatir mis prejuicios hasta el fondo y con todas las consecuencias. Hay que destruir el idioma español, hay que volverlo Babel. Ya ha alcanzado la altura de 5.174 pasos exactos, justo los que, según Matute de Peñafiel (1614) alarmaron a Dios hasta el punto de obligarle a formular su famosa condenación: «Venite, et confundamus linguam eorum... ut non audiat unusquisque vocem proximi sui». Se me preguntará por qué participo de ese furor destructivo. Mi motivo es sencillo: para lo que hay que oír... Pensamiento hondo, por cierto, y original, que brindo a los filósofos del fútbol.

Especulaciones

Un gran periodista, mi admirado Carlos Luis Álvarez, *Cándido*, escribió hace pocos días: «Lo más llamativo que tenemos ahora son las cábalas» (su artículo se titulaba, precisamente, «*Cábalas de periodistas*»). Pues no, querido Carlos Luis: lo más chocante no son las *cábalas*, sino las *especulaciones*. Y el hecho de haber elegido aquella palabra, y no esta última, bastaría para justificar lo de «gran periodista», que no he dicho como cumplido.

Porque, para ser eso, no basta con informar de veras y opinar solventemente; se precisa, además, (quizá en primer término), exhibir sin que se note dominio del idioma. Lo contrario califica de escribidor o charlatán, no de periodista; de ajetreado correveidile de las gradas de San Felipe, no de profesional responsable. ¿Entrará alguna vez esta idea en el meollo de muchos que, quizá, no se expliquen por qué se estima a *Cándido* excepcional, y a ellos no? Y si gastaran una hora al día descubriendo –ellos dirían «releyendo», porque parece que todos nacen leidísimos– clásicos nuestros y ajenos...

Pues bien, un síntoma tan pequeño como es el empleo o el rechazo de un vocablo, me basta, como a muchos, para respetar o no al que escribe y habla. Por la lengua muere el que la usa públicamente. Y puede vivir. Desde hace pocos años, ha caído sobre nuestro idioma periodístico y político, como un aerolito, esta horrorosa palabra, sepultando otras nuestras y cegando las vecinas. Los ávidos de enseres funcionales para rellenar la testa, la han acogido con el máximo gozo: ¡*especulaciones!* Ya no hablan de *cábalas, conjeturas* y *suposiciones*; de *presunciones* y *sospechas*; de *barruntos, indicios* o *previsiones*, con los verbos correspondientes. ¿A qué fatigar la memoria y apurar la sindéresis para dar con el vocablo más propio? *Se especula que* (ni siquiera *con que*) tal vez ocurra esto o lo otro, y el asunto está resuelto; el subproducto de tan simple digestión mental son las *especulaciones*.

¿Hará falta decir que esta pieza de pacotilla es un anglicismo? El inglés, en efecto, al igual que el francés, el español y otras lenguas, recibió del latín, durante la Edad Media, el verbo *speculari*, que significaba 'observar, espiar, vigilar', sobre el cual se había formado *speculatio*. Entró el vocablo en las lenguas europeas, por acción de los doctos, con su significado original, el cual se mantuvo hasta tarde. A ese sentido primitivo alude el Diccionario académico, en la primera acepción de *especular*: 'Registrar, mirar con atención una cosa para reconocerla y examinarla'. ¿Es esto lo que hacen quienes ahora *especulan*? De ningún modo, porque la cosa a que quieren aludir no está ante sus ojos; ni siquiera existe aún.

Utilizado por los cultos, el verbo recibió, aún en la Edad Media, una acepción que se generalizó por Europa: la de «meditar, contemplar, considerar, reflexionar», según define nuestro léxico oficial. Y el nombre *especulación* lo acompañó en este ensanchamiento semántico, tan explicable: se trataba ahora de mirar con el entendimiento. El *Larousse* –que ha prescindido de la primera acepción, ya periclitada, aun cuando tantas huellas dejó en la literatura francesa medieval–, define así *speculer*: «Meditar, razonar, teorizar»; y ejemplifica: *speculer sur la métaphysique*. Por su parte, el *Webster* acentúa mejor el trabajoso esfuerzo que requiere *to speculate*: «Desarrollar ideas o teorías mediante reconsideración de un tema o de una materia, generalmente sin apelar a la experimentación o a la introducción de nuevos datos».

Este monumental diccionario vence siempre a los nuestros en exactitud y precisiones. Porque *especular* no consiste sólo en «meditar, contemplar, etc.»; más cerca de la verdad anda el *Larousse* con el equivalente «teorizar». Efectivamente, si yo medito o reflexiono sobre si debo plantar geranio o albahaca en el abreviado jardín de mi maceta, no especulo. Este vocablo posee una carga de trascendencia, que facilitó a Hegel el empleo de *especulación* para denominar «la terminación del movimiento del espíritu que aprehende su unidad básica a través de la oposición y la síntesis de sus propios conceptos» (Thinès-Lempereur). En él se trata ya de un tecnicismo encuadrado en un sistema terminológico riguroso. Según algunos, Kant utiliza el vocablo como sinónimo exacto de «teoría».

Fuera de estas acepciones, pertenecientes al oficio estricto de los filósofos, *especular* es lo que dejamos dicho, y que permite comprender cuando Cervantes afirma que «los refranes son sentencias breves sacadas de la experiencia y *especulación* de nuestros antiguos sabios»; o cuando Menéndez Pelayo habla de «la esfera más pura y elevada de la *especulación* teológica»; y Pérez de

Ayala, de «las *especulaciones* filosóficas»; y Borges, de aquellos «hombres desesperados y admirables que fueron los gnósticos», que realizaron «*especulaciones ardientes*». ¿Se refieren a estas *especulaciones* nuestros informadores cuando llaman así a sus chismes sobre si va a romperse la enésima «unión sentimental» de una celuloidea?

Pero todavía desarrolló este extendido vocablo neolatino otra acepción; a mediados del siglo XVIII, en la Bolsa de París, empezó a llamarse *especuladores* a quienes acechaban la para mí ininteligible oscilación de los valores, y ganaban fortunas con sus inversiones y ventas. El nuevo significado de la serie *especular-especulación-especulador* se difundió rápidamente por todas las lenguas de cultura. Salió del ámbito de la Bolsa, para referirse a cualquier clase de negocios en los cuales, como explica muy bien el *Larousse* (y muy mal la Academia), «se espera obtener beneficio por la simple variación de los cambios o los precios». Maravillosa ocupación, de la que tanto saben bastantes españoles.

Parece evidente que radios, televisiones y diarios no confunden estas *especulaciones* –pues también las nombran– con las *cábalas*, a las que no vacilan, sin embargo, en llamar del mismo modo. ¿Ni una levísima sospecha entra a estos «especuladores» de que se balancean en columpio? Porque sólo el inglés creó la acepción «conjetura, suposición» para su *speculation*, haciéndola sinónima de *guess*, ya en nuestro siglo. Los demás idiomas, tan unánimes hasta entonces, le hicieron fu a esta originalidad, que trivializaba el sublime significado de *especular, speculer, spekulieren, speculare*, y difuminaba su inequívoca acepción mercantil.

El común de los hablantes dejó solo al inglés; pero los excepcionales, que aborrecen todo lo común y ordinario, apiadados de aquella soledad, nos han traído la acepción a nuestra lengua. Y no como invitado ocasional para exhibirlo en sus tenidas íntimas, sino, lo he dicho ya, como invasor que siembra sal. Ahí están las *cábalas*, esperando una pluma como la de *Cándido* que recuerde su odioso exilio. Y las *conjeturas* y *suposiciones*, y la retahíla toda de sinónimos nuestros, que permiten dejar a los hondos pensadores la operación de *especular*, o a los vivísimos depredadores del dinero ajeno.

Pero no volverán esas palabras. Es inútil quejarse, aconsejar, censurar... escribo ya mis «dardos» como elegías funerarias o epicedios tristes. Los leen sólo aquellos que comparten mi llanto. Hoy mismo he oído hablar a un ministro de una «*Histórica* actitud que pasará a la Historia». Volviendo hacia casa, he puesto la radio en el coche. Un bárbaro del centro (emisor nacional) exaltaba una estupenda victoria de un equipo de baloncesto, muy importante aunque fuera *pírrica*. Inútil todo; mis «dardos» son masajes cardíacos a cadáveres.

El señorío de la R

Pocas cartas me han hecho más feliz que una, recién recibida, con la que un conciudadano se me dirige apelando a mi calidad de responsable, según piensa él, de cuantas palabras del idioma empiezan por R, pues esa es la letra del sillón que ocupo en la Academia. Me reclama justicia: representa, dice, a determinadas personas cuya profesión se designa con un nombre encabezado por dicha letra, *restaurador*, y desea verme actuar enérgicamente con el fin de impedir que «su» nombre sea empleado para designar otras actividades distintas, tal como ahora se está haciendo. Y no sólo reivindica la exclusividad del sustantivo, sino también la del verbo correspondiente.

Creo que es como si los sastres del XVII hubieran denunciado a los tribunales al padre de Pablos el Buscón porque, en vez de barbero, prefería llamarse sastre de barbas. O como si los maestros pusieran pleito a toreros, músicos, mecánicos, artesanos, esgrimidores y tantos profesionales más que se designan con aquel término.

Con mayor derecho moral, tal vez, podrían enfadarse los masajistas de verdad, aquellos que templan los músculos con fines terapéuticos sin pasar ahí, ante la apropiación de esa palabra por la mísera caterva que anuncia en la prensa sus salones distinguidísimos, sus modalidades griegas u orientales y su poliglotismo, en el género señorita, chico, *gay* o travestido. Pero mi comunicante no tiene razón. Y si yo fuera, como piensa, el cancerbero de la R, dictaría una sentencia adversa a su pretensión, con considerandos abundantes e irrebatibles: las palabras cuya exclusividad demanda se han aplicado y se aplican a actividades muy diversas, con derechos idénticos a los que él aduce para exigir su posesión.

Sin embargo, repito, el papel que me asigna de valedor y velador de la R me ha proporcionado la mayor felicidad. Al asumirlo imaginariamente, me veo al frente de un nutrido rebaño de vocablos, en el que figuran ejemplares tan bellos como *rosa*, *radiante* o *razón*, y otros ya no tanto, como *rata*, *roña* y *ruin*; pero ¡qué placer pastorearlos a todos, limpios, fijos y esplendorosos! Ninguno se saldría del redil del Diccionario, y, antes de admitir nuevos candidatos, los sometería a implacables análisis de casta. Yo mismo tendría que manifestarles particular afecto. Y, así, llamaría *recoquines* a los hombres pequeños y gordos; y nunca usaría *fila* sino *ringla*, ni *asno* sino *rucho*, ni *eructo* sino *regüeldo*, aunque desesperara a Don Quijote. Mis amigos aceptarían con la mayor comprensión que calificase de *rugible* al león, y que a mi catarro invernal lo llamara exclusivamente *romadizo*. Por el contrario, nadie se ofendería si lo acusaba de tener *raspe* (porque ignoraría que es la lengua de las víboras) o de *repucharse* (acobardarse) al primer envite. Oh, sí, me imagino de Poncio Pilato de la R, y no hallo poderío que comparársele pudiera.

Porque supongo que ese imperio se me otorgaría con la facultad de castigar: ¿de qué sirve el mando, si no? Tendría la potestad de imponer sanciones a quienes atentaran contra mi grey. No sería benévolo con quienes, cruzando *recordar* y *acordarse de*, dicen que «no *se recuerdan* de nada». Y aún menos con quienes usan *reclamarse de* («Los partidos que *se reclaman de* la izquierda...», en vez de algo tan simple como «Los partidos de izquierda»).

Trinaría contra los que usan *rol* por *papel*, aun tratando de psicología y sociología; y *royalty* por *regalía*, *patente* o *canon*. Montaría en cólera contra el estúpido verbo *reiniciar* («Al *reiniciarse* el partido, el Zaragoza ha marcado un gol»): se podría reiniciar lo que, habiéndose suspendido al momento de iniciarse, empieza otra vez; pero no lo que prosigue tras una pausa; eso *se reanuda*. Se me llevarían los demonios contra los que emplean *reivindicar* en frases como «Nadie ha *reivindicado* aún el crimen», en vez de «Nadie *se ha declarado autor* del crimen» o «Nadie *se ha atribuido* aún el crimen»: ese verbo, connotado con rasgos de justicia y dignidad, se nos está ensangrentando. Llegaría al encarnizamiento, igualmente, con los que usan *reinsertarse* («Cuando *se reinserten* los emigrantes en sus lugares de origen...»), por *reintegrarse*:

y con los que hablan de *regulaciones* en vez de *reglamento*, de *rango* («un militar de alto *rango*») por *graduación*, y de *remodelación*, palabra bien inglesa, en vez de usar *restructuración, modificación* o, simplemente, *reforma*. ¡Cuántos gibraltares, cuántas malvinas, cedidos con el mayor gusto y conformidad por nuestros deslenguados!

También echaría sulfuro contra los que emplean *rutinario* en angloparla, y dicen y escriben, por ejemplo, que los aduaneros, en un registro *rutinario*, hallaron drogas; o que tal enfermo, en una revisión médica (o, dicho en castellano purísimo, «chequeo») *rutinaria*, se le descubrió no sé qué. Porque tal adjetivo, en español, significa lo que se hace siguiendo una rutina, una ruta aburrida, sin interés ni cuidado. Y se insulta al aduanero o al médico, si se dice que proceden así. En inglés, en cambio, *rutinario* califica lo que se hace de acuerdo con un procedimiento establecido, y puede verificarse con cuanta meticulosidad y atención cabe imaginar. Tenemos en nuestro idioma vocablos como *ordinario, periódico, normal, diario, semanal* y tantos otros, que pueden funcionar en aquellos contextos; y, muchas veces, no hace falta ninguno. Pero *rutinario* se nos ha convertido casi en un piropo, y no podría tolerarlo.

Como contrapartida, también tendría que premiar a los hablantes beneméritos con mi letra. Pienso, por ejemplo, en quienes han expulsado de los medios de comunicación el verbo *hacer* que es de otro corral, y han invadido su territorio con *realizar*. Las cosas ya apenas se hacen: se realizan: tal Ministro *realizará* una visita a tal sitio, aquel futbolista *realizó* un partido mediocre, se *realizan* gestiones para acabar una huelga, y un puente se ha *realizado* en dos años. Nadie podría alegrarse más que yo de tan gran victoria conseguida por un verbo con R, frente al insustancial *hacer*, aunque entrara en conflicto de intereses con mi admirado compañero don Emilio Lorenzo, titular del sillón H.

Precioso sueño: sentirme, yo que no tengo ni un palmo de tierra que pueda decir que es mío, señor de la R. Lástima que sea de imposible cumplimiento. Nadie es dueño del idioma, porque es condominio de todos los hablantes. Ningún usuario puede apropiarse de una palabra si el resto de la comunidad no le reconoce la posesión. Si, un buen día, quienes fabrican bancos de cuatro patas deciden llamarse *banqueros*, y resulta que todos aceptamos darles ese nombre, ¿podrán impedirlo los banqueros de los millones? La lengua es de todos, y ni la Academia ni los Académicos tenemos como misión repartir exclusivas: las concede o las niega el pueblo hablante. Y bien que lo siento: me gustaba el señorío de la R.

Lapsus

Cada vez parece más claro que sólo se entera de las cosas quien quiere enterarse. Y que quien desea enterarse es porque las sabe ya o medio las sabe. Al obstinado en su ignorancia, la ilustración le huye como la noche al día: no hay rayo de luz capaz de horadar su entendimiento nocturno. Tal vez algún lector recuerde lo que hace poco dijimos sobre *victoria pírrica*. Intenté aclarar cómo se trata de una victoria real, pero de nulo provecho para el vencedor. Un triunfo que produce algún beneficio a quien lo logra, aunque sea escaso y por exiguo margen, será mínimo pero no *pírrico*. El Barcelona por ejemplo, Club Rey Sol en el mundo del fútbol, tras varios fiascos consecutivos en partidos de pretemporada, logró vencer en un torneo al modesto Oviedo por 3-2. ¿Fue *pírrica* su victoria? En modo alguno, si se tiene en cuenta la circunstancia de que, con ello, se instalaba en un sólido penúltimo lugar, soslayando la humillación del último puesto, y abría a sus beneméritos seguidores radiantes perspectivas ante la nueva liga, ya iniciada con una derrota insignificante en Valencia.

Pues bien, como aquel dardo mío apuntaba a ciertos cronistas deportivos que dan, a diario, en el dislate de confundir lo *pírrico* con lo *mínimo* o *apurado*, suponía que, aunque no me leyeran, alguien les haría caer del burro. Pero nada: Televisión Española, al menos, y con motivo de esos torneos veraniegos, no se ha enterado; y uno de sus locutores, de prosapia elocuente, ha dicho hace poco que el público había demostrado falta de interés por tales competiciones con su *asistencia pírrica*. Había pronosticado en mi articulillo que muy pronto los malversadores de la lengua, hablarían de *salario pírrico*, de *temperatura pírrica* y de cosas así, con beata insipiencia de que tal adjetivo sólo es predicable de victorias. Pues ahí lo tienen ustedes: una asistencia escasa es ya una *asistencia pírrica* para aquella poderosa testa parlante.

Las vacaciones me han permitido ver más televisión que de costumbre: ayuda mucho a perseverar en ese estado de gracia que es la modorra estival. Por eso le perdono menos sus prevaricaciones idiomáticas: son como tábanos que perforan la oreja en lo más glorioso del éxtasis. Recuerdo con espanto un aguijonazo, ya de finales de agosto, cuando los insectos empiezan a escasear por mi playa (son *pírricos*, que diría el otro). Gorjeaba una profesional del medio, pimpante e intrépida: era sedante su locuela. De pronto, Dios mío, ¿qué dijo, qué picotazo lanzó por las antenas? Habló ¡de *condors*!, así como suena, de *condors* como plural de *cóndor*. Abrí los ojos con estupor: la parlanchina no presentaba síntomas de subnormalidad transitoria, y todo seguía en su sitio, incluida, supongo, la nómina mensual de la infractora. Pensé consagrarme a explorar con la imaginación los abismos de insolvencia de donde extraen a muchos de sus portavoces los responsables de nuestra cultura. Pero era fatigoso, así es que volví a trasponerme, aunque con la inquietud de si habría muerto para siempre aquel verso de Rubén que hasta los lactantes recuerdan: «Los *cóndores* llegan, llegó la victoria» (que sería *pírrica* para la infractora, e indigna de su interés).

Metidos ya en días septembrinos, la pantalla ofreció, como alivio de la cena, un concurso en el cual se ofrecen a los participantes diversos objetos para que elijan uno; en todos hay una tarjetita que consigna un regalo. La gracia –auténtica– del juego consiste en que los concursantes prefieren a veces un objeto con tarjeta de regalo inútil, incluida una temida calabaza, habiendo desdeñado otros con premios sustanciosísimos. Confieso ver con regocijo esta diversión, a la que, sin embargo, hay que llegar tras haber comprobado, por ejemplo, que el único escritor de habla inglesa cuyo nombre recordaba una española de término medio era Agatha Christie. Pero, en fin, la presentadora no le andaba a la zaga, porque, entre las cosas que esa noche ofreció para escoger, figuraban unos *incunables*. Ella, ante la sospecha de que ignoráramos qué eran los tales, aclaró: «Ya saben que *incunables* son los libros anteriores a la aparición de la imprenta». Pensé que esta enormidad formaría parte del juego, y que saldría el director del cotarro a obsequiar a la dama con la rotunda calabaza. Nada de esto ocurrió. ¿Cuántos miles de oyentes se quedaron para siempre con aquel disparate en los sesos? Lo cual no constituye, claro, desgracia alguna: son aptos para que les contraten como presentadores de concursos en televisión.

Cualquiera incurre en un *lapsus*, dirán los bonachones; *lapsus linguae* o *lapsus calami*, completarán los bonachones cultos. Me permitiré argumentar que son excesivos en quienes tienen por oficio y beneficio el empleo de la voz pública. Y lo que ya definitivamente horripila es que cometan tan frecuentemente *lapsus* con *lapsus*. Me explicaré con un ejemplo nuevamente televisivo, y también reciente. Se trataba de un diálogo: ahora, de una entrevistadora con un insigne. Charlaban y charlaban sin aliento, y, en un momento dado, ella interrumpe al ilustre y, con ese desparpajo tuteante que se permiten en Prado del Rey, le dice: «Si te parece, vamos a hacer un *lapsus* en la conversación, para dejar paso a la publicidad». Juro que tiré una zapatilla al televisor, procurando no darle. ¡Un *lapsus*, por un *alto* o una *detención*!

¿Qué opina ante esto el lector buenazo y tolerante? ¿Lo acepta? Pues prepárese a pagar multas cuando se salte un semáforo en rojo por no haber hecho *lapsus*. Dispóngase a tomar un bombón helado en el *lapsus* de una sesión de cine. Y, si se adentra en una zona militar, no le extrañe oír un paralizante: «¡*Lapsus*!, ¿quién vive?». De un tiempo a esta parte, con motivo de haber desterrado el latín de la enseñanza –providente medida que nos ha aumentado la estatura media a los españoles–, se ha desarrollado una cierta propensión al latinajo. La irrupción de *lapsus* es una muestra.

Se trata de un vocablo latino, derivado de *labor*, 'deslizarse, tropezar o caer'; el significado de *lapsus* en latín es, pues, el de 'caída, tropezón o error'. De ahí lo de *lapsus linguae*, 'equivocación al hablar'. Pero aquel vocablo significó también un 'movimiento de deslizamiento', como el de las estrellas, los ríos, los pájaros o las serpientes, que transcurre a lo largo de cierto tiempo. Y es éste el significado que nuestro idioma hispanizó como *lapso*, voz definida así por el *Diccionario de Autoridades*: 'El curso con que va pasando el tiempo'. Es la acepción con que *lapso* (y no *lapsus*) se emplea hoy: «En el *lapso* de tres minutos no abrió la boca»; «Hubo un breve descanso, y, en aquel *lapso* (que no es el descanso, sino el tiempo que dura el descanso), nadie abandonó los asientos». La Academia añade otra acepción: «Caída en una culpa o error», en correspondencia con el otro significado latino que hemos visto.

Lo desbarrante es usar *lapsus* como *lapso*, es decir, como 'espacio de tiempo'; porque en español esa voz latina sólo se usa como «equivocación, especialmente la que, por inadvertencia, se comete al hablar o al escribir». Lo cual, a la castellana se denomina también *lapso*: con este nombre designamos, a la vez, el curso de tiempo y el error. Pero lo contrario no es cierto, ya que *lapsus* se reserva sólo para el error involuntario.

De ahí que «hacer un *lapsus*», por «hacer una *pausa* o un *descanso* o un *alto*», sea, más que un lapsus o equivocación, un retortijón de mente floja. Cuánta razón tuvo quien proclamó que por sus palabras los conoceríamos. No yerro en la cita: recuérdese que del dicho al hecho hay poco trecho.

Detentar

Deleite cinegético supremo: cazar al cazador. Cuando vi impreso mi último artículo, sobre *jugar un papel*, un susto me privó de cinco o seis latidos. En él se decía la siguiente atrocidad: «Si mis datos son correctos, ese galicismo entró en español *durante hace* ochenta o noventa años». ¿Qué había sucedido? Escribí primero «*durante* la primera década del siglo»; pero me pareció conveniente no ser tan preciso, taché en mi borrador esas palabras, olvidando *durante*, y las sustituí por «*hace* ochenta o noventa años». Del borrador, el olvido pasó a la máquina; yo, al corregir, no me fijé; y el resultado fue el sorprendente *durante hace* que salió impreso. Temí lo temible; era tan evidente el gazapo, que las carcajadas debían agolparse sobre él. Pero, con gran sorpresa, no he tenido noticia de que haya provocado siquiera una sonrisa. Ha pasado tan inadvertido como un suspiro en un huracán.

En cambio, algo que, al redactarlo, me pareció muy preciso, ha concitado, no muchos, pero sí algunos gestos adustos de censores que me han reprendido. Hablaba en aquel trabajillo de la difusión de *jugar un papel*, muy escasa en los buenos escritores actuales, y creciente entre los malos. Y añadía: «De cuantos *detentan* la voz pública, no hay ni que hablar: son ellos los que hablan sin oír, sin leer y sin pensar». Uno de mis corresponsales me acusa, simplemente, de ignorar qué significa el verbo *detentar*. Otro me dice que he echado un borrón sobre mi ejecutoria idiomática, aunque, una vez ya sentenciado en su juicio sumarísimo, me pregunta qué acepción di a ese verbo. Y ambos –porque han sido dos mis cazadores– me advierten que *detentar* significa: 'retener o poseer uno sin derecho lo que no le pertenece'. Tremendo disparate, pues, el mío. Pero ¿lo es? ¿No estoy refiriéndome ahí, con pasable claridad, a quienes, en tribunas públicas, incluidas, naturalmente, prensa, radio y televisión, hacen uso indebido de la lengua española, porque la desconocen? ¿No se entiende que los acuso de *detentar* lo que no les pertenece: el ejercicio de la palabra ante amplias audiencias? No, probablemente no se comprende, porque mis dos aristarcos no son precisamente iletrados. Tendré que apenarme, pues, por mi falta de nitidez expositiva, pero no de un desliz léxico, porque entraba en mi intención usar ese vocablo con la acepción cuya ignorancia me reprochan. Apenas si lo utilizo, y, cuando lo hago, provoco ese mínimo escándalo dual, que resuena en mis sesos como un abucheo.

Pues sí, claro que conozco el sentido de *detentar*; en el elenco inmenso de mis ignorancias, no figura esa. Y es que pocas palabras han sido tan vapuleadas en sus usos espurios como el dichoso verbo, y una persona alertada en cuestiones idiomáticas tendría que ser sorda para no enterarse de los ruidos que ha armado su mal empleo. Tan sospechosa es, que, aunque aparezca legalizada, como precaución primera se le echa el alto (así han procedido mis corresponsales). Por tratarse de cuestión tan manoseada, no me hubiera ocupado de ella, a no obligarme la legítima defensa. Escribo, pues, para no decir novedad alguna; porque aquellos a quienes pudiera resultar útil enterarse, no me leen. Y los que me leen están al cabo de la calle en este asunto.

La significación de *detentar* es forense, como señala el Diccionario. Se tomó del latín *detentare*, que, junto con sus derivadas, se documenta en textos como el Codex Justinianus, el Theodosianus, y en juristas como Ulpiano; ya significaba 'retener algo sin derecho'. En nuestra lengua empezó a usarse, probablemente, en la época de Carlos I; Fray Antonio de Guevara dice que, a la fortuna, «hanla de servir, mas no enojar; hanla de conservar, mas no *detentar*». Sorprende que el *Diccionario Etimológico* de J. Corominas no la feche hasta 1706, cuando el de *Autoridades* la señala en la *Política Indiana* de Juan de Solórzano y Pereyra, publicada en 1648. El célebre jurista madrileño había nacido en 1575, y estudió en la Universidad de Salamanca, donde se licenció en 1599. Dado su temprano empleo por Guevara, es lícito suponer que el cultismo *detentar* circulaba normalmente, por entonces, en las aulas salmantinas. En cuanto a su significado preciso, está claro en Solórzano; habla de los que *detentan* encomiendas «con algún título colorado», esto es, falso; de la «injusta *detentación* de terceros»; de los *detentadores* o poseedores de hecho, pero sin derecho.

Este tecnicismo debió de tener poca vida fuera de los foros, hasta hace relativamente pocos años. Cuando aparece en la literatura, es siempre en contextos que aluden a cuestiones legales: «Para seguir cebando su apetito, / de torpes goces, el poder *detentan* / esos malvados que las leyes hacen», escribía Tamayo y Baus. En 1906, Vázquez de Mella alertaba así al pueblo, con dudosa gramaticalidad en la construcción del verbo: «Ahí, en esos presupuestos de esos partidos que se llaman liberales, tenéis quince millones de pesetas que *os detentan*». Muchos textos, con idéntica exactitud en el uso del vocablo podríamos aducir. Los datos de América que conozco, dan también la mayoría a quienes han sabido emplearlo correctamente.

Ya dentro de este siglo, y no hace muchas décadas, tal vez no más de cinco o seis, *detentar* saltó a los labios y a la pluma de los dicharacheros, en las dos orillas del idioma, pero como sinónimo desalmado de *poseer, tener, conservar, gozar de* o *mantener,* esto es, privado del rasgo semántico «sin derecho». En 1958, la Academia Argentina de Letras llamó oficialmente la atención contra tal abuso. A los dicharacheros de allí, como a los de aquí, pareció no importarles que, cuando se decía de alguien que detentaba un cargo, se afirmaba en realidad que lo usurpaba. Recuerdo que, en los años difíciles, un entrevistador preguntó en televisión a Dámaso Alonso su juicio acerca del idioma que se empleaba en las ondas; y él ofreció como muestra de algunos usos erróneos, el hecho de que, cuando se dice que un político *detenta* tal Ministerio desde hace tantos años, se está reconociendo su ilegitimidad. Los esfuerzos del reportero para «tapar» la respuesta y pasar a otro asunto, fueron muy visibles.

Pero no se enteran: así siguen hablando los troyanos (los tirios, no: el pueblo no emplea ese verbo). Y, por desgracia, hay algunos escritores notables en el censo de Troya. ¿A qué nombrarlos? Hoy, esa acepción neológica «se extiende, cunde, manda», por decirlo con verso de Jorge Guillén. Un equipo de fútbol *detenta* el segundo puesto de la clasificación; un caballero listísimo *detenta* cinco títulos académicos; un barco *detenta* la «cinta azul» (no sé qué es) de máxima carga; y tal atleta *detenta* el *record* de los cien metros. Todo para evitarse el enorme esfuerzo de elegir entre *tener, ostentar, desempeñar* y otros verbos así. Si el proceso sigue, se dirá que Ricardo va a *detentar* en breve a Lolita como esposa; que apenas si detento dinero en el bolsillo; «y que Dios le *detente* la salud (aceptando de paso la construcción vazquezmellista).

No es muy importante para el idioma esa desustanciación del vocablo: cosas más graves le suceden. Pero apena que un aparato de precisión se convierta en objeto de chapuzas. El uso actual de *detentar* es una neología absolutamente inútil. Los juristas van a quedarse sin una pieza que necesitan, y los no juristas poseemos otras para decir mejor lo que queremos. Hay una tendencia generalizada en todo a destruir matices, a mellar filos, a rematar las cosas con rebordes gordos. Es lo fácil, lo rebañego, lo espeso; lo que gusta.

Aunque, en el presente caso, la trivialización de *detentar* ofrece una ventaja no pequeña para quien conoce su significado (como mis dos cazadores, yo, y algunos millones de hispanohablantes). Y es la satisfacción que produce oír o leer de alguien que *detenta* una cosa, sobre todo un cargo, cuando ese alguien nos cae redondamente mal.

Vergonzante

Se contaba, hace años, de un entonces famoso ministro, que, en una cacería, en vez de acertar a la pieza que le entraba, disparó su perdigonada contra la zona mollar de una importante dama vecina. Nunca he sabido si el hecho fue cierto, pero importa poco, porque es lindo. Algo parecido, *mutatis mutandis*, hacen nuestros hablantes y escribientes públicos: los vemos apuntar a un concepto, pero se les escapa el tiro, y descargan su feroz escopetazo contra otra parte del pobre e indefenso cuerpo del idioma. Pondremos algunos ejemplos de esta singular matanza de inocentes.

Se propagan por los medios de difusión cosas como éstas: tal partido político ha calificado de *vergonzante* la actitud de tal otro porque no ha mantenido sus promesas; es *vergonzante* que, a estas alturas, el Gobierno no haya elaborado aún esa ley; que a algunos pueblos remotos no alcancen aún las emisiones de televisión, resulta *vergonzante*. Pero ¿qué significa este adjetivo? «Que tiene vergüenza. Aplícase regularmente al que pide limosna con cierto disimulo o encubriéndose». Fantástica, pues, la utilización que hoy hacen de esa palabra quienes, obviamente, la emplean en lugar de *vergonzoso*, es decir, para significar «que causa vergüenza». Tiran a esta pieza y abaten la otra, por un mecanismo mental muy claro: *vergonzoso* les parece vocablo duro y más agresivo que *vergonzante*. Con lo cual confunden con las témporas la zona acribillada de aquella dama. Como explica bien el Diccionario, *vergonzante* se aplica normalmente al pobre que, por circunstancias sociales o psicológicas, se avergüenza de serlo, y acepta la ayuda ajena sin publicidad; ésta heriría su decoro. Desgraciadamente, los hay; viudas de maridos con profesión liberal, familias antes lucientes y ahora arruinadas, enfermos crónicos que gozaron de una posición estimada. Ésos son los *vergonzantes* respetabilísimos, y no los que carecen de vergüenza.

Pero –y el Diccionario no lo prevé– también puede calificar ese adjetivo a quienes, poseyendo una cualidad, aparte la pobreza, que juzgan poco honrosa, no pueden reprimirla en su comportamiento: les falta valor para ostentarla, pero se les nota. Y así, puede hablarse de marxistas o fascistas *vergonzantes*, de homosexuales *vergonzantes*, de bebedores *vergonzantes*... Ahí sí que descalifica, pero sigue significando «que tiene vergüenza de exhibir su condición»; tampoco equivale a *vergonzoso*. Ambos adjetivos pertenecen a la familia de *vergüenza*, pero no son intercambiables, hay que apuntarles bien, en función de lo que quiere significarse.

El mismo cruce estrábico se produce cuando los locutores deportivos, en el fragor de la transmisión de un partido, espetan cosas como ésta: «El público protesta por la no *señalización* de la falta». Sublime sandez, que los domingos por la tarde recorre los cielos en las alas de las ondas. *Señalización* es el acto de *señalizar*, y este verbo significa: «Colocar en las carreteras y otras vías de comunicación, las señales que indican bifurcaciones, cruces, pasos a nivel y otras para que sirvan de guía a los usuarios». ¿Era eso lo que tenía que hacer el árbitro? Nuestros hablistas confunden *señalizar* con *señalar*, verbo este último al que corresponde el sus-

tantivo *señalamiento*. El cual, Diccionario en mano, tampoco podría utilizarse, pues lo define como «acción de señalar o determinar lugar, hora, etc. para un fin». Y es que, en *señalar*, no registra la acepción comunísima que se produce en *señalar* una
falta. A esa acción no hay más remedio que llamarla *señalamiento*, lo registre o no la Academia. Ante las omisiones de ésta, el
buen sentido del hablante puede suplir. Lo que no puede es echar
mano de cualquier cosa, y menos si esa cosa es *señalización*. Y
aún menos con el giro «no *señalización*».

Oigo por la radio: «Las noticias que llegan de Oriente Medio
son cada vez más *alarmistas*». Leo en un periódico: «El parte médico –referente a un torero– es hoy menos *alarmista* que ayer».
Tremenda papilla mental la del que dice lo uno y escribe lo otro:
como en los casos anteriores, no han sabido mantener a raya en
sus cacúmenes unas palabras hermanas, y las han revuelto. Los
dos querían decir, simplemente, *alarmantes*. Resolvamos con el
Diccionario. *Alarmista*: «Dícese de la persona que hace cundir noticias alarmantes». *Alarmante*: «Que alarma», esto es, «que suscita inquietud, susto o sobresalto causado por algún riesgo o mal
que repentinamente amenace».

Pues aún se oyen cosas más divertidas, en ese juego analfabeto
de confundir vecinos. Por ejemplo, cuando un comentarista político dijo por la radio que un líder estaba buscando el entendimiento
con sus adversarios «*de espaldas a* su partido». Merecía este ine-
ducado líder haber tenido detrás al ministro de la escopeta vacilo-
na. Pero, en fin, ya tuvo la del comentarista, que confundió *de espaldas a* con *a espaldas de*; esto último es lo que quería atrapar,
pero derribó lo otro.

El juego de tales despropósitos no tiene límites. Muchos astros
y estrellas del micro deambulan por el idioma como drogados.
Una bella parlante de televisión, alababa no hace mucho la *ducti-
bilidad* de una pintora, que, por lo oído, era *ductible* y no *dúctil*;
quería decir, claro, *ductilidad*. Y un colega suyo, por no ser menos, hablaba de los problemas que está creando la *regularización*
de las máquinas tragaperras por el Gobierno; despreciaba el vocablo *regulación* por más corto. Pero mi esmeralda radiofónica de
los últimos días fue un disparo que lanzó otro locuelo contra la
pureza constitucional, cuando afirmó que nuestro máximo texto
legal consagra las facultades *arbitrarias* del Rey, su capacidad

para actuar cómo árbitro. Y era *arbitral* lo que el desdichado se dejaba escapar en su cuerpo a cuerpo con el lenguaje.

Alguna vez me daré una vuelta por las salas de justicia; siento curiosidad por observar cómo se expresan los togados. Me han sorprendido algunos relatos que he leído sobre el juicio recién celebrado contra los asaltantes del Parlamento español. En uno de ellos, por ejemplo, se daba cuenta de cómo los abogados intentaban dilucidar de qué manera se presentó vestido aquella tarde el general Armada. Y preguntaron a los testigos o encausados por la *uniformidad* que llevaba dicho general. ¿Es que se denomina así en el lenguaje militar al uniforme? Tal vez, y, por ello, mi estupor se deba sólo a ignorancia. Pero sería ignorancia de un término desdichado. Estalla el cráneo de pensar que puede llevarse puesta una *uniformidad*, que una esposa diligente advierta al marido que no se eche manchas en la *uniformidad*. Si es ése el empleo castrense de tal palabra, lo acato pero lo lamento. *Uniformidad* no equivale ni a *uniforme* ni a *tipo de uniforme*.

Blancos errados: *vergonzoso, señalamiento, alarmante, a espaldas de*, tal vez *uniforme*... En su lugar, otros han sido abatidos, aunque volaban a varias leguas del lugar de los hechos. Hace poco, me decía un corresponsal, querido amigo, que hay cosas del idioma que no es preciso aprender, que tienen que saberse al nacer. Tal vez tenga razón, pero ya se ve cómo están las cosas: muy prenatales.

Histórico

Si el hombre sirve de medida de todas las cosas, nada anormal hay en que sea el metro de su propia Historia. Y, por tanto, resulta lógico que, cuando mira atrás, decida qué sucesos y qué personajes considera dignos de recuerdo, y a cuáles otros ha de enterrarse en la fosa común. Ambas decisiones, tal vez, sin mucha justicia, pero es que, ¿aquí abajo, existe la justicia fuera de la medida humana?

Es también explicable que la mayor parte de quienes han formado la inmensa caravana de los mortales o de los que ahora vamos desfilando, hayan deseado o deseemos quedar en la Historia, esto es, llamar la atención de los que vengan detrás para que nos graben en su memoria. ¿Medios? Entre la locura y la santidad, hay miles de procedimientos. Eróstrato patentó el suyo, tan efectivo, de incendiar el templo de Éfeso. Otros asaltan barricadas, amaestran pulgas, tardan ocho horas en fumar una pipa, asesinan o escriben. No hay vida, por pobre y mezquina que sea, capaz de renunciar de antemano a ese sucedáneo del no morir que es «quedar en la historia». Hasta aquel pregonero de Toledo que fue Lázaro de Tormes, ladronzuelo y maridillo por hambre, aspiró a no caer «en la sepultura del olvido»; y lo logró.

Todo esto es normal. Pero ya no lo parece tanto el que, en vez de hacer ruidos y agitar banderolas para que los futuros no se nos distraigan, vayamos poniendo sobre nuestros sucesos, nuestras ocurrencias y nuestros personajes, inscripciones con este adjetivo: *histórico*. ¿No se han dado cuenta mis lectores de cómo prolifera esa calificación de un tiempo a esta parte? Apenas pasa día sin que los medios de comunicación y los habladores y escribidores públicos, dejen clavada esa etiqueta sobre cuatro o cinco accidentes que juzgan memorables. Y no es que andemos escasos de probables sucesos para la historia, pero cuatro o cinco por jornada parecen demasiados.

Y, ¿en qué consisten esos acontecimientos que ya les dejamos listos y clasificados a nuestros descendientes para que no se molesten ellos en hacerlo? El fútbol los proporciona a patadas: cada semana aporta un buen montón de goles *históricos*, de alineaciones *históricas*, de arbitrajes *históricos*... También los ayuntamientos alumbran decisiones de tal jaez: aumentos de impuestos, inauguraciones de pavimentos o aperturas de carriles para el autobús. La peseta alcanza cada día frente al dólar un cambio *histórico*. Todos los discursos de los líderes en la reciente campaña electoral eran *históricos* para sus seguidores (aunque solía ser el mismo discurso, y le convenía más el adjetivo *pelma*). Y ahora (1982) nos disponemos a presenciar el acceso de otro partido al poder, que, esta vez, sí merecerá tal vez la palabra tópica.

Hoy –cuando escribo– el Papa ha ido a Loyola, y la televisión nos ha anunciado unas declaraciones del señor Garaicoechea, presidente del Gobierno autónomo vasco, sobre esta visita del Santo Padre a aquellas tierras. Una visita que el locutor de turno se ha adelantado, tal vez con razón, a proclamar *histórica*. Pero he aquí que el señor Garaicoechea no ha pronunciado semejante palabra, no ha dicho esta *histórica* es mía: con un acierto y una ponderación que le he agradecido en el alma, ha calificado la visita papal de *memorable*.

Supongo que el enfático locutor se habrá quedado un poco triste al ver que el *lehendakari* no ha picado el opulento anzuelo que le brindaba. Y es que muchísimos vascos, a pesar de la leyenda, tienen un sentido más hondo y, si se me permite, más casto del castellano que estos lujuriosos del idioma, tan familiares con él que lo soban.

Y, sin embargo, hay cosas que, casi seguro, recordará la historia, y que se les escapan de entre los dedos como intranscendentes. Para no apartarme de la venida del Papa, tengo recortado y guardado su discurso, que oí *in situ*, en la Ciudad Universitaria de Madrid, ante los profesores, académicos e investigadores. Salvo pocas excepciones, en los órganos de prensa, ha pasado como «un discurso más». Diré, por cierto, que, para los creyentes, ni una sola de las cincuenta intervenciones papales ha podido ser «un discurso más»: causa asombro que cada una de ellas haya tenido tan perfecto ajuste retórico al lugar, al auditorio y a la ocasión. Ni un solo concepto de almacén, ni una vaciedad de homilía, ni una faena de aliño para salir del paso. El Papa –uno de los pocos líderes netos de nuestra hora– ha dicho en cada ocasión lo que demandaba el momento.

Pues bien, en el discurso de la Universitaria, Juan Pablo II, que no es italiano, afirmó: «Quiero expresaros con mi visita el profundo respeto y estima que siento por vuestro trabajo. Lo hago con especial interés, consciente de que vuestra labor –*por las vinculaciones existentes y por la comunidad de idioma*– puede también prestar *una válida colaboración* a otros pueblos, sobre todo, a *las naciones hermanas de Iberoamérica*». Parecen meras palabras corteses y como de trámite. Sin embargo, no recuerdo ocasión alguna en que verdad tan obvia haya sido proclamada de modo tan explícito por la Sede Vaticana. Desde las reticencias de Benedicto XV, hasta el estruendoso silencio de Pablo VI en tierras americanas, jamás, que yo sepa, se ha reconocido por Roma, de esa manera directa, que España y las naciones hermanas de América están fundidas en una comunidad idiomática que las conduce a una íntima colaboración en la cultura. Se diría, y ojalá yerre, que, desde el solio pontificio, nunca se vio con malos ojos la vieja y generalizada política internacional de aflojar los vínculos entre las orillas de nuestra común aventura. ¿Se dijo con tanta rotundidad alguna vez –y esto importa centralmente a los creyentes– que medio mundo católico reza en español, gracias a la acción evangelizadora de España? Juan Pablo II lo ha proclamado. ¿No son *históricas* estas declaraciones, no merecían el adjetivo? Porque, efectivamente, aunque sean verdades consabidas, han sonado ahora, quizá por vez primera, o, al menos, con precisión inapelable, en la secular historia de las relaciones entre España y el Papado.

Y, con ellas, la confesión de que la Inquisición cometió «errores y excesos»; la declaración de que nuestros pensadores «han sido pioneros geniales en la ciencia de las relaciones internacionales». O el recuerdo de lo que llamó «lecciones de la Historia de España» para rendir homenaje a «la contribución insigne que vuestros maestros, sabios, investigadores y vuestros santos aportaron a la Humanidad entera, la cual no sería lo que es sin la herencia hispánica».

Todo esto es importante; pero aunque –según la definición del Diccionario– sea «digno, por la trascendencia que se le atribuye, de figurar en la Historia», preferiría no calificarlo de *histórico*. Me merecen tanto respeto los que han de sucedernos, que estimo más cortés con ellos dejarlos en libertad de elegir lo trascendental, en el cúmulo de las cosas importantes o ridículas que estamos haciendo. No querría escuchar sus carcajadas cuando vean qué productos quisimos legarles como *históricos*. Aunque parezca que algo «quedará», un cierto pudor adjetival sienta bien a todo el mundo y a todas las cosas. Hubo un tiempo en que calificar de *históricos* ciertos sucesos era un motivo cómico. Al torero Caracho, inolvidable personaje de Ramón Gómez de la Serna, lo levantó de la cama una noche la Guardia Civil con una carta en que el Presidente del Consejo le pedía su participación en una corrida. «Ésta es una noche *histórica*, Manolo, y hay que beber y desvelarse un poco», exclamó Caracho, rebosando satisfacción. Ramón, que escribe en cursiva el adjetivo, lo emplea por burla. Hoy es incalculable el número de los Carachos.

Coaligarse

No lanzo una consigna más en este beato tiempo de elecciones, una especie de exhorto formulado a lo vulgar. Enuncio, simplemente, un infinitivo de gran boga en estas semanas, que lleva varias docenas de lustros pugnando por colarse en el idioma.[1] Porque ese verbo, aunque algunos se sorprendan, no es castellano.

1. Ha acabado por entrar en el Diccionario de 1992. Tanta era su fuerza.

Todo empezó con el inglés *coalition*, 'unión', formado partiendo del verbo *coalesce*, derivado a su vez del latín *coalescere*. Pronto, ya a principios del siglo XVIII, adquiría su actual sentido político. Con ese significado, la palabra fue adoptada enseguida por los franceses, que se apresuraron también a inventar el verbo correspondiente: *coaliser*, 'formar una coalición', ya documentado en 1784, al que Marx impondría más tarde una específica acepción social.

En español, *coalición* no se documenta hasta el primer tercio del siglo XIX: bastante tarde, por lo tanto. Y es que nuestro idioma contaba con el sustantivo *liga*, el cual, con definición del *Diccionario de Autoridades*, significa 'la alianza, unión y confederación que hacen entre sí los reyes, príncipes y personas particulares, uniendo sus fuerzas para ofender y defenderse'. No hacía falta, pues, el galicismo *coalición*. Pero, para eso, para traernos lo inútil, hemos contado siempre con muy solícitos importadores; a lo tonto, claro, sin ganancia ni provecho. El caso es que nos lo metieron, *coalición* triunfó, la Academia asintió, y *liga* redujo su ámbito; sigue empleándose, pero de forma esporádica, y muy poco en el lenguaje de la política.

Pues bien, la acción de formar una *liga* se llama en nuestra lengua, desde mediados del siglo XV, *coligarse*, vocablo tomado del latín *colligere*. Ésa es la voz española tradicional, que los clásicos emplearon y que los diccionarios registran, hasta el último de la Academia. Escribía, por ejemplo, Saavedra Fajardo: «Y rompiendo los tratados hechos, le declaró la guerra y le deshizo los designios, *coligándose* con la República de Venecia». Ercilla había poetizado muchos años antes: «Estaban a los lados / las armas de los fieles *coligados*».

Éste era nuestro uso hasta que, a mediados del siglo pasado, apareció en escena el intruso *coaligarse*, por influjo del francés *se coaliser* o, tal vez, por un cruce entre *coligarse* y *coalición*: se supuso que eran palabras de la misma familia, aunque no son ni vecinas: una procede de *colligere*, según hemos dicho, y la otra de *coalescere*. Pero cualquiera que sea su origen –y ambos pudieron confluir–, Navarro Villoslada, ya en 1851, decía esta graciosidad: «El sobrino se *coaliga* con la sobrina». Y el mestizo fue haciendo seguros progresos hasta hoy. Los vocabulistas americanos le saltaron pronto al cuello. En 1892, lo denuncia Batres; en 1908,

Huidobro; en 1955, Restrepo. La Academia llamó la atención sobre su origen galicista en 1927.

El caso es que ahí tenemos *coaligarse* empujando sobre todo en el léxico político, con fuerza que parece imparable. Son los que escriben y hablan sin pensar, quienes nos lanzan ese verbo a ojos y oídos. ¿Serían capaces de decir *desaligarse* por *desligarse*? La mera suposición les ofendería. Y, sin embargo, no vacilan en afirmar que el partido PTH se ha *coaligado* con el partido HTP. ¿Por qué, si, en *desligarse*, no aparece ninguna *a* espuria detrás del sufijo, se le injiere a *coligarse*? Hasta un lingüista tan parco como J. Corominas califica de «bárbara» esa formación.

Y es el caso que aún podría ponerse remedio a tal desafuero idiomático. No es *coaligarse* un verbo de uso frecuente ni de difusión popular. Pertenece, sobre todo, al arsenal de políticos y periodistas. Bastaría con que, durante algún tiempo, prensa, radio y televisión utilizaran *coligarse* para que este viejo verbo castellano se reintegrara al idioma. Y que recibiera el apoyo de los políticos que andan *coaligándose* o evitando *coaligarse*. Puestos a soñar, podría imaginarse que quienes, fuera de la política, buscan *ligues*, en vez de liarse se *coligaran*. Algo así como aquel sobrino con la doncella de que habla Navarro Villoslada, pero mejor dicho.

Por desgracia, los políticos y los periodistas que los siguen no harán nada de eso. Ni siquiera cuidan lo que sí podría pensarse con tiempo y detención. Por ejemplo, los carteles electorales que han disfrazado de verbena las ciudades. Hay uno que choca; solicita el voto al ciudadano diciéndole: «Para que no te *callen*». Es de un partido cuyos correligionarios acaban de devolver al más siniestro silencio a los polacos. ¿De qué oscuro fondo internacional habrán sacado ese empleo factitivo de *callar*, dándole el significado de «hacer callar»? En castellano, uno *calla*, pero no *calla* a otro, sino que lo *acalla*. La *a* ociosa de *coaligarse* vendría bien aquí.

Ah, la cultura, ¡la kultura!, que todos invocan con tanto fervor. Si no deseara mantenerme bien lejos de la contienda, ¡qué maravillas podría copiar de lo que escriben estos gladiadores de la lucha por el voto! Tengo aquí a mano el manifiesto de un partido cualquiera, donde leo que es preciso crear «nuevas empresas competitivas y equiparables *a los* países más desarrollados». ¿No es ambicioso y excitante el propósito de crear empresas comparables, ellas solitas, a Alemania, el Japón o los Estados Unidos? Aunque imagino que el redactor quiso hablar, y no supo, de «empresas comparables *a las de* los países más desarrollados».

Se oye por todos lados que hay que *relanzar* la actividad productiva. Otro vocablo fundamental de estos campeones de la cultura, que, con sólo consultar el Diccionario, se enterarían de que *relanzar* significa «repeler, rechazar». Por lo cual se nos está invitando a la parálisis y al nirvana. Claro que ellos quieren decir *reactivar*, pero, en el vértigo electoral, les da lo mismo digo que Diego. ¿O no? ¿No estarán ofreciendo exactamente lo que dicen?

Pues ¿y los que hablan de *frenar el paro*? ¿Habráse visto imagen más desdichada que esta de meter el freno a lo frenado? Por la radio escuché también a otro que afirmaba: «Nosotros los líderes...». Mi sorpresa fue enorme, pues pensaba que el liderazgo era algo reconocido por los demás, no un grado u oficio que podía ponerse en las tarjetas de visita. Me hizo recordar la anécdota que me contaba un viejo canónigo de Salamanca, gran amigo mío (y, antes, de Unamuno), a quien el obispo Cámara envió a Alba de Tormes para averiguar qué había de cierto en un convento, alterado por los supuestos estigmas milagrosos de una monja. Don José Artero –tal era el nombre de aquella inolvidable persona– reunió a la comunidad, y con su tono más inocente preguntó: «Vamos a ver, hermanas, ¿quién de ustedes es la santita?». Tenue y cristalina, se oyó una voz: «Yo, padre». Don José no quiso averiguar más: «Ya me basta, ya me basta», les dijo. Y se volvió a Salamanca sin el prodigio. Ahora oímos que alguien declara «Yo soy líder», y lo rociamos de aplausos, fiados de su palabra.

Este manifiesto que tengo ante los ojos alude al «fácil terreno de la retórica», como si esta fuese un desmonte urbanizado. Se entiende sólo la intención: los autores quieren afirmar que la retórica es fácil. Lo fácil es demostrar que es difícil: sus cerebros lo prueban pluma en mano.

1983

Creciente Rojo

Confieso haber leído muy poco a mi paisano Mariano de Cavia, ilustre antecesor en esto de hacer aspavientos ante los disparates de lenguaje. Wenceslao Fernández Flórez se mofaba en 1917 de su «encomiable labor de tantos y tantos años, consagrada al fundamental esclarecimiento de si debe decirse *haiga* o *haya*»; y sin más preocupación en momentos graves para el país, «que la que pudieron proporcionarle los señores que dicen *ferroscarriles*». ¿Daré esa misma impresión, me pregunto, en estos mensuales trabajillos periodísticos? Y me aterra la idea, porque sería falsa.

Terminaba uno de mis artículos afirmando la convicción de que mis «dardos» eran, tan sólo, masajes cardíacos a cadáveres. Algunos de mis lectores me han escrito con el propósito de incitarme a proseguir, y hasta mi entrañable amigo Luis María Anson ha disentido públicamente de mi escepticismo. Pero, insisto, temo provocar en muchos el mismo desdén que Cavia merecía a don Wenceslao.

Sin embargo, tengo la impresión de que algo logró el famoso periodista; gracias a su tenacidad, disminuyeron los que decían *ferroscarriles*. El novelista gallego le reprochaba su silencio ante la huelga de aquel año; pero ésta pasó, sus efectos, importantes sin duda, dejaron de ser actuales, se integraron en la historia, y la preocupación de Cavia, y de otros hablistas nuestros y de Ultramar, logró un consenso generalizado en el idioma, que subsiste y contribuye a su unidad. A la larga, tal vez los resultados cívicos de sus invectivas contra el dislate fueron más eficaces para la nación que una ocasional definición ante la huelga. Que ésta era lícita, necesaria y exigible a muchos que escriben en los periódicos, parece obvio; pero ¿obligaba a todos? Y ¿no conviene que, en las convulsiones, haya quienes den testimonio de otras cosas, inolvidables ni aun durante la sacudida? Por ejemplo, que *ferroscarriles*, no.

Me recomienda Anson que no mida la eficacia de los «dardos» descendiendo a ciertas criptas radiofónicas. Pero no es necesario ese descenso: basta con enchufar el televisor. Hoy, por ejemplo, a propósito de la nauseabunda guerra entre Irán e Irak, me ha saltado al oído no sé qué importante misión humanitaria realizada por el *Creciente Rojo*. Lo ha dicho cierta locutora que lee siempre altiva e impávida. No es la primera vez que oigo o leo tamaña memez, que nos están colando los traductores a mocosuena. Sale del teletipo *Croissant-Rouge*, si la agencia de noticias es francesa, o *Red Crescent*, si es angloamericana; y helos ahí virtiendo el *Croissant* o el *Crescent* por *Creciente*.

Como se ve, no hay que escarbar en ningún subsuelo para hallar funcionarios oficiales de la lengua española (¿no lo son todos cuantos escriben y hablan en ese bien llamado «ente» público?), ignorantes de que aquellas dos palabras, traducidas por *Creciente* significan en español *Media Luna*. Causa asombro, pero es así. No había que pedirles mayores saberes, pero ese parece imprescindible. Y aun, por pura intuición, deberían adivinar que, si la Cruz fue el símbolo cristiano frente a la Media Luna sarracena, la institución paralela a la Cruz Roja, en países mahometanos, tiene que llamarse *Media Luna Roja*.

Por lo demás, cualquier enciclopedia instruye bien –pero quizá sea excesivo pedir a muchos informadores que consulten libros– sobre cómo la Cruz Roja, fundada en 1863 por el ginebrino Henri Durrant, mereció pronto la adhesión de varios países mahometanos, los cuales, negándose a aceptar el emblema originario, estamparon en su bandera blanca la Media Luna Roja. Turquía fue el primero en hacerlo (1876); lo siguieron Siria, Irak y Transjordania en 1929. La organización internacional, deseosa de que el símbolo fuera único, se resistió a aceptarla hasta 1949. Y aún tuvo que transigir con la originalidad de Irán, que prefirió un león y un sol colorados (ignoro si sigue así). Tenían razón estos países: hubiera producido estupor ver a sus camilleros portando despojos humanos bajo el signo de Cristo. Las cenizas de Quevedo, que, en memoria del duque de Osuna, gran matador de infieles, había escrito:

> Su tumba son de Flandes las campañas,
> y su epitafio la sangrienta Luna,

se hubieran vuelto más pálidas.

¡Qué maravilla lo de *creciente* para traducir el *croissant* francés! Es cierto que, en heráldica, así se hace, y que se da ese nombre a «una luna en su primer cuarto, y con las puntas hacia arriba». Se podría argüir que, yendo el *Croissant Rouge* en una bandera, la heráldica ampara la traducción *Creciente*. Pues no; porque esa abstrusa disciplina está cuajada de galicismos como éste; y porque la expresión antagonista de *Cruz* ha sido y es, en castellano, *Media Luna*. Lo de *creciente* no refiere en nuestra lengua, a la luna, si no se menciona ésta o el primero de sus cuartos: «la luna está en creciente»; «cuarto creciente». El participio, por sí solo, no evoca el satélite. Ni siquiera se ha intentado traducir así el *croissant* de cafetería; ni se le llama *creciente* («me he desayunado un *creciente*»), porque sus aficionados no le verían el crecimiento por parte alguna.

No, no hay que descender a bodega alguna para contemplar el zarandeo del lenguaje. En una revista que quiero mucho, y en la que la urgencia para redactar es menor que en un diario, leo esta semana, en sólo un par de artículos cosas así: «El barco tenía una *escoración* de 80 grados». Se combinó la *escoriación* con la *escora* («inclinación que toma un buque por la fuerza del viento u otras causas»), y le salió ese híbrido al periodista. Aturdidor es el hecho de que a unos submarinistas les faltó coraje en una operación de *salvataje*; estos redactores hispanos están más familiarizados con el *sauvetage* galo que con su propio *salvamento*. Sin embargo, los tripulantes rescatados fueron *confinados* en un hotel. ¿Desterrados, por tanto, pues eso significa tal participio? Ah, no; era un hotel de la población, donde quedaron alojados. Pero, *confinado* o *recluido*, ¿qué más da a estos atletas de la pluma?

En otro reportaje sobre el corazón artificial colocado en Utah a un dentista, se dice que, antes de la operación, los médicos *acordaron* (por *concedieron* o *pronosticaron*) a éste un año de vida; que, muy pronto, quedó *programado* (por *preparado*) para la intervención; que fue complicada la *suturación* (por *sutura*) de los vasos; que, antes, veinte o treinta pacientes, aspirantes al corazón salvador, habían sido *descalificados* (por *rechazados*); que vivir dependiendo de una máquina puede producir «*desperfectos psicológicos* capaces de afectar la *psiquis*».

Para qué bucear... He dejado el final de este artículo para después del almuerzo; entre tanto, he escuchado en la televisión las noticias de sobremesa. Resulta que, en las conversaciones entre patronos y sindicatos de los días pasados, no se habían hallado fórmulas salariales que *satisfacieran* a ambas partes.

Alcaldable

No recuerdo jornadas más fatigosas para mí que las primeras de mayo. Cuando, terminado el trabajo, me incorporaba al televisor familiar para alcanzar el *relax* (estado cuya estupidez queda más acentuada aún por su nombre), he aquí que aparecía en pantalla la serpiente multicolor. Como todo el mundo sabe, con esta metáfora gala, cuyo abuso sigue sin avergonzar, se designa a la tropa de ciclistas que participa en la Vuelta a España, con el ambicioso propósito de obtener una camiseta llamada por los iniciados *maillot* amarillo.

Pues bien, ver pedalear a aquellos valerosos muchachos por carreteras y distancias que recorridas en automóvil me extenúan, contemplar su ascenso por pendientes del catorce por ciento, para lanzarse después a tumba abierta (tropo también inmarchitable y de reconocido gusto) falda abajo de montañas altivas, me producía cansancio equivalente al de todos los corredores juntos. A pesar de ello, la competición me interesó vivamente, y algunos días ampliaba conocimientos por la radio. Me consoló mucho saber que esta prueba española ha alcanzado una gran solvencia europea. Como afirmó un oráculo de la antena, máxima autoridad, según me dicen, en cuestiones deportivas, «la Vuelta a España, si no es igual, al menos es ya una *parodia* del Giro y del Tour». Según parece, este milagro del micro cuenta con millones de oyentes en su emisión diaria; es comprensible, pues nada hay más extendido que el ansia de regocijo.

Volvamos al cansancio, que me transformaba en bayeta mojada, cuando, terminado el recorrido de los ciclistas, aparecía el diario reportaje sobre las elecciones municipales y autonómicas. Contemplar a un líder perorando en Huelva y, al día siguiente, en Gerona, abriendo boca por el camino en Talavera, Calahorra y Barbastro, y habiendo parado en diez o doce sitios más para besar niños, abrazar abuelas, bailar con mozas, recorrer mercados y repartir folletos y flores, constituyó para mí un espectáculo consuntivo. Y humillante, por consideración de mi poquedad. Porque se me vela la voz tras la segunda hora de clase, aunque la empleo en un registro comedido y didáctico. ¿Qué le ocurriría si hubiese de obligarla a eyacular improperios, denunciar maniobras, insuflar esperanzas, prometer, denigrar, ensalzarme y electrizar? Mi respuesta a tal pregunta era la extenuación.

También estos héroes de la glotis han dado su vuelta a España de un modo que, como diría el mentado crisóstomo, es ya una *parodia* muy aventajada de lo que son las mejores campañas electorales del mundo. Han estimulado en cada población a que se votaran las listas de sus respectivos partidos, encabezados por los predilectos locales, a quienes los medios de comunicación, en lugar de tratarlos con la consideración que merecían merced al esfuerzo de sus altos patronos, dieron en llamarlos *alcaldables*. Así, sin respeto. Ninguno se ha querellado por injuria; todos han encajado el insulto con acatamiento. Ya que no alcaldes, muchos han sido *alcaldables* por unos días, y se han permitido públicas y cívicas promesas de asfalto, desagües, parques y festejos, y hasta –lo he visto en un caso– la neutralidad estricta de su pueblo en caso de que a España le afectara una guerra nuclear.

Se trata, sin duda, de nuestra aportación neológica más audaz a la democracia. La dictadura produjo *ministrable*: cuando se rumoreaba un cambio de Gobierno, empezaban a circular listas con los posibles agraciados en el reparto; eran los *ministrables*. No me parecía mal el nombre: se lo habían merecido. Pero que, ahora, recuperados el esplendor y transparencia de las urnas, reaparezca aquel monstruo morfológico, bajo la forma aún más horrenda de *alcaldable*, contrae las coronarias. ¿Puede haber un cambio verdadero, si no cambian también los hábitos lingüísticos? Quien observe la realidad considerando éstos como indicio, habrá de concluir que todo sigue igual, que la zafiedad cultural del desarrollismo se ha prolongado, y que, en cuestión tan importante como es el idioma, continuamos entre el arre y el so.

Hay cosas cuyo conocimiento figura en el código genético, que es imposible hacer o decir sin alterar la naturaleza humana. Entre ellas, la de afijar *-able* a un elemento no verbal. Una persona puede ser *amable*, *culpable* o *aborrecible*; afirmamos con ello que puede o debe ser amada, culpada o aborrecida. Pero no puede ser *porterable*, *secretariable* o *maniquible*, porque no hay verbos correspondientes a portero, secretario o maniquí; y aunque se pueda o se deba ser esas cosas, resulta imposible decirlo con tales palabras: los genes nos lo impiden. Pues bien, desafiando las leyes naturales, erosionando en un punto más el cuerpo del idioma –que admite y necesita perfecciones, pero no arañazos– cientos de insensatos, por ondas y prensa, han sentado su zarpa sobre él, y ahí está *alcaldable* con su ceño grosero y ofensivo. Si un milagro no lo remedia, nadie podrá expulsarlo ya; dormirá unos años, hasta las próximas elecciones municipales, en que despertará como reptil en primavera. Hago votos porque no salga de su nido acompañado por un cortejo de *concejables*.

No ha sido el único efecto lingüístico de la reciente consulta popular. Según parece, ésta ha proporcionado un triunfo a todos los partidos que han concurrido (lo cual hace que la *parodia* no sea aún perfecta: en las democracias normales, hay siempre alguno o algunos que pierden). Pero, en ciertas poblaciones, no ha habido mayorías netas y absolutas. Ello va a obligar a que, para elegir alcalde, se negocien «acuerdos *puntuales*». Así se está diciendo por los partidos y por los medios de comunicación. Y ¿qué es *puntual* en castellano? «Pronto, diligente, exacto en hacer las cosas a su tiempo y sin dilatarlas.» Pero ha pasado bastante tiempo desde el 8 de mayo, y los acuerdos no se logran. «Indubitable, cierto»; tales acuerdos se presentan llenos de dudas. «Conforme, conveniente, adecuado»; esta acepción podría valer, pero me temo que no se refieren a eso los partidos. Por fin, «perteneciente o relativo al punto», acepción geométrica de arriesgada interpretación política.

Para entender qué son los «acuerdos *puntuales*», como, en general, para comprender el léxico con que nos afligen derechas, izquierdas y sindicatos, no hay más remedio que consultar diccionarios ingleses (excepción: *alcaldable*). En éstos sí hallamos algo que tiene sentido: *punctual* es «confined to a locale», esto es, «limitado a un lugar», a una localidad, especialmente cuando se considera a ésta como sede de algún acontecimiento particular. Por ejemplo, un acuerdo para gobernar un municipio, que sólo a éste alcanza, esto es, que no supone compromiso alguno fuera de aquel estricto marco. Ocurre por tanto, que los «acuerdos *puntuales*» son, en español, simplemente, «acuerdos *locales*», gracias a los que se podrán elegir alcaldes juntando votos que, en otras poblaciones, se repelen.

No es una cuestión menor. El patriotismo que tanto se ha invocado en la campaña electoral, ofrece motivos de duda cuando se abdica tan tontamente de la propia lengua. El atlantismo no nos exige ir más allá de la OTAN y de los misiles; los «acuerdos *puntuales*» son una propina no exigida.

Remodelar

El alcalde de Madrid, don Enrique Tierno Galván, encabeza a su modo una cruzada contra el mal lenguaje. Sus bandos, que acaban de ser publicados en una bella edición, están escritos en una prosa que delata su talento dieciochesco, ironía incluida. Porque hubo varones de aquel siglo, aguerridos reformadores, que propugnaron, sin embargo, un casticismo arcaizante en la expresión. Así, Luzán lo consideraba virtud; Iriarte recomendaba venerar los usos antiguos; y a Forner lo acusaban de «chochear con ancianas frases». Se llamó *magueristas*, por burla, a estos supuestos partidarios del *maguer* frente al *aunque*. Tierno, por supuesto, no milita en esa tropa, porque ha llovido mucho desde entonces; pero un delgado vínculo lo junta a ella: bastante para verlo como un ilustrado del presente siglo.

Muchos que hacen aspavientos ante esta prosa del regidor de Madrid, tendrían que leer entre líneas su burla contra ellos. Porque esos vocablos y giros les sorprenden, y no se avergüenzan de su propia locuela insolente. Ni siquiera entienden la intención. Y aún los hay que imaginan a Tierno arcaizando de natura y no por puro deporte de un ánimo muy cultivado, que, en estos tiempos recios, y en medio de preocupaciones hondas, no confía su voz pública a un escriba por oposición, sino que toma la pluma, y mientras mezcla pueblo vivo y prosa ilustre muerta, ejercita el humor e invita a distender el ceño.

Se queja en uno de sus bandos del bobo adjetivo *peatonal*, que se coló, dice, «en tiempos de incuria y atrevimiento». Salté de gozo al leer esto, porque yo denuncié tamaño engendro cuando, en 1976, el Concejo de entonces empezó a cerrar calles al tráfico rodado, y a llamarlas «calles peatonales». Fue en vano: el alcalde de aquellos tiempos –y no recuerdo quién era– no era un ilustrado. Pero como Enrique Tierno lo es, y, además, tiene el poder ejecutivo municipal, le va a ser hacedero remediar el entuerto. Me hablaba hace poco de una fórmula que le ronda por la cabeza: la de designar esas vías privilegiadas como «calles de sólo andar». Mi objeción, chabacana por obvia, es si estaría prohibido correr por ellas; o circular en silla de ruedas. La solución es graciosa y castiza, muy propia del talento y del humor del alcalde. Pero me ofrece duda si no se pasará un punto en tales cualidades, si no será demasiado personal para municipalizarla. Cuando pienso en ello, me inclino unas veces a considerar estupendo eso de hacer común por decreto una invención aguda (¡qué contraste con lo romo y chotuno de *peatonal*!); pero paso pronto de ese entusiasmo al acatamiento de las leyes del idioma castellano, que exigirían «calles de (o para) peatones». Nombre que excluiría también las sillas rodantes, pero de modo menos rotundo («sólo andar» es demasiado explícito): podrían circular en un régimen de tolerancia, y hasta, sin forzar las cosas, de respetuosa excepción. En cualquier caso, es admirable –más: invita al pasmo– que un alcalde se plantee el problema de cómo relacionarse él y de cómo establecer las relaciones del Concejo con la villa, en términos de veneración a la lengua que les es común.

Lo cual, lógicamente, contrasta mucho con el comportamiento de tantos y tantos usadores públicos del lenguaje. Un real decreto tendría que conceder autoridad al regidor actual de Madrid para imponer sanciones a los prevaricadores idiomáticos. Su bondad le vedaría las condenas de cárcel, pero no las cariñosas represiones. Claro es que todos los demás asuntos de la ciudad tendrían que quedar abandonados, y hasta el sueño le resultaría imposible al alcalde, aunque sólo dedicase un minuto a cada reo.

Imagino, por ejemplo, que no le quedaría más remedio que citar al «analista político» (?) de un popular semanario, que, en su último artículo, dice con total seriedad –y, por eso, da más risa– que «la política española no está bipolarizada sino *tripolarizada*». Resulta que, para él, los polos son tres: el austral, el boreal y el comunista.

Sí, tendría que convocarlo a su despacho, y ponerle las orejas carmesíes. Pero, como el oficio de delator es el más vil que puede ejercerse, me limitaré a señalar pecados y no adulteradores. Muchísimas veces, leyendo los periódicos o escuchando el lenguaje de antena, me he preguntado cómo lograrían hacerse entender los informadores de hace treinta o cuarenta años. Porque en los gobiernos, por ejemplo, se cambiaban, como ahora, algunos ministros por otros. ¿De qué forma se podría dar esta noticia, sin emplear el verbo *remodelar* o el nombre *remodelación*? Me devano los sesos sin acertar el modo de que aquellos periodistas de manguito expresaran algo tan elegante como esto: «El gobierno checoslovaco sufrió ayer una *remodelación* que supuso el cese de tres ministros y el nombramiento de un nuevo ministro del Interior». Con el pobre español de antaño, esta noticia no era formulable.

Se reorganizarían también empresas desmoronadas, barrios con lesiones urbanísticas, edificios achacosos. Pues he aquí que el público no podía ser informado de tales acontecimientos, porque faltaba el verbo *remodelar*. Gracias a él, tenemos ya acceso a tan subidos saberes. Pero el invento tiene aplicaciones aún no explotadas, que muy pronto habrán de descubrirse.

Porque, a modo de ejemplo, ¿qué otra cosa ofrece la cirugía estética que la *remodelación* de una zona corporal devastada? Es muy zafio murmurar de una envidiable cincuentona propalando que «se habrá hecho la cirugía estética» (o, como he oído alguna vez, «se habrá hecho la estética»). Se trata de una expresión poco precisa, y su gramaticalidad resulta dudosa: no se dice de una dama recién parida que «se ha hecho la obstetricia». ¡Cuánto más bello, sugeridor y elegante será decir, en un próximo futuro, que se ha *remodelado* el tórax! O el abdomen, o las cachas celulíticas o el bigote: ¡hay tantas posibilidades!

Incluso algo tan sórdido como es la ablación de los callos, se ennoblecerá súbitamente cuando llamemos a esa humillante peripecia «*remodelación* de pies». Nadie sentirá esa vergüenza que produce hallarse con un vecino en la antesala del pedicuro, similar a la de sentirse descubierto en un alterne por un conocido, aunque haya ido a lo mismo.

Otras muchas acciones mejorarán de nombre y de alcurnia, con la ayuda de estos vocablos, cuyos partidarios forman legión. Rejuvenecer un vestido pasado de moda se convertirá en motivo de júbilo si se *remodela*. Calzarse un peluquín dejará de ser cima del disimulo y esclavitud del parecer, cuando a tal claudicación se le denomine *remodelación* de testa. Operaciones consideradas viles como afeitar los toros, asesinar ancianitos molestos y exonerarse de gases, alcanzarán dignidad respetable, pues tales *remodelaciones* humanizarán la fiesta, sosegarán a las familias con viejo, y restituirán al organismo su bienestar. Suprimir a todos los enemigos de un sistema político, llenar con ellos celdas, rediles y listas de desaparecidos, expulsarlos de su trabajo, cesarán en su cualificación de canalladas para constituir actos cívicos de *remodelación* social.

Se anuncia una aurora feliz, un mañana mágico, al conjuro de estos dos simples vocablos. Son sólo dos ruiditos, dos manchas de pocos milímetros en un renglón. Constituyen, sin embargo, dos éxitos, dos «réussites» del nuevo estilo tecnocrático, lanzados al comercio idiomático con tanta oportunidad como, en el otro, se han introducido instrumentos tan imprescindibles como el ozonizador y burbujeador del baño, el juego del comecocos y el bolígrafo con linterna y reloj. ¿Cómo se ha podido vivir tantos siglos sin *remodelar* y *remodelación?* La austeridad taciturna de los hispanohablantes no tenía límites.

Culmina el tema

Hoy me he afeitado con un susto sobreañadido a los ordinarios que propina el transistor. Porque un informador, dando cuenta de que a finales de julio podría clausurarse la ya eterna Conferencia sobre Seguridad y Cooperación en Europa, ha dicho: «Así que, quizá el día 29 *culminará* este tema». Tras el susto, me ha invadido una sorda rabia: no es posible que al cronista no le hayan llegado las advertencias, las burlas, las quejas que se difunden por todas partes contra el disparatado, abusivo y entontecedor empleo de *tema.* ¿Por qué, pues, prorrumpe en tan himalayesca memez? Lo normal es que se deba a su absoluta incapacidad para decir eso de un modo llano y liso, convertida en convencimiento de que, hablando así, muestra su maestría en el oficio. De paso, hace una higa a los muermos que insistimos en que expresarse bien, con propiedad, es obligación inexcusable de quien se comunica con el público. Seguro que el bizarro tarabilla exige a su médico un tratamiento eficaz y al maestro de sus hijos la enseñanza correcta de la regla de tres. Pero él, en el ejercicio de su profesión, no vacila en vestir su información con bultos en la sisa, en tratarla con pediluvios y sanguijuelas, y en aplicar las reglas de gramática a ojo de buen cubero.

Pero ¿por qué me ha indignado especialmente el susodicho comentario, cuando los *temas* vuelan en enjambres por ondas y columnas, cuando salen como nubes compactas de todas las bocas, ya modosas, ya revolucionarias? Una tarde de Parlamento puede proporcionar hasta densidades del 12 % de *tema*, en el total de las palabras pronunciadas. Una entrevista por radio o televisión con subsecretarios, líderes y concejales diversos, no baja nunca del 8 %.

Las *starlettes* y los demás entrevistados habituales con estudios superiores, se sitúan en una cifra intermedia. Me dicen que en muchas aulas universitarias se llega a rondar el 6 %; y que los tribunales de justicia están pensando en castigar como desacato a los letrados que empleen *tema* más de cinco veces por minuto.

Por supuesto, todos esos porcentajes se refieren a los usos aberrantes del vocablo, a aquellos en que no significa «punto de que va a tratarse en una exposición oral o escrita» (y los que toma en sus empleos gramatical y músico). La acepción correcta apenas respira ya entre las flatulencias que han henchido el vocablo: «¿Casarme? Ahora no pienso en el *tema*»; «Si es precisa una huelga para que la gran patronal entre en razón, no dudaremos en el *tema*»; «La jornada laboral de cuarenta horas es un *tema* incompatible con la creación de puestos de trabajo»; «Aborto: detenido un médico que practicaba el *tema*». Lo notable es que esta tumefacción, a diferencia de otras, ha calado en todo tipo de hablantes; se desplaza con idéntica soltura en Volvo que en Metro; emerge igual de cabezas con cabello asilvestrado que de cráneos mondos; media entre el coronel y el recluta, entre la empleada de hogar y la empleadora, entre el terrateniente y el limpiabotas. Asistimos a su triunfo universal. Y la causa es obvia: se trata de un comodín que evita pensar; colocado en cualquier lugar de la frase, equivale a la palabra que allí haría falta. No forma brillantes escaleras de color, pero permite jugar con *fulls* fuleros. Tanto *tema* está promoviendo una aguda microcefalia.

Repito: ¿por qué, pues, me ha dado motivo de ira singular la frase que he copiado al principio? Fíjense ustedes: es que ¡además! el *tema* se asocia en ella con *culminar*: «El día 29 *culminará* este *tema*»; quiere decir que probablemente ese día *terminará* la Conferencia sobre Seguridad. Henos aquí ante otro estropajo del habla «modelna». La guerra contra los verbos *acabar*, *terminar*, *concluir*, *dar fin*, etc., que prensa y audiovisuales emprendieron con el arma poderosa y exclusiva de *finalizar*, ha dado un paso adelante reforzándose con *culminar*. Las cosas siguen aún *finalizando* pero, desde hace algún tiempo, *culminando* también. Son aún sutiles e inciertas las reglas que locuaces y artistas del boli aplican para decidir entre uno y otro verbo. Aún no se atreven a decir que «hoy *culmina* el plazo para presentar la declaración del impuesto sobre la renta»; pero ya han afirmado que «Camilo

José Cela ha *culminado* una nueva novela», que «han *culminado* las conversaciones pesqueras con Marruecos, con la prórroga de licencias durante un mes», y que «dentro de este mes, *culminará* la discusión de la Ley de Reforma Universitaria». Se asegura, igualmente, que «el Rector de la Complutense *culminará* este año su mandato».

Si uno dispusiera de capacidad de asombro, aquí se caería sentado. ¿Será que se están sintiendo las consecuencias de la barrida que los tecnócratas dieron al latín en el Bachillerato? Aquellos estudios no facultaban, en general, para leer a Ovidio; ni siquiera para enterarse a fondo de qué dicen las lápidas conmemorativas de las iglesias; pero, por lo menos, permitían una inmersión en el léxico. Después de haber leído en César «*culmina* Alpium», o «summum *culmen* fortunae» en Tito Livio, se fortalecía la convicción de que *culminar* significaba «alcanzar el punto más alto» de algo. Ápice que, naturalmente, no tiene que coincidir con el punto final. Porque un torero puede culminar su faena con la muleta, y andar sólo regularcín con el estoque. Y el sol no culmina su carrera en el ocaso.

Esto se sabía antes por el hecho de haberse familiarizado con unos cientos de palabras latinas, que hacían más transparente el significado de sus descendientes castellanas. Hasta era posible la pedantería de afirmar que algo había llegado a su «culmen». No parecía posible el deslizamiento semántico de *culminar* hacia *acabar*, si realmente el acabamiento no consistía en la culminación, si la gran faena de muleta no se remataba con una estocada hasta la bola en todo lo alto y de efecto fulminante.

Hoy las cosas han cambiado: no se «sienten» los derechos que las palabras tienen a ser respetadas, amparadas a veces por milenios de cultura, que las ha usado para hacerse rigurosa en su lentísimo avance. Amueblan multitud de cabezas con responsabilidad pero irresponsables, en confusa algarabía: se echa mano de ellas más por su prestancia fónica o su rareza que por su exactitud. Qué duda cabe de que *finalizar* luce más que *acabar*; y de que aún esplende más *culminar*. Pues adelante, se dicen los charlatanes y los escribas, con el gesto desenfadado de remover un *whisky on the rocks* en el *pub* ante una maciza a la que se quiere epatar con el *wish* de culminársela.

Ilegalizar

Parece que se nos echa encima este verbo, traído y llevado en viejas discusiones sobre si conviene o no declarar ilegal cierto partido vasco, y, ahora, a propósito de la decisión atribuida al Gobierno sandinista, de proceder a la *ilegalización* del Partido Conservador Demócrata de Nicaragua, al que se acusa de representar a «fuerzas reaccionarias que no tienen ya vigencia en el proceso político».

Esta medida, de llevarse a cabo, inflaría de gozo a cuantos anhelan la libertad, la convivencia y el pluralismo en aquellas tierras mártires, tan violentamente reprimidos antes de los actuales movimientos revolucionarios; merecería una glosa entusiasta, pero no es la cosa sino la palabra lo que ahora me importa.

Por supuesto que no existen en castellano ni *ilegalizar* ni *ilegalización*. Lo cual nos lleva a la queja de siempre: la alegría, rayana en juerga, con que algunos de nuestros medios de comunicación se toman la lengua española. ¿Para qué preocuparse en buscar maneras propias de expresión, si nos las dan buscadas? ¡Que inventen ellos! Porque, claro, en inglés sí que existe *illegalize*. Es cierto que *ilegalizar* tiene a su favor el verbo análogo *ilegitimar* (que, Diccionario en mano, no vale para lo que se ha dicho de los gobernantes de Managua); pero son muchas más las formaciones con el prefijo *des-* para significar que se priva a algo o a alguien de una cosa que se poseía. Tal ocurre con verbos como *desnacionalizar* («quitar el carácter de nacional»), *desmilitarizar* («suprimir el sometimiento a la autoridad militar»), *despolarizar* («destruir o interrumpir el estado de polarización»), *desvalorizar* («hacer perder su valor a una cosa»), etc.: nada más fácil que añadir ejemplos, que podrían ser algunos centenares si salimos de los acabados en *-izar*.

En esta serie, pues, tan numerosa, podrían entrar *deslegalizar*[1] y *deslegalización*: porque es esa la prudente intención de todo gobierno cuando procede así: hacer que aquello a lo que retira la legalidad *des-*aparezca, se *des-*haga y *des-*vanezca, no que pase a ser ilegal, con la posible consecuencia de seguir incordiando con más acritud. Aquellas palabras no están en el Diccionario; y hacen falta porque la cosa existe. Corresponde nominarla a quienes sienten

1. *Deslegalizar* ha entrado en el Diccionario de 1992.

su necesidad, a los medios informativos en este caso. ¿No cabe exigirles algo más que ir a adquirir vocablos prefabricados en el *supermarket* norteamericano? No es grave –antes bien, resulta imprescindible– acudir a él o a otros que dispongan de piezas que a nosotros nos faltan, sin posibilidad de construirlas. Lo malo, lo pésimo, es el trato que el castellano recibe desde dentro en engranajes que han funcionado bien, que siguen funcionando bien en gran parte de la población hispanohablante, pero que millares de manazas y chapuceros están maltratando. Hoy, primer domingo de vacaciones, he leído con más atención que otros días un gran diario. He quedado atónito ante su prosa desmallada, saltada en miles de puntos, que no se notan en la lectura rápida y somera de los días apresurados. No hace falta lupa para ver sus agujeros: basta recorrer a pie todas sus líneas, y no a brincos.

Leo, por ejemplo, que se busca una «salida *de paz*» al conflicto centroamericano; pero ¿no se llama a eso «salida *pacífica*»? Un ministro hondureño va a dejar su cartera para «pasar a *cubrir* la Embajada de España»; y alarma pensar que vaya a ocultarla, tapar su tejado o fecundarla. Se *cubre* una vacante de embajador o de cartero, pero no se realiza tal operación ni con una embajada ni con una cartería. Aparte de emplear el mismo cronista el tópico nauseabundo de la *espiral de violencia* (¿por qué ha de ser siempre una espiral y no un zigzag, pongamos por caso?), manifiesta su temor de que «caso de *medrar* las fórmulas militares intervencionistas», se produzcan determinadas catástrofes. La primera, está claro, es ese uso de *medrar*, que significa «crecer, tener aumento los animales y las plantas» y «mejorar de fortuna una persona». Las «fórmulas» evidentemente, no pueden *medrar* sino *prosperar*, en el mejor de los casos. Pero este verbo le habrá parecido rancio, y con notas positivas que, con razón, deben negarse a toda guerra. Por eso ha preferido *medrar*, que tiene no sé qué de siniestro en multitud de ocasiones; aunque, para ello, haya sido preciso darle un puntapié al castellano.

Otra noticia glosa los interesantes esfuerzos que realiza la Unión Soviética para no tener que desarrollar aún más su armamento: «Moscú asegura desear *consumar* todas las vías de diálogo». No nos fijemos en esa briosa yunta de infinitivos («desear consumar»), sino en el hecho de que las vías de diálogo se puedan *consumar*. Normalmente, se acudía a ellas, se agotaban sus posibilidades; como para agotar algo suele ser preciso *consumirlo*, como *consumir* se parece a *consumar*, y como este verbo es más raro, pues hételo aquí favoreciendo la distensión en el «*anciano* continente», como dice el mismo estilista.

Se *especula* –según otro– con la posible convocatoria de una magna reunión internacional, «sobre *contactos humanos*» (?), altamente favorable para la paz. Se celebraría en *la cumbre* (en la cúspide o en la cúpula: nuestro idioma ofrece recursos originales e inagotables), y el 15 de abril de 1986 podría ser una «fecha *realista*» para su comienzo. Quiere decir que antes de ese día, sería imposible; por eso, si somos realistas, hay que situarla tan lejos. Falta esa acepción en el Diccionario: la que funciona para indicar que una persona no se deja llevar por sus deseos o ensoñaciones, sino que se somete a las constricciones de la realidad. Pero son las personas y sus decisiones las que pueden ser *realistas*, no las fechas.

Tengo este diario dominical (sólo tres páginas) hecho una rubeola, porque he puesto un circuito rojo a todos mis sobresaltos. Necesitaré varias columnas para glosarlos. Un semanario japonés obsequió a un jerarca yanqui con mil dólares «por las gestiones *prestadas*»; otros dos prohombres estuvieron «*vinculados* en los preparativos» de no sé qué; ello ha promovido un lío: «toda la polémica gira actualmente *en* determinar» sus causas. Porque, además, hay por medio un *tránsfugo* que complica horriblemente la cuestión. (Existe *tránsfugo*, pero ¡es tan raro!)

Esto es lo más grave que está pasando a nuestro idioma, a nuestra cultura. Su enemigo más temible no es el inglés, es decir, un agente externo, sino su propia enfermedad. Basta leer con atención gran parte de lo que se dice o se escribe para consumo público: aunque en una ojeada superficial parezca sano, fijando la mirada se advierte que, en grandes zonas, el tejido está bastante agusanado.

Sonata en «Re-»

Estuvo a punto de colarse en el texto constitucional un vocablo peregrino (uno más), cuando se hablaba de *reinsertar* en la vida española a los emigrantes. Como es natural, los redactores no estaban pensando en español, sino en inglés, lengua en que sí existe *reinsert*.

Camilo José Cela, senador entonces, recordó que eso, en español, se llamaba *reintegrar* y evitó el desliz; pero claro es, no pudo degollar el anglicismo, que sigue pululando de boca en boca, pese a su explícito rechazo por la Constitución. Nadie se alarma por ello, y pocos parecen darse cuenta de que cada palabra nuestra que sucumbe a manos de insolventes, es una banderita que arde.

Este prefijo *re-* ya causó intranquilidad en los años de la última dictadura. Muchos recordarán las discusiones en torno a si la Monarquía que viniera debía consistir en una *instauración* o en una *reinstauración*. La distinción era obvia: si se instauraba, sería la continuación natural del régimen existente, la leve inflexión que éste recibiría al cumplirse las «previsiones sucesorias». La *reinstauración*, en cambio, implicaba saltárselas, y dejar al monarca las manos libres; lo cual horrorizaba a no pocos. Lo que me divertía más del litigio (que consideraba bizantino, porque el Rey y el pueblo tendrían que decidir, y ordenar el futuro es tanto como decretar lluvias) era lo de *reinstaurar*, tan traído y llevado por quienes podían hablar, olvidados en su mayoría de que eso se ha dicho, desde la Edad Media, *restaurar*, y de que todo un período histórico, que comenzó con la vuelta al trono de una dinastía expulsada –la misma, por cierto– se denomina, por antonomasia, la *Restauración*.

Ahora asistimos al apogeo de *reiniciar*. Prueben mis lectores a ver cuántas veces aparece en sus periódicos, en cuántas ocasiones los apedrean con tal palabra por radio y televisión. Sería como tratar de contar los tópicos incontables: las estrellas del cielo y las arenas del mar. Se *reinicia* todo: las reuniones aplazadas, las sesiones interrumpidas, los actos temporalmente suspendidos. ¿En cuántas ocasiones se ha *reiniciado* la Conferencia de Madrid? Los partidos de fútbol, detenidos tras un incidente, ¿no se *reinician* miles de veces cada domingo, según los locutores deportivos? ¿Qué hacen en las revistas del corazón los amantes reconciliados, sino *reiniciar* su exaltado «romance»? Cuando ETA golpea, *reinicia* sus trágicos ametrallamientos. Pero hay también *reinicios* venturosos, como el de muchas actividades que quedaron interrumpidas por las feroces inundaciones del Norte. Plétora hidrópica la de este mentecato vocablo.

Porque *reiniciar*, si el idioma lo digiriera aceptablemente (por supuesto, carece de antecedentes en nuestra lengua), sería sinónimo riguroso de *recomenzar*, puesto que *iniciar* y *comenzar* lo son. Y ambos verbos significan «dar *principio* a una cosa». No se entiende, pues, que esa cosa pueda tener dos o diez o infinidad de principios. Parece ser que Penélope *recomenzaba* cada día el tejido que había labrado el día anterior, es decir, lo empezaba de nuevo porque lo había deshecho. Pero unas conversaciones no pueden *recomenzarse* (y menos *reiniciarse*), a menos que se declare nulo todo lo conversado antes, y empiecen de hecho otra vez. Un partido de fútbol no *recomienza* (y menos se *reinicia*) si no se da por no jugado, y empiezan a contarse otra vez los noventa minutos.

Parece que hechos tan simples tendrían que deslumbrar con su evidencia a nuestros informadores. No es así, no sólo han olvidado *recomenzar* (en su uso legítimo), sino que en el altar del ídolo *reiniciar* han sacrificado el verbo castellano que normalmente deberían usar: ¿quién se acuerda ya de *reanudar*? Desde mediados del siglo XIX –por desgracia, no desde antes– es este vocablo ciudadano de nuestra lengua; su antepasado era francés (*renouer*), pero se naturalizó muy bien, y como nuestro ha vivido. Se funda en una metáfora clara: lo interrumpido, lo roto por cualquier causa, se vuelve a *anudar*. Hacía falta cuando se introdujo, porque cubría una necesidad semántica muy distinta a la de *recomenzar*.

Casi todo lo que ahora se *reinicia*, lo que hace es *reanudarse*. Y lo que verdaderamente vuelve a empezar, lo que retorna a su punto cero, *recomienza*. ¿Qué falta hace, pues, ese feo verbo, pinchoso de tanta *i*? Su omnipotencia se extiende a otros miembros de la familia: *inicio* e *iniciar* se han zampado a *comienzo* o *principio* y a *comenzar* o *principiar*: «Como anunciamos al *inicio* de nuestra emisión...»: la caterva hertziana *dixit*; «Van a *iniciarse* conversaciones entre el Gobierno y las autoridades autónomas...»; «Hoy *inician* su marcha los campesinos andaluces...»; (testimonios: las planas todas de nuestra prensa). Lo cual es perfectamente correcto, a diferencia de lo que ocurre con *reiniciar*. Pero lo exclusivo de tales voces ya produce náusea.

Lo curioso es que muchos de esos fanáticos reductores del idioma, vuelven desdeñosamente el rostro, cuando se les hacen advertencias de este tipo, y exclaman: «Bah, el lenguaje académico...». Y sacuden la ceniza del cigarrillo, como si fuera la del diccionario. Requeridos para que justifiquen su desdén, aprietan la mente en un esfuerzo expulsor, y segregan que el que ellos llaman «lenguaje académico» es pobre, que no responde a las necesidades de la calle, y que adónde iríamos a parar si hubiera que hacer caso a una institución tan antañona. Ellos son los que hablan como habla el pueblo, que es tan rico y vivo de expresión.

¿De veras? ¿Dice el pueblo *inicio* y *reiniciar*? ¿Se ha olvidado, como ellos, de *empezar* y *reanudar* (y de *acabar, terminar, concluir*, que han expulsado ya de su jerga, privilegiando a *finalizar*)? ¿No son estos pioneros del progreso idiomático quienes están dilapidando aflictivamente nuestras reservas expresivas? Véanse las pérdidas de sólo una parcelilla léxica: *reanudar, recomenzar, empezar, comienzo, principio, emprender* (la marcha)... Lo dicho: flámulas españolas quemadas, mientras sólo ondean en antenas y rotativas *inicio* y *reiniciar*.

Pero mi prometida sonata en *re-* tendrá un segundo tiempo; con *relanzar* y *reconversión* como temas principales.

Relanzar-reconvertir

Vivimos en una época idiomáticamente crispada, tal vez porque cualquier suelo que pisamos es cráter. El lenguaje refleja esta tensión: lo que queremos decir no cabe en las palabras ordinarias, de tan desmesurado y potente. Si una pulsación instantánea puede hacer del planeta un magma de electrones, ¿quién será capaz de sosegar el habla?

Y, así, prensa y ondas tensan sus arcos expresivos hasta la fractura. Leo, por ejemplo, que la intranquilidad de cierto ministro constituye su *neurosis* personal. Que el nombre de Andraitx, la bella población mallorquina, *ha dado la vuelta al mundo* porque en ella pasó Soraya sus vacaciones. Que el secretario del presidente González es el *virrey de la Moncloa*. Que los habitantes del Tercer Mundo abandonan sus poblados para instalarse en ciudades de *luces cegadoras*: en ellas habrá pronto *legiones de ejércitos brechtianos en paro*. Existía antes una *conciencia global* de que los problemas podían resolverse; ahora nos hundimos en una *desesperación cósmica*. Si alguien cree en la democracia inglesa, desengáñese: allí se vive *bajo un poder totalitario de la peor especie*. ¿No eran las palabras, hasta ahora, tenues flatos? Para la revista en que me solazo subrayando estas bobadas, *son un lánguido estallido de viento que puede matar.*

Abro otro semanario, aún más sesudo, y, ya en la primera columna, leo que cierto expropiado ha dirigido un «*desacerbado* ataque contra la gran Banca». Como se trata de un varón piadoso, entiendo que el ataque será suave, sin aspereza ni acritud: es lo que significa *desacerbado.* Pero sigo leyendo, y ocurre que sus declaraciones son venablos y cicuta, con una guinda de trilita. El redactor, sin duda, ha sido arrebatado por la vorágine; necesitaba un adjetivo ingente para calificar aquel ataque, se apretó el caletre, y le acudieron dos que, atropelladamente, se mezclaron en su pluma: *acerbo* y *desaforado.* Y le salió ese baciyelmo, ese extraño centauro, con cabeza y cola del segundo, pegados al cuerpo del primero: *desacerbado.* Monstruo que, aunque significa exactamente lo contrario, le colmó las enormes medidas que deseaba dar al ataque del expropiado. ¡Pobre escribidor, víctima de la magnilocuencia a que obliga la desmesura de este tiempo nuestro, nervioso y, por tanto, hiperbólico, precisado de palabras altísonas, de «lánguidos estallidos de viento», como escribía el otro! (Por cierto, ¿no forman un oxímoron genial esos *lánguidos estallidos?* ¿O será, simplemente, que su inventor desconoce qué significa *lánguidos?*) Con estas cosas se acribilla al público lector u oyente: pero ¿qué mucho, si ahora se cuenta en billones de pesetas, y esa medida sólo se usaba hasta hace poco para expresar distancias interestelares? El lenguaje, espejo de la sociedad, refleja la inflación de todo, incluidas la ignorancia y la falta de sentido común.

Volvamos al prefijo *re-,* como anunciaba el mes pasado. Siempre ha sido fecundo; ahora ya es cunicular. En los antecedentes del idioma figura *relanzar* con el significado de «repeler o rechazar». El Diccionario académico lo registra desde 1869, pero su vigencia ha sido muy escasa: se moría ya de innecesario, cuando he aquí que, no hace mucho, acudió en su ayuda el francés *relancer,* lengua en que, aparte su obvio sentido de «volver a lanzar», posee el de *faire une relance,* es decir, «dar nuevo impulso» a algo, como la economía, la imagen de un artista o el turismo: todo lo que ha decaído puede ser *relanzado* en francés.

Los importadores idiomáticos de aquí, para nada se acordaron de la acepción castellana de *relanzar.* Entre otras cosas, porque *lanzar* ya se había contagiado de su significado francés, y había desplazado por completo a *introducir*: ya no se *introducía* un producto en el mercado, sino que se *lanzaba*. Se respondía así a la necesidad de henchir de energía la expresión, a saltarle las costuras. Presente ya en el idioma ese uso afrancesado de *lanzar* ¿qué había que oponer a su vástago *relanzar*? Y ahí lo tenemos en su cenit, áureo y orondo, en boca de políticos, periodistas y demás voces públicas, acordes todos en declarar prescrito el verbo *reactivar*, que es el que antes servía para decir eso mismo. Mucho más enérgico que *reactivar* la economía, resulta *relanzarla*: la imaginación se colma contemplando a unos titanes que levantan en vilo el pesado cadáver, con energía ciclópea. Sin embargo, tengo la impresión de que antes de arrojarlo, convendría inyectarle vida; y que nada se conseguirá si sólo se intenta *relanzarlo*: volverá a caer tan muerto como antes. No creo que ande descaminada la mentalidad mágica al atribuir poder a las palabras. ¿Por qué no probar, por si acaso, usando todos el verbo *reactivar*?

Muchas más dudas me ofrece otro forastero con *re-*: el famoso de la *reconversión* industrial. Entre otras cosas, porque no estoy seguro de su significación, que, deduzco –con inseguridad, repito– del uso que de él se hace; *reconvertir* quiere decir, me parece, reajustar una industria mal organizada, mal calculada en términos de rentabilidad, ubicación, mercado, personal, etc. Y, tal vez, sustituirla por otros tipos de industrias más necesarias y con mejor futuro.

Si es esto lo que *reconvertir* la industria (o una industria) significa –insisto en mis dudas–, este verbo, y el sustantivo *reconversión*, no pueden ser más desatinados. Lo que a una conciencia hispanohablante sugieren esos neologismos es, simplemente, que algo o alguien convertidos antes, se han vuelto a convertir; que han experimentado una segunda conversión. Pero ¿ya se había convertido la siderurgia de Sagunto? ¿No había sido, simplemente, creada? Es ahora cuando se *convierte* (no se *reconvierte*), si es que no se suprime con sus secuelas de paro y ruina.

Como es natural, a los economistas que han introducido el vocablo no les importa ser incomprendidos; les basta con entenderse en su jerga arcana. No creada por ellos, naturalmente, sino importada del inglés donde *reconversión* se utilizó para designar la acción de volver a convertir en industria de paz (*to reconvert*) la que había sido convertida antes en industria de guerra. Ignoro si una reordenación industrial debida a otras causas se llamará también *recon-*

versión; me imagino que sí, y que, para un anglohablante, será fácilmente interpretable ese vocablo: le basta con despojarlo de su anterior halo bélico. Pero, en español, nos ha caído como un aerolito, y nos desorienta, porque sus presuntos familiares léxicos resultan no serlo: *re-convertir* la industria...; pero ¿cuándo se ha convertido?

Y ocurre así que hablar de *reconversión* sin *conversión* previa, es una hipérbole extravagante, muy propia de esta época inflada. ¿No comprenderíamos mejor a los gobernantes si hablaran de *reorganización* o *reordenación* industrial?

Puntual

Decididamente el *esprit de géométrie* se está imponiendo en nuestra lengua sobre el *esprit de finesse*. Basta con orientar la oreja a las nuevas modas, para convencerse: aumentos de sueldo *lineales*, soluciones *globalizadas* (esto es aproximadamente, esféricas) y acuerdos *puntuales*. Se anuncia, pues, un triunfo plenario de la Geometría.

Se me permitirá que, como juego de una tarde de domingo, adapte a mis intenciones el pensamiento de Pascal: «Lo que hace que los geómetras no sean finos es que no ven lo que tienen delante de los ojos: estando acostumbrados a los principios netos y groseros de la Geometría [...] andan perdidos en los asuntos de finura». Gran verdad: estos geómetras nuestros, que se traen para su idioma esas metáforas fundadas en la línea, el globo y el punto, andan tan embebecidos en el principio rebañego de que sólo es posible la exactitud angloparlando, que no se dan cuenta de que tienen ante sí un auditorio estupefacto, literalmente pasmado cuando oyen que habrá tres mil pesetas de aumento *lineal* (bueno, esto ya se va entendiendo a fuerza de cobrarlo, aunque sea con cólera); o que, aunque no vayan a resolverse todos los aspectos de un asunto, cabe esperar algunos acuerdos *puntuales*. Al expresarse así, ¿tienen en cuenta nuestros políticos y sus voceros que hablan para ciudadanos castellanohablantes? ¿Miran a lo que tienen delante de sus ojos, aunque se interpongan cámara o micro? ¿O es su voluntad forjar una nación de boquiabiertos?

«En el espíritu de finura, los principios están en el uso común, y en presencia de todos.» Evidente, por demás, la observación pascaliana. Los hablantes sensibles y de fina inteligencia, como deben ser quienes habitan las cimas políticas, revelarían tales cualidades si, en lugar de irse a abrevar idiomáticamente en fuentes exóticas, acudieran con constancia y denuedo al uso común, a la cotidiana y secular manera de hablar de su pueblo. «No hay que apartar la cabeza, ni violentarse –sigue diciendo el *effrayant génie*–; basta sólo con tener buena vista.» Advertencia justa, si esa buena vista va guiada por una voluntad no menos excelente. Pero ¿y si ocurre que se aprovecha la agudeza ocular para darse cuenta de que conviene enturbiar la luz y nebulizar la linfa? Se cuenta de un pensador nuestro que preguntaba a su secretaria si lo que acababa de dictarle estaba claro; ante una respuesta afirmativa, ésta era su resolución: «Pues oscurezcámoslo». Se tiene la sospecha, observando gran parte de cuanto se lee o se oye, de que los seguidores de aquel maestro constituyen legión. Por supuesto que en ella milita la crema del sindicalismo. Muchas veces me he preguntado qué pensarán los obreros de Sagunto, en trance de «reconversión», cuando esperan de sus líderes palabras o acciones netas, y les oyen hablar de Geometría.

A los principios (leamos: del genio de la lengua), «se les siente más que se les ve; cuesta un trabajo infinito hacerlos sentir a quienes no los sienten por sí mismos». No quiere decir Pascal, seguramente, que el *esprit de finesse* es innato, como el color de los ojos o la propensión a la calvicie. Aunque un amigo mío sostiene que hay cosas del idioma que deben saberse antes de nacer. No puede tener razón, ya que, entonces, nadie erraría. ¿O sí la tiene, y muchos yerran adrede? Ya he apuntado antes esa posibilidad. Lo que quiero decir es que la «finura» idiomática puede educarse, si es que se ha averiado en el código genético. Que basta con abrir los oídos a quienes no hablan para lucirse, ni deslumbrar, ni ocultar. A estos amigos míos jubilados, por ejemplo, a cuya partida diaria de dominó prometo unirme pronto, en el café pobre de mi barrio. Y que si, a eso, se añade recordar que existen los libros, y no sólo los periódicos, cualquier geómetra admite redención. Es así, oyendo a las gentes y leyendo algún libro, como puede aprenderse a «sentir» el idioma. Sin este sentimiento, Pascal tenía razón, es casi imposible que un malhablado se corrija. Miran con desdén a quienes intentan hacerles sentir lo que no sienten, y lo descalifican igual que a la cotorra castiza de Iriarte el loro afrancesado: «Vos no sois que una purista».

Inútil llevarlos por el buen camino; como dice el temible polemista galo, «los espíritus finos, que están acostumbrados a juzgar de una ojeada, quedan tan extrañados cuando se les presentan proposiciones en que no entienden nada [...] que se desaniman y sienten asco». Sí, los que suelen entender a la primera, y están dotados de espíritu «fino», sienten coraje cuando oyen hablar por enigmas y logogrifos, porque piensan que el idioma no sirve para eso. Y los que, poseyéndolo, carecen de instrucción, se quedan a dos velas, y sienten tristeza al sospecharse tontos. Es, precisamente, en esta frustración en la que confían los líderes, porque las buenas gentes admiran lo que ignoran. Y nada más admirable para ellas que un demóstenes enigmático. (Siempre la terrible duda: ¿por ignorante o por pillo?)

Ahí tenemos tres nuevos esquejes yanquis en nuestro huerto. La Geometría ha suministrado al uso común de todas las lenguas abundantes términos. En la nuestra tenemos: conducta *recta*, vía *diagonal*, plaza *elíptica*, *espiral* de los precios, limar *aristas*: ¡tantas más! ¿Hacían falta los aumentos *lineales* (en lugar de aumentos *comunes* o *para todos*), las soluciones *globalizadas* (por *de* o *en conjunto*, o *en su totalidad*, o *en bloque*); y los acuerdos *puntuales*?

Este último adjetivo parece particularmente inútil. Deduzco por el uso de sus fanáticos que viene a ser lo contrario de *total*: más o menos. Cuando se produce una «reivindicación», y hay que hacer concesiones a la otra parte, porque no toda la «plataforma» va a ser aceptada por ella, cabe la solución de centrarse en uno o varios *puntos* determinados, en donde el acuerdo es posible, dejando los demás «aparcados» para discusión posterior. Si no me engaño, esos son los acuerdos *puntuales*. Aunque también se habla de conversaciones, asuntos, decisiones y abundantes cosas más, tan *puntuales* como los acuerdos. ¿No se entenderá, cielos, que esas cosas van a llegar a la hora en punto? ¿Habrá gentes de mayor cultura que descifren tales misterios pensando que las conversaciones, por ejemplo, van a ser «precisas, exactas», como cuando decimos que alguien dio cuenta *puntual* de lo que había hecho? Son las únicas interpretaciones que puede dar un *esprit de finesse*, porque para decir lo otro, cuenta con adjetivos tan precisos como *parcial* (acuerdos *parciales*) o *concreto*; o, si se quiere, con giros como *limitados a* (decisiones limitadas *a* tal o cual cuestión). No tardaremos en oír que un punto demasiado complejo va a ser *puntualiza-*

do (¿no se ha formado ya *globalizar?*). No se podía sospechar este apogeo de los geómetras en un país como el nuestro, tan barroco. Aunque quizá no hemos dejado de serlo; sólo que ahora producimos el claroscuro, la ambigüedad y el equívoco con regla, tiralíneas y compás. Simple cambio de métodos.

Oscilar

Un ilustre ingeniero barcelonés se suma, en reciente carta que agradezco, a mi estremecimiento por el empleo que se está haciendo del adjetivo *puntual*; y le añade un cortejo de vocablos matemáticos igualmente maltratados por los ermeguncios o pedantes del día: *parámetros, coordenadas, funciones...* Hablaríamos y no acabaríamos, señor Rebes Puig. Imagine qué ruidoso coro se formaría si a nuestra charla se uniesen biólogos, geógrafos, sociólogos y demás gentes serias con sus agravios idiomáticos.

No sé, por ejemplo, qué pensarán los físicos cuando oyen, inflado como chicle en la boca de muchos, el vocablo *dinámica*. «Hay que acelerar la *dinámica* del cambio»; «Debemos salir de la crisis por la *dinámica* combinada de todas las fuerzas sociales». ¿Qué ventajas ofrece ese vocablo, en la primera frase, sobre *proceso*? Y, en la segunda, ¿por qué es preferible a *acción*? Para los trotones de nuestra lengua, una indiscutible: es palabra esdrújula; y tiene idéntica potencia la adicción al proparoxitonismo que a la cocaína. Según nuestro Diccionario, aquel sustantivo cuenta con una sola acepción: «Parte de la mecánica que trata de las leyes del movimiento en relación con las fuerzas que lo producen». No sé si la definición será impecable –lo ignoro todo de esta cuestión– pero, en cualquier caso, algo parecido a eso entendemos los hispanos con el vocablo *dinámica*. De ahí el estupor que produce escuchar que «está aumentando la *dinámica* del paro». Lo cual es un oxímoron perfecto, digno del lenguaje místico («muerte que das vida», «abatíme tanto, tanto, que le di a la caza alcance»). Y es que esos adalides del micro y de la cámara se manifiestan con plena cesación de un sentido: el común. Mantienen los demás despiertos, para escuchar las sirenas anglosajonas, tan persuasivas e insinuantes. Porque ellas sí que hablan de *the dynamics of an acquisitive society*, de *cultural dynamics*, etc., etc. Y nuestros periodistas, políticos y tecnócratas en general, no son capaces de amarrarse al mástil de su idioma, para resistir el anglocanto. Ignorantes de la advertencia de Circe, oyen boquiabiertos la salmodia de las irresistibles: «...Escucha el cantar que cantamos. Nunca nadie pasó por aquí con su negro navío sin que de nuestras bocas oyera las voces suaves; y después, recreados, se iban sabiendo más cosas». No son Ulises; de las costas del inglés salen formidablemente envenenados –ellos creen que sabiendo más cosas–, y hablando de la «*dinámica* del paro».

Por los barrios de la Física anda también el verbo *oscilar*, que, en su acepción principal, significa: «Moverse alternativamente de un lado para otro; describir, moviéndose en opuestos sentidos, la misma línea». Estas condiciones de que el objeto que oscila describa la misma línea, y, por tanto, se mantenga en el mismo plano; y de que, además, se mueva alternativamente entre dos puntos, igual que un péndulo, parecen ser las precisas e ineludibles para que podamos servirnos del verbo *oscilar*. Y, sin embargo, con modorra ovejuna se están escribiendo y profiriendo cosas como éstas: «El aumento del precio de la gasolina *oscilará* alrededor del diez por ciento»; «Se espera que la pena que se le imponga *oscile* en torno a los quince años»; «El índice de precios al consumo va a *oscilar* este año *sobre* el doce o el trece por ciento». Pero ¿quién inventará estos disparates imperiales, dignos de Babilonia? ¿Cómo se puede *oscilar* alrededor de algo? Eso solía llamarse *girar*, casi desde el tiempo de los godos; ahora, con los trápalas, estamos por *oscilar*.

Aunque no sea fácil justificar este error, no es difícil explicarlo. La oscilación implica inestabilidad, lo cual ha dado lugar a la segunda acepción del Diccionario: «Crecer y disminuir alternativamente, con más o menos regularidad, la intensidad de algunas manifestaciones o fenómenos: *Oscilar* el precio de las mercancías, la presión atmosférica, etc.». Esto sólo significa que suben o bajan, que no están fijas; y que se mueven entre un máximo y un mínimo. Esa precisión de que se señalen explícita o implícitamente los puntos *entre* los que el movimiento oscilatorio se produce, es la que olvidan los responsables de esta injuria idiomática al idioma. Se podrá decir –con reservas– que el aumento del precio de los carburantes *oscilará entre* el ocho y el trece por ciento»; pero no que *oscilará alrededor* de un solo precio. Ven a éste como si le hubiera entrado un temblor. A *oscilar* lo cargan con una nota de apreciación aproximada y conjetural, y se quedan tan rozagantes; lo que tal palabra tiene de variación, aunque precisa, se trueca en fijación imprecisa.

No hay remedio: existe un auténtico terrorismo idiomático. Son cada día más los dedicados a apretar el gatillo contra él. Unas veces, por mero prurito o picor de hablar inglés (recreados y gozosos, creen saber más cosas); otras, por falta de vertebración mental.

De veras que el asunto es muy grave: se nos está quedando el alma desangrada. Cuando me comprometí, con un diario madrileño, hace muchos años, a escribirle mis «dardos», pensé que se me acabaría la materia enseguida. Ahora veo con espanto que, al ritmo de uno por mes, precisaría siglos para dar salida a los temas que me solicitan. Me ha invadido el desaliento, muchas veces, por la inutilidad del esfuerzo, pero estas notas mías servirán en el futuro, por lo menos, como testigos del proceso por el cual el español se nos iba rompiendo dentro de sus antiguos dominios, y del momento en que lo sustituyeron innumerables dialectos anglosajones y batuecos.

Se observan, no obstante, algunas reacciones. El día 7 del pasado mes,[1] el Senado español recibió al Director y al Censor de la Academia, y al secretario de la Comisión Permanente de Academias, el colombiano señor León Rey. Senadores y académicos dijeron cosas importantes. Se compartió una misma preocupación por el deterioro del idioma; y ante la sugerencia de que se actuara para mejorarlo en los medios de difusión, el Director de la Española dio esta respuesta, que aparece en el Diario de Sesiones: «En cuanto a la posibilidad que citaba el señor Senador de hacer reuniones de personas que tienen que ver con la emisión del idioma, y que son locutores de televisión y radio, también me parece una idea excelente, y debo decir que también yo he intentado hacer algo de esto, pero he fracasado hasta ahora, aunque seguiré en mi empeño. Yo me he dirigido –proseguía el doctor Laín Entralgo– a Radiotelevisión Española, al mes o a los dos meses de ser nombrado Director de la Real Academia, para que estudiáramos algo en relación con lo que el señor Senador acaba de sugerir. La acogida fue muy positiva, como suele decirse, y hasta casi entusiástica, pero después el proyecto se ha quedado en nada».

1. Noviembre de 1983.

Esto quiere decir en castellano paladino, que Radiotelevisión Española ha hecho una higa muda a iniciativa tan importante. Y si su conducta, en esto, debía ser ejemplar, ¿cabe concebir que otros medios de difusión sean más permeables? El problema de todos ellos no es el que plantean sus profesionales –entre los que hay muchas excepciones–, con ser muy grande: es que sirven de ventana a centenares de españoles –políticos, sindicalistas, juristas, médicos, empresarios, profesores...–, que les ayudan caudalosamente a destrozar el habla. Entre todos, nos van a dejar tartajas de lengua y seso.

1984

Israelita

He aquí que decido: hágase la imagen. Oprimo un botón, y la imagen se hace. ¿Qué veo? Rayas, fantásticas listas de cheviot que cruzan diagonales la pantalla. Son las muestras del cansancio que emite mi viejo aparato. Aprieto distintos resortes, giro una rueda, y es ahora otra imagen. Aventajados mozos juegan al baloncesto. Va la pelota de uno a otro en arcos perfectos, hasta que una palmada inoportuna o un salto más alto la entregan al otro equipo, y los que antes corrían de espaldas, retrocediendo, van ahora hacia adelante: en pocos segundos, compruebo con mis ojos los vaivenes de la fortuna y la inestabilidad de los gozos: honda lección moral.

Caliente ya el aparato, llega la voz: sé ahora que pugnan en la cancha los equipos de España e Israel. Menos mal. En tiempos oscuros, se nos permitía entrever la URSS por sus futbolistas. Ahora, en tiempos claros, apenas si vemos de Israel otra cosa que la aptitud de sus atletas para el juego del baloncesto. Se ha descorrido un telón, pero otro sigue echado, y sólo se abre oficialmente para que entren y salgan chicos con un balón a cuestas. Continúa aplazado hasta mañana –siempre mañana, y nunca mañanamos– el reconocimiento de aquel bravo e inteligente pueblo (el cual, por cierto, en gran proporción habla español, y nos lo estamos perdiendo), por no enfadar a otros pueblos, sin duda más bravos e inteligentes: tanto, que pueden elegirnos los amigos.

No quiero distraerme: me concentro en los azares del juego, que pone una y otra vez el esférico –sensacional metonimia– en la canasta hispana: de momento, nos lo están colocando con constancia inmisericorde (al final, la cosa no fue Aljubarrota). El locutor se enardece, se abate, vibra, se hace voz de ese sistema nervioso común de las grandes gestas deportivas. Pero, de pronto, algo que dice me enfría; una gota helada me recorre el espinazo. Lo repite, insiste y machaca: me ha vuelto de mármol. Soy ya insensible a las proezas: asegura, insidiosamente, que los *israelitas* van ganando por no sé cuanto. Y esto congela. Quiero asegurarme de que he oído bien, y llamo por teléfono a un amigo, atento centinela del habla televisiva; no sólo escucha: graba, y puede testimoniar ante el Supremo. Tengo que recurrir a su autoridad, porque estoy convencido de que todo ha sido un espejismo auditivo. Pero no; me cerciora: he entendido bien. Y ahonda mi estupor asegurándome... Aguardo un momento porque está consultando sus notas. Efectivamente, alguien –me dice el nombre, pero lo omito– declaró hace poco algo sobre nuestras relaciones con los *israelitas*.

La conversación se prolonga. El partido nos importa ya un rábano. Me cuenta que, retransmitiendo otro encuentro de baloncesto, la víspera, celebrado en un local cuyo suelo brillaba dificultando el trabajo de las cámaras, el comentarista de turno aseguró que los técnicos habían hecho lo *indeseable* para evitar los brillos. Pero, al instante, empato con él, certificándole que, en el mismo medio, horas antes, se nos ha dado la noticia de que un toro *profirió* una herida al matador. Reímos, pero a ambos nos duele por igual el empate.

Algunos intérpretes del drama de Babel aseguraban, en el siglo XVIII, que la confusión de lenguas consistió en que unos llamaban *agua* a lo que otros nombraban *piedra*; y *árbol* a lo que era una montaña. ¿Habremos llegado a ese momento? ¿Califican algunos de *indeseable* lo que sus vecinos piensan como *indecible*? ¿Ya no se *profieren* palabras, sino heridas? ¿Ocurrirá lo mismo con vocablos como *liberal, nación, socialista, autonomía, conservador, federal* o *capitalismo*? Da la impresión de que Babel ha vuelto, y de que el vocabulario entero y, por tanto, los conceptos y los valores a él anejos, andan en revoltijo. Así, claro, todos locos, sin saber a qué urna quedarnos.

Pero tampoco a esto deseo derivar. Querría sólo sacar del batiburrillo una noción de enseñanza primaria, y rogar, por Dios vivo, que no se confunda el significado de *israelita* con el de *israelí*; ambos vocablos andan juntos, pero no revueltos. Es cierto que el Diccionario académico puede dar pie a la confusión; porque, junto a las acepciones correctas de israelita (*hebreo, judío*. Perteneciente o relativo al que profesa la ley de Moisés. Perteneciente al antiguo reino de Israel), añade esta otra: «Natural de Israel». Pero, al no advertir si se trata del antiguo o del moderno Israel, puede pensarse que son *israelitas* los nacidos en este último. E, idiomáticamente, no lo son.

Las lenguas modernas, incluido el español, diferencian bien el significado de esa palabra frente a *israelí*. Es *israelita* el individuo del antiguo pueblo hebreo descendiente de Jacob, o el individuo de una de las diez tribus hebreas que habitaron antiguamente el norte de Palestina; o, simplemente, un miembro del pueblo judío, pasado o actual, en cualquier lugar donde estuviere. *Israelí* es, en cambio, como dice nuestro Diccionario: «Natural o ciudadano del Estado de Israel. Perteneciente a dicho Estado». De ese modo, *israelita* coincide prácticamente en su significado con el de *judío* o *hebreo*, pero no con el de *israelí*, ya que poseen esta nacionalidad personas no judías; y los judíos que no son ciudadanos de Israel, no son, por tanto, *israelíes*.

Repito que todas las lenguas cultas distinguen bien, con términos diferentes, ambos significados. Así, en inglés, el adjetivo *israeli*, frente a *israelitic* o *israelitish*; o bien, *israelite*, que, al igual que en español, funciona como sustantivo o adjetivo. En francés, la distinción se establece con *israélien* ('israelí') e *israélite*. El alemán, por su parte, opone *israelisch* ('israelí') a *israelitisch* ('israelita'), empleables también como adjetivo o nombre; posee también el sustantivo *Israelit* ('israelita').

Cuando, en textos actuales judíos escritos en español es usado el término *israelita*, se alude al pueblo judío disperso, y es normal que aparezca con connotaciones religiosas. En la traducción de la Torah publicada recientemente por los sefardíes de Jerusalén, se justifica la versión por la existencia de numerosos *israelitas* hispanohablantes que no leen el hebreo.

Por si puede servir de algo, advertiré de cuánto molesta a los israelíes oírse llamar *israelitas*: revela ignorancia o menosprecio a su condición de ciudadanos de un Estado. No añadamos a nuestros remilgos oficiales, este alarde de desconocimiento histórico. Tal vez se deba a él la falta de relaciones diplomáticas: ¿ocurrirá que no ha llegado aún aquí la noticia de que existen los *israelíes*, y que no hemos salido de la Historia Sagrada? Pues les aseguro que ahí están en la otra orilla del Mediterráneo, desde el 14 de mayo de 1948: los he visto. Y, además, vienen a jugar al baloncesto.

Peatonal[1]

Si no me engaño, fue hacia 1976 cuando esa marimanta idiomática empezó a aparecerse por las esquinas de la Villa y Corte. Eran «tiempos de incuria y atrevimiento», según escribió el actual alcalde de Madrid, mi fraternal Enrique Tierno, en un bando de hace dos años, donde mostraba su ilustrado y cortés malhumor ante el vocablo.

Ocurrió, en efecto, por entonces, que algunas calles tributarias de la Puerta del Sol eran cerradas al público, a ciertas horas, por una especie de burladeros anti-motor. Tras ellas, los transeúntes pudimos gozar del asfalto de la calzada, antes vedado: ese césped fósil, donde florecen el bache y la mancha de aceite, el gris más gris y la fragancia del octano. Eran muy pocas calles, pero los ciudadanos íbamos a refugiarnos a ellas en las horas de asueto, a mirarnos francamente sin temor a la embestida traidora, a practicar el tacto de codos y el pisotón entrañable: todas esas cosas que sorprenden a los nórdicos en el deambular urbano de las tribus mediterráneas.

Lo malo es que nos protegía el término *peatonal*, pintado sobre las tablas del burladero. Hice entonces lo que pude en contra suya: desde el añorado diario *Informaciones*, le arrojé un dardo de papel, le di en la cara, pero ni lo notó el Concejo responsable. Y el pequeño monstruo empezó a multiplicarse, alcanzó otras poblaciones de alrededor y de lejos, y llegó al mar: acabo de volver de una hermosa ciudad de Levante, por cuyas calles he podido pasear despaciosamente con mis amigos, tratando de poesía como en una Arcadia, bajo el amparo de rótulos peatonales.

¿Cómo se coló este adjetivo en la jerga del tráfico? En el artículo aludido, apunté que era un italianismo. Sigo creyéndolo: aún no hace medio siglo que allí se empezó a llamar *passagio pedonale* al paso de peatones. Y alguien con mando en letreros se trajo ufano el sufijo, y forjó un vocablo que juzgó sintético y ático. Nuestra falta de sensibilidad idiomática le preparó el lecho para el triunfo y ahí está.

1. El término ha entrado en el Diccionario de 1992.

El 12 de junio de 1884 –hace un siglo justo– el Secretario de la Real Academia Española, don Manuel Tamayo y Baus, registraba en el acta de la sesión: «Leí enseguida una real orden comunicada por el señor ministro de Gracia y Justicia, y en la cual se consulta el parecer de esta Academia acerca de si será o no lícito y oportuno, con sujeción a las leyes del idioma castellano, dejar de emplear constantemente el futuro subjuntivo (*cantare*) en la redacción de los preceptos del Código Penal, y usar a veces en lugar del tiempo expresado el presente del mismo modo de subjuntivo (*cante*). La Academia se enteró con vivísima satisfacción de esta consulta con la que el señor ministro de Gracia y Justicia daba testimonio de su mucha prudencia y de su respeto a los fueros del idioma». Es un texto para la melancolía: que un ministro de España, de Gracia y Justicia, además, mostrara tal deseo de someterse a «las leyes del idioma castellano», transporta a una edad feliz. Ahora, no un ministro: un escribidor cualquiera de cualquier Boletín Oficial se permite atropellar tales leyes, como si no fueran las que mejor identifican a nuestro pueblo, las más democráticamente elaboradas, las más respetables por más indefensas.

El inventor de *peatonal* debió de quedarse descansado. Para nada contaba en su caletre el hecho de que nuestro idioma sólo ha admitido el sufijo *-al* aplicado a nombres terminados en *-ón*, cuando este grupo se presenta en el final *-ión: nacional, discrecional, regional, pasional...*; así, hasta cuarenta y seis. Sólo hay dos raras excepciones: *aquilonal* y *ciclonal*. Era motivo bastante para sentir *peatonal* ajeno a nuestro sistema léxico. Pero hay otra razón que lo hace abominable: el mencionado sufijo aporta al adjetivo el significado de «que tiene las propiedades» de la cosa designada por el nombre: lo que es *angelical, artificial* o *personal* posee las cualidades características del ángel, del artificio o de la persona; es de su misma naturaleza. Algunas aparentes excepciones no lo son: un elixir *estomacal* carece, evidentemente, de las propiedades del estómago; pero antes de recibir la acepción de «que alivia las enfermedades» de dicho organismo, pasó por la de «que constituye una parte del estómago, que está en él»; pared *estomacal*, úlcera *estomacal*, etc. Razones de este tipo, no escritas pero sentidas por muchos hablantes, son las que hacen «ilegales» los matutes idiomáticos, las que ponen a rechinar nuestras meninges. Muchas veces sin saber por qué, como una irritación cuya causa ignoramos aunque sabemos que existe. *Peatonal* enfurece porque una calle así llamada no posee las cualidades o la naturaleza del peatón.

Pues bien, el Ayuntamiento madrileño parece que va a intentar el conjuro del espectro. Son órdenes del Alcalde, acogidas con entusiasmo por quienes deben ejecutarlas. El adjetivo *peatonal* desaparecerá del paisaje urbano de Madrid, y con él, una molesta carbonilla de los ojos. La medida llega a punto, porque ya se empezaba a hablar de un plan de *peatonalización* de ciertas calles. Hubiera sido otro horror superpuesto. No sé si hay recambio oficial: me dicen que algún periódico ha informado de que sí, pero no lo he visto. Amablemente consultado sobre ello, mi dictamen fue muy simple. A quien hay que informar, en primer término, del cierre de una calle es a los automovilistas, no a los transeúntes, que suelen tener libre paso por todo. Escríbase, pues, en el disco: «Vehículos, no». Y, más bajo, para que, tras él, los de a pie sepan que ya pueden posarlo en la calzada, dígase: «Sólo viandantes». En cuanto al plan de peatonalización, ¿no dice más y mejor «ordenación del tránsito» (o, incluso, «tránsito» o, incluso, «tráfico»)?

¿Por qué *viandante* preferible a *peatón*? Es éste un galicismo con sólo un siglo de edad, introducido cuando, en las ciudades, empezó a ser preciso diferenciar entre quienes caminaban y quienes se desplazaban en carruaje. El *viandante* español lleva más de seis siglos en nuestro idioma, evoca mejor en qué consiste lo que designa: no es tan clara la relación de *peatón* con *pie*. *Viandante* no era exactamente el andador urbano sino el que transitaba por cualquier vía pública, caminando, cabalgando o en coche. Atenuada ya esa significación, queda casi nuda y única, la de «peatón»: se ha hecho su sinónimo, y nada puede impedirnos que obremos en consecuencia. Muy posiblemente, constituirá un trastorno innecesario sustituir la acuñación *paso de peatones* por *paso de viandantes*: se ha fijado ya con tenacidad en nuestra costumbre idiomática. Pero *peatonal* es sólo un fantasma adolescente: aún estamos a tiempo de ahuyentarlo sin traumas cívicos.

Esta u otra solución mejor que dé el Concejo a este minúsculo problema (Enrique Tierno, en su bando, hablaba de «calles de sólo andar») será bien venida. Se trata de un primer paso, en el ámbito del lenguaje, hacia una mejor calidad de vida. Puede ser que otros municipios españoles se animen en este aspecto de la ecología y vayan suprimiendo de sus calles ese endriaguillo. Y hasta –soñemos– tal vez ocurra que la decisión del consistorio madrileño sirva de ejemplo a tantos manazas, con más poder, que intoxican sin miramiento las aguas claras del idioma castellano.

Purismo

Recibo el recorte de un periódico de fuera de Madrid, que se refiere de pasada a estos «dardos» del modo más elogioso. El autor del artículo, a quien retribuyo con toda mi gratitud, en un deseo de caracterizar mi labor, me encuadra como «uno de los más acérrimos defensores de la pureza de nuestro idioma». Insisto: dejo a salvo la enorme buena intención del articulista, pero debo aclarar, una vez más, que no me reconozco en esa instalación. Sin duda, habré dado motivos para ser tenido por *purista*: alguien que se dedica a reprochar malos empleos del idioma lleva mucho camino recorrido para merecer tal mote. Pero cansaría a mis lectores con una reiterada declaración de intenciones, «dardo» tras «dardo»; y declarar las intenciones, por parte de quien escribe, sería confesarse Orbaneja, el pintor de Úbeda, que, al pie de su cuadro ponía: «Éste es gallo». Si no se ve la intención, fallo es de la pluma, y sería mejor encapucharla.

¿Cómo voy a defender la *pureza* del idioma si no creo en ella? Por otra parte, ¿hay quien pueda creer en tal cosa? No existe ninguna lengua pura: todas, desde sus orígenes, son producto de mestizaje. La impureza es lo que permite que las lenguas sean instrumentos adecuados a las cambiantes y progresivamente complejas necesidades de sus usuarios. Un pueblo estancado en un idioma inmutado sería culturalmente un cadáver. Nadie más hostigado que el Padre Feijoo, cuando en el siglo XVIII, lo atacaban malintencionados acusándolo de galicista. Contra ellos hubo de escribir: «Los que a todas voces peregrinas niegan la entrada en nuestra locución, llaman a esta austeridad *pureza* de la lengua castellana... ¡Pureza! Antes se deberá llamar pobreza, desnudez, miseria, sequedad». Tenía razón: gracias a su impureza, como el inglés, el francés, o el alemán, el español puede seguir siendo órgano de comunicación contemporánea.

¿Contra qué escribo, pues? Contra el uso ignorante de nuestro idioma: el de quienes se arriman al anglicismo del teletipo, desconociendo que su idioma dice eso mismo de otro modo; contra los que imaginan que *nominar*, por ejemplo, quiere decir «nombrar candidato» (¡o simplemente, «nombrar»!), porque en inglés significa eso; contra los que desalojan el significado castellano para hacer decir a los vocablos lo que no dicen, y creen que *vergonzante* es lo mismo que *vergonzoso*, pero no tanto; contra los tics melindrosos o necios («es *como muy* emocionante»); contra quienes se calzan un lenguaje pretencioso o extranjero para exhibir una estatura mental que no tienen, o para no ser entendidos. Ni una palabra he escrito jamás contra los cientos de voces ajenas que nos llueven porque nuestra lengua no ha tapado antes esos agujeros y son necesarias. Palabras y giros que no *desvirtúan* el castellano, porque éste, en ese punto, nada tenía que desvirtuar: sólo había vacío.

Y ¿por qué este pequeñísimo combate mensual contra la ignorancia y la necedad idiomática? Sólo porque el español pertenece a muchos millones de seres que no son españoles; porque es nuestro patrimonio común más consistente; y porque, si se nos rompe, todos quedaremos rotos y sin la fuerza que algún día podemos tener juntos. Hacer comprender esto, ya lo sé, es empresa inalcanzable por mí: carezco de los medios para llegar a los sesos de cada político, de cada locutor, de cada periodista, de cada profesor, de cada letrado... Y si alguna vez los rozo, mi voz será espantada como una mosca: «Bah, un purista».

El telediario de hoy, un día cualquiera de enero, ha estado plagado de voces y giros nada castizos; sin embargo, ¿cómo se podía significar de otro modo lo que ellos significaban? En cambio, han sobrado «*el papel que juega* Norteamérica»; «Burguiba *ha cesado* al ministro del Interior»; «*ha sido valorado positivamente* el encuentro de Glemp y Jaruzelski»; «Garaicoechea *será nominado* hoy, probablemente»; y «se ha confirmado la *no aceptación*» de no sé qué (pero, ¿no se llama eso *rechazo*?). Ha sobrado también que «presidirán los vicepresidentes, si los *hubieran*».

Es eso lo que interesa combatir, no la introducción fecunda de extranjerismos. Si no se les resiste, el español se va a quebrar en veinte o treinta dialectos, mezcla de despojos castellanos y cascotes del inglés. ¿Que esto interesa? Puede ocurrir, pero me temo que no sea, precisamente, a nosotros, ni a los hispanohablantes de América.

Pero es que, además, y muy concretamente el periodismo oral y escrito, ni siquiera nos trae lo mejor del inglés, sino que se adorna con flecos que en ese idioma son piltrafas. Todos padecemos el mismo tipo de estructura en las informaciones habladas. En el telediario de hoy: «Trescientos treinta muertos es el balance de los combates en la frontera entre Angola y Namibia». Esta disposición de la noticia coloca en primer lugar una precisión fundamental, que ya está perdida en la memoria del oyente cuando otros datos la han hecho interesante. Tal ordenación retórica, procedente de la prensa norteamericana, está absolutamente proscrita en los noticiarios radiofónicos de aquel país. El libro de estilo para la radio de la agencia UPI, propone como ejemplo de mala redacción: «Ocho personas murieron en un incendio que devastó el Central Wall Shopping Center...». Ni aun a los anglosajones, inventores de esta tontería retórica, les sirve ya; pero es gala de nuestros informadores.

Otras constituyen sumo adorno para muchos de ellos, que desechan las instrucciones de UPI. Por ejemplo, hablar de afluencias *masivas* (y no *grandes*); de reuniones o negociaciones *maratonianas*; conversaciones *a puerta cerrada* (por *a solas*); de llamar *conferencias de prensa* a las *reuniones informativas* (¿no acuden también la radio y la televisión?); de tantas redundancias, como *totalmente destruido* o *demolido*... (¿puede haber destrucción o demolición que no sea total?). Ah: también figura esta advertencia, sin atenuantes (pero ya sabemos cuán hipócrita juzgan a aquella sociedad): «No han de usarse obscenidades, blasfemias, vulgaridades, etc., a menos que formen parte de citas literales y que haya una fuerte razón que obligue a ello». Me temo que muchas de nuestras emisoras, y algunos de nuestros programas de televisión, quedarían reducidos al silencio, si adoptasen norma tan mojigata, propia de un país moral, cultural y socialmente poco evolucionado.

Nada de purismo, pues: mera demanda de sensatez a quienes hablan en público. El control que ejercen sobre su expresión será síntoma del que ejercen sobre su mente. Y su chapucería en este punto, ejemplo de chapucería: algo de lo que muchos empezamos a estar hartos. Quienes la confunden con la espontaneidad y la naturalidad postulan, sin duda, como muy conveniente despejarse la nariz a coz de dedo; pero lo *natural* para muchos es, por fortuna, servirse del pañuelo.

¿Te encuentras bien, cariño?

Todos los consumidores de televisión –por tanto, todos– somos testigos de acontecimientos como éstos. Un ágil detective, pistola en mano, avanza en cuclillas protegiéndose por la fila de coches estacionados ante una sucursal bancaria. Dentro del local, dos atracadores se hacen fuertes, merced a varios rehenes; entre ellos figura la novia del detective. De un salto elástico, éste se acerca a la puerta del banco, se pega felinamente a la pared y mira de reojo por la puerta de vidrio. Pero los malhechores no son tontos, y le disparan. Una violenta flor roja le brota del pecho. Sin arredrarse, da un patadón a la puerta, los vidrios se astillan y él entra vomitando balas por la mano. Dos de éstas atizan certeramente a los bandidos. A los rehenes, ni un pelo les ha rozado (bueno, de refilón, a un calvo el cuero cabelludo: cosa de nada). Realizada esta comprobación satisfactoria, el valeroso permite que las piernas le flaqueen, y cae rebozado en su sangre. De entre los liberados, se destaca la novia afligida, se agacha, le levanta la cabeza, y le pregunta con patente interés:

–¿Te encuentras bien, cariño?

He aquí otra escena. A una viejecita adorable, que vive tan feliz en su casa de dos plantas, un nieto artero no logra convencerla para que venda la propiedad, se compre un apartamento y le regale el dinero sobrante para sus vicios (para un gran negocio de compraventa de dentaduras postizas, dice el bribón, empeñado en ofrecer a su abuela una imagen irreprochable). Desengañado de la vía persuasiva, afloja un peldaño de la escalera por donde la ancianita sube y baja a sus trajines. Por la mañana, cuando la pobre desciende a desayunar, cae rodando y se desnuca. El nieto se ha ido a Scranton (Pennsylvania) como coartada. El cadáver es descubierto por la señora Dusenberry –menuda, sombrero de flores, trajecito gris de sastre–, empleada del hogar, que llega todas las mañanas a las nueve en punto. Se sobresalta, da un paso atrás, se lleva la mano a la boca con estupor, y por fin, acude hacia su ama, que yace en el suelo tan desordenada de miembros que cualquiera puede advertir su condición de muerta. La fiel doméstica profiere con voz temblona:

–¿Está usted bien, señora Hughes?

Se trata del nuevo modo de interesarse por la salud de los obviamente pachuchos, que está imponiendo la traducción insolvente de los filmes y telefilmes norteamericanos. En la cabeza hispanohablante no cabe dirigirse a quien lo está pasando mal a ojos vistas, preguntándole si se encuentra bien. La verdad es que tampoco tiene mucho sentido preguntarle si se encuentra mal o cómo se encuentra cuando salta a los ojos la respuesta. Pero, como algo hay que decir, nuestra comunidad ideó fórmulas para cerciorarse de lo evidente, o para inquirir circunstancias anejas. El labrador que halla a Don Quijote baldado por el mozo de mulas, «se llegó a él, y le preguntó que quién era, y qué mal sentía»; tras otro molimiento, un cuadrillero le interroga: «Pues, ¿cómo va, buen hombre?»; habiéndole ocurrido un nuevo percance, el ventero y los caminantes «le preguntaron que qué tenía». Son formas sensatas de saber qué ocurre al prójimo, cuando hay algo que patentemente no le sucede: estar bien.

Sutilmente, neciamente, se nos están cambiando las conexiones cerebrales, y, por tanto, nuestra interpretación del mundo. Formulamos la sospecha de que pueda hallarse bien aquel de quien antes sabemos que está rematadamente mal. Es una tierna forma de hipocresía. El interrogado, claro es, puede contestar que no, que no yace en un lecho de rosas, pero resultaría bastante descortés: queda uno siempre mejor asintiendo. Por eso, en la pantalla se ve muchas veces cómo el doliente afirma con la cabeza o musita un sí, y expira. No es que sea un héroe o una heroína; simplemente ha hecho gala de su buena educación.

Todo un sistema nuevo de dirigirse al prójimo se ha instalado o está imponiéndose en nuestras costumbres. Hace no más de veinticinco años se hubiera juzgado ofensa que un desconocido o alguien de quien aguardábamos respeto, nos hubiera saludado con un tajante *hola*. Ahora es lo habitual. No han podido caer más las refinadas costumbres de antaño. «El estilo de la Corte –cuenta Fray Antonio de Guevara, predicador de Carlos I– es decirse unos a otros: beso las manos de Vuestra Merced. Otros dicen: beso los pies a Vuestra Señoría». El hidalgüelo del Lazarillo se enfureció y quiso sentarle la mano a un menestral porque se le dirigió con el saludo aldeano:«Manténgaos Dios». El fantasmón le dio una grita al pobre hombre: «Vos, don villano ruin, ¿por qué no sois bien criado? ¿Manténgaos Dios me habéis de decir, como si fuese un quienquiera?». En adelante, el pobrete se destocaba y se dirigía como era razón a personaje tan principal.

Estas costumbres del quinientos resultaban bastante complicadas. Pero hemos caído en el extremo contrario. ¿Qué diría el puntilloso escudero de vivir hoy, si caminara por las calles de Toledo recibiendo *holas* a troche y moche? Están pereciendo otras fórmulas de saludo más matizadas, que deseaban, por ejemplo, *buenos días*, o preguntaban que *cómo está usted*: son ya curiosos arcaísmos. El *usted* mismo se está desvaneciendo: en la Universidad, por ejemplo, recibirlo es ya sólo privilegio de algunos carcamales por oposición (que serán felizmente extinguidos por la nueva ley de jubilaciones). A mí, personalmente, lejos de molestarme el tú, me exalta, me vigoriza, me quita años, cuando son jóvenes quienes me lo otorgan. ¿Quién me lo iba a decir en mi niñez?; entonces ya había que tratar de usted a los quintos. Lástima que el *hola* y el tuteo a tutiplén no sean hábitos anglicistas, para zaherirlos. Aunque algo tiene que ver con ellos el desenfado yanqui de las películas (no el trato real americano). Ni en esto nos libramos de nuestra mimética condición moniconga.

Pues ¿y los nombres de pila? Voy descubriéndolos aquí, en la playa, donde calienta el sol y convivo con una enorme población infantil, parte aragonesa, parte catalana. Ayer me crucé por el paseo marítimo con una madre que iba metida en un bikini tres tallas menor que la precisa para encajar sus sobras; venía tras ella su cría –siete u ocho años– llorando, hurgándose la nariz, negándose a andar; era bizquita la pobre, y le chorreaba el agua por el triste pelo lacio. Al fin, la madre se volvió, y le dijo en tono conciliador: «¿A que te doy una morrada, *Penelope*?». Así, *Penelope*, con acentuación llana, exactamente igual que el culto Juan de Mena cuando le convenía para cuadrar el verso.

Con acento de las riberas del Esla, del Gállego o del Anoia, y con todos los acentos hispanos, a los nuevos ciudadanos se les está llamando Henry, Vanessa, Alex, Elisabeth, y Frank. Hasta a la perrita recién nacida en mi garaje la han nominado Pamela, como a la Andrews. ¿Se acuerda alguien de aquellos vigorosos nombres que aún retumban por tierras de Castilla y de León, de los Argimiros, de los Atanasios, de los Euricos, de los Atanagildos? ¿Y de otros tan generales y femeninos como Ciriaca, Liboria, Petra y Eustaquia?

Nuevas y curiosas maneras de relación personal –otro día trataré del *jefe*– para saludarse, para inquirir cómo anda el organismo del vecino. Y *querido* o *cariño* como vocativo a mansalva. Nos americanizamos, nos europeizamos, loado sea Dios; salimos por fin de la tralla, de la pana y de la bota de tinto. El progreso, con todo, no es general: quedan como muñones del antaño entrañable, las corridas de toros. Pero, a no tardar, cuando el peón de confianza vea al espada derribado en el albero por el asta homicida, liado en su propio bandullo, saldrá a auxiliarlo y le musitará al oído con ternura:

–¿*Eztá uzté* bien, *maeztro*?

Será para dar gracias al cielo tan benéfico influjo del celuloide.

Restar

La complejidad de la mente se manifiesta en el lenguaje de modo singular, y no es extraño, por ello, que quienes, como Chomsky, se sienten interesados por descubrir sus secretos procedan investigando los mecanismos lingüísticos. No se trata de un rodeo, sino de una penetración en los problemas por su camino más corto. En cualquier rincón del idioma acechan sutilezas mentales de difícil desentrañamiento; veámoslo en un pequeñísimo sistema léxico.

El castellano formó muy tempranamente –se documenta desde el siglo xii– el verbo *quedar* sobre el adjetivo *quedo* (del latín *quietus*) para significar lo que después de un proceso –de desgaste, por ejemplo– permanece quieto o como resto. Y así hoy podemos decir: «*Quedan* cuatro minutos de partido». Pero si aquel proceso se considera como incompleto y se atiende a su final, el verbo que usamos es *faltar*; por tanto, podemos decir también: «*Faltan* cuatro minutos para que acabe el partido».

Para expresar esta última noción, otras lenguas románicas apelaron a un derivado del latín *mancus*, 'manco', y así el italiano formó *mancare*; el francés, *manquer*, y el catalán, *mancar*. En principio significó 'ser defectuoso', es decir, carente de algo y, por tanto, insuficiente. El castellano partió de otra base: el latín vulgar (no documentado) *fallita*, participio pasivo del verbo *fallere*, que dio la solución *falta* y otras semejantes o iguales en diversos romances. El verbo latino significaba 'engañar', de donde tomó el sentido de 'cometer una falta' y, por tanto, de 'estar disminuido o en fallo' respecto de algo. El italiano medieval calificaba de *fallito* a quien carecía del dinero suficiente para pagar una deuda. En español, *faltar* –que muy pronto se formó sobre ese sustantivo– fue usado durante la Edad Media en una acepción más amplia: la que aún hoy posee de ser preciso algo para que una cosa o un proceso queden completos, perfectos o acabados, y para que, muchas veces, se produzca otro suceso: «Me *faltan* dos meses para ser cuarentón».

No hay que decir que tanto *quedar* como *faltar* multiplicaron sus acepciones –basta consultar cualquier diccionario–, pero son éstas las que me interesan ahora. Ambas pueden considerarse como primarias, aunque no puedo afirmarlo con seguridad; limitémonos a tomarlas como tales. Con ellas se formaba una importante y neta oposición léxica: consideradas una actividad o una cosa de ella resultante como fenómenos totales, *quedar* refería a la parte que no estaba consumida o consumada, y *faltar*, a lo que aún era preciso para la consumación. En cualquier caso designan la misma porción de realidad, observada desde dos puntos de vista diferentes: uno, retrospectivo, y otro, prospectivo. Su equivalencia puede ser perfecta, y ambos verbos son aptos para traducir una actitud optimista o pesimista: «Sólo me *faltan* o *quedan* dos años para acabar la carrera», «Aún me *faltan* o *quedan* dos años».

Comparten, pues, una misma zona de significación, que produce en ciertos contextos una sinonimia casi rigurosa. Pero en otros resultan incompatibles. En «Me *quedan* cinco pesetas», no puedo usar *faltar* porque diría algo muy distinto. El primer verbo implica un complemento introducido por *de*: «Me *quedan* cinco pesetas *de* las cien que tenía»; en el segundo, la preposición implicada es *para*: «Me *faltan* cinco pesetas *para* tener veinte duros». La consideración hacia atrás o hacia adelante está aquí muy clara; el hablante selecciona uno u otro verbo cuando las referencias, anterior o posterior, deben ser inequívocamente precisadas. Y los emplea sin distinción en los muchos casos en que la perspectiva no produce confusión; incluso las preposiciones posibles resultan, a veces, intercambiables: «Sólo te *faltan* o te *quedan* seis meses *para* o *de* amortizar el préstamo». En este caso, *de* marca la continuación del proceso de desgaste («*Faltan* o *quedan* ocho minutos *de* clase»), y *para* sólo atiende a la consumación («*Faltan* o *quedan* ocho minutos *para* la salida»).

Otras muchas sutilezas pueden señalarse en la pragmática de estos verbos, pero me importa hablar de un tercero en concordancia: el hoy omnipresente *restar*. De introducción más tardía en el castellano, procede del latín *restare*, 'detenerse, subsistir, permanecer aún'; Cicerón alude melancólicamente a las personas de su edad, «qui pauci restant», que pocos quedan ya. He aquí que la oposición anterior, *faltar-quedar*, se enriquecía en los umbrales del Renacimiento con un sinónimo de éste en la acepción señalada. En los escritores áureos, *restar* alterna con los otros dos verbos en todos los casos en que su oposición semántica puede ser neutralizada. «Pasaremos lo que *resta* de la noche cantando», se lee en el *Quijote*; podría leerse igualmente *queda*. Lo mismo ocurre cuando Góngora escribe: «Aún más por saber nos *resta*», o Quevedo: «Me *resta* designaros el osado / y valiente caballero...».

No poseemos testimonios del grado de difusión hablada que la palabra alcanzó entonces. Podría pensarse que fue notable, pues la encontramos en un refrán consignado por Gonzalo Correas: «Vase la fiesta y resta la bestia». Para quienes creen en la naturaleza espontánea y popular del refranero constituiría una prueba de tal difusión. Pero esos «evangelios breves» suelen ser asiento de los más refinados artificios lingüísticos –a los que, naturalmente, no es ajeno el pueblo–, y en éste hallamos, aparte la rima, la bimembración isosilábica y la paronomasia, la repetición de *est* en los vocablos *fiesta*, *resta* y *bestia*, que añade una estructuración suplementaria, puramente fónica, a la organización gramatical y semántica del refrán. Si, en lugar de *resta*, dijera *queda*, todos esos efectos resultarían disminuidos.

La elección de ese vocablo es, pues, muy intencionada y no sirve como testigo de una difusión grande fuera de la escritura y del habla cuidada. En las cuales ha proseguido hasta hoy, tanto en España como en América. Obsérvese cómo alterna *restar* como mera variante de *quedar* en Zorrilla San Martín: «Artigas *se quedó* sin ejército: sólo le *restaban* hombres dispuestos a morir a su lado»; *restar* era imposible en la primera oración, porque nunca equivale a *quedarse*, y *quedar* resultaba inconveniente en la segunda, porque acaba de utilizarse.

Ni que decir tiene que la sinonimia entre estos dos verbos se da sólo en el empleo retrospectivo o indiferente de *quedar*: según hemos visto en el caso de éste, tampoco sería lícito decir: «Me *restan* cinco pesetas para tener veinte duros». Nadie cae aún en tal dislate. En cambio, Menéndez Pidal escribe con propiedad: «Y aún *resta* un punto delicado», donde los predicados podrían ser *queda* o *falta*.

¿Qué ocurre en nuestros días, dentro de este microsistema léxico? Se observan dos fenómenos igualmente penosos:

1.º *Restar* está desplazando a su sinónimo *quedar* en los hábitos de locutores, periodistas y políticos. El fenómeno se extenderá por su influjo, de donde va a seguirse un nuevo empobrecimiento del idioma. Actúa aquí la misma presión despótica que ha impuesto *iniciar* e *inicio* (anegando *principio* o *comienzo*), y *finalizar* (relegando *acabar*, *terminar*, *concluir*, etcétera). ¿Causa? No es otra que una formidable pedantería, aliada con la insensibilidad idiomática que aqueja a nuestras voces públicas. Ya es común leer o escuchar en los medios de difusión: «A las diez *resta* poca gente por la calle». «Con la expulsión de Tonín *restaron* nueve jugadores en el equipo». Entre los periodistas deportivos, la epidemia es imparable.

2.º El desarrollo invasor de *restar* con la acepción prospectiva neta, característica de *faltar*. Pueden oírse, dichas por gigantes y cabezudos, cosas así: «¿Cuánto *resta* para nuestro ingreso en el Mercado Común?» o «Nos *resta* aún alcanzar madurez democrática».

De aquí a decir: «Pero ¿no habíamos *restado* en que vendrías a las seis?» y «Yo me *resto* en casa», hay sólo un paso. Lo darán.

Posicionamiento

Son casi recién nacidos este neologismo y su mellizo *posicionarse*, pero ya han echado dientes y los han hincado en el idioma: ¿a quién no han mordido? Claro, a sus usuarios, que se desgañitan tremolándolos. Me asaltó el verbo por vez primera, hace pocos años, en una junta universitaria, cuando discutiendo un asunto –más político que académico, según suele suceder–, un delegado estudiantil exigió que nos *posicionáramos*. Mi reacción fue erguir la espalda, descruzar las piernas e inyectar a mis ojos una fijeza de apasionada atención: había interpretado tontamente que aquel alumno nos exhortaba a recomponer los cuerpos, arrumbados por el sopor.

Después me he dado de oídos indefectiblemente con ambos abortos cuando acciono el *tuner* de la radio o el *in* del televisor. Brincan también, igual que saltamontes, por entre los surcos agrestes de la prosa periodística. Como es lógico, el Diccionario de la Academia no lo reconoce: son ostentosamente bordes.[1] Pero compruebo ahora con sorpresa que tampoco acoge un significado bien legítimo de *posición*,[2] del cual se nutren aquellos parásitos: el que funciona en frases como: «Mi *posición* es favorable a que se tome ese acuerdo»; o «En ese litigio, las *posiciones* están muy encontradas». Lo consigna, en cambio, María Moliner: «Manera de pensar, de obrar o conducirse con respecto a cierta cosa». No es definición inobjetable (pueden tomarse posiciones también ante personas), pero, al menos, este uso no le pasó inadvertido. Ocurre lo mismo con el sinónimo *postura*.

Extraña, digo, esta inadvertencia del registro académico, ya que el de *Autoridades* parece aludir a esa acepción. La cual, desde luego, es latina, «In qua *positione* mentis sim cum hoc lego...», escribía Séneca en la Epístola LXIV: ¿qué es sino una *positio mentis*, una actitud de la mente, la posición que falta en el Diccionario?

Pero esta ausencia será fácilmente remediable. Ya no ocurrirá lo mismo con la presencia invasora de esos falsos derivados del vocablo castizo. Falsos, porque no proceden de él sino del inglés *to position*, que significa «asumir o mantener una actitud». Sobre ese verbo se han formado el *posicionarse* y el *posicionamiento* que campan por la pluma y la boca de ejecutivos y políticos. En los primeros, como todos los anglicismos que emplean, están al servicio de unas mentes ya domesticadas por cualquier ilustre *Business School* para practicar la *free enterprise economy*. Se sientan en torno a la gran mesa de los grandes asuntos, atildados y bienolientes, se miran unos a otros como azores y se escuchan como ardillas, mientras debaten iniciativas y soluciones en una jerga esotérica, donde el idioma español titila tenuemente como una estrellita en la gran bandera del de la Unión. De pronto, expuestos ya pros y contras, el ejecutivo más rápido tira de palabra y asesta: «Mi empresa se *posiciona* por un *lising* múltiple que cubra el coste *operating*». A continuación, por orden, los demás se van

---

1. Han entrado en el Diccionario de 1992.
2. También.

posicionando también. Lo cual es lo mismo que 'optar', 'decidirse', 'adoptar una postura'... Hay cien fórmulas castellanas, pero
la borde se impone a la progenie de buena raza.

Poco hay que objetar a distracción tan ocurrente: ese extraño
caló circula sólo entre tecnócratas, y los más no chocamos con él.
Pero estas palabras volvemos a encontrárnoslas, en reaparición to-
zuda, por la avenida de lo político y sindical. Hoy, por ejemplo, he
leído con el placer de siempre a un gran comentarista, hasta que
una frase me ha helado las pupilas: a cierto político, dice, «el 50
por ciento de los encuestados no lo *posicionan*». ¿Quién lo pensa-
ra (del cronista, no del político)? El verbo inglés es intransitivo o
medio, helo aquí forzado a la transitividad: ya no es uno quien *se
posiciona*, sino que pueden *posicionarlo*. En este empleo, vendría
a significar: 'Atribuir a una persona ideas que no se le conocen'.
Inquietante cosa que, más de una vez, ha llevado al perdón.

Tengo otra esmeralda semejante en mi baúl de enormidades. En
un informe semiológico técnico de asesoramiento comercial sobre un nuevo producto, leo: «Posible eje estratégico del *posicionamiento*». Aclara el informe que no sé qué precedentes permiten
«detectar ciertas líneas capitalizables como ejes ideológicos para el
posicionamiento del producto en el mercado». Este horror sólo
significa que de lo que llevan dicho se deducen ciertas ideas útiles
para situar en el mercado el producto. Repito: el informe se refiere
a una cuestión idiomática, está redactado por expertos semiotistas
y se destina a una empresa española.

Estoy seguro de que otras muchas acepciones han segregado ya
el verbo y el nombre susodichos, que, en su infancia aún, muestran una fecundidad de ratas para engendrar significaciones. Son
terriblemente paridores. Pero la más inquietante, me parece, es la
antes mencionada de 'adoptar una actitud', 'tomar una postura',
'definirse', 'inclinarse o decidirse por', 'optar'... Porque son esos
modos de decir comunes las víctimas de *posicionarse*. Y 'postura',
'actitud' y 'posición', los nombres inmolados a *posicionamiento*,
vocablo larguirucho, prestigioso por tanto para quienes, faltos de
ideas, han de estirar las pocas que tienen.

Aparte su longitud, cuenta con otro mérito, anejo al subcódigo
lingüístico de los políticos: extraña y distancia. Causa perplejidad
cómo, tanto los de derechas como los de izquierdas, experimentan
en España (quizá en el ámbito todo del castellano) idéntica fascina-

ción ante los mismos neologismos. Hay otros países donde la expresión pública de ciertos partidos ha procurado hacerse con un léxico diferenciado, neologista muchas veces, pero peculiar. Aquí, me parece, son pocos los vocablos o giros que caracterizan las ideologías; apenas se me ocurren ejemplos que no pertenezcan al vetusto idioma comunista. (No considero, claro, los alaridos verbales de los más extremos.) Lo normal entre nosotros es que líderes políticos y sindicales compartan el menú de extranjerismos, muchos de ellos guisados por los tecnócratas. Entran en él con gula idéntica. Y les acompañan muchos informadores no menos hambrientos.

Ello podría atribuirse sin temeridad a ignorancia. Pero, sobre esa base, actúa una convicción: el lenguaje que se remonta sobre los usos normales *constituye siempre un instrumento de poder*. Intimida al oyente o al lector, lo aturde y le hace someterse a la superioridad de quien lo esgrime. Podría explicarse que *posicionar* y *posicionamiento* y mil sandeces así tuvieran empleo entre *masters* ahormados a diestras o a zurdas en Oxford y en Harvard. Pero extraña que curtidos sindicalistas se apropien de su parla, para adoctrinar con ella a sus seguidores. Eso aporta la prueba más clara de que su supuesta irreflexión idiomática está alimentada por la conciencia, tal vez difusa pero evidente, de que un idioma raro es herramienta de subyugación. Muchos de quienes actúan en la cosa pública no vacilan, hablando así, en ponerse de parte de ellos mismos, antes que al lado del pueblo. Desean persuadir, pero, previamente, exhiben sus atributos.

Aún les depara el lenguaje neológico otra facilidad: les permite reconocerse entre sí como miembros del mismo gremio. ¿No temen, sin embargo, que un día cualquiera se nos ocurra a los ciudadanos dejarlos solos para que ventilen sus asuntos? Lo que discuten tal vez nos interesa, pero no los entendemos. Que se diviertan, pues, con su juguete.

Partidario

El partido gobernante en España ha celebrado el trigésimo Congreso. Sus conclusiones, cabe suponer, van a repercutir en el inmediato destino político y económico de la nación, aunque sólo sea confirmándolo. Esto, como ciudadano, me atañe; pero como hablante me importa también la lengua que allí se ha empleado. Me hubiera gustado mucho oír las intervenciones; salvo la fugaz aparición de un conocido militante, ofrecida por televisión, no sé cómo se habló. Habré de esperar a la edición de las actas, si es que se publican literalmente, para satisfacer mi curiosidad en ese punto, que es la que corresponde a un simple testigo de las sacudidas y tantarantanes que está soportando nuestra lengua. Porque supongo que no le habrán sido ahorrados; ojalá me equivoque.

Por otra parte, es de lamentar que los lingüistas españoles no se ocupen más del idioma empleado por los políticos. Algo se ha hecho, pero preferentemente referido al pasado, aunque sea próximo. Hace pocas semanas, la Universidad de Lyón ha publicado una interesante recopilación de estudios, titulada *Le discours politique*; son las actas de un Congreso sobre ese tema celebrado en Leipzig, donde dominaron las denuncias contra la «manipulación de la opinión pública ejercida por los *mass media* occidentales». Aunque no falla la observación, hecha por un profesor de la Universidad Karl Marx, de que el lenguaje político del llamado mundo libre es más vivaz y expresivo, y menos recargado de estereotipos que el del comunista; y de que «no sólo hay que atribuir al empleo de los estereotipos el hecho de que la eficacia persuasiva de nuestros periódicos no sea siempre plenamente satisfactoria».

Ellos sabrán, y verán si les dejan corregir; me temo que no. De denunciar cómo se comportan, ya se han encargado, desde hace años, H. D. Laswell y sus colaboradores del MIT. En cualquier caso, entre manipuladores anda el juego, e, insisto, a los lingüistas les aguarda la tarea cívica de desenmascarar las falacias que, con el idioma, se hacen también aquí y ahora. Y la pobreza retórica de que suelen hacer alarde estrepitoso muchos líderes consagrados o aspirantes. Por ejemplo, aquel distinguido y poderoso militante cuya intervención pude presenciar unos segundos por la pantalla. A lo rudimentario de su idioma y de su razonamiento, añadió la guinda de dos peñascazos idiomáticos seguidos (todos los que cabían en tan escaso tiempo), dos palabrones como dos toros, llamados a infundir vigor a un discurso que, se notaba, desfallecía de anemia. No los desencajonó la cólera, la vehemencia, el calor que desata la sinhueso y puede salvar de un infarto; brotaron de sus labios igual que dos jayanes agrestes, totalmente en frío, para dar testimonio de la masculina naturaleza en que habitaban. Nuestro idioma político, a lo que se oye, participa también de la recaída general en lo silvestre que estamos padeciendo. Y no se dan en un solo sector: con idéntico asombro escucho a damas y varones de quienes se podría barruntar que habían nacido destinados al «cáspita» y al «diantre».

Todo ha entrado en un proceso de *strip-tease*. A la urgencia por enseñar el soma, se han unido otras no menos apremiantes, vocear los comportamientos de alcoba, por ejemplo, y esta del regüeldo idiomático, que ya no sufre ninguna aduana de sexo o lugar. Ha alcanzado al Congreso de un partido, no sé si ha entrado en el Parlamento de la nación, y tal vez no tarde en invadir estrados universitarios, académicos o jurídicos; y hasta, quizá, los púlpitos.

No es que me escandalicen, bueno estaría, tales estropajos: yo mismo los expelo en casos muy necesarios (cada vez menudean más). Pero me asustan por cuanto tienen de radiografía: muestran los puros huesos en que se está quedando nuestra naturaleza de país civilizado. Cada vez hay más gente que *sólo* habla así. Un político –uno, al menos; no sé si más–, falto de recursos inteligentes, ha tenido que emplear la garrota verbal, para intentar convencer. No se diga que ello supone una victoria sobre la hipocresía, y que todos nos estamos volviendo más naturales: para quien se lava los dientes, es tan natural lavárselos como para un chimpancé no hacerlo. Y en las casas suele haber un lugar especial donde se hacen desaparecer algunas circunstancias humanas de gran naturalidad.

Se me está yendo el artículo. Había escrito, como cabecera, el adjetivo *partidario* para dardearlo, y me he metido por vericuetos embarrados. Había empezado manifestando mi deseo de conocer el lenguaje político oral, tal como lo emplea ahora el partido que ocupa el poder; añadiré que no menos me importa el de quienes pían por obtenerlo. Este Congreso recién acabado ha producido copiosos comentarios y noticias, pero no textos literales a mi alcance; y, así, ignoro si muchas de las peculiaridades idiomáticas le son atribuibles, o se deben a las versiones que, en su peculiar estilo, han hecho los informadores.

El caso es que se está escribiendo con estremecedora frecuencia aquel adjetivo. No es nueva la invención; se oye y se lee desde hace dos o tres años, en la acepción que le dan: 'propio de un partido político'. Ocurre sólo que ahora bulle más por columnas y por ondas. «Los intereses *partidarios* deben posponerse a los del país.» «Hay que profundizar más en el cumplimiento del programa *partidario*.» Pues sí que estamos apañados con esta manía de sustituir por un adjetivo extravagante los normales comportamientos preposicionales. Porque es «los intereses de *partido*», o «el programa *del partido*» lo que se quiere expresar de modo tan sintético como poco ático.

Partidario –todo el mundo lo sabe, menos los que importa– es uno de los muchos adjetivos que exigen complemento con «de». Se es *partidario de* estar en la OTAN o *de* no estar; *de* ir al cine o *de* no ir. Otros muchos adjetivos no precisan tal construcción («Es una casa *vieja*»); y hay otros, por fin, que requieren un objeto indirecto («Luis es *fiel* a sus amigos» = «*les* es fiel»). Son las tres grandes categorías en que se encuadran los adjetivos españoles; existen otras de menor importancia. Y no hay que saber gramática para usarlos bien, sino sentirla, y tener la cabeza para discurrir, y los glúteos para sentarse. A *partidario* le sucede como a *merecedor, incompatible, comparable*, y a tantos adjetivos más: sin algo que les siga, unido con preposición, no funcionan.

El equivalente del sintagma *de* o *del partido* debería ser *partidista*, en línea con ateneo-*ateneísta*, derecha-*derechista*, Jansenio-*jansenista*. Pero aquella palabra está ya vinculada a *partidismo*, nombre este que define así el Diccionario: «Adhesión o sometimiento a las opciones de un partido con preferencia a los intereses generales». Y, claro, no hay quien desee proclamarse tan parcial, ni confesar que los intereses de su partido no son los de todos. Tampoco abundan los informadores con valor para afirmar que esos intereses son *partidistas*. Y se lavan las manos, para no ofender, echando una de ellas al vecino *partidario*, tan ajeno él a esa acepción, y traído, quieras que no, a significar lo que no significa.

Pero ¿qué puede hacerles aborrecer «*de* o *del partido*»? ¿La preferencia anglizante y científico-técnica por los derivados adjetivos? Pues dispónganse a decir, en lugar de «dolor de cabeza», «dolor *cabezario*». Tal vez les he dado una idea; pero el bien es difusivo, según postulado escolástico, y estos días navideños invitan a una infinita caridad.

Romance

He aquí una de las palabras más encantadoras de la moderna jerga. Leo en una revista de esta semana: «Cuando se hizo público el *romance* entre el argentino [el tenista Guillermo Vilas] y la princesa Carolina de Mónaco...». Un hispanohablante antiguo encontraría ahí un simple error gramatical: esperaría leer «el romance *del* argentino...», igual que se dice «el romance *de* Gerineldo» o «el romance *de* la malmaridada». Y supondría que se había difundido una poesía en octosílabos, con asonancia en los pares, cantando, eso sí, los amores entre el deportista y la princesa. Pero no es eso, evidentemente, lo que el reportero quería decir; tal vez no había mucha poesía en ese *romance*; y la preposición *entre* sugiere más una actividad compartida, recíproca y de vaivén. El periodista, en buen aunque púdico castellano, tendría que haberse referido a «los *amores*» entre el atleta y la alta dama, para ser comprendido por quienes no frecuentan la logomaquia de moda. Hay que conceder, sin embargo, que lo de *amores* tal vez quedaba escaso. Porque existen amores como el que Dante sintió por Beatriz, el que incendiaba el pecho de Don Quijote, o el del poeta Herrera por su Luz (que alcanzó el triunfo cuando rozó, una vez, el cabello de la amada), cualitativa y cuantitativamente distintos a los de estos dos modernos héroes.

¿Podría haber hablado la revista de *amoríos*, para evitar el *romance* anómalo? Con el Diccionario académico en la mano, sí; porque define *amorío* como «enamoramiento», es decir, como «acción y efecto de enamorarse». Parece claro, sin embargo, que la Academia no hizo diana al definir ese vocablo: ¿quién osaría decir que entre Abelardo y Eloísa hubo un amorío? Más exacta se mostró María Moliner al definir tal vocablo como: «Relaciones amorosas poco serias. Se usa más en plural». Y también como «Lío. Relaciones amorosas irregulares». Pienso que eso es lo que entendemos todos con tal palabra. Y, por tanto, había que desecharla como equivalente castizo de *romance*, ya que el Fulano y la Zutana de quienes se afirmase la existencia de mutuos amoríos, podrían llevar el asunto ante un juez, por llamar «lío» y calificar de «irregulares» sus relaciones.

¿Cómo arreglárnoslas, pues, para sustituir el anglicismo *romance* por un término propio y de casta? *Concubinato* es brutal, monstruoso, propio de un pueblo bárbaro. Porque significa el 'trato de un hombre con su concubina'; y la *concubina*, lo sabemos bien, es la «mujer que vive con un hombre y tiene con él comercio carnal». Son conceptos que responden a una idea medieval y judeocristiana (así se dice ahora) de la existencia incompatible con la suavidad y fluidez de nuestro vivir. Tampoco parece conveniente afirmar que entre uno y una hay un *arreglo* y, menos, un *arreglito*, equivalentes, según don Julio Casares, a «amancebamiento». Lo que este vocablo quiere decir es igualmente abominable: 'Trato ilícito y habitual de un hombre con una mujer'; y no sirve para *romance*. ¿Por qué «ilícito», si se aman? ¿Por qué «habitual», si puede durar lo que se quiera, y un clavo saca otro clavo? Además, el machismo de nuestro idioma hace que, mientras *mancebo* significa «joven» y «hombre soltero», *manceba* designe a la «concubina». Y no se sale del círculo vicioso. Renunciemos, pues, a *arreglo* y a *arreglito*.

Prosigamos con posibles equivalentes. Ya ha salido uno: *lío*. Pero el Diccionario, terne y obstinado, dice que es 'amancebamiento'. No es posible escapar de su atmósfera torva, ácida, espesa como humo de taberna o aire de sacristía. Por lo demás, ¿cómo llamar *lío* a lo que une a un caballero y a una señora a quienes ves en las fotos mutuamente embebecidos? No cuadra. *Arrimo* va mejor; sugiere con plasticidad ese acercamiento con que se buscan los enamorados. «El *arrimo* entre el tenista y la princesa...». Sonaría bastante bien; pero el Diccionario nos desencanta otra vez, porque vuelve a definir tal palabra como 'amancebamiento'. ¡Qué aburrida obsesión!

Como nuestro idioma es rico, sigamos buscando. Ahora nos sale al paso *abarraganamiento*. ¿Para qué considerar un término tan feo que mueve a náusea? Ya se habrá supuesto, por lo demás, que, según el Diccionario, vuelve a significar 'amancebamiento'. La inventiva de sus redactores no produce entusiasmo; resulta patológico su fijación en lo tosco y palurdo. Mucho más bella es la voz *amasiato*. Resulta tan rara, tan extraña, que podría seducir a las revistas del corazón: «Ha surgido un *amasiato* entre tal célebre y cual celebérrima». Se trataría de un título capaz de hacer leer la noticia. Además, es bello su origen: en latín, *amasia* significa 'enamorada'; su raíz es la del verbo *amar*. Todo parece destinar esta palabra como sucedáneo indígena del crudo anglicismo *romance*. Corramos, pues, al Diccionario. Y ¿qué hallamos? Puede suponerse: con su apasionada tenacidad, vuelve a definirla como 'amancebamiento'. Dan ganas de quemarlo.

Los verbos tampoco solucionan nada. Para la acción de mantener un *romance*, lo más próximo que hallamos es *enredarse, amigarse, amontonarse, envolverse, amachinarse*...: ruda estameña léxica, arpillera de saco.

Si una lengua es la imagen del pueblo que la habla, nuestro retrato nos saca cejijuntos y con boina, a los hombres; y con refajo, mantón y toca a las mujeres. ¿No se ha podido entender entre nosotros, con el correr de los siglos hacia el progreso, que entre dos personas podía haber, simplemente, eso, un *romance*, esto es, como define el *Webster, a love affair*, 'un asunto amoroso'? Hace años, se generalizó lo de *flirt*; era un juego de amor, sin intenciones serias, un coqueteo. La Academia admitió el vocablo *flirteo* con la acepción de 'discreteo y juego amoroso que no se formaliza ni supone compromiso'. Está muy bien. Pero el *romance* es algo más profundo, aunque pueda ser fugaz. El *romance* es el ejercicio, con plenos derechos fácticos, a vivir una pasión amorosa, sin que la estorben enojosos deberes conyugales, ni obsoletas leyes de moral judeocristianas (esto último es muy importante, y por ello repetimos el adjetivo).

Un *romance* resulta hermoso, exaltante, cumbre del amor que nunca declina, porque, apenas baja la temperatura, puede sustituirse. Carece de los sórdidos significados que nuestra lengua atribuye a los enredos, y de sus connotaciones tan zafias. En un romance, se entra libre como el pájaro, y se sale inmaculado como el armiño. Bien hacen, pues, reporteros, entrevistadores y periodistas de toda clase en traernos a nuestro idioma el inglés *romance*. Merecen todos los plácemes quienes, enriqueciendo la expresión común, nos esquilan de paso el pelo de la dehesa. Hago votos por que los diccionarios del español acojan pronto a tan exquisito habitante.[1]

---

1. Figura, en efecto, en el DRAE de 1992.

Nuestro área

Escucho la radio donde se suele: en el auto. Y es que entretiene mucho mientras se aguarda el disco verde. Pero, claro, también da disgustos, como todo en esta vida. Por ejemplo, hay una emisión de Radio Nacional de España, que yo sufrago con varios millones de conciudadanos, cuyo título es *Área quince*. No sé por qué «quince», pero su razón tendrá. Carece de ella, sin embargo, que los locutores que la atienden, hablando de su *área*, le proporcionen pésimas compañías, y digan, por ejemplo, «*nuestro* área», o «*este* área». Se obstinan, y parece inútil predicarles que el idioma es su instrumento de trabajo, y que deben tenerlo tan afilado como un cirujano el bisturí. Seguro que se solivianta si el sastre les corta mal un traje; pero ellos visten lo que peroran con una indumentaria que da risa. O pena: es lo que muchos sentimos mientras aguardamos el farolillo que da derecho a pararse sesenta metros más allá.

Y aquí no vale escudarse en que se trata de un hecho no regulado explícitamente por la Gramática. La Academia Española, y, con ella, las Academias de América, enseñan que los sustantivos femeninos con *a-* o *ha-* tónicas iniciales se construyen con *el* y *un* (*el área, un arma*); y que esta «anomalía» se extiende a *algún* y *ningún* (*algún ave, ningún hacha*), aunque no es infrecuente la concordancia con las formas *alguna* y *ninguna*. Fuera de estos cuatro determinantes, todos los vocablos que han de concordar con tales nombres femeninos, deben hacerlo en femenino; por tanto, *nuestra, esta, aquella, esa, cuya, otra, cierta*, etc. (*área, arma, ave, hacha…*). Y, por supuesto, los adjetivos: *área extensa, ave viajera, arma ofensiva*.

No cabe regla más sencilla, que se aprende y se enseña en la escuela primaria. ¿No han pasado por ella esos intrépidos locutores, que no son sólo, por supuesto, los de *Área quince*, y que personalmente merecen todos mis respetos? ¿O los múltiples profesionales de la voz y la pluma que no observan norma tan elemental? Pero no debemos extrañarnos: cualquiera puede oír en las Facultades universitarias a profesores que se refieren sin rubor a *ese aula*.

Ya oigo el displicente bah de algunos: cosas académicas. Como si las Academias se inventaran las reglas por capricho, cuando no hacen otra cosa que dar fe de los acuerdos a que ha llegado el consenso de los hispanohablantes con el correr de los siglos. Que, en este caso, ha sido de laboriosa gestación. Veamos sólo algunas muestras, que extraigo, como ocurre frecuentemente en estos «dardos», del ingente archivo de la Academia Española. Fijémonos, precisamente, en las concordancias del sustantivo *área* con los artículos (aceptemos que *un* es también un artículo). Las primeras documentaciones las proporciona el Padre Sigüenza, a principios del xvi. Habla de «*una* área o planicie». Dentro de ese siglo, predomina «*la* área» (Luis Cabrera de Córdoba, Pérez Moya, etc.). Pero hay ya vacilaciones; en el matemático Juan de Torija (1661), se lee indistintamente «*la* área» y «*el* área». Esas dudas continúan en el siglo xviii, y las dos formas aparecen en Villarreal Bérriz. Torres Villarroel, por su parte, prefiere «*una* área», y habrá que esperar al xix para que el uso vaya orientándose con decisión hacia «*el, un* área».

No obstante, saltan dentro de ese siglo algunas excepciones a favor de las formas *la, una*. Es el caso del mexicano J. T. Cuéllar (1890); pero resulta ya rara tal concordancia: está cuajando el acuerdo de anteponer las actuales formas masculinas de los artículos a los nombres femeninos que empiezan por *a-* y *ha-* acentuadas. Y es en nuestro siglo cuando el acuerdo se logra del todo. La razón eufónica es obvia, y no hay que comentarla. (Hay también motivos históricos: el latín *illa* produjo en la Edad Media *el* y *la* como formas femeninas; pero referirlos complicaría innecesariamente esta sencilla exposición.)

En toda la documentación de que dispongo (limitada sólo a la concordancia con *área*, pero que podría enriquecerse con datos más precisos, sin interés para nuestro objeto, de haber tenido en cuenta otros nombres), todos los vocablos que no sean *el* y *un* concuerdan en femenino, a partir del primer testimonio: «*toda esta* área» escribía el Padre Sigüenza (1602). Y es que no cabía vacilación, dado el género femenino del sustantivo. Sin embargo, ya en el xviii hay algún caso que anuncia el desorden moderno: el arquitecto San Nicolás (1736) escribe «*este* área»: la vacilación «*el* o *la* área» se había contagiado a los demostrativos, e iba a perdurar en los siglos posteriores.

Y no sólo a ellos, sino a otros vocablos acompañantes. He aquí, a vía de ejemplo, la inconsecuencia de Curros Enríquez (1910), que, en un lugar, habla de un «precioso valle, sobre *cuyo* área está Zuamaya», y en otro se refiere a la parte nueva de esta ciudad, «en *cuya* extensa área se ha ensayado la artillería carlista». Pero la inconsecuencia tiene un motivo. Curros sabía bien que, cuando entre el determinante (o *cuyo*) y el nombre femenino se introduce otra palabra, el determinante (o *cuyo*) recupera su forma femenina. Por eso escribe «*cuya extensa* área», aplicando al relativo el tipo de concordancia que, como hemos dicho, se reserva sólo a *el, un, algún* y *ningún*.

Lo malo de estas inseguridades en la concordancia es que, a veces, llegan a convertir en masculinos nombres que no lo son. Ya Salvá denunció el «vuela *risueño* el aura» de Lista. Y Cuervo, por su parte, señalaba el dicho bogotano «Toca el arpa, Adelina, *tócalo*». En el habla común, y en vista de que se dice «*el* o *un* hambre», estamos a punto de masculinizar *hambre*: es frecuentísimo oír *mucho hambre, tengo un hambre tremendo*, y cosas así.

Pues a ese gracioso estado están contribuyendo a llevarnos los locutores de *Área quince*, incorporados a una vieja procesión de hablantes inseguros. En una publicación oficial de 1970 leemos «el *referido* área» y «*todo* el área»: tienen, pues, precursores en lo que es la palabra del Estado. ¿Tan difícil de aprender es la regla, que no hace sino formular el uso de los mejores hablantes y escritores modernos de nuestra lengua? La enuncio con brevedad, para que quepa en media hojita de la apretada agenda que suelen llevar nuestros apresurados voces públicas.

Las formas, hoy masculinas, *el* y *un*, y, potestativamente, *algún* y *ningún* preceden a los *nombres* femeninos que empiezan por *a-* o *ha-* acentuadas. Pero sólo ellas; y, por tanto, debemos decir *nuestra, cuya, otra, cierta, mucha, esta, esa...* (*área, agua, hambre, alma*, etc.). Los *adjetivos* han de concordar siempre en femenino (el águila *altiva*). Y cuando entre *el, un, algún* y *ningún* y el nombre femenino se intercala otra palabra, dichas formas recuperan su forma femenina (*la* extensa área, *una* tremenda hambre). Por fin, pueden apuntar también que ante los *adjetivos*, aunque empiecen por *a-* o *ha-* tónicas, es necesario el empleo de determinantes femeninos: *la áspera* piel, *una agria* disputa.

Encenderé una candela de gratitud en el alma si, la próxima vez que, ante un semáforo, pulse el botón del transistor, oigo decir *nuestra área* o *esta área*. ¡Revelaría tanta delicadeza de alma que quienes viven alrededor de tal palabra la trataran con un poco de mimo!

Dramático

La televisión me ha dado dos sobresaltos de posibles repercusiones cardíacas esta última semana. El domingo, la presentadora de uno de los lujos más memos y caros del medio habló de un castillo habitado por hadas y *ñomos*: así pronunció esta profesional de la ortofonía el vocablo *gnomos*. Algún *Uáñer* por Wagner ya habíamos escuchado, pero lo excede en aticismo el precioso *ñomos* dominical. El cual anuncia y presagia un futuro próximo en que vamos a oír *iñorancia, añóstico, piñorar, iñición*, y toda la serie léxica con *gn* resuelta en esa casi obscena palatal.

Me produjo la segunda sacudida un médico que habló de los *dramáticos* resultados que se obtienen con una droga en ciertas deficiencias mentales. No entendí aquello, sobre todo cuando comentó el gran porvenir que se abría a la medicina del cerebro con tal sustancia: me resistía a creer que aquel hombre expresara entusiasmo ante el poder mortífero de unas pastillas. Porque, si no era un sádico aquel doctor, ¿cómo elogiaba los *dramáticos* resultados del fármaco?

He podido averiguar que el moderno –y monstruoso– lenguaje galenico está adoptando aquel adjetivo como sinónimo aproximado de *excelente* o, mejor, *espectacular*. Y un enfermo reacciona *dramáticamente* con un tratamiento, no cuando se muere, sino todo lo contrario: cuando, tomados los potingues, se viste al momento y se va por su pie al fútbol. Me dicen mis amigos médicos que es reciente ese empleo, pero victorioso: constituye el no va más de la cientificidad y de la precisión en el decir facultativo. Pues aviados estamos. No me ha dado aún tiempo de husmear el origen de este horror; lo normal es que sea un anglicismo –norteamericanismo– crudo, empleado como falso sinónimo de *espectacular*.

Y esto es lo verdaderamente dramático: ya es grave que chupemos rueda de la ciencia y del pensamiento extranjeros; pero lo es más aún que nuestra pedalada sea amodorrida y carente de crítica. Que creamos estar «a la altura de los tiempos» porque imitamos los gestos externos de los que están a la altura de los tiempos. Hablando y escribiendo como ellos, creemos ser ellos. Con lo cual, ni somos nosotros, no somos nadie más que en la corteza.

Y, así, constituyen multitud los simios con documento de identidad personal.

He asestado tal vez demasiados dardos al lenguaje de los periodistas (hoy mismo, a la gentil *iñorante* de los *ñomos*); pero no se le queda atrás el de los científicos de todas las ciencias. Realmente alucina el número de los que cifran su competencia profesional en triturar el propio idioma, como si su mente, de ancha y honda, no cupiera en las casillas del castellano. No me refiero, claro es, a los tecnicismos imprescindibles, sino a multitud de vocablos que injieren en su loca parla gansa, con el solo propósito de darle un marchamo de precisión y de rigor. He calificado de monstruoso el idioma de gran parte de nuestros clínicos; pero no constituye privilegio de ellos. Y echo mano, para probarlo, de una prestigiosa revista de sociología; he aquí breves muestras de mi opulenta cosecha, referida a sólo ocho páginas de un artículo.

Comienza el autor enunciando su propósito: estudiar los contenidos *actitudinales*... A la tercera línea, ya ha clavado su primer rejón de adorno sobre los chatos lomos de la expresión ancestral. Por si alguien no se da cuenta, anuncia así que se mueve por la sociología de Harvard como un nacido a las orillas del río Charles. ¿*Attitudinal*, dicen ellos? Pues *actitudinal*, y adelante.

Apenas ha avanzado cinco renglones más a trancas por la austera dicción común, cuando ya siente necesidad de engallarse con otra injuria. Lo cierto es que esta lengua nuestra resulta bien rebelde a lo simple; de igual modo que es más sencillo *actitudinales* que *de actitudes*, ¡cuánto mejor y más esdrújulo suena «en términos *probabilísticos*» que «en términos *de probabilidad*»!, y, de paso, otro anglicismo al canto: *probabilistic*.

Habla después el articulista de cómo, en la Asamblea Constituyente francesa, fue donde, por vez primera, los parlamentarios de una ideología se sentaron a la izquierda, y los de la ideología contraria, a la derecha de la sala. Algo perfectamente sabido; pero se ignoraba que esto fuera «la traducción espacial de las *percepciones* políticas». ¿Que abismático sentido tendrá aquí esa palabra, llegada a esta prosa en plena resaca de una embriaguez anglosajona?

En tal contexto, como el autor diría, no podía tardar en aparecer el nauseabundo *posicionamiento*.¿Cabe mayor temeridad que la adicción a tan abyecta familia de vocablos? Pues bien, en nuestro texto aún aparece un ejemplar más innoble: *autoposiciona-miento*. No tiene límites la capacidad genésica del inglés *positioning*. Y no digamos de la que posee el formante *auto*, que suministra a *autoposicionamiento* un hermoso sinónimo en el excitante trabajo que gloso: *autoubicación*. Lindo ¿no? Lástima que el siguiente anglicismo sea más vulgar: «Algunos autores *especulan que*...»; lo único raro –porque ya no extraña, ni aun entre «científicos», ese andrajoso verbo– es su construcción transitiva. Pero el autor desea expresarse con llaneza; no es que no encumbre su estilo: es que lo abate muy por debajo del nivel del mar.

Y si no se cree, aquí está el siguiente ascetismo de estilo: hay que estudiar, dice, a los que «la población española entiende personal y *grupalmente* por izquierda». Ese vocablo no parece inglés, aunque sí es tal idioma el que está sugiriendo la formacion de adjetivos y adverbios tan sorprendentes como *grupalmente* (¿de *grupo* o de *grupa*?), o, líneas más atrás, «tamaño *muestral*» y «sentido *estratificacional*».

Pero donde lo anglo y lo sajón resplandecen más, donde la pulcritud científica y la exactitud terminológica fulgen con brillo que deja sin aliento, es en esta frase: hay corrientes socioculturales «que, por su grado de generalización, *han permeado* prácticamente todos los estratos sociales». Ándale ahí, no cabe más rigor.

¿Qué es este *permear*, que hoy pulula en el lenguaje de los neodoctos? Simplemente, *to permeate*, que en inglés significa «difundir a través de algo», «penetrar a través de algo sin romperlo o desplazarlo». Cualquier diccionario ayuda a traducir ese verbo por *penetrar, impregnar, extenderse por, esparcirse por*... Disponemos también de *calar en*, que aquí vendría de perlas: «que, por su grado de generalización, han calado en todos los estratos sociales». Pues no señor: ¿para qué andarse por lo llano, si es posible trepar por la pared? No teníamos, de la familia latina de *permeare*, 'pasar a través', más que adjetivos y nombres (*permeable, permeabilidad*...). Ya está ahí el verbo; pero no por latino, sino por inglés.

Sí, esto es lo *dramático*, en su verdadero sentido. El autor de ese artículo –elegido al azar entre millares posibles– no ha sentido la necesidad de forjar un solo vocablo partiendo de su propio idioma: no ha pasado de introducir anglicismos. Quiere esto decir que todos los conceptos que maneja son prestados, que todas sus proezas mentales provienen del supermercado internacional, donde las ha adquirido con su marca de fábrica; ni de su etiqueta las ha despojado para servírnoslas. Y esto lo hace, no un periodista apresurado, urgido por el teletipo, sino un científico de quien debería esperarse un esfuerzo para pensar en la lengua en que escribe. Renunciando a ello, afirma estentóreamente su vocación de epígono; ¿seremos eternamente, *dramáticamente*, epígonos?

El mismo-la misma

«Se detuvo un coche y descendieron dos enmascarados del *mismo*»: ¿no es éste un modo novísimo de hablar y de escribir? ¡Admirable apogeo de *el mismo, la misma, los mismos* y *las mismas*! Decir que «descendieron dos enmascarados», nada más –porque resulta evidente que es del coche de donde bajaron– parecería tosco a quienes creen que, para expresarse en público, hay que montárselo largo y engolado. Con el fin de estirar la cosa, podrían decir: «descendieron dos enmascarados *de él*», pero las teles desdeñan esta posibilidad por normal y llana: no cuadra con su aspiración a lo raro, aunque sea mostrenco por repetido y sobado.

Una queja continua de los informadores es que la Academia apenas si difunde públicamente sus opiniones acerca de los usos, buenos o malos, que van surgiendo. Y es verdad: la Academia confía, tal vez demasiado, en la probidad profesional de quienes han decidido, con título universitario incluido, comunicarse por ondas y prensas con el público. Pero, de vez en cuando, da su parecer. Por ejemplo, en este caso concreto; en el *Esbozo* ¡de 1973!, advertía: «Conviene llamar la atención sobre el empleo abusivo que la prosa administrativa, periodística, publicitaria, forense y algunas veces la prosa técnica hacen hoy del anafórico *el mismo, la misma*, por considerarlo acaso fórmula explícita y elegante. Pero no pasa de vulgar y mediocre, y cualquiera otra solución: pronombre personal, posesivo, etc., es preferible: *Fue registrado el coche y sus ocupantes* (no: *los ocupantes del mismo*); *La fecha es ilegible, pero se lee claramente su firma debajo de ella* (no: *debajo de la misma*)».

Once años después de esta llamada de atención, ¿qué ha ocurrido? Pues que el plaguicida obró como si fuera abono, y que esos cardos borriqueros, sanamente nutridos por la prohibición, invaden todos los rincones de nuestra lengua. ¿No surtiría el mismo efecto una acción académica más continuada, y no podría ocurrir que las llagas se extendieran aún más si se hurgara en las mismas (quiero decir: en ellas) con asiduidad?

Por otra parte, no una institución tan limitada como es la Academia, sino legiones de escuchas y vigías, como la CIA o el KGB, harían falta para anotar infracciones y fichar prevaricadores. Hay voces públicas que precisarían tres o cuatro personas dedicadas a vigilar su juego; y, aun así, marcarían goles con la mano.

Pero no nos desviemos del asunto, que es el disparatado apogeo de *el mismo*, en sustitución del posesivo o el pronombre, como señala el *Esbozo*; o, lo que es peor, en sustitución de nada. Porque son habituales construcciones como éstas: «Para la presentación de los proyectos y la ejecución *de los mismos...*»; «Hay que cambiar los jugadores de la selección nacional y la técnica de juego *de la misma*». Como ya ocurría en el primer ejemplo que propusimos, bastaba con construir así: «Para la presentación y la ejecución de los proyectos...»; «Hay que cambiar los jugadores y la técnica de juego de la selección nacional». Pero, muchas veces, se precisa un anafórico, es decir, un pronombre o un posesivo que remita a un término ya expresado. Y es entonces cuando, «por considerarlo fórmula explícita y elegante», es decir, hortera, se echa mano de ese *mismo* espurio. Su avance es intrépido. Hasta ahora, no ha pasado a la lengua coloquial; se mantiene en la prosa escrita o leída; pero, si el ridículo no lo extingue –que no lo extinguirá, porque sus usuarios no se enteran de que lo hacen–, pronto mantendremos diálogos así:

–Juraría que me había echado las llaves al bolsillo de la chaqueta, pero no llevo las mismas en el mismo.

–¿Te has mirado en el pantalón? Puedes llevarlas en los bolsillos del mismo.

–No, no llevo las mismas en el mismo. Al salir de casa, habré dejado las mismas sobre algún mueble de la misma, mientras sacaba el abrigo y me ponía el mismo.

–Tendrás que llamar al cerrajero para que abra la puerta.

–Sí, aquí tengo el teléfono del mismo. Nos cambió la cerradura de la misma hace poco, y conocerá la misma...

Excitante charla, llena de precisiones, exactitudes y puntualizaciones. Pues esto que aún no hacemos hablando con nuestros vecinos es lo que oímos o leemos impávidos en todas las prosas que se nos dirigen desde todos los púlpitos radiofónicos, televisivos, parlamentarios, jurídicos, periodísticos, profesorales...; los consabidos lugares donde se usa la lengua española en vano.

Pero ¿quién tendría que rechazar estas zafiedades? No cabe duda de que los ciudadanos a quienes molestan tendrían que inundar con sus improperios el correo de tales bárbaros, bloquearles el teléfono, hacerles sentir vergüenza. Es lo que suelo recomendar a quienes me escriben para lamentarse de desaguisados. Lo malo es que no parecemos ser muchos ya los sobrevivientes de una cierta sensibilidad por el idioma. Nuestra sociedad se muestra comprensiva, cuando no complaciente, con los disparates en el decir; de lo contrario, no encaramaría a los puestos de pública responsabilidad a tanto indocumentado: lo enviaría a hacer palotes, y no a la televisión, o al parlamento... o a la cátedra. Se diría, incluso, que la insensibilidad es mayor cuanto más arriba se llega en la escala de instrucción. Mi artículo del mes pasado se ocupaba del *dramático* de los médicos; no salgamos de este gremio.

Un entrañable amigo me envía un recorte del diario de su ciudad. Se lee en el sobretitular de la noticia «Clima de tensión en el Hospital de San Jorge». Debajo, el titular estalla así, estremecedoramente: «Los médicos rechazan un informe que denuncia un *sobredimensionamiento* de la plantilla». Si quedan fuerzas para descender al cuerpo de la noticia, nos zambullimos en este lodo: «Los médicos del Hospital Provincial de San Jorge acordaron responder *puntualmente* (¿es que tenían hora fijada?) al informe elaborado por la inspección de los servicios territoriales del Insalud, en el que se afirma que *dicho centro está sobredimensionado en cuanto a la plantilla*, y se ratificaron en la *hipótesis de que la Administración pretende devaluar la actual cobertura*».

Ahí tenemos un prodigio octosilábico: *sobredimensionamiento*, como propuesta de vanguardia para eliminar del español el «obsoleto» *exceso*. Cuánto más sano, lustroso y saludable es expresarse así, y no decir, como Ramón y Cajal hubiera dicho: «Los médicos rechazan un informe que denuncia un *exceso* de plantilla». Ese estilo doctoral, según podemos ver, suprime también las diferencias entre *hipótesis* y *suposición*; en vez de «Supongo que volveré pronto», digamos: «Formulo la hipótesis de que volveré pronto». Hace igualmente sinónimos *reducir*, *disminuir* o *rebajar* y *devaluar*: los doctores, a partir de ahora, *devaluarán* la temperatura de los febriles. Y *cobertura* ya no se sabe lo que es: el número de médicos, el de servicios, el de cubiertos o el de colchas del hospital. Probablemente, lo que querían decir era sólo esto: «...se afirma que dicho centro cuenta con una plantilla excesiva, y reiteraron su sospecha de que las autoridades sanitarias pretenden reducirla». ¿Es así? No estoy seguro de la traducción.

Evidentemente, esos párrafos no los ha excogitado el periodista, no son su culpa; pero tiene otra: ¿por qué se pone de parte de tan intrincados médicos, y no del público lector que es el que compra el periódico? Pero no es eso lo que yo quería decir. Lo traigo a cuento, para el siguiente epifonema: si hemos de fiarnos de muchas personas de carrera para que se erijan en custodios de la dignidad civilizada de nuestra lengua, aviados estamos con *las mismas*.

Ignorar

–Buenos días, don Lázaro, felicidades por el premio Mariano de Cavia –me dice el frutero de mi vecindad, con su cortesía habitual. Yo siento como una injuria el «don» antepuesto a mi apellido, pero correspondo amable, considerando lo inoportuno de estamparle un aguacate en el rostro.

–Todo el mundo se ha alegrado mucho –insiste, dando una vuelta más a la rosca.

Le aseguro, para impedir su avance, que yo sé de personas que en modo alguno se habrán regocijado.

–Pues *ignórelas* –aconseja.

Y al argüirle que las conozco muy bien, pone cara de creerme tonto, y me aclara:

–Quiero decir que no les haga caso.

Si quería decir esto, ¿por qué no me lo ha dicho? Claro, sé por qué, y miro con enorme cariño la caja toda de los aguacates. Pero emprendo mi aventura mañanera.

Me instalo en un asiento del Metro; a estas horas, pasada ya su primera punta, va casi vacío y puedo leer. Abro el periódico, con el ánimo endurecido para no sucumbir a las noticias. No hay –milagro– muerto alguno en la primera página, pero sí este titular: «Habrá huelga de X en la Semana Santa: la empresa *ignora* las demandas de los trabajadores». Es absurdo, me digo; ¿no hay nadie que haya informado a los empresarios de qué desean los obreros? No me explico cómo, a estas alturas, pueden dejar de saber esos señores lo que todo el mundo conoce: aquellas demandas llevan varios días publicándose en la prensa, difundiéndose por radio y «tele». Debe de ser ciega y sorda la tal empresa. Cierro el periódico y lo destino a la primera papelera: es el castigo particular e inocente que le inflijo por su estupidez al titular; porque está claro que quería decir otra cosa.

En la estación de Alonso Martínez han subido dos quinceañeras. Se quedan en pie delante de mi asiento y escucho su conversación. Una habla con agitación, es morenita, y se nota que no ha acabado aún de crecer y de redondearse; fuerza su estatura con decímetro y medio de pelo afro. La otra, que se sujeta a la barra con sus dos manos diminutas porque el vagón se bambolea, trata de calmarla. El motivo del disgusto no sorprende: un chaval la desairó ayer en la discoteca. Y, con mirada punzante y voz ronca de Némesis, la vejada anuncia:

–A ése lo voy a *ignorar* ya para siempre.

Me apeo en Moncloa y salgo a la plaza. La mañana, primera auténtica de la primavera, es deslumbrante: no hay, por desgracia, nubes, y una cierta fragancia del parque vecino se abre paso entre la fetidez de la gasolina. Es el máximo del esplendor madrileño, su no va más de petulancia ambiente. Evito mirar a la sierra para no caer en la trivialidad de comprobar su velazquismo; porque es seguro que hoy está insolentemente velazqueña. Todo invita al gozo; pasan hacia la Universitaria preciosas chiquillas abrazadas a libros austeros, a apuntes sequísimos; una gitana vocea su mercancía de claveles, que, a cientos, se estiran dentro de sus latas cilíndricas; hay títulos nuevos, excitantes, en los escaparates de las librerías; en los muñoncitos escuálidos de los árboles urbanos, asoman ya hojas adultas; la gente, sin abrigo, anda en mejores pasos, como con piernas cambiadas. Perfecto todo, salvo esta sorda cólera mía.

No es que oír o leer un anglicismo más pueda hacerme desgraciado en medio de tanta hermosura. Tampoco se trata de eso. Ni un anglicismo, ni un millón de anglicismos frenarían el latido de mi sangre. No sólo de bien hablar vive el hombre; lo que prevengo para evitar que se me tome el número cambiado. Lo que esta mañana me sucede es que ha habido demasiada concentración: tres son muchas ignorancias para que hayan coincidido en un cuarto de hora: la del frutero, la de la empresa, la de aquella nena del Metro. Y tengo que pensar que, si esto me ocurre en mis primeros minutos de calle, se me prepara un día inolvidable.

Decido, por ello, regresar a casa y encerrarme rodeado de precauciones. Cualquier cosa puede ocurrirme hoy: que me llame aquel amigo de Valencia que hace siglos que no veo, y que está deseando darme un abrazo; que reciba carta del editor a quien prometí tener acabado un libro hace ocho meses; que me nombren juez de unas oposiciones; que mi mujer me recuerde lo mal que estamos quedando con su prima Teresa, y que hay que visitarla esta tarde. Puede suceder, incluso, que tenga sopa sin sal y pollo frito para comer. Fecha aciaga.

Antes de que todo eso, y quién sabe qué más, me suceda, me recluyo en casa para dejar listo este artículo por lo que pudiera ocurrir. Y como creo que las asechanzas deben ser afrontadas, y que huirles es el mejor modo de que los males sobrevengan, apunto mi dardo hacia *ignorar*, para conjurarlo.

Consulto el Diccionario; toda precaución es poca. De ignorar dice, en efecto, que significa: «no saber una o muchas cosas, o no tener noticia de ellas». La definición no es modelo de elegancia, pero eso, sólo eso, ha significado tal verbo desde el siglo xv en que, como latinismo, se insertó en nuestra lengua. Parecería que, en latín, la construcción *aliquem ignorare*, documentada en Terencio y en Cicerón, por ejemplo, podía tener un sentido semejante al que le daba la niña airada cuando se disponía a *ignorar* al bellacuelo de la discoteca. Pero no: *aliquem ignorare* quería decir 'no conocerlo', no saber quién es o cómo es su carácter. En modo alguno 'hacer como si no existiera', que es la acepción que hoy me martiriza. Para entender estas novísimas ignorancias hay que recurrir a un diccionario de inglés. El *Webster*, por ejemplo, informa de que en dicha lengua, *to ignore*, en su acepción de 'carecer de cierto conocimiento', es ya arcaico; porque ahora significa 'negarse a tener noticia de algo', 'cerrar los ojos a algo'. O, dicho en nuestro romance 'no hacer caso'.

Muy simple, ¿no? Era lo que me recomendaba el frutero de mi plaza; que no hiciera caso. Y de lo que se quejan aquellos obreros, y lo que iba a hacer la Némesis del Metro. Sin embargo, en los tres casos se usó ignorar con su sentido angloamericano, que poco a poco va erosionando el latino-español. He aquí un flagrante caso de barbarismo superfluo, de esos que tan poca falta nos hacen. Metido como una cuña en el tronco de nuestro idioma, acabará secando el «no hacer caso» y dejándonos sin el modo de decir cultamente «no saber». Se habrá introducido para nada por hablantes despreocupados o tristes de no haber nacido, como mínimo, en Gibraltar.

Si esto no se ataja –y no se ve medio– será preciso echar mano de diccionarios ingleses para leer prosa castellana. Y sólo los españoles para interpretar textos de más de treinta años. Los de 1950, por ejemplo, serán fabulosamente arcaicos; no digamos los de más atrás. Un próximo editor de Machado, bajo los versos: «Castilla miserable, ayer dominadora, / envuelta en sus harapos desprecia cuanto ignora», tendrá que insertar una nota: «Ignora, significaba desconoce en castellano antiguo». Así se evitará entender que la pobre Castilla desprecia todo aquello de que no hace caso; lo cual sería una obviedad.

Ya está, ya he terminado el artículo. Pero no lo firmaré sin advertir que, hace unos minutos, mi mujer me ha interrumpido para anunciarme que ya viene de camino para darme un abrazo, ese amigo mío de Valencia que hace siglos no veo.

Afirmativo-negativo

La primera vez que oí estas polisílabas maneras de afirmar y de negar, fue, hace cuatro o cinco años, en el aeropuerto de Málaga. En una terraza, un operario de fuerte acento local hablaba, mediante un *walkie-talkie*, con otro que estaba arreglando algún desperfecto en la cabina de un avión. Éste le informaba de que la faena iba para largo, y le pedía que buscara a tal persona y la enviase para allá. «¿Me has oído bien?», le preguntó. «*Afirmativo*, ahora te lo mando», fue la respuesta del malagueño.

No quise asombrarme mucho, dado el aterrado respeto que me produce la aviación; tal vez, aquel modo de expresarse era necesario para la seguridad en el vuelo. Poco más tarde, volví a escuchar esos adjetivos en función adverbial (es decir, en vez de «sí» y de «no») a la empleada de una agencia de viajes que, por teléfono, informaba a un cliente sobre horarios, enlaces y precios; pero también era cuestión de aeroplanos, y seguí interpretando tales respuestas como propias y exclusivas de las artes de viajar volando. Últimamente ya me he caído del burro, porque me siento acompañado por ellas en los taxis con radioteléfono.

Todos nos hemos trasladado en alguno de estos vehículos, inquietos por una voz metálica que habla sin respuestas. Mejor dicho, que va seguida de un breve gruñido del receptor, correspondiente, tal vez, a lo que el taxista que está al aparato dice a la central coordinadora. Pero sólo se escucha a ésta. Defrauda asistir a un diálogo, tal vez excitante, del que sólo se oye a uno de los coloquiantes. «Legazpi. ¿Hay alguien por Legazpi?» Ruido; y nos quedamos sin saber si hay alguien por Legazpi. «Reclaman de Huertas que no ha llegado el taxi.» Ruido; formidable incertidumbre de no saber la causa. Pues bien, de vez en cuando, son los taxistas quienes deben inquirir algo a la central, una aclaración tal vez. Y entonces sí que oímos la respuesta: *Afirmativo*. Deducimos que el conductor ha acertado; lo cual nos conforta, aunque ignoremos por qué: simple solidaridad. Otras, se desestima lo que dice: *Negativo*, farfulla implacable la central; y sigue un carraspeo antipático.

El operario malagueño, la chica de la agencia, la central de los taxis...: ¡con qué rapidez se han adueñado del modo usamericano –gracias, José Ortega Spottorno, por la invención de este vocablo– de sustituir el *yes* y el *not* o *no*! No me parece equivocado pensar que *affirmative* y *negative* nos han llegado volando: creo que acerté desde el primer momento. Corresponde a la jerga que usan en los aviones. De ella, casi seguro, ha partido la adopción de las formas invariables *afirmativo* y *negativo*, como corresponde al carácter adverbial que tales expresiones poseen en inglés. Pero el prestigio de ese idioma y de sus usuarios, las ha hecho triunfar, por mimetismo, a ras de tierra.

Se explica bien que, en la conversación por ondas, haya sido necesario, en inglés, dar mayor cuerpo a palabras tan decisivas. Era preciso asegurar una comunicación sin errores. Éstos pueden producirse con más facilidad si se emiten monosílabos. Sustituyéndolos por vocablos más largos, el riesgo de pérdida informativa disminuye: mientras que *yes* o *no*, siendo tan entecos, pueden atomizarse en la transmisión, *affirmative* y *negative* poseen una naturaleza robusta, muy resistente a la electricidad. La porción que, en ellos, se opone (*affirm*-, frente a *neg*-) resulta fonológicamente más nítida.

Es lógico, pues, este empleo, y muy natural también que, en comunicaciones radioeléctricas delicadas, aun entre hispanohablantes, se calquen las expresiones inglesas. Ante la posibilidad de que un piloto entienda que tiene pista libre cuando la torre de control le ha dicho que no, todo melindre lingüístico debe ser pospuesto: que hablen como quieran, con tal de que haya buen despegue.

Lo malo es que, según hemos dicho, tan altos usos se han contagiado a otros más bajos. ¿Qué los justifica en el nivel terrero, por qué hablan así el operario, la agente y los locutores de radiotaxi? Sólo la ostensión lingüística de que están actuando en un nivel tecnológico alto. De que su trabajo se alza con mucho sobre el de quienes sólo necesitan «sí» o «no». De que operan con aparatos sublimes, ante los que hay que hablar, para ser digno de ellos, con sublimidad.

He aquí un pequeño foco de infección idiomática, que puede arraigar. Ya no se emplea sólo en radio, sino hablando por teléfono. De esto puede extenderse a la conversación en presencia. La muchacha de la agencia, cuando el novio, en trance amoroso, le pregunte si lo quiere, puede contestarle, víctima de un tic profesional: ¡*Afirmativo!* El novio, sensible a la fuerza romántica de esta afirmación, puede responder al cura que le pregunte si quiere a la agente por esposa: ¡*Afirmativo!* Invitados e invitadas se sentirán cautivos de un modo tan refinado de manifestar el alma, y aquel templo se habrá convertido en célula activa de difusión: de él saldrán tres, cuatro, cinco docenas de fervorosos propagandistas.

Sabido es que, al diferenciarse durante la Edad Media, en Francia, dos lenguas, una al norte y otra al sur, la característica que más chocó fue su diverso modo de decir «sí». Por ello, se les dio más tarde el nombre de *langue d'oïl* y de *langue d'oc*, respectivamente. Si este sistema denominativo subsistiera hoy, a ese idioma entreverado de inglés que se habla por todo el mundo, habría que llamarlo *affirmative-language*. Es una lengua que sólo ventajas ofrecería, cuando se impusiera totalmente. Neutralizaría los efectos deletéreos de Babel, haciendo realidad el sueño secular de la lengua universal. Lo que el latín, el español y el francés, en momentos estelares de sus historias no lograron ser, pudiera alcanzarlo ahora el inglés. Se cumpliría una de las aspiraciones unánimes de la humanidad.

Pero esa jauja no puede llegar. El idioma de Reagan está cayendo como una losa unificadora sobre los demás; pero, mientras este proceso nivelador se extiende, una fuerte diversidad se produce, a la vez. Porque *affirmative* suena de modo muy distinto que *afirmativo*; *to position*, que nos ha endilgado *posicionar* y a los franceses *positionner*, siendo la misma palabra, ofrece caras muy diferentes en las tres lenguas; entre las pronunciaciones de *audience*, en inglés o francés, y *audiencia* en español, cualquier parecido constituiría un error. Es absolutamente seguro que un anglohablante se quedará perplejo oyéndonos decir *presurizar*, o, a un francés, *pressuriser*, aunque ambos vocablos sean *to presurize* en versiones nuestras; y abrirá la boca cuando se entere que, en la nuestra, *chequeo* intenta reproducir su *check-up*.

El resultado de todo esto es que todas las lenguas tienden a parecerse, y emprenden al mismo tiempo un enérgico proceso de diferenciación. Se están estropeando en balde, y, de paso, alteran nuestras cabezas: todos estamos viendo el mundo a través del monóculo USA. ¿Es éste malo? No lo creo de ningún modo; pero se ajusta a una visión ajena, no a la de otras culturas que algo han aportado al mundo, que aún pueden aportar y que deben sobrevivir. Esa mutación mental está ya en franco desarrollo, y de ella participan, paradójicamente, y aun en vanguardia, los más furibundos antiyanquis. Oyendo, leyendo sus lamentos por la derrota de Mondale en dialecto *affirmative-language*, se hubiese dicho que eran compromisarios del vapuleado candidato.

... y un largo etcétera

¿Les suena? Es la moda madrugadora, la que se adelanta a la hora que va a dar. Nació en el laboratorio de un osado inventor, la exhibió, y ya están sobándosela. Porque a alguien se le ocurrió −en un cacumen culto hubo de nacer ese hallazgo− tan precozmente triunfador. Sería injusto motejarlo de imbécil: nada que triunfa lo es. Quien dio con *un largo etcétera* como remate o coda de una enumeración, merecería que todos los hablantes cayéramos sobre él, para abrazarlo, igual que el equipo entero se abate, en el estadio, sobre el autor de un tanto, con un amago de linchamiento entusiasta. Sólo que el nuestro no debía amagar.

¿Quién sería? ¿Hombre, mujer o mixto? ¿Joven, español, iberoamericano? Es lo desesperante de los cohetes idiomáticos: pujan a nuestro lado, y nadie sabe, al verlos, quién los ha lanzado. Pero este innovador tiene genio. Había ido tal vez a un acto que debía reseñar para su periódico o emisora, una presentación de un libro, pongamos por caso. Era quizá principiante, y no conocía a los «presentistas» (voz formada sobre «estrenistas» de teatro; casi desaparecidos estos, sobreviven en aquellos); sólo a ese par de eminentes que el autor del libro logra llevar a empujones de teléfono. ¿Cómo mencionar en su crónica a los dos tan sólo? Y ¿cómo ofender al autor del libro, tan gentil con él? «Asistieron ilustres personalidades como Fernández y Martínez»; «Entre las ilustres personalidades asistentes figuraban Fernández, Martínez, etc.». Ambas soluciones descubren que no había más; o que él no conocía a más. Y en este trance, tan normal desde que existe el periodismo, su intelecto, estrujado, destiló la perla: «Asistieron ilustres personalidades: Fernández, Martínez *y un largo etcétera*, que haría interminable la relación».

Ahí quedó la nueva criatura: como recién nacida, expuesta a un incierto destino. En épocas de mayor cordura idiomática, cuando era corriente que cualquiera supiese el significado latino de *et* y de *cetera*, y, por tanto, el de *etcétera* ('y las demás cosas o personas'), sobre ese hallazgo anónimo hubiera caído una tormenta de almohadillas coléricas. Ahora, en cambio, con el idioma prendido con alfileres en la cultura media, ha ocurrido lo esperable: a necedad más honda, mayor exaltación. Y estamos sólo en su aurora, según he advertido; en la víspera aún de su Normandía.

El dislate tiene una cojera gramatical y otra estética. La primera sería disimulable si la compensara una pierna garrida; pero falta también. *Etcétera* es, según la Academia, un nombre masculino, lo cual resulta difícil de admitir. Evidentemente puedo tratarla como un nombre, si digo, por ejemplo: «Aquí puedes poner un *etcétera*»; también se nominaliza *hacia*, por ejemplo, si aconsejo: «Aquí puedes poner un *hacia*». Cualquier palabra puede hacerse nombre así, usándola metalingüísticamente, es decir, hablando sobre ella. Consulto el *Larousse*, y allí se dice que *et cetera* es una locución adverbial; pero no acierto a inventar una frase en que complemente a un verbo. Veo ahora el *Webster*... Horror.

Mi espanto requiere una explicación, y me obliga a torcer el curso de este escrito. Es el castigo que acompaña al orgullo, en el presente caso, al exceso de fe en la fertilidad hispana. Tendría que haberlo previsto al ponerme a escribir, debería haber tomado precauciones antes de lanzarme a la aventura de atribuir a *un largo etcétera* nacimiento en el solar del castellano. Ni eso, señores, ni eso somos capaces de alumbrar. Iba buscando la opinión gramatical del solidísimo *Webster*, y observo que dedica a *etcétera* dos entradas. En la primera, cuya definición coincide con nuestra acepción tradicional ('y otros, especialmente de la misma clase'), no se pronuncia, prudentísimamente, sobre qué tipo de palabra es. Pero hay una segunda, diagnosticada con resolución como nombre, que en inglés significa: 'un número de varias personas o cosas no especificadas'. He aquí el ejemplo: «A *long etcetera* of illustrious names»: ¡Un *largo etcétera* de ilustres nombres!

Me siento profundamente humillado; les ocurrirá a ustedes lo mismo. Estoy como si Lanvin, después de aislarse dos meses para diseñar la falda masculina, saliera a la Rue Royal, y la encontrara invadida de escoceses. ¿Cabe mayor desencanto?

Otro anglicismo, por tanto. Era insospechado, por tan necio. No afirmo que no haya necedades en inglés. Pero no podemos llamar así a los desafueros que cometen con palabras latinas o neolatinas: pertenecen a otro corral, y los hablantes no están hechos a los protocolos de esa familia. Lo contrario también ocurre. Los franceses atribuyen a su inventado *footing* ese significado de carrera lenta y larga para estimular la circulación sanguínea; nosotros nos apropiamos la voz y la terapia; es una significación disparatada, y hace reír a un anglohablante. Pero se trata de una licencia que los galos se han tomado con el mejor derecho: el de manejar lo ajeno. Lo grotesco ocurriría si, en el mundo anglosajón, se adoptase esa acepción de *footing*, es decir, si adoptasen ese monstruo seudoinglés.

Pues eso hacemos nosotros a cada minuto: ahora, por ejemplo, al *etcétera* de nuestra sangre lo sodomizan los anglos, lo retuercen con un *twist* espantoso, y, ya hecho un trapo, lo recogemos con veneración, y nos lo ponemos en la prosa como un airón del siglo XXI: «La manifestación contra las bases americanas ha sido convocada por sindicatos, partidos, ecologistas, feministas y *un largo etcétera* de firmantes». Pero ¿y esa otra base: el largo *etcétera*?; ¿y mil más?

A todo esto, he dejado interrumpida mi opinión sobre la naturaleza gramatical de *etcétera* (el nuestro, el latino). No es un nombre, decíamos; usado al segundo modo inglés, sí; pero no como era normal en las lenguas románicas. En éstas («Saco del cajón fotografías, documentos, bolígrafos, cuartillas en blanco, *etcétera*»), no admite los comportamientos típicos del nombre. Porque sigue conservando su naturaleza pronominal de origen, y su vacío semántico que le permite llenarse de varias significaciones simultáneas; igual que *todos* y *varios*. Y como le ocurre a cualquier pronombre, ni puede llevar artículo (un *etcétera*), ni adjetivo (*un largo etcétera*).

Proponía antes, también, una razón estética para rechazar el engendro. Ahora, conociendo su origen, ya no hace falta. En cualquier caso, ahí va: ¿resultaría grosero preguntar a quien dice o escribe *un largo etcétera* como cuánto de largo es ese *etcétera*?

1985

Valorar positivamente (o negativamente)

Cuesta mucho trabajo imaginar cómo la Humanidad ha podido atravesar siglos y edades sin cosas tan imprescindibles como son el aire acondicionado, la residencia secundaria, el vídeo y los refrescos caudatos. Con cola, quiero decir. Sin éstos especialmente, bebiendo sólo agua para refrescarse. Víctima insigne de tal carencia fue don Felipe el Hermoso, tras la sudada del partido de pelota. ¿Cómo es posible que no pereciera la especie, de ese o semejante modo? Pues aún resulta más difícil concebir cómo los hispanohablantes fueron capaces de expresarse sin poseer esas palabras, delicias nuestras, que desde hace poco nos permiten, por fin, ser exactos e inequívocos en la comunicación. Sin salir de aquellas épocas áureas, ¿cómo tratarían la unión de las Coronas de Aragón y de Castilla, si no disponían de la palabra *tema*, si no podían hablar del *tema de los reinos*? Por eso les salió tan mal aquello, y tenemos que andar corrigiéndolo. «En esto descubrieron treinta o cuarenta molinos de viento que hay en aquel campo...» Se justifica que no leamos ese libro donde se derrocha tanta imprecisión; hoy podría decirse, con elegancia suma, que descubrieron el *complejo harinero* de Montiel.

Sí, aunque resulte increíble, quienes hablaban español se atrevían, años atrás, a tratar de casi todo (lo que tenían y sabían y seguimos teniendo y sabiendo), sin registros *rutinarios*, sin que *culminara* lo que, simplemente, concluía; sin hacer caso de ciertas cosas, pero no *ignorándolas*, sin embargo; sin pensar que era histórica cualquier decisión de trámite; jamás los zalameros juzgaron que fuera *alcaldable* Pedro Crespo, y Carlos III no *remodeló* Madrid: se limitó a adecentarlo. No se *reinsertaron* los emigrados liberales muerto el Rey Felón, únicamente se reintegraron a su patria. Discutían unos con otros asuntos concretos, pero les faltaba el matemático adjetivo *puntual*. Lope de Vega jamás dijo que la belleza de Elena Osorio era *importante*; extraña cómo ha durado tanto su fama de hermosa, y la de sus amores con el Fénix, que nunca constituyeron un *romance*. El cual, por cierto, terminó y no *finalizó* ni *culminó* dejando honda huella en el poeta; no lo *impactó*, porque no conocían este vocablo aquellos desgraciados.

Los políticos de esos siglos oscuros que llegan casi hasta nuestros días tampoco eran particularmente despabilados. Llamaban con rudeza cuestión social a los *conflictos sociopolíticos*. Torpes. Se referían a la diversidad de partidos sin sospechar que eso se denominaría *arco parlamentario*. Los *dirigentes* aún no eran *líderes*, ni los jabalíes *oradores incisivos*; un conjunto de leyes no constituía un *paquete legislativo*. Por cierto que aquellas no *contemplaban* nada: se limitaban a disponer u ordenar. Las demandas todavía no se exponían en *plataformas*, los jerarcas celebraban reuniones y no *cumbres*, y había paro y no *desempleo*. (Choca que un político joven, como es el presidente del Gobierno, empleara el vocablo *paro* en su discurso de investidura, y añadiera, desafiando a la modernidad: «No intentemos disfrazar su crudeza con el término menos agresivo de *desempleo*». No es menos agresivo; es más «guay».)

¡Qué mancos de expresión aquellos políticos viejos, que acordaban y no *consensuaban*, que hacían conjeturas o cábalas, sin *especular*, que se comunicaban sin *contactar*; cuyas discusiones versaban de hechos, sin alcanzar a ser *factuales*; que sólo aspiraban a dirigir organismos, sin que los *entes* se les pasaran por la cabeza; que se coligaban, gesto de menos amplitud que *coaligarse*; que manifestaban su aquiescencia a un proyecto de ley, sin sentirse obligados a *darle luz verde*. Edad de piedra del lenguaje político, la cual, por desidia, había de acabar como acabó.

Démonos cuenta de que ni siquiera a los intereses de partido sabían llamarlos *partidarios*. Asombra pensarlo. ¿Cómo podía arrebatar Maura con su oratoria, diciendo, por ejemplo, en 1901: «Se nos impone la necesidad de que el patriotismo hable por encima de todas las voces *de partido*»? Inconcebible.

Pues bien, desde hace algunos años, nuestro neolenguaje neopolítico se ha enriquecido con un instrumento de precisión japonesa: *valorar positivamente* (o *negativamente*). El Gobierno, digamos, entra anunciando un referéndum sobre nuestra permanencia en la OTAN. El PC *valora* este anuncio *positivamente*, y AP lo *valora negativamente*. El mismo Gobierno, digamos, tras sesudo replanteamiento de la cuestión, frena y se inclina por permanecer en la OTAN; el PC, entonces, carga el verbo *valorar* con una raya, y

AP con una cruz. Cruz y raya, más y menos, exactitud muy propia del *esprit de géometrie* reinante.

Pieza admirable, asombrosa, esta singular expresión. ¿Qué cabía hacer antes? Volvamos al ejemplo. El Gobierno socialista decide, renunciando por una vez a gran parte de sus votos, que no hay salida en el «tema OTAN»; y ello requiere un comentario, una declaración, un algo por parte de los conservadores. ¿Qué podrán decir disponiendo sólo del antiguo arsenal lingüístico? Puesto que la rectificación gubernamental les ha gustado muchísimo deberían soltar el chorro de la alegría y proclamar, por ejemplo: «Nos sentimos felices con la sensibilidad atlantista del Gobierno». Resultaría horrible; hay que enfriar el tono. «Compartimos enteramente el parecer del Gabinete.» Ya suena mejor, pero ¿es que la oposición puede compartir algo con sus opuestos? «Estamos conformes con lo decidido por los socialistas»; «creemos que el Gobierno ha adoptado una decisión correcta...». Son fórmulas posibles; no reflejan, sin embargo, un fundamental detalle: que la oposición siempre había defendido la permanencia en la OTAN, y que, por tanto, precedió al Gobierno en el acierto. Tratemos de expresar a la antigua este matiz: «Felipe González se adhiere a nuestra postura». Excesivo. «El Gobierno se apea del burro y nos da la razón.» Vulgar; y obviamente falso, porque la razón se la ha dado a Mr. Reagan.

Dificilísimo hallar la declaración justa, contando con el idioma pobre de nuestros padres. Y aquí está la solución: «Nuestro partido *valora positivamente* la decisión del Gobierno». No necesito advertir que se trata sólo de un ejemplo inventado: no me consta que tal proclamación haya sido hecha así por los conservadores hispanos. Incluso no he observado en ellos una proclividad especial a esa sandez, frecuente, en cambio, en la jerga sindical. Pero, jugando con el invento, pueden observarse, de modo muy didáctico, las ventajas del gran hallazgo verbal. Por lo menos son éstas:

1.ª Es un tecnicismo sólo apto para profesionales. Éstos, al utilizarlo, junto con otros de tal estirpe, marcan la distancia enorme que los separa del común ciudadano. No intentemos, pues, juzgarlos: basta con que los votemos.

2.ª El carácter neutro, nada emotivo de *valorar positivamente* o *negativamente*, permite introducir en las relaciones entre contrarios una fría cortesía. Hoy por mí, mañana por ti.

3.ª Ahorra esfuerzo mental, exonera de buscar matices, deja la sustancia cerebral en reposo, no causa alteración del proceso digestivo.

Son, como vemos, abundantes ventajas de las cuales tal vez sabrá aprovecharse el idioma general. «Mira qué calcetines te he comprado», dirá un día la esposa al esposo. «Los *valoro positivamente*», podrá contestar éste, suprimiendo el «son muy bonitos» o el «me gustan mucho», el «parecen muy abrigados» u otros comentarios así de pueriles. No nos preocupe si privamos a los políticos de su utensilio: ya se fabricarán otro. No cesan de discurrir para no discurrir.

La práctica totalidad

¿Sabe usted que hay totalidades teóricas? Comparto su ignorancia, pero ha de haberlas, puesto que las hay prácticas: los medios de comunicación, los políticos, los profesores, los letrados, los predicadores, las gentes todas que deben de saber lo que se dicen, proclaman incesantemente su existencia: «*La práctica totalidad* de los ciudadanos está indignada con el nuevo impuesto comunitario». Quieren manifestar, todos lo sabemos, que la indignación es compartida por casi todos los ciudadanos. Es un modo elegante de excluir de la indignación a los cívicos inventores del ya popular tributo; que son muy pocos, claro, insignificantes excepciones en el formidable clamor de la cólera.

¿Qué será, pues, una totalidad teórica? Porque los adjetivos *práctico* y *teórico* son siameses, y no puede funcionar el uno sin la ausente presencia del otro. Si en los cuarteles se da la *teórica* es porque el resto de las actividades son de zurra; si hay ciencias teóricas es porque con esta denominación se oponen a las prácticas, y así en todo. Ha de poderse decir, pues: «*La teórica totalidad* de los ciudadanos aclama el nuevo impuesto». Y, puesto que la *práctica totalidad* son los que trinan, la teórica totalidad estará constituida por los que aclaman, esto es, por el presidente de Madrid y su equipo de eminencias fiscales y políticas. El asunto –discúlpeseme que no lo llame *tema*– parece bastante claro, y si nadie denomina aún a dichas personas «la teórica totalidad de nuestra Comunidad», es por una lamentable dejación de derechos: el idioma autoriza a ello.

Cabe pensar, sin embargo, que eso de *la práctica totalidad* sea una tontería, una bobada suelta, y que la expresión hermana se negase a nacer con ella, temerosa del ridículo. Y ésta es la radiante verdad: tal sintagma constituye una sandez autónoma y sin pareja. Aunque muy pegajosa; lógicamente sólo ataca a los sandios: apenas le entra a uno de ellos por ojos u oídos, se le pasa a la lengua, que tal estirpe tiene, como sabemos, muy débil, si bien muy dinámica. Se calcula que un infectado está ya en disposición de contagiar a las cuatro horas.

Cuenta, sin embargo, tal novedad con un mérito: el de ser creación hispana. Esta vez no hemos mimetizado a nadie, el invento no ha de pagar regalía, podemos alardear de que es un fruto generado por los que hablan castellano. No deja de ser consolador, en medio del llanto que su presencia provoca a los sensatos. La historia de la gesta es la siguiente:

Contábamos con el adverbio *prácticamente* para significar 'en la práctica', esto es, según –muy medianamente– define la Academia, «casi en realidad». No es mejor, antes al contrario, la definición de María Moliner: «Indica que lo expresado por la oración a que se refiere es así en realidad, aunque aparentemente no lo sea: *prácticamente, dadas las dificultades que ponen, es como si estuviese prohibido*». Creo que su equivalente más próximo sería 'virtualmente'; parecido a 'faltando sólo algo que ya no tiene importancia o significación'; «*Prácticamente*, todas las localidades están vendidas». Se trata de un empleo común a varias lenguas, como el francés y el inglés.

En esta última el adverbio pasó, hace unos treinta o cuarenta años, y dentro de la «lógica» gramatical, a modificar adjetivos y participios: con la frase «The bottle is *practically* full», ejemplifica el *Webster*, que, en 1966, aún no registraba ese empleo, y sí en la edición de 1971, con la advertencia de que era reciente. Pero ya sabemos que los diccionarios no acogen instantáneamente las novedades, y tal uso de *practically* es anterior: como anglicismo se registra en francés ya en 1959: «une capacité *pratiquement* infinie». De por esas fechas ha de ser el ingreso de tal construcción en español, por anglicismo directo o a través del francés. No constituía una rareza especial, porque nadie ignora desde la escuela que los adverbios son modificadores de verbos y de adjetivos: «La ciudad estaba *prácticamente* desierta». Huésped, pues, en nuestra lengua, pero poco molesto, aunque inútil. Para decir eso ya poseíamos *virtualmente*, *a todos los efectos*, y otras cosas así. Entre ellas, y sobre todo, *casi*, palabra que, por ser corta y propia, hubo de perecer. *Prácticamente* entró barriendo, porque era uso inglés, y, además, con cuerpo largo y esdrújulo. Pero, en fin, aparte su inutilidad, poco daño hacía.

Y es entonces cuando el ingenio hispano se puso a funcionar: se podía llegar más lejos que anglos y galos. Nuestra furia genial se dispara pocas veces, pero, si salta, arrasa. Se podía ir más allá que nuestros habituales proveedores de modas idiomáticas, detenidas en *prácticamente todos*. Poca cosa. Obró en los inventores una ley analfabeta según la cual el sustantivo abstracto confiere *glamour* al lenguaje. En efecto, los charlatanes ya preferían decir «la *totalidad* de los asistentes» en vez del llanísimo «todos los asistentes».

Se pasó de ahí, para introducir la restricción cuantitativa, a «*la casi totalidad* de los asistentes». Y sobre esta base, se montó el descubrimiento: bastaba con trasladar al adjetivo el nuevo sentido del adverbio y *la práctica totalidad* quedó fundada.

Es muy joven el invento, pero ha demostrado su aptitud para el triunfo. Se pasea por la labia de la grey dicharachera con arrogancia cidiana. Apenas nacido ya ha saltado de la cuna y se oye hablar también de *la práctica mayoría*. ¿Por qué no dar un paso más y decir *la práctica minoría*? Y aún se puede ir más lejos, aplicando el adjetivo a nombres no cuantitativos, y multiplicando sus posibilidades funcionales. Resultaría factible, por ejemplo, decir que un enfermo está en *la práctica agonía*, en vez de la antigualla «casi agonizante»; que a un negocio le ha sobrevenido *la práctica ruina*, en vez de que está casi arruinado; y que una novela es un *práctico plagio* de otra evitando el arcaísmo «casi un plagio».

Estamos siempre ante lo mismo: el idioma no es poseído por muchos como sistema sólido que fundamente su espíritu, sino como arenas movedizas, inestables, inciertas. Por otro lado, ha crecido desmesuradamente el número de los ciudadanos que viven de la palabra pública en los medios de difusión, profesionales que en dura competencia mutua pugnan por singularizarse y atraer la atención sobre sí. Suelen ser gentes azacanadas, inquietas, sin tiempo para perfeccionar la herramienta de que viven, la palabra. Les obsesiona, por otra parte, ser más modernos que el común cuyo aplauso

demandan y deben mostrarse superiores. El efecto de tal mezcla
–ignorancia, alarde, superficialidad– recae sobre el lenguaje: ocurrencias, dislates, barbarismos, que enseguida se copian unos a
otros. Ya que la vía de hacerlo bien les resulta vedada, apelan a esa
otra de asombrar a incautos.

Pero no son ellos solos. El idioma ha entrado en fase de extrema labilidad. No sólo el nuestro: se denuncia el mismo fenómeno
en los demás. El mal afecta a multitud de personas de quienes cabría esperar rigor: del Parlamento al foro, pasando por las aulas
universitarias y las tribunas políticas. Es mal de todos, pero no
puede servir de consuelo a quienes creemos que el idioma vertebra
la mente. Hoy es sólo un esqueleto de goma. Quede muy claro
que, al quejarnos muchos, no nos mueve ningún propósito esteti-
zante, no nos importa el bien hablar y escribir como tal sino como
garantía de que lo dicta un pensar responsable y exigente consigo
mismo. Sobre un idioma tan movedizo no puede fundarse una
cultura; y la cultura importa más para garantizar la existencia de
un pueblo moderno que un potente ejército.

«Versus»

De la crisis general de instituciones a que asistimos –desertización
la ha llamado mi entrañable Rafael Alvarado– no se libra ni la Gramática. Hace mucho que señalé, con la inutilidad acostumbrada,
esa extraña dolencia de lo que siempre fue más resistente a las innovaciones y al cambio lingüístico: el sistema de preposiciones
(y conjunciones). Y ello, por una razón que Leibniz ya apuntaba:
constituyen la *forma* de los idiomas, frente al resto del léxico, mucho más lábil, que es la *materia*. Hoy decimos que las preposiciones
forman un sistema cerrado –la vieja serie escolar: *a, ante, bajo,
cabe, con...*–, mientras que grandes zonas de vocabulario son sistemas abiertos. Nada impide que, entre los sustantivos disponibles
para designar muebles, se instale el nombre de otro mueble recién
inventado. Pero los sistemas cerrados tienden a repeler la novedad:
no es fácil que cambie el modo de designar los días de la semana,
las partes del cuerpo o las relaciones de parentesco, aunque, en
ciertos casos, existan sinónimos alternantes. Las preposiciones parecían pertenecer a estos sólidos reductos de la lengua, pero su fá-

brica se desmorona bajo el pico de oro de quienes hablan *postes-pañol*, esa inquietante quinta columna del futuro imperfecto.

En aquella vieja denuncia, señalaba, como muestra, el cese de *a* en el relato épico deportivo. Que un jugador haga falta *sobre* otro, además de sugerir una obscenidad, es un dislate de cada domingo y cada lunes. Observo ahora otro, propio de los juglares del baloncesto: «El Barcelona gana *de* cinco *al CAI*». O, dicho a la inversa: «El CAI pierde *de* cinco». (Oyendo esto, a sus jefes, en redacciones, radios y televisiones, les distila el gusto, como Gracián llamaba a caerse la baba.) Se trata aquí, tan sólo, de un simple cruce de cables en cerebros atropelladamente instalados. Sin embargo, cuando aseguran que sale al terreno de juego un centrocampista *en orden a* fortalecer aquel sector, ya están introduciendo un electrodo de circuito ajeno, el inglés *in order to*, cuya corriente sacude de muerte a *para*. Les mocosuena *en orden a* a español neto, porque ignoran que, en nuestro idioma, tal locución significa otra cosa: 'En lo tocante a, en lo que respecta a': «En orden a la huelga de Gijón, el ministro de Industria explicó…». Y que, por tanto, no quiere decir, como en inglés, *con el propósito de*, esto es, *para*. Advierto que está muy lejos de mi intención la injusticia de achacar esta bobada tan sólo a los cronistas deportivos.

Angloparla y tendencia a la formulación más larga (pedantería), juntas o por separado, se alían hoy para inspirar proezas verbales como éstas, que todo el mundo, salvo los usuarios, reconocerán como sobrantes: «*A la vista de* (por *ante*) tantas dificultades…»; «La industria debe prepararse *de cara al* (por *para*) ingreso en el Mercado Común»; «Huyeron *a bordo de* (por *en*) un automóvil»; «*De acuerdo con* (por *según*) nuestros informes…»; «Los rumores que corren *en torno al* (por *sobre*) el suceso…»; «El partido lo ha desmentido *a través de* (por *mediante*) un comunicado»; «Hizo varias alusiones *a lo largo de* (por *en*) su discurso». Si el llanto gramatical fuese varonil, ninguno más justificado que el que inspiran nuestras pobres, cortas y viejas preposiciones.

Y ya no llanto, sino soponcio produce la última felonía: les han metido en medio, donde estaba *contra*, el horroroso *versus*. No contentos con trocarlas o desdeñarlas, los charlatanes les hacen ahora esto. Dos periódicos he leído hoy: en los dos he topado con el latinajo. Un libro de sociología he consultado: allí estaba, en un provocativo titular. Ya tenemos *versus* en casa, ya se nos ha colado a ayudar a sacarnos de ella. Loados sean los donjulianes.

No hay novedad más imbécil que este *versus*, y, por tanto, más necesaria para los imbéciles. Advierto que este último adjetivo no constituye, en mi ánimo, una injuria, sino un diagnóstico. Hablo etimológicamente, e *imbecillus* significa en latín tan sólo 'débil de cuerpo, de espíritu, de carácter'. La acepción de *'estúpido'* la añadieron, hace tres siglos, los franceses, y nuestros dieciochescos la adoptaron con buen acuerdo, porque hacía falta. Pero, insisto, yo ahora me remonto, pues de latín tratamos, a su sentido antiguo. Porque muy débil de espíritu ha de ser, muy preclaramente imbécil, quien precise de *versus*.

Lo habrán visto mis lectores escrito de esa forma, o con la abreviatura *vs*. Algunos, vergonzantemente, le ponen las comillas del pudor. Maravilla que, en estos momentos en que se tiene a la lengua latina cautiva y desarmada, barrida de nuestro horizonte pedagógico y cultural, haya amanecido esta errante estrella de latinidad. No nos dejemos engañar, sin embargo: es borde. No viene del Mediterraneo, sino del Atlántico Norte (así se nombra ahora); dicho de otro modo, es puro inglés. La tomó este idioma del latín, allá por el siglo xv, como término jurídico –*Smith litiga* versus *Ford*–, y allí continúa alternando con *against* 'contra', o mediando entre dos términos de una opción (*Free trade* versus *protection*). Nada de esto ocurría en latín, donde *versus* funcionaba para indicar 'en dirección a', 'hacia el lado de', o, simplemente, 'hacia' (francés, *vers*).

Fue en el ámbito de la lengua inglesa, tan presta a acoger latinismos como a alterar su literalidad, donde la preposición latina recibió el escueto sentido de 'contra'. Para significar «contra», los latinos y los hablantes de los diversos romances, tenían otra preposición: *contra*. Lo de *versus*, por mucha que fuera la anglofilia, no era de recibo.

Cualquier bachiller, aun sin ser Sansón Carrasco, hubiera cedido una mano antes de usarla así. Pero las torres que fueron desprecio al aire, no sufren hoy un céfiro que venga del océano: las abate. Hace unos veinte años, *versus* puso el pie en Francia. Según aseguran los lexicógrafos galos, la introdujeron, precisamente ¡los lingüistas estructuralistas!, para referirse a los términos de una oposición: «*substantif* vs. *verbe*». Sí, muchas veces se derrumban los palos del sombrajo leyendo u oyendo a los teóricos del lenguaje: ni de lejos están libres de imbecilidad. Arguyen que ellos no son críticos del idioma, sino arquitectos de un saber sublime. Como si un filósofo del derecho se declarara exento de cumplir la ley. Pero éste no es asunto para esta plaza: lo que aquí importa es denunciar cómo *versus* avanza ya en nuestro idioma, hombro a hombro, con una legión de invasores, como una lava letal vomitada sobre la lengua castellana.

«Sevilla *versus* Betis»; «Socialistas *versus* conservadores»; «Loción *versus* la caspa»; «*Versus* viento y marea»; el vulgarismo sublimado «*Versus* más me rasco, más me pica»; el mojigato ¡*recontra!*, aún más achicado: ¡*reversus!*... Etapas de un español nuevo, joven, liofilizado y aromatizado con esencia de imbecilidad. Entre iracundo y candoroso, se preguntaba el gran Rubén Darío si todos los hispanos acabaríamos hablando inglés. Pues claro.

La maratón

El léxico deportivo angloamericano ha sido y es gran invasor de todas las lenguas. Las pruebas y los juegos creados por las gentes rubias han predominado en el mundo y sus tecnicismos se han impuesto. Tal triunfo precisaba de las palabras para afirmarse. No olvidemos que los deportes, antes de generalizarse como práctica o espectáculo, fueron privilegio de gentes distinguidas, como excipiente del ocio, como recreo y como higiene. Un rasgo de elegancia que se fortalecía con el empleo de los vocablos de origen. Comentando esto, Antonio Tovar apuntaba con gracia que el golf dejaría de ser practicado por muchos si al golpe dado a la pelota con el palo se le llamara «estacazo».

El juego más popular, el fútbol, es justamente el que más términos británicos ha desalojado. Hasta su nombre mismo sufrió un intento de hispanización, con el recurso elemental del calco: *balompié* traduce los componentes, pero invierte su orden, que, en español, adoptaría la misma secuencia que «(no dar) *pie* con *bola*»; pero *piebalón* hubiera sido una bizarría que ni el más frenético calcómano se hubiera atrevido a afrontar. Por lo demás, *balompié* constituye un compuesto bien anormal en su estructura sintáctica que, en nuestro idioma, antepone el elemento determinado al determinante: *pájaro-mosca, casa-cuna, perro-lobo*; en todos estos casos, nos referimos a un pájaro, a una casa y a un perro que poseen propiedades aportadas por el segundo formante. Según esto, *balompié* sería un balón con cualidades o rasgos del pie. La pobre creación de esta palabra fue una generosa operación hispanizadora que prendió con fuerza donde todo lo hispano halla cordial acomodo: ahí está el Betis Balompié, en Sevilla, y por muchos años.

Pero, insisto, al hacerse espectáculo de masas, y al apropiárselo el pueblo, muchos términos ingleses del fútbol han cedido sus lugares a vocablos nuestros. En crónicas de mi infancia podían leerse palabras como *goalkeaper*, *back* o *forward*. Hoy resultarían enigmáticas para muchos lectores, que sólo conocen portero, defensa o delantero. ¿Cómo podía seguir llamándose *referee* a ese hombre arriesgado y voluntarioso, pararrayos de todas las iras, comúnmente denominado árbitro? Y menos mal que no arraigó el tropo *trencilla*; o *soplapitos*, que también apuntó como variante mordaz en algún lugar de América. «Juez de línea» ha desplazado casi del todo a *linier*; el *out* de mi infancia es ya, sólo, «fuera»; y *córner* va cediendo poco a poco ante la presión de «saque de esquina» Pero *penalti*, tras el intento poco justificado de imponer *penal*, tendrá que entrar en el Diccionario,[1] como entró *gol*, que alterna ventajosamente con *tanto*, favorecido por su potencia interjectiva. *Tanteo*, por otra parte, nos ha librado de *score*, término, sin embargo, no abandonado por algunos tenores de la pluma, que pujan por destacar en el orfeón.

Podría sospecharse que muchos de ellos no se encuentran a gusto con las hispanizaciones. Me fundo, para no ser temerario, en su inhibición ante el léxico inglés que emplean para otros deportes, sin hacer el menor esfuerzo para adaptarlo. Lo de *balompié* sería más o menos acertado, pero revelaba sana conciencia autonómica. El juego podía ser británico de nacimiento, mas, al nacionalizarse en el mundo de nuestra lengua, y con qué fuerza, tenía que aprenderla: ya casi la emplea bien, dentro de un aceptable mestizaje. Los cronistas que, durante decenios, apoyaron este proceso, han resultado beneméritos. Pero les quedan pocos descendientes; antes bien, son, la mayoría, orgullosos exhibidores de la anglojerga, convenientemente disfrazada en radio y televisión por su intransferible fonética.

1. Ya entró en el Diccionario de 1992.

Y no sólo de aquel idioma, sino de cualquier otro. Seguramente chocará a muchos –a mí, sí– la fruición con que abundantes informadores han aprendido que los equipos deportivos italianos se designan con nombres femeninos. Helos, por tanto, diciéndonos y escribiéndonos a mansalva *la Juventus* y *la Roma*. Con su género originario quedan más exóticos, y ellos, los locuaces, con un halo de distinción cosmopolita. No hace mucho «fue noticia» una final de baloncesto jugada por un equipo español y otro croata; a éste sólo en un periódico madrileño –pudo haber más– lo vi nombrado con concordancias masculinas; en los demás que hojeé, y, por supuesto, en la televisión, se le denominó implacablemente *la Cibona*. Lo cual parecía mote de hembra ruda y descarada. Si esos expertos italianizantes se ocuparan de otras cosas, nos impondrían, porque lo hace el idioma hermano, *la recluta, el soprano, el sangre* o *el leche*; y *la domingo* descansarían. Si fuera el francés su fuente, acabaríamos diciendo *un delicia, la cuerno, la auto* y *la Sena*. Que los italianos feminicen esos nombres de equipos se debe a que subyace la concordancia con *squadra*. Un castellanohablante, sin conciencia de tal hecho, oyendo o leyendo *la Juventus* debe perder el norte. Pero su sorpresa acarrea admiración al informador, y eso es lo que a éste importa, no la digna propiedad de su lengua.

Porque un cambio de género inducido por otra lengua es un barbarismo tan torpe como la adopción de un extranjerismo. Se dirá que aquellos femeninos constituyen un episodio insignificante. Pero ya está triunfando ese género en *maratón*, ya se determina con *la* en voz y pluma generales. El proceso ha acontecido en muy pocos años, y no puedo precisar si por influjo italiano o por agudeza propia: la de quienes imponen a ese nombre una concordancia subyacente con *carrera*. Pero, en español, como en otras muchas lenguas –francés o alemán, sin ir más lejos–, tal vocablo es masculino; así lo registra el Diccionario académico, y así se ha empleado siempre. Pero he aquí que ahora se ha impuesto *la maratón*, con la misma lógica con que podríamos decir *la impermeable* haciendo depender este adjetivo sustantivado de *prenda*. Sería muy «lógico»; pero pocas cosas lo son en el lenguaje –que tiene su propia «lógica»–, y menos en el género, que es una categoría muy lábil, obediente, al fijarse, a distintas variables, entre ellas el género del nombre común determinado (ciudad, río, sierra, monte, cordillera, etc.) Diversos nombres de objetos inanimados vacilan también (*el azúcar-la azúcar*); y lenguas de la misma estirpe románica han acabado decidiéndose, en muchos casos, por géneros diferentes, según hemos visto.

Pero lo cierto es que, una vez establecida la convención, hay que respetarla. ¿Por qué debemos decir *el maratón*? Pues, simplemente, porque así se dice en español. No es cuestión de más o menos lógica. Así se ha dicho desde que tal vocablo se usa, y en ello han convenido los hispanohablantes. Pero esta unanimidad coral parece vulgar a algunos y creen distinguirse echando gallos por su cuenta.

Cabría pensar que de ese modo puede diferenciarse el maratón clásico, el de Filípides, aquel animoso soldado, que llegó a Atenas tras correr cuarenta y dos kilómetros inmortales, a anunciar la victoria de Milcíades sobre los persas, en Marathon, que es, etimológicamente, un 'campo de hinojo'. Y que la otra forma, *la maratón*, designa, con su femenino, cualquier prueba moderna de las mismas características. Pero ni así se justifica: el Diccionario llama *maratón*, en masculino,[1] a toda «carrera pedestre de resistencia practicada por deporte en una longitud que ha variado entre los cuarenta y los cuarenta y dos kilómetros ciento noventa y cinco metros». ¿No están a tiempo de rectificar los «lógicos», que lo son tanto que se pasan?

Obsoleto

Comprendo y comparto el júbilo inmenso que producen los objetos nuevos; me refiero a los antes no existentes. Recuerdo mi asombro de zulú cuando, hará cuarenta años, un profesor norteamericano me regaló, vista mi estupefacción, el primer bolígrafo. Pasé días sintiendo necesidad de tomar notas a todas horas en público, para provocar envidia. O de mostrárselo a los desatentos. Se comportó mal, por cierto, aquel instrumento. Prendado de él una amiga, hube de dárselo, y, misteriosamente, se le descargó en el bolso; era un bolsito de paja italiana, cuyos intersticios mancilló la tinta. Algo lamentable.

1. En el Diccionario de 1992 figura también la posibilidad femenina.

Objetos nuevos son algunas palabras, y está justificado que hablantes afortunados con su posesión las usen, las luzcan y las soben. Sienten con ellas el mismo orgullo que despertaban en aquella moza de Quevedo sus manos: «Por enseñarlas, siempre despabilaba las velas, partía la comida en la mesa, en la iglesia siempre tenía puestas las manos, por las calles iba enseñando siempre cuál casa era de uno y cuál de otro...; hacía que bostezaba adrede, sin tener gana, por mostrar los dientes y hacer cruces en la boca...». Así van muchos, como yo con mi bolígrafo, manoteando con sus palabras nuevas, ostentándolas, abriendo la boca para sólo enseñarlas. Objetos nuevos y sorprendentes son, a cuyo encanto ni siquiera supo sustraerse el discreto Don Quijote ante el atónito Sancho: «Ten en cuenta, Sancho, de no mascar a dos carrillos, ni de *erutar* delante de nadie». Era vocablo reciente. Se registra, por vez primera, en el diccionario de Oudin (1607), y se había traído del latín (donde significa 'vomitar') a la Corte, para evitar el silvestre *regoldar*, que ya sólo usaban los Sanchos. El hidalgo, feliz con el juguete, amonesta a su escudero: «Cuando algunos no entiendan estos términos, importa poco; que el uso los irá introduciendo con el tiempo». *Erutar* sufrió aún el retoque de la *c* original, y como *eructar* lo sancionó la Academia en 1732.

Gozo difícilmente evitable el del neologismo: permite el realce sobre lo común, distingue en el coro, condecora de culto. Ahí está, para probarlo –nuevo ejemplo entre mil– el deslumbrante adjetivo *obsoleto*. Que es neologismo sólo a medias. Anda por nuestra lengua desde hace casi cuatro siglos –Quevedo lo usó–, pero siempre merodeando, buscando gatera para entrar, y permanentemente mirado con sospecha cuando alguna vez lo lograba. Figura en el *Diccionario de Autoridades*, que le atribuye el significado de «anticuado o ya no usado»; no califica su empleo, pero la Academia, posteriormente, y hasta 1970, advirtió que era vocablo de épocas pretéritas. Voz española condenada a errar siempre por aledaños, y a brotar de plumas extravagantes; rarísima vez de labios. Ni siquiera a quienes se perecen por sorprender tentaba.

Pero he aquí que el Diccionario, en 1984, ha borrado el mote de vejestorio que antes le atribuía. De no quitarlo, hubiéramos parecido sordos y ciegos: ¿quién no se topa con *obsoleto* quince veces al día, y aún más si se están ventilando asuntos de divorcio, aborto, droga y cosas así? La Academia ha retocado también la definición: a la que antes señalaba, ha añadido esta otra: «Anticuado, inadecuado a las circunstancias actuales».

¿Qué ha ocurrido para esta resurrección del vocablo exánime y vagabundo? Sencillamente, que clientes habituales del gran supermercado norteamericano lo han descubierto, y se han quedado subyugados. Lo tenían en casa, pero en el desván: no lo veían. Ciertos amores atenuados resurgen cuando otro u otra los solicita; no es esto exactamente, porque *obsoleto* nunca despertó amor. Era más bien esa insignificancia que adquiere súbito valor al ver que otros la anhelan. Mientras en las lenguas románicas este participio del latín *obsolescere*, 'caer en desuso' (que se documenta en francés a finales del siglo XVI, y, en español, como hemos dicho, poco más tarde), era él mismo obsoleto y esporádico, en inglés arraigó y se mantuvo vivo. Allí fue conservado para que los neolatinos lo descubriéramos, feliz anagnórisis que se produce en los tres o cuatro últimos lustros. Trasplantado a su viejo solar, ¡qué impresionante vigor!

El Diccionario de 1984 no sólo le ha quitado el sambenito de ancianidad a *obsoleto*, sino que le ha dado por cortejo dos nuevas palabras de su familia: *obsolescente* y *obsolescencia*. Es justo, pues gracias a ellas ha recobrado la vida. Se trata de dos latinismos que el inglés posee desde 1755 y 1822, respectivamente, y que los economistas norteamericanos emplean desde 1930 para referirse a los equipos industriales que, por la aparición de material nuevo más perfecto o rentable, han de ser jubilados. La penetración de ambos términos en Europa se produce durante la posguerra, en contextos económicos. Pero enseguida entran también sus otros significados de origen. En 1965, la Academia francesa de Ciencias admite *obsolescence* con el significado de 'evolución que tiende a hacer caer en desuso'; y un año más tarde se fecha en el país vecino *obsolescent*. El empuje de ambas palabras se deja sentir entre nosotros por la misma época. Y, acompañando a sus hermanas, *obsoleto* inaugura su nueva existencia, ya plena, orgullosa de no ser la otra, la de Quevedo, sino fruto del pujante amor mestizo de los anglosajones a lo romano. (Ese amor ejemplar que nosotros, tan modernos y prácticos, rechazamos, expulsando el latín de nuestras aulas.)

Obsolescente y *obsolescencia* son, quién lo duda, neologismos necesarios. Resulta difícil, sin ellos, referirse con un vocablo solo a lo que está decayendo, envejeciendo, quedando fuera de utilidad, eficacia o validez, porque algo nuevo lo desplaza. Esto es enriquecer la lengua, como decía Don Quijote, a propósito de *eructar*. ¿Merece tan cordial recepción *obsoleto*? Dado su origen participial, significa que la acción está concluida, califica a lo que ya ha terminado un proceso de obsolescencia. Y cuando eso ha ocurrido, lo obsolescente ya no lo es: ha pasado a la condición de *desusado*, *anticuado* o *caído en desuso*, y es o puede estar, por tanto, *envejecido*, *antiguo*, *arcaico*, *viejo*, *vetusto*, *pasado de moda*, *trasnochado* o *rancio*. Y también *obsoleto*; pero ¿por qué sólo *obsoleto*?

Es ésa la única posibilidad para muchas personas que, ante el micro, con la pluma, y en el aula o el foro, juegan con el juguete con pasión de niños. He aquí un claro ejemplo de cómo un vocablo nuevo, destinado lógicamente a aumentar el caudal del castellano, lo empobrece y lo achica ya que con él se desplazan innecesariamente otros varios capaces de expresar matices muy precisos. Son, además, llanos y comprensibles. Pero ¿no es el desconcierto del interlocutor o lector lo que buscan tantos y tantos, que prefieren la moda a la comprensión? El viejo y nuevo adjetivo posee una rara catadura que le proporciona solvencia. Que sigan los monótonos con otras voces formadas con *ob*; podrán parecer sublimes si, además de *obsoleto*, recuperan para su uso voces polvorientas del Diccionario, como *obnoxio* ('expuesto a contingencia o peligro'), *obsecración* ('ruego'), *obsecuencia* ('sumisión, condescendencia') u *obtemperar* ('obedecer'). Compartimos todos estos vocablos con el inglés; ¿a qué esperan?

Praxis

En una parroquia de Madrid he asistido a una boda llena de incidencias sorprendentes. No puedo juzgarlas, dada mi incompetencia en liturgia posmoderna, pero a mí me pareció que el oficiante había preparado aquello como un *picnic* campechano y fraterno. Sospecho que muchos de los asistentes –todos bien puestos y modosos– no iban preparados para tanto. Pero insisto: no juzgo; sólo tengo opinión, puramente formal, sobre el credo que, en hojas xerocopiadas, nos fue repartido. Llegado el momento de proclamarlo, sumé mi voz al coro unánime de los rezadores para dejar bien claro lo siguiente: «Creemos en Jesús de Nazaret, / amigo de publicanos, / mendigos y marginados...». (Intenté clasificarme mentalmente en una de estas tres categorías para no perder la amistad de Jesús, y puesto que no soy mendigo, ni menos publicano —es decir, recaudador de impuestos y contratista de obras—, decidí acogerme a la última categoría de marginado, en mi calidad de catedrático.)

Proseguimos: «Que predicó el reino de Dios, en el cual resplandece el universalismo que supera toda barrera / y la justa distribución de los bienes». (Deduje con rapidez y agudeza que el universalismo en que tenía que creer no era el teológico, según el cual todos nos salvaremos, sino el político, que propugna la eliminación de fronteras y pasaportes, con el añadido de hacer más progresiva aún la contribución sobre la renta.) En ese momento observé que varios invitados se habían dado de baja en el coro, y que doblaban meditativos el papelito. Yo proseguí con tono más alto y jovial, porque el pasaje siguiente era de extremada belleza literaria. Decía así: «Creemos en Jesús de Nazaret, / concebido a la sombra del Espíritu / en el seno de María; / que no se identificó con el profeta saduceo / ni con el escriba fariseo». A la metáfora de la sombra, tan bien traída, se juntaba ese apareo, nada feo, de saduceo y fariseo, con cuyo mangoneo no quiso identificarse el Galileo.

¿Qué fue, en última instancia, Jesús? «Maestro de sabiduría popular, / profeta descubierto por el pueblo, / servidor sufriente asesinado.» ¿Hay modo más exacto de definirlo? Un gran maestro que enseñó al pueblo sus refranes y consejas, las señales de la lluvia y el viento, los remedios caseros contra el reúma y el catarro. Nada de esto sabría el pueblo si con su poderoso instinto no hubiera descubierto a Jesús cuando deambulaba por el Jordán. Fue, además, un servidor intensamente sufriente, como subraya este elegante participio. Yo rezaba, quebrada mi voz por la emoción religiosa y estética, pero ya a solas: se había callado todo el acompañamiento nupcial. El credo continuaba gracias al vozarrón del cura y a mi eco: era un dúo para dos voces solas. Pero, de pronto, la lengua se me trabó; tenía que leer esto: creemos «en la praxis de la caridad con los hermanos menores, / los pobres y los pueblos oprimidos...». Del tropezón con *praxis* quedé mudo, y el cura me miró con sorprendido reproche. Yo sentía mareo, mosconeo y centelleo en los sesos, y, con ostensible tambaleo, abandoné aquel templo donde, contra todas mis convicciones, se me obligaba a creer en la *praxis*. Ni siquiera aguardé a deseársela muy feliz a los novios.

La *praxis*: he aquí otro cintajo verbal para adorno de canónigos, bachilleres, charlatanes y escribidores. Al igual que *obsoleto*, habita nuestro Diccionario desde hace siglos: ya figura en *Autoridades*. El cual dice de *praxis*: «Lo mismo que *práctica*. Es voz puramente latina». Si añadiera que en latín era helenismo, quedaría mejor. Allí estaba, dormida y bien dormida en su nicho lexicográfico, hasta que hace poco la han despertado las manos de nieve, esto es, heladas, de unos cuantos fríos de lengua y pluma. Se usó en español poquísimo; la trajeron algunos predicadores barrocos, que luego zahirió el *Fray Gerundio*. Porque, para decir eso, ya tenemos, documentada desde el siglo XIII, la voz *práctica*. Afirma el Rey Sabio que un tal Dianeo enseñó a los godos «toda la filosofía, et la física, et la teórica, et la *práctica*». Siglos y siglos predicando los clérigos hispanos la «práctica de la caridad», para que ahora vengan los posmodernos con esa cosa de la *praxis*. Me rebelé del modo que he dicho.

Sorprende la coexistencia de dos gustos opuestos en los debeladores del castellano; por un lado, una vulgaridad montaraz; por otro, un prurito o picor que les empuja irresistiblemente a la pedantería. Frente a los teólogos de la pobreza, redactores de aquel credo, escribía el padre Osuna, maestro espiritual de Santa Teresa: «Así como los grandes señores huelgan de oír a los hombres rústicos que hablan sin malicia groseramente ("sin aliño") delante de ellos, así el Señor ha mucho placer cuando con tanta priesa le rogamos, que, por no detenernos en buscar palabras muy revistas y ordenadas, le decimos en breve nuestra necesidad». Pero nuestros locuaces sacros –y profanos– de hoy tienen otra *praxis*: la de mechar y embutir su parla desabrida con exquisitas preciosidades que deslumbran a los pobrecitos de espíritu.

En los usos normales, ese sustantivo grecolatino no tuvo vida en nuestro idioma, pero sí ha disfrutado de ella en el lenguaje técnico de la filosofía y de la política. Desde Platón, y sobre todo desde Aristóteles, se ha empleado para tratar el problema de cómo dividir la actividad humana: la *praxis*, la *theoria* y la *poiesis* aristotélicas. La historia de esa discusión pasa por múltiples pensadores: Locke, Kant, Fichte, Schelling, Hegel, entre otros, y de modo especial Marx, lo que ha hecho que esa cuestión sea central en el pensamiento de sus seguidores y de los tratadistas de política en general. El término *praxis* resulta imprescindible para ellos, como término técnico y, como tal, inobjetable.

Lo que ocurre es que, cazado al vuelo por los merodeadores, por quienes sólo escuchan lo serio aplicando el oído a las puertas, y por los que se enardecen con cuanto suena a inglés –lengua donde *praxis* vive normalmente–, han decidido emplear esta palabra para desalojar *práctica* del idioma. Llegan a darle incluso el sentido anglo de 'hábito o conducta', y ya no les ruboriza decir de alguien que tiene la mala *praxis* de mentir.

¿Qué puede justificar tal preferencia? Sin duda, la magia de la *x*, esa letra que empujó a Valle-Inclán a México. Se trata de un bien que no estaba al alcance de los desheredados, muchos de los cuales dicen *tasi* por *taxi*, y *ausilio* por *auxilio*. Nuestros teólogos de la pobreza, unidos a otros redentores laicos, van a redistribuirles la *x*. Por algo se empieza: *praxis*. El paso siguiente consistirá en enseñarles a decir que la miseria los tiene partidos por el *axis* (hay que perseguir el *eje*, con su zafia jota), y que deben darse a los ricos fuertes patadas en el *coxis*. Parece un perfecto trío mosquetero –*praxis, axis, coxis*– para trufar pedantemente productos de homilía y mitin. Ánimo.

Homólogo

Navega nuestro idioma por entre el escollo de Escila –la vulgaridad– y el torbellino de Caribdis –el desprecio a su arboladura–, arrastrado por el huracán de la ignorancia y su osadía imitativa. Rechina su casco, pero, en vez de marcársele una ruta equidistante, lo encaminamos hacia uno u otro peligro con timonazos alternantes.

Escila: el asombroso desconocimiento de la propia lengua, clamorosamente exhibido por muchos microfonistas. Vemos en la pantalla de televisión a cinco corredores que, durante la última vuelta a Italia en bicicleta, trepan por una carretera que conduce a la meta en una cumbre. Van apiñados, con la separación justa para no derribarse con los rítmicos bamboleos de las máquinas. Tiene grandeza atlética el instante, y al comentarista se le quiebra la voz ponderando. Suben, suben, y el locutor jadea y nos contagia. Abandona, de pronto, los acentos pindáricos para confiarnos su sesuda reflexión: «Señores –nos dice–: estamos ante el hecho *anacrónico* de que una etapa de montaña se va a disputar al esprín».

Otro ejemplo, más reciente aún –final de fútbol de la Copa del Rey–, pero múltiples veces oído en anteriores transmisiones al mismo charlatán. Estima que los bilbaínos, en su afán ofensivo, están descuidando la zaga. En efecto, los madrileños andan agobiados por tal empuje, pero lo burlan de vez en cuando, y se infiltran con un pase largo en el campo atacante. Allí está esperándolo una ardilla habilidosa, que da jaque al portero vasco. Las palabras del glosador son éstas, aproximadamente: «El Athletic sólo se ocupa de ir *alante*».

En el mismo partido –pero, como el *alante* de marras, prodigado en la transmisión de otros por el mismo parlero–, explicando las consecuencias de aquella fogosidad vizcaína, endilga al auditorio el siguiente estropajo: «El Athletic de Bilbao está *poniendo coto* a la meta del Atlético de Madrid». Quien tales cosas dice es un muchacho de notables perfecciones somáticas, realzadas por impecables atuendos. Nada en su mirada denota nieblas mentales, tendencias turbulentas ni prurito de subversión. Parece la antítesis de un *punk*. Y, sin embargo, no duda en rebelarse contra la lengua española, diciendo *alante* cuando le peta, y usando *poner coto* en vez de *poner cerco* (o *sitio*). Dado su aspecto comedido y urbano, me sumo en dudas: ¿habla así por ignorancia o por insurrección? ¿No sabrá, de verdad, que *poner coto* significa «impedir que prosigan desafueros, desmanes, abusos, vicios y cosas así»? Estos días, tras la crisis que ha dado paso al segundo Gobierno socialista, la prensa atribuye al Vicepresidente señor Guerra la opinión, expresada al Presidente, de que era preciso *poner coto* a las pretensiones excesivas de mando manifestadas por el ya ex ministro señor Boyer. Si el susodicho comentarista lee semejante cosa, y si es cierto que le baila el significado de tal locución, ¿cómo lo interpretará? ¿Entenderá que el señor Guerra proponía al señor González rodear al señor Boyer, y, entre los dos, a empellones, apretujarlo contra una puerta? Al ver que se la han abierto para que salga por su pie, ¿en qué misteriosas cavilaciones se habrá abismado? Cabe, con todo, y dejo la duda irresuelta, que sus extrañas confusiones sean puros actos rebeldes; muchas veces, hasta los más severos y atildados nos cansamos de nuestra propia perfección, y damos una zapateta o silbamos un tango.

Lo cierto es que nadie pone coto a los desmanes idiomáticos, y que, continuando con la ingeniosa imagen de la nave con que dimos comienzo, a los arrebatos del viento ignorante que la ponen a punto de zozobra, suceden los golpes de mar angloamericanos que la empujan a los arrastres de Caribdis.

¿Han oído o leído mis lectores eso del *timing* del cambio gubernamental? ¿Y lo de la *remodelación*, que, de pronto, se convirtió en *crisis*? Se ha establecido en este asunto una sutil gradación. La *remodelación* consistirá, a partir de ahora, en el simple empaste de la dentadura gobernante; y la *crisis*, en la extracción traumática de una o más muelas del juicio. No ocurría así en nuestro idioma, donde la *crisis* acontecía apenas un solo ministro debía ser relevado. Se inventó, durante el último régimen, el pudoroso término *reajuste*, porque una crisis era impensable. Ahora se establecen los dos escalones dichos. Caso de ser miembro de un Gabinete, me humillaría mucho que mi dimisión o mi cese no constituyera una crisis sino una leve caries.

También en el lenguaje político se ha gestado el auge de *homólogo*. En tiempos, se decía, por ejemplo, que el ministro español de Industria iba a reunirse con el francés para... Se pasó después a formular que la reunión entre el ministro español y su *colega* francés... Era un abuso, porque *colega* significa «compañero de una misma corporación, profesión, etc.»; de donde se formó *colegio* (latín *collegium*, «conjunto de colegas»). Parece claro que dos ministros, uno hispano y otro galo, no pueden ser colegas. Pero, en fin, no era totalmente desechable aquella dilatación de significado. Ahora, tan distinguidos prohombres son *homólogos*, por la sencilla razón de que así se califican en inglés; entre otras cosas, *homologous* es la persona «que ocupa la misma posición relativa» que otra.

No está mal, pues, el barbarismo, que permite restituir a *colega* su exclusiva significación: el colega de un ministro español no es un ministro extranjero, sino otro de su mismo país. El extranjero y el nuestro, si gobiernan el mismo ramo, serán *homólogos*. Está bastante bien, y resulta claro. Ese adjetivo apenas se usaba en nuestro idioma fuera de las jergas geométrica y lógica. Cobra fuerza ahora por influjo norteamericano, como *obsoleto* o *praxis*, pero con mejor motivo. Es prueba clara de que los préstamos lingüísticos pueden ser de utilidad.

Acontece, sin embargo, que, puesto en circulación el nuevo adorno, ha comenzado la rebatiña para lucirlo con cualquier motivo. No hay ya pedáneo que no lo ostente a derechas o a tuertas. Leo hoy mismo: «Felipe González daba instrucciones para que la ejecutiva del PSOE realizara una oferta a sus *homólogos* ugetistas...». El boligrafista rehúye con asco las palabras propias –*directivos, dirigentes*–, y hace *homólogos* a los responsables de la UGT; imagino la satisfacción de éstos, tan realzados en su modestia proletaria. Otra noticia de hace pocos días informaba de un acuerdo suscrito por la compañía Iberia y su *homóloga* israelí. Aquí rozamos ya el colmo: homóloga ¿en qué? ¿Acaso en hacer abominable su existencia a los usuarios? (Acabo de viajar con Iberia a Las Palmas: una hora de retraso a la ida; dos horas, a la vuelta, espantable comida, refrescos calientes, no hay prensa para todos los viajeros.)

Preparémonos, pues, todos a ser homólogos: el inquilino del segundo derecha adquirirá ese parentesco con el del segundo izquierda; los agentes de la circulación de Palencia con los de Jaén; el tendero de mi calle con el de la bocacalle. Ya verán cómo, pronto, nuestro rey don Juan Carlos va a visitar a su *homóloga* británica en el palacio de Buckingham.

«Status»

Uno de los recientes ministros ha declarado a la prensa que está muy satisfecho con su nuevo *status*. Satisfacción la sienten todos los nombrados, a juzgar por sus manifestaciones, pero que la causa sea el *status* sólo me consta de uno, si se transcribió literalmente lo que dijo (que, a lo mejor, no).

Pues qué bien: si el señor ministro se encuentra contento con eso, imagine nuestra felicidad de ciudadanos, que tanto anhelamos la eutimia de nuestros gobernantes; algo de ella nos tocará. Aunque a mí, en particular, me desasosiega un poco lo del *status*; la palabra, quiero decir.

La cual está trepando por las columnas de los diarios, e infiltrándose por el tejido del habla pública cotidiana, con virulencia tropical. Por cualquier rincón de la prosa periodística, oral o escrita, asoma su culta faz; y aletea en toda parla con pujos de distinción. «Los nuevos funcionarios de la CEE –leo ahora mismo– poseerán un *status* semejante al de los diplomáticos.» Otro *status*, inferior al de ministro, pero nada desdeñable, según se colige. Porque, seguro que si fueran a asimilarlos a catedráticos de Universidad –pongo por caso–, no se hablaría de *status*: nosotros no tenemos eso. Parece que el triunfo social consiste hoy en conseguir un *status*, es decir, en algo rebautizado a la inglesa. Porque tal cosa, obvio es recordarlo, se llamó siempre, en el castellano secular, *situación*, *posición* o *rango*; incluso *categoría*.

Que se trate de un vocablo latino no impide su pertenencia a la angloparla: de ella ha sido importado por nuestros preciosos molierescos. Voz latina y bien latina es, lengua donde significa muchas cosas. Por ejemplo, «postura del cuerpo», «posición» del combatiente, «forma de gobierno», y otras más; alguna veremos. Todas ellas, claro, derivadas de *stare*, verbo cuya presencia se reconoce en docenas de palabras españolas, aparte de *estar*. Pero el participio dio en español *estado*, muy tempranamente, y con sólo esta forma vulgar permaneció en nuestro idioma (salvo en el sintagma *statu quo*, registrado en el Diccionario). Sus significados se arborizaron también con la profusión que todos conocemos, y que nos permite hablar de estado de ánimo, estado grave, el Estado, estado civil, estado de guerra, estado llano y tantas cosas más. Entre las cuales, por supuesto, no figuran ni *estado* de ministro ni de diplomático; en ambos casos, se trata de una *situación* o *rango*. Tampoco se puede decir que tal hotel sólo aloja gente de gran *estado*; o que un rico no vive conforme a su *estado*; para eso, empleamos *posición* o *categoría* (social).

En realidad, tendría que expresarme en pretérito: usábamos antes esos vocablos; ahora han cedido el proscenio al dichoso *status*. Palabra que, en latín, sí que servía para referirse a la posición social (*status vitae*), o la buena posición (*amplus status*). Tales acepciones, relegadas en español, fueron, sin embargo, recibidas en inglés, donde *status* quiere decir, entre otras varias cosas, «posición o rango respecto de otros, en el orden social, económico, profesional, de prestigio, etcétera». Y de ahí, del inglés con su alatinada acepción, el vocablo ha saltado a nuestro idioma gentilmente ayudado por sus *fans*, los cuales, de paso, han apuñalado *situación, posición, rango* y *categoría*. Brava proeza.

El caso es que estamos asistiendo a un fascinante episodio de latinización del español: llevo ya señalados varios casos en estos artículos. Paradójicamente, son sus agentes actuales los bárbaros del Norte. Cuando allá por el siglo V empezaron a instalarse en la Península, fueron ellos quienes se empaparon de latín, y abandonaron sus rudas lenguas. Victoriosos con las armas, sucumbieron al poder civilizador de un idioma culturalmente más poderoso. Y sus sucesores antiguos y modernos, en Europa y América, no han dejado nunca de poblar sus propias parlas con flores del Lacio. A su manera, muchas veces bien poco ortodoxa, pero con sumisa admiración. Siempre les ha seducido ir por agua a tan noble fuente, mientras que nosotros juzgábamos pedante acudir a ella. Hoy, que gobiernan las lenguas de arriba, en particular el inglés, las nuestras, las desleales a Roma, están recibiendo ese trágala del que podríamos denominar latín atlántico. Una nueva oleada latinizadora cae sobre el castellano, con mayor éxito que el intentado, en el siglo XV, por Juan de Mena cuando quiso introducir *novelo* por nuevo, *pigro* por perezoso, *menstruo* por mensual o *ficto* por fingido. Y con mayor fortuna que Góngora, al pretender que el idioma prefiriera *espongioso* a esponjoso, *designio* a diseño, *poderoso* a pesado o *reducir* a volver a llevar. Fueron travesuras que apenas dejaron huella fuera de sus respectivas y admirables poéticas.

Ahora, hombres de alma electrónica y ojos azules realizan esta hazaña de hacernos ultralatinos, de invadirnos con una materia prima que era nuestra por herencia en primer grado. En su idioma, esas voces son artículos de máxima necesidad; en la nuestra, baratijas que nos ponemos como las condecoraciones e insignias de mariscal con que se adornan presidentes, reyezuelos y caciques de las colonias, creyéndose rómmeles o eisenhóweres.

Diciendo alguien que ha cambiado de *status* (nunca se nombra así el acceso a la mendicidad), porque se ha aupado en la escala social, posee coche refrigerado, saca billete de primera en los aviones o ha sido nombrado ministro o funcionario de la CEE, hace estas tres cosas simultáneas:

1. Rebaja la importancia de la cosa, la democratiza, exhibe humildad, da a entender que eso es fácil de lograr para cualquier

contribuyente. Le parecería impertinente afirmar que su *rango* ha aumentado, o que ha mejorado su *posición*.

En la medida en que *status* poco o nada significa para el común hablante, medio cubre o descubre su rebosante alegría. Esa palabra viene a ser, en su función, como el gran abanico de plumas con que la *vedette* morigera y exalta a la vez su esplendidez orgánica.

2. Como el lenguaje esotérico es instrumento de dominio –no repetiré esta idea, tantas veces glosada–, dejando boquiabiertos a los ignaros, conquista su admiración. Por fin,

3. Hablando así, da el santo y seña a los iniciados, al selecto cortejo de quienes sienten como demérito hablar su lengua, y les participa que también él está en el ajo. Esos andrajitos de *businessman* cubren suntuosamente sus cueros, y lo disfrazan –eso cree él– de yanqui. Y no es éste quien me da repeluzno, sino el mico hispano que lo remeda. El cual, muy probablemente, lo odia mientras lo calca.

Estas tres intenciones se resumen en un resultado: insolvencia.

«Pressing»

Ya hemos señalado varias veces la solidaridad profunda entre ciertos deportes y la jerga enigmática. Hasta el punto de que ésta suele ser la justificación de aquéllos: privad a sus cultivadores de las palabras amadas, y tal vez renuncien a la condición de *sportsmen* y *sportswomen*. Sus cronistas y comentadores les acompañan en el paladeo de tales vocablos remontados y nos los refrontan con elevado gesto de *connaisseurs*. Allá van el *net*, el *lift*, el *smash* y el *passing-shot*, si de tenis se trata; o el *putter*, el *fairway*, el *grip* o el *link*, cuando glosan el arte de la estaca. Ensanchan el alma, por el contrario, muchos términos del ciclismo, rudeza esta que no tienta a millonarios: *chupar rueda, la pájara, descolgarse, gigantes de la ruta,* y cosas así.

Pero nada importaría ese higiénico culto a los dioses ajenos, si en él no se inmolasen pequeñas criaturas nuestras, quebrando huesos, de paso, al idioma de todos. Me aseguran que uno de los más conocidos especialistas radiofónicos está dando las horas del reloj con el giro: «Diez minutos sobre las doce», por ejemplo, para sig-

nificar que son las doce y diez. Habré de comprobarlo, con el reno-
vado intento de defender a *sobre* del formidable palizón que le propinan las emisoras.

Desgraciadamente, cada jornada de fútbol narrada en ellas constituye una ocasión de sofoco. El asunto –el«tema» diría un sofoca-
dor– empieza a ser preocupante. Presencié la retransmisión televisiva de un reciente partido, mientras lo aguantaron mis nervios; y
no porque el juego me importara. Es que el locutor –me parece que
el de siempre de ahora– alcanzó cumbres de incompetencia. Empezó por nombrar a los hombres que ponían en liza los equipos. Dijo
de un jugador que «no ha sido hasta hoy *que* el entrenador le ha
dado una oportunidad». De un extremo que se zafaba del contrario, aseguró que «se va bien de la *marca*». Ilustrando el salto simultáneo de dos jugadores, comentó que el balón había sido «despejado *al unísono*» por ambos. Lamentó que otro no acertase a la
puerta, porque estaba en «buena *disposición* de disparo». Aunque
luego consiguió «disparar *de* bocajarro». Por fin, aseguró que un
lesionado se retiraba del campo porque mostraba «una cojera más
ostensible que *la que hacía gala* minutos antes». Eso de *hacer gala*
de una cojera, dicho sin ironía, y, además, con sintaxis tan tortura-
da, me pudo y cerré. Más tarde, quise enterarme de cómo acababa
aquello y conecté justo cuando, según el parlante, *señalizaba* el árbitro el final. Nadie pudo ver, sin embargo, que ese señor fuera colocando por allí señales, pues tal cosa significa *señalizar*.

Pero volvamos a las necedades conscientes, ya que las apunta-
das proceden sólo de osada ignorancia. Es bien sabido que, al igual
que antaño se inventaron latinismos, ahora se fabrican vocablos
deportivos de aspecto inglés, que causan perplejidad a britanos y
yanquis. El centro de montaje y distribución de tales falsificaciones
es Francia. Allí, a fines del siglo pasado, se forjó *recordman*, y
poco más tarde, al filo del nuestro, *recordwoman*. De la misma época es *footing*. Poco más de siete lustros posee otro remedo:
motocross. Y la misma edad tiene en francés *auto-stop*, con su
consabido significado de 'detención del áutomóvil', para suplir el
hitchhiking norteamericano, poblado de pinchos para un paladar
románico.

Quizá ninguna de estas palabras sea ya sustituible en español;
footing es simplemente superflua, porque, antes de ella, ya se practicaban las caminatas, andadas o carrerillas salutíferas. Resulta

muy difícil imaginar que aquellos paseos de don Francisco Giner y sus discípulos por el Guadarrama, fueran *footing*. Los demás vocablos parecen sólidamente consolidados. *Auto-stop*, incluso ha procreado: *autostopista* es su retoño en el exilio hispano.

Pero ya ha metido pezuña y hocico en la parla de los retransmisores otra voz tan tonta como *footing*, que sólo sirve para conferirles distinción. Es también seudoinglesa, e igualmente engendrada por meninges galas. Se trata del término *pressing*. Cuando en el fútbol, en el baloncesto y, tal vez, en otros deportes, un equipo agobia al otro, lo desazona, lo aguijonea, lo incordia y lo aperrea, nuestros miríficos cronistas suelen decir que el tal equipo torturador está haciendo *pressing*.

Este vocablo neoinglés nació en París hacia 1930, con fines muy distintos: para designar el planchado con vapor (y, por metonimia el establecimiento donde tal operación se practica). Se había creado con el inglés *to press*, 'planchar', y el consabido *-ing* al rabo, que americaniza cuanto adorna. A la vista de su absurda difusión, el Comité francés para el estudio de la terminología técnica propuso, en 1960, un sustituto: *pressage*, ya empleado entonces en el Canadá. No recuerdo que esta extravagancia de nuestros vecinos nos haya contagiado. Pero he aquí que, hacia 1950, ellos mismos, insatisfechos con la vulgaridad de *pression*, se llevaron el *pressing* al terreno deportivo, asociándolo con el equipo prepotente que, cual plancha enardecida, humilla todo relieve bajo su cálido peso. Nuestras bocas de ganso, ¿qué más podían desear? Lo descubrieron al mirar por encima de los Pirineos, prorrumpieron en gritos de entusiasmo ante su belleza (aunque creyendo, seguramente, que era inglés de Whitman), y se lo apropiaron. Y ahora, apenas se produce un conato de dominio en el estadio, se sienten nuevos Rodrigos de Triana, y exclaman con laringe clamorosa: *¡pressing!*

Eso, en tiempos mejores para el idioma, se llamaba, simplemente, *presión*; y *presionar*, a la acción de ejercerla. Pero tal vez estas palabras sencillas no comunican toda la intensidad de la acción: se puede presionar, tal vez, sin hacer *pressing*. Sin embargo, poseemos otros vocablos que permiten entender lo que el galianglicismo significa; ese no dar tregua al contrario con ataques continuados, con presencia agobiante, con dominio y señorío pleno de la situación, ¿no se ha denominado siempre en español *acoso* y *acosar*? El diccionario de María Moliner define el verbo con mayor precisión que el académico: *acosar*, dice, es «no permitir descanso (a una persona o animal), para ahuyentarlo o con cualquier fin». Parece que estas palabras dicen más vivamente lo que se quiere decir con el descolorido *pressing*. Estoy convencido de que pocos cronistas deportivos lo pondrían en duda. Pero seguirán prefiriendo el vocablo soso, que les permite elevarse a la categoría de «especialistas».

Deben convencerse de que el hecho mismo de dedicarse a comentar deportes ya les confiere sublimidad: ¿por qué aumentarla abusivamente, apabullantemente con su umbrática parla? Líbrennos misericordiosos de su *pressing*, ya que no pueden hacerlo de su *hacer gala*, de sus *señalizaciones* y de otras cosas así que se aprenden –o deberían aprenderse– en la escuela.

Repasar-evocar

Estoy seguro de disgustar si propongo hacer trampa en los juegos. Incluidos aquellos en que media dinero. Pero el lector perspicaz habrá adivinado que me refiero a los que programan las emisoras de radio y televisión, no a los que acontecen en el silencio delicado de los casinos o en el alboroto popular de las tascas. Los resultados de estos juegos afectan sólo a los voluntarios participantes; en los otros, jugamos todos. Y no es cosa de que todos perdamos, y sólo gane el radioescucha o el televidente privilegiado cuya solicitud para participar ha resultado agraciada. «¿Qué pierde usted –puede preguntarme algún airado– con que un ama de casa o un perito se lleven unas pesetas señalando con precisión el color del caballo blanco de Santiago?» Nada, en ese caso; pero ¿y cuando contesta que era amarillo? ¿No perderé, entonces, la honda fe que profeso en la función cultural de los *media*, y en la superioridad zoológica de nuestra especie?

De ahí mi propuesta: convendría instruir en las contestaciones a los concursantes, a fin de infundir dureza diamantina a aquella fe. Y los cuestionarios podrían complicarse –cabría preguntar, por ejemplo, dónde está París, y que río pasa por Sevilla–, con lo cual, confianza y contento aumentarían, gracias a la inocente trampa, y este veloz crecimiento de la cultura patria que, por doquier se proclama, lograría una irrefutable corroboración.

Sugiero esto a raíz de una experiencia reciente, compartida con los millones de españoles que acrecentamos nuestras desesperaciones contemplando la televisión. Era un concurso suntuoso, con presentador de etiqueta, escenario de gran aparato, azafatas hermosas y concursante joven, desenvuelto y telegénico. Pregunta: «¿Con qué *seudónimo* se conoce en la literatura española a don Ángel de Saavedra y Ramírez de Baquedano?». Respuesta (tras tres segundos angustiosos de reflexión): «¡Cervantes!». Glosa mortificante: «¡No! Se le conoce con el *seudónimo* de Duque de Rivas».

Yo esperaba que, en ese instante, agentes de la autoridad cultural interrumpieran el juego pizarra en mano, y que pusieran a presentador y concursante a hacer palotes. No sucedió nada y la emoción prosiguió, burbujeante, dinámica, y gentil con el jugador, el cual siguió acumulando premios por su destreza en pelar plátanos, y otras cosas así. Todo hubiera rodado mejor de haberle advertido antes que debía contestar «Duque de Rivas», para ahorrarnos el sofoco de presenciar el momento en que un español, probablemente bachiller y más, asegura que el mote del autor del *Persiles* era Cervantes. Ahora bien, haberle soplado la respuesta hubiera resuelto poco, ya que la pregunta se hubiera formulado igual, convencido como está el presentador –o la ninfa Egeria que redactara el guión del concurso– de que los títulos nobiliarios son *seudónimos*. Y no nos hubiera evitado a muchos las ganas de emigrar.

No hay demostración más paladina del estado de amasijo en que el idioma invade los sesos de muchos sujetos que viven de él. Han aprendido las palabras, conocen sus formas, pero los significados son, para ellos, gelatinosos, carentes de perfil; constituyen todos un engrudo. Y, así, la temperatura puede *oscilar alrededor* de 20 grados, los hechos vergonzosos les parecen *vergonzantes*, identifican a los israelíes como *israelitas*, aseguran que transcurrió un breve *lapsus* de tiempo, y piensan que el rey ennoblece otorgando *seudónimos*. Almacenan las acepciones en estado viscoso, y, cuando echan mano de ellas, les sale una pasta idiomática sólo apta para el churro.

Es lo que está sucediendo con dos verbos de reciente auge, sobre todo, en las crónicas políticas. *Repasar* es uno, y *evocar* el otro. «Los cancilleres del Grupo Contadora *repasarán* la situación en Centroamérica.» Esto significa que volverán a pasar la vista por ella, para cerciorarse de que se la saben; o que la mirarán por encima o rápidamente, para ver si encuentran algún error. Pero da la impresión de que no harán eso los afanosos cancilleres, sino examinar cómo marchan aquellos complejos asuntos, para acomodar a la situación actual su plan de paz.

Sólo puede *repasarse* lo ya realizado, sabido, estudiado, acordado, escrito..., para comprobarlo y corregir algún posible error o suplir alguna deficiencia; no para replantearlo y, en su caso, reordenarlo. Lo que los *media* quieren decir es que los ministros *reexaminarán, volverán a estudiar, revisarán, discutirán nuevamente* o algo parecido, aquel sangrante conflicto. Pero esforzarse por hallar la expresión más sencilla y ajustada sería hazaña hercúlea para muchos: ¿cómo identificar las piezas de ese idioma que poseen formando pella?

Son los mismos que emplean *evocar* en frases como ésta: «Ambos ministros *evocaron* el contencioso de Gibraltar». El lector tiene que imaginárselos, en este caso al nuestro y al de Gran Bretaña, apaciblemente sentados, entornando soñadoramente los ojos, y susurrando entre sorbitos de té: «¿Recuerdas el tratado de Utrecht? Aquél sí que fue un gran tratado». «Oh, no creas, querido. Manifestamos nuestro vigoroso deseo de recuperar el peñón con las armas, en 1707, 1727, 1779 y 1782.» «Tiempos desmesurados aquéllos.» «Ya lo creo. Pero la ONU ha apoyado numerosas veces nuestra causa.» «Con olvido de los gibraltareños, ¿no crees, querido?» Y, así, ambas potestades van desgranando el rosario de sus ricos recuerdos, pues eso significa *evocar*: «Traer alguna cosa a la memoria o a la imaginación».

Otras acepciones posee este verbo: «Llamar a los espíritus y a los muertos, suponiéndolos capaces de acudir a los conjuros e invocaciones»; y «Apostrofar a los muertos». Pero nadie puede suponer a caballeros tan razonables, capaces de ceder a la sugerencia del velador del té; ni de atribuir al asunto de Gibraltar la calidad de cadáver (tal vez, el británico...).

Estremece la insensibilidad idiomática de tantas personas que así hablan y escriben para el público. Tal vez serían incapaces de proceder del mismo modo hablando en familia. No creo que el esposo diga a la esposa: «Vamos a *evocar* ese asunto de las llamaditas que recibes...». Pero, apenas ha de expresarse mirando al tendido, el idioma se le hace chicle, y suelta: «Reunido el comité esta

tarde, *ha evocado* el asunto de los últimos despidos, y ha acordado...». Tan sencillo como resulta el empleo de *tratar (de)*.

Ya no insensibilidad, sino naturaleza granítica sigue ostentando
aquel locutor deportivo de televisión, de cuyas gracias, diciendo
do *alante* y *poner coto* (por *poner cerco*), informaba en un reciente artículo. Mi pertinacia en presenciar sus retransmisiones
fue duramente castigada con ocasión del último torneo gaditano
de fútbol. Sistemáticamente llamó *cadistas* a los jugadores del Cádiz. Asombroso, ¿no? Esperemos que no aprenda de su colega, el
presentador del concurso antes referido, y que no anuncie, el verano próximo, que Televisión Española ofrecerá a sus espectado-
res el torneo que el club *cadista* organiza con el *seudónimo* de
Torneo Ramón de Carranza.

Señalar por último que...

¿Confundo los indicios con las evidencias? El número mayor de
cartas que recibo –y que tanto agradezco– brindándome blancos
para estos dardos, ¿significa que empieza a producirse una reacción saludable? Un atribulado ciudadano me explica que el Ministerio de Obras Públicas ha distribuido por visibles lugares de Málaga unos carteles que representan una playa solitaria, de finas
arenas, donde puede leerse esta singular inscripción: «No contami-
nes *a nuestra costa*». Otro, agudo paisano mío, se enfurece –y aún
me parece escasa su cólera– porque el conjunto formado por tres o
más parientes, y mejor si entre ellos figura el abuelito, sea denominado invariablemente *saga* por los medios de comunicación. Se me
queja una dama de que algunos líderes sean tan estropajosos y
zaborreros hablando. Pero otra se manifiesta más buida en su planteamiento al estimar que un político que es o aspira a ser dirigente
nacional, tendría que esforzarse en evitar a su dicción las marcas de
su lengua o de su dialecto de origen. Y asegura que tal gesto debería ser tan exigible a un personaje público como el de quitarse ante
la Cámara el calañés, la barretina o la gorra.

Estas, y otras veinte o treinta observaciones que me han llegado en el último mes –algunas de las cuales serán, efectivamente,
«dardos»–, hacen barruntar que se está gestando un rumorcillo
de rebeldía contra el despotismo de los patanes idiomáticos. Yo

no diré que se percibe en una muchedumbre; no llegaré al entusiasmo hiperbólico con que, durante la guerra, vibraba el pecho de la Acción Ciudadana de Zaragoza –varones pasaditos de edad para ir al frente, que hacían guardia con escopetas en la estación y otros sitios así– cuando cantaban: «Los de Acción Ciudadana formamos una inmensa oleada patriótica...». No; mi sentido del número es más preciso, y estoy seguro de que no somos comparables al mar furibundo. Pero la fe nos mueve. Está hoy muy bien considerado afirmar el valor insigne de las utopías, aunque muelan a los creyentes (convicción, por cierto, hondamente cristiana, esa de estar en la realidad con asco, mientras se contempla desconsideradamente una lejanía fastuosa). Somos pocos, pero vigorosamente utópicos, quienes creemos que será llegado un día en que el caudal del idioma esté repartido con equidad. Soñamos con un futuro en que una posesión igualitaria impedirá que haya ricos y pobres de labia; en que la cuidadosa administración de tan precioso bien hará que no se tolere manifestar estulticia hablando o escribiendo; en que nadie podrá emplear el lenguaje como arma de dominio o estupefacción... Para que esa maravillosa Ciudad de la Palabra pueda ser alcanzada, una revolución habrá de producirse. Y esa revolución, como todas, necesita un germen, que ya estamos constituyendo quienes nos indignamos con los locuaces insolventes. Muy pocos somos, es cierto; pero creceremos, y llegará un instante en que tendremos fuerza para boicotear radios y televisiones rupestres; para arrojar de foros, cátedras, tribunas y púlpitos a los prevaricadores; para cerrar caminos electorales a los cerriles. Después de ese proceso revolucionario, quedará instaurada la Ciudad de la Palabra, regida por pocas pero augustas leyes, que podrán ser éstas:

1. Habla y escribe de modo que todos te entiendan y reconozcan en ti un conciudadano civilizado.

2. Procura que tu idioma, construido por tus predecesores a lo largo de varios siglos, y en el que se expresa una noble y gigantesca comunidad cultural, continúe permitiendo que ésta exista.

3. Sé humilde: deja que sólo innoven los que saben. Si eres mentecato, no por decir *relax*, *prioritario*, *tema* o *en base a* dejarás de serlo.

4. Sólo humanos habitamos en la Ciudad de la Palabra; no la conviertas en zahúrda.

Estos «dardos» míos llevan años desenmascarando a quienes, llegado el momento, serán los enemigos de la gran revolución. Hace muy poco, cosa de meses, ha surgido otro grupo resistente, cuya vigilancia urge. Forman la cofradía de esta nueva necedad, fundamentalmente, informadores de prensa, radio y televisión; pero es posible que ya se les hayan sumado otros adheridos. Consiste la moderna sandez en construir oraciones con infinitivo y con función subordinante. He aquí un ejemplo: «Siguen manifestándose los vecinos del barrio de Maravillas, como protesta por los ruidos que en él se producen todas las noches. Ayer desplegaron varias pancartas... Anunciaron que se concentrarían el día... *Señalar*, por último, *que*, según declaran algunos, están dispuestos a pasar a la acción directa». Ahí está el monstruito que algún degenerado engendró, y al que insuflan vida poderosa los medios de comunicación. Consiste, como puede verse, en expresar con un infinitivo una acción que exige sujeto (y cuya formulación podía ser: «*Señalaremos*, por último, que...»), u otro tipo de construcción («Hay que señalar...»; «Debe señalarse que...», etc.). No es sólo *señalar* el verbo privilegiado con tan pedestre oficio, sino también otros varios, como *anunciar*, *recordar*, *puntualizar*, *advertir* y varios más. La anómala oración que constituyen suele ir como remate del texto informativo (de ahí el *por último* que ordinariamente los acompaña), pero, en los últimos días, se observa que el engendrillo tiene tendencia a trepar hacia lugares más altos de la noticia.

¿De dónde ha salido tal aborto? No cabe descartar el influjo alienígena; pero, si existe, en cualquier lengua que hubiera servido de modelo, tal construcción sería también incorrecta: ninguna la tolera. Sin convicción, me inclino a creer que esta torpe criatura teratológica es nuestra y bien nuestra, suma memez nacida de un caletre hispano.

Parece, pura y simplemente, resultado de la pereza. Corresponde a lo que llaman algunos gramáticos anglosajones *block language*: construcciones distendidas, no sujetas a norma, y que, sin embargo, se consolidan en bloques para funcionar útilmente en mensajes rápidos y concisos. Pero que un idioma medianamente organizado siente como extrañas a su naturaleza, y en definitiva, como descorteses cuando no existe ninguna urgencia, ningún apremio telegráfico en la comunicación. Vagancia, en suma, desdén hacia el lector o el oyente, a quienes el informador arroja en bruto sus apuntes, sin haberse tomado la molestia de elaborarlos, de vestirlos con un mínimo decoro formal.

El camino está abierto para que el idioma se nos transforme en chino de chiste: «Presidente anunciar que pronto convocar referéndum sobre estar en la OTAN. Oposición manifestar que a ella no gustar. Haber lío». Puede ser un sistema igualitario, conforme a un método bien conocido: el de abatir toda excelencia y nivelar a ras de subsuelo. Pero no es lo que propugnamos quienes confiamos en que, un día, se funde sobre nuestro idioma la Ciudad de la Palabra.

1986

Seguidismo

¡Buena la armó el señor Romagosa! El nombre de este respetable conciudadano, a quien no tengo el gusto de conocer, se ha añadido al cúmulo de mis preocupaciones, en forma de cartas que me ruegan o exigen, según los talantes, un correctivo público para él. ¿Qué ha hecho este caballero español-catalán, según su propia definición, para levantar esa nube de polvo? Pues dirigir una carta al diario madrileño *ABC* censurando un uso del pronombre *lo* que hace en sus artículos don Antonio Burgos. Lo incriminaba públicamente por escribir cosas como «Al señor presidente lo saca de quicio...», o «Al señor presidente lo pone nervioso...». Y los defensores del conocido escritor sevillano han formado legión, exhortándome a que encause a su impugnador.

No me gusta el papel de mastín del idioma, cuando me sé gozque de libre deambuleo, pero esta vez acepto el ladrido incitado. En efecto, el señor Romagosa no tiene razón. Porque lo que verdaderamente es justo, aunque no necesario, lo que deberíamos decir y escribir todos si algunas perturbaciones no hubieran actuado, es el *lo* que estampa en sus artículos don Antonio Burgos: «Al presidente *lo saca*...», «Al presidente *lo pone*...». Es esto lo fielmente etimológico: el *lo* heredado del *illum* latino. El *loísmo* es otra cosa; se produce cuando *lo* desaloja al *le* dativo: «Lo dio una bofetada»; su paralelo es el *laísmo* de «La dio un beso». Esto sí que es un vulgarismo, de preferente localización madrileña.

Pero no el otro *lo*, el del señor Burgos, que empleamos con perfecto derecho muchos millones de hispanos. Ocurre, sin embargo, que, desde antiguo, y con mucha fuerza ya en el siglo XVI, el pronombre *le* está invadiendo el empleo de *lo* en los territorios centrales de la Península («Al presidente *le* pone nervioso...»); es el fenómeno llamado *leísmo*, de tanta pujanza, que al señor Romagosa le parece el evangelio gramatical. Y no, no lo es. Simplemente ocurre que lo oye más porque vive en Madrid; y le atronaría en los oídos si, cosa siempre recomendable, se diera un paseo por Valladolid. Ese *le* que a él le gusta es, evidentemente, tan correcto como *lo*, cuando se emplea para aludir a varones; el uso culto lo proscribe si ha de referirse a cosas («El bolso no *le* he encontrado») o animales («Al elefante no *le* vi»). Por supuesto, no puede sustituir a *la* («A tu hermana *le* encuentro muy delgada»). Y tampoco resulta muy ortodoxo, aunque se refiera a personas, en plural: «A todos los asistentes *les* registraban». A otro español-catalán, el poeta Juan Boscán, le sucedía lo mismo que a su paisano, el señor Romagosa: que viendo el empleo de *le* que hacía su admirado amigo el toledano Garcilaso de la Vega, plagó sus propios versos de *le*. Y siempre han procedido igual muchísimos escritores nacidos en territorios no leístas: se han convertido al *le* por mimetismo cortesano. Pero *lo* dista de ser pecado, y lo practicamos en general, aunque no siempre en particular, los periféricos de Castilla, que somos muchos más. Absuelva, pues, el señor Romagosa al señor Burgos y cálmense todos los etimologistas que han puesto el grito en el correo tan justamente.

Coincido, en cambio, con otro corresponsal, alarmado al oír emplear al señor ministro del Interior el original vocablo *seguidismo*. Yo también sufrí un ligero tirón cerebral al escucharlo, y sospecho que fue reacción muy compartida, ya que, al día siguiente, varios periódicos que reseñaban la intervención ministerial, entrecomillaban la rara voz. No debe de ser, pues, moneda corriente en el Parlamento, lonja providente de material lingüístico averiado. ¿Fue creación del señor Barrionuevo? Cabe suponerlo, y no seré yo quien le haga reproches, dadas las circunstancias en que se produjo la concepción y súbito parto de *seguidismo*. Ocurrió cuando la Cámara navegaba con fuerte bamboleo con la interpelación que un diputado vasco hacía al ministro, una vez hallado el cadáver del desventurado Mikel Zabalza. Ya es conocido el suceso. Tras la autopsia, que apoyaba la explicación oficial, el diputado nacionalista volvió a apretar el tornillo de la duda, con lo cual el hemiciclo entró en trance de maremoto. Y fue en ese instante cuando el interpelado acusó al PNV de practicar el *seguidismo* de HB: de seguir el rumbo político extremado que le marca el nacionalismo radical para que éste no le gane la partida.

Tal vez ese comportamiento no sea nuevo en el mundo de la política, pero es lo cierto que le faltaba nombre. Había que nominarlo; lástima que se hiciera en condiciones tan tormentosas, porque eso hay que tomárselo con filosofía y letras. Insisto: es muy explicable el apremio del señor ministro, que se asió a su primera ocurrencia como un marinero en pleno oleaje a la borda. Bien está; pero ahí debe quedar la invención. El motivo es simple: tal formación no corresponde al genio de la lengua. El sufijo -*ismo* aparece en varias docenas de derivados, constituidos todos, bien a partir de un sustantivo (*abandonismo*), bien de un adjetivo (*individualismo*). Y aporta, en general, la significación de «partidario de» lo significado por su base: *abandonismo* es la disposición al abandono como *individualismo* es el gusto por lo individual. Según esto –que simplifico abusivamente–, *seguidismo* sería la afición o propensión a lo seguido. Y actuaría como seguidista el fanático de la prosecución y enemigo de todo descanso; pero no el que sigue a alguien o a algo (doctrina, comportamiento, táctica, etcétera), acción en que quería usar el vocablo nuestro ministro. Eso tendría que llamarse *seguidorismo*, voz tan coherente morfológicamente como espantosa. Partir de esa base léxica no conduce más que a desastres.

Obsérvese, en cambio, qué feo también, pero qué gracioso resulta otro neologismo que se me ocurre: *secuacismo*. El Diccionario define así *secuaz*: «Que sigue el partido, doctrina u opinión de otro». ¿No era eso, precisamente, lo que el señor ministro del Interior reprochaba al PNV respecto de HB? Y ese comportamiento, convertido en categoría política, podría recibir el nombre de *secuacismo*, para alinearse con otras palabras de la misma jerga como *laicismo, pacifismo, radicalismo, parlamentarismo*, y tantas más, formadas como adjetivos.

Una sola dificultad se me ocurre, que puede trocarse en ventaja. Advierte el Diccionario, en efecto, que *secuaz* «tómase con frecuencia en sentido peyorativo». *Secuacismo* se impregnaría, por tanto, de esa connotacion desdeñosa. Pero, si no me engaño, cuando el señor Barrionuevo usó *seguidismo* no estaba echándole un piropo al PNV. Y, en un uso generalizado, la actitud *secuacista* rara vez podría ser atribuida a nadie como elogio. Ahí está, pues, el nuevo nombre lanzado, supongo que con pocas probabilidades de triunfo, al mercado idiomático: *secuacismo*: «Actitud de quienes se apartan o parecen apartarse de la conducta esperable en ellos, para seguir la de otros por razones de conveniencia. Úsase normalmente en sentido peyorativo».

Climatología

Por lo escuchado y leído, padecemos estas semanas una *climatología* muy adversa. Nieves, escarchas, vientos, nieblas, olas que se encrespan y cielos que se abaten, meteoros arrojados sin piedad contra nuestra atormentada *geografía*. Y, como consecuencia, puertos de montaña cegados, puertos de mar indefensos, carreteras de vidrio, y muertes: los noticiarios han sido, tal vez lo son aún, heraldos siniestros. Y todo por culpa de la malhadada *climatología* que martiriza a la *geografía* española, como han precisado puntualmente cronistas y reporteros.

He aquí, pues, inculpada la ciencia de los climas, de lo que acontece en la ciencia de la Tierra. Las cuales, por ser entidades abstractas –la Magistratura son los magistrados–, habrán de encarnar en las personas que las profesan. Por lo cual, cabe imaginar que los climatólogos la han tomado, como acostumbran por estas fechas, con los geógrafos, y que los están persiguiendo a cierzo limpio y a borrasca airada. Pero las víctimas somos nosotros, nuestras ateridas tierras y nuestros iracundos mares. Llegará el verano, y otra vez la *climatología* será acusada de linchar a la *geografía* con bochornos, incendios y sequías. La guerra entre ambos saberes es perpetua, si debemos creer a los informadores.

Porque, en efecto, los *media* sustituyen sistemáticamente *clima*, voz simple y natural, por la alongada *climatología*. No es aquél el responsable de tiritonas o sofocos, de catástrofes y ruinas, sino ésta, que, según creencias solventes y arraigadas, tiene como único fin estudiar los climas, investigar sus fenómenos y causas, y no producirlos. Algún precedente de metonimias parecidas hay en nuestra lengua; *anatomía*, por ejemplo, equivalió durante siglos a 'esqueleto', y hoy no deja de usarse, con retintín, en vez de 'cuerpo'. No hace muchos años que empezó a utilizarse *geografía* como sinónimo de 'territorio', muy especialmente –pero no sólo– en aquella cima del énfasis consistente en expeler: «a lo largo y a lo ancho de la *geografía* española» (excluyendo así el Campo de Gibraltar, que ni es largo, ni es ancho, ni, en parte, español, y que, sin embargo, es tan español). También usamos *etimología* por 'étimo' (la *etimología* de «siglo» es «saeculum»); pero no deben de ser muchos más los casos en que el nombre de una ciencia designa también el objeto por ella estudiado.

¿Quién sería el metonimizador que así metonimizó? Ni de lejos podía sospechar que su intrépida invención alcanzaría tal triunfo. Y, sin embargo, era presumible por dos razones: porque era estúpida y porque consistía en un vocablo más largo, pedante y remontado. *Motivación* se prefiere, por eso, a *motivo*, y *causa*, muchas veces, cede ante *causalidad*.

No dejan de ser chocantes las anomalías que se han suscitado en torno a *clima* y a sus derivados. En griego significaba 'inclinación del sol', y designó después cada una de las zonas en que ciertos paralelos dividen el arco de la Tierra desde el Ecuador hasta el Polo; en principio, tal partición se hacía sólo a efectos horarios, pero diferenciaba también condiciones atmosféricas en cada una de esas regiones, con lo cual el vocablo recibió su acepción más corriente hoy para designar el tiempo que suele hacer en un lugar extenso o diminuto. El adjetivo *climático* parecía estar designado a significar 'referente al clima', y, sin embargo, esa acepción no aparece en francés hasta 1850, y en español hasta los finales de ese siglo. Mucho antes, ya en el XVI, *climático* se empleaba en nuestra lengua, pero con el significado de 'mudable, tornadizo, revoltoso', derivado, sin duda, del de tiempo atmosférico por metáfora. La *climatología* se fundó como ciencia hacia 1830, y, con ella, el adjetivo *climatológico*, 'referente a la climatología', del que se diferenciará el, como hemos visto, posterior *climático*, 'referente al clima'.

Por su parecido formal, ha habido momentos en que *climatérico* se ha usado por *climático* (tendencia al más abultado polisilabismo). Así lo denunciaba Manuel de Saralegui en 1924. Y poco tiene que ver –salvo en la etimología– aquella palabra con *clima*: procede del griego *klimakterikos*, 'escalonado', y se aplicaba a determinados años que se juzgaban nefastos para las personas: aquellos en que cumplen siete o nueve años y sus múltiplos. Hoy pervive, aunque en uso restringido, para referirse al climaterio y al apagamiento de la función sexual.

Todavía *clima* ha sufrido y sufre la asechanza de otro pariente, pero, como el anterior, de nula relación semántica: *clímax*, voz que empleamos en la jerga retórica para designar la gradación ascendente como esta de Fray Luis de León: «Acude, corre, vuela, traspasa el alta sierra, ocupa el llano...», y también para designar el momento culminante de un proceso, o, por supuesto, una obra literaria. Pero no faltan quienes trabucan lastimosamente las cosas, y dicen, por ejemplo, que un acto se celebró en un *clímax* de gran exaltación, a lo largo de dos horas.

Parece, pues, necesario rescatar *clima* de sus enemigos, que son constantes, en especial *climatología*. Sin duda, favorece esta última asechanza el que *climatológico* se use, con empleo reconocido por la Academia, como sinónimo de *climático*. Pero no hay razón de que, menospreciando su poco cuerpo, *clima* sea expulsado del idioma, porque es el camino para que digamos de un cardiaco que tiene una cardiología pachucha, y que la huelga de los controladores ha impuesto a los aviones una cronología de aquelarre. Todos vamos a hacernos unos preciosos ridículos.

Por cierto que, atribuyéndose a la *climatología* tanto desastre, nadie escribe que es la *presunta* culpable; se le lanza la acusación sin precauciones. Y es merecedora, por lo menos, de los mismos miramientos que el ciudadano detenido mientras, pistola en mano –ahora se dice cómicamente *a punta de pistola*–, tiene tumbado al personal de un Banco; nadie lo llamará atracador, sino *presunto atracador*, mientras una sentencia en regla no le arrebate la innata inocencia constitucional. De no hacerlo así, se corre el riesgo de ser perseguido por calumnia. Se explica, por ello, que las noticias aparezcan plagadas de *presuntos* asesinos, violadores, ladrones y otras gentiles gentes. Andamos todos de puntillas a la hora de atribuir, y harán bien, por ejemplo, los locutores deportivos en no gritar ¡gol!, cuando lo vean, sino ¡*presunto* gol!, mientras el árbitro no señale el centro del campo. Y las matronas habrán de exclamar ¡*presunto* niño!, en tanto no certifique la varonía el Registro Civil. Es de temer un día en que todos los padres seamos tildados de *presuntos*, mientras no vayamos con la patente de paternidad por delante.

Pasa ya de castaño oscuro el empleo superfetatorio de tal vocablo. Oído en televisión hace poco: «La Policía ha tomado precauciones especiales ante la posible acción de un *presunto* grupo terrorista en el aeropuerto de Barajas». Sandez que se agudiza en esta otra, referida a una muchacha presuntamente asesinada por su novio: «La *presunta* víctima presentaba tres puñaladas en la espalda y una en el pecho». El novio podía no ser el asesino, pero no se advierte que fuera calumnioso achacar a la chica la condición de víctima.

El caso es que a otros presuntos auténticos no se les alude así; por ejemplo, a ciertos encausados, y no juzgados aún, por supuestos delitos monetarios. ¿Para qué usar dulzura con ellos? Leñazo al mono, igual que a la climatología, responsable verdadera de cuantos cataclismos acaecen en estos días helados.

«Alma mater»

Grande ha sido la presencia de expresiones latinas en todas las lenguas cultas; en español, por supuesto. En todas o en casi todas, puede oírse o leerse *modus vivendi, manu militari, de visu, pro domo sua, vox populi*, y cosas así. Nuestros iletrados se apoderaron de ellas y las trataron con la familiaridad a que les daba derecho ser, lingüísticamente, hijos del latín. Y, de ese modo, convirtieron la locución *per fas et nefas*, en el híbrido *por fas o por nefas*. El estimulante *sursum corda* ('arriba los corazones'), palabras de la misa al comienzo del prefacio, se transformó en ese extraño personaje llamado *sursuncorda*, en quien se delega lo que uno no quiere hacer (¡Que lo haga el sursuncorda!), o a quien se está dispuesto a no obedecer, por mucha que sea su autoridad (¡No voy allí aunque lo mande el sursuncorda!).

La más extravagante deformación popular de un culto texto latino la presenta un refrán registrado por Gonzalo Correas, que dice: «Hocico dambico, varitas os dio padre». En su segunda mitad, retuerce increíblemente una sentencia de Terencio, que dice: *Veritas odium parit* ('la verdad engendra odio'). Lo curioso es que, al filo de 1600, todo el mundo interpretaba lo de las varitas en su correcto sentido terenciano: que cantar las verdades al prójimo, lo irrita.

Las expresiones latinas siguen gozando de predicamento, y hasta se diría que se han recrecido en los últimos tiempos. Entre decir, por ejemplo, que «*de hecho*, los resultados son los mismos», o que lo son *de facto*, esto resulta preferible, porque eleva medio palmo la estatura de los hablantes. Si alguien confiesa *espontáneamente*, queda mucho mejor contado diciendo que lo ha hecho *de motu propio*, expresión donde sobra el *de*, y ha de escribirse y pronunciarse *proprio*. He aquí la única pena: que queriendo latinizar, se apalea el latín y se cometen disparates como ése. Gente hay que dice *mutatis mutandi* (por *mutandis*). O *de corpore insepulto*, que, a ese otro *de* superfluo, añade el menosprecio de la locución castellana correspondiente. En efecto, así suelen denominarse las misas, terroríficamente frecuentes por los asesinados, en vez de llamarlas *de cuerpo presente*, que es lo propio.

Resulta curioso este fervor por el latín cuando se le ha apeado de los altares y se le persigue en los planes de estudios. Esto último conduce a que, hace pocos días, se haya afirmado en escrito público que era latino el dicho célebre «Eppur si muove» con que Galileo supuestamente mantuvo su verdad cabezona frente a la tozudez vaticana.

Sin embargo, el más hermoso atropello contra la lengua madre lo cometió —no respondo de la certeza, pero se cuenta— el presidente de una comunidad autónoma, que, por pesadumbre del cargo, visitaba un recinto deportivo juvenil. Imaginemos la escena: mañana gloriosa con sol y pinos; frío tenaz, pero oxigenado; una pequeña multitud quinceañera ansiosa de proezas atléticas, a la que se obliga a escuchar al jerarca comunitario, el cual se encarama al podio de las arengas y pondera lo que hace su Gobierno para lograr una juventud elástica y limpia. «Nuestro esfuerzo se cifra —asegura el prohombre— en hacer realidad aquella frase que dice: *Mens sana in corpore insepulto*.» Probablemente algunos muchachos se miraron con ojos perplejos. Estaban, era claro, insepultos; pero ellos creían que la frase propugnaba otra cosa: que su mente habitara un cuerpo sano. Que es como prosiguió el presidente: exhortando a todos a endurecer los músculos y a criar un cerebro portentoso. ¡Adónde había llegado la máxima de Juvenal, en la cual no se pide, por cierto, lo que suele creerse! El poeta, en efecto, suplica a los cielos salud del espíritu unida a la salud del cuerpo. Pero se ha entendido que la salud del cuerpo es necesaria para la salud del alma. Ello no resulta imprescindible, aunque no está de más. Lo sorprendente es el deseo del jerarca autonómico, que demanda lucidez mental para aquellos chicos insepultos.

He dicho que era ésta la más hermosa perla de nuestros modernos latinoparlantes. Exageraba. Dispongo de otra más valiosa. La capturé el 15 de enero en un diario madrileño. El autor de un artículo que se titula «Periodista de Radio Televisión», dice de un colega que es «alma pater» del diario que dirige. ¡Alma pater! *Risum teneatis...* Pero no, no hagamos caso a Horacio, y riamos a pulmón lleno. A pocas personas debo tanta felicidad en los últimos meses como a este compatriota. Merece la medalla del Mérito Civil, la cruz de Beneficencia, incluso la laureada de San Fernando: debe ser contado entre los héroes quien, en estos tiempos sañudos, desata la carcajada de los ciudadanos.

Vengamos a cuentas. Entre las expresiones latinas más favorecidas ahora, está esa del *alma mater*. Se jubila, por ejemplo, un gerente, y, en el gozo de su despedida, se dice de él que ha sido el *alma mater* de la empresa. Impropio es que se le esté llamando «madre nutricia», pero el resbalón trasluce amor. Más adecuado resulta que, de un ama de casa al modo antiguo, afirme el párroco en sus exequias que fue el *alma mater* del hogar: la noble expresión latina estimula el grosor de las lágrimas. Pero es resueltamente raro que, del jugador que se retira, diga el presidente de su club que ha sido el *alma mater* del equipo: asombra lo de *mater* aplicado a aquel jayán. (No es ejemplo inventado: poseo recorte.) Nuestros oradores, en trance laudatorio, gustan colocarse el *alma mater* en la boca como un clavel. Aunque está claro que, en general, no saben lo que dicen. *Alma* es el femenino de un adjetivo latino, *almus*, que significa 'nutricio'. Y también 'bienhechor, maternal, bueno'. Fray Luis de León, latinizando, empleó *almo* como adjetivo castellano en verso inolvidable: «Roto casi el navío –dice, dirigiéndose a su refugio campesino–, a vuestro *almo* reposo huyo de aqueste mar tempestuoso» (que es el mundo). También llamaron *alma mater* los poetas latinos a Roma, materna con sus hijos. Después quedó para designar exclusivamente la Universidad.

Pero los exageradores hodiernos le han arrebatado la exclusiva. No se contentan con llamar al elogiado *alma* (de la empresa, de la familia, del equipo), con el significado metafórico de 'motor, energía, animadora', sino que, buscando mayor énfasis –ya sabemos que se logra mediante alargamientos–, añaden a *alma* (¡que, en la locución latina, no significa «alma»!: eso en latín, es *anima*) lo de *mater*, con lo cual el elogiado pasa a serlo en calidad de madre, y no de alma. Los locuaces imaginan que *alma mater* es construcción paralela a *juerga padre*; y no, no es lo mismo. Aunque lo creyó el aludido periodista de Televisión Española, le inquietaba, efectivamente, eso de *mater* aplicado a un varón. Y, de modo muy inteligente, por la vía de la lógica, ascendió a la cumbre del dislate llamando a su colega *alma pater*, padre amamantadora (así, en femenino).

¿Y si probaran a dejar *Alma mater* en paz, apta sólo para rectores inaugurando cursos?[1]

Lenguaje de Cámara

Debo padecer, con alguna frecuencia, la pregunta de si hablan bien o mal nuestros políticos, hecha con la intención que se supone. No suelo responder, por la obviedad de la contestación: algo tan fácil no vale la pena. Hasta pienso, a veces, que no sería procedente barrenar, que no se puede exigir a un diputado, en punto a locuela, más que a un catedrático, pongamos, o a un jurisconsulto, por referirme a oficios donde no escasean los prevaricadores. Pero hay ocasiones en que la cólera vence a mi escasa templanza, y me digo que no es injusto exigir a quien, en definitiva, vive de la voz pública, que tenga la cortesía de usarla bien, y que, si se deja maquillar el rostro para aparentar lustre en la pantalla, bien podría atildar un poco su expresión cuando la exhibe ante el gentío. Es lo menos.

No hace falta ejemplificar: en esto no hay rodillo, sino empate general. Milita en la oposición, por ejemplo, el diputado que clamó ayer mismo en el hemiciclo de San Jerónimo: «No hay Parlamento que sea *hurtado* del conocimiento de la política de defensa». Y a la mayoría gubernamental pertenecen quienes escriben lo que ahora diré: «Allegados son iguales / los que viven por sus manos / y los ricos». El del hurto, diplomático de profesión, no era un parlamentario de los que allí encajan los partidos como abarrotes, sino, dentro de su modestia, un líder. Se dicen cosas así en el viejo Palacio de la Elocuencia, y no tiembla una teja; el augusto Templo de las Leyes no sufre ya ni un leve estremecimiento cuando en él se vulnera tan salvajemente el código del idioma.

Cabe pensar, sin embargo, que este lenguaje de Cámara sale así de chapucero por las dificultades que entraña la expresión oral,

---

1. Véase la nota de la página 401.

y que sería voluntad unánime en aquella Casa producirse en un idioma correcto. Por lo cual, debe suponerse que es vigilado atentamente lo que, por escrito, emite su monumental aparato administrativo. Pues no, tampoco esto ocurre, y pienso que vale la pena protestar, aunque la queja vuele derecha al páramo. Las leyes se redactan mal, muy mal a veces. Pero no me fijaré en ellas, sino en un documento parlamentario de menor trascendencia y máxima significación.

Vean ustedes. Mi amigo y paisano don Isaías Zarazaga es diputado del Partido Aragonés Regionalista. Lo cual no le impide, antes al contrario, lamentar las palizas que, con frecuencia, propinan los medios de comunicación al idioma español. Entre tales agresores, se cuentan, claro es, los medios de titularidad estatal. Movido por tal desazón, mi amigo dirigió una pregunta al Gobierno sobre la «protección y defensa del lenguaje» en tales medios. Desconozco los términos exactos en que aquélla fue formulada; tengo sólo en mi poder la respuesta que el demandante ha recibido, pues él mismo me la ha hecho llegar. Es un documento asombroso, que traslada al señor Zarazaga el secretario de Estado para las Relaciones con las Cortes, y que consiste en la copia del informe que, sobre ese asunto, ha emitido el director general del Ente Público RTVE. Informe tan testimonial, que es como si habiendo preguntado por la delincuencia juvenil al ministro de Justicia, éste hubiese remitido al diputado un navajero adolescente.

Comienza la respuesta del director general de RTVE, comunicada, según he dicho, por las Cortes, invocando unos llamados Principios Básicos de Programación, donde, por lo visto, pone lo siguiente: «Un aspecto esencial de toda programación de los Medios que inciden sobre dimension [*sic*] de vehículos culturales es la preocupación por el lenguaje». Se estaría tentado de creer que este principio básico ha sido redactado por alguien que tiene una cuenta pendiente con el idioma castellano. *Incidir* por «influir»; *dimensión*, no se sabe en vez de qué, construcción surrealista, que arrastra esos *vehículos culturales* como pesados carros... «No puede olvidarse –continúa el Principio Básico– que el lenguaje de los medios (y muy particularmente la televisión) se asimila como forma canónica del habla culta, lo que quiere decir que se constituye en el principal patrón a seguir por la audiencia.» Se deduce que el autor de estas reflexiones no enchufa jamás el aparato. Porque, dado que fluye por él «la forma canónica del habla culta», ya se habría dado cuenta de que es disparatado un giro como «muy particularmente la televisión»; y evitaría el pedestre galicismo *patrón a seguir*.

Continúa la respuesta informando al señor Zarazaga de que ya dispone el Ente de un manual de estilo, «con normas *morfológicas-lingüísticas*», sorprendente emparejamiento de términos, con concordancia en los dos y donde parece que lo morfológico difiere de lo lingüístico. El resto del informe está escrito en más apacible estilo que lo anterior. No entro a examinar el contenido, en el cual se manifiesta la elevada idea que tiene RTVE de sí misma como Ente cultural. Pero si es tanta su preocupación por el idioma castellano, y tan grande su anhelo de que éste salga por sus antenas «lo más claro y correcto posible», el documento enviado al señor Zarazaga no debía afirmar que «la lengua juega un papel importante», porque, en español, los papeles no se juegan, sino que se representan. Ni es lícito estampar sinsentidos, asegurando, por ejemplo, que Radio 3, en cuanto emisora experimental, busca nuevas formas expresivas, que incluyen «en ocasiones la incorporación de un lenguaje o léxico [¡!] entroncado con las vivencias más recientes que incorpora el argot popular». Cualquiera advierte que esta declaración es un camelo, donde se emplea *vivencias* sin saber qué es eso, y, para colmo, se las *entronca*.

Hay, además, en el documento, expresiones muy sorprendentes, como «*promoción* del lenguaje»; «poniendo especial énfasis»; «eje vertebrador»; «acción merecedora de *destacada* valoración», «personalidad del medio radiofónico»; premio «que ya ha *cumplido* su tercera edición»; «hito de la mayor relevancia»; «*vehículo* de identificación», etcétera. Son cosas que, en medio del caos idiomático en que vivimos, no serían chocantes; pero es que figuran en un documento dedicado a exaltar los esfuerzos inmensos del Ente Público para dar pulimento a la lengua. Sucede también que esos papeles han sido asumidos por una Secretaría de Estado de la Presidencia del Gobierno, al darles traslado a un diputado curioso de saber qué se hace en los medios oficiales para proteger el idioma nacional. Han sido convertidos en lenguaje de Cámara.

Yo, si fuera el señor Zarazaga, no podría evitar la sospecha de que al contestarme así, me habían hecho la mamola. Por si esta palabra no resulta familiar aporto la definición del *Diccionario de Autoridades*: «Cierta postura de la mano debajo de la barba de otro, que regularmente se ejecuta por menosprecio». Puede que el gesto no le esté dirigido a él –quizá me pase yo de escamón–, pero sí, de modo indudable, a nuestra común lengua española.

Diques de aeropuerto

¿A quién no le infunden respeto las artes de volar y sus gentes? Del que siento por éstas, testimonia la atención con que contemplo a las azafatas cuando, con voz en *off*, profetizan la caída de una mascarilla con oxígeno ante las narices del pasaje, si el avión –Dios no lo quiera– se despresuriza. Pongo los cinco sentidos en mirarlas, porque es cortés amén de grato, aunque, lógicamente, estas muchachas gesticulan desanimadamente y sin fe, dada la poca expectativa que despiertan sus instrucciones. Admiro, más, reverencio a la aeronáutica toda, y no querría que sus manes y númenes vieran en lo que voy a decir pullas castigables (viajo esta misma tarde), sino aportaciones constructivas dignas de loor.

Se entiende muy bien que la internacional del vuelo hable inglés: que hable lo que quiera, con tal que se entiendan unos y otros para pedirse o darse pista, y cosas así, estén donde estén, en Oslo o en Chinandega. Resultaría funesta la propagación de Babel a la atmósfera: que hablen inglés, y Dios con todos.

Pero sería digno, justo y saludable que, en tierra, respetaran la lengua natural del lugar. Así, el español en los países que lo hablan. Ignoro la causa, por ejemplo, de que llamen *vuelos domésticos* a los vuelos nacionales. Vuelos domésticos, salvo casos más bien raros de levitación, sólo los hacen las brujas, cuando deambulan por su casa, y las moscas. Si cuantos pululan por pistas y entrepistas deben poder identificar los camiones que abastecen de comida y bebida a los aviones, manténgase en ellos lo del *catering*; pero costaría poco escribir debajo *provisiones alimenticias*, o algo parecido, para quitar enigma a tales vehículos. Todo se andará, pero, por ahora, no todos los hispanos hablan la lengua universal.

Reconociéndolo así, quienes mandan en los aeropuertos ordenan poner en los letreros el término castellano junto al anglo. Eso está muy bien, aunque alguna equivalencia resulte sorprendente. Por ejemplo, a aquello señalado en inglés como *finger*, esto es, 'dedo', se le denomina *dique* en nuestro idioma. Recibe tan dispares nombres cada uno de los tunelillos por los que, desde las salas de espera del aeropuerto, acceden los viajeros directamente al interior del avión. Tales túneles, bien es sabido, constan de una porción firme apoyada en columnas sobre el suelo de la zona de pistas, y un remate en acordeón, que se acomoda a la puerta del aparato.

Vistas desde fuera tales construcciones, son largos apéndices, independientes y separados, que avanzan desde un fondo común. Contemplándolos así –insisto: desde fuera–, difícilmente podrían ser llamados tunelillos, tal como acabamos de hacer. En la denominación angloamericana, el punto de vista exterior es el que ha dominado: aquellos apéndices salen del aeropuerto como los dedos de la mano. Y, en virtud de esa visión, se ha creado la metáfora 'dedo', *finger*, para llamar al artilugio. Metáfora que, pensada desde una conciencia lingüística hispana, da mucha risa, aunque funcione muy bien en la lengua donde nació. Es evidente que los responsables de rotular nuestros aeropuertos no podían aceptarla. «Entre usted en el avión por el octavo *dedo*», le dirían a uno en el pupitre de la compañía, si estaba –cosa rara, y también inglesa– «operativo». «¿Nos enchufarán a un *dedo*?», se preguntaría con esperanza el pasajero aterrizando, temeroso de un nuevo viaje en autobús por las pistas. «¡Qué dedo tan frío!», comentaría la dama aterida que aguarda allí en montón para entrar en el «pájaro». Por eso, a nadie, estoy seguro, le pasó por la cabeza bautizar de ese modo el apéndice.

Resultando imposible la traducción, alguien recibió el encargo de nominar (porque esto es *nominar*: dar nombre, no proclamar candidatos). El experto llenó de aire el pecho, tomó carrerilla y lanzó su hallazgo como una jabalina: ¡*dique!* Después descansó confortado por los plácemes de jefes, subjefes y demás jerarcas del ramo. Y así, con la autoridad de no se sabe quién –el que manda en cada coto–, quedó bautizado el *finger* para los usuarios *españoles*. Supongo que, más o menos, algo parecido habrá ocurrido en las distintas repúblicas americanas, y es muy probable –ojalá yerre– que, a estas horas, el mismo objeto esté recibiendo varios nombres diferentes en los vastos dominios del castellano. Justo, lo que a todos nos importa evitar: que éste se nos haga trizas.

¿Por qué *dique*? Leo en el Diccionario qué es un dique («muro o reparo artificial hecho para contener las aguas»), y encuentro que hace falta imaginación más loca para bautizar así a aquel culebrón prismático, que para verlo como un dedo: no se advierte a qué agua o a qué otro fluido contiene con su hombro. Puesto el inventor a inspirarse en lo acuático, más obvio era *muelle* («obra que sirve para el embarque y desembarque de cosas y personas»); al fin, cuando el avión se ha posado y rueda hacia el edificio terminal, el viajero ve por su ventanilla unos «muelles», *mutatis mutandis*, como el navegante que llega a puerto. Pero cabían otras posibilidades: *pasadizo, manga, fuelle...* Varios nombres serían más aptos que dique.

El hecho prueba, a más de incompetencia, algo de mayor gravedad: la alegría con que cualquiera –y «cualquiera», a estos efectos, puede ser un ministro– cree tener poder sobre algo tan colectivo y multinacional como es nuestra lengua. Por supuesto, al bautizo de ese *dique* no fue invitada la Real Academia Española (ni, por tanto, las Academias de América y Filipinas con ella asociadas). Se hace caso omiso de que es la Academia, por real decreto de 1859, confirmado por el Rey Don Juan Carlos, una institución que debe contribuir «a la fijación del vocabulario científico y técnico». Y éste es el caso, por tratarse de un artilugio, nacido, además, en la órbita de lo oficial. De haber sido consultada la Academia, hubiera hecho, casi seguro, estas cosas: *a)* Enterarse de los nombres que el tunelillo tiene en todos los países hispánicos. *b)* Discutirlos en la Española y con las demás Academias hermanas, a través de la Comisión Permanente, para convenir en un nombre. *c)* Logrado el acuerdo con rapidez y, supongo, con facilidad, elevarlo todas las Academias nacionales a los responsables del transporte aéreo en cada país, con el fin de que el término fuese adoptado en todos ellos.

¿Ignoran las autoridades aeroportuarias las competencias que, en estos asuntos, poseen las instituciones académicas? Pues hora es ya de que ellas, y otras, se enteren, y de que colaboren a mantener la sagrada unidad del idioma. Advierto esto sin acrimonia, sonriendo: ya he dicho que viajo esta tarde y que, por tanto, las deidades del aire van a tenerme una hora en vilo, a su merced. En cualquier caso, ¿consideran inmodificable su *dique* los responsables de Barajas? ¿No podríamos empezar por donde se debe?

Especular, otra vez, y definir

La televisión, delicia nuestra, prosigue manando inagotables maravillas de lenguaje. Apena perderse tantas horas de emisión, porque, justo es reconocerlo, con sólo deleites no se vive. Por venturoso infortunio, no estoy lejos del momento en que el Gobierno me aparte de mis deberes universitarios, inútil ya, según sus leyes, por la edad. Pero me consuela de tamaña sustracción la perspectiva de pasar mis horas completas ante el aparato, sin abandonarlo ni siquiera para sorber la sopa boba de los viejos. Allí permaneceré gozando incontinentemente de la charla televisiva, admirando en ella, dulcemente idiotizado, la lengua española, pasión de mi vida. No puede imaginarse introito mejor para el tránsito.

A juzgar por las hermosuras con que me topo en mis desatentas incursiones por el medio, ¿qué prodigios no capturaré cuando le consagre todos mis sentidos, ya declarado lelo para el aula? No me resisto a conferir con mis lectores sobre algunos de los anticipos en que cifro mi beatitud de inútil oficial. Ocurrió el primero en la transmisión de una corrida de toros durante el último San Isidro. Rasgó el clarín la tarde entoldada para ordenar el tercio de varas, y apareció en pantalla esa cruel caricatura de lo ecuestre que compone el picador reventón afligiendo con sus arrobas al desvencijado caballito de los ruedos (un pobre corazón empavorecido, dentro de los cueros remendados). Llevaba el mínimo equino, no un ojo tapado, como es regular, sino los dos, y el locutor lo hizo notar: «El caballo lleva la cabeza vendada, en cuanto a los ojos se refiere». ¿Puede decirse de modo más engalanado? Tendrá nombre esa figura retórica, pero lo ignoro; lo más próximo que hallo en la panoplia de los primores de estilo es el llamado acusativo griego, lujo que Góngora, entre otros, se permitió «aliquando». Al escribir, por ejemplo: «Pastora... calzada / coturnos de oro el pie»; o «Desnuda el pecho anda ella», verso este último que así vertió Dámaso Alonso: «Ella anda desnuda en cuanto al pecho, es decir, con el pecho desnudo». Admirable locutor.

Siempre ha tenido el lenguaje de los comentaristas taurinos mucho de ático; este caso lo confirma. Y no se diga que algunos de los críticos deportivos les van a la zaga. Tales píndaros inventaron, en tiempos, llamar al fútbol «viril deporte del balón redondo», con el mismo alarde poético con que don Luis de Góngora denominó «rubio hijo de una encina hueca» al panal. Nada empece o significa en contra que un forzado de las ondas pronuncie «méksico», retransmitiendo un partido desde el mismo México: se justifica por lo absorbente de un trabajo que impide oír a los propios mejicanos. Poco importa tampoco que el mismo locuente advierta cómo un zaguero se ha ido *alante*, con casticismo del Avapiés. A cambio, como la mayor parte de sus colegas, muestra impar atildamiento explicando que aquel gol vestibular contra Brasil que no *concediera* el árbitro –miserable– hubiera permitido a España ser cabeza de su grupo. Usando ese tiempo verbal tan limado, en vez del austero *concedió*, manifiestan los retransmisores cuánto aspiran al estilo sublime de la oda.

Nunca se elogiará bastante tal designio, que resplandece estos días del Mundial como cualquiera de los jueves borrados por nubarrones del «Boletín Oficial». Uno de esos trujamanes semióticos –lo son: traducen a palabras lo que se ve– ha asegurado que un jugador «parecía que rozaba el fuera de juego, pero no: ya estaba *inmerso* en dicha falta». Loado Dios, que así enardece el ingenio humano: mucho hace falta para imaginar a aquel chico inmerso, sumergido, abismado en el *off-side*. Es metáfora que excede a cualquier invención de las preciosas molierescas, tan célebres por menos.

La elocuencia del benemérito ejército de los locutores deportivos, en Ultramar y aquí, toca techo en el uso que algunos hacen de dos verbos, con el cual va a hacerse el castellano Creso entre las lenguas. Se trata de los nuevos valores que adjudican a *especular* y a *definir*. Oigan ustedes.

Acontece con frecuencia que un equipo, o los dos, se aposentan en el centro del campo: parecen a gusto, *inmersos* allí. Recibe el balón un defensa, y lo remite cortésmente a un medio; pero éste lo devuelve al defensor, que lo larga con plausible equidad al otro medio. El cual abusa, tal vez, reteniendo el balón, sin considerar que otros aspiran a gozar de él: mas un contrario se le acerca tremolando la bota, y lo endilga al compañero de línea, que se lo pasa al defensa de antes. Pero la entrega queda corta, y se adueña de la pelota un adversario, el cual, lejos de irse hecho flecha hacia el otro marco, vuelve a empezar el rigodón al revés. Esto es, exactamente, *especular* en el neocastellano: ahora para ti, ahora para mí, te la doy, la quiero, y ojo con las áreas, que asan carne.

Son tan concienzudas tales maniobras, ese chotis bailado en una baldosa, que un genio idiomático halló el término exacto para designar la acción: aquellos chicos practican lo que, en su modestia, hicieron Aristóteles y Platón: perder el tiempo. Sin embargo, ocurre alguna vez que uno de esos pies cogitabundos se decide y chuta. Y que, por milagro, mete gol. El juego consiste en eso, tal es su fin, aunque al profano le parezca que el balón va y viene sin plan ni traza, vagabundeando y divagando, bordoneando, atorrante y bohemio, entre faltas. Pero éstas pueden delatar una gestación. El partido es como un vago embarazo, como una indecisa preñez, en que madura un *nasciturus*, quizá varios, tal vez ninguno. Nunca se sabe. De ahí que tanta indefinición acabe cuando un muchacho «se arranca y *define*», esto es, marca gol. En ese instante, todo lo que era especulación y abstracción se hace súbitamente concreto y sensible, definido, en suma.

Otro acierto espectacular, que sólo plácemes merece de cuantos hablamos esta vieja y ruda lengua castellana; los futbolistas especulan y definen: ¿no resulta bello? Es grande también la ventaja purista que esta última voz va a depararnos, pues sobran en el idioma el anglicismo *gol* y su familia. Ahora se meterán –o no– *definiciones*, y quien las meta será *definidor*.

Saludemos con alegría justificada estos usos neonatos en nuestra parla deportiva, y felicitemos a los afortunados inventores, sin olvidarnos de sus ascendientes, responsables genéticos de su talento.

Penalties

Hay dos maneras seguras de llamar la atención: haciendo las cosas mejor que el común o realizándolas de modo extravagante. No hay duda de que esta última es más fácil. Se admira a Gaudí, pero no se olvida al arquitecto que te mete un rascacielos en el ojo cuando contemplas un paisaje donde no debía estar. En cualquier caso, no carece de mérito el inventor de una rareza. Ya no lo tienen sus secuaces. Bien conocida es la sentencia que otorga el dictado de poeta al primero que comparó con una rosa a su amada, y el de imbécil al segundo.

No resultan hondas estas reflexiones, sino de arroyuelo; pero son las únicas que me autoriza el estío, que hace de Madrid caldera. Aún se me ocurre otra: ¿no es inmensa la grey de los que si oyen «flor» repiten «flor»? Y eso, se mire adonde se mire. Por ejemplo, a las retransmisiones deportivas de los audiovisuales. (Doy una pista para sospechar que ando todavía bajo los influjos idiomáticos del Mundial.)

Verán: hace años, a un ansioso de notoriedad se le ocurrió ponerse un penacho idiomático de fabricación yanqui: renunció a la útil y sensata distinción hispana entre *entrenar* (oficio del entrenador) y *entrenarse* (práctica diaria del equipo o del deportista, que son entrenados), y, conforme al *to train* inglés, hizo que *entrenar* significara ambas cosas. ¿Dónde ocurrió la reducción anglicista? Tal vez en la América hispana; pero, dado el prestigio de los locutores ultramarinos (*¡gooooool! ¡gol, gol, gol, gol...!, ¡gooooool!*), la novedad prendió en el solar del idioma con la pujanza del jaramago en las ruinas de un castillo. Llegó pronto otra ablación del enclítico en *calentar*, 'hacer ejercicios, antes de incorporarse al juego, para entrar en calor'. Fue precedida tal mutilación de una fase en que los deportistas hacían «ejercicios de *precalentamiento*»; los cuales acabaron siendo «de *calentamiento*» a secas. Se forjó, por fin, el intransitivo *calentar* (¿qué es lo que calientan?), evitando *calentarse*, que el sentido común castellano exige (y el francés: *s'échauffer*), y adoptando servilmente el modelo inglés *to warm up*. Quizá sugiere *calentarse* prácticas poco convenientes para entrar en juegos estrictamente deportivos, pero no tanto que justifiquen tan cruenta amputación.

La última castración del *-se* que he observado en el lenguaje de los estadios la ha sufrido *clasificarse*. Los nuncios y paraninfos mundialistas, tras las primeras victorias de nuestros orlandos (a lo furioso aludo), empezaron a especular (porque ellos también *especulan*, en vez de conjeturar o hacer cábalas) acerca de las grandes posibilidades del equipo español para *clasificar*. Y, claro, no pudo, pues en el *-se* reside la esencia, presencia y potencia de la acción de *clasificarse*. Inmensa responsabilidad la de estos capadores de vocablos.

¿Qué es lo que permite tan instantáneos y extensos contagios? Porque cualquier disparate se propaga con la velocidad de la luz. ¿Cuánta es la fuerza que mueve a tantos –y no sólo en los medios deportivos– a proclamarse grey? He aquí otra mínima y significativa muestra: era normal hasta hace poco aludir al «tiempo regla-

mentario». Alguien discurrió que sería novedoso decir que falta-
ban tantos o cuantos minutos para acabar el «tiempo *reglamentado*». Parecía más personal, e igualmente correcto (aunque esto
último tal vez no le importara tanto). Pues bien, desde hace poco
tiempo *reglamentario* ha sido evacuado del léxico de los deportes,
y sólo como excepción puede oírse. El tiempo es ahora, casi todo
él, *reglamentado*. Lo cual no constituye infracción, sino prueba de
una desoladora vocación orfeonista.

Sin embargo, nada alcanza el efecto extasiante de otra innovación, que prodigan por igual prensa y altavoces: el plural *penalties*. Por desgracia, lo hemos oído y lo hemos leído muchas veces,
porque ha sido, en numerosos encuentros, recurso necesario para
hacerles parir un ganador: ese sistema, en efecto, tiene bastante
de cesárea. Produce, por cierto, grandiosa emoción. Acompaña al
penalti el romántico patetismo del duelo, con sus pasos contados, armas a punto, y dos hombres tensos –dos sistemas nerviosos hechos cuerdas de violín– aguardando la señal del disparo.
Las masas modernas añaden al momento el silencio de miles de
gargantas, acongojadas por si uno mete o el otro para. Quien va
a tirar, seguro que siente achicada la portería, reducida a la anchura de una rendija; al que la guarda, debe convertírsele en plaza mayor, más aún, en pampa. Y de pronto... Bueno, de pronto,
España a España, porque falló.

El caso es que eso, fallar, les ha ocurrido a otros equipos, y que
los cronistas han tenido que andar, un día tras otro, con los penaltis en boca o pluma. Pero no: lo que muchos han dicho o estampado es *penalties*. Obviamente, *penalty* es voz inglesa, cuya
adopción por varias lenguas, la nuestra entre ellas, ha sido fácil,
aunque combatida por algunos. En 1961, la Unión Sindical Francesa de Periodistas Deportivos propuso sustituirla por *pénalité*, y
recomendó como variante opcional *onze métres* («el árbitro ordena un *once metros*»), calco del alemán *elf meter*; pero la gente allí
ha seguido diciendo *penalty*, pronunciando, claro es, a la francesa, y formando también a la francesa el plural *penaltys* (frente a
los *penalties* del inglés).

También en español se intentó en vano emplear *penal*, para
designar el temible castigo. Porque el público, dueño absoluto del
idioma, lo que reclama es *penalti*, con fonética hispana; y gusta
de verlo escrito con la -*i* latina final. Lo cual implica que siempre se

haya dicho y escrito *penaltis*. La palabra no figura aún en el Diccionario académico, pero cabe repetir la profecía de Unamuno ante otra voz ausente: «Ya entrará».[1] Lo probable es que se adopte con la forma *penalti*. Y lo seguro, que su plural no será *penalties*, lo cual sería aborto en castellano, donde, los niños lo saben, se añade -s (y no -es) a las palabras llanas acabadas en vocal. A nadie se le ocurre decir *confeties*, *zurriburries*, *sirimiries* o *cursies*. Salvo a los cursis, que pululan, ululan y se emulan en el esfuerzo por derruir el idioma que mamaron.

Adolecer

Pasa en todo; es como si este mundo nuestro se hubiera reblandecido y, casi de pronto, lo que parecía más o menos sólido hubiese alcanzado un punto de fusión próximo al de la plastilina. Costumbres, normas, creencias, respetos, lealtades...: todo ha entrado en un estado pastoso, en el que resulta arduo moverse cuando se tenían los pies –y la cabeza– acostumbrados a consistencias.

Tal vez éstas fueran malas, o injustas, o tontas. Y tal vez, cuando el magma cuaje y se consagre en formas nuevas, dé un resultado estupendo. Puede ocurrir que no cuaje y que sea preciso andar siempre sobre lo viscoso con esquíes. Los ciudadanos nuevos o reciclados ya saben hacerlo; los veteranos resbalamos a menudo, y aún más si pretendemos parecer ágiles maestros del patín. Hasta la cama del hotel se extraña; ¿cómo no va a producir desasosiego ver que marcan las horas del día los relojes blandos de Dalí? Sólo quienes no han conocido otros contemplan impávidos el paso del tiempo marcado por saetas arrugadas.

Llevo repetido ya mucho que el idioma –y no sólo el nuestro– ha entrado también en una fase magmática. Y que ése es el peligro que corre en la hora actual, no el que pueden suponer muchos vocablos extranjeros, los cuales, según ha remachado Emilio Alarcos en sus artículos de *ABC*, no ofrecen apenas riesgo; al contrario. Dije una vez que el extranjerismo no es nunca invasor: acude porque se le llama. Normalmente, porque hace falta. Suele ser importación rentable, gracias a la cual podemos vivir instalados en

1. Y ha entrado efectivamente en 1992.

nuestro tiempo los sucesivos inquilinos de tierras y culturas. «El purismo es siempre pobre», afirmaba Voltaire. Algo peor; se trata de una manía de imposible cumplimiento. La vieja estirpe de los puristas y sus primos hermanos los casticistas, siempre tan socorridos peleles de pimpampún, se ha extinguido; e intentar alancearlos es como salir a caza de pterodáctilos.

No radica el mal en el barbarismo necesario (sí incordian los innecesarios), sino, como tantas veces he conferido con mis lectores, en los malos usos del idioma propio. Y ello, no tanto porque «atenten» contra él –aunque no resulta grato verle recibir pedradas–, sino porque son síntomas inquietantes de que algo anda mal en la cabeza colectiva de los hispanos. Es una vieja máxima pedagógica, francesa por cierto, que sólo se expresa bien lo que está bien concebido. Buffon, cuando dijo que «el estilo es el hombre», no afirmó aquello que muchos creen y tanto se repite en falso, sino que un pensamiento sólido se manifiesta siempre en un estilo terso y bien articulado. *Ex contrario*, cabe razonar que un lenguaje viscoso, donde las palabras flotan sin perfil seguro, constituye síntoma de flacidez mental.

Por ejemplo, me sobresalta hoy mismo un alumno universitario que, en carta a un periódico, y hablando también por otros estudiantes, afirma: «En este último decreto se nos *alberga* la posibilidad de repetir la selectividad». Este muchacho ha podido zambullirse en la Universidad con el verbo *albergar* bailándole por la cabeza. ¿Tendrá desatornilladas también otras muchas palabras tan corrientes? ¿Qué entenderá en libros y explicaciones? Claro que, en el polo opuesto, un catedrático, hombre público él –se define a sí mismo como «líder», con modestia y sensibilidad sumas–, ha declarado también hoy: «Soy cristiano, pero no quiero *prevalecerme* de ello». Quería decir *prevalerme*, pero el subconsciente le ha traicionado: su obsesión es prevalecer, aunque hunda los siete mares.

La pieza más fofa de nuestro idioma es, por supuesto, *tema*: ya no sorprende encontrarse con su cuerpo invadido por tal parásito. Pero aún me chocó recientemente oír a una directora de cine: «Es muy hermoso suicidarse por amor. Claro que uno puede suicidarse por cualquier *tema*». Entre otros, supongo, por ver determinadas películas. Los semiotistas soviéticos de Tartu sostienen que todo, incluso el cine, se crea bajo la férula modelizante del lenguaje. Y si ésta no es férula, sino natilla o lodo, puede imaginarse cuál será la criatura.

Por el momento, tengo otorgada la medalla del mérito papandujo al primor con que televisión nos obsequió en una reciente emisión deportiva. Refiriéndose a un equipo de fútbol, el locutor afirmó que «hasta ahora sólo ha cosechado malos *éxitos*». Pase lo de cosechar: también se siembran fracasos. Pero eso de los éxitos malos produce estupor. Si, como dice el Diccionario, y todos o casi todos creemos, éxito significa: «Resultado feliz de un negocio, actuación, etcétera», ¿cómo hay malos éxitos? Otra palabra hecha chicle, dispuesta para pegarse a cualquiera que salga por la boca. Esos ejemplos son accidentes particulares, fallos de la competencia, para decirlo chomskyanamente. No por ello testifican con menos contundencia de cómo el idioma está adherido con leves hilvanes a las meninges de muchos hablantes.

Muy general es, en cambio, el derretimiento que está sufriendo el verbo *adolecer*. He aquí un uso que lo muestra bien, sacado de una crónica deportiva: «El equipo *adolece* ahora de velocidad». Con ello, el cronista censura al entrenador el ritmo lento que está imprimiendo al juego. Del mismo modo, se lee que un mercado *adolece* de servicios higiénicos o que un gobernante *adolece* de comunicación con el pueblo. Frases que convierten en tachas lo que parecen méritos. Porque una multitud ingente de hablantes ha llegado a creer, por difusión rapidísima de un error, que *adolecer* significa algo así como 'tener el defecto de que le falta' (velocidad, higiene; contacto con los gobernados, etcétera), cuando sólo quiere decir 'tener el defecto de'. Si se dice que un equipo adolece de velocidad se manifiesta que correr y mover el balón con trazos de relámpago constituye una chapuza y que lo bueno es jugar con languidez de minué. En vista de que el mercado adolece de instalaciones sanitarias, cabe suponer que las supriman. Y si comunicarse con el pueblo revela insuficiencia política, nada mejor que monclovizarse.

Obviamente, el verbo *adolecer* exige un complemento que exprese el defecto, la falta, la imperfección, el vicio, la carencia, la tacha, la lacra que se censura: «El equipo *adolece* ahora de falta de velocidad, de lentitud, etcétera». «Nuestras comunicaciones telefónicas adolecen de todo cuanto puede hacer aborrecibles las comunicaciones telefónicas» (cortes continuos –cada conversación son tres llamadas–, cruces, ruidos, chirridos, desvanecimientos de la voz...; ¿todos tenemos pinchadas las líneas?).

Perdón por el desvío: me iba hacia otro artículo que siento incontenibles deseos de escribir. Aquí sólo se trataba de ponderar lo gelatinoso que se ha puesto nuestro idioma. Y de llamar la atención sobre el aberrante empleo de *adolecer*. La Compañía Telefónica merece capítulo aparte.

Israel dispondría de la bomba atómica

Sabido es que, con una amplia base común, el lenguaje se halla compartimentado en jergas particulares de grupos, con su léxico y sus peculiares maneras de decir: jerga de abogados, de carpinteros, de pasotas, de psicólogos y demás. Entre ellas, según opinión muy difundida, se hallaría el idioma «académico», caracterizado por opalandas y corsés. Piensan muchos que en la madrileña calle de Felipe IV son expresiones favoritas: «Me levanto con el rosicler de la aurora», «Lo puso cual digan dueñas» o «Poseía la albura del jazmín». Yo juro, sin embargo, que si alguien –imposible– dijera eso allí produciría bascas. Jamás he oído, sentado ante la mesa oval, nada que no sea español normal y corriente; el cual no es idéntico al pedestre usado por quienes creen ser ágiles y modernos. (Tampoco, claro, se emplean los ajos y corderones que un alto tribunal, en reciente sentencia, ha definido como «interjecciones» [!] inocuas. Algo de Gramática –se ha comprobado experimentalmente– no sienta mal a ningún juez.)

Pero si es falso que exista una jerga académica, nada más real que la jerga contraria adoptada por la Administración como señal distintiva. Se trata de una lengua que atenta contra el común sentir idiomático que la Academia intenta representar y coordinar. No hace falta subirse a los escalones más altos –la redacción de leyes y decretos, por ejemplo– para sentir vértigo: el nivel municipal proporciona inolvidables emociones.

Un amable profesor de una gran ciudad, ahora castellano-leonesa, que siempre se ha ufanado de la buena calidad de su idioma, me envía fotocopia de un documento del mes de junio, remitido al director del establecimiento donde enseña por el Centro de Salud del Ayuntamiento. He aquí su transcripción literal:

«Con motivo de la finalización del curso escolar le enviamos unas encuestas de *evaluación* del programa de salud buco-dental, esperando que *sehan* éstas distribuidas entre los profesores de 1.° y 2.° curso de EGB, para su debida cumplimentación. Le ruego sírvase colocarlas en el sobre que le adjuntamos, el cual pasaremos a *recogerle* en el plazo de cuatro días; *bién* en *direción* o *porteria* de su centro. *Agradeciendole* su *colavoración* y la de los profesores que han *colavorado* en este programa.» Aquí, la firma que omito; y una nota adicional: «Tanto las encuestas como los sobres son totalmente *anonimos*».

¿Broma del redactor o testimonio siniestro de la cultura que se ha colado reptando en las oficinas? Me pronuncio por lo último, convencido de lo dicho: estamos ante una jerga administrativa perfectamente diferenciada frente al sentido común.

En el polo opuesto, más cerca de los rosicleres, existe otra: la de –¿quién lo diría?– ciertos cronistas deportivos de televisión, más afines, parece, al preciosismo de las damas molierescas que al bronco rugir de las canchas. Aparte el remontado pretérito en *-ra* («El equipo que el año pasado se *clasificara* en cuarta posición...») emplean un lenguaje de libro, que confiere al gozo del gol o del enceste que uno ve, el hondo valor del decir perfecto. Y así, entregar el balón un equipo a su propio portero se define como «acción de marcado carácter conservador»; una jugada inadvertida por el locutor no puede juzgarse porque «no se ha mostrado próxima a nuestro ángulo de visión»; la tarjeta amarilla que el árbitro muestra «es la tercera en el cómputo global de uno y otro tiempo», y el público aclama a un jugador, «cual si de un torero se tratase». ¿No procederá que desde este momento atribuyamos a estilo «deportivo» lo que otrora (¿se dice así en él?) se entendió como estilo académico?

A esa jerga de la información pertenecen con ya plenos derechos de vecindad *nominar* y *nominación*. Se vio qué explosión de júbilo se produjo en España el 17 de octubre al ser designada Barcelona como sede de los próximos Juegos Olímpicos. Infinitamente más que si, por ejemplo, su Universidad hubiera aparecido en el primer lugar del *ranking* mundial. Y compárese. Pero esto me conduciría a otro artículo, y éste es sobre jergas. Pues bien, todos pudimos oír el estallido de los audiovisuales: «¡Barcelona ha sido *nominada*...!»; «¡Barcelona gana la *nominación*...!». Fue asombrosa la coincidencia en el barbarismo, gargarizado por mil laringes unánimes, todas de acuerdo para evitar los normales *designar* o *elegir*. ¡Barcelona *nominada*! Y así parecía mayor el triunfo, más gigantesca la victoria sobre París.

Ocurre que *nominar* significa en español sólo la acción de poner nombre: lo que Adán hizo cuando Dios le mandó que designara las cosas recién creadas. Lo que realizan quienes inventan un nuevo ingenio, para bautizarlo, o los magos del mercadeo para lanzar un producto. Sólo eso es *nominar*; pero *to nominate* posee en inglés más significados. El primero que se nos encajó fue el de 'proclamar candidato' (para un Oscar; a la Presidencia de los Estados Unidos, etcétera); ahora, ese otro, con el sentido ya cubierto en español por *designar*, repito, o *elegir* y, a veces, *nombrar*. Henos, pues, ante una insignia particular de la jerga informativa.

Y sólo a ella pertenece también, cada vez más arraigado, el que podemos llamar condicional de la presunción o del rumor, el que aparece, por ejemplo, en frases como «Israel *dispondría* de la bomba atómica»; o «El detenido *habría sido* torturado». Lleva decenios este obstinado galicismo empujando la puerta del idioma, sin mayores consecuencias; pero en las últimas semanas ha podido verse en numerosos titulares de prensa. Y es puro francés: X *rencontrerait* Y *prochainement*.

¿Por qué ese avance repentino? Sólo puedo atribuirlo al afán urgente de los grupos por diferenciarse y jergalizarse. Esto, que parece normal cuando lo extravagante se emplea como señal de reconocimiento dentro de un grupo, produce asombro en quienes tienen como oficio el tráfico de informaciones con el objeto de difundirlas. ¿Qué sentido posee un lenguaje «periodístico» apartado del llano, corriente y vadeable? ¿Qué se logra pintando de colorines el vidrio, cuyo mérito consiste en la transparencia?

Nada más estimable que la pulcritud de dar por verdadero lo cierto, y por inseguro lo que es nada más que conjetura. El lector agradece esa deferencia. Pero el idioma cuenta, para advertir que algo no está comprobado, con propios y acreditados recursos; «Se dice…»; «Parece ser que…»; «Aseguran…»; «Es probable o posible que…»: ¡tantas fórmulas que se extienden de los Pirineos a los Andes! Por lo que se ve y se oye, el condicional del rumor ha sido liberado por fin, al parecer, de las formalidades impuestas por la ley de extranjería.

(Releo ahora lo escrito y me quedo con una aprensión: ¿parecerá que no participo del fervor patrio por la *nominación* de Barcelona para celebrar la Olimpiada? Quiero deshacer tal impresión, manifestando que ardo de impaciencia imaginando las proezas atléticas de 1992. Que ya he hecho bordar en mis pijamas los cinco aros olímpicos. Y que celebraré el aumento de los impuestos para que nuestra hospitalaria nación proporcione el trato que merecen a los héroes del músculo. Sólo me enturbia el contento una pregunta que me acucia insidiosa: de la Universidad, ¿qué?)

Cohabitar

Desde la conmoción electoral francesa, bullen por prensa y audiovisuales *cohabitar* y *cohabitación*. Pero, a diferencia de tantos vocablos espurios que son acogidos sin recelo, como si fueran hispanismos de toda la vida, a ese verbo y a ese nombre se les suele poner el sambenito de la cursiva o de las comillas en la escritura, o un relieve de rareza en la pronunciación de los locutores noticiosos. Con ello, se pretende –y se logra– avisar de que los redactores «saben» muy bien que tales palabras se están usando con acepción ajena, pues bien claro tienen que, en nuestra lengua, dos presidentes de aspecto tan austero, y de quienes es conocido su mutuo desamor, no cohabitan.

Parece, no obstante, tan graciosa y ocurrente la sugerencia, que tampoco se deciden a prescindir de esas palabras, sustituyéndolas resueltamente por *convivir* y *convivencia*, las cuales anulan el equívoco, y, en este caso, dicen exactamente lo mismo: que viven juntas dos personas (o, metafóricamente, dos instituciones de signo político opuesto). Cuando tales informadores nos dicen insistentemente que Mitterrand y Chirac *cohabitan*, o que les pasan tales o cuales infortunios en su *cohabitación*, es como si acompañaran su noticia de un guiño de ojo: por eso ponen las comillas o tumban las letras. Lo malo es que lo malicioso y lo pícaro, y hasta lo inteligente, dejan de serlo cuando se mantiene el ojo guiñado más de tres o cuatro segundos: el guiño, entonces, se hace mero párpado caído. Insisto: *convivir* y *convivencia* dirían lo mismo, sin la insinuación, patosa por persistente.

Al menos, según mi impresión, la sosa gracia del equívoco se produce a causa de las precauciones gráficas o habladas. Al prevenir contra él, llaman la atención (pesadumbre de toda prédica). Si se emplearan sin ellas las dos voces de moda, ya las tendría todo el mundo asumidas –ahora se dice así–, y, además (cosa que tal vez sorprenda a los que «saben» lo que significan), no se habría cometido pecado alguno de galicismo.

¿Por qué no se estigmatizan con alarmas orales y escritas tantos horrores que, como decía, son puro matute, y son acogidos, a pesar de ello, sin escama? Por ejemplo, el sábado 22 de marzo se coló uno por prensa y radio madrileñas, que puede causar estragos. Fue a propósito de una algarada en el Ayuntamiento ocurrida la víspera, sobre lo que en sesión plenaria se denominó *laborización* de plantillas (algún periódico empleaba la variante *laboralización*). Por los contextos, podía inferirse que era designada así la eliminación de funcionarios del Concejo amortizando las vacantes, y su sustitución por personas vinculadas mediante contratos laborales. Es evidente que hace falta inventar voces nuevas para designar las cosas nuevas, pero debe hacerse con más tacto. Porque esa cosa nueva no consiste en lo «laboral» (tanto los funcionarios como los contratados están por la «labor»), sino en lo «contractual». *Laborizar*, por tanto, no es palabra adecuada; y, para colmo, tiene una faz espantable.

Gustaría ver mayor humildad en las altas instancias al tratar el lenguaje. Según Feijoo, sólo podían innovarlo los poetas príncipes. Posiblemente, los Ayuntamientos no cuentan con muchos, y deberían, por eso, andar con tiento. El de Madrid, hace ya mucho, cometió la pifia de *peatonal*, que formó parte de la herencia recibida, y que no pudo eliminar el llorado Enrique Tierno a pesar de su empeño en lograrlo. Lo de *laborizar* plantillas puede ser aún peor.

He traído esto a propósito de que muchas criatura teratológicas pasan al lenguaje informativo (y, a través de él, al de todos) sin que nadie recele de su identidad, mientras que *cohabitar* y *cohabitación* siguen compareciendo con balizas. ¿Hacen falta, en rigor, tales precauciones? Son dos viejas palabras castellanas bien aptas para significar, sin comillas ni bastardillas, lo que tienen que hacer aunque les pese aquellos prohombres galos. Comparten significados y connotaciones con sus gemelas francesas, y no hay razón, por tanto, para emplearlas con tanta prevención. El *Diccionario de Autoridades* dice que *cohabitar* es «vivir en compañía de otro», con la glosa de que eso «principalmente se entiende de los casados». Principalmente, pero no exclusivamente. De ahí que el Diccionario actual desdoble esa significacion en dos: «Habitar juntamente con otro u otros» (una manera de *convivir*); y «Hacer vida marital el hombre y la mujer». Ambas acepciones se corresponden exactamente con las que registra el *Larousse*, s. v. *cohabiter*: «Estado de personas que viven o habitan juntos», y «Vida en común de los esposos».

Ocurre, sin embargo, que, de los dos significados académicos, aquel en que todo el mundo piensa cuando se habla de *cohabitar*, es en el segundo; y en un tercero: el de copular sin necesidad de convivir, operación al paso, como de vendimia. Y son esas acepciones las que hacen picante lo que nuestros vecinos del norte han impuesto a sus dos máximas potestades. Ellos mismos se han divertido con el equívoco, dado que, en francés, *cohabitation* significa también, pura y simplemente, 'concubinato'. Pero es muy probable que se hayan cansado de esa pequeña rijosidad de adolescentes que la polisemia de tal vocablo sugiere, y que éste funcione ya como puro término político. Cosa relativamente fácil, dado que esos vocablos, en sus puras acepciones etimológicas, han tenido más uso en francés moderno que en español.

Pero ese empleo aséptico de *cohabitar* y de *cohabitación* es perfectamente posible en nuestra lengua, cuando nos decidamos a emplear ambas palabras con naturalidad en el sentido de 'habitar o vivir juntos'. Tenemos bien garantizado tal valor en textos de hace siglos, como la *Vida de San Julián*, del Padre Bartolomé Alcázar. Se dice en ella que el santo dispuso que «los que recibiesen el baptismo no *cohabitaran* con los no convertidos, por excusar el riesgo de la apostasía». Más claro que el agua está que el docto hagiógrafo no iba más allá de confiar al verbo la acepción de 'convivir', sin pasar a mayores.

Por cierto, ¿y si ese riesgo de apostasía –ya que no el otro– fuera anejo a la cohabitación? Bien estaría que algún sanjulián hubiese advertido a Chirac del peligro de habitar con un socialista. Claro que puede ocurrir al revés, y que Mitterrand salga del trance hecho un forofo de la libre empresa.

Estrictamente personal

Cuando José López Rubio, nuestro estupendo comediógrafo, monta en cólera, no es que se suba a una metáfora: literalmente se encarama al quinto potro del Apocalipsis, el de la iracundia. Ya desde él, puede dar fríos fustazos. (Harto de intentar abrir la puerta de su cuarto del hotel con una llave torpísima, llama al conserje, éste la encaja con una hábil maniobra y abre. «Es que, sabe –le dice–, hay que encontrarle el tranquillo.» Su respuesta: «No me interesa encontrar el tranquillo a ninguna llave. Sólo quiero entrar en mi habitación».) O bien, puede soltar las bridas a la montura, lo cual le produce una afluencia acuosa a los ojos, que le empaña la mirada, franca y limpia de ordinario.

Así llegó ayer a la tertulia, zarandeando una tarjeta como a un delincuente que hubiera atrapado al atracarlo. Nos inquietamos: su mirada se velaba tras un niágara. «Lean, lean ustedes.» Era la invitación de una compañía nacional de teatro para asistir al estreno de una comedia de Lope subvencionado por el Ministerio de Cultura. Lo extraordinario, origen de su conmoción, era la siguiente advertencia: «Esta invitación, *estrictamente personal, es válida para dos personas*». Cuando todos estábamos sobrecogidos por aquel misterio casi teológico, Pepe López Rubio se apeó de la cólera como suele: con una carcajada.

Está ocurriendo mucho esa extraña confusión en el significado de las expresiones modificadoras de la cantidad. Meditando en ello, me sorprendió por la noche este comentario de la televisión: «La dictadura de Stroessner en el Paraguay es una de las que quedan en Latinoamérica. *La otra* es la de Pinochet, en Chile». Aquí, una impericia gramatical del redactor, o un disculpable lapsus por empleo excedente del artículo, permitía creer que en aquel continente, integrado antaño, por lo visto, en el Imperio Romano, sólo hay dos dictaduras. Como el redactor sabe que existen al menos cuatro, hizo decir al locutor una falsedad. Era un caso en cierto modo parecido al anterior: las cuatro dictaduras americanas son dos: la de Stroessner y la de Pinochet.

Parecen sencillas, sin duda, las referencias cuantitativas, pero muchos les oponen una fuerte resistencia meníngea. Hace poco se produjo la liberación del secuestrado señor Aguinagalde. Las circunstancias de la feliz y trágica operación fueron narradas por los informadores con una altura épica condigna del acontecimiento. Uno de ellos escribía: «*Dos policías vascos se encontraban desplegados* a ambos lados de la cueva». Quería decir que allí estaban situados, pero, asegurando que estaban desplegados, proporcionaba a la maniobra grandeza estratégica. Ignoro si una pareja en acción de combate puede desplegarse, aunque el verbo sugiere fuerzas mayores. En cualquier caso, situarse dos policías a uno y otro lado de un acceso, más parece que sea *apostarse*.

Problemas, pues, tremendos los de la cantidad. Un médico —¿quién será capaz de ponderar el tratamiento que muchos médicos aplican al idioma?— escribe un artículo divulgador sobre los riesgos de la gripe, que puede desencadenar complicaciones «como la neumonía viral, siendo entonces la mortalidad alta sobre todo si afecta a enfermos cardiópatas crónicos, etcétera». A muchos lectores como a mí mismo, se les habrá detenido el pulso. ¿Corre ese peligro quien padece tortícolis? ¿O coxalgia, escrófula o podagra? ¿Afectará la terrible neumonía al palúdico, al ictérico o al varicoso? El doctor, con su olímpico *etcétera*, nos ha dejado a todos expuestos al siniestro mal, porque ¿quién no padece siquiera una jaqueca? ¿También la migraña constituye alto riesgo?

Sin salir de la clase médica, otro galeno dinamita mis rudimentarias noticias de química, afirmando que «las sales minerales son todas ellas necesarias, y especialmente el calcio y el hierro». En mi ignorancia de hombre de letras nunca me hubiera atrevido a llamar sales al *Ca* y al *Fe*. Pero él aplica una osada metonimia e identifica la sal con uno de sus minerales constituyentes. Otra audacia referencial.

Como la del periodista que ha sugerido la posible *intermediación* de España entre Gran Bretaña y Argentina, en sus penosos litigios. ¿No diría lo mismo pero mejor, *mediación*, ya que quien media está siempre entre dos o más? O el que acusa a los Estados Unidos de «*injerencia* en problemas ajenos», como si uno pudiera injerirse en los asuntos propios. Asombran las confusiones de partes y todo, de suma y sumandos; de términos relacionados con la relación misma; de magnitudes, de témporas.

Otras ambigüedades resultan también notables. Un viejo chiste las ejemplifica bien. Es aquel que cuenta cómo el oficioso empleado de un Banco le sopla a su jefe: «Señor director, tengo el penoso deber de denunciarle que Martínez, el interventor, cuando acaba el trabajo todas las tardes se va a su casa, recoge a su mujer en su coche y se van juntos a un hotel de mala nota». El director comenta con hipo regocijado: «¡Sí que es extraño capricho! ¿Por qué a un hotel pudiendo hacerlo en casa? Pero no veo que eso constituya ninguna infracción». El obsequioso funcionario, armándose de valor, le solicita: «Señor director, ¿me permite que lo tutee? Martínez, todas las tardes cuando sale de trabajar, se va a *tu* casa, recoge a *tu* mujer en *tu* coche...». Notable imprecisión la de nuestro idioma con los posesivos y la expresión de la propiedad o la procedencia.

Viene esto a propósito de un suceso contado estos días por la prensa, que tuvo por escenario uno de los países olvidados por el telediario de las dictaduras. Al imponer la medalla de la Orden de José Martí el Churchill de la isla al presidente de nuestro Gobierno, éste la agradeció diciendo: «Recibo esta distinción de un gran luchador de la libertad...». Un temblor corrió por el sistema nervioso de los teletipos: ¿quién era gran luchador de la libertad, el donante o el egregio poeta y patriota que da nombre a la Orden?

Alguna contrariedad ha debido de causar a nuestro presidente esta trampa de la gramática, de la cual, ni Cervantes mismo pudo librar a uno de sus personajes, la ventera, cuando ésta confesó: «Anda lo de mi marido por esos suelos, que es vergüenza». Por lo cual hubo de aclarar enseguida: «Digo, el peine». Don Felipe González no elucidó a quién se refería, por las circunstancias o por la evidencia, pues él conoce bien al personaje que le clavaba en el pecho aquella joya. Y recordaba, tal vez, versos del gran Martí, aptos pero imprudentes para la ocasión: «Estimo a quien de un revés / echa por tierra a un tirano». Mencionarlos hubiera supuesto *injerencia en problemas ajenos.*

Permisivismo

Era domingo, y la playa de mis agostos estaba impenetrable, aunque ya doblábamos el cabo de septiembre. Miles de cueros absorbiendo sol; parejas con paletas devolviéndose la pelota al cogote del prójimo; criaturas llorando desconsoladas al borde de un cubo de plástico; madres santas o políticas vigilando en silletas de lona la bolsa del condumio, y oreándose las piernas varicosas; incesantes tablas de *wind-surf* avanzando como arietes contra el muro de carne alzado en la orilla. Del mar, el menos: apenas se adivinaba tras la barahúnda. Sólo algunos *top-less* bisoños, castamente blancos, creaban al pasar cierta intimidad de alcoba. Atractivo, sin embargo, no tan poderoso que me incitara a afrontar un baño entre los excrementos flotantes del día: en todo aquel litoral inmenso y pletórico no hay otro sitio, bares aparte, donde hacerlo. (Autoridades sanitarias, ¿estáis ahí?, como pregunta en televisión un presentador a la pantalla electrónica.)

Opté por quedarme en una terraza, con un par de periódicos, que siempre dan que leer. Y fui anotando en la libretilla con que me acompaño observaciones apresuradas sobre cómo dicen las cosas. Ya en casa, con el otoño acechando, las desacelero.

La primera dice: «Obispo: *permisivismo*». Sí, era un señor obispo, que, aquel día abominaba justamente del *permisivismo* moral de nuestra época. Mucha debía de ser la indignación que le inspiraba tal exabrupto idiomático. Anoté al lado: *permisividad*. Claro. El abstracto de *permisivo* –si este adjetivo se acepta– debiera ser *permisividad*, como el de *pasivo*, *pasividad*. Es cierto que tenemos también *exclusivismo*, *positivismo* y otros; pero en número mucho menor que los formados con aquel sufijo.

Está, además, el buen gusto que a nadie exceptúa, y que podía haber sugerido al prelado el término *tolerancia*; y, si quería andarse por las ramas bastas del léxico disponía de *aguante* y *tragaderas*. Eso es lo que tiene nuestra época, gran digeridora, muy capaz de engullir el *permisivismo* de la cólera obispal.

La nota siguiente de mi cuaderno está más elaborada. Casi le di forma de carta, estimulado por el artículo de un embajador. Allí, en la terraza playera, con una cerveza delante, sentí necesidad de decirle lo que ahora le digo, tras poner orden en los apuntes que tomé.

Querido amigo: ¿hará cuarenta años que no nos vemos? Tú por ahí, defendiendo lo español –¡qué gallardo tu artículo!–; yo, más cerca, liado con la intrascendencia. Reanudando, te pregunto: ¿por qué dices refiriéndote a un mandarín nicaragüense: «En el curso de un almuerzo, *le abordé el tema*»? Te han hecho contacto dos cables. Por uno circula la construcción *abordar a alguien* para hablarle; por el otro, *abordar un asunto*, o, como dices, un *tema*: sacarlo a relucir. Y una de dos, o abordaste al sandinista, o abordaste el tema. Lo imposible era *abordarle el tema* al sandinista. Perdóname esta pedante corrección: preferiría darte un abrazo. Pero me viene bien tu dignidad diplomática, como antes la episcopal, para atenuar la idea de que sólo soy fiscal de informadores. Ocurre, simplemente, que a ellos los leo y oigo más. Pero ¿verdad que el medio pelo expresivo nos crece a todos, por debajo de mitra, bicornio, birrete o boina?

Por ejemplo, eso que tú dices: «Me enteré por la prensa que...» Te aseguro que es comunísimo, por muy deplorable que parezca. (Sin darme cuenta, me he puesto a monologar contigo. Mejor sería dialogar, fíjate, ¡cuarenta años!) Pero son legión los que hacen una higa barriobajera a la elemental construcción *enterarse de que*. Con esto, con el vaivén de las preposiciones, el idioma sufre unos empujones tremendos. Mientras me llega ensordinado el rugido playero, he anotado algunas barbaridades de estos diarios de hoy. Sólo para cerciorarme de que te acompañan legiones en el error.

Así, una noticia afirma que ciertos fiscales «tienen interés *de* mantener una polémica pública». Otra, que el marido de Carolina tiene «obligación *a* presentarse» ante unos magistrados que esclarezcan su paternidad de impotente. Se dice, en la misma columna, que «dos ciudadanos son acreedores *de* una explicación suficiente» Y, poco más atrás: «En relación *al* salvaje apaleamiento...». Son fáciles, ¿no?, los regímenes *interés en, obligación de, acreedores a* y *en relación con*. Pues ahí los tienes violados, asesinados y echados a la fosa común.

He apuntado muchos más: «Protesta *a* las recientes aprehensiones de barcos»; «La disposición del Gobierno *de* llevar una serie de medidas»; un equipo de fútbol «tiene ocupado (?) el cupo de extranjeros *en* dos jugadores». A veces, como a ti te ha ocurrido, la preposición se esfuma: «No profundicemos si toda la culpa fue de él». El baile prepositivo es de sábado noche.

Para que veas lo que se escribe, fíjate en esto: hubo en un accidente «heridos de distinta consideración». El redactor no sabe que el complemento *de consideración* no admite grados, y no quiso decir, a lo llano, que hubo heridos de diversa gravedad o importancia. Con pareja insensibilidad, un colega del anterior estampa en primera página: «El Gobierno francés, *en conformidad* con el español, decidió expulsar...». Otro fallo preposicional. Él quería decir *de conformidad*, esto es, «de acuerdo», pero le salió eso otro, que significa «con arreglo a». («*En conformidad* con lo dispuesto por la ley, cesa...»)

Si de algo alardea el lenguaje periodístico es de agilidad: lo habrás oído siempre. Se diría que apenas se mete el idioma en una rotativa, le entra el *aerobic*. Alguna vez habrá que desmontar esa patraña; no tengo espacio ahora, pero ahí van casos de hemiplejia expresiva. «Ambas reformas *han levantado* una feroz crítica... Críticas también se *han levantado* con la afirmación del ministro.» Se advierte al redactor tan orgulloso con su hallazgo de *levantar* críticas, como si fueran falsos testimonios, que regala a su prosa un bis. Como este otro, para quien las condiciones «se centran», y lo repite: «Las condiciones básicas *se centran* en la existencia de un detector... Otras de las condiciones *se centran* en que el emplazamiento...». O como esta cronista, que escribe burbujeante: «Como puntilla de la *fiesta, recordar* que las casi veinte mil pesetas que costaba la *fiesta* fue un *handicap* para muchos».

La gracia de ciertos disparates retribuye, a veces, pelmadas como las anteriores. Así, por ejemplo, la tierna recordación de que un doctor «ha cumplido tres años al frente de un programa radiofónico», lo cual pulveriza la precocidad de Mozart o del niño Picornell. O la puntualidad en señalar que cierta información se ha tomado «en fuentes de bomberos». O la oferta de tresillos que hacen «los mayores especialistas de la piel». O la precisión de que un desfile procesional transcurrió «con respeto sepulcral». Y, por fin, la hazaña del barón Thyssen en la fiesta de antes, la del *handicap*. A pesar de su altura, le era imposible vislumbrar a su esposa, y no dudó en subirse a una silla, «gesto que ha contribuido a ganarle la admiración de todos».

No te canso más, recordado amigo, con más desatinos de los que acechan en cualquier página de los mejores periódicos (sí, y también de muchos libros, documentos oficiales, sentencias, dramas...). Esto del idioma anda manga por hombro. A nadie importa. Es el *permisivismo* de que habla Su Ilustrísima. A quien ofrezco otro término mejor que el suyo: *indiferencia*.

¿No notas cómo nuestra Península se encoge más de hombros cada día? En todo. Y las islas.

Lenguaje depurado

El Parlamento ha aprobado recientemente, con el apoyo del partido mayoritario, una proposición no de ley que invita a la Real Academia Española a revisar su Diccionario con el fin de eliminar todos los términos atentatorios contra la condición femenina. Se trata de retirar, por ejemplo, *mujer pública*, cuyo significado hiere en cotejo con el de *hombre público*.

Nuestros legisladores han probado con tal decisión su voluntariosa capacidad resolutiva: basta con eliminar el espejo para que la fealdad se esfume. Justamente el espejo ha sido tomado muchas veces como término de comparación para explicar cómo el lenguaje reproduce pensamientos y actitudes de la sociedad que lo habla, reflejándolos. Pero nadie, hasta ahora, había pensado que pudiera ocurrir lo contrario, y que destruyendo la imagen desapareciese lo reflejado por ella. Descubierto el principio, emprendámosla con todo cuanto el Diccionario contiene que pueda resultar ofensivo, no sólo para las mujeres –¿por qué ese privilegio?–, sino para tantas otras criaturas denigradas por el léxico. Vengan, pues, otras proposiciones no de ley.

Empecemos por ciertos hombres. Son muchos los que tienen perfecto derecho a exigir que se borren los vocablos que escarnecen con ruda crueldad su peculiar naturaleza, como *marica* (y sus aumentativos), *sarasa* o *manflorita*. Palabras del tipo *cornudo*, *cabrón* o *novillo* ofenden gravemente a otros varones, muchas veces tiernamente inculpables. Pero estas últimas designaciones deben hacer clamar a todos los amantes de los animales, que han de sentirse autorizados a exigir de sus representantes parlamentarios un enérgico exhorto a la Academia para que apee enseguida docenas de vocablos con que los humanos dominantes nos hemos cebado en la inocente naturaleza de aquellos. ¿Cómo admitir sin sentir cólera que se empleen términos como *bestia*, *animal*, *bruto*, *asno*, *burro*, *pollino* o *mula* para calificar a sujetos de nulas entendederas o de aberrante comportamiento? ¿Debe ser lícito llamar a un ratero *zorro* (de *zorra* nada hay que decir), a un sucio *puerco*, a un loco *cabra*, a un mal bailarín *oso*, a un chupasangres *chacal*, a un carroñero *hiena*, a un dormilón *lirón*, a una criadita *marmota*; y *foca*, *vaca* o *ballena* a una dama metida en carnes?

Todo esto, y más, ocurre sin salir de los mamíferos, que no son los peor considerados en esta acción de injusticia idiomática total que con ellos cometemos.

Si entramos en otros grupos zoológicos, lo que ocurre infunde pavor. Descorazona nuestra falta de equidad al designar a la fea con el nombre elocuente de *loro*, y con el también distinguido de *cotorra* a la charlatana. No es menos cobarde por ejemplo el canario flauta que una *gallina*, y, sin embargo, esta útil ponedora sirve para infamar a los pusilánimes. Pensemos en lo que ocurre con los encantadores reptiles: la *sabandija*, la *tortuga*, la *víbora*, el *caimán*, el *lagarto*, el *camaleón*... Descendiendo en la escala, topamos con animalillos todavía más indefensos, que no escapan a nuestra injuria: la *lombriz*, el *gusano*, la *sanguijuela*, el *parásito*, la *polilla*, el *moscardón*, el *piojo*, la *cigarra*, el *tábano*... ¡tantos!

No, no es justo que el Parlamento limite su acción no legislativa a sólo las mujeres. Seguro que ellas no desean ser excepcionales, y aspiran a que tanto los hombres como los animales disfruten de idéntica justicia. ¿Por qué los carreteros –ahora los camioneros– han de llevarse la palma de los tacos, si las damas, en número creciente, los expelen también? Estoy seguro de que los «truismos» no son sólo cosa de machos; ni tampoco las tonterías: y, sin embargo, se atribuyen a Perogrullo y a Abundio con total obstinación. No está tampoco claro que sólo los patriarcas se queden anchos y que corresponda a los sargentos en exclusiva la potestad de ser mandones. Pero ¿por qué abreviar con más ejemplos un trabajo que debe hacer la Academia?

Removido y cambiado este fundamental aspecto de la convivencia por el poder legislativo, no podemos descuidar el hecho de que el idioma nos enfrenta también a otros grupos humanos, y que hasta nuestras relaciones internacionales peligran. Para empezar, es racista atribuir a los negros la pertinaz manía de currar. Siendo tan íntimas las relaciones con China, ya no procede que a nadie se le engañe como a un *chino*. Hacer el *indio* es expresión que hemos de borrar de nuestros labios. Igual que no conviene llamar *cafre*, *zulú* u *hotentote* a un semejante, con ánimo de injuria. Dada la consigna, arrasemos el idioma.

Yo no sé si el Parlamento ha antepuesto la reflexión a su chocante medida. Personalmente, prefiero reaccionar con algún humor, pensando que ha sido un simple desliz. Porque, considerando en serio el acuerdo, habría que preguntarse con cierto rigor hasta dónde puede llegar la acción parlamentaria democrática para que no caiga en puro despotismo. Y, entrando en el fondo de esta concreta resolución, sería preciso cuestionar si los parlamentarios que la votaron saben con exactitud cuál es el papel del pueblo en los avatares de un idioma, qué es un diccionario, y cuál la función de la Academia. Resuelto esto del modo que imagino, la conclusión que se sacara vale más callarla.

«Sponsor»

Hubo un tiempo en que gozaron de extraordinario predicamento los «protectores» de señoritas pobres con vocación escénica. Aparecían en novelas, en comedias y no resultaba imposible entreverlos en salones y casinos. Don Hilarión sólo fue un boceto imperfecto de ese espécimen erótico en que paraba el viejo rijoso al envejecer. El «protector», en su pleno desarrollo, no se conformaba con ir de verbena a refrescarse con limonada: era lobo al acecho de la infeliz. Don Hilarión en definitiva, con lidia más tranquila, podía haber desembocado en marido, como cualquier viejo moratiniano; el protector, por el contrario, nunca acababa así, porque ya estaba casado o porque hubiera perdido el prestigio de calavera que le procuraba la pública clandestinidad de sus relaciones con la huérfana (de padre) aspirante a cupletista.

Ya no existen los protectores de esa estirpe. Porque ahora enoja el disimulo, y porque otra palabra permite hacer más técnica la relación entre una desvalida y un anciano altruista que se desvive por situarla: éste se llama *sponsor*. Conocí ese término hace seis años, cuando almorzaba con dos amigos en un restaurante de Barcelona. Entró allí, en efecto, un vejestorio, arcaica gloria del espectáculo norteamericano, con un monumento ambulante de veinte años. Ella pasó ante nuestra mesa sin mirarnos, pero él se detuvo a saludar a uno de mis acompañantes, importante ejecutivo de una televisión ultramarina. El cual preguntó a la celebridad vetusta: «Qué, ¿su nueva novia?»; a lo que él contestó, poniendo ojillos de senil malicia: «No, mi amigo; sólo la *esponsorizo*». Reímos con la respuesta; yo, más que nadie, porque no la entendí, y no quería ejercer de tonto en fuera de juego. Me quedé fastidiado, no obstante, por no saber qué es lo que hacía el carcamal a la compacta morena. Así que, libre ya del almuerzo, me sumí en una librería a consultar, como gorrón, un diccionario. En él hallé «*Sponsor*: patrocinador; verbo: patrocinar, apadrinar». Acabáramos.

A pesar de que ese topetazo mío con tal vocablo ocurrió en circunstancias tan gratas –aparte la fugaz visión de la bella, bullía en nuestra mesa un tropel de cigalas–, deseé no encontrármelo nunca más. Vano deseo, porque el topetazo se ha ido repitiendo cada vez con mayor frecuencia; y no sólo a mí me sucede; todo hispanohablante se encuentra con tal palabra no menos de cuatro veces por día. No, por supuesto, en aquel sentido de protector de espléndidas desventuradas, sino en el de persona o entidad que contribuye económicamente a que sea posible una actividad deportiva; esto es, en la significación que ya ocupa plenariamente en español *patrocinador*. De igual modo, *sponsorizar* (algunos le anteponen piadosamente una *e*- al escribirlo) intenta desalojar al legítimo *patrocinar*, y *sponsorización* o *esponsorización* empuja con vigor a *patrocinio*.

Ahí están, incordiando, esos anglicismos traídos y llevados por los expertos publicitarios, fascinados por –porque fascinan– los vocablos exóticos. *Sponsor* (que es, por cierto, voz latina; significaba, entre otras cosas, 'garante' y 'padrino de un neófito') adquirió en el inglés americano, hacia 1930, el sentido de 'empresa comercial o persona que paga un programa no comercial de radio (o de televisión) con la condición de que se le mencione en él'. Era una forma de publicidad atenuada y más elegante. De los programas audiovisuales, el *sponsor* pasó a *esponsorizar* equipos deportivos a cambio de que su nombre fuera estampado en carrocerías, camisetas o calzones.

El término *sponsor* saltó a Francia hace unos quince años; poco después, hacia 1975, se forjó allí el verbo *sponsoriser*. Tal vez recibimos ambos vocablos por intermedio del francés, aunque los publicitarios de toda Europa abrevan ya, directamente, en las fuentes yanquis. En cualquier caso, la penetración de ambas palabras en España parece posterior: ya he dicho que las desconocía –aunque eso significa poco– en 1980. Son, en todo caso, criaturas jovencísimas, a las que no tardará en incorporarse su hermana *esponsorar*, dado que nuestros vecinos galos han dado, últimamente, en preferir *sponsorer* a *sponsoriser*). Tiernas criaturas, en efecto, y perfectamente sobrantes. Admirable ejemplo, por otra parte, del culto idolátrico que la publicidad tributa y rinde al extranjerismo, sin el menor miramiento para otros valores que no sean el de vender. Porque es evidente que la serie *patrocinador, patrocinio, patrocinar* cubre con exactitud el campo significativo de aquellos anglicismos. Véase, si no, cómo define la Academia *patrocinar*: «Sufragar una empresa, con fines publicitarios, los gastos de un programa de radio o televisión, de una competición deportiva o de un concurso». Se admite, pues, que puede haber patrocinios interesados: el ámbito significativo original del vocablo se ha ensanchado para que quepa en él, justamente, lo que en inglés significa *to sponsor*. Del patrocinio antiguo sólo podía esperar quien lo ejercía un beneficio moral. Hoy, el delirante mundo del comercio permite que, patrocinando, se intercambien servicios –te pago y tú me nombras– con provecho para ambas partes. Pero ello no justifica que se introduzca un neologismo: el idioma se había acomodado ya ante la nueva necesidad, había añadido una nueva acepción a *patrocinar*: la que figura en la última edición del Diccionario.

Pero la innovación triunfará; es inmensa la potencia de toda novedad. *Sponsor* y su séquito no sólo desplazan a las palabras españolas correspondientes, sino que invaden el terreno de conceptos vecinos, como el de *mecenas*: ya se buscan, se solicitan y hasta se encuentran *sponsors* que apoyen ciertas manifestaciones culturales: ediciones, conciertos, exposiciones, montajes teatrales... En el extremo más degradado del término, ya lo vimos, se puede esponsorizar a nenas (o a nenes: va en gustos) de vehemente talento. Pero entre esos polos que ocupan el mecenas y el «protector» queda un amplio friso de vocablos que están o pueden estar amenazados también. ¿Por qué *becarios* y no *esponsorizados*? ¿No deben combatirse las funestas *recomendaciones* buscando, en su lugar, *esponsorizaciones*? Para ello habrá que procurarse *sponsors*, ya que no padrinos; éstos, lo hemos de ver, perderán también su nombre en los bautizos, en las bodas, en las alternativas taurinas.

Esa pequeña familia americana lleva todas las de ganar: permite referirse a muchísimas cosas, evitando, por tanto, el enorme esfuerzo de buscar la palabra que corresponde a cada una. La tendencia triunfante en el léxico es ésa: anular los matices, llamar *tema* a todo y *filosofía* a nada.

Nuestros niños de hoy habrán de ver –y no siento perdérmelo– cómo se llama a Santiago el apóstol *sponsor* de España.[1]

Hegemonía

«Ella acaba de triunfar en Las Vegas...» El refinado presentador de televisión empieza así la loa que abre camino hacia la pantalla a la formidable estrella que va a cantar. No sabemos a quién o a qué se refiere ese *ella* propinado como introito. Sólo al final de su ditirambo revelará el nombre de la eminencia: ¡Edith Stevenson! El pulido presentador, «quod candidos habet dentes», porque tiene dientes de escarcha, sonríe de oreja a oreja, satisfecho de haber clavado un rejón a la lengua española. Si dijera, como debía: «La cantante que vamos a escuchar acaba de triunfar en Las Vegas», se parecería poco a los héroes yanquis de la antena, con lo cual sería su mérito más escaso. Produciría, además, menor suspensión; aquel giro, por lo contrario, prende los sentidos de quien escucha, por el hecho simple de ser extravagante, y porque deja los ánimos ansiosos de colgar aquel *ella* a un nombre propio. Tensa el arco de nuestra curiosidad, hasta el punto irresistible en que dispara la flecha del nombre anhelado (y, tal vez, desconocido). Si ese modo de hablar triunfa, preparémonos a contar, llegando furiosos a casa: «Él me ha puesto una multa. El muy cafre no ha atendido a razones. Yo sólo había detenido el coche en doble fila para tomar una copa. Cosa normal, ¿no? Era un policía municipal».

Chocar, pasmar, maravillar...: son los verbos que mueven la lengua de tantos locuaces, aunque hablen con el vientre (o con más sur). Y, al servicio de esa furia exhibitoria, ponen en marcha el énfasis o el descoyuntamiento de las significaciones, tomando los rá-

1. Ante las demandas perentorias que se me hacen para que señale el nombre de la personalidad que dijo aquello de «Mens sana, in corpore insepulto», debo manifestar que no me consta la veracidad del suceso. Mi sospecha de que es apócrifo se ha hecho más rotunda ahora que el humorista Elgar me hace llegar su divertido libro de 1974 titulado, precisamente, «Mens sana, in corpore insepulto», título que sigue encabezando sus colaboraciones en el dominical de *ABC*. (Véase «Alma mater», p. 367.)

banos por hojas. No se paran a averiguar: sueltan cuanto les viene a la boca, sea gargajo o destilado humor gongorino.

Así, el que informa que en una de las actuales inmundas guerras se han pactado «cien días de *alto el fuego*». A los combatientes se les va a dormir el dedo, de tenerlo tanto tiempo inmóvil en el gatillo. Porque *alto el fuego* es la orden que da el oficial para que cesen los disparos, por cualquier causa. Pero si ésta es un convenio que establece un silencio bélico, se produce una *tregua*, voz definida en el Diccionario como «cesación de hostilidades por un determinado tiempo». Demasiada sutileza, sin duda, para el escribiente bombástico.

La parla militar seduce hoy a muchos, y le roban expresiones con el acierto que se ve, o la convierten en metáforas de errada puntería. (Mal síntoma, claro, este de explicar lo que pasa en términos guerreros.) Narrando qué ocurría el día de las elecciones vascas, una locutora de pantalla anunció, en hora de máxima expectación: «Vamos a conectar con los *cuarteles de invierno* de los diversos partidos». Imagino que produjo perplejidad general: ¿qué hacían, en pleno otoño, los partidos metidos en sus cuarteles invernales? Y ¿por qué se ponían a hibernar cuando tenían que andar a la rebatiña de escaños? Énfasis, énfasis; a la linda vizcaína no le bastaba con decir «sedes», «locales» o, incluso, si a lo remontado se inclinaba, «cuarteles generales». Ignoraba qué eran los cuarteles de invierno, pero debían de sonarle a mucho. Y es que, cuando oyó hablar de ellos, no tuvo la franciscana humildad de preguntar: «¿Qué son?».

Informó luego de que los nacionalistas estaban «cosechando mayor respaldo», porque *cosechar*, aunque resulte insensato en tal contexto, le pareció más enorme que *obtener*, *lograr* o *alcanzar*. En esa misma vena inflada, y con motivo de la dimisión del señor Fraga como jefe de la oposición, ha podido leerse que «ejerce *plenamente* desde ayer como un diputado más». Lo cual, como decimos por Salamanca, que está muy bien eso de ejercer *plenamente* de poco. Dígase, pues, que en España ejercen plenamente de parados tantos o cuantos millones (que ya no se sabe, por los submarinistas). Pero, a pesar de su degradación, la ubicuidad del decaído permanece, leído el testimonio del mismo informador, según el cual, apeado de su asiento, «fue a sentarse *junto a* los demás diputados». No es nimio el volumen del señor Fraga; parece, sin embargo, hipérbole que posea perímetro bastante para establecer juntura con más de cien diputados. El narrador intentaba, tal vez, decir que tomó asiento *entre* o *con* ellos, a ejercer plenamente de uno más.

Gran desastre, este de AP, admirablemente glosado por un cronista, días pasados, el cual demandaba para el partido un líder que pueda «*confrontarse* con Felipe González». Como *confrontarse* significa «estar o ponerse una persona o cosa frente a otra», bastará con que ese personaje se plante ante el presidente del Gobierno y le mire a los ojos; no parece difícil para un político, aprovechando un momento de descuido. El trabajador del bolígrafo quería decir *enfrentarse con*. El «rock» de los prefijos es de aquelarre.

Dentro de esa crisis aliancista, leo: «Herrero de Miñón es superior a Osorio en el *dominio* del Parlamento». Énfasis gigante y con chorreras: ¿qué demonio de *dominio* será el del señor Herrero cuando no consigue colar ni siquiera una enmienda liliputiense? Obviamente, no es *dominio* lo que ejerce el primero, sino que, en opinión del opinante, es más hábil o brillante o persuasivo en el palacio de frente al Palace.

Aun ese vocablo, *dominio*, parecía incoloro a otro comentarista político, que venteando aires vascos, profetizaba la víspera de los comicios autonómicos: «La *hegemonía* del partido que gane será de dos o tres escaños». Pues ¡vaya hegemonía! Consultemos el Diccionario: «Supremacía que un Estado ejerce sobre otro; como Macedonia sobre la antigua Grecia». Eso sí que lo era; o la actual de las superpotencias. Un poder grande sobre otros poderes, una preponderancia magna, un imperio abrumador: tal es el significado de la palabra, introducida del griego antiguo por los franceses a principios del siglo pasado, e incorporada a nuestro idioma hace cien años. Aguantaba bien pero se nos ha puesto tan mustia últimamente, que ya sirve para expresar que un partido cuenta con dos diputados más. Pronto, si el partido es de fútbol, afirmaremos que el vencedor impuso su hegemonía por un gol. O advertiremos: «No hables con el marido; dirígete a la mujer, que es la hegemónica».

1987

Impulso motriz

Me consideraba mero esclavo del automóvil: condenado a su yugo para poder ejercer de ciudadano, yendo y viniendo a salto de semáforo. Ahora me sé, además, ignorante profundo de sus avances y refinamientos, con la humillación aneja. Y, lo que es peor, sin que me interesen nada, lo cual puede ser síntoma de aguda decrepitud mental.

Por azar, en efecto, han caído en mis manos algunas revistas de automovilismo y he intentado sumirme en su lectura. Ciertos artículos seducían con títulos llamativos. ¿Cómo resistir, por ejemplo, a uno castizamente rotulado «Intercooler»? ¿O al híbrido excitante «Quien va piano llega lontano»? La fuerza tentadora de un escrito titulado «Viene otro japonés» sugería un nuevo aumento del *boom* turístico. Y esperaba oportuno consuelo para «La hora de la inyección». No menos incitativo es aquel que se anuncia como «Muera el acero»; o el que invita a enriquecer la cultura astronómica tratando de «Una estrella de mucha punta». Pues bien, ni aun con estímulos así he podido pasar, en ningún caso, de las primeras líneas: su contenido era tan remoto y lóbrego para un profano como su idioma.

Aparte las docenas de vocablos puramente ingleses (para colmo, muchos no constan en los mejores diccionarios de dicha lengua), los residuos castellanos o mixtos que quedan son espectacularmente harapientos. Desde unos «cilindros *supercuadrados*» hasta formaciones tan rotundas como un motor que se *sobrecalienta* cuando aumenta la *sobrepresión*. Los redactores no temen ser prolijos en el uso de prefijos. Ciertos coches, por lo leído, ya no se *equipan* con tales o cuales instrumentos, sino que se *equiparan* con ellos. Y algunos hay que, dóciles al freno, se detienen en «distancias muy *recortadas*», lo cual permite fiarse y alcanzar «velocidades *electrizantes*» con poco riesgo. Sobre todo, en «tramos *virados*», voz caliginosa que tal vez equivalga a «tortuosos» o «con muchas curvas».

La preferencia por los vocablos largos que explica esos prefijos ociosos y que revela, a la vez, penuria de lenguaje y opulencia de énfasis, resplandece en el uso de *motorización* por *motor* («Se prefieren coches de *motorización* potente»); o en este compuesto admirable con que se denomina un útil dispositivo: *limpialavalunetas*. Pero lo más estimulante de mis truncadas lecturas ha sido la percepción del cariño con que puede hablarse del automóvil. No sólo ignorante, sino malvado, me ha hecho sentir ese afecto, contrastándolo con el odio que le profeso. ¿Puede quererse a ese déspota, compañero insufrible del que es imposible desprenderse, apenas se entra en el torrente circulatorio de la ciudad? Que manifiesta inicuos caprichos a la hora de arrancar; que se estropea del modo más arbitrario; que nos sume en retenciones depredadoras del tiempo disponible para vivir; que atrae multas sin cuento, y maldiciones a su paso. Pues hay quien lo adora. Se dan ocasiones, en efecto, en que hay que forzarlo para que obedezca, pisándole el acelerador o el freno, dominando con resolución el volante... A esos actos se les denomina en lenguaje automovilístico «*brutalizar* la conducción». Admiro el alma delicada de quien ha inventado la metáfora: enternece imaginar cuánto sufre obligando tanto al carruaje.

Y ese sentimiento luce más cuando, ya francamente, se le humaniza o, por lo menos, se le animaliza. El denso amor de Sancho al asno es suscitado hoy por el «cuatro cilindros» o el «tracción delantera». Y así las revistas especializadas hablan de coches «de comportamiento noble» o «traicionero». Y aseguran de un determinado modelo que, si se acierta a dar a su conducción un «planteamiento (?) familiar y conservador, entonces tendremos en el coche un fiel compañero incapaz de darnos el más mínimo susto». Tan sumisos son algunos vehículos que «se les puede exprimir sin complejos todas las posibilidades». Y, cotejando dos marcas, se aprecia que una, italiana, es «mucho más nerviosa» que su competidora francesa, según corresponde a su origen más meridional.

No se crea que todo se reduce en tal producción literaria a técnica o a sentimentalismo: no falta la elevación a planos más teóricos. Así, hay fábricas que «ofrecen una *filosofía* de equipamiento» más variada que otras. Cuestión ésta, la del equipamiento, en que algunos siguen una *política* bien diferenciada. Hasta la fisiología tiene que ver con la potente industria, ya que ésta tiende a hacer perder kilos a algunos de sus materiales. Y de un modo lingüísticamente chocante, ya que, según uno de los cronistas, con el empleo de sustancias ligeras se consigue en las piezas una «*ganancia* de peso». Contradicción turbadora, pues, en español cabal, ganar peso supone meterse en carnes y aumentarlo.

No es posible comentar ni una milésima parte de las sorpresas deparadas por esta floresta mágica que es la prosa del automóvil. Para lograrlo habría que leer cuidadosamente, y no picoteando como he procedido; quede el empeño para futuros doctores. Me he fijado, no obstante, en un arraigado y firme disparate, que no sólo en ella se encuentra, porque salpica a menudo el habla y la escritura de muchos. Se trata del adjetivo femenino *motriz*, empleado como masculino (impulso, grupo, bloque *motriz*), en vez del esperable impulso, grupo, bloque *motor*.

Sorprende tan frecuente error, que es de párvulos. Nuestro idioma ha recibido del latín el femenino en *-triz*, *-driz*, correspondiente a vocablos que, en dicho idioma, poseían el sufijo *-tor*: *emperatriz*, *actriz*, *directriz*, *locomotriz*, *institutriz*, etcétera; deben a tal linaje su terminación, unas veces por legado directo, y otras, por analogía. Entre las recibidas figura *meretriz*, de *meretrix*, 'la que cobra por sus favores'. Y otras caídas en desuso, como *pecadriz*, *venadriz*, 'cazadora', o *dominatriz*. Por ser contraria a nuestro sistema simplificado de la expresión genérica la correspondencia *-tor*, *-dor*, *-triz*, *-driz*, se ha tendido en muchos vocablos a la regularización (*directora*, *pecadora*); o, según ocurre en el caso de *motor*, a la coexistencia de dos femeninos: el etimológico, como adjetivo (*motriz*), y el regularizado (*motora*, «embarcación»), que funciona como nombre. *Motor*, por su parte, se usa como sustantivo (el *motor*) o como adjetivo (impulso *motor*). Lo extravagante es introducir *motriz* en concordancia masculina, según ocurre en esta selva intrincada del lenguaje del auto.

Un artículo de los que he desflorado se titula «Spanish System». Está claro en qué consiste el tal: en la chapuza, el remiendo y el parche. Mi coche –un nervioso–, apenas me descuido, la emprende camino del taller, a que le apaguen una lucecilla roja que me alarma de continuo y sin motivo; y a que le suavicen la dirección, que, debiendo girar soplándole, se resiste de pronto a mis brazos con tozudez numantina. Pues bien, aún no se sabe, desde hace cinco meses, la causa de ambos percances: «Spanish system». Igual que en el lenguaje, los talleres donde forjan el habla del motor reciben productos de importación y los lanzan al comercio idiomático sin arreglo alguno, sin revisar sus piezas o poniéndoles otras de fabricación casera, tan averiadas como esas que, como muestras mínimas, hemos relatado.

Malpraxis

Instaurado el anglohelenismo *praxis* en la moderna jerga seudoculta, ya ha empezado a procrear. Y ha depositado un maléfico huevo en el nido sanitario, que, por definición, tendría que ser estricto en toda clase de higiene, incluida la idiomática. Llega a mis manos, en efecto, la circular que un comité médico dirige a sus colegas para fortalecerlos en el rigor del ejercicio profesional. Hay en ella, por cierto, recomendaciones que estremecen; así: «Ante medicaciones teóricamente iguales, emplear la de más garantías». Creíamos que eso no precisaba de exhorto alguno. Pero el profano que soy no entiende nada de tales misterios, y sólo observa que la lengua en que está escrita la circular necesita urgente internamiento entre alaridos de sirena. Por supuesto, no padece peculiaridades del comité, sino endémicas en la jerga empleada por gran parte de los galenos.

Abundan, claro está, en el pachucho escrito, vocablos de moda en la lengua general, como *incidir, prioridad, en profundidad, valorar negativamente* y otros culteranismos de la época; pero los hay estrictamente profesionales. El documento, verbigracia, insta, con singular alarde antropomórfico, al «estudio necesario de *toda la patología* que acuda al hospital». Según eso, no es un enfermo quien acude al hospital, sino su patología, esto es, el cortejo de todos sus achaques, dolencias y alifafes. Si *geografía*, ciencia de la Tierra, ha pasado a significar metonímicamente «territorio», más progresos ha hecho la *patología*, que no sólo designa la ciencia de los padecimientos, y hasta los padecimientos mismos, sino al paciente que los sufre. «Que pase la siguiente patología», pedirá la enfermera a quienes se agolpan esperando en el pasillo del hospital; o comentará el doctor en casa, al llegar extenuado tras una larga jornada de trabajo: «¡Qué de patologías he visto hoy!».

Figura también en la circular otro relativamente joven hallazgo de la parla clínica: el comité exhorta a hacer *analítica* para el estudio perfecto de los pacientes, acogiendo un vocablo que ha hecho furor entre los médicos. Ignoro el alcance de tal cosa, con nombre tan pedante, aunque supongo que significará «análisis» o «conjunto de análisis seriados». Y que habrá salido, economizando palabras, de «prueba, exploración (o algo así) *analítica*». Es voz cuyo equivalente no encuentro en diccionarios extranjeros, lo cual me inspira hondo consuelo: tal vez el término haya sido engendrado aquí, de modo que, si se extiende por el mundo, daría ingresos en divisas por *royalty* (o regalía, para que no se me enfade un lector a quien encrespó verme usar *boom*). Aprovechémonos, pues, de tanta inventiva científica, y acudamos a chequearnos nuestras patologías con una *analítica* en profundidad.

Pero el papel del comité me ha maravillado, sobre todo, por un vocablo que ignoraba por completo: *malpraxis*, hijo luciferino de *praxis*. ¿En qué consiste semejante cosa? He aquí contextos que lo dilucidan: «Ante actuaciones encaminadas a facilitar a los usuarios de servicios sanitarios (inciso necesario: no se trata de evacuatorios; ¿por qué no dirán simplemente «enfermos»?), las vías de reclamación y denuncia por posible *malpraxis* profesional...»; dada «la aparición en los medios de comunicación de algunos acontecimientos atribuibles a la *malpraxis*, que invitan a la opinión pública a valorar negativamente nuestro ejercicio profesional colectivo...». (Observemos que esto último significa «ejercicio profesional de un equipo de médicos que actúa conjuntamente»; pero el comité se refiere a toda la clase médica, en la que pagan justos por pecadores. Y eso no es un ejercicio colectivo.)

Resulta muy claro, pues, que la *malpraxis* consiste en una mala práctica profesional, en una deficiente actuación por negligencia, descuido (¿o intención?). Como es natural se trata de un vocablo bastardo que en inglés han forjado como sinónimo de *malpractice*, utilizando el formante latino *mal*, que aquel idioma tomó del francés desde el siglo XVI para producir compuestos. El español creó verbos y adjetivos con el adverbio *mal* (como *maltratar* o *malhechor*), y nombres con el adjetivo *malo, mala,* concordado con el sustantivo siguiente (*malhumor, malasangre*); es decir, de acuerdo con su gramática. Pero en inglés, donde era un elemento extraño, *mal-* se empleó como formante culto, con su valor adjetivo, para producir nombres técnicos sobre todo biológicos y fisiológicos, y, claro es, sin concordancia. Tal vez, el primero que apareció fue *malformación* ('defecto congénito de un órgano o de un organismo') frente a *deformación* ('defecto adquirido'), documentado en inglés desde 1800, tomado en préstamo por el francés en 1860, y, de este idioma, por el español bastante más tarde: aún no figuraba en el Diccionario académico de 1939. *Malformación* ya era una malformación en las lenguas románicas, pero ello no ha impedido que el lenguaje médico haya prohijado otras del mismo jaez, con el adjetivo masculino *mal* y un nombre femenino, como *malnutrición* y *malposición*.

Y, ahora, esa *malpraxis*, horroroso mestizaje de géneros y de voces. Se explica que tales concubinatos se hagan en un idioma gobernado por otra sensibilidad lingüística, pero es aberrante que se acepte en los de linaje latino. Resignémonos, pues manda quien manda. Aunque a muchos médicos, maestros de humanidad, no debería faltarles algo de humanidades. ¿No bastaría, en este caso, que dijeran *mala práctica*?

Igual ocurre a ciertos clérigos, como aquellos a que me referí hace meses, redactores de un credo tercermundista donde se habla de la *praxis* de la caridad. Cuentan ahora con otra ocasión de lucirse, si aluden a la *malpraxis* de los fariseos y de cuantos bellacos en el mundo son. Porque ciertas mentes eclesiásticas gustan de bucear en los aledaños del lenguaje médico para hacer más apostólico el suyo. La bromatología, por ejemplo, ciencia de los alimentos, hace ventajosos préstamos a la ascética. Así, en el primer domingo de Cuaresma, se repartió en mi parroquia una hoja donde se insertaba esta útil instrucción. Decía: «El *chef* le recomienda su menú cuaresmal: ayuno de toda injusticia. Abstinencia de todo egoísmo. Precio: conversión del corazón». Y glosaba, como remate: «Un menú algo caro, pero muy rico en calorías evangélicas». Juzguen los lectores a qué ha llegado la expresión religiosa en la patria de los dos Fray Luis, de San Juan o Santa Teresa; de qué modo ha resultado absoluto el triunfo de Fray Gerundio de Campazas. Y cuán grande es la *malpraxis* en el manejo de uno de los más eficaces instrumentos con que la Iglesia opera en el mundo: la Palabra.

Mercadotecnia

Da la impresión de que el vocablo *mercadotecnia*, incorporado por la Academia al Diccionario como equivalente español de *marketing*, se abre camino, aunque sea a paso de procesión. Queda lo suficientemente largo y hasta pedante, como para que resulte aceptable y acabe triunfando. Vamos a tener, quizá, más suerte que los franceses, los cuales andan tanteando cómo adaptar aquella voz inglesa desde hace treinta años, sin que ninguno de los términos que se proponen logre arraigar. La Academia francesa condenó *marketing* en 1960, y patrocinó, sin mucha osadía, *commercialisation*; como es lógico, abogó ante sordos. Otros propusieron sublimes términos que, traducidos, serían 'ciencia de los mercados', 'técnicas comerciales' o 'estrategia comercial'. O soluciones tan raras como *marchaison, mercantage, merxologie* y hasta *péripoléinisme*. Lo nuestro de *mercadotecnia* está mucho mejor, y parece de recibo hasta el punto de que la Academia se ha atrevido a dar un paso más, y patrocina *mercadotécnico, -ca* para calificar lo relativo a esa actividad, y para denominar a quien la ejerce.

Parece conveniente, sin embargo, que se revise la definición con que *mercadotecnia* aparece en el Diccionario; éste se limita a decir que es «técnica de mercado». No yerra, pero explica poco, habida cuenta de que *mercado* figura, aparte otros sentidos que aquí no interesan, como «contratacion pública en paraje destinado al efecto y en días señalados»; y como «sitio público destinado permanentemente o en días señalados, para vender, comprar o permutar géneros o mercancías». Obviamente, falta la fundamental acepción moderna de «conjunto de operaciones que se realizan entre quienes ponen mercancías a la venta, y quienes las compran». Es en este trajín donde actúan los mercadotécnicos. Y de modo absolutamente asombroso para quien va por la vida sólo de cliente.

En efecto, me aproximé a ese mundo, hace años, cuando una famosa industria de vinos me pidió que bautizara con un nombre de marca —que nominase: aquí sí que encaja bien ese verbo— uno que iba a lanzar, producido en La Rioja. Me resistí, creyéndome incapaz, pero me animaron ofreciéndome los auxilios de la mercadotecnia: quise probar qué era aquello. Se me depositó en el despacho medio metro cúbico de papel continuo de ordenador, que contenía, transcritas, en sus lenguas respectivas, las conversaciones mantenidas con diversos *gourmets* en varios países: agentes del mercadeo· invitaban en Londres o en Nueva York, en Río o en Amsterdam, a aficionados a la buena mesa, y les hacían hablar de vinos. Enjuiciaban, como quien no quiere la cosa, los productos de la competencia –lo cual daba una pista firme sobre el espacio que podía ocupar el que ahora se lanzaba– y, sobre todo, se sacaba a colación qué forma de botella era más agradable a la vista y grata a la mano (cuello largo o corto, panzuda o asténica); y qué tipo de nombres gustaban más. Términos como *viña, cepa* o *cuba*, bisílabos y palurdos, eran rechazados por aquellos locuaces glotones; en cambio, recibían entusiasta adhesión como posibles marcas términos «test» del tipo Madrigal de las Altas Torres, Serranía de Córdoba o Señorío del Conde Duque de Olivares. Estaba, pues, claro, por dónde andaban los tiros: la marca buscada debía consistir en un nombre muy polisílabo, enfático, que aludiera a linajes, estirpes, lugares insignes o ilustres hazañas. Me documenté sobre La Rioja, su historia, toponimia, genealogías y acontecimientos. Tras muchas cavilaciones, di por fin con un nombre que respondía por longitud y esclarecimiento a tales supuestos. Semanas después, fui convocado a una reunión con los delegados de la empresa en distintas naciones, que ya lo habían sometido a discusión en otros almuerzos exploratorios con expertos clientes. Sus objeciones impusieron un leve retoque de una sílaba al término. Mientras tanto, un equipo de ingenieros estaba diseñando la botella destinada a acoger el caldo que aún está fermentando en las bodegas riojanas. Ya entonces, con el vino incubándose, la célebre industria sabía cuánto iba a vender, y dónde, con precisión casi absoluta. Y por ahí anda, cumpliendo seguramente con las expectativas previstas. Cuento la experiencia para que se aprecie la cantidad de tanteos, lucubraciones y probatinas que hay detrás de cada envase que luce en un súper.

De ahí que definir la *mercadotecnia* como «técnica de mercado» parezca insuficiente. Como mínimo, debería reconocerse que es el «conjunto de actividades que tratan de determinar y facilitar la implantación de un producto en el mercado, en función de la calidad, la demanda y la competencia, con intervención de las técnicas de encuesta, publicidad, promoción de ventas y distribución». Aunque esta definición sea, muy probablemente, perfectible.

«Play-off»

Por fortuna está casi a punto de resultar inútil este dardo, como todos, pero por razón distinta que los demás. Se pudo observar, al comenzar la actual Liga de fútbol con el sistema de clasificación cambiado, cómo los que aludían a éste empleaban gozosos y boquihenchidos el término inglés *play-off*: algo que seguiría a la recategorización de los equipos en tres grupos: el épico, de los que han de luchar por el título; el dramático, de los que pugnan por no descender; y el intermedio, destinado a tocar el caramillo. En la jornada del 5 de abril acabó esa etapa, con mi equipo, el Zaragoza, entre los seis roldanes. Se ha cumplido lo que llaman los folkloristas germanos *das Gesetz der Dreizahl*, la ley del número tres, según la cual, en esas distribuciones, el primer grupo es el principal; y el último, el más simpático; en medio quedan, entoldados y tibios, quienes no lograron puesto a proa y esquivaron la popa. Que resulte simpática la media docena en peligro nadie puede dudarlo: siempre lo es quien bordea el abismo.

Pero íbamos a lo del *play-off*. Entró en tromba en los medios de comunicación, aunque era término ya empleado para otros juegos; pero nada comparable a la potencia con que lo impulsó ser adoptado por el fútbol, y lanzado por el formidable aparato resonador que a éste rodea. Durante meses fue llevado en volandas por ondas y rotativas. Se paseó como un pájaro exótico por los cielos de la información, cautivando. Pero el asombro fue en disminución, a medida que el sufrido pueblo empezó a enterarse de qué era aquello. Y apenas decidieron ponerse de su parte unos cuantos informadores sensatos y prestigiosos. Esto es, cuando quedó claro que el extraño rótulo sólo significaba «segunda fase» o «fase final» del Campeonato. Acabáramos. Ha ocurrido igual que cuando, en un pueblo, un circo anunció la actuación de una *troupe* de liliputienses (mote atroz, acuñado por desalmados): la expectación del público se trocó en un, ¡oh!, decepcionado cuando aparecieron en la pista unos acondroplásicos.

El caso es que, hoy, ya a punto de empezar la nueva peripecia, los periódicos más responsables que he hojeado evitan nombrar el *play-off*, y se refieren al comienzo de la *segunda fase*. No ha ocurrido así en ciertas emisiones deportivas, donde han seguido empleando el vocablo inglés algunos locutores fieramente orgullosos de su calidad de «especialistas». Son los mismos que jamás, aunque los aspen, se referirán al Campeonato alemán de Liga sin denominarlo *Bundesliga*. Lo cual estaría muy bien si a los oyentes o lectores resultara evidente que, con ello, se refieren a la Liga de la República Federal, diferenciada así de la que se juega en la República Democrática. Pero *Bundes* no dice nada al aficionado normal, y lo de *Bundesliga* resulta ser una pedantería de lo más tonto.

Sea, pues, bien venida la *segunda fase* y alegrémonos de que el *play-off* emigre tras su invernada en la Península, islas, Ceuta y Melilla. Ese anglicismo no hacía falta, frente a otros, que son o han sido benéficos. Tal es el caso de la que creíamos españolísima *sangría*. Se pensaba que tal vocablo, en la acepción de 'bebida de agua y vino, con azúcar, limón y especias', era simple metáfora, basada en el color de la sangría terapéutica, cuando J. Corominas lo puso en duda, y aventuró la posibilidad de su origen hindú. Ahora, en Cáceres –¡qué admirable Congreso de Historia de la Lengua ha organizado allí la joven Universidad extremeña!–, mi antiguo y querido alumno Francisco Marcos Álvarez, adelantado de nuestra cultura en Suiza, me ha dado a conocer su espléndido estudio sobre la cuestión.

Ocurre que la *sangría* refrescante no se documenta en España hasta 1803. Y que el inglés *sangaree* designa la tal bebida, por las Antillas y alrededores, a fines del siglo XVII. Los etimólogos angloamericanos creen que se trata de un hispanismo en su lengua; pero, ¿cómo es posible que, por aquellas lejanías, llamasen *sangaree*, tomándolo del español *sangría*, a un brebaje desconocido en esta orilla? Obviamente, *sangaree*, para designar el vino limonado, hubo de forjarse en ámbito idiomático inglés, de donde lo adoptaron los colonos franceses de allá, como *sang-gris*. El padre Esteban Terreros introducía en su *Diccionario* de 1788 la palabra sangre-gris, maltrayéndola del francés, y la definía como «cierta bebida que han inventado los ingleses, y se usa mucho en las colonias inglesas y francesas de América».

Seguía, pues, sin ser conocido el término *sangría* para designar lo que entre nosotros se llamaba *limonada de vino*, aunque ésta debía de ser más elemental en su confección. Repito: sólo muy a finales del setecientos, la *sangaree* inglesa o la *sang-gris* gala empieza a elaborarse aquí y a denominarse *sangría*, por proximidad fónica y cromática, ahora en el camino de vuelta. Los yanquis y británicos que ahora la ingieren a chorro en sus correrías turísticas por nuestro país se sorprenderían al saber que fue cosa de sus antepasados, y no de los nuestros, esa pobre idea de estropear el vino y de embriagarse bobamente con una solución de vitamina C.

Queda sólo el problema de averiguar el origen del vocablo *sangaree*. Ya he advertido que los etimólogos más solventes lo derivan del vocablo español, que era muy anterior en la acepción médica. El profesor Marcos Álvarez, con encomiable tacto, no se pronuncia; pero nada extrañaría que, en el mosaico lingüístico antillano o de Luisiana, se acudiera a la palabra castellana para designar la bebida que por allí se acababa de inventar, adoptándola como *sangaree*. Con lo cual nuestra sangría (de las venas) habría pasado a Indias, donde cayó en flagrante ligereza, y se disfrazó de *sangaree* entre anglohablantes y de *sang-gris* entre franceses: el padre Terreros patrocinó ese disfraz (*sangre-gris*) en vano porque, cuando la bebida llegó a estas tierras, su nombre recuperó el cuerpo español, aunque habitado por un espíritu nuevo (de vino).

Estas sí que son aventuras vivificantes para el idioma, de las que sale enriquecido: y no la del *play-off* con que han estado crotorando y machando el ajo los voceros del fútbol.

¡Pobres hablantes, ya que no pobre idioma! En el Congreso de Cáceres, los medios por antonomasia nos han preguntado a unos y a otros: ¿Qué tal se habla en España? Pues, ¿cómo se va a hablar, si un concejal madrileño ordena paralizar una obra *cautelosamente*, confundiendo este vocablo con *cautelarmente*, según documento que me envía un amable lector? Y si, como me indica mi amigo el doctor Valdés-Hevia, lo de llamar usuarios (de servicios médicos) a los enfermos no es cosa del Comité a que aludía en el dardo anterior, sino que así los llama abundantemente la Ley General de Sanidad.

El idioma está bien, a Dios gracias, pero recibiendo tales tundas que tiembla el misterio. Aunque haya, a veces, reacciones saludables, como esa victoria que *segunda fase* está obteniendo sobre *play-off*.

«Alante»

¿Osaré confesar que aborrezco las corridas de toros, ahora que su defensa alcanza rango numantino frente a una insoportable injerencia europea? Aun a riesgo de sufrir condena, las aborrezco. Aprecio, cómo no, algunos relámpagos de belleza que ofrecen, pero me aburre mortalmente el resto. Y me estremecen, a menudo, como escenario de pasiones. Tal vez arranca mi aversión de una tarde de feria en Huesca, el año 1947, con Manolete en el cartel. El sol de agosto aplomaba la pequeña plaza, pero, lejos de hundirla, excitaba la avidez del público, ansioso de comprobar la proclamada decadencia del diestro; andaba agobiado, se decía, por el empuje de un lidiador más joven y poderoso. Aquel ídolo era rico en hacienda y gloria; estaba ya maduro para ser derrocado. Se le amaba con ese odio que profesa el plebeyo cansado de ver triunfar.

A ver qué hacía. Seguro que iba a reservarse para plazas de más tronío; allí iría sólo para arramblar con media taquilla. Eterna escama de los menores. Salió su primer toro; transcurrió soso el ceremonial que precede a la muleta. Manolete, con ésta armada por la espadita de madera, se dispuso a la faena. Iba apagándose el bullicio, mientras el diestro, con paso tardo y firme, se dirigía a la fiera; ante ella se paró y, muy cerca como solía, la instó al primer pase. Cesó por completo el zumbido de los comentarios, en espera del prodigio o del fiasco. Y, en aquel instante de silencio casi cartujo, suspendidas las respiraciones – «todo, la suerte o la muerte / pende de un hilo sutil» –, un desalmado, el miserable de todas las multitudes, lanzó al torero, mucho más hiriente que una piedra, la injuria que había incubado en su corazón: «¡Hijo de p...!». Cayó sobre el redondel como un trozo de firmamento que se hubiera desprendido; algunos alzamos una protesta civilizada y, por tanto, sin clamor. Manolete recibió el insulto como un rejón, enceguecíó, se metió entre las astas con muletazos ebrios, dramáticos, porque no era ágil su contextura ni hecha para el desabrimiento. Estaba claro que no le hubiera importado morir; tal vez, que no le importaba morir. El público enloqueció de entusiasmo. Dieciocho días después, el gran matador se topaba con *Islero* en Linares.

He vuelto poco, desde entonces, y siempre por compromiso, menos ahora. Estando en Sevilla, ¿quién que no la conozca se resiste a la Maestranza? Y, ese día, con Curro Romero y Espartaco. Lo asombroso de Sevilla es cómo sobrevive a los tópicos. Ha podido perecer un millón de veces, a golpes de rocíos, santas semanas, trianerías y macarenas. Pero ocurre que, al palparlo, cuando se espera tocar cartón, todo eso late, vive y es real y verdadero. Así, la Maestranza en tarde de toros, con el graderío henchido bajo los altos arcos. En ningún lugar puede admirarse mejor que allí la perfección del círculo. Digna es de ella la racional corona de la arquería.

Se arrancó el joven Espartaco a aguardar al burel arrodillado ante el chiquero; el centro del ruedo se desplazó con él, levantando remolinos de expectación. Y en aquel punto lo atropelló aquel enorme y negro viento, medio apuñalándolo y pateándolo. Se levantó aturdido y rabioso, sangrando con una brecha en el parietal. Un reguero rojo entintaba insidiosamente el oro del terno. El bicho, en tanto, se había ido loco hacia un burladero; chocó con estrépito, y un cuerno, desde la cepa, se le desprendió al albero. También su sangre, a borbotones, manchaba el oro de la arena. Al instante, ya estaban reunidos torero y toro, alucinados de dolor, manando sangre de las cabezas, con el capote por medio. Debieron de seguir lances emocionantes; yo, harto tuve con sosegar el estómago.

Pero antes había ocurrido lo bufo, tan cercano siempre de lo patético: Curro Romero, de quien Sevilla aguarda cada tarde el milagro. Ese que algunas veces hizo, sacando del trapo verónicas portentosas y naturales augustos. Su decadencia es clamorosa ahora, y los devotos acuden a sus citas con fe macilenta. Cumplido el trámite de picas y banderillas dio muestra inmediata de que aquel no era negocio suyo. Alargó cuanto pudo el brazo –telescópico lo hubiera querido–, y envió con la punta de la muleta un remoto mensaje al toro, mientras encogía el cuerpo y echaba hacia atrás la grupa poniendo la oronda seda a punto de reventón. Entonces, visible en aquellos segundos la desgana de Curro, un caballero a mi lado le espetó con voz extrañamente afectuosa: «¡Así se torea! ¡Echao p'alante!». Ya no me interesó el resto de la faena, caricatura del toreo, el cual, como el amor, requiere años gallardos y menos seguridades. De toda la corrida, sólo me valió la pena aquel «echao p'alante» del vecino, tan oportuno, tan justo en la ocasión, prodigio de lenguaje ceñido a la circunstancia: empujón benemérito a la carcajada. (¡Tan distinto de aquel horror de la plaza de Huesca!)

Desde el siglo pasado, por lo menos, anda por los arrabales del idioma ese *alante*, como sustituto apresurado de *adelante*. El cual, como todo vulgarismo, puede serlo o no. Porque hay ocasiones en que lo trivial esplende; sucede normalmente cuando se desliga de su propio ámbito, y alguien lo integra adrede en una intención no vulgar. Es decir, si aparece claro que está allí como invitado, y no por su derecho. Se expresa con vulgaridad quien denota no poder hacerlo de otro modo. Y eso, tanto si deambula por lo suburbial como si se encarama a la pedantería (ápice de lo trivial). El caballero que, mostrando en su tono cariño y admiración a Curro, le elogiaba con ironía amable aquel echarse *p'alante*, lograba comunicar con este vulgarismo sus complejos sentimientos (afecto, desencanto, reproche, sevillanísima coña) al torero –que, sin duda, lo oyó–, más dolorosos que un insulto.

Lo insufrible es lo vulgar campando a sus anchas por su medio. «Lo vulgar –escribió Víctor Hugo–, es un viejo Narciso que se adora a sí mismo, y que aplaude lo vulgar.» Repele cuando se encapsula con la pretensión de que todo cabe en su propia limitación. En el caso del lenguaje, cuando el usuario piensa que su pobre idioma es la única posibilidad de la mente. (Otro es el caso de quien, por inculpable falta de instrucción, no sabe hacerlo más que así.) Y también, cuando la zafiedad se emplea para captar al oyente suponiéndolo zafio. Es el caso del *-ao* por *-ado* que prodigan muchos políticos («Hemos *llegao* a un punto...»), o el «*Estar* seguros que mi pulso no temblará». Pero tal trampa merece otro dardo.

Éste se dirige, tomando apoyo bien lejano en la Maestranza, a ese *alante* que está asomándose a los medios de comunicación con ya tenaz insistencia. Choca mucho oírlo por televisión, en transmisiones deportivas: uno de sus habituales y, supongo, más distinguidos comentaristas lo emplea con pertinacia. Su modo preferido de decir que un jugador avanza es que «se va *alante*». Recluido en su ignorancia, entiende que con ella abarca el mundo entero. Pero he aquí que ya he visto el vulgarismo, dos días seguidos, escrito en sendos diarios de difusión nacional. Uno afirma que las conversaciones con los Estados Unidos «no pueden seguir *alante* mientras...»; el otro, que «más *alante* habrá nuevas huelgas en el sector».

Son casos preclaros de vulgaridad orgullosa, ofensiva, segura de sí misma, adorándose. Como la gallina, creída de que en su vuelo consiste todo el volar.

«Soft» y «hardware»

Según insistentes y fiables rumores, estaremos pronto *cableados*, del verbo *cablear*, que no obedece a un mero trueque de consonantes líquidas. He hecho averiguaciones someras acerca de ese inmediato porvenir, y no resulta tan inquietante como el vocablo sugiere: se trata de que todos los vecinos de la ciudad seremos conectados por cable a centros informáticos, de tal modo que, para saber en qué día estamos o el nombre de nuestro concejal, bastará apretar una tecla y mirar la pantalla. Otras muchas cosas podrán averiguarse de tan sencillo modo, que renuncio a enumerar para no cercenar la imaginación del lector.

Me he asomado muy tenuemente al mundo de los ordenadores. Ejercen éstos sobre mí seducción acompañada de temor. Pacientes vendedores me han hecho demostraciones de su utilidad, y hasta me han permitido manejar el ratón. Me he enterado así de noticias muy interesantes: la fórmula del ácido trioxibenzoico, dónde nació Iván Goncharov, la extensión del departamento boliviano de Chuquisaca, expresada en kilómetros cuadrados, y hasta mi edad actual, apenas marqué en el teclado el año de mi nacimiento. Esto último me resultó particularmente espectacular, por la rapidez y exactitud de la respuesta. A pesar, sin embargo, de hechos tan alentadores, no acabo de decidirme, y prefiero aguardar a que el Ayuntamiento, o quien sea, nos cablee. Pudiera ocurrir, en efecto, que el resto de mi vida se consumiese en atiborrar de datos el ordenador, y que me fuera preciso renacer, cosa poco probable, para utilizarlos. Prefiero desaparecer del mundo engrosando las filas de la última generación desinformada; esto es, del segundo Neanderthal.

No significa esto que no admire máximamente tal invento, en el cual se funda el progreso actual y futuro. Mi pusilanimidad ante él es la misma que me impide practicar el aerobic, sorber litronas o frecuentar discotecas: me pasó el momento. Pero he apreciado sus ventajas, en Universidades extranjeras –varias de las nuestras ya las proporcionan–, localizando en un instante datos bibliográficos que me importaban, y hasta alguno mío, ya descolgado de mi memoria. Sin embargo, desearía ahorrarme lo sucedido a uno de mis alumnos, que, ya hace cinco años, llevaba muy adelantada la tesis doctoral. Para darle el empujón definitivo adoptó la decisión de comprarse un ordenador. Pude recomendarle uno que acababa de ver, de excelentes hechuras y buen precio. Si esto ocurría un lunes, el martes me dio noticia de la adquisición, junto con la de cuatro o cinco tratados para aprender su manejo. Pasó el tiempo sin que diera señales de vida. Al fin, me ha visitado: al salir del túnel de una profunda depresión, había renunciado a doctorarse. Y se instaló como astrólogo informatizado. Cuenta con una nutrida y selecta clientela, que le permite vivir mejor de lo que nunca soñara como filólogo. Haciéndose pasar por hindú –no sé por qué–, e introduciendo en la máquina los datos del consultante como *input*, ella vaticina, como *output*, los impuestos, éxitos, contrariedades, ligues, viajes y demás eventos que acaecerán al cliente en los próximos tres años. Confía en mejorar pronto la fiabilidad de sus profecías, perfeccionando el *software*.

Lo acaecido a este muchacho ha sido determinante para mi inhibición. Y ya ha saltado en este escrito el *software*, al que añado ahora el inseparable *hardware*, vocablos capitales del *computer*. Mientras éste ya ha sido barrido en España (vivía como *computador* o como *computadora*, que nunca se le averiguó el sexo), y lo ha sustituido el galicismo *ordenador* (los italianos prefieren decir *elaboratore elettronico*), sus dos hijuelos sobreviven pronunciados como Dios da a entender a cada hispano que los usa. El primero ha sido acortado en *soft*; tal vez sufra idéntica mutilación el hermano, pero aún no he oído *hard*.

Nadie ignora –¡tanto se ha repetido!– que *hardware* significa 'quincalla' o 'quincallería', de *ware* 'artículos (manufacturados)', y *hard* 'duro'. Fue el término que, en 1947, eligieron los técnicos norteamericanos para designar el conjunto de aparatos y dispositivos que constituyen lo tangible del ordenador, lo que se ve y se toca: su parte material.

Algo más tarde, en 1966, hubieron de dar nombre a lo impalpable, a lo que gobierna el laborioso chisme, a la interna sustancia gris que da las órdenes al *hardware*, y, por broma, empezaron a llamarlo, pues era 'lo no duro', con un compuesto de *soft*, 'blando':

software, que no tiene sentido alguno. La pareja quedó así constituida, y empezó a rodar por las lenguas con su rara catadura y su significado intraducible. En Francia se intentó adaptarla como *quincaillementaille*; o *informate*, para *hardware*, y *périphériques*, *ensemble fonctionnel* o *intellectronique*, en el caso de *software*. Tanteos, en verdad, poco afortunados, hasta que nuestros vecinos parecen haber alcanzado acuerdo en torno a los términos propuestos por la Comisión de Defensa de la Lengua, aceptados por la Academia Francesa, y sancionados por el *Journal Officiel*, en enero de 1974; son *matériel* y *logiciel*, respectivamente. En Italia son usados abundantemente los dos vocablos angloamericanos, pero el gran diccionario *Zingarelli*, de 1986, habla de *componenti fisiche* y *componenti logiche*: este último se define como «conjunto de los lenguajes y de los programas que permiten desarrollar la elaboración de un sistema». Repito que, sin embargo, se prefieren las palabras de origen, y hasta se ha creado allí el término, un tanto estremecedor, de *softwarista* para llamar al programador. De igual modo se mantiene la *software house* para la empresa que elabora programas de ordenador, designación evidentemente menos incómoda que la francesa *société de services et de conseil en informatique*, también impuesta por el diario oficial.

Nuestra Real Academia de Ciencias optó, en su diccionario de tecnicismos, por *soporte físico* y *soporte lógico*, que parecen excelentes soluciones. Pero el uso más extendido parece irse decantando por designar imprecisamente por *ordenador* al conjunto de los aparatos, esto es, el *hardware*. La Española, en una de sus últimas sesiones, al igual que otras Academias hermanas, entre ellas la de Colombia, ha acordado llamar a este componente material del ordenador con el término genérico *equipo*, puesto que consta de varios aparatos y dispositivos; y con el de *programa(s)*, de empleo hoy común, el *software*. Son vocablos, obviamente, de gran polisemia, pero esa dificultad no ha impedido a los franceses aplicar el término *matériel*, como hemos dicho, a lo mismo que nosotros podemos denominar *equipo*.

Quizá la propuesta académica sea objetable, pero una precisión absoluta resulta imposible. Y dado el carácter convencional que poseen las palabras, vale más un mal acuerdo que el desorden y la diversificación. Estamos aún a tiempo de conseguir, en este punto, una solución aceptable en todo el ámbito del idioma, a poco que

ayude la publicidad de los ordenadores, y si los informáticos hispanohablantes cooperan. Hay tecnicismos de tan estricta especialización que apenas si vale la pena hispanizarlos; al contrario, su
mantenimiento ayuda a una mejor expresión y comprensión entre
los científicos de diversas lenguas. Pero otros, como éstos, alcanzan tal grado de difusión –sobre todo cuando nos cableen– que
parece necesario incardinarlos en cada idioma con una faz familiar. ¿Veremos triunfar, en todo el ámbito hispanohablante, *equipo*, junto a *programa, programación, programar, programador,
empresa programadora*, ya en uso? Sería un pequeño, pero significativo, triunfo en defensa de la unidad idiomática que tanto nos
importa.

Parámetro

El Diccionario ofrece sorpresas, saltos de liebre, en los recovecos
más impensados. Me había empezado a herir el ojo y el oído tanta *directiva* como estos días soban locutores y reporteros, a propósito del propósito de liberalizar el transporte aéreo en la CEE:
«Felipe González dijo en Luxemburgo que España está completamente a favor de la *directiva* comunitaria»; «España no acatará el
espíritu del Acta Única si la CEE intenta de nuevo aprobar una *directiva* sobre liberalización del transporte aéreo que se aplique al
aeropuerto de Gibraltar». Y así, mil insistencias diarias. Mi inquietud se había avivado con la carta de un amable lector, en que
me enviaba fotocopia de un documento oficial de un Ministerio
nuestro, plagado de *directivas*. Y ya me había arremangado los
puños de la camisa para arremeter contra lo que juzgaba desatino
en fase germinal, cuando abro el Diccionario académico y compruebo que concede a *directiva* la acepción de *directriz*, esto
es, «conjunto de instrucciones o normas para el ejercicio de alguna cosa». Ya aparecía en la edición de 1970 (no en las anteriores),
con lo cual ni siquiera se le puede atribuir niñez.

Por tanto, quienes, de seguro, están traduciendo a mocosuena
el inglés *directive* por *directiva*, y no por *directriz* o *directrices*,
que sería mejor, cuentan con el respaldo de la Academia, la cual,
hace ya veinte años, tuvo motivos bastantes para registrar esa
acepción, procedente del inglés o del francés. No hay, pues, razón
para rezongar, aunque fatigue el olvido del sinónimo mencionado,

que va a ser suprimido del idioma a golpes de organismos internacionales y de Ministerios de casa.

También el italiano ha acogido esa *direttiva*; tal vez el admirable, el ínclito idioma hermano, se anglosajoniza más intensamente que el nuestro. Pero, a su vez, posee capacidad contagiosa. En los últimos lustros, nos coló, por ejemplo, *ente* en el sentido de 'organismo, normalmente público'; o *peatonal*, formado mediante calco de *pedonale* (*pedone*, 'peatón', más *-ale*).

Entre las últimas voces que nos han llegado por el Mediterráneo, hay dos de rutilante moda. *Comanda* es la una; la otra, *parámetro*. Hasta hace poco, en los restaurantes *se pedía*. Y se reclamaba al camarero, si tardaba, porque *no nos servía*. Se ha refinado tanto el arte de comer que tales fórmulas han quedado zafias. La nutrición se ha incorporado al ámbito de la cultura, que, como tal, cuenta con una vertiente popular (apoteosis autonómicas del salmorejo, la morcilla y el comistrajo ancestral e indígena), en la cual sirve el lenguaje empleado para todo trote; y otra selecta y gentil, precisada de una liturgia idiomática que la haga esplender. Componen la carta de esa culinaria culta platos ininteligibles, sugestivos por eso mismo: «Lomitos de merlan a la salsa de jengibre»; «Endives (porque en francés se escribe así; y desprecian el español *endibias*) rustidas con Roquefort»; «Suprema de gamo a la moda de Frankfurt». Pero el toque de máxima distinción lo da la anteposición galicista del artículo a los títulos de cada sección («*Las* entradas»; «*Las* carnes»; «*Los* pescados»; «*Los* postres»...), y, aún más, al nombre de cada plato: «*La* tosta de salmón y puerros silvestres».

Pues, bien, lo de *comanda* se usa desde el nivel de los tres o cuatro tenedores. «¿Han hecho la *comanda* los señores?», pregunta el camarero, mientras escancia un chorrito de aperitivo que sirve la casa para ir emitiendo jugos. Pero no, no se ha hecho la *comanda*, y llega el *maître* para tomarla. «Se retrasa la *comanda*», le reclamamos a los veinte minutos, cansados de dar furtivos y vergonzantes pellizcos al pan de cada día, ya agotadas las bicoquitas saladas y la mantequilla.

Ahí queda, clavado en el ceremonial gastronómico castellano, ese italianismo flagrante. Que alcanza sublimidad si comandamos *fettuccine, cotoletta alla milanese* y *dolci al cuchiaio*, regados con Chianti. Un vocablo como *petición* o *pedido*, tan sencillo, u otro más rebuscado, como *demanda*, harían buen papel en los templos de la gula; pero, al fin, de ellos no sale. Más incordiante es el otro vocablo transalpino a que aludía: *parámetro*. Y no porque lo sea en su origen: al contrario. Nuestro Diccionario lo define así: «Variable que, en una familia de elementos, sirve para identificar cada uno de ellos mediante su valor numérico». El excelente *Webster* dice más o menos lo mismo: «Constante arbitraria que caracteriza mediante cada uno de sus valores particulares a los miembros particulares de un sistema». No es, pues, un término para ser traído y llevado en lenguas comunes; la mía, que lo es, no se atrevería.

Pero los políticos y sus voceros le han perdido el respeto. Dicen, por ejemplo, y se quedan tan panchos, que «la presión tributaria es mayor que en el resto de Europa, si se mide con *parámetros* que no son los de Hacienda»; o que «disminuiría el fracaso escolar si se aplicasen otros parámetros». ¿Qué quieren significar? Algunos aprendieron a decir eso en Italia, sobre todo en círculos políticos, durante la época de oposición al franquismo (junto con otras muchas cosas de la misma área léxica), y se lo trajeron a esta orilla para engalanar su dicción.

Fundo el origen italiano de esa extraña acepción en que sólo la hallo en diccionarios de tal lengua, y no en los del francés o del inglés. Se define en alguno de aquéllos el parámetro, junto con su acepción técnica internacional, como punto de referencia, criterio de juicio, en contextos como «Giudicare segondo un *parametro*» o «Mi manca un *parametro* valido per fare confronti». Pedantería excelsa, ya que *punto de referencia* o *de vista* valdría lo mismo, y bastaría muchas veces con *criterio*; en español, al menos. Aun se emplea en aquella lengua con otros valores, como con el chocante de 'nivel salarial', que no hemos visto reproducido entre nosotros. Pero todo se andará, y el sindicato que decrete huelgas salvajes para que tales o cuales funcionarios pasen del *parámetro* cuatro al tres, se apuntará un récord de afiliación.

Visceral

Chorrea ardor sobre Madrid esta tarde dominical de fines de julio. El aire pesa inmóvil, y suspende el aliento a todo el censo. Sólo unos cuantos automóviles se apresuran por la calle, y algunos motociclistas que, de cuando en cuando, pasan a escape libre proclamando estruendosamente lo turbio de su linaje. ¡Qué plenos, qué realizados deben de sentirse sobre el sillín, lanzando su estrépito hormonal contra oídos que, esta tarde, hace más delicados la somnolencia! ¡Qué inmenso poder el suyo, exhibiendo magnífica su presencia sobre el asfalto desierto y blando!

¿Podemos calificar su alarde de *visceral*? Siento duda al leer en el Diccionario que *víscera* es «cada uno de los órganos contenidos en las principales cavidades del cuerpo humano o de los animales». No parece que aquellos horribles rafagazos de ruido procedan de una cavidad, antes al contrario. Y, sin embargo, deben de ser vísceras. Todo apunta –luego lo veremos– a que lo sean, y entonces convendría ensanchar la definición académica.

No era *víscera* un vocablo frecuente en nuestro hablar cotidiano. Preferíamos *entraña(s)*, o el nombre de cada una, estómago, corazón, riñón..., sobre todo en los guisos. Impresionaría comerse una víscera, porque parece más de mesa de autopsias que de culinaria. Menos aún se ha usado esa palabra, o el adjetivo derivado *visceral*, en sentido figurado. Las entrañas y sus cálidas variedades sí, haciéndolas responsables de actitudes y sentimientos íntimos. Carecer de *entrañas* o de *corazón* o de *estómago* es antiguo y acreditado modo de hablar; como lo es el empleo de tal casquería para referirse al valor: tener *corazón*, *hígados* o *redaños*, y, sobre todo, aquello de la presunta cavidad (o sus metáforas, tipo agallas: no hace falta recordarlas).

Pero, repito, *víscera* no había producido sentido figurado alguno, hasta hace pocos años, en que empezó a hablarse de actitudes, odios o comportamientos *viscerales*, queriendo significar que proceden de un fondo irracional incontenible. Se trata, claro es, de un extranjerismo, un galicismo en este caso, que también el italiano ha recibido. Pero mientras, en esas lenguas, tal adjetivo parece libre de connotaciones referentes a ninguna víscera concreta, me parece percibir en los usos españoles una insidiosa referencia a las que estimulan los ruidos del motociclista. Maravillosamente puedo confirmarlo con una sentencia judicial de hace seis años, que acaba de llegar a mis manos, sin que el tiempo le haya mermado autoridad.

Es tan explícita y bien fundada, tanto he gozado con ella, que, acogiéndome a la sentencia escolástica, según la cual el bien es difusivo, no he resistido el deseo de compartirla con mis lectores.

Fue ocasión del litigio una asamblea en determinada empresa: en ella, un empleado aludió al jefe de personal ausente, llamándolo «el socialista de Caparrós» y añadiendo que «si tenía c...», acudiera allí a explicar su comportamiento. El señor Magistrado de Trabajo, estimando que sólo un ánimo de injuria podía dictar tales palabras, condenó al malhablado a quince días de suspensión de empleo y sueldo.

Pero había que justificar el fallo de modo persuasivo, entrando en los recovecos de la psicología y la sociología hispanas, y éstos fueron los considerandos: «En un país tan primario y *visceral* como es el nuestro, en que todos los atributos relativos a la virilidad gozan de una primacía popular sobre los relativos al intelecto, el poner en entredicho el valor de un hombre, con alusión expresa a aquellas glándulas, consideradas secularmente como acervo mágico de las actitudes gallardas, revela una paladina intención de descalificarle socialmente en la parcela de su identidad de mayor resonancia para su reputación personal».

No cabe duda, pues, de que el Magistrado consagra esa relación unívoca entre lo visceral y las glándulas del ser varonil. Y de que, al poner en entredicho el ofensor que el señor Caparrós las poseyera, estaba ridiculizándolo ante un país tan *visceral*, tan glandular como el nuestro.

Tiene razón el togado al calificarlo así, y aprovecha bien la reducción semántica que está recibiendo el vocablo, claramente machista; tal reducción sugiere que las mujeres carecen de impulsos viscerales. Lo cual es falso de remate. De ahí que los idiomas francés e italiano, mucho más equilibrados en el tratamiento de los sexos, carezcan de tan inexacta y parcial limitación.

Si vuelve el lector los ojos al texto transcrito, podrá admirar la acertada queja por el hecho de que nuestro pueblo otorgue primacía a las vísceras por antonomasia sobre el intelecto; de lo que se sigue, justamente, nuestro endémico atraso científico-técnico. Y se asombrará también de la briosa audacia del estilo, capaz de esa metáfora egregia que convierte «aquellas glándulas» en «acervo mágico» de las actitudes y reacciones gallardas. ¿Un Góngora, un Paravicino? Simplemente, un inspirado licenciado en Derecho.

Pero su sentencia no acaba ahí, sino que le añade algo de suma enjundia moral; alude, en efecto, a «la desgraciada propensión de algunos de nuestros ciudadanos *de* entender la democracia –y el régimen de libertades que ella comporta– como una patente de impunidad para injuriar y escarnecer a sus contrarios». En estos tiempos, tan dados a desprestigiar la justicia y a los jueces, estas palabras refulgen con brillo especial, por su cordura y civilidad. Me gustaría, no obstante, que esa censura incluyese también a los miserables que, esta tarde abrumadora de verano, y, lo que es peor, todas las noches, circulan atronando adrede con sus motos la ciudad.

Visceral y su abstracto *visceralidad*: no son malas adquisiciones para nuestra lengua, siempre que no destierren –lo que ya está ocurriendo– otros modos de decir lo mismo. Un odio, por ejemplo, puede ser *irracional*, *profundo*, *incontenible*, *incontrolable*, *sarraceno* y mil cosas así; no necesaria y aburridamente *visceral*. Lo poco usado de *víscera* confiere, además, a aquellos vocablos un halo de pedantería que jamás han rehuido los franceses. Los cuales, en el restaurante, piden la *addition* (sí, también la *compte*), mientras nosotros nos conformamos sólo con la *cuenta* semianalfabeta.

Con todo, hemos de estar alerta contra la tendencia, judicialmente demostrada, a la localización monográfica de lo visceral: acabaría haciendo inútil la importación, pues habrían de rehusarla todas las personas, comedidas y de palabra culta. Conviene, por ello, que, al utilizar el galicismo, pensemos en cuanto albergan pecho y panza, es decir, en las entrañas propiamente dichas –las del Diccionario– de donde proceden los sentimientos irrefrenables. Sería fatal para el porvenir del vocablo que se llegara a hacer las cosas «por vísceras».

Jefe

Larra, cuyo sesquicentenario (1987) no estamos celebrando, se alarmaba porque los hijos empezaban a tutear a sus progenitores en su época. Pero las costumbres evolucionaban lentamente antaño, y mis padres aún usteaban a los suyos. Fuimos mis hermanos y yo quienes instauramos la modernidad en nuestra progenie. Sin embargo, apenas superé «la baba y moco» –Quevedo *dixit*–, jamás dije *papá* o *mamá* para aludirlos ante terceros que no fuesen mis hermanos, aunque sí para dirigirme a ellos. Los niños ricos o redichos, especies a mí ajenas, hablaban, en cambio, de *mi papá* o de *mi mamá*, o, ya colmo de lo fino, de *papá* o de *mamá* sin posesivo. Mis hijos hacen –creo– lo que mi mujer y yo hacíamos, según el uso que parece más extendido. Referirse a *(mi) mamá* o a *(mi) papá* se juzga horterada insigne. Pero pocos adolescentes ricos o redichos hablan actualmente de sus *papás*, y apenas de sus *padres*: se ha difundido entre ellos, como epidemia relámpago, aludirlos como *el jefe* y *la jefa*.

Lo observé el verano último allá donde me tuesto. Recalo sobre las ocho de la tarde en la cafetería juvenil a obsequiarme con una horchata. No tardan en ir llegando; ¿de dónde? Varía. Proceden unos de largas siestas que reponen la habitual trasnochada. Otros emergen del mar, de las tablas con vela, donde, en tres horas de lucha con el viento, han logrado mantenerse erguidos seis minutos. Abundan los que traen los textos de asignaturas suspendidas: vienen de repasarlas con exóticos profesores de playa; el rollo, dicen. Predominan las amazonas y jinetes de motos, por supuesto castradas de silenciador. Están morenos, y bien nutridos aunque esbeltos; raramente brilla en los ojos de alguno la luz del entendimiento.

Se empujan, bullen, se soban (¡cuánta iniciativa femenina!). Emiten flatos con apariencia de lenguaje, y, de cuando en cuando, surge el comentario del nene o la nena: «El *jefe* se puso energúmeno»; o «La *jefa*, no hay quien la entienda».

El jefe y la jefa; jefes en Babia, mamelucos y siervos de aquella manada que nutren. Porque tales nombres no son empleados por los nenes como consigna rebelde frente a una autoridad auténtica o insufrible, sino justamente por lo contrario: para declararla irrisoria, inexistente: simple badén que se orilla por un extremo.

Otra degeneración del vocablo se detecta hoy en medios bien diferentes: entre taxistas (¿Por dónde vamos, *jefe*?), conserjes (Eh, *jefe*, ¿a quién busca?), camareros (¿Puede pagarme, *jefe*?) y otros oficios de este jaez. Me lo oí llamar, por vez primera, hace muchos años, en una estación soriana de gasolina. Hasta las briznas de hierba estaban estuchadas de hielo; el viento de Urbión cortaba como una cizalla; era la hora del lubricán, para amenizar el cuadro. Salió de la caseta el gasolinero, arrebujando su tiritona en zamarra, tapabocas y mitones; un gorro de lana se le hundía hasta el bosque de las cejas. «¿Cuánto le pongo, *jefe*?» Súbitamente, me acaloró un ramalazo de indignación, y sin pensarlo contesté: «Lleno, esclavo».

Fue una respuesta miserable, lo comprendo; y más cuando, con ira no aplacada por su falta de reacción –¿me había entendido?– le hundí otra puya: «Qué, ¿congelado? En el coche no se puede aguantar de calor».

Fue digno de homicidio, y, si lo cuento, es para limpiar mi alma con la confesión vocal. Pero nunca me habían llamado así, y lo juzgué ofensa. Más tarde observé que era moda menestral y sin malicia. Ahora, cuando alguien me llama jefe, me limito a exhortarle fraternalmente para que no vuelva a hacerlo. Suele respondérseme con un silencio asombrado.

La degradación de *jefe* no es banal. Deriva esa palabra del francés *chef*, y éste, del latín *caput*, 'cabeza': el remate con que se gobiernan desde un pueblo hasta una oruga, trasmutado socialmente en *jefe*; y ahora humillada la voz para designar a papás indefensos o a clientes o a desconocidos de cualquier graduación.

Malo, muy malo, es que un pueblo rezume tanto igualitarismo. Que se descabece. Lo igualitario no equivale a lo igual. Esto, lo igual, evoca un origen predeterminado por naturaleza o manufactura: así nacen dos árboles, dos mellizos, dos monedas, dos ciudadanos ante la ley... Resultan, en cambio, de un designio igualitario dos personas de diferente talla, a una de las cuales se acorta el artificio para emparejarla con la otra: el catedrático y el bedel, el médico y el enfermo, el padre y el hijo, el ignorante militante y el competente por libre, el servidor de oficio y el usuario: todos jefes.

Larra entró en un café, y el mozo lo trató con confianza. Él le reconvino: «Sirva usted con respeto, y no se chancee con las personas que no conoce y que están muy lejos de ser sus iguales». Pudo reaccionar así porque aún no había llegado el igualitarismo. Aunque él, en sus quejas, lo creía. Aquí lo querríamos ver.

Parafernalia

Alguien con puesto en televisión ha exhibido recientemente sus ascos y bascas ante el paralizante «purismo académico», oponiéndole la radiante apertura que el medio hacía –o iba a hacer, no recuerdo bien– a la parla de la modernidad. Cuando uno habla de «lenguaje académico», «purismo académico» y cosas así, debe temerse su propia perlesía contraída a la altura de un siglo atrás, antes aún de que el gran Rubén rezara su letanía. Pues es el caso que, si a tal caballero se le preguntan los grandes nombres de la literatura actual, y los conoce, seguro que varios los tiene allí, en la calle de Felipe IV, y no aquejados de pureza idiomática y de otras angosturas meníngeas. Pero luce mucho el desdén para aforrar la ignorancia, y es conjuro eficaz el mote de «purista» echado como sal a los ojos del que observa.

¿Mereceré tal dictado si saco del bolsillo algunas de esas luces con que alumbra la televisión el nuevo idioma? Y digo del bolsillo, porque siempre llevo en él trozos de papel donde apunto mis traumatismos. En ropa del verano, me ha aparecido uno que juzgo apasionante. Dando cuenta el telediario de aquel desprendimiento de lava solar que nos hundió en agosto, comunicaba la insuperable temperatura de Barcelona: «Treinta y ocho grados *con seis centígrados*». Se le enrojecieron los colores a la pantalla, y supuse que ofrecerían disculpas; no las hubo, y aquel busto locuaz ha seguido disfrutando de libertad de expresión.

Otro día –hace menos, porque estaba en una chaqueta de entretiempo–, glosando las andanzas de una lustrosa, ya que no ilustre, visitante, Bo Derek, la voz de fondo informó de que, apenas entró en su hotel, «se sumió en la *claustrofobia* del ascensor». Una sugestiva pieza del idioma neohispano con que vamos a comparecer ante el mundo en 1992, año redentor de nuestros atrasos.

Como hasta esa fecha singular no cesará el calvario histórico del país, he aquí que nos ha sobrevenido la peste equina. Parece que unas cebras africanas trajeron esa pupa, que ha adelantado el disfrute de su paraíso a tantos asnos, mulas y caballos compatriotas. Pero los expertos no anduvieron acordes, en un principio, sobre el origen de la epidemia, y el telediario, persiguiendo siempre la noticia, explicó la opinión de que se había introducido «*gracias a* la importación de productos alimenticios angoleños». Como si esa catástrofe fuera un hecho venturoso, digno de 1992. Es cierto que el Diccionario apoya tal empleo, pues da esta definición de *gracias a*: «Por intermediación de, por causa de, una persona o cosa». Es una cabezada homérica; María Moliner lo explicó bien: «Se emplea para expresar la cosa o persona que ha sido causa de que ocurra algo bueno o se evite algo malo». Es así como, hasta ahora, ha empleado o emplea tal locución prepositiva cualquier hispanohablante, pero televisión hace la mamola al «purismo académico», y avizora el futuro.

Me aparece otro andrajillo del medio, a la vez que un colega me manda una nota alarmada con apremio y urgencia. Compartimos, pues, el sobresalto cuando el informador habló de «la Cruz Roja y la Media Luna Roja, organización *homónima* en el mundo árabe». Justo lo que no es; porque son *homónimas* dos personas o cosas que llevan el mismo nombre, según indica el mismo término. Pero en el español televidente (es decir, que adivina el porvenir), da lo mismo arre que so, y se pasa del Bachillerato. Ya no les basta *homólogo* –una plaga–, y quien sea ha descubierto *homónimo*, de mejor resonancia en sus oquedades craneanas. Por si faltara algo, el sábado 10 de octubre, un nuevo telediario obsequió al público con un *meksicano* que casi fundió los circuitos. Y siguen dándole al *Insálud*; no han caído aún en que tal palabra se formó con *salud*.

No estaría de más, por tanto, que, antes de tirar chinas contra el tejado ajeno, repasaran las goteras del suyo. Y que percibieran cómo, por taparse la nariz ante lo «académico», les sale la voz gangosa y con zurrapas. Porque lo «académico» suele ser aquello que los hispanos escolarizados –y, muchos, por sólo haberlo mamado– sabemos del idioma compartido.

Pero dejémoslos con su orgullo de pioneros de un idioma más preclaro, y acudamos a dos indicaciones que se me han hecho por supuestas demasías. Es la primera la de una señora que halla irregular la calificación de *legal* que muchos jóvenes aplican a alguien que les cae bien, sobre todo si es fiable. Consulte el Diccionario, amable lectora, y no hallará la acepción etarra, sino esta otra: «Verídico, puntual, fiel y recto en el cumplimiento de las funciones de su cargo». No es la acepción incriminada, pero está muy cerca. O recuerde a Don Quijote («Bien notarás, escudero fiel y *legal*, las tinieblas de esta noche»), y no sentirá sorpresa, sino satisfacción, tal vez, por ese adjetivo que ha recobrado la jerga juvenil. Cuyos proveedores –¿quiénes son?– han hecho mina del lenguaje olvidado y hasta clásico.

Otra comunicante me manifiesta estupor ante la *parafernalia* neonata: no la comprende. Nada le orienta el único vocablo pariente, que subsiste en los *bienes parafernales*; son según el Diccionario «los que lleva la mujer al matrimonio fuera de la dote, y los que adquieren durante él por título lucrativo, como herencia o donación»; algo, en suma, que no puede tocar el marido. Esto, en efecto, no da ninguna pista, porque se trata de un vocablo novísimo en español, cuyos glóbulos, no hace falta microscopio, son angloamericanos.

Estamos ante un helenismo que se adoptó en latín medieval como *bona paraphernalia*: son los que define el Diccionario. Pero, en inglés, *paraphernalia*, neutro plural de *paraphernalis*, pasó con facilidad a significar 'pertenencias de una persona', como avíos o ropa. Y, de ahí, a designar cualquier 'equipamiento' o 'conjunto de cosas' que constituyen algo, o contribuyen a hacerlo o a que exista. Y así, se habló en inglés de la *parafernalia* de un soldado, de un ejército, de un circo, de una ceremonia, de unas elecciones, de una fábrica: todo aquello que necesita objetos y trámites muy diversos.

El vocablo equivale, a veces, a *equipo* o *equipamiento*; en casos aún más particulares, a *instrumental, aparejo, tren, pertrechos, dotación, vituallas, matalotaje, avíos*...: ¡tantos términos posibles! Y, entre los equivalentes, el magnífico, aunque basto, *achiperres* salmantino. Pero ninguno permite la misma amplitud de empleos que *parafernalia*.

Me prometo no usarlo nunca; pero no veo mal este neologismo, que tanto lucimiento permite a los preciosos de lenguaje, a la par que evita esfuerzos para buscar un colectivo apropiado a cada caso, castellano adentro.

Bermudas

He preguntado muchas veces a jóvenes qué es un *ambigú*. No lo saben, y hacen bien; se trata de un vocablo que murió repentinamente antes de que ellos nacieran. En mi mocedad, durante el descanso en teatros y cines, algunos iban al *ambigú*; ahora se tonifican, simplemente, en el bar. Curioso galicismo, que el Diccionario acogió en 1984, con sus tres acepciones periclitadas; en la primera, ha sido sustituida por el también galo *bufé*. Y las otras dos tampoco subsisten: local de un edificio para reuniones o espectáculos públicos, en el cual se sirven manjares calientes y fríos; y local de las estaciones de ferrocarril donde se toma una comida ligera. Obviamente, será preciso advertir en el Diccionario que se trata de una voz desusada.

La cual nunca ha existido en francés para designar esas funciones que ahora desempeñan el bar o la cafetería anejas a un recinto donde se presencian espectáculos. *Ambigu*, en esa lengua, significa 'ambiguo', y designó también 'comida fría variada servida de una vez', es decir, sin que los platos aparecieran sucesivamente. Se aplicó también para nombrar la 'obra de teatro en que se mezclaban varios géneros dramáticos' (de donde el Théâtre de l'Ambigu, en París). Fue en nuestros teatros dieciochescos (la voz se documenta en español desde 1770), donde la gente de calidad iba a tomar un tentempié en los entreactos –un *ambigú*– al refectorio anejo, y aplicó este nombre al local donde se servía. Nombre que ha durado casi hasta ayer, en que le sobrevino el colapso a que aludíamos. Antes aún desapareció en las estaciones de tren: yo no lo he conocido.

Si *ambigú* se desconoce ya, está a punto de ocurrirle lo mismo a *matiné*, palabra que ahora ha registrado la Academia, más para darle sepulcro que fe de vida. Se describirá como 'fiesta, reunión, espectáculo, que tiene lugar en las primeras horas de la tarde'. Es probable que haya lugares donde aún se llama *matiné* a la sesión o función de después de comer; pero, si existen, deben de ser rarísimos. Se trata, por supuesto, de otro galicismo (*matinée*), al que se le ha quitado la -e final femenina, que nada indica en nuestro idioma. Aunque, esta vez, no se le cambió la acepción de origen. Pero está ya lista para el réquiem, por desaparición de la cosa que nombraba.

A ese galicismo crudo, se suma ahora la *tricotosa* (del francés *tricotuese*), 'máquina para hacer tejidos de punto', y 'operaria que trabaja en esa máquina'. Para compensar vocablo tan útil y forastero, entrará también en el próximo Diccionario el confortador y casto *carajillo*: «bebida que se prepara generalmente añadiendo una bebida alcohólica fuerte al café caliente». Sería curioso averiguar de qué modo el diminutivo de vocablo tan explícito se ha aplicado a nombrar tan tonificante mezcla. (¿Se tratará de una deformación envilecedora del café denominado *caracolillo*?) Mientras que, para evitar aquel nombre en exclamaciones, se ha apelado a mil deformaciones, *caramba*, *carape*, por ejemplo, y, entre ellas, *caracoles*, la bebida compuesta de un licor y de *caracolillo*,

se habría hecho, disfemísticamente, *carajillo*. Repito: sería curioso
–sólo curioso– averiguarlo.

Entre los nombres de prendas que se incorporan al Diccionario,
figuran dos de signo bien diferente: los inefables *pololos*, «pantalones cortos y con peto que usaban niñas y mujeres para hacer
gimnasia» (se señala con el imperfecto «usaban» que son cosa de
otro tiempo); y los aún más pudorosos *bermudas*, «calzón ceñido
que cubre hasta las rodillas, y que se usa a veces como bañador».
Quizá sobra este final: como bañador puede usarse «a veces»
todo, incluso nada.

Ese horroroso atuendo posee un origen norteamericano; empezó a usarse hacia 1953 en las islas Bermudas, por los turistas, varones y damas, en vacaciones. Y no para bañarse, sino porque
da un aire deportivo, es decente, y sirve sobre todo para que no se
peguen los muslos a las sillas de plástico y a los asientos de los
autos. El estupendo diccionario de anglicismos en francés de *Larousse*, tan parco en comentarios, se exalta a propósito de los *bermudas*. Explica, en efecto, que el tal calzón no goza de mucho predicamento en Francia: se le juzga feo porque quita gallardía al
tipo. Los hombres, informa, no se deciden a usarlo. Y añade, preciosa noticia, que «la civilización francesa, que ha acogido el
short», detesta los bermudas. Yo los veo abundantemente en mi
refugio veraniego catalán, y deploro que nuestra civilización lo
acoja todo, sin reserva alguna, con tal que sea ajeno. Nada me importa el tal calzón llevado por hombres: cada palo debe aguantar
su vela de ridículo. Exhibido por mujeres, deprime. Cuando se ciñe
a piernas delgadas, les da sutileza de patitas de artrópodo. Si son
gordas, les confiere calidad de embutido. Y, en las bien proporcio-
nadas, destruye la indefinible y áurea proporción que existe entre
pantorrilla y muslo, por amojamamiento de éste. Pero el vocablo
existe, pues el objeto pulula, y a eso debe haber sido avecindado en
el Diccionario.

Como es sabido, en la jerga teatral se denomina *bocadillo*, según define bien la Academia, la «intervención de un actor en el
diálogo cuando consiste sólo en pocas palabras». Eso, la brevedad
de lo que se dice, ha inducido que tal vocablo se haya adoptado
para designar «en grabados, dibujos, caricaturas, tebeos, etc., el letrero, generalmente circundado por una línea curva que sale de la
boca o cabeza de una figura, y en el cual se representan palabras o

pensamientos atribuidos a ella». Así se recogerá en la próxima salida del léxico oficial. No es mala solución, aunque el *bocadillo*, tan accidental en el teatro, es fundamental en esos productos gráficos. Existía ya un vocablo que podía ocupar ese lugar, pero inviable por culto: *filacteria*, esto es, el letrero que sale de los labios de personajes pintados en la Edad Media, y también las inscripciones de epitafios, escudos de armas, etc. Algunas veces usan el equivalente de tal vocablo los franceses para denominar el *bocadillo*, pero prefieren *ballon*, por la forma redondeada que suele presentar, y aún mejor, *bulle*, 'burbuja, pompa', término más poético y sugerente que el nuestro. Aunque no alcanza la belleza del italiano *fumetto*, con el cual se interpreta que lo dicho por el personaje sale de su boca como envuelto en una nubecilla de humo. Este hallazgo léxico ha permitido llamar *fumetti* a los *comics* norteamericanos, por sinécdoque de la parte por el todo. Voz esta, *comics* (también se dice, aún más bárbaramente, *comic*), que ha sido desterrada del francés (se ha sustituido por *bande dessinée* o *bédé*), y que espera aún a ser erradicada de nuestro idioma mediante un suplente tan a la mano como *historieta gráfica* o *dibujada*.

«Restar» de nuevo

Sigo con mi vieja afición a deambular por las radios los domingos por la tarde, para oír cómo se clamorean las incidencias del fútbol. Aparte obtener noticias de mi, este año, desmedrado Zaragoza, me fascina el espectáculo idiomático que ofrecen. Por cierto, de extraña homogeneidad: un locutor se parece a otro locutor, como éste al anterior. No vacilan en imitarse, en imitar más bien, casi todos, a las dos o tres estrellas que gozan de mayor fervor. Y, en efecto, durante mi paseo hertziano del último domingo, un informante invitó a un insigne, llamándolo «maestro», a exponer su opinión sobre la marcha de un partido. El requerido empezó así: «Te puedo contar *de que* hasta ahora...».

Esta apoteosis radiofónica dominical constituye un escenario privilegiado para observar tendencias del idioma, y avizorar su rumbo hacia el futuro inmediato. La influencia de tal alarde –docenas de emisoras captadas con avidez por millones de oyentes– ha de ser, por fuerza, muy potente. Lo que dicen, puesto que es, además, convergente, tenderá a ser imitado los lunes, cuando en el tajo o en el bar se discuten con pasión proezas, fallos y tanteos.

En mi exploración de ayer, he observado el aumento, si cabe, del énfasis. Por supuesto, en la pronunciación y entonación: erres interminables y eses alargadísimas; subidas de tono dignas de un ápice trágico, sobre todo si el balón ronda por el área, hasta el punto de que el desgañitamiento impide la comprensión. Pero no sólo en eso se enfatiza: el léxico se elige en los extremos de la panoplia. En un campo donde eran esperados incidentes, «reina una paz *fenomenal*»; un delantero desperdicia una «oportunidad *de platino*» (más, pues, que de oro), porque era «una ocasión *clamorosa* de gol». Del mismo modo, el balón ya no se designa sólo con sus habituales simples metonimias (*esférico* o *cuero*), sino que se supera a Ledesma o a Cáncer, tremendos forjadores de jeroglíficos barrocos, llamándolo «cuero blanco con pintas negras».

A veces, este extremismo expresivo produce raros cruces, como «*abortar* el peligro» de gol que se cernía sobre una meta. Los peligros pueden conjurarse o alejarse; pero *abortar* es 'malograrse alguna empresa o proyecto', y el peligro no parece que pueda abortar. Lo que se habrá malogrado o abortado es la acción de ataque. Se dice, igualmente, que un jugador no ha podido chutar porque el pase «lo ha pillado a traspiés» (absurdo plural), lo cual es lingüísticamente imposible, dado que *traspié* es 'resbalón o tropezón'. Pero el locutor quería decir *a contrapié*, voz sorprendentemente excluida del Diccionario académico, y que el de María Moliner define como 'zancadilla'. En mi sentir idiomático, la locución *a contrapié* significa 'al pie contrario del que estaba preparado para ejecutar un movimiento'. Por ello no pudo disparar el jugador.

Brotan de continuo en las ondas los consabidos anglicismos (así, una treta estaba en el *planning* del entrenador, porque este vocablo parece más ilustre que *plan*), y los ya aburridos *iniciar* y *finalizar*, que excluyen todo sinónimo. Pero la mayor sorpresa de mi excursión dominical me la proporciona la temible guerra a los artículos que han declarado muchos microhablantes. Desaparecen con misterio al referirse a los equipos («Barcelona y Español siguen empatados»), conforme a una tendencia que sólo apuntaba en la mención de ciudades (Coruña y Ferrol, sin su secular artículo), y calles o plazas («En Cibeles»). Pero se escamotea también, y esto es nuevo, ante nombres comunes. En el curso de pocos minutos, anoté «Quique Ramos intenta remate»; «Balón que sale con golpe de cabeza»; «Golpea con bota derecha»; «Se sale por línea de campo»; «Se va por línea de fondo». ¿Apunta esto a una tendencia que puede triunfar, y cambiar la faz del idioma? Bien puede ocurrir. Ya, anglomaníacamente, es normal lo de «jugar tenis» o «jugar mus». Así es que, dentro de nada, el padre advertirá al hijo: «Niño, no te hurgues nariz», «Vete a cama».

Nos están sincopando el idioma estos deportivos, porque ya ha triunfado con plenitud la omisión, también anglosajona, del pronombre, en verbos como *entrenar* o *calentar* («Llorente *está calentando* en el césped de La Romareda»). Y, luego, el inmisericorde *restar* como sinónimo correcto pero abusivo de *quedar* («*Restan* siete minutos de partido»), y disparatado y abusivo de *faltar* («*Resta* un cuarto de hora para el final del encuentro»). Hace varios meses, dediqué uno de estos dardos a esa perturbadora confusión, y recibí algunas cartas advirtiéndome que la equivalencia estaba sancionada por la Academia, cuyo Diccionario define *restar*: «Faltar o quedar»; y lo ejemplifica: «en todo lo que *resta* de año». Tal identidad procede del *Diccionario de Autoridades*, que dice de ese verbo: «Vale también faltar o quedar»; y ofrece este otro ejemplo de Ambrosio de Morales: al pretor Graco, «por lo que *restaba* de su año, no parece que hizo cosa ninguna digna de historia». En las dos frases, se considera una cantidad total, el año, de la cual hay una parte gastada, y otra aún por consumir, que es la que *resta* o queda. Lo que no se ve es que, en ese contexto, pudiera emplearse *faltar*; podría decirse «Aún faltan dos meses para que acabe el año», porque *faltar* señala una cantidad que se precisa para alcanzar otra.

La diferencia entre ese verbo y *quedar* o *restar* se observa bien en su distinta distribución sintáctica. Debo decir: «Me *faltan* ocho pesetas para tener cien»; pero no: «Me *restan* ocho pesetas para tener cien»; o su equivalente «*Resta* un cuarto de hora para el final del encuentro». «Me *restan* ocho pesetas» no equivale, ni remotamente, a «Me *faltan* ocho pesetas»; más bien afirma lo contrario. Es cierto que, en ocasiones, esos verbos son permutables entre sí: «*Faltan* o *quedan* o *restan* dos minutos de partido»; pero la perspectiva del primero difiere sensiblemente de la que se adopta con los otros dos: uno mira la acción hacia el momento final, y *quedar* y *restar* desde los noventa minutos de que se disponía al comienzo. Esa diferente posición del hablante puede producir casos de incompatibilidad total, como acontece en los ejemplos anteriores.

Por ello, el Diccionario académico definirá *restar*, en su próxima edición, como sinónimo de *quedar*, pero no de *faltar*. Sospecho que con efectos nulos, mientras los locutores deportivos pueblen la tarde de los domingos con ese empleo exclusivo de *restar* (jamás dicen *faltar* o *quedar*), con que neutralizan la clara oposición entre estos dos verbos. Están infiriendo al léxico una herida importante. ¿No habrá ninguno que se acomode clementemente al común sentido lingüístico, y dé que imitar a los demás? Aunque lo normal nunca seduce tanto como la extravagancia.

Definir

Entre mis proyectos más sensatos, digno sin duda de amplios apoyos, sobresale el de organizar una multitudinaria rogativa que, ante los déspotas del micro deportivo, clame por la liberación de nuestros viejos verbos *faltar* y *quedar*, hoy secuestrados por su medio hermano *restar*; ha envalentonado a éste su parentesco fortuito con el angloamericano *to rest*. Pero, antes de la gran marcha hacia los prepotentes relatores de proezas atléticas, tal vez pudiera intentarse que quienes conozcan a algún locutor, o a parientes suyos o a allegados, intercedieran de corazón por aquella libertad, que tanto bien haría a nuestro idioma. ¡Cuánto merecerían el título de magnánimos si alguna vez dijeran que «*faltan* tres minutos para el final», o que «*queda* media hora de partido», sacrificando su *restar* idolatrado!

Por si pican y se logra una victoria, deberá ocultárseles que esto es sólo el comienzo de una cruzada magna, como aquella que Unamuno predico –en vano– para rescatar el sepulcro de Don Quijote, pero, esta vez, para devolver a la lengua española el ámbito en que resonaba. No se trata de amordazar a tales reporteros: tanto es su derecho a ganarse la vida como el de un diputado. Habrá que dejarles, incluso, algún juguete para que se entretengan. Así, eso que emplean los baloncestistas de «ganar *de* cuatro», no tan vituperable como estiman algunos de mis corresponsales. «Ganar *por* cuatro», implicaría que éste es el tanteo del equipo vencedor, y habría que expresar el del vencido: «El Sabadell ha ganado por cuatro a dos». Esto es lo normal en el fútbol. Pero en el juego de la red ahorcada, «ganar (o perder) *de* doce» señala bien que ésa es la diferencia de tantos en aquel momento del partido, pues ese dato importa más que el número total de encestes puntuados. Se trata de un hallazgo con su misterio y razón. Sus usuarios defenderían el invento con argumentos irrefragables. Convendrá respetárselo, y hasta alabárselo, para alcanzar su benevolencia en lo importante: la libertad de aquellos secuestrados, por ejemplo, y la expulsión de muchos objetos idiomáticos indeseables.

Admirable es el triunfo obtenido en España por varios locutores de la América hispana, Píndaros hertzianos, héroes de la locuela, magos del énfasis en el relato de las correrías del pelotón. Alegrémonos con su presencia: siendo el idioma la verdadera patria, en casa están. ¿Quién no ha sentido, por otra parte, gracias a ellos, una verdadera emoción épica cuando sale de sus gargantas el grito de gol?

Como un gran monte que desde la luna se precipitara a nuestro oído, el monosílabo se transforma en un alarido interminable, en un enorme anfíbraco con su *o* mayúsculamente alargada en su tránsito por el espacio; se interrumpe después tal despilfarro, y surge enseguida el vocablito innúmera y sincopadamente repetido como a empujones de gárgara. En contraste con su estiramiento anterior, que ahíla la vocal como un fideo, este multiplicado *gol, gol, gol*, golpea el tímpano, igual que si el monte lunar se hubiera resuelto en perdigones. Pero no: reaparece otra vez *gol*, se hace miriamétrico, y remata por fin en un trallazo: «¡¡¡Gol de Elpidio!!!».

En este soso mundo, donde está excluido por el átomo el fragor de corazas y lanzas, de lorigas y alfanjes, resultan notables los nuevos cantares de gesta que han traído los juglares de Ultramar. De nuevo es posible sentir aquella conmoción nerviosa, aquel electrizamiento de espinazo que sacudía a los aldeanos de Castilla cuando oían relatar a sus narradores: «Caían por el campo en un poco de lugar / moros muertos, mil y trescientos ya». Dichosa edad, ya no a nosotros negada por estos hermanos, colonizadores de la tarde del domingo español (ellos, o sus discípulos nativos). Lo indígena era más sobrio; emotivo, pero sin electrochoque. Fue y es maestro del relato en el campo –y en la plaza–, a cuyo reciente homenaje me sumo con fervor, don Matías Prats: la indecible mesura de Córdoba equilibra su hermoso y cálido verbo andaluz, produciendo así un castellano irreprochable, tenazmente domesticado por el estudio y la reflexión.

Pero nos faltaba el patetismo, y ya lo tenemos, loado Dios. Aunque no en el grado excelso que alcanza allende el Atlántico común. Hace pocos días, un notable periodista hondureño me remedó con humor y exactitud el relato radiofónico de un gol en su República. Helo: «El punta de lanza baja la pelota con la testa, la mata con los pectorales, y luego la pone sobre el tapete verde, levanta la mirada y atisba a sus compañeros sobre el terreno de juego. Envía un pase magistral a su compañero del ala izquierda, y éste, con un misil de derecha, envía la de gajos al fondo de las redes, y ¡convierte un monstruoso gol! ¡Lo ha instalado en la victoria! ¡Y en este momento suena el clarín del que imparte justicia anunciando la derrota del Comunicaciones!».

No hemos llegado a tanto. Tal vez, salvo en el engolamiento del gol, los juglares de allende el océano han refrenado algo el coloreamiento retórico de su locución. Pero refrenar no significa suprimir, y un goteo denso de sus figuras, tropos y alardes está empapando a sus imitadores de aquí. Por ejemplo, el estupendo empleo de *especular*. Por si no bastara la moderna y aberrante equivalencia de tal verbo con 'conjeturar' y hasta 'chismorrear', los deportivos ya lo sacan de cualquier quicio para expresar la acción de los equipos cuando se dedican al peloteo –ahora tú, ahora yo– por la cancha, sin afán vibrantemente ofensivo. Esto es, cuando no *definen*.

Lo simple y primitivo fue *meter gol, marcar, marcar un tanto*... Cosas así de sencillas, naturales e higiénicas. En el baloncesto, como no se meten goles, los tantos consistieron, primero, en hacer *canastas*, y se pasó a *anotar*, como menos rudo: «Lanza Williams y *anota*». Sufrió pronto este verbo, siempre por influjo americano, la competencia pujante de *convertir*. Ya lo hemos visto en el relato hondureño. Pero el mágico magín de aquellos ágiles forjadores del lenguaje, cuya lanzadera mental no ceja en la insania de tejer jugarretas idiomáticas, dio con *definir*. Todo cuanto precede al gol es indefinido, vago, cháchara insustancial de botas, bordonería, divagación, zigzagueo, idas y venidas errabundas, andadura por las ramas... Hasta que, por fin, alguien centra la cuestión, va al grano, deja el merodeo, y *define* («Goooooo...ol, gol, gol, gol»).

¿No habrá remedio? ¿No se estarán excediendo nuestros locutores deportivos en eso de hostigar los nervios retorciendo, de paso, el cuello al idioma? Hoy aflige a todos la violencia en el deporte. Ésta no se ejerce sólo con botellazos y pedradas: casi seguro, impulsando cada proyectil que tumba a un jugador o descalabra a un árbitro, hay muchas veces una sacudida de palabras previas, excesivas de tono, degradadas de gramática y dementes, proferidas por algunos que hablan de deporte, dirigentes incluidos, con un micrófono ante la nariz. Implorémosles, pues son todopoderosos.

1988

Opas al idioma

Apenas leí el cartel de desafío que un Banco lanzó contra otro hace poco, pensé: pierde. Ni un atisbo de idea tenía yo de lo que era una OPA, benigna u hostil, y aún lo ignoro más profundamente después del torrente informativo que siguió a aquel reto. No basé, pues, mi pronóstico en datos financieros: juro no saber qué es una acción ni por qué vale puntos, y cuál es el motivo de sus exaltaciones o batacazos, salvo que obedezcan a la ley bíblica acuñada por Fray Luis de León: «Que lo que en breve sube en alto asiento / suele desfallecer apresurado». Pero era evidente el fracaso, con sólo advertir el estilo con que la brevísima comunicación había sido redactada. Los antiguos carteles caballerescos de provocación solían ser piezas soberanas de la jactancia, pero expresadas con noble retórica para atraer a su causa. La nota bancaria –cuatro cortas líneas– acumula tantas infracciones idiomáticas que, más que a absorber a otra entidad, parece dirigida al corazón de la lengua española.

Reza así su comienzo: «El Banco *de* X se ha dirigido al Banco *de* Y para el *inicio de* conversaciones *de cara a* la realización *de* un proyecto *de* integración *de* ambas entidades...». Prodigalidad preposicional; siete veces *de* en tan breve discurso; ¡el 23,33 por 100, salvo error, si lo expresamos así para que entre por los ojos de los ejecutivos! Innecesario alarde y despilfarro.

Viene luego lo del *inicio*, para evitar *comienzo* o *principio*, según dictan los Petronios del lenguaje actual. Pero un *inicio* sólo puede producirse cuando ya se ha fijado o acordado *la iniciación*. Es a ésta a lo que el de X invitaba al de Y, y, si no aceptaba, no podía haber *inicio*. La *iniciación* es la «acción de iniciar». Acordada la cual para tal día a tal hora, tendría lugar el *inicio* o *principio* o *comienzo* de las conversaciones. Diferencia sutil, si se quiere, pero al alcance de cualquiera que tenga el idioma castellano como componente celular.

Sigue a ese *inicio* un *de cara a* propio de la perlesía de lengua que nos aqueja. Está prácticamente consumada la extinción de *para* en su función de expresar la finalidad, y el de X ha añadido su palo a la tunda. Más de una vez he hecho notar esa persecución a que el neoespañol somete a las preposiciones, prodigándolas hasta la náusea (en el caso anterior, *de*), confundiéndolas («El árbitro pita falta *sobre* Galíndez»), o sustituyéndolas por amasijos como éste (*de cara a*) u otros: huir *a bordo de* un auto (por *en*); *de acuerdo a* nuestros informes (por *según*); el asunto se resolverá *por la vía de* arbitraje (en vez de *mediante*), y muchos más.

La escueta notita del Banco de X no está mal en sus dieciocho vocablos finales, salvo el propósito manifiesto de competir «tanto *a nivel* nacional como internacional». Pero no le era posible a esa entidad dejar de decir *a nivel*, si quería parecer competitiva y moderna y agresiva. ¿Cómo iba a incorporarse sin tal locución al trajín europeo? El ingenuo hablante puede preguntarse, sin embargo, si ello no resulta compatible con un respeto mínimo a la lengua de todos, de modo que no se agravie a nadie. Yo, que no tengo parte en fusiones o transfusiones bancarias, me sentí directamente aludido por el comunicado de marras, y vi claro que los dioses protectores de nuestro idioma, aunque duermen tanto, castigarían severamente a quienes lo habían emitido. Así no puede salir adelante una OPA. Ojalá esta advertencia mía revele a sus autores la razón de su fracaso y, tanto el de X como las demás instituciones financieras, se apresuren a nombrar consejeros idiomáticos, no menos necesarios, por lo dicho, que los expertos en negocios.

Dado el paro imparable que sufre la Filología, no sólo los consejos bancarios, sino los gabinetes de imagen de los políticos, deberían contar con competentes licenciados. Entre sus guardaespaldas tendría que ir un filólogo provisto de mordaza para protegerlos de sí mismos.

¡Qué gran papel hubiese hecho, por ejemplo, un lingüista de guardia tapando la boca a un joven líder que, al regresar hace unos meses de Valencia y Murcia, a la sazón inundadas, declaró por la radio que todo el Levante estaba *hecho polvo*!

Pero estos desfallecimientos que un censor de caletres podría paliar –nunca evitarlos del todo–, no hacen daño al idioma, sino sólo a quien lo padece: revelan que no tiene tensos los cables cerebrales, hasta el punto de que un territorio anegado le sugiere una imagen polvorienta. ¿Cómo fiarse de otras cosas dichas por mente tan desmadejada? Pero lo grave son las OPAS reiteradas, las capaces de prosperar. Examinemos dos, a modo de ejemplo.

Leo en un periódico nacional que «Gorbachov pronunció una *alocución* de una hora y cuarto». No se trata de un hecho aislado; los medios por antonomasia hablan dispendiosamente de *alocuciones*. Y así, el sistema léxico de los géneros oratorios se va alterando. Porque, en castellano, la *alocución* posee dos rasgos esenciales: la brevedad y el estar dirigida por un superior a inferiores en rango. Es palabra latina que se adoptó en Francia a principios del siglo XVIII para designar la arenga de un jefe a sus tropas; y que pasó al español en el XIX, con esa básica acepción militar. El francés desarrolló otro significado, no ajeno tampoco a nuestro idioma: discurso breve que dirige una personalidad a un público limitado, en tono distendido. Sin embargo, el sentido fuerte de la palabra sigue siendo el de exhorto de escasa duración. Gorbachov, hablando ¡hora y cuarto!, y no a súbditos (sus oyentes eran norteamericanos) sobre asunto tan grave como son los misiles atómicos no hacía, evidentemente una *alocución* sino un discurso expositivo de dimensiones soviéticas. Designarlo de aquel modo es tanto como, según versos célebres, llamar arroyo al Amazonas y colina al Himalaya. ¿Por qué se ha dado, pues, en utilizar tan mal ese vocablo? ¿Tal vez por influjo italiano? Porque, en ese idioma, *allocuzione* quiere decir: «Discurso solemne pronunciado en público» (*Zingarelli*). ¡Ah, Italia, siempre próvida y alma madre!

Otro desvío notable –otra OPA– es el que está padeciendo *envergadura* en la jerigonza de muchos periodistas deportivos. Cuando un jugador de fútbol posee una notable corpulencia, dicen que es de gran *envergadura*. Dislate áureo, puesto que todos, menos ellos, sabemos que esa palabra, de origen marinero (ancho de la vela por donde se fija a su verga) designa la distancia entre las puntas de las alas abiertas de un ave; y, por extensión entre los extremos de las alas de un avión y de los brazos humanos. Por lo cual, al ponderar la *envergadura* de un futbolista, se está aludiendo a la desmesura de sus brazos, exceso que, salvo para agarrar al contrario, no parece cualidad pertinente en un juego cuya clave son las piernas, y en que el reglamento declara incompatibles las extremidades superiores y el balón.

Todo esto parece manía de perturbar la buena y modesta marcha del idioma. Pero no: nunca se llamó maniático al que, ni con los dedos, sabe sumar dos y dos.

Punto y final

Mister Roddis, director del Instituto Británico en Valencia, me hace notar que «la insidiosa extensión del término *restar* en vez de *faltar* o *quedar*» no procede de contagio del inglés, sino del francés. Parece evidente, y me hago cargo, con mucha gratitud, de la corrección. Por lo demás, no es necesario «absolver» al inglés de esto, según me pide, ni de nada, puesto que no le alcanza culpa. Son los demás idiomas los que acuden a él para que sus hablantes, nosotros por ejemplo, podamos vivir a la altura del tiempo presente. Es lengua nodriza de la modernidad, y a orgullo deben tenerlo quienes la poseen como propia. Ni siquiera en los casos en que el anglicismo se emplea por desconocimiento de los recursos propios, o por ostentación petulante, cabe imputar culpa alguna a aquella gran lengua: es de los simios.

Pero aún tergiversan peor que ellos –aunque suelen ser unos–, quienes trituran su propia lengua y la confunden y malbaratan por ignorancia, diciendo *digo* por *Diego*, sin intención de desdecirse, sino de decir. Trabucadores y mixtureros, ayunos de la sindéresis precisa para distinguir, en su noche cerebral, murciélagos de pájaros. Sin propósito de enmienda, bullen entre los indignados que protestamos, y los flemáticos que pasan o asienten. Mi cólera particular nada tiene que ver con el purismo, que produce anemia, sino con la alarma de ver cómo se va degradando un sistema complejo de expresión, elaborado siglo a siglo para servir a una cultura superior. Porque una lengua se construye por la acción de dos tensiones: la de quienes, dueños de contenidos mentales más ricos, pugnan por plasmar en ella esa riqueza y por hacerla más capaz de establecer diferencias y matices, y la de quienes sólo precisan recursos elementales, por inculpable falta de necesidad, o por ignorancia culpable.

Entre esas dos tensiones, el idioma va recorriendo su historia; juntas ambas, constituyen el uso. Pensar que el uso es sólo la tendencia reductora, espontánea y plebeya, supone tanto como pensar que es más natural –siempre parece así lo espontáneo– no cepillarse los dientes. Se manifiesta un rousseaunianismo infantil cuando se privilegia lo vulgar frente a lo elaborado, y cuando se defiende que un código elemental es tan respetable, o más aún, que otro de mayor complejidad y riqueza, con una oferta superior de posibilidades expresivas para diferenciar lo que es distinto.

Me advierte un mozo en *La Vanguardia* que «la lengua es un elemento vivo que debe evolucionar», y que si no «en este país hablaríamos en latín». Gran lección de este escolar (¿sería catastrófico que aún hablásemos latín?), con argumentos de adolescente. Pues claro que los idiomas cambian, pero impulsados por aquellas dos fuerzas. Y ¿qué ocurre cuando la trivializadora se impone? Sucedió, con la ruina del latín, la gran noche de Occidente, durante la cual se rompió la gran lengua, y emergieron unos idiomas rudos. Para convertirlos en grandes lenguas también, sus mejores hablantes tuvieron que volver a la tutela clásica, a Cicerón y a Quintiliano, esto es, a dotarlas de nuevas normas cultas, en gran medida a imitación de la latina. ¿O es que se cree que la prosa de Fray Luis, Cervantes y Quevedo, o la de nuestros contemporáneos máximos, ha salido del laxismo (que es forma refinada de denominar el pasotismo)?

Si nuestro idioma existe como lengua de cultura se debe a los recursos que le aportaron los mejores, elevados por el consenso a norma, difundida tradicionalmente por la escuela. La lucha contra la dejadez y el qué más da forma parte del vivir de toda lengua, y renunciar a ella implica abdicar del progreso. Porque no todo cambio constituye avance: puede depauperar. El que una cosa se diga mal y muchos lo hagan, sólo significa que allí hay un fallo individual o colectivo de instrucción; denunciarlo resulta higiénico, y, si se impone, a la fuerza ahorcan. Pero si, además, su triunfo entraña una pérdida de poder distintivo, hay que lamentarlo. Y no por el idioma, sino porque la mente colectiva ha perdido la posibilidad de individualizar un concepto: se ha hecho más roma. A la inversa, sean bien venidos, de donde sean, todos los neologismos o solecismos o «errores» que aumentan el conocimiento o la aptitud diferenciadora de los hablantes.

En modo alguno son disculpables los fallos por incompetencia, como no sea accidental y momentánea –¿quién está libre?–, de aquellos que no debieran tenerla. Ni la prisa los exonera. Lo dijo Jorge Guillén, prócer de la exactitud: «El hombre atropellado, es decir, el hombre grosero, no tiene tiempo de pararse a buscar la palabra propia... Dirigiéndose al fin a toda máquina, se topa con la barbarie».

Un gran periódico nacional escribía hace unos dos meses en su portada: «El pueblo polaco ha vuelto a desafiar a su Gobierno y a su máximo dirigente, el general Jaruzelski, *infringiéndoles* una escandalosa derrota». Se entiende a la perfección lo que dice: basta para los dejadistas y atropellados. Además, es confusión muy frecuente: otro argumento para favorecerla o disculparla. Pero ¿nos ayudaría algo a todos que la indistinción entre *infringir* e *infligir* se infundiera en el idioma? Creo más saludable salirle al paso y darle un toque en el hombro al infractor, aconsejándole: «*Infligir*, amigo».

Asombra, por otra parte, la rapidez de centella con que prevaricaciones así se propagan. Hace tres meses, mi colega Silverio Palafox me llamaba la atención sobre cómo, en una emisora madrileña de alcance nacional, se decía: «Y ahora, como *punto y final*, oigan...»; «Y con esto ponemos *punto y final* al programa». No me había percatado yo de tal flor hasta que, en las últimas Navidades, brotó por televisión en una retransmisión deportiva: «El árbitro pone *punto y final* al partido». Seguro que a estas horas anda ya retozando por otras ondas y por prensas.

La explicación –casi todo puede explicarse, no siempre justificarse– está al alcance de cualquiera: una mente grosera y acelerada, a quien sonaba desde el colegio –campanada remota– lo del *punto final* como signo ortográfico, dejó de percibir que *final* funciona ahí como adjetivo, es decir, para calificar el punto último que clausura un escrito. A diferencia del *punto y seguido* y del *punto y aparte*. Y desencajó la conjunción de estas dos expresiones, para trasladarla a la otra, por impulso analógico, esto es, por manifiesta incapacidad para los contrastes. Y, así, trató *final* como sustantivo sinónimo de *punto*. Al día siguiente, otro puso aquel perifollo a su *toilette*, y empezó la escalada.

En esto no hay avance ni retroceso: es simple cambio por cambiar. Si acaso se erosiona un paradigma en el que *punto y*, indicador de que algo sigue al lado o aparte, se opone, sin *y*, a lo que ya no continúa. No es mucho: sólo una sutileza. Y tampoco importa demasiado, porque, al final, todos mondos. Pero si el idioma sigue perdiendo matices y finuras y continúan los hispanos confundiendo traseros y témporas, no llegarán a una nueva edad pastoril, sino al mundo feliz huxleyano. Como eso no parece apetecible y sí torvo, será conveniente seguir advirtiendo a quien lo ignora que, por ejemplo, *infringir* no es lo mismo que *infligir*, que *restar* no equivale a *faltar*, y que para significar que algo termina, se pone *punto final*.

Panfleto y mitin

Entre las causas de los cambios de significación, hay una que se muestra muy activa: el influjo de los «falsos amigos». En efecto, cuando una palabra de un idioma invasor posee forma semejante a la del idioma que se apresta a ser invadido (suelen tener íntima relación en su origen), la ocupante traspasa a la pariente su significación, produciéndose así un neologismo semántico. Es lo que ocurre ahora con dos vocablos a los que están procurando sentidos nuevos los miméticos de siempre. Se trata de dos extranjerismos ya asentados en nuestra lengua con significados inconfundibles y necesarios. Al ser introducidos, remediaron carencias, es decir, quedaron justificados como préstamos enriquecedores.

El primero es *panfleto*, cuyas dos acepciones define el Diccionario: «libelo difamatorio» y «opúsculo de carácter agresivo». Tal voz se formó en inglés (*pamphlet*) en el siglo XIV, tomándola del título de una famosa comedia en latín, el *Pamphilus seu de amore*, difundidísima en toda Europa. Recuérdese que inspiró a nuestro Arcipreste de Hita. Dicha comedia se conoció en holandés, durante la Edad Media, con el título abreviado de *Panflet* y, en francés, con el de *Pamphilet*. Parece que fue simultáneo el influjo de estas dos lenguas sobre la inglesa, para que ésta forjara *pamphlet*. Como debieron de abundar las copias de la comedia, que sólo constaban de unas pocas hojas, en el medio británico se aplicó el vocablo a designar algo semejante a lo que podríamos llamar folleto manuscrito; sirvió también para nombrar ciertas hojas satíricas, dado que el *Pamphilus* pone en la picota al tipo de vieja alcahueta que Juan Ruiz transformó en Trotaconventos, precursora a su vez de Celestina.

Con el significado de 'escrito de escaso volumen' pasó al francés hacia 1615; en 1767, se especializa en esta lengua con el sentido de 'escrito breve sobre un asunto controvertido, destinado a influir en la opinión pública'; tenía con frecuencia matiz peyorativo. Por fin, Diderot, en 1778, aprovecha el término para designar un género de escritos abrasivos. Los diccionarios modernos dan por anticuada la significación de *brochure*, y como únicamente viva la de 'libelo'.

Como el español recibió el vocablo, con toda probabilidad, por mediación de la lengua vecina, fue ese significado fuerte el que adoptó, desconociendo el primitivo de 'opúsculo'. Otro tanto ocurrió en italiano, donde incluso se ha respetado la grafía originaria *pamphlet* (pero no en *panflettista*).

Pero el inglés ha mantenido la significación con que forjó el vocablo, y con él se denominan los impresos que, en nuestro idioma, llamamos 'folletos', 'opúsculos' y 'separatas'. Los cuales pueden tratar de todos los asuntos, incluidos, como es natural, pero no necesariamente, los de carácter agresivo.

Pues he aquí que, entre nosotros, ya está usándose *panfleto* en su neutra acepción anglosajona. Muchos aparatos electrodomésticos son entregados con un *panfleto* explicativo de su manejo. Se publican *panfletos* para prevenir contra la droga y el SIDA; y hasta con sonetos de amor. Un falso amigo britano (aunque remoto progenitor) está ocupando el cuerpo de nuestro *panfleto* con su propia alma. Salimos perdiendo con ello, al quedar diluida la clara acepción de 'libelo' en la sosa y genérica de 'folleto'.

El otro vocablo español cuya hierba se está segando es *mitin*. Se trata de otro anglicismo, también adoptado, a principios de este siglo, es casi seguro, a través del francés. En su lengua de origen, *meeting* significó, desde el siglo XIII, 'entrevista, reunión'. Se aplicó, desde el XVI, para designar cualquier 'reunión pública' pero en especial la del culto religioso. Importada por el francés, en este idioma adquirió en el setecientos la acepción con que iba a llegarnos: la de 'reunión donde se discuten públicamente asuntos políticos y sociales'. No recibimos, en cambio, el otro sentido que *meeting* adquirió allí, el de 'reunión atlética o deportiva' (y menos el de 'carrera de caballos o perros, que se celebra en varias jornadas', propios del inglés).

Fueron curiosos los tanteos que se hicieron en las lenguas románicas para adaptar vocablo de tan rara catadura. En francés se probó con *mitine*, y, en el siglo pasado, con *metingue*: pero se ha quedado, al fin, con el vocablo inglés en crudo. Lo mismo ha ocurrido en italiano. El español, tras usar el extranjerismo entre comillas (y Benavente con plenitud británica: «En el *meeting* de la humanidad...»), optó certeramente por *mitin-mítines*, después de vacilar en el acento (se dijo tambien *mitín*) y en el plural (*mitins*, *mitines*; Unamuno usó la forma afrancesada *metingues*, cuando ya era allí ridícula).

En cualquier caso, de las dos acepciones vigentes en francés, la política y la deportiva (el italiano también denomina así a una reunión mundana), el español sólo ha contado hasta ahora con la primera no bien definida por la Academia como «reunión donde se discuten públicamente asuntos políticos y sociales». El *mitin* es, más bien, una «reunión pública, convocada para que los oyentes escuchen a uno o a varios oradores que tratan asuntos políticos y sociales con intención proselitista».

Se trata, en suma, de un extranjerismo joven –tiene en español menos de quince lustros– que parecía útil y definitivamente instalado, con su perfil semántico neto. Pero, durante las semanas previas a la Olimpiada coreana, nuestros medios de difusión han alanceado las ondas –ignoro si también las prensas– con los *mítines* atléticos y deportivos preparatorios que se han celebrado en algunas ciudades europeas. Nuevamente algunos juglares del heroísmo muscular han ganado medallas de insensibilidad idiomática. No creo que, en privado, se atrevan a llamar *mitin* a una reunión de esas. Pero, micro en mano, se sienten poseídos por el numen de los atlantes y no se resisten a la inspiración que les envía en espichinglis. Por ese camino pronto oiremos que se prepara un *mitin* muy reservado entre los señores González y Redondo (¿o es imposible?), y que va a haber un *mitin* de paleógrafos.

¿No puede hablarse de *reunión deportiva o atlética*, y reservar *mitin* para esos actos, normalmente electorales, donde tan intensamente se convence a los ya convencidos?

Sobredimensionar

Es bien conocido el hecho: la profesora de un instituto de Sevilla, al entrar en el aula, halla pintado un falo en su asiento, con una inscripción condigna. Tal ofensa le produce honda y justificada turbación, y el centro reacciona intentando expulsar al pinturero.

Pero no lo consigue, porque autoridades superiores estiman que aquello ha sido sólo una puerilidad, una fruslería, una nonada. Desairados e indignados por tanta lenidad, los colegas de la víctima se declaran en huelga y el profesorado de otros institutos se solidariza con ellos. Cuando escribo, el asunto sigue sin solución.

Asunto, por cierto, que dista de ser chusco o simplemente lamentable: refleja uno de los más inquietantes problemas con que hoy se enfrenta la convivencia española. Demasiado a menudo, se oye o se lee que ocurren incidentes parecidos, y aún más graves, en los centros de enseñanza; y los profesores se quejan de que los alumnos les faltan al respeto y hacen exhibiciones de incivilidad, sin que resulte posible sancionarlos. El péndulo está ahora en el otro polo de la «escuela represora», y es el profesor, según parece, quien debe entrar en clase con armadura.

Enseñar se está convirtiendo en oficio de grave riesgo y habría que reconocerlo mediante un complemento en la nómina. Los creyentes en la inocencia esencial del hombre, y del espontaneísmo como método docente, están ganando la partida –la han ganado ya–, confundiendo los términos; porque educar *para* la libertad no equivale a educar *en* libertad. Educar implica siempre domar lo instintivo, lo puramente zoológico, y lograr que los artificios en que consiste convivir se hagan naturaleza en los educandos. Qué duda cabe de que el enérgico y directo pintorcillo sevillano no debe quedar marcado para siempre por aquel arrebato de inspiración; pero tampoco debe salir del trance persuadido de haber proporcionado una victoria memorable a su libre albedrío. Ojalá regrese el péndulo a una zona intermedia, antes de que sea demasiado tarde. Por el momento, no se advierten síntomas.

Pero volvamos a la cuestión hispalense. Leo en un periódico que la autoridad competente estima el hecho como una «broma de mal gusto que se ha *sobredimensionado*». La frase aparece entrecomillada y es, por tanto, presuntamente –¿no debo expresarme así?– literal. Y no la copio imaginando maliciosamente que, para dicho jerarca, aquel bromazo hubiera revelado mejor gusto si hubiese sido más pequeñito, sino porque ya empieza a heder el dichoso *sobredimensionar*: lleva tres o cuatro años, quizá menos, entrometiéndose en nuestro idioma y aureolando el habla de los dicharacheros: los edificios, los cálculos, los gajes, las dietas, los honorarios, ahora las injurias, pueden estar *sobredimensionados*: no hay magnitud indemne al neologismo.

Como es habitual, no lo han confeccionado caletres hispanos: aún lleva la etiqueta de su fábrica de París. Hace sesenta años apareció en francés el verbo *dimensionner*, con la acepción de 'calcular las dimensiones de algo, en función de su uso'. Se trataba, claro, de las dimensiones físicas, materialmente mensurables. El vocablo fue acogido con abundantes críticas, por considerarlo feo e inútil; sin embargo, lejos de ceder y retirarse, tuvo fuerzas para procrear y, muy a fines de la última década, produjo *surdimensionner*, para designar la acción de 'dar a algo dimensiones mayores de las necesarias'. Pero, siempre, aplicándolo a cosas materiales, que, efectivamente, son susceptibles de poseer mayor longitud, extensión o volumen.

Pues bien, esta voz francesa, aún niña –tiene sólo ocho o nueve años–, se ha calcado aquí y ya garbea entre nosotros. ¡Con qué pasmo ha sido acogida! Ya nadie dirá, por ejemplo, que la plantilla de una empresa es excesiva, sino que está *sobredimensionada*; o que es demasiada la potencia de un coche en relación con su tamaño o peso: se ha *sobredimensionado* su velocidad. Y no sólo se dice de lo que puede calcularse con exactitud, sino también de lo que escapa a tales precisiones: ya se emplea el galicismo en sentido figurado. Ahí está, en la frase indulgente del funcionario sevillano: la broma se ha *sobredimensionado*. No excluyo –aunque no la hallo registrada– que tal traslación semántica se haya producido antes en francés, pero tiene todos los rasgos de nuestra fogosa inventiva. Ya no sirven castos verbos como *exagerar* o *desorbitar*, que vendrían tan al pelo en aquel lugar.

Serán curiosos los empleos que hagan los hablantes cuando la palabra niña se desarrolle. «¡No *sobredimensiones*!», diremos al que se queja en demasía de un dolorcillo. «Te estás *sobredimensionando*», advertirán el marido o la mujer a su pareja que engorda. «*Sobredimensionan* los impuestos», tendremos ocasión de chillar a diario los contribuyentes. No hay que ser profeta para temerlo. Ni para prever la formación de otros vocablos de la misma familia: *adimensionar*, no medir; *subdimensionar*, medir por lo bajo; *predimensionar*, medir previamente; y así. Por lo pronto, ya ha irrumpido uno: *redimensionar*. Deduzco por analogía que, tal vez, signifique 'restituir a sus dimensiones justas algo que las había perdido'. Por ejemplo, sacar las costuras del pantalón será, supongo, *redimensionarlo*; y, también, metérselas: depende del sujeto que tenga que entrar en tal objeto. Y, por tanto, lo sobredimensionado podrá ser redimensionado; todo: desde el presupuesto nacional hasta el número de los parados.

Sin embargo, no estoy muy seguro de que quiera decir tal cosa, a la vista de esto que leo sobre Kubrick, el director de cine: «Conocida es su afición a *redimensionar* géneros clásicos». ¿En qué consistiría esa afición? ¿En estirar películas diminutas o en achicar filmes fluviales, para que duren dos horas? Tengo la impresión de que Kubrick no ha hecho tal cosa, aunque lo ignoro. Más bien creo que el crítico alude al gusto del famoso cineasta por dar un tratamiento personal a determinados géneros consagrados. Y si es así, ¿qué tiene que ver eso con las dimensiones? ¿Ha *redimensionado* Cela la novela picaresca con sus *Nuevas andanzas y desventuras de Lazarillo del Tormes*? ¿Hizo lo mismo Picasso con *Las Meninas*? Pero eso se llama, desde hace mucho, *recrear*.

Insisto: no sé qué significa tal neologismo y busco en vano una pista por diccionarios franceses. Pudiera ser, albricias, un primo hispano que le ha salido a *sobredimensionar*. Y algún progenitor tendrá, que debía explicarlo para iluminar a los ávidos partidarios de retirar las canosas palabras de antaño. Es la hora de las jubilaciones y de inyectar sangre nueva en el cuerpo decrépito del idioma: hay que redimensionarlo. «Érase un hombre a una nariz pegado», escribió Quevedo. Nada más obsoleto; que tenía una nariz sobredimensionada, se debe decir. Y ¿qué hicieron el cura y el barbero al quemarle libros a Don Quijote, sino redimensionarle la biblioteca?

Gran telémetra será quien alcance a medir la distancia existente hoy entre el sentido común y el de estos picos de hojalata, habladores en sueños, orates de lengua, pavos de frase, que se extienden y cunden por planas y diales.

Alto el fuego

He aquí una bella locución, merecedora de tener equivalente y cumplimiento en todas las lenguas. Se lee y se oye muchísimo; durante las últimas semanas, ha arreciado su empleo con ocasión del arreglo que, para no matarse –¿será verdad?– andan haciendo por

Nicaragua. El intento alegra, y la locución que lo designa resulta inobjetable. ¿Inobjetable?

Nos llegó pronto de Francia, a raíz de la guerra de Indochina, en la cual empezó a emplearse, hacia 1948, *Cessez-le-feu!* Expresión calcada del inglés *cease-fire*, que fue, el siglo pasado, un toque para detener los disparos, y que, al término de la Primera Guerra Mundial (1918), pasó a significar 'fin de los combates'.

Ambos sentidos tomó el *cessez-le-feu* francés, cuando asimiló la locución inglesa. El de 'orden de interrumpir el tiroteo' fue el primero que adoptó nuestro ejército, bajo la acertada forma de ¡alto el fuego! Más tarde, y supongo que no por vía militar sino periodística, empezó a usarse la frase interjectiva como nombre equivalente a 'interrupción temporal de la lucha', y también de 'cese definitivo de las acciones militares'. Ambas acepciones nominales, más el valor interjectivo, acoge el Diccionario académico, al registrar por vez primera en 1982 dicha expresión.

De esa manera, los medios de difusión que, a troche y moche, utilizan *alto el fuego* lo mismo para designar el paréntesis bélico que para la cesación total de hostilidades, están amparados por el uso anglo-francés consagrado por la Academia.

Nada, pues, cabe oponer. Sin embargo, como tantas veces señalo, la expansión de lo alienígena se produce mediante el desahucio lamentable de lo propio. Es raro, en efecto, oír o leer la palabra *tregua* que recibimos del gótico del siglo XII, y que permite una útil distinción en ese pequeño sistema léxico.

Aporta, en efecto, dos informaciones muy precisas: que se trata de una interrupción no definitiva de los combates; y que tal suspensión es resultado de un acuerdo entre los beligerantes. Es, si no me equivoco, lo ocurrido en Nicaragua. Ambas notas aparecen claras en locuciones como *no conceder* o *no dar tregua*, o *sin tregua*, con que se expresa la negativa a pactar, ni siquiera con uno mismo y ni por un instante, en el logro de un empeño.

Esas dos informaciones faltan por completo en *alto el fuego*. Éste, como hemos dicho, puede ser temporal o definitivo. Y, sobre todo, la locución no aclara si se deriva de un acuerdo mutuo, o si ha sido decidido unilateralmente por una de las partes. Porque es perfectamente posible que, en determinadas circunstancias, sólo deje de disparar una de las fuerzas combatientes, por decisión de sus propios mandos. Esto último, es decir, la inexistencia de acuerdo previo, es lo que podría designar con toda exactitud *alto el fuego* (aparte su uso como interjección).

Pero la sanción académica ha consagrado ya lo inevitable de la indistinción. Y sólo cabe desear que no desaparezca *tregua*, con sus notas significativas tan rigurosas, y que no continúe la tendencia reduccionista de los medios de comunicación.

¿Sidático?

Parece que es *sidatique* el vocablo que más probabilidades tiene en Francia para designar al afectado por el sida. Esta cuestión terminológica se ha suscitado también entre nosotros, ya que, hace poco, me llamaron de un periódico solicitando mi opinión para una encuesta que estaban elaborando acerca del término que se creía apropiado. Mi respuesta fue que, en principio, no era precisa ninguna palabra, pues bastaba con «enfermo de sida». Y que, caso de forjar alguna, yo, sin haberlo meditado, dudaría entre *sídico* y *sidático*. (Aún no conocía la propuesta francesa, que me ha comunicado don Pedro Laín.)

Creía innecesario inventar un vocablo, pues hay abundantes enfermedades que no cuentan con término para designar a quienes las padecen. Basta con decir que alguien o uno mismo la tiene. Y así, en un breve recorrido por el Diccionario, hallo que carecen de nombre para el enfermo (tal vez exista en la jerga médica, pero no hay constancia lexicográfica): *infarto, sarampión, lumbago, tortícolis, tétanos, gonococia* y muchísimas más dolencias cuya enumeración abrevio. Por ello, nada impide incluir en esa lista el temible azote, y seguir, como hasta ahora –¿tendrá que ser por mucho tiempo?– hablando de *tener* o *padecer sida, enfermo de sida*, etc.

Pero, por lo visto, urge en este caso el neologismo, y no podrá negarse su utilidad. Debe buscarse, por tanto, el sufijo adecuado al nombre de la plaga. Lo malo es que la elección no puede fundarse en razón lingüística alguna dado que *sida*, como todo el mundo sabe, es una palabra artificial formada por siglas, «*s*índrome de *i*nmuno*d*eficiencia *a*dquirida», y escapa, por tanto, a los mecanismos normales de la derivación morfológica.

Tal posibilidad derivativa parece frenada en casi todas las voces formadas de ese modo: no se da en *Renfe*, ONU, *Icona*, CIA, *ra-*

dar, etc. Aunque existen excepciones: *ugetista* y *cenetista* (de UGT y CNT), y, con carácter humorístico o despectivo, *ugetero*, *cenetero*; y *pecero* (del PC). De OTAN, se ha formado *otánico* (y, en francés, *otanesque*), también de intención burlesca muchas veces. Existen, sin duda, varios derivados más de ese tipo, lo cual permite suponer que las lenguas están aceptando, han aceptado ya, como procedimiento normal para las innovaciones de vocabulario, no sólo las siglas y los acrónimos (vocablos en que se combinan principios y finales de otras palabras: Banco Español de Crédito, polies*ter gal*o, etc.), sino los derivados de tales formaciones, aunque esto ocurra aún moderadamente.

No se conocen vocablos inventados; suele señalarse sólo una excepción: *gas*, creada hacia 1600 por Van Helmont, químico y médico flamenco discípulo de Paracelso; y aun así, se inspiró en el latín *chaos* ('sustancia sutil'), que, a su vez, procede del griego *khaos*. Se recuerda también como palabra formada sin precedentes el término comercial *Kodak*, debido a G. Eastman, fundador de la famosa marca, el cual explicó que había elegido vocales claras, consonantes muy perceptibles, un efecto chocante y recordable de oclusión e implosión, etc. Fuera de esos casos excepcionales –tal vez haya alguno más–, los idiomas europeos han enriquecido siempre su léxico, dando nuevas acepciones a palabras ya existentes en ellos, tomando préstamos de otras lenguas, o construyendo vocablos con formantes griegos o latinos (a veces, curiosamente mezclados en híbridos: *electrocutar, bicicleta*). Pero nunca inventando.

Tampoco constituye creación *ex nihilo* la formación mediante siglas, que fue prácticamente desconocida hasta época reciente. En español sólo contamos, como voz arraigada desde tiempo atrás, con *inri*, el letrero infamante que se clavó en la cruz de Cristo («Iesus Nazarenus Rex Iudaeorum»; por cierto que un obispo despistadísimo explicaba hace poco por televisión que empleamos la expresión «para más inri» cuando nos aflige un gran dolor).

La acronimia, por su parte, no se conoció tampoco entre nosotros. Probablemente fuera *autobús* (*auto*móvil óm*nibus*) el primer vocablo así constituido que nos llegó, procedente del francés, acuñado en broma por los empleados de la compañía parisiense que, en 1906 utilizó tales vehículos en la línea Saint-Germain-des-Prés–Montmartre, antes servida por ómnibus de caballos. Ahora ya estamos llegando a sólo *bus*.

Pero, en los últimos cuarenta o cincuenta años, un chaparrón de siglas ha caído sobre todas las lenguas; la nuestra está dentro de la borrasca. El gran poeta Pedro Salinas hablaba en 1948 de este «siglo de siglas». Otro gran poeta, Dámaso Alonso, compuso el famoso alegato «La invasión de las siglas», donde habla de «este gris ejército esquelético» que avanza implacable. «Su gélida risa amarilla / brilla / sombría, inédita, marciana.»

Lúgubre, maldita, asesina, tenemos *sida* desde 1983; y hay prisa por dar nombre a sus víctimas. Hay que poner a ese vocablo espurio un acólito sufijal. Por fortuna, su clara estructura silábica permite hacerlo, pero sin que sea posible alegar razones gramaticales concluyentes. Hay que pensar, por supuesto, en sufijos que hayan servido para nombrar enfermos; no son muchos. Y resolver, después, sin más norma que el buen gusto o el gusto menos malo. Existe el *-oso* de *gotoso*; pero *sidoso* horripila. Contamos con *-ico*, que ha permitido formar muchos derivados en los que funciona con el significado de 'afectado por': *alérgico, parapléjico, histérico, anémico, tífico*, etc. Son formaciones con modelo clásico; así, el griego *phtsikós* de *phthísis*, se adoptó en latín como *phthisieus*, y, en español, ya en el siglo XIII, como *tísico*. Obtendríamos, pues, el aceptable término *sídico*. Entre otros formantes menos productivos, está, por fin, *(-)tico*, con la vocal tónica dependiente de la base: *asmático, luético, sifilítico, cirrótico*, etc. Y así, de sida saldría *sidático*.

Cualquiera de estos dos tipos de derivados (*tísico* o *asmático*) puede servir de modelo para construir el derivado de *sida*. Ambos son posibles, según vemos, con nombres de dolencia bisílabos; y los dos, con acabados en *-a* (*alergia-alérgico; asma-asmático*). Por similaridad, tal vez favorecieran a *sídico* otros vocablos castellanos procedentes de nombres con textura comparable con la de *sida*: *Sade-sádico; sodio-sódico; Buda-búdico*, etc. En cambio, ninguna palabra nuestra acaba en *-dático*, salvo la extinguida *sinodático* (tributo que los padres sinodales pagaban al obispo).

He hecho una pequeña encuesta, sin valor alguno, que ha dado la preferencia a *sídico*. Mi gusto personal, aún menos valioso, también se inclina por tal derivado. Ignoro si existen ya opiniones entre los médicos, que, si alguna de estas palabras u otra acaba instalándose serán los agentes de su implantación. Ojalá obedezca la adopción al sentimiento de nuestro idioma y no a mero trasplante de lo fabricado en francés. Aunque esto, si proporciona un término único a todas las lenguas romances, tampoco dejaría de ofrecer ventajas.

Enseñantes

La nación, cuando esto escribo, anda conmovida con la huelga de *enseñantes* de todas clases unidos. Iba siendo hora de que su clamor conmoviese a la nación, aunque para ello haya sido precisa una acción tan traumática, tan indeseable y, por los más, tan indeseada. Falta sólo que sus demandas impresionen al Gobierno; no son sólo los sueldos: lo que ocurre en todos los grados de la enseñanza es lo más grave que, aparte el paro y el terrorismo, sucede hoy a España. Y lo que exige más urgente remedio, ya que sus efectos no son compensables: promociones sucesivas de ciudadanos van saliendo de las aulas, año tras año, sufriéndolos para siempre.

Los *enseñantes* reclaman un salario digno: la vocación sola no calza a los hijos. Y si se comprende profundamente que del profesorado depende –dicho así, sin solemnidad– el futuro inmediato, tanto como el lejano, del país, se entenderá que procurarles una actividad sin ahogos constituye el gasto público más justificado que cabe pensar. Precisamente en ellos, antes que en otras necesidades. Hacen falta centros, dotaciones, bibliotecas, laboratorios, talleres; serán inútiles si allí no labora un personal ilusionado.

Y competente. Porque también piden eso: medios para mejorar. Una reforma de planes, por perfecta que sea –¿lo son las que están en marcha?–, es sólo una condición para que sea fecunda su actividad; una condición necesaria pero insuficiente, porque la fecundidad resulta siempre de un profesor que sabe y que comunica bien su saber. Con cualquier plan.

Otras cosas tan sensatas piden. Leo hoy la historia alucinante de un profesor de Bachillerato que, desde 1984, ha pasado mes y medio en Alcázar de San Juan, un curso en Alcalá, otro en Cáceres, diez días en Jaraiz de la Vera. Volvió otra vez a Alcalá, y este año para –¿para?– en el barrio madrileño de San Blas. Puesto que, en la docencia, hay un fuerte componente de amor, ¿puede sentirse encariñado alguien con centros y alumnos por los que transita?

Hasta un maquinista acaba queriendo a su locomotora; a muchos docentes se les veda ese sentimiento.

Ni a su propia disciplina pueden amar, porque ¿cuál es? Este peregrino que hoy se queja pactó con el Estado, mediante oposición, servirle enseñando Geografía e Historia; se le obliga, además, a explicar Ética. Cientos, miles, tal vez, de profesores tienen que formar en materias en que ellos mismos no han sido formados. Se ha dado marcha atrás en el camino de la especialización, que fue una lenta y eficaz conquista pedagógica. En su lugar, se ha creado el *enseñante* comodín, especialista en la totalidad. (En la Universidad, sucede menos, pero ocurre. Por ejemplo, están juzgando oposiciones de Literatura profesores de Lengua sin una sola publicación literaria, y al revés. Pero se impide que en los tribunales de aquélla figuren profesores de Teoría de la Literatura.)

Un caos generado desde varios Gobiernos atrás se ha adueñado de todo el sistema docente, y exige conjuración. Precisamos un plan nacional de instrucción pública, trazado por los que saben y dotado económicamente por los que pueden –no suelen coincidir–, capaz de entusiasmar al profesorado y de comprometerlo. Que imponga como norma la exigencia, única triaca posible contra el desánimo que lo corroe. Que instaure la primacia del mérito y que estimule el orgullo de saberse embarcado en una gran empresa. Que aliente a ser más: ninguna proeza es factible igualando.

Mal asunto si el malestar docente se interpreta sólo en términos económicos y se considera resuelto cuando el conflicto cese. Mala exégesis si no se entiende como una aspiración de los profesores a conquistar no privilegios, sino dignidad. Me permitiría señalarles cuánto puede contribuir a ello la renuncia a ciertos modos de denominarse. Ya ha pasado, me parece, aquello de *trabajadores de la enseñanza*. Nunca me reconocí de ese gremio. Se me pagaba por enseñar, es cierto; trabajaba, puesto que tenía obligaciones y derechos, a cambio del salario. Pero gozaba, no era una maldición. Anejo al trabajo es el descanso; nunca lo precisé. Exige también horarios; salvo para empezar y acabar en punto las clases, jamás consulté el reloj. Y siempre abandoné mis tareas lamentando el tiempo obligado para dormir. No, cuando algunos se llamaban *trabajadores de la enseñanza*, yo, profesor, me sentía de otra estirpe.

¿Y funcionario? Los conozco solventes y abnegados, engranajes admirables en la máquina del Estado. Pero, como profesor, no me he sentido uno de ellos hasta que la jubilación me ha puesto en una cola dos horas, para solicitar el socorro miserable de las clases pasivas, instancia en mano, entre un capitán de la Legión y un chófer del Parque Móvil. Dignísimos empleos, pero nunca supe que tuvieran algo en común con el mío hasta ese instante.

Ha habido otro momento terminológico que aún da coletazos. Tengo la impresión de que son estertores. He hablado aquí varias veces de *enseñantes*. Se trata de un galicismo gris e inepto. Figura tal vocablo en nuestro Diccionario como participio activo de *enseñar*. Pero, ¿qué enseña el *enseñante*? Obviamente, lo mismo a pescar con caña que la técnica del butrón. El sentido que se ha dado a tal palabra (el de un hiperónimo que abarca a todos cuantos enseñan en una institución pedagógica) es puramente francés; lleva en esa lengua más de cien años. De ella lo recibió el italiano (*insegnante*) y, de las dos, aterrizó en la nuestra, traída, si no me engaño, por vía sindical y mimética.

El término gusta a algunos, puesto que lo usan. Me consta el malestar que a otros –yo, entre ellos– produce. Es un vocablo frío y desangelado, para un oficio que necesita pasión. Ya se despojó de ésta a los *maestros* (egregio vocablo que conviene lo mismo a un héroe de aldea que a un Nobel), convirtiéndolos en *profesores* de siglas. Los viejos *auxiliares* pasaron a *adjuntos*, y éstos a *titulares* (¿no lo son los demás?). Y va siendo casi obligado disimular el rango de *catedrático*. En la pretensión de sus partidarios, *enseñante* uniforma a todos con un guardapolvo menestral (y sugiere que todos valen para todo, para rotos y para descosidos, igualados del modo más fácil: con palabras).

¿No nos unifica mejor el término *docentes* y, aún con mayor tradición, el de *profesores*, con el colectivo *profesorado*? Quizá postulo esto a moro muerto, pues insisto, me parece que *enseñante* huele a cadaverina. Pero me place darle una lanzada.

No lo hago sin repetir, a la vez, que algo grave pasa a España con sus cuerpos docentes en quiebra. Como ninguna ley podrá impedir que me sienta parte de ellos, sufro mientras oigo loar los triunfos de la inflación controlada, la recaudación fiscal en alza, y el Carnaval, tan útil para el pueblo, por fin recuperado.

Emérito

Parece que Augusto, en la antigua Roma, dispuso que se recompensara con algunos beneficios a los soldados que se licenciaban tras varios años de buenos servicios. Fueron los primeros *eméritos*, palabra que reaparece en el siglo XVIII en Francia (*émérite*) para designar a los profesores que, por edad alcanzaban el retiro y merecían pensión. En ese mismo siglo, la acoge nuestro *Diccionario de Autoridades*, diciendo que así se llama al «que ha servido por mucho tiempo en la milicia o en las religiones, y ha merecido en una o en otra el descanso o la jubilación». No debió de ser muy extendido el uso del vocablo, pues apenas compite en los textos con *jubilado*, para calificar a quien ha llegado a la jubilación, esto es, a la «relevación del trabajo o carga del menester que ha servido por muchos años». Ambos términos, *emérito* y *jubilado*, son, pues, sinónimos, y, hasta hace poco, sólo el segundo ha tenido curso entre nosotros (aunque llamábamos *eméritos* a quienes lo eran en Norteamérica; aquí no había).

La primera de esas voces dejó de usarse en francés para significar a los profesores distinguidos en su vejez con tal privilegio, pues el derecho a pensión se extendió a todos cuando se establecieron los descuentos en el sueldo para su disfrute general, es decir, al convertirlos en funcionarios *retraités*. *Émérite* quedó así libre para calificar a cualquier persona experimentada y eminente en un saber o en una práctica; ése es su sentido actual.

Pero en el ámbito universitario anglosajón se recibió y consolidó el término *emeritus* en acepción próxima al *émérite* galo del XVIII: es el profesor a quien se le reconoce el derecho a conservar el grado y la dignidad del cargo en que, por edad, debía cesar. Es normalmente alguien sobre el cual, por su valer y prestigio, ejerce la Universidad el «derecho de retención». En otros países, como Bélgica, esa distinción puede recaer, además, en magistrados.

No teníamos en España más que una categoría única de profesores *jubilados* (todos igual y con tan poco), cuando la ley de Reforma Universitaria introdujo la variedad de los *eméritos*. Imitando, claro, la peculiaridad norteamericana, y con el propósito de que la Universidad no perdiera inteligencias condenadas por su decrepitud de sesenta y cinco años al ostracismo.

Para alcanzar ese rango, la ley dicta una serie de condiciones. La propuesta debe partir del departamento (otra institución estadounidense aquí devaluada) a que pertenece el valetudinario, donde tiene que ser votada. Ha de ser elevada después al Rectorado, junto con el currículo del propuesto (dando por supuesto que el rector no sabe a quién le interesa retener en el servicio). Por fin, la Junta de Universidades adopta la decisión última. En cada una de estas instancias puede ser negado ese privilegio, que consiste en dejar al emérito sin despacho (como es lógico, lo ocupará su sucesor), en privarlo de la función esencial de explicar sus cursos ordinarios y en otorgarle un subsidio que lo compense del vertiginoso descenso de sus ingresos.

Como he dicho, si una poderosa vocación, o la simple necesidad económica, mueven al jubilado a desear tal situación, tendrá que someterse a los votos, no sólo de sus iguales, sino de quienes poseen un rango académico menor, incluidos estudiantes que, tal vez, no lo conozcan, por ser de otros cursos, los cuales «valorarán» su obra (y otras cosas) con inapelable subjetividad. El final de un docente o investigador prestigioso puede consistir en su salida de la Universidad, no sólo por la puerta trasera de la jubilación anticipada, sino, además, a escobazos. No faltan casos que estremecen. Ni tampoco de quienes, deseosos de seguir siendo útiles en su cátedra, han renunciado a la postulación, aunque estuvieran seguros del resultado positivo, ante la irracionalidad del procedimiento y las precarias condiciones del emeritado.

Para designar esa figura administrativa se ha traído a la ley el término *emérito*, de vieja forma española y presunta alma anglosajona. Es el participio de los verbos latinos *emereo* y *emereor*, que significaban 'cesar en el servicio militar, obtener la licencia'. Ya vimos cómo, de ese sentido original, derivó a otros, siempre con la acepción central de 'retirado' o 'jubilado'. *Emérito* y *mérito* son palabras etimológicamente hermanas, pero con significado diferente. *Emérito* es, en inglés y en español ahora, el profesor jubilado con prórroga de su servicio, como hemos dicho. Y, en nuestra lengua, no equivale a profesor *de mérito*. Éste puede poseerlo, como es natural, un jubilado *emérito*: pero también un profesor joven, lejos aún de la jubilación. Por supuesto, no existe la calificación administrativa de profesor *de mérito*: el Estado no distingue calidades. Y en virtud del método selectivo que hemos descrito. puede suceder que en el *emérito* concurran muy pocos *méritos*.

Tal vez sean precisas estas aclaraciones para disipar entre quienes me lean la insidiosa atracción que el primer vocablo ejerce sobre el segundo. Y porque se me puede inculpar de haber sucumbido a ella. En efecto, una periodista que tuvo la gentileza de entrevistarme, y cuyo trabajo se publicó recientemente en el suplemento dominical distribuido con la prensa de numerosas provincias, me hace decir cosas así: «El catedrático *de mérito* puede explicar algun curso...»; «El catedrático que consigue el *mérito*...»; «La Universidad no dispone de un alojamiento para un profesor *de mérito*». Varias veces me adjudica ese dislate. A pesar de su bonísima fe, ha atraído sobre mí una posible rechifla: aunque resulte difícil creer que no estoy familiarizado con el vocablo *emérito*, único, claro es, que pronuncié. ¡Ah!, el riesgo de las supuestas transcripciones literales de los periódicos, que no son, muchas veces, más que traducciones al beocio de lo dicho en ático.

Ese adjetivo figura en el actual Diccionario académico con esta definición: «Aplícase a la persona que se ha retirado de un empleo o cargo cualquiera y disfruta algún premio por sus buenos servicios». ¿Es esto cierto? ¿Se califica de *emérito* al jubilado de una empresa premiado con un reloj? En cualquier caso, otra acepción se impone: «Dícese del profesor universitario al que, en virtud de una regulación oficial, se le prolonga el disfrute de algunos de sus derechos durante cierto tiempo después de su jubilación obligatoria». No hace falta aludir a sus buenos servicios: no son imprescindibles.

Antípodas

Nuestra ancestral incapacidad inventora se está remediando, también en el lenguaje, con las admirables importaciones de choque que se están sucediendo, y que ya han puesto a nuestro idioma en condiciones de codearse con los más punteros. Sólo agradecimiento merece tan industriosa actividad. El Padre Feijoo sólo otorgaba patente para incorporar neologismos a los «poetas príncipes»; el buen fraile era de un elitismo irritante, felizmente superado por el apogeo de los derechos humanos, que justamente reconocen tal potestad a cualquier prosista plebeyo y mazorral.

Especialmente beneméritos resultan quienes emplean el *Boletín Oficial del Estado* para aumentar el patrimonio de la lengua común. Así, el que ha redactado el decreto de abril sobre «productos cosméticos decorativos» (hasta ahora se decoraban sólo cosas o sitios, según precisa el Diccionario; ahora también, oficialmente, las regiones corporales), esto es, aquellos que se aplican para «enmascarar o disimular diversos *inesteticismos* cutáneos». El vocablo es largo y bello; y permite denominar gratamente las arrugas, manchas, sarpullidos, acnés y otras fealdades de nombres aborrecibles. Resultará cautivadora la dama que acuda al tocador para *decorarse* los *inesteticismos*. La novedad ha podido forjarla un caletre hispano, pero pienso que tomando la materia prima del italiano, donde *inestetismo* significa 'defecto físico leve'.

Hace pocos días, don Julio Anguita decidió meterse en faena y dejó estupefacta a la afición televidente cuando, hablando de determinados problemas políticos, aseveró que se debían a «posiciones *tacticistas*». Por desgracia, no aclaró en qué consistían tales posiciones; lo hago yo ahora, para facilitar la pronta implantación del útil vocablo, formado sobre el italiano *tatticismo* con que se designa, peyorativamente de ordinario, el empleo frecuente de maniobras para alcanzar un fin. ¿No es mucho más hermoso que *maniobrerismo*?

Increíble aumento de nuestras posibilidades expresivas representa el sustantivo *heliportaje*, regalado a nuestro pueblo por Televisión Española el 1 de julio, al dar cuenta de que diversos accesorios precisos en una operación de salvamento estaban dispuestos para su *heliportaje*. Evitaba así el antieconómico rodeo de decir que estaban dispuestos para ser transportados en helicóptero. Ha costado poco obtener tan preciosa joya: ha bastado con tomarla del francés, donde *héliportage* se inventó hace cinco lustros.

Un lector amigo me ha enviado con grandes gestos de escándalo el recorte de un diario zaragozano donde se lee, escrito con letras capitales: «Profunda *terciarización* de la economía aragonesa». Debes apaciguarte, querido Patricio, porque careces de razón. ¿Hay modo más simple y llano, más claro y persuasivo, de alertar a nuestros paisanos sobre esa tremenda realidad en que viven? Desde los soberbios riscos del Pirineo hasta las humildes tierras turolenses, por donde nuestro reino se estira hacia la fertilidad de Valencia, sin catarla, todos habrán comprendido que andan aquejados de un proceso socioeconómico por el cual, en la población activa, los que trabajan en los servicios son más que quienes se ocupan en la industria y en la agricultura. Porque esto es lo que significa *terziarizzazione* en italiano (¡otra vez!).

No proporciona menor júbilo el meneo a que se someten viejas palabras nuestras o neologismos que ya llevan años aquí como intrusos, haciéndolos cambiar de significación e introduciendo gratas sorpresas. Así, la siempre amena televisión está informando de cosas a que ha dado lugar la *nominación* de Madrid como capital cultural de Europa. Si *to nominate*, que es madre de tal cordero, significa 'proponer para una designación (premio, honor, cargo, etcétera)', bien está que aquí se haya hecho avanzar tal significado para referirse a lo que ya ha sido designado. Otra pieza importante al morral.

Y como zancada de impresionante avance puede ser considerada la sentencia dictada a fines de junio por la Audiencia de Barcelona, que justifica haber rebajado a veinticinco mil miserables pesetas una fianza de cincuenta y dos millones impuesta por un juez a los señores Schuster y Núñez, por el hecho de que era «una extralimitación *sacralizada* (¡!) por la *incuria* (¡!) del sustituto, sin *parámetro* (¡!) alguno que lo justifique». Con tal formulación, nadie podrá impugnar la resolución, porque no habrá mortal que la entienda. Y así se evitarán recursos, apelaciones y demás incordios que frenan la velocidad de la justicia. De paso, la Audiencia barcelonesa ofrece un ejemplo de espléndida independencia, al liberarse del yugo que suponen las leyes del idioma.

La sublevación contra esa realidad inmovilista que es la lengua española ha alcanzado el mes pasado al vocablo *las antípodas*, «vedetizado» (cooperemos) por el viaje de los Reyes a Australia y Nueva Zelanda. Los *media* se han lanzado con avidez al arcón donde yacía y lo han extraído pegado al artículo femenino: «Sus Majestades, en *las antípodas*». «Hoy abandonan *las antípodas*...» Dice el Diccionario que es *antípoda* «cualquier habitante del globo terrestre con respecto a otro que more en lugar diametralmente opuesto»; en rigor, quienes apoyan los pies en los dos puntos de la Tierra por los que pasa el mismo diámetro. Por extensión, reciben también ese nombre los territorios que mantienen idéntica oposición.

Pero, en ambos sentidos, el vocablo nació niño. He aquí irrefutables testigos de su sexo gramatical: «Tal vez la señora Diana (la

Luna) se va a pasear por *los antípodas*» (Cervantes, *Quijote*, 11, 3);
«Debajo de nosotros hay otras gentes a quienes llaman *los antípodas*» (Cervantes, *Persiles*, 111, 6); «Que podemos pasar a *los antípodas* por las honduras que en la Tierra hagamos» (Lope de Vega, *El asalto de Mastrique*, 11). Y masculino es también en francés y en italiano.

Nadie negará el aire moderno que cobra el vocablo al ser travestido. Se ha repetido en él la operación que ya ha afeminado *maratón*, parece que definitivamente (aunque aún cabe el temor de que resucite su forma correcta: un examinando de selectividad declaró a un reportero que los exámenes habían constituido *un maratón*; habrán suspendido imagino, a este arcaico muchacho que tan bien se expresa). Consagremos ahora *las Antípodas*, igualándolas gramatical y semánticamente con *las quimbambas*, y hasta convirtiéndolas en una zona concreta del globo, como *Las Marianas* o *Las Célebes* o... *Las Hurdes*. Que sufra quien no ignora que a cada lugar de la Tierra se oponen unos *antípodas*, y que nosotros lo somos de los países visitados por los Reyes. No sirve para nada la vana erudición.

Resultan confortadoras todas estas conmociones que sacuden el anciano tronco del idioma. A ver si, de una vez lo tumbamos, y esplende nuestra modernidad.

Prisma

Tengo la sospecha tranquila –no siempre han de ser vehementes las sospechas– de que nuestro idioma avanza hacia el V Centenario gracias, sobre todo, a los empujones que le da una multitud de cronistas deportivos. Ellos lo propulsan a un futuro perfecto, en que todas las ranciedades acumuladas en él como sarro serán enérgicamente removidas, y el neoespañol lucirá una deslumbrante dentadura nueva.

Durante las pasadas y humillantes Olimpiadas, un entrevistador televisivo mantuvo con un compatriota atleta este exaltante coloquio: «¿Cómo te sientes?», «Bastante jodido. La carrera que hice ayer fue de puta pena». Juzgado así el pasado, inquirió el preguntón sobre el provenir: «Tu participación, vista *desde el prisma* del 92, ¿qué perspectivas ofrece?». He aquí un error insigne, que, de no rectificarse, dejará tan enteco nuestro palmarés en Barcelona como en Seúl.

Porque las cosas no deben ser oteadas desde un prisma, sino desde una pirámide, según enseña la historia. Sólo una punta piramidal permite dar apoyo al ojo para que pueda lanzarse, sobre el desierto, hacia horizontes ilustres. Los prismas –Galdós llamaba *prismáticos* a quienes, ya en su tiempo, se empeñaban en mirar desde ellos– ni pinchan, ni estimulan, ni espolean. Así contemplan el idioma muchos de los actuales píndaros: sentados en cómodos paralelepípedos, que no excitan al esfuerzo meníngeo, sino a la holgada y perezosa expansión de las carnosidades.

Durante la victoriosa irrupción de nuestro equipo nacional de fútbol en la Copa del Mundo, un locutor de TVE se quejaba de la *envergadura* del jugador irlandés (ya será menos) Cascarino (esto, sí), queriendo aludir, claro es, a su descollante estatura, pero diciendo, de hecho, que tenía formato de cuadrumano, pues no otra cosa significa *envergadura*: «Distancia entre las puntas de los dedos, con los brazos extendidos». Sin duda, al locutor se le habían bajado los sesos a expandirse también en el prisma.

Por el mismo medio, se oyó desde Seúl, en la retransmisión de un partido de no recuerdo qué: «El 3-1 que *milita* en el marcador...». Resulta un uso muy interesante de *militar*, verbo que, según el Diccionario, significa: «Figurar en un partido o en una colectividad». No es definición afortunada; parece obvio, sin embargo, que el partido a que se refiere no es de hockey. Pero puede ocurrir que el parlante consultara el insólito libro, y se confundiera. Con todo, a lo hecho, pecho; y si, hasta hace poco, los tanteos figuraban, lucían o campeaban en el marcador, dispongámonos a que ahora *militen* también.

El mismo iluminado, y en el mismo encuentro, narró «un disparo *protagonizado* por González». Admirable ensanchamiento de ese verbo, que permitirá decir en neoespañol: «He recibido una carta *protagonizada* por Paco», o «la señora X *protagonizará* un nuevo parto».

Esta dilatación significativa de vocablos que se procura desde el poliedro, para rehabilitarlos como a pisos viejos, puede observarse en la noticia de periódico, según la cual, al morir un atleta africano, «se le *tributaron* funerales de jefe de Estado». ¿Es qué han de tributarse sólo honores, respeto, admiración, gratitud...? Tribútense, en adelante, maravillosos y sentidos funerales a los muertos, sean atletas o no. (Por cierto que era también notable la reciente información de que «Juan Pablo II *celebró una homilía* por los caídos en todos los conflictos armados». ¿Cómo se las arreglaría el Papa para celebrar semejante cosa? Pero, sin duda, lo logró, y eso aumenta con una posibilidad más los fastos póstumos: será posible *tributar* funerales a los perecidos, y *celebrarles* homilías.)

Con léxico griego adornó su prosa el escribidor deportivo que, relatando en un diario nacional una sesión del Senado, a la que habían sido citados, para comparecer, diversos magnates del fútbol, señalaba que «la sesión perdió *climax* cuando tales personajes anunciaron su "espantá"». Aparte de que «perder climax» parece una madrileñada arnichesca, resulta difícil que se pueda perder lo que no existe. Si *climax* es el 'punto más alto o culminante de un proceso', ¿cómo se logró eso en el Senado, si no se presentaron tan esperados varones? Por cierto que otro diario nacional, al dar cuenta del acontecimiento, explicaba en titulares la causa de lo que el otro llamaba la «espantá»: los prohombres «*ignoraron* la citación del Senado». Si no la conocían, era imposible que acudieran. (Pero el informador quería decir, y no dijo, que no hicieron caso.)

Gracioso es por demás el adjetivo *nato* aplicado al puesto de un jugador: «El equipo juega ahora con dos extremos *natos*». Lo cual parece ser más eficaz que jugar con extremos no natos. No sólo hay extremos *natos*: también pueden ser esto los defensas-escoba, los medios-punta, etcétera. Se abren así perspectivas amplias a quienes nazcan con las respectivas improntas genéticas.

Es paralelo el auge reciente de *absoluto* aplicado a las selecciones que representan a España en campos y canchas. La selección *absoluta* se constituye sin constricciones (de edad, por ejemplo), frente a la relativa —es de suponer—, que sí las tiene. Se trata de la super-selección, de la hiperselección, de la selección de no va más. Pero como la *selección*, por simple antonomasia, no valía (adjetivando sólo las otras), se le ha añadido ese lacayo que le proporciona suma prestancia. No sólo eso: se ha escrito que, en el inolvidable partido contra Irlanda, dos nuevos jugadores «vistieron la *camiseta absoluta*». Es de suponer que, también, botas, medias y calzones. Lo cual abre al vocablo inmensas posibilidades. Así, ¿por qué no llamar a la esposa legítima «mujer absoluta»? (La tontería de *prota-*

gonista absoluto ya se usaba, como si *protagonista*, sin añadido alguno, no significara 'primer actor' o 'primera actriz'.

Como final de este pequeño dardeo por la selva deportiva, ahí está, enloquecido, el verbo *defender*, con un empleo que empezó en el baloncesto, y que lo hace significar 'obstaculizar': se defiende a un jugador cuando un contrario se le opone para impedir o contrarrestar su juego: «Epi es *defendido* por Romay en una entrada a canasta». Así que, cuando se entorpece a uno, se le defiende. Tal insensatez ya ha pasado al fútbol: leo hace poco en una crónica que un jugador «es capaz de *defender* a Schuster, para salir al contraataque a galope tendido».

Sin tomar ejemplo del galopante, así están de tumbados sobre el prisma estos héroes de la gola y el boli, ases *absolutos* de la irresponsabilidad idiomática.

1989

Restaurador

He leído estos días la protesta de un lector ante lo que estima grave atentado galicista: un periódico llamaba *restauradores* a quienes regentan restaurantes. Lo acusa de arrebatar tal designación a sus legítimos propietarios, que son, segun él, quienes tienen como arte y oficio restaurar cuadros, estatuas y cosas así. No me parece despojo tan grave –veremos luego que no lo es– comparado con el que ha propugnado el presidente de la Junta de Andalucía, al sostener, para excusarse por su emisión, que el dicterio «me cago en tu puta madre» es propio del habla coloquial andaluza.

Dos inexactitudes agravan la explicación. Una, que el coloquio andaluz prodigue semejante víbora oral, hasta el punto de considerarla característica del español meridional. Yo he hablado y hablo coloquialmente con muchos andaluces, y jamás les he oído eso. Otra, que pertenezca en exclusiva al habla andaluza. Mi tío Tomás, que era genéticamente baturro, mató en Valencia a un truhán de allá que se lo expelió. Es cosa que se le ocurre a todo hispano a quien le pisan un callo incandescente. La diferencia en su empleo no se establece por la geografía, sino por el respeto que se merece el hablante. Dicho con la jerga de los lingüistas, tal diferencia no es diatópica, sino diastrática; el mencionado áspid sólo repta bien por las zonas más suburbiales del último estrato cultural. Y va perdiendo agilidad a medida que el hombre se separa del homínido. Cabe esperar que ya no exista a la altura de los políticos, es decir, de quienes, por definicion, deben poseer la palabra persuasiva, ingeniosa o punzante para sustituir la tranca Neanderthal.

Por supuesto, el insulto de marras carece de significado literal: consta muchas veces de honradez luminosa de la madre mentada; o no consta lo contrario. Es un flato de la voz indicador de que el infamador juzga incompatible con él la existencia del infamado. Y si éste la aprecia, según ocurre a menudo, suele responder con un guantazo, más ofensivo que el puño, si no dispone de un cuchillo, como mi tío Tomás.

En pocos días, el vituperio ha resonado públicamente en dos ocasiones; una, sin excremento añadido, y otra con él. Se notan ya los perversos efectos que está produciendo el abandono de los clásicos. Los políticos que atacan con el sieso y no con el seso desconocen la advertencia de Cicerón: el orador, dice, «praestet idem ingenuitatem et ruborem suum uerborum turpitudinem et rerum obscenitate uitanda»; algo así como 'es preciso igualmente que pruebe su buena educación y su vivo sentido del rubor, evitando las palabras groseras y las imágenes indecentes'.

Pero, sobre todo, ¿cómo no reprender a quien exige para su autonomía un misil tan mostrenco? Harán dejación de derechos las autoridades autonómicas si no acuden a los tribunales para impedir tan egoísta apropiación. Va siendo ya hora de poner coto a tamañas rapiñas entre miembros de una patria común.

Comparado con ese magno intento, el de llamarse restauradores los dueños o gerentes de comedores distinguidos, supone menos que hurtar un piñón. Ni hurto es, siquiera. ¿Galicismo? Pues sí; pero tan amparado en la legitimidad latina como en nuestra propia casta. La segunda acepción de *restaurador* en el Diccionario («Persona que tiene como oficio restaurar pinturas, estatuas, porcelanas y otros objetos artísticos o valiosos») no debe hacer olvidar la primera, que reza sencillamente: «Que restaura. Úsase también como sustantivo». Y *restaurar* es, dice, «recuperar, recobrar». Como es natural, son muchas las cosas que se pueden recobrar; por ejemplo, las fuerzas de un ejército. Escribía Ambrosio de Morales, en el siglo XVI, que Fulvio, derrotado, «perdida ya toda la confianza de poderse *restaurar*, metió toda su gente a invernar dentro de un fuerte». O las energías disminuidas por el cansancio: «Se dividieron y apartaron a buscar algún apartado y sombrío lugar donde *restaurar* pudiesen las no dormidas horas de la pasada noche» (Cervantes); «Esperad que llegue la noche para *restaurarse* de todas estas incomodidades en la cama que le aguarda» (Cervantes). O la patria ocupada: «Desde que nuestra España, / o Pelayo (o fuese el cielo), / os *restauró* del bárbaro habitados» (Lope de Vega). Fue *restaurada* la Monarquía; y pueden restaurarse en español, desde la época clásica –suprimo pruebas sobrantes–, la honra, el patrimonio, la libertad, la fama, la esperanza...: todo cuanto se ha deteriorado o perdido.

Está claro que, potencialmente, el idioma –cualquier idioma neolatino– alberga la posibilidad de restaurarse del hambre. Que el francés se adelantara a aprovecharla no significa que cerrara el camino a las lenguas hermanas, al crear *restaurant*, en el siglo XVI, como sinónimo de 'alimento', y, en el XVIII, para designar el establecimiento (de calidad) que sirve comidas, y *restaurateur* a quien lo regenta. El italiano calcó el procedimiento –*ristorante*, *ristoratore*–, y lo mismo se hizo en nuestro idioma, evitando el mimético *restorán*, que aún usan algunos, y acudiendo a la palabra materna latina. *Restaurador* es vocablo perfectamente formado, muy antiguo en los usos que vimos, y sumamente propio para designar a quien tiene por oficio dar de comer, restaurando las fuerzas desfallecientes del hambriento.

Se trata de un nombre común, en todos los sentidos de este adjetivo, por lo cual nadie tiene títulos para sentirse su dueño. ¿Sería lícito que reclamaran los toreros el dictado de *matador* a los asesinos? ¿Que se sintiera enojado un *profesor* cuando emplea ese nombre un músico de orquesta, e incluso cualquier ilusionista de circo? ¿O un *piloto* de barco porque así se llamen los que *tripulan* –¿otra palabra exclusiva?– aviones o automóviles? El significado último de multitud de palabras no es anejo a ellas: lo reciben de su contorno en la frase. *Operador* da una pista, que sólo lleva a resultado cuando se habla de quirófanos, de películas o de teléfonos.

No creo, pues, que tenga razón el lector que se quejaba por el galicismo *restaurador*. Antes que quienes recuperan objetos valiosos, lo fue –Lope lo recuerda en los versos citados– don Pelayo. Y cuantos restauraron la sarta de cosas que dijimos, y muchas más. Nadie tiene, sobre ese vocablo, derechos de *copyright*, porque es *res nullius*. Lo mismo que la coz verbal que nos sirvió de aperitivo.

Esquiroles

Tres atentos comunicantes me envían copias de sendos avisos públicos, que hacen pensar si no convendría instaurar filtros capaces de evitar la contaminación idiomática ambiental, más peligrosa que la atribuida malévolamente al tabaco. Buena diferencia va. Y ya ven, se nos persigue a los emanadores de un humo espiritual y nada se dice a quienes expelen cosas como las siguientes.

Figura la primera en los autobuses de una gran empresa que enlaza Madrid con gran número de ciudades. Le guardo un enorme afecto: fui su cliente en mi ir y venir, Salamanca-Madrid, los fines de semana (teatro, exposiciones, la tertulia inolvidable del gran Rodríguez-Moñino, la visita a Marqués de Cubas, 6, donde, año tras año, el llorado Enrique Tierno me aseguraba la caída del régimen para el mes siguiente). El autobús ofrecía más velocidad que el tren, pero menos espacio: hacía notar cruelmente la imperfección del esqueleto humano, cuyos fémures –los fémures, al menos– debieran ser telescópicos. Además, la radio resultaba atormentadora. Víctima insigne de ella fue Dámaso Alonso: lo recuerdo, treinta años ya, descendiendo indignado del vehículo que lo traía, y contándome cómo había pedido que se suprimiera el estrépito; sometido a votación su deseo, había sufrido una humillante derrota.

Hace muchos años que no viajo con la acreditada empresa, pero tengo noticia de sus últimas perfecciones: rapidez, comodidad, frecuencia... Sin embargo, mi informante me da noticia de un afrentoso manchón; en lugar visible de sus suntuosos autocares ha colocado esta espeluznante advertencia: «El viajero sin billete o que no corresponda al trayecto efectuado deberá abonar el mismo, sancionándole además con una multa de igual cantidad al importe de dicho billete». ¿Quién habrá segregado semejante asquerosidad? ¿Un lactante, un orate, un esquirol incompetente, metido a redactor de avisos en día de huelga? En cualquier caso, yo no pagaría multa alguna, caso de ser «viajero sin billete o que no corresponda», mientras no enderezaran la sintaxis, sujetasen las palabras en su sitio y desinfectaran el cartel letra por letra, porque ni una está libre de miasmas.

Las otras dos afrentas a la casta lengua común aparecen en circulares enviadas por correo, o dicho con más claridad, mediante *mailing* (voz que, por cierto, no tiene tal significado en inglés, donde eso se dice *direct mail*: es uno de los extravagantes seudoamericanismos que se inventan los franceses). Las dos han sido expedidas por Bancos españoles. Dice uno de ellos al cliente que intenta captar: «Hemos elaborado el paquete de productos que adjuntamos y que le ofrecemos a usted». Recibida tal carta por Navidad, cuando tales establecimientos envían a sus clientes privilegiados cestas de turrón y champán, relojes de pared, cafeteras y otros objetos dignos de sumo aprecio, se busca el «paquete de productos» adjuntado, imaginando que contendrá embutidos, conservas, salazones y otras delicadezas sustanciosas. Pero, como no se ve paquete alguno, se sigue leyendo. Resulta que lo ofrecido son préstamos hipotecarios, ventajosas cuentas corrientes y de ahorro, autocheques, seguros... ¡Esto es lo que el Banco llama «paquete de productos»! Gozamos ya de una inmensa paquetería; entre mis notas hallo «paquete de medidas», «paquete de un millón de dólares», «paquete de actuación», «paquete crediticio», «paquete de decisiones»... Se trata, claro, de puro contagio galicista; del francés sólo habíamos recibido el «paquete de acciones». Ahora ya puede hablarse de «un paquete de ayuda militar a los rebeldes sandinistas», o de «separar del paquete de desarme la eliminación de los misiles». Y, por supuesto, de ese escuálido «paquete de productos bancarios». Esa palabra lleva camino de disputar a *tema* la calidad de signo máximo de indigencia mental.

Me envía la última lindeza un eurodiputado amigo. Ocurre que otro de nuestros Bancos, lanzado a la conquista de Europa, se ha instalado en su estómago, esto es, en Bruselas. Con tal motivo, el director de la nueva sucursal ha enviado a los hispanos de por allá esta adorable misiva: «Distinguido(a) amigo(a): (Este Banco) ha decidido *aperturar* una sucursal en Bélgica. Es nuestro deseo que *la misma* se convierta en vehículo idóneo de las relaciones de Bélgica con España, por lo cual pondremos el máximo interés en el desarrollo de *las mismas*, tanto *a nivel* comercial (enumera otros niveles)... Confiamos que con la presencia *operativa* de este Banco en Bruselas atenderemos a nuestros amigos y *relacionados*».

Produce hipo tal masa de sandeces lingüísticas, en la que emergen como islas de barro el *aperturar* y los *relacionados* (¿se olvida a las *relacionadas*?). Ignoro si los directivos de la majestuosa institución aplicarán medidas disciplinarias a su procónsul en Bruselas.

Pero dejemos el *mailing* y salgamos a la calle a contemplar los enérgicos avisos, insultos y eslóganes que lucen nuestras ciudades en forma de pintadas. «Miré los muros de la patria mía...» Los edificios añaden así belleza literaria a su arquitectura. (¿Seremos capaces de calibrar la calidad de desalmado que alcanza quien hiere a brochazos una superficie inmaculada?) Tras la huelga general de 14-D, el placer se ha multiplicado. De todos los mensajes, uno abunda en los contados establecimientos que abrieron: «¡*Esquiroles*!».

Se trata de una novedad terminológica. Como dice el Diccionario, *esquirol* se llama a quien «se presta a realizar el trabajo abandonado por un huelguista». El término –un derivado de *squirus*, 'ardilla'– es catalán, y se aplicaba, desde el siglo pasado, como ofensa a los obreros que rompían la huelga sustituyendo a otros. Del idioma hermano pasó al español con ese único significado. Pero no eran *esquiroles* quienes acudían a su puesto de trabajo, sin obedecer las consignas sindicales. Ignoro si existe o ha existido vocablo para nombrar a esta clase de disidentes. ¿Habrán ganado algo nuestras posibilidades expresivas con el ensanchamiento significativo del término? Tal vez ocurre que el esquirol propiamente dicho escasea ahora, y que el vocablo, al quedar vacío de contenido, se ha apresurado a adquirir otro, resistiéndose a morir. ¡Es tan refinadamente injurioso!

Quizá no queden ya otros esquiroles que quienes no vacilan en redactar escritos públicos, suplantando a quienes saben.

Divertido

Creo haber descubierto el vocablo de nuestro tiempo: es este primaveral adjetivo que ahora se está adhiriendo a los más insólitos compañeros. Hay colores *divertidos*, relojes, corbatas, pisos, broches, pantalones…: todo, absolutamente todo puede ser *divertido*. Se califica así lo que no es bonito, antes bien, tira a feúcho sin sobresaltar. No gusta, pero alegra, como el rostro de ciertos perros, de ciertos micos. Sin mover a risa, lo *divertido* induce a amable y regocijada contemplación. Obra como un colirio refrescante en los ojos. Suele ser menos costoso que lo bonito, y hasta que lo feo: imagino que dama alguna gastará millones en un abrigo de marta *divertido*. Pero sí más de lo que costaría si no divirtiera, en uno de conejo. Lo divertido permite molar por menos precio, pero no tirado.

Hay, igualmente, maneras de hablar muy divertidas, feas, babiecas, mazorrales, pero que aturden de gozo. Ahora, sobre todo, cuando ya es inminente abril, y salta suelta el alma por flores y prados, entre divertidas mariposas y lagartijas lindas. ¡Cuánto podremos divertirnos con cosas que el rigor invernal nos hacía creer sandeces! Aguardo impaciente la mañana de Pascua, para escuchar al oficiante de la misa –la que oigo– rematarla, como suele, alzando el rostro y diciendo a los fieles: «Sólo *advertir* que…»; y añadiendo que habrá algún retiro *a nivel* de matrimonios. Exaltará escuchar a ese castelar del micro deportivo que se ha inventado otra manera de dar la hora, y anuncia que son «diez minutos sobre media noche». Este mágico *sobre*, de asombrosa fecundidad entre relatores de fútbol («falta *sobre* Michel», «tiro *sobre* puerta»), nauseabundo antes, nos sentará ahora, con los primeros calores, como un baño de pies. Y con Saltratos, recibiendo la noticia de que tal jugador está *calentando* –¿que?– a orillas del césped. Sonreiremos encantados a los locutores meteorológicos de radio y televisión cuando señalen que la espantosamente reseca faz de España corre «*riesgo* de chubascos». Con todo, este riesgo cosquilleará menos que el que soltó la pantalla el 2 de marzo; era así: «Entre los grupos de riesgo del sida, los homosexuales son los más *favorecidos*». (Sería terrible que el nuevo director general del Ente prescindiera del notable caricato, tan útil posiblemente en la Nochevieja.)

Sonrisas nos correrán de oreja a oreja cuando el informador que lo hizo días pasados repita que el Gobierno se dispone a «*restar* hierro» a su enfrentamiento con los sindicatos (doblegando tal vez al del metal); o cuando afirme que «el país está *tensionado*». O explicando a la nación que el ministro del ramo *contrarrespondió* a un interpelante pelma, dejándolo, como era de presumir, noqueado. Deseando estoy escuchar otra vez sin salir del Ente por antonomasia, la perínclita televisión, que «el Real Madrid tendrá que mantener un *duelo* a *duelo* apasionante con el Eindhoven en la Copa de Europa». (Dios mío, ¿qué habrá pasado? Cuando esto se publique, ya se sabrá. ¿Habrán logrado los hábiles muchachos capitalinos un resultado divertido, o se habrán excedido, matando de risa a los holandeses?)

Y sentará a masaje tenue periumbilical oír a la volandera corresponsal (bendígala el cielo) de Prado del Rey en Latinoamérica, vulgo América hispana, explicarnos que se ha detenido a unos asesinos, pero no al «autor *intelectual*» del crimen. No menos dulce, por zonas anatómicas aún más agradecidas, resultará escuchar a cierto teórico del cine, presentador de películas con mensaje recóndito, cuando diga que Eric Rohmer empieza –*inicia*, dice él– uno de sus filmes sublimes mostrando la «*fisonomía* corporal» de la protagonista, esto es, enseñándola en piel viva de tobillo a cogote.

Indescriptible placer pueden causarnos ciertas traducciones locas que proporcionan sosiego satisfecho a la mente. Así, el periódico importantísimo que relata un juicio por pederastia en Inglaterra, en el cual no se inculpó al presunto sodomítico, porque, según los peritos, la dilatación anal que observaron en el niño pudo ser provocada «por un dolor de tripas o por un *constipado*». ¿Cabe más intenso humor que el de confundir el estreñimiento (inglés *constipation*») con un catarro?

Hoy mismo, domingo 12, he recibido solaz infinito leyendo impreso un artículo mío en la revista donde salen. Había escrito yo no sé qué de *los* antípodas, porque así lo han dicho, desde Cervantes, Lope y Quevedo hasta Unamuno y Ortega, todos los bienhablados de nuestra lengua. Y así fue en mi original a la imprenta. Con la particularidad de que, no hace mucho, uno de estos «dardos» míos disparó contra la actual concordancia femenina. El corrector, que, no hay duda, se los salta, debió de pensar en mi chochez al ver «*los* antípodas», y le largó el alegre *las* de la modernidad. El gozo que me ha producido mi prevaricación, mi renuncio, no admite ser descrito: el alma se me ha ido de bureo por el corredor de casa saltando y cantando a lo Madonna. Harán bien los lectores que me escriben para quejarse de que no me hacen caso ni los periódicos que me honran publicándome en alegrar el rostro porque, si lo piensan bien, es muy divertido.

Pero no son los «medios» de ejecución rápida –que a ello apelan como excusa– los que pueden fortalecer este buen humor nuestro de Pascua florida; también los libros, de más sosegada elaboración, contribuyen a su salud. Juro haber leído en una novela de reciente y fulminante éxito que un fraile salió de la ciudad *a bordo* de un burro. Sin levantar la mano del sagrado texto, doy fe de que un libro político, no menos difundido y elogiado, cuenta que un prohombre «dirigió una carta *por escrito*» a otro prohombre. Pero no debo destripar este volumen, que es una maravillosa «summa» de cuantos cardos idiomáticos esmaltan de divertidos colores nuestra, antes, enlutada y ceñuda lengua castellana. Me prometo explotar sus ricos filones, donde ya están prefigurados el léxico y la gramática de nuestro idioma para el año 92, en que, según es sabido, España va a mutar.

Nada debe arrugar nuestra frente y amohinarnos el rostro en esta estimulante primavera; todo justifica en ella la sonrisa. Ni siquiera acecha, como suele, la declaración de la renta. Y, para el otoño, las nuevas normas dispondrán que los matrimonios continúen pagando lo mismo, y los solteros, más. (Nuevo motivo de alegría, porque el ideal de igualdad es irrebatible cuando ésta enrasa por arriba.)

Ausentarse

Nada menos preocupante que la invasión de neologismos; como he escrito varias veces, acuden en ayuda nuestra para subsanar indigencias que sí deben preocupar. Un lector me pide que arremeta contra la *emergencia* que puebla los avisos de los transportes: «Salida de *emergencia*», «En caso de *emergencia*...». Y propone como sustituto *alarma*. No es lo mismo. Este vocablo asusta mucho más. Una emergencia es cualquier suceso inesperado que altera imprevisiblemente la normalidad, sin duda alarmante, pero que parece controlado desde el lenguaje mismo. Yo, puesto a escoger, prefiero una emergencia a una alarma (palabra que aún evoca en mí refugios y bombas). Ocurre, sin embargo, que, como toda novedad, el vocablo se ha convertido en comodín jugado sin reflexión. Leo en un despacho de agencia que «a la llamada de *emergencia*» de un barco de pesca, acudió un guardacostas. Pero sin duda, lo que el pesquero emitió fue una llamada de *socorro* o de *auxilio*, al haber surgido en él una *emergencia* que lo requería. Afortunadamente, muchas emergencias no precisan tal llamada: pueden resolverse sin ayuda.

Insisto: los neologismos no son vituperables siempre. La xenofobia no les hace justicia, cuando hacen falta o mejoran lo nuestro. Mucho peor que ellos es el mal uso del idioma propio por ignorancia culpable. Sirva de ejemplo el del verbo *ausentarse* que leí en dos informaciones sobre las saludables sacudidas –¿despertarán?– que los partidos políticos están sufriendo en los últimos meses. Según una, personas próximas a cierto dirigente habían anunciado cómo éste tenía «decidido *ausentarse* de la reunión» que iban a celebrar los compañeros de directiva. En otro periódico nacional, también importantísimo, se afirmaba de otro prohombre: «Es muy probable que *se ausente* de la reunión convocada para mañana en la sede del partido». Los redactores querían decir, en ambos casos, que tales eminencias «no asistirían» o que «estarían ausentes de»; pero sus mentes cautivas, esto es, mentecatas, segregaron ese empleo de *ausentarse,* cuya acción, los nenes lo saben, sólo es posible cuando se asiste o se está. Ignorarlo es mucho peor que emplear un extranjerismo; significa no haber mamado la lengua de la tribu; tal vez, haber padecido malnutrición cerebral desde el claustro materno.

Este ausentarse del idioma propio, por necio deambular de la parola, es terriblemente grave y produce pavor, no por el porvenir lóbrego que aguarda al español de Cervantes, de Lope y de nuestras vidas –¿importa algo?; ¿no podrán seguir comunicándose con gruñidos quienes nos sucedan?; en cien años, todos desnarigados, y allá se las compongan–, sino el presente mental de escalofrío que viven muchísimos cuyo oficio consiste en comunicarnos. Y esto sí nos afecta de cerca.

Algún juez me escribe confesando que debe hacer esfuerzos de equidad para no fallar contra litigantes cuyos letrados defienden sus causas con lenguaje nauseabundo. Son también comunicadores, como los parlamentarios, y han olvidado que la divina Retórica nació en los foros de justicia y de política. Y si esas ausencias idiomáticas se producen también en las aulas, las de lengua incluidas, ¿qué esperar fuera?

¿Cabe extrañarse de que un diario de la Corte hable de un ataque armenio, cuyo resultado fue que un camión soviético quedara «*ligeramente* destrozado»? ¿Pueden *cosecharse* unidades, un higo o un piñón, por ejemplo? Pues eso piensa alguien que recuerda en un periódico madrileño que «Laurence Olivier *cosechó* un Oscar». Semejantemente, una *salva* es, entre otras cosas, el colectivo que agrupa muestras de afecto; lo define el Diccionario como «saludo, bienvenida». Y registra la acuñación *salva de aplausos.* Sólo alguien con genes idiomáticos pervertidos ha podido escribir que «Guerra escuchó una *salva* de pitos». En ese mismo diario, se leía al pie de una foto con un guardia: «Un policía municipal *patrulla* por la calle de la Ballesta». Estas patrullas unipersonales no dejan de causar invencible intranquilidad.

Inmerso solía calificar, como el Diccionario especifica, a alguien que andaba «sumergido o abismado» en quehaceres, pensamientos, problemas... Es una bella metáfora, más asfixiante aún que la de estar agua al cuello. Hamlet andaba inmerso en sus dudas, Fausto en su aversión a la vejez, Segismundo en su perplejidad; todos, por Pascua florida, en las cavilaciones de cumplir con Hacienda. Pues bien, el singular participio no se les cae a muchos de pluma o lengua, y, así, leo recientemente que la selección española de fútbol «está *inmersa* en el sexto grupo, formado por Irlanda del Norte y del Sur, Malta...». Todo antes que decir, recta y sencillamente, que figura en el grupo a que pertenecen también esos países. Se me tira a los ojos también la noticia de que «la ONCE está *inmersa* en numerosos negocios», evitando el simple enunciado de que participa en ellos.

Un admirable periódico vasco anunciaba, hace pocas semanas, que «cerca de la mitad de todos los casos de sida –¿por qué no quitar las versales a tal horror?– *han desencadenado* en la muerte». El lector que me envía el recorte, lo comenta con asombro. Yo aún no me he recobrado. Pero iba diciendo que, en todas partes, hacen cocimientos deletéreos de idioma. Me ocuparé algún día de los templos. Ocasiones hay en que, oyendo la proclamación del Verbo, se duda seriamente de que la Santa Madre pueda obligar a tanta penitencia.

Se trata de una sorprendente emigración; los hispanos abandonan su idioma, se ausentan de él. Huyen hacia el balbuceo, hacia el balido, hacia la nada. Tal vez, sea el inglés –un inglés trapacero– su salvación. Sí, quizá acaben mugiendo en inglés, ideal que ya tiene profetas, como el portavoz de un grupo musical que ha lanzado un disco titulado «Camino Soria», con preposición sorbida como un moco, el cual declaraba, días pasados, en mi querido *Heraldo de Aragón*: «Estamos en contra de los esquemas clásicos del lenguaje: el academicismo es un atraso. Para mí, quitar una preposición es quitar un trasto viejo, que no sirve para nada, y por eso lo hemos hecho. Estamos, por otra parte, ya casi en el siglo XXI, y que la gente siga hablando idiomas de taifas, me parece absurdo. Yo soy partidario de que toda la gente hable inglés. Y en cuanto a lo de Soria (a haber elegido esta ciudad, se refiere), es que nos parece un sitio suficientemente kafkiano como para poder hablar de él». ¿Se ha pensado algo más original y profundo desde que el homínido inició sus progresos?

«Tifosi»

Qué ataque de risa tuvo que acometer al famoso empresario Silvio Berlusconi si leyó que un gran diario madrileño le atribuía el 5 de abril, en titulares, esta barbaridad entrecomillada: «Si el Madrid nos elimina, seré su mejor *tifossi* en Barcelona». Lo atribuiría a insania del redactor, porque sólo un apagón de sesos permite endilgar tal cosa a alguien que mamó el italiano, y sabe, por tanto, que, en su lengua, *tifosi* (y no *tifossi*) es plural. Nadie puede ser un «tifosos».

Que la buena gente silenciosa tenga la idea de que el italiano es un idioma orquestado en *-i*, con la *-i* de Vivaldi, Rossini y Paganini, de Piccolomini y Guicciardini, de Botticelli y Bernini, de Rímini y Assisi, bien está. O que quien escribe para esa buena gente –o habla por los micros– imagine que italianiza con sólo banderillear las palabras con punzantes íes, parece cuando menos necedad. Y que, además, atribuya entre comillas tales rehiletes a un italiano, pica en ofensa. Por supuesto, quita –*resta* dirá él– respetabilidad a su honorable profesión.

Lo más que podía prometer el señor Berlusconi era ser *tifoso* del Real Madrid en el Camp Nou. Porque ésa es la forma singular de llamar en Italia al *sostenitore* o hincha de un equipo deportivo. El *tifoso* es, simplemente, el enfermo de *tifo*, esto es, de tifus: un tífico. Alguien aquejado del torpor (esto significa, además de 'vapor', *typhós* en griego) que la fiebre produce. Aunque ésta, en sus manifestaciones deportivas, limita a la mente el estupor, la estupidez más bien, mientras que imprime al cuerpo asombrosa agitación. El infectado despierta al amanecer inquieto por las lesiones o tarjetas rojas de su equipo; desayuna con brevedad, urgido por comprar un diario deportivo; lee ávido alineaciones, «entrenos» y rumores de traspasos; se reúne en el trabajo con otros enfermos, y discute o se pelea; gruñe en casa, si su once no ganó el domingo; oye las emisiones deportivas de primera hora de la tarde, y se exalta o enfada con las declaraciones de *cracks*, presidentes y *misters*. Otras turbulencias experimenta a lo largo del día, que sólo soporta en cuanto escalón que conduce al próximo partido. Ya en él, la fiebre le produce aceleraciones letales en el corazón y terribles convulsiones nerviosas, que le causan un peligroso júbilo o lo hunden en la depresión. Muchos se recuperan transitoriamente al final de la temporada, pero algunos mueren, víctimas de una invencible melancolía.

(Nuestro *tifus* es incalculablemente más benigno, y sólo ha desarrollado la acepción pícara de entrar no pagando en los espectáculos. Sus efectos sólo arruinan a las empresas.)

Pero estábamos con *tifosi* empleado como singular por tantos comunicadores nuestros. No hace mucho, anoté que, en otro importante periódico de la Corte, escribía un reportero: «Este cronista fue conducido por un *carabinieri* por recovecos de las cocinas del hotel...». Esto es, por «un carabineros». Porque el guardián del orden en la península hermana es un *carabiniere*. Hace falta estar muy sordo para no enterarse de que el final en *-i* es el normal signo de pluraridad en los nombres masculinos acabados en *-o* (*lupo-lupi*), y de los masculinos y femeninos que terminan en *-e* (*pane-pani*).

Y es que por el norte de Italia se partió la Romania en dos porciones. Al este y al sur de la línea de fractura, las palabras latinas perdieron su *-s* final; la cual se mantuvo en toda la zona occidental, que comprendía las lenguas romances de Galia e Hispania. Éstas pudieron seguir señalando el plural de nombres y adjetivos con la *-s* del acusativo latino, mientras que las de Italia y Rumanía tuvieron que acudir a la *-i* o a la *-e* del nominativo. Es por lo que el latín *duos* fue en rumano *doi* y en italiano *due*, frente al *dos* castellano y catalán, al antiguo francés *deus* y al portugués *dous*; por lo mismo, *capras* tuvo que hacerse *capre* en las dos lenguas disidentes, mientras que siguieron siendo *cabras* las hispanas, y *chèvres* las vecinas.

La «iítis» que acomete a nuestras voces públicas cuando quieren hablar toscano fino, no deja *-o* viva en los huesos de ningún vocablo. Mientras el día 5 atravesaba al atardecer la ciudad helada y desierta, puse la radio. Era inútil buscar una emisora que no estuviera retransmitiendo el choque trascendental Madrid-Milán. Y como éste viste a lo anarquista camiseta roja y negra, el locutor que el azar me deparó no cesó de llamarlo «equipo *rossoneri*»: ¡equipo rojinegros! Era su modo de mostrar ante la audiencia su intimidad con el «calcio» de nuestros vecinos de mar. Sólo que para ellos, claro, el equipo es *rossonero*.

Hubo un agudo diplomático –¿o fue profesor?– de aquel país al que se atribuye la malicia de que «como los curas españoles no saben latín, creen que saben italiano». Lo ignoro; pero son numerosos quienes, curas o no, ignorando su lengua, se creen peritos en la de Ariosto. Y algo lo son aquellos píndaros que llaman *Milan*, con acento en la *i*, al equipo de Berlusconi. Cuando esa pronunciación empezó a oírse, muchos lectores me escribieron indignados. Guardé prudente silencio, porque tal vez existía razón. No he hecho averiguaciones, pero es verdad que tal *squadra* se denomina *Milan* y no con el nombre italiano de la ciudad, *Milano*, ignoro por qué. Aciertan, pues, quienes introducen *Milan* en su cháchara, pero tal vez debieran sacrificar tanta exactitud a la necesidad de no despistar.

Salvo el inglés –y aun así–, el vapuleo que sufren las lenguas extranjeras en los *mass* sonoros suelen ser lindos. Anda goleando por las canchas un jugador, creo que brasileño, llamado *Baltasar*, aunque se escriba su nombre *Baltazar*. Multitud de locutores lo nombran impenitentemente con esa *z* de *zonzo* y *zozobra*. Pero los hispanos no salen mejor librados. *Cortez* se escribe el apellido de un cantante de Ultramar, y a pocos se les ocurre llamarlo *Cortés*, como se debe. La confusión de grafías a consecuencia del seseo es frecuentísima en América; tan normal es allí ver anunciado a un *Velasques*, como a un *Velásquez*, como a un *Ozorio*. Pero, claro, siempre suena la *z* como *s*. Son cosas elementales que un locutor debería saber. Y también que el -*is* valenciano de *Sanchis* es el -*ez* de *Sánchez*, para no llamar brutalmente *Sanchís* al notable futbolista.

Adolecer de rigor

Son muchos los lectores que me comentan o puntualizan estos «dardos». Lo agradezco en el alma. La perplejidad que, el mes pasado, manifestaba ante el *Milan* con que se nombra al equipo verdugo del esplendor madridista, ha quedado resuelta por un gentil comunicante italiano, que me informa de cómo tal *squadra* fue fundada por ingleses, los cuales la bautizaron así por ser en su lengua *Milan* (pronunciado indistinta o aproximadamente *Míl-an* o *Milán*) el nombre de la gran ciudad lombarda. Un anglicismo, pues, en el uso de la lengua hermana, que muchos de nuestros cronistas deportivos, voraces anglómanos, se han apresurado a endilgarnos.

La televisión sigue siendo la más insidiosa amenaza contra el sentido común idiomático. Ignoro qué patente de corso concede inmunidad a sus profesionales cuando cometen errores analfabetos, como la locutora de informativos que, a las nueve de la noche del pasado 23, soltó un *intérvalos* estremecedor. O la que el Día Mundial del Teatro aseguró que le había sido impuesta una bufanda blanca a la *esfinge* –por *efigie*– de Valle-Inclán en el madrileño paseo de Recoletos.

Especialmente grave me parecen las estrafalarias entonaciones a que se somete la lectura de noticias por muchos corresponsales en el extranjero, mimetizando las de aquellos países donde trabajan. Aún es más sorprendente su estúpida elocución, cuando sus croniquillas se intercalan en el admirable hablar de Rosa Mateos, tan bella, sencilla y castellanamente articulado. ¿A cuándo aguarda nuestro medio de difusión más influyente para asumir el papel de modelo de idiomas que le corresponde? Nuestros políticos, tan atentos e inutiles vigilantes de sus contenidos, tendrían que ocuparse de esa cuestión, más importante para el país, en definitiva, que sus «cuotas de pantalla».

Los atropellos contaminantes se suceden, en casos en que, supongo, bastaría una simple advertencia para que fuesen evitados. Así ocurre con algunos anglicismos totalmente superfluos, que desplazan en los usos televisivos –y periodísticos, en general– a vocablos españoles absolutamente sinónimos. Señalaré dos especialmente frecuentes.

Uno es *copia*, cuando se dice que de un libro o de un disco se han vendido tantas o cuantas *copias*. ¿Qué gana el idioma sustituyendo con el *copy* inglés el *ejemplar* hispano? Con esta palabra se designó, desde el siglo xv, el traslado que se sacaba de un texto original; y ya desde la aparición de la imprenta, cada uno de los volúmenes, iguales entre sí, de una publicación. No se advierte por qué se prefiere *copia* a este vocablo nuestro, y qué ganan quienes lo emplean, salvo el diagnóstico de mentecatos que cabe atribuirles.

Otro tonto anglicismo es *conducir* una orquesta, en vez de *dirigirla*. Durante la noche del polvoriento y decrépito Festival de Eurovisión, los telespectadores sufrieron una tunda de *conducciones*. La aguanté durante unos minutos, imantado por la estupenda presentadora helvética, que transitaba por los idiomas como Tarzán entre las lianas. Pero me amargaron tan espiritual contemplación los *conductores* que nos infligieron nuestros crisóstomos.

El empleo de tal extranjerismo puede deberse indistintamente a influjo inglés o francés. En esta lengua, en efecto, el anglicismo *conduire un orchestre* (de *to conduct an orchestra*) lleva instalado más de siglo y medio: la Académie lo incluyó en su diccionario de 1835. Sin embargo, Étiemble aún seguía denunciándolo como cuerpo extraño, en su famoso *Parlez-vous franglais?* (1964). Importantes diccionarios, el *Robert* por ejemplo, no advierten ya de su origen británico.

Pero, en español, tal empleo es reciente y decididamente innecesario: sólo por distinguirse del común hispano, se prefiere militar en otro rebaño que se estima –¿por qué?– más exquisito. En nada mejora *conducir* una orquesta a *dirigirla*; carece de sentido, pues, mudar de lengua para decir lo mismo.

Otro es el caso de ese verbo aplicado a los programas de radio o televisión, donde participan invitados o se hace intervenir elementos sometidos al plan, pero no a la dirección estricta de quien los crea. Llamar a éste *conductor* del programa introduce un matiz que sí justifica la acepción neologista. Los idiomas nunca se detienen –ni debe intentarse frenarlos– ante lo que nombra más o mejor. Cosa que no ocurre con *conducir* una orquesta, que parece algo así como transportarla al lugar del concierto en autobús.

Y lo que decididamente resulta vituperable es zancadillear el propio idioma, causándole lesiones. El 30 de abril se dijo por televisión que «la actual política social *adolece* de solidaridad, según el obispo de Bilbao». ¿Dijo esto su ilustrísima o le fue imputado en los servicios informativos? Atentado grave, en un caso o en otro. El mal cunde: hasta en un excelente gramático he leído que un «análisis *adolece* de rigor por varias razones». Y ya es normal oír y leer en los «media» que tal población *adolece* de escuelas, servicios sanitarios, vigilancia, etcétera, etcétera. En todos estos usos se quiere decir, pero muy mal, que «se carece o se anda mal» de solidaridad, rigor, escuelas...

Parece haberse cortado el cable de la relación etimológica que une *adolecer* con *doler*: ese verbo significó desde el siglo XIII 'enfermar'; alguien *adolecía* del pecho o de los riñones, es decir, de un mal. Por sencilla metáfora, pasó después a significar 'sufrir de cualquier pasión o defecto moral': *adolecer* de envidia, o ambición: y si el sujeto no era humano, 'sufrir un defecto o una carencia': un cuchillo *adolece* de mellas, y un ordenador, de lentitud. Así, nadie ni nada pueden *adolecer* de cosas o de cualidades positivas, porque éstas no causan mal ni constituyen enfermedad. No es posible *adolecer* de rigor ni de escuelas, sino de ausencia o escasez. De lo que el prelado bilbaíno se quejaba es de que la política social *adolece de falta* de solidaridad. Es decir, de que 'padece de ese mal'. Una empresa puede *adolecer de escasos* recursos, pero no puede *adolecer de* recursos como leo en un periódico ahora mismo, porque eso, lejos de producirle dolor, le causaría gozo espasmódico.

Son cosas que los españoles sabían, hasta hace poco, apenas los destetaban. No acaba de entenderse por qué, de pronto, se les ha puesto el idioma viscoso, y les da lo mismo *esfinge* que *efigie*, *copia* que *ejemplar*, *conducir* que *dirigir*, *Milan* que *Milán*…: las larvas todas de que adolece el lenguaje, e infectan los sesos de una comunidad que antes distinguía muy bien el arre del so.

Desencuentro

Después de mi artículo anterior, en que, gracias a un lector italiano, explicaba el origen del Milan en *mí* mayor con que nombran a su equipo los forofos –y, a imitación suya, muchos locutores nuestros–, otras muchas cartas me han confirmado aquella explicación; y de viva voz, el propio Silvio Berlusconi, singular e interesante persona a quien desfigura el excesivo viento popular que se arremolina a su paso.

Pero aún han sido más las cartas que me han precisado el origen de *esquirol*. Me limitaba yo a señalar su procedencia catalana. Varios corresponsales, no menos de siete, me han transcrito un pasaje del libro de Josep Pla *Un señor de Barcelona* (1944), en que explica cómo nació su denigrante significado. He aquí sus palabras: «Manlleu ha jugado un gran papel en la historia de la lucha social catalana. Una de las primeras huelgas de Cataluña tuvo lugar en el pueblo, en la época de mi padre. Para sustituir a los huelguistas, los patronos hicieron lo posible para que entraran en las fábricas obreros de los pueblos de los alrededores. Uno de los pueblos que dio más contingente fue L'Esquirol, como se llama popularmente Santa María de Corcó. Estos obreros de L'Esquirol fueron llamados *esquiroles*». Quede aquí el testimonio del gran escritor, junto con mi gratitud a sus fieles lectores.

Siguiendo con lo laboral, recuerdo que otro amable comunicante me consultó alarmado si es cierto lo que un conocido presentador de televisión afirmó el domingo 20 de noviembre en su programa *La vida sigue*, al hacer derivar la palabra *destajo* del nombre de aquel poco envidiable minero ruso, Stajanov, que, en 1935, logró extraer 102 toneladas de carbón en menos de seis horas. Cuando la televisión se nos pone culta, aún es peor. Ocurre que *destajo* se documenta en castellano desde el siglo xv, como derivado del aún más antiguo verbo *destajar*, 'concertar las condiciones de un trabajo', el cual procede del latín vulgar *taleare*, 'cortar'; de la misma familia es *tajo* (y el *atajo* por donde se corta o acorta una distancia).

Otro extraño parlante, que retransmitía una procesión la pasada Semana Santa tras afirmar que al Cireneo no lo menciona San Juan de la Cruz ¡en su Evangelio!, se puso a aclarar a la audiencia el porqué de los *pasos* procesionales. Es, dijo (y esto lo registraron mis asombrados oídos), porque en ellos se representa la *pasión* de Cristo. No sólo hay traductores a mocosuena, sino también etimólogos. El *paso* de las procesiones tiene el mismo origen que el paso ambulatorio (del latín *passus*), en su antigua acepción de 'cada trance de una historia o de un sucedido'. Tal sentido permite que Cervantes haga decir a un personaje del *Persiles*: «Es terrible este *paso* en que me veo». «Nunca tú te vieras en este *paso*», exclama Claudia en el *Quijote*. Obviamente, los *pasos* del Viernes Santo son denominados así porque representan pasos o pasajes (de la historia de Jesús), no porque se refieran a una pasión.

Pero entre las penumbras que emite el terrible aparato, se ha escurrido una vez un destello de luz matutina. Ocurrió el pasado 25 de mayo durante la transmisión del partido de fútbol en que los murcianos dieron dos machetazos a la ilusión liguera del Barcelona. Lo contaba un locutor no habitual para mí, con notoria exactitud de narración y de lenguaje, sólo perturbada por algún «*resta* tanto o cuanto tiempo». Pero he aquí que, de pronto, ya casi al final del encuentro, dijo algo así como: «*Restan* ocho minutos de juego... Perdón, quiero decir que *quedan* ocho minutos». No recuerdo si *eran* ocho, porque el júbilo que me produjo la corrección causó sobrecarga en mis circuitos mentales, con pérdida de memoria y diplopia. ¡Se había producido, por fin, una corrección en televisión! Y por un cronista deportivo, gremio éste el más resistente a cualquier terapia idiomática. Repuesto de la sorpresa, juzgué que había sido excesiva: el informador de esa tarde –siento ignorar su nombre– había dado ya muestras abundantes de ser digno del micrófono. Pediría al Ente que lo pusiera en cabeza de ese pelotón de cháchara desenfadada al que confía el relato de las gestas deportivas: será perfecto si renuncia a las «faltas *sobre* Mejías» y los «pases *sobre* Butragueño» que aún prodiga. ¿No son faltas *a* y pases *a*?

Y de ese encuentro, al *desencuentro* que, hace escasos días, lanzó al mercado idiomático (no sé si de segunda mano), en emisión ampliamente escuchada, el ex diputado don Enrique Curiel. Supongo que el vocablo causó sorpresa, a juzgar por lo que extrañó en mi propia casa. Tuve que recomendar calma a los alborotados. Habían sido reunidos ante la cámara (de televisión) varios tránsfugas en la otra, es decir, evadidos de sus partidos con el acta en el morral. Y fueron justificándose todos de modo plausible, menos uno primitivamente bochornoso. El señor Curiel no tenía que dar explicaciones: había devuelto el acta a la formación política en cuya candidatura cerrada la había obtenido. No era un tránsfuga, sino sólo un fugado, que había usado de su albedrío y había cumplido con el deber de restituir. Explicó el porqué: se debía al *desencuentro* entre sus ideas y las de su grupo parlamentario.

Era claro el propósito eufemístico del conocido político: deseaba suavizar el *desacuerdo*. Este vocablo hubiera expresado aproximadamente lo mismo sin causar sobresalto: que se había roto el acuerdo anterior entre él y los ex suyos, sustituido ahora por la imagen de un encuentro que se produjo en concordia, y que ha acabado a farolazos. Pero *desencuentro* acentúa, tal vez mejor que *desacuerdo*, esa nota de divergencia y distancia por un proceso evolutivo natural. No es término que reprocha o acusa: con él, la coincidencia parece haberse disuelto como el azúcar en el café: dulcemente. Hubo algo de extravagancia en su uso reiterado, pero fue elegante don Enrique Curiel. Cuando después se ha envilecido el lenguaje mitinesco hasta producir bascas, he agradecido aún más aquel melindre verbal.

Por lo demás, *desencuentro*, *desencontrarse*, son palabras de buena estirpe. Forjadas en Argentina, son normales allí para significar que unas personas que se buscaban no se han encontrado, o que no están de acuerdo. Han sido perfectamente formadas (como *desenlazar, desembolso, desembarco* y tantas más). Ha de constituir motivo de gozo, y no de susto, que se expanda por el ámbito del idioma lo nacido dentro de él, en cualquiera de sus territorios. Y más, si sirve para amortiguar nuestra hispana propensión al vitriolo.[1]

Talentos

Dentro de nada, 1992 va a conectar nuestros gozos conmemorativos de pretéritas glorias con el fabuloso porvenir europeo que, al fin, hemos conquistado –trenes como rayos cruzarán nuestras mesetas, teléfonos diligentísimos permitirán la intercomunicación a distancia sin cable, bastará con echar al buzón una carta para que llegue a su destino... ¡tantas venturas!–. Pues bien: es probable que, entre baile y baile de San Vito, de los muchos que estos fastos motivarán, quede un minuto para recordar a Nebrija, el cual, hará cinco siglos, publicó la primera Gramática de un idioma entonces moderno (cuando no éramos aún Europa: asombroso). Será ocasión, tal vez, para que 1992 sea declarado no sólo olímpico y feriero, sino también Año de la Lengua Madre.

En lo poco que falta, el español habrá completado su evolución hacia ese idioma nuevo que nació de aquel cuyos primeros gestos adultos describió Elio Antonio, y que, cuando ya parecía inserviblemente senecto, se vigoriza y esplende del modo que es posible admirar hoy. La Lengua Madre, lejana y vieja, merecerá tal vez algunos coloquios científicos de gratitud. Con vistas a ellos, me permito allegar nuevos materiales de este idioma, por lo que puedan valer.

Motores esenciales de esa venturosa marcha al siglo XXI son, como tanto he repetido, los medios de comunicación. Gracias a ellos, por ejemplo, la arcaica locución *estar* o *quedarse en vilo*, se renueva prestigiosamente en labios de quien transmitió por televisión el partido de baloncesto Madrid-Barcelona (25 de mayo); describiendo la zozobra de un trance, dijo con exactitud: «Se han quedado todos *en un vilo*». Pudimos comprobarlo: en efecto, sólo había uno.

1. *Desencuentro*, con el significado de 'desacuerdo' figura en el DRAE de 1992.

Idéntica precisión lógica alcanzó el hablista radiofónico que, contando lo que pasaba en la corrida de San Isidro del 1 de junio, expelió: «Espartaco nos ha puesto *los vellos* de punta». Efectivamente, resultaba de escaso rigor matemático referirse al *vello*, ya que, no hace falta demostrarlo, todos poseemos varios.

En el día de las elecciones europeas estábamos, cuando la sonriente señorita presentadora del concurso televisivo preprandial, fortaleció nuestro vetusto léxico, corrigiendo al concursante que había osado pronunciar a la antigua usanza *auriga y cuadriga*. ¡No!, exclamó con solvente energía: ¡*áuriga y cuádriga*! Y de ese modo, inyectándoles un vigoroso tónico acentual a tales vejestorios, éstos quedaron aptos para servir en el neoespañol. (¿Recuerdan la infantil definición de código? Es el sitio por donde se dobla el brácigo.)

A las 20,42 del 24 de junio, en pleno telediario, que es algo así como el San Fermín del Ente, el predicador de turno consagró la pronunciación *Méksico* con que nuestro novísimo idioma patrio acabará sancionando la obstinación del pueblo hermano, empeñado en escribir con *x* el nombre de su gran país. Las posibilidades morfológicas que se nos ofrecen son también espléndidas. Ya no son sólo aquellos pares correctos de masculino o femenino que se estudiaban en la escuela (*el calor* y *la calor, el dote* y *la dote, el puente* y *la puente...*). A esta generosa pero limitada oferta, se han sumado, desde el 19 de junio *otro acta* y *otra acta* (esto último era hasta ahora lo único considerado correcto), pues de estas dos maneras alternantes empleó tal sustantivo el popular instigador a calcular precios.

Pero es en la creación neológica o en la ávida adopción de extranjerismos donde la lengua pluscuamnovísima muestra sus ventajas. Cosas importantes que la antigua no permitía comunicar por falta de palabras o giros adecuados, pueden ya circular en el trato hispano. Cabe pensar que, de aquí a 1992, ese vigor que apunta sea ya impresionante catarata. Cantaba, el pasado día 14, Alfredo Kraus, *Lucrezia Borgia*, en el Liceo barcelonés. Estábamos los teleoyentes literalmente sobrecogidos por su voz. No hubiéramos podido, sin embargo, resumir con un vocablo la intensa emoción estética que nos embargaba de no haber acudido en nuestra ayuda la comentarista, la cual, en el entreacto, acuñó nuestro común sentir, hasta ahora inexpresable: «Hay que elogiar la gran *artisticidad* de Alfredo Kraus». ¿Cabe más afortunado invento, hallazgo más sutil, memez más delicada?

Otro ejemplo sólo. Lo extraigo del festival atlético celebrado en Sevilla el 20 de junio. Como es lógico, la televisión lo denominó *mitin*, alineándonos así con lo más selecto de la cultura mundial. La gran movida muscular había sido convocada con el astuto fin de verificar las posibilidades de algunos atletas nuestros ante el magno, el augusto acontecimiento olímpico del 92, haciéndoles competir con eminencias extranjeras. ¿Cómo expresó tal designio el locutor de televisión? Según él, nuestras autoridades deportivas andan buscando nuevos *talentos* que corran, salten, naden, lancen y breguen. Es gran hallazgo nivelador y democrático: no era justo el privilegio que reservaba el talento para Cajal, Ortega, Picasso o Lorca: ténganlo también esos muchachos de zancada equina o bíceps de hormigón que subyugarán en el estadio barcelonés. Supóngasele también al citado innovador del idioma, que, al mostrarnos la pantalla a un fornido moreno, cuyo rostro no presentaba estigma alguno de alfabetización, lo definió como «joven *talento* cubano».

Si algún talento importante ha surgido últimamente entre nosotros, es, nadie lo discutirá, Arantxa Sánchez Vicario. En cada raquetazo con que humillaba a su rival en París, iba un latido nuestro ayudando a los suyos. La muchacha no pudo con su rival germana en Wimbledon, pero ya podrá: hemos de verla pronto victoriosa otra vez, imponiendo su talento. La prensa reflejó el rastro de simpatía que dejó a su paso por la pista de hierba; el corresponsal de un gran diario cortesano traducía de este modo un comentario de *The Times*: «Hace unos meses muchos creían que Graff dominaría durante muchos años el tenis femenino, y que su única rival posible era Gabriela Sabatini. Sánchez ignoraba esa *especulación*». He aquí resucitado en esta última aserción, un viejo ideal humanístico: el de escribir un castellano que fuera, a la vez, latín. Sólo que ahora es el inglés la lengua que otorga título de nobleza a la nuestra. En nuestro inmaduro lenguaje anterior, era preciso decir que Sánchez no hacía caso a tal conjetura o suposición, que la oía como quien oye llover. Afirmando ahora que *ignoraba esa especulación*, se logra el perfecto ajuste del idioma neohispano con el del Gran Imperio. La Lengua Madre debe de sentirse orgullosa mirando a qué ha llegado.

Intratable

El neohispano, la lengua con que vamos a comparecer ante el mundo con un *look* guay en las jornadas gloriosas de 1992, crece con tal prisa que ni alargando el brazo se pueden medir sus estirones. Aunque más de media España está en letargo estival, la otra media trabaja aplicadamente en todo cuanto afecta al bien común. Pronto estaremos los de siempre en el tajo, y entonces, ni se sabe. ¿Somos capaces de imaginar los progresos que va a hacer nuestro idioma con más canales de televisión y una muchedumbre de nuevas emisoras de radio? Si con lo actual se ha logrado tanto, ¿a cuánto llegaremos con varios millares más de laborantes?

Pensando en ese estimulante porvenir me fortalezco, mirando ansioso la salida del sol en esta playa mediterránea donde, desde hace más de treinta veranos, me desangran los mosquitos nocturnos. Miro el alba, pero no la contemplo, es decir, no me recreo en sus lujos: para mí significa, tosca y utilitariamente, que viene a librarme de violeros unas horas. Medito, sin embargo, en nuestro espléndido futuro, mientras los rayos rojidorados de la aurora avanzan hacia mí conquistando parcelas inmensas de mar.

En reciente «dardo» exhortaba a la satisfacción por la lógica con que se va ordenando la caótica lengua nuestra. Ya no es «el» vello lo que se pone de punta, sino *los vellos*, según feliz hallazgo de un cronista taurino de televisión. Es, en efecto, muy raro que alguien tenga un solo vello. A su colega del baloncesto se debe otro retoque perfectivo, al narrar una jugada que dejó a todos *en un vilo*; queda así más preciso. Ayer tarde vi un rato la retransmisión de un *mitin* atlético cuya simple contemplación, con estos calores, extenuaba. Me pareció, por eso, prudentísimo un saltador de altura que, al llegar corriendo al listón, renunció al brinco y pasó por debajo. Yo hubiera hecho lo mismo. El locutor explicó que el avisado atleta había hecho un número *cirquense*. Esto no me parece cierto, porque, en el circo, se da el salto o a la calle. Raro lapsus en quien tanta potencia racional había mostrado al acuñar un adjetivo tan bien troquelado: de *circo* ha de derivarse *cirquense*, como de *Cuenca* sale *conquense* ¿Quién no se alarmaría si oyera llamar *concenses* a los naturales de la bella ciudad? Siglos hemos estado ajenos al disparate de decir *circense*; ya no debe ocurrir más.

No es floja tampoco la aportación de la radio. La oigo poco: sólo en el coche o en los largos insomnios. Basta para percatarse del concienzudo esfuerzo renovador que se hace en sus locutorios. Escuché con suma complacencia el relato que una importante emisora hacía de una etapa de la vuelta ciclista a Francia, narrada a puro trémolo por sus hombres en ruta. Espléndido su hallazgo cuando decían: «Va en cabeza un grupo formado por cuatro *unidades*». Y repetían lo de *unidades* cada vez que cuantificaban grupos de corredores. Bien venidas sean estas palabras destinadas a simplificar la comunicación. ¿Por qué privilegiar con ese nombre cosas sin alma, como vagones, convoyes y cosas así? Conforme al modelo de la radio en cuestión, aquel vocablo permitirá llamar *unidades* a los dependientes de unos almacenes, a los alumnos de un colegio, a los hijos («tengo cuatro unidades, y ya viene otra»)... Será posible decir, en el lenguaje militar, que una unidad cuenta con noventa *unidades*, evitando el fatigado término «soldados». Destino tan brillante como a *tema* aguarda a tal invención.

También los verbos están experimentando fascinantes dilataciones de empleo. A muchos se les libera de sus anticuados regímenes preposicionales. No se dirá, por ejemplo, *en*, sino *a* («desde que España se "ha integrado *al*" Mercado Común...»). Es cuestión que merecerá detenido examen. Me limito ahora a señalar otros admirables accidentes verbales.

Así, el hecho de que se pueda *efectuar una muestra*, en vez de «hacer una exposición» (carcomido término, este último, venturosamente arrumbado en favor del vigoroso italianismo *muestra*).

Otorgar era, lo dice el Diccionario, «conceder una merced, una gracia», esto es, diplomas, distinciones, recompensas, premios... Su carácter clasista y elitista era obvio. La nivelación que la justicia igualatoria impone le ha sacudido fuerte al verbo, y ya se *otorgan* tarjetas amarillas a los futbolistas díscolos, suspensos a los estudiantes distraídos, y penas de dos meses menos cincuenta y nueve días a quienes extraen la hijuela con navaja.

Otro verbo ensanchado por TVE (el 21 de julio, a las 15,03 exactamente) es *recaudar*, que era la acción de acopiar caudales ajenos, de grado (en una colecta, o en la taquilla de un cine, por ejemplo) o a la fuerza; pero esto último sólo podía hacerlo legalmente el Fisco en sus diversas modalidades. ¿Obraría a impulsos de su rencor a

Hacienda quien entonces dijo que, en un banco de Valencia, los atracadores habían *recaudado* diez millones de pesetas? ¿Qué pena les *otorgarían* si los prendieran? Pero la pieza mayor que hoy destaco es el adjetivo *intratable*, pasmosamente enriquecido con una acepción arrebatada al inglés. Calificó y calificaba hasta hace unos meses a las personas que son o están de humor imposible. A los odiosos perdidos. Y en épocas anteriores, también las cosas que no convenían al trato humano. «¿Qué tierra es ésta?», pregunta un personaje de Lope. Y le contesta su compañero: «No sé; toda desierta se ve, / riscosa, *intratable* y fuerte». No constituía, pues, coba decir de algo o de alguien que era eso.

Se le acaba de dar la vuelta en el taller más activo de forja idiomática: el consabido de la crónica deportiva. Aparece en pantalla un fórmula uno a toda galleta, muy distanciado de cuantos le siguen. El piloto está claramente obstinado en que nadie se le acerque, y su arrojo merece loa. Es cuando muchos de nuestros comentaristas aseguran que «X está "intratable"». ¿Lo censuran por antipático y mala uva? Todo lo contrario: exaltan el hecho de que X no se arredra, de que no cede ni ceja, de que si los demás tienen gas, él tiene más. Todo un carácter. Que aquí se alaba lo mismo, exactamente lo mismo que en Minneapolis. En muchas cosas, estamos ya en 1992. Los antes imbatibles, inalcanzables e irreductibles, son ahora *intratables*. Laus Deo.

Ha amanecido. El sol ha puesto fin a su diaria hipérbole de colores, y ya está, sólo amarillo, alanceando la playa. Llegan precoces los primeros bañistas, que extienden sus flores de felpa y plantan sombrillas; bajo su ruedo se apiñan dos, tres, cuatro unidades, según. No me interesa, y huyo en busca del primer café.

Instrucciones en español

Esta vez, las piezas que vienen hacia mí han sido ojeadas por dos queridos amigos a quienes placen estos ejercicios de caza. Han oteado unas alimañas que están acosando con peligro al español. Me las encaminan asustados, con el deseo de que no marre el disparo; y, seguramente, con el propósito de que, una vez cobradas, las lleve a la autoridad competente, en demanda de auxilio. ¿Ven si son temibles los murciélagos rabiosos? Pues más.

Las ha atraído el olor de nuestro dinero; vienen dispuestas a llevárselo sin miramiento. España, con el mundo hispánico, constituye una nutrida humanidad que, por las señales, no merece deferencia de los mercaderes foráneos. Lo cual sugiere que no es mucha tampoco la consideración que merecemos por ahí en los demás tratos. Como clientela, porque somos muchos, ofrecemos interés, mas no demasiado como comunidad cultural que cuenta con el distintivo de un idioma tan respetable como el mejor. Y es norma de vigencia universal que el respeto debe exigirse por aquel a quien se lo pierden, para no caer en indignidad.

El indicio de la higa que está haciéndosenos es la lengua con que nos sirven muchos productos extranjeros. Por ejemplo, esta oferta de *Software/Accounting* en una revista estadounidense vendida en España. Sus programas informáticos (*software*) ofrecen las siguientes posibilidades: «*Entrar clientes, inventorio, imprenta cuentas*»; «Sus operadores y clientes no necesitan ser *bilingüe* para comprenderlo». Y añade esta otra eminente ventaja: «Los más recientes *jalar abajo* menús por *operacción* fácil». Los interesados en tal maravilla deben dirigirse a una empresa californiana llamada *Sistemas españolas*. Mi impericia en la jerga de los ordenadores me impide traducir este texto, pero temo que, aunque fuera perito, me quedaría tan a copas, porque está escrito en un caló apócrifo que, por California –donde hay buenos hispanohablantes– creen español.

El otro animalucho que se me pone a tiro es aún más infamante, pues proviene del entrañable Mercado Común. Quizá necesite algún lector un banquito para ponerlo en eso que ahora llaman terraza y, antes simplemente balcón. Ha pensado solazarse contemplando, sentado en él, las nubes de gas fétido que ascienden de la calle, y escuchando el rudo concierto que forman el escape abierto de la moto y del camión. Acude, por tanto, a la tienda donde se venden los banquitos, y elige uno, importado, de la marca Futura, cuya resistente ligereza le pondera el vendedor. Sus piezas están impecablemente embaladas, y se le asegura que dentro hallará las instrucciones para montarlo.

Lo recibe en su casa, y rompe el embalaje ante su familia expectante. Ahí están, en efecto, las recomendaciones prometidas. Vienen en alemán, inglés, francés y otro. Como ignora las tres primeras lenguas, sospecha que el otro es la suya. Y lee: «*Instruction de montage*». Pasa por alto las que cree erratas, y prosigue: «1. Ponga los pies uno al lado del otro». Como los bancos no suelen tener pies sino patas, piensa que debe juntar los propios, y une enérgicamente los talones. Algo, sin duda, extraño, pero las técnicas son hoy muy estrictas. Pasa a la *instruction* 2, que reza: «*Coloquén* el asiento sobre los pies y *fijé* los tornillos *facil*». Sorprendente; se pone el tablero de canto sobre los empeines –por suerte, lo hemos dicho, es ligero–, pero ya no sabe qué hacer con los tornillos que debe *fijé facil*.

En postura tan extravagante, sigue leyendo: «3. *Fijén* el apoyo y *atornillélo*». Su mujer, sus hijos, lo contemplan inquietos al verlo inmóvil. Ansioso, continúa: «4. *Montén* la escuadra *medial* y *appretén* los tornillos *fuerte*». Ya desesperado, acomete el número 5: «*Tapén* los *bujero* con los tapones». Y arroja el banco a la calle, que cae sobre un perro y lo mata.

Un mejor conocimiento de lenguas le hubiese ahorrado la fuerte indemnización, porque el perro tenía *pedigree*. En ellas, el procedimiento está bien descrito. Hubiera acertado con sólo apoyar las patas del banco en el suelo, y atornillar a ellas ligeramente el respaldo; colocando después el asiento, y atornillándolo; haciendo lo propio con la pieza en escuadra que une el asiento al respaldo; apretando ahora con fuerza todos los tornillos, y ocultando, por fin, las cabezas de éstos («los *bujero*») con los tapones de plástico.

He aquí la amenaza, con rasgos ya de injuria: la apertura de España como mercado libre, ha desatado, y desatará pronto mucho más, una oferta ilimitada de productos con «literatura» adjunta en castellano, imprescindible, a veces, para su manejo o uso. Pero vendrá redactada, según sugieren los casos anteriores, con la creencia en que cualquier cosa vale para nosotros; como ese idioma elaborado, parece, por antropoides catatónicos.

Hace ya muchos años que Francia puso coto a agresiones similares con su ley de empleo de la lengua francesa, aprobada en diciembre de 1975, la cual, aunque en su letra constituye una defensa del consumidor, es, en realidad, una ley protectora del patrimonio cultural galo. En la parte que aquí nos importa, dispone –y no «contempla», como aquí dicen– que la designación, la oferta, la publicidad escrita o hablada, las facturas, los recibos y garantías, y las instrucciones para el uso de un producto o de un servicio, deberán hacerse obligatoriamente en lengua francesa. En tales textos, se añade, queda prohibido introducir expresiones o términos extranjeros, si existen equivalentes nacionales. Lógicamente, cualquier esperpento no es «lengua francesa».

Pocos meses después de aprobada tal ley por la Asamblea Francesa, solicité públicamente un gesto parecido de nuestros legisladores, porque ya estaba el problema aquí. Como es lógico, mi voz se apagó en el colchón de preocupaciones más trascendentes. Ahora esa amenaza de un español grotesco se suma a las asechanzas que sufre la lengua común en otros frentes. Pero nadie parece tener interés en conjurarlas; acabaremos pagándolo.

Sin embargo, una ley de empleo no tiene por qué producir las delicadas derivaciones a que puede dar lugar –por eso es temida– una política idiomática afrontada con toda amplitud. Es de suponer que los tratados internacionales no nos obliguen a ceder derechos de soberanía, y a aguantar que el menosprecio a nuestro idioma se exhiba libremente entre nosotros. La legislación debe hacerlo respetar, como muestra de respeto a España. Si no, estará claro que no lo merecemos. Señores parlamentarios, por favor: *appretén los tornillos fuerte*. ¿Lo entienden así mejor?

Más instrucciones en español

Un lector me ha reconvenido. Escribí en un «dardo» que las emisoras «estaban *retransmitiendo*» un determinado partido de fútbol, y él me dice: «lo que usted oiría era una *transmisión*». No estoy seguro. Según el Diccionario académico, *retransmitir* es «transmitir desde una emisora de radiodifusión (y de televisión también) lo que se ha transmitido a ella desde otro lugar». Y es obvio que las emisoras estaban recibiendo desde el estadio el relato del partido, y difundiéndolo desde sus respectivas instalaciones.

En inglés, hay *retransmisión* cuando algo se emite en diferido o se repite. El *Zingarelli* italiano la define sólo como «trasmissione ripetuta una seconda volta». En cambio, el gran *Robert* confunde un poco, diciendo que se trata de una «nueva transmisión» o la «difusión de otra red». Pero de *retransmettre* se dice únicamente que es «transmitir de nuevo o más lejos».

Creo que el Diccionario académico define perfectamente, y que una emisora *retransmite* cuando emite en directo algo que sucede fuera de sus estudios. Ese verbo puede funcionar ahí en alternancia sinónima con *transmitir*, ya que también es posible concebir cada emisora como un solo sistema transmisor; en ese caso, no se trataría, en efecto, de una retransmisión. Y la elección de uno u otro vocablo resulta, por tanto, potestativa. En cambio, la aceptación de «emisión diferida o repetida» que se da en otras lenguas, no parece útil en español, porque gravaría la palabra con una polisemia confundidora. No yerran nuestros locutores cuando se refieren a la *retransmisión* de un partido, de una sesión del Parlamento o de una función del Liceo. Sería improcedente, en cambio, que hablaran de *retransmitir* algo que acontece en los estudios de la emisora. Nunca lo he escuchado. Ni creo que erré en la frase que censura mi atento comunicante.

Las ondas contaminan los oídos con otras cosas. Por ejemplo, hay dos palabras resistentes a los parlantes públicos: *inflación*, que cada vez más comparece preñada como *inflacción*; y *carillón*, menos frecuente, pero invariablemente convertida en *carrillón*. En ambos casos parece que los significados quedan mejor servidos con un estrépito articulatorio.

Pero ocurre que *inflación* es vocablo derivado del latín *inflatio*, *-onis*, donde el grupo *tio* no iba precedido de *c*, a diferencia de *actio*, *-onis*, por ejemplo, que, por eso, dio *acción*. En la lengua de origen, designaba la hinchazón de estómago, la flatulencia y la inflamación. *Inflación* se documenta en español desde el siglo XV; en el XVIII, el *Diccionario de Autoridades* la define como «el efecto de hincharse una cosa con el aire» y «vanidad». En inglés recibió su perversa acepción económica en la tercera década de nuestro siglo, y de allí ha pasado a las restantes lenguas.

En cuanto a *carillón*, ¿será preciso advertir que nada tiene que ver con los carrillos gordos? A principios de este siglo nos llegó del francés, donde posee un complicado historial evolutivo. Procede del latín vulgar *quatrinio*, *-onis* (clásico *quaternio*) con que se designó el conjunto de cuatro campanas. Antes de fijarse como *carillón*, presentó las variantes de *carenon*, *quarrellon*, *quarregnon* y *careillon*. Ningún contacto, pues, con el moflete carnoso, en contra de lo que sugieren muchos locutores.

A raíz de mi artículo de octubre «Instrucciones en español», varios lectores me han enviado prospectos que anuncian productos extranjeros o aleccionan sobre el manejo o montaje de aparatos diversos. No sólo ahí se manifiesta el desprecio que inspira nuestra lengua. He pasado unos días en París y, en mi habitación de hotel, las advertencias para caso de incendio aparecen en varios idiomas. También en español (?), denominándolas *consignas*. He aquí algunas: *prevenga la recepción*; si entiendo literalmente, no avisaré a la recepción, sino que me dispondré a recibir prevenidamente las llamas. *Garde su sangre-fría*; como no sé qué es *gardar*, procuraré que el fuego no me caliente la sangre. *Quite el piso calmamente*. Pero ¿cómo se puede quitar una cosa tan grande? Lo de *calmamente*, ya supongo que tiene que ver con *calma*; sin embargo, no sé cómo puede uno sosegarse si está obligado a quitar un piso. Lo lógico es abandonarlo. Por fin: *En el calor y el humo, bájese*. Enigmática consigna, que renuncio a desentrañar. Echo a correr, y donde bajo, si puedo, es a la calle.

Pero ese idioma parece áureo, si se compara con estas instrucciones para montar un determinado frigorífico. Me limito a transcribir fragmentos sin comentarlos: «En un piso *lizo* poner la nevera y adaptarla que quede derecha que se *optene* de manera adaptando las *reudas* de la nevera. La nevera no *deve* ponerse cerca de otros aparatos que *produscan* calor, ni donde *halla* demaciado frío. Al *aprender* la nevera *i habrir* la puerta se enciende la luz de la *lampita*. La nevera se *aprende alando* un *boton* que se encuentra en la *derecha parte* de la nevera, *escojer* la temperatura que *carremons optener jirando* hacia el *botom*...». Se instruye después acerca de dónde han de ponerse la *mantiquilla* y las cajitas de hacer *llelo*; de cómo se *conjela* o se logra la *derritación* de la nevera; y no se olvida advertir que el aparato hay que «limpiarlo *de parte trasera*» una vez al año (¿no convendría más a menudo?).

Todo esto dista de ser anécdota. Revela desdén hacia una clientela que, por el trato idiomático que recibe, se juzga de quinta clase. Al tratar del problema en el «dardo» anterior, solicitaba que se legislara pronto en defensa del consumidor hispanohablante. No había entonces Cortes; ya las hay: ¿nadie asumirá esa iniciativa legislativa? Habría que examinar atentamente la ley francesa de 1975; en gran medida, se ajusta a nuestras necesidades. Pero, en el marco de la Comunidad Europea, convendría pactar un acuerdo de mutuo respeto idiomático: también entre nosotros las lenguas extranjeras sufren atropellos.

Y habría que llegar más lejos: ¿por qué en este vídeo que acabo de adquirir, las teclas se señalan como *clock/counter*, *reset/index*, *memory/repeat/search*, *pause/still*, etc.? La deseable norma propia tendría que obligar a rotular en español (y, en su caso, en la lengua comunitaria española) todas las teclas habidas y por haber destinadas a nuestro mercado.

Sin embargo, tal vez faltara autoridad para dictarla, cuando el Gobierno del País Vasco aprobó un decreto (19 de noviembre de 1989), «por el que se crea el *Label* Vasco de Calidad Alimentaria», prefiriendo llamar así lo que solía ser marchamo.

Monte del gozo televisual

Los medios audiovisuales siguen siendo la sal de nuestras vidas. Es hora de loarlos. Me pregunto, y no hallo respuesta, cómo los de mi edad, y aun mucha menos, hemos podido vivir sin la presencia del mágico poliedro en nuestras casas, sin la compañía confortable de esos bustos amigos de tan variada y abundante charla que nos ahorra la nuestra, y nos permite cumplir el precepto de «Come y calla». Charlan irrestañablemente, y nos deleitan con lo que pasa en Camboya, por ejemplo, mil veces más interesante que nuestras nonadas hogareñas, o las de parientes y conocidos. ¡Qué tontamente hemos gastado los mejores años de nuestras vidas, hablando de si el chico estudiaba poco o de si iban a subirnos el alquiler del piso!

Nuestro idioma era, además, inmutable y fósil. Hablábamos como habíamos aprendido, sin sospechar, tan inocentes éramos, que podían decirse las cosas de otros muchos modos, variándolas *ad libitum*, añadiéndoles con ello matices de belleza y gracia. Sencillamente, creíamos que la añorada libertad se refería a pensar, decir, leer y escribir sin constricciones, a elegir a nuestros representantes, a ver comedias y películas no manipuladas, y a otras cosas así. Pero no nos pasaba por la cabeza que consistía también en dinamitar el lenguaje. Al fin, la televisión vino, pero, al revés que Malherbe, rompiendo cadenas, traspasando la inicua frontera, y plantando la bandera liberadora en aquel territorio cautivo.

Uno de esos bustos fraternales es, por ejemplo, el del fiscal en el juicio simulado con que TVE aflige los lunes. Pues bien, nos salió en septiembre hablando de la *vesanía* de los militares argentinos, mostrando cuán monótonos habíamos andado los hispanos, acentuando siembre *vesania*. Volviendo a romper yugos hace pocas semanas, el entrevistado por la gentil locutora de los *áurigas*, colega en rebeldías ortológicas, narrando una aventura como reportero de guerra, evocó: «*Andamos, andamos*, y al fin...». Fue conmovedor ese gesto de solidaridad con los niños hispanos, ternes en hacerle fu al *anduvimos* hasta que los años doblegan su innato sentido de lo justo, y lo aceptan. El próximo paso será, supongo, *hacimos*.

El inmovilismo televisual tenía una preclara manifestación en el modo de asociarse ciertos verbos con determinados complementos. Y así, se *pasaban* las *vacaciones* en algún lugar, o se *daba* o *propinaba* un *golpe* a alguien. Dicho así siempre, resultaba aburrido. Por el prisma hogareño, nuestros polícromos parlantes nos han mostrado más amenos caminos, al contarnos que en aquel terrible accidente de aviación en Cuba, «perdió la vida más de un centenar de italianos que habían *transcurrido* sus *vacaciones* en aquella isla». Necia diferencia, en efecto, la que establecían los gramáticos entre verbos transitivos e intransitivos. Otro locutor no menos íntimo, especialista en fútbol, alzó su voz insurgente en el heroico Zaragoza-Hamburgo, hablando de un jugador alemán que se estaba recuperando «del golpe que le *ha proporcionado* Juliá». Aquí la transitividad sólo quebrantaba el reglamento, y resulta hermoso esto de *proporcionar* patadas como cohíbas con vitola de Fidel.

¿Y la maravilla de los circunloquios, de los curvados meandros por donde transcurre lenta y grave la corriente del pensamiento? Hace pocos años señalé el hallazgo genial de aquel transmisor taurino que expuso así el segundo tercio: «Salen al ruedo los caballos, con la cabeza vendada *en cuanto a los ojos se refiere*». Ignoro si fue inventor de tan útil artificio expresivo, que dice del todo lo que sólo a una parte afecta, para restringirlo enseguida con el airoso giro «*en cuanto a*, o *en lo que a*... se refiere». La injustamente llamada caja tonta prodiga ya tan práctico hallazgo, uno más entre los que sacuden la modorra no progresiva de los hispanohablantes. Dos muestras, la primera de Telemadrid, y ambas transmitiendo fútbol, «La jugada falla *en cuanto a peligro se refiere*». Era una jugada admirable, salvo en el peligro. La otra, de la Tele Mayor, y siempre en aquel inolvidable partido en que mis paisanos –aprended, orgullosos madrileños, altivos barceloneses, arrogantes valencianos– casi doblegaron al fiero germano, rezó así: «El delantero centro *en lo que a dorsal se refiere...*». Es porque, con el dorsal número nueve, un futbolista estaba jugando en otra demarcación. Sólo era, pues, delantero centro por la camiseta.

Que esto concede al español un donaire y un garbo antes desconocidos, parece evidente. Era una lengua apropiada para el Caballero de la Mano en el Pecho, no para nosotros que vivimos en la era del *surf*, el *gin* y el *rock*, ágiles como lagartijas. Y a la cabeza de nuestra avidez, los locuentes de la tele, que, por cierto, ya empiezan también a ponerle minas al inglés: el 28 de septiembre, a las nueve de la noche, nos presentaron a una señorita como la nueva *recordman* ciclista. Ándense alerta por Alabama, y oído al parche.

Salta por los aires con alegre chisporroteo de cohetería el viejo sistema léxico. Y así, un día, los simpáticos –de veras– muchachos de la autonomía cortesana acusan al Atlético madrileño de practicar un juego poco *virtuoso*, con lo que nos meten en la cabeza un alud de sospechas sobre unos chicos de apariencia tan saludable; pero, ¿por qué han de exceptuarse, en época de tanta corrupción? Otro día, una locutora de la Tele Grande, nos pide perdón por un *lapso* que había cometido. Al siguiente –esto es maravilloso–, informando de la misa multitudinaria celebrada por el Papa en el Monte do Gozo compostelano, el informador puntualiza que cientos de sacerdotes, provistos de *sagrarios*, van repartiendo la comunión. Y la mente se extasía imaginando a centenares de sudorosos curas que recorren el monte portando enormes tabernáculos arrancados del altar de San Martín Pinario, de San Francisco, de Santa María del Sar, de Santo Domingo... Lástima que la imagen apagara tan enardecida fantasía: eran sólo unos modestos cuenquecitos, ni copones siquiera; y, aún menos, cráteras. Pero ¿qué duda cabe de que llamar a eso *sagrarios* aumenta la prestancia del idioma, como aumentó la majestad del acto?

Son inmensos los bienes que a la lengua española han traído los beneméritos habladores de los entes. Los fijos y los eventuales; resultó inestimable, en la noche electoral, la ayuda de dos ministros que, desde la cumbre del Estado, sancionaron las pronunciaciones *Senao, diputao, terminao*, antes relegadas por los hablistas de chistera a la categoría de vulgarismo suburbial. Fue un maravilloso dúo. Nuestro idioma avanza; bendita sea por siempre la televisión.

Entrevistas telefónicas

No sólo radio y televisión están configurando el neoespañol: un gran rotativo barcelonés estampaba no hace mucho este titular en primera página: «Washington condena duramente a Siria por lanzar en Líbano *armas* que alcanzan refugios civiles». Como si los sirios, agotados los proyectiles explosivos, estuvieran arrojando espingardas, cimitarras y alfanjes contra los infieles cristianos de Beirut.

Pero hay que rendirse a la evidencia: ningún medio escrito supera a la pantalla del *living* en marcar rumbos idiomáticos a la comunidad (me refiero a la suma de las comunidades constitucionales, no a una u otra en particular). ¿Quién le pone ya puertas al dequeísmo, esa ubérrima floración del *de que* sobrevenida en tan pocos años? Quizá se produjo antes en América, pues al influjo de los oriundos, esparcidos por todas las vías de comunicación españolas, cabe atribuirlo.

Aunque puede dudarse, en vista de su súbito arraigo: no calan tan pronto las novedades, ni se esparcen tan extensamente, sin pasar antes un largo noviciado. Debe suponerse, por tanto, que el fenómeno era latente en España, sofocado por la lengua culta, inadvertido por marginal, y que ha aflorado con la ocupación de los micros por analfabetos. Y es ya imparable: la masa hablante, que siempre se ha dado sus leyes idiomáticas –las otras, no–, está votando plebiscitariamente (obsérvese que este vocablo deriva de *plebe*) por ésta, que antepone un *de* ocioso al *que* anunciativo de la subordinación. Y no sólo en la función de objeto («te digo *de que* vamos a ganar otra vez», sino también en la de sujeto («lo probable es *de que* así ocurra»).

Pero no todo dequeísta es vulgo: cuenta el tumorcillo con distinguidos líderes aquí y en Ultramar. El mando a distancia trajo en agosto dos importantes apasionados suyos. De allá, el presidente boliviano Paz Zamora, con motivo de su toma de posesión. En sus declaraciones, el recital de *de ques* fue digno de un virtuoso. Pero, en esta orilla, lo superó nuestro Roca i Junyent, pocos días después, en una larga entrevista de que le hizo merced el medio: se mostró insuperable, no acertando ni una sola vez con el régimen adecuado (al régimen preposicional me refiero). Ambos próceres pasaban del «yo sospecho *de que*»… al «tengo la sospecha *que*»…

con agilidad de trapecista, probando que es arroyo el océano. ¿Tan hondo es el compromiso populista del primer magistrado de Bolivia? ¿Hasta el idioma llegan los proyectos reformistas del admirado líder catalán, a cuya reconocida elegancia dialéctica sienta el *de que* como un churretón de huevo en la corbata?

No ya de la plebe, sino del puro lumpen lingüístico ha salido el hoy triunfal *delante mío* o *detrás tuyo*. Era como un polvo añejo pero quieto en los recovecos del idioma, sobre el que han soplado los medios de difusión. Hoy sale por los receptores en densas nubes, y pica en los oídos. Obviamente, los pronombres *mío*, *tuyo*, *suyo*, *nuestro*, *vuestro*, con sus femeninos y plurales, son posesivos. Señalan que algo pertenece a la persona gramatical, y sólo entonces sustituyen a *de mí*, *de ti*, *de él*... La agreste flor consiste en emplear tales formas como meros indicadores personales sin valor posesivo, complementando a adverbios de lugar: «*cuando alguien va delante mío*»..., en vez de «*delante de mí*», decía el motorista Sito Pons a raíz de su segunda gesta mundial, explicando cuánto le molestaba ver la espalda de cualquier rival.

Pero, claro, el gran campeón, de lengua materna catalana como Miguel Roca, se limita a repetir lo que oye a castellanos viejos o nuevos, a quienes escucha eso de «tienes la avispa *detrás tuyo*» o «vienen *detrás nuestro*». Dócil también al magisterio castellano se mostró el laureado deportista, cuando el locutor, queriendo saber si en toda ocasión montaba en la moto con el ánimo dispuesto a la proeza, le preguntó si siempre corría con el mismo *feeling*. A lo cual hubo de contestar, repitiendo tal modismo burgalés, que no, que su *feeling* sube o baja, según.

Sin salir del ámbito pronominal, prosigue la implacable persecución de los reflexivos, que ya los ha fulminado en el caso de *entrenar(se)*, *calentar(se)*, *alinear(se)* y otros de la jerga deportiva. El movimiento exterminador empieza a afectar a la lengua general, como lo prueba la información televisiva del 6 de agosto, según la cual «el 85 % de la población birmana *adhiere* a la religión de Buda». Aparte el último y elegante circunloquio (por «es budista»), donde se esperaría *profesa* aparece ese *adherir* que convierte a quienes profesan una religión en socios o simpatizantes; sin *se*, además, lo que hace del budismo una simple pegatina.

Y no sólo en su valor reflexivo sufren persecuciones los pronombres, sino en cualquier función con cualquier verbo. Al *sus-*

pender de los estudiantes («he *suspendido* en junio», por «me han suspendido» o «he sido suspendido»), añado el testimonio de una amiga, de cuyo hijo mílite, me dijo: «*licencia* en un par de semanas». Quería decir, claro, que será licenciado o se licencia, pero es seguro que repetía lo que el chico le decía. No llegó a asegurar que *alucina* de alegría.

Con todo, nada de esto es comparable a la excitante invención televisiva que registré por primera vez el 14 de agosto –se repitió después– en el noticiario del primer plato: los activos laboratorios idiomáticos de Prado del Rey han creado ¡la visión auditiva! Informando, en efecto, del criminal secuestro del señor Martín Berrocal, se dijo que el ministro español de Asuntos Exteriores «mantuvo ayer una *entrevista telefónica* con su homólogo ecuatoriano».

Cuando la Telefónica no ha logrado que dos abonados se oigan simplemente, brinda a los ministros, según la televisión, no sólo la posibilidad de hablarse, sino de contemplarse. Algo que tendrá que ver en ello, cabe sospechar, el eficaz puente que entre ambas compañías ha tendido el señor Solana. Seguro que el jerarca americano diría al señor Fernández Ordóñez, entre las cortesías previas: «Lo veo muy repuesto de su reciente operación, de muy buen color». «Tal vez sea halago de la línea telefónica», le contestaría nuestro canciller, «porque me encuentro aún un poco pálido». Estoy deseando verlo para preguntarle si fue neta la visión, o si interfirieron cabezas de señoras y señores que también celebraban entrevistas por el hilo.

Es difícil sufrir con paciencia tantos tarzanes rampando por las antenas del país. Y vienen tres cadenas nuevas... y más de cien radios. ¿Qué aguarda, no a nuestro idioma, sino al simple sentido común de los hispanohablantes?

1990

Lindo

Un expansivo y joven actor cubano ha declarado a un periodista nuestro: «Ustedes hablan un idioma plano; cuando digo que algo es *lindo* o *hermoso* me miran como si fuera de otro planeta».

No parece rigurosamente cierta la lisura actual de nuestro idioma. En efecto, es poco común el empleo de *hermoso*, pero no hasta el punto de que obligue a mirar como extraterrestre a quien lo emplea. Resulta justa, en cambio, la observación referida a *lindo*. No aparece casi nunca en labios o plumas comunes, y, si se atreviera a asomar, provocaría la sonrisa que suscita lo cursi. Aunque pertenezca a nuestro patrimonio idiomático desde hace siete siglos. Procedente del latín *legitimus*, calificaba lo ajustado a ley. De ahí, que pronto pudiera significar 'puro' y 'bueno, cabal o perfecto', (el primero de estos sentidos aún perdura en buena parte de América), y se aplicase también a «toda cosa que contiene en sí su proporción natural con hermosura y belleza», según definía Covarrubias a principios del XVII.

Pero *lindo* tiene en su cuerpo fónico algo de lindo, evoca finura no poco finústica. Los creyentes en el lenguaje natural han atribuido siempre al sonido *l* la expresión de lo blando, lo leve y lo grácil; y al de *i*, la propiedad de significar lo diminuto, cariñoso e íntimo. Ello fue culpable, tal vez, de que el sentido definido por el gran lexicógrafo áureo se desviara hacia lo fililí. Evidentemente, en su tiempo, ya era vocablo más propio de mujeres que de hombres; pero éstos no lo rehuían por sistema, y lo empleaban, por ejemplo, para ponderar la belleza de las damas. Aplicado el adjetivo al varón, lo tildaba de serlo poco, de tender a fémina. Una heroína lopesca dice de un pretendiente que es «un *lindo* todo alfeñique, / hecho mujer con bigotes».

Con esta falta de unanimidad en el uso, la palabra estaba sujeta a empleos veleidosos. Podía calificar sin malicia alguna: un zapato o un ingenio *lindos* lo eran; pero podía añadir ironía a una excusa o a una mentira *lindas*. La gitanilla Preciosa «se holgaba viendo a su tierno amante tan *lindo* y tan despejado ladrón». Con

¡*Oh qué lindo* o *qué lindico*!, se expresaba burlonamente la sorpresa o extrañeza.

Venía, pues, a ocupar toda la gama semántica en que hoy reina de modo exclusivo *bonito*, voz que alternó primero con *lindo*, y acabó desplazándolo en España. Podía generalizarse porque su empleo no era sólo propio del habla femenil, como no llegó a serlo *lindo* en América, donde, tal vez a causa de ello, perduró. Es hecho curioso que, al igual que ese adjetivo, *bonito* haya llegado a su significado estético en conexión con la bondad (se trata, huelga decirlo, de un diminutivo de *bueno*).

Maravillosamente se atribuía también lindeza a quienes empedraban su lenguaje con palabras entonces sorprendentes y pedantescas. El Don Diego de Agustín Moreto es lindo, entre otras cosas, porque habla un lenguaje inusitado. También en una comedia de Lope se habla de «un lindísimo mancebo / de estos que dicen *acción,* / *en sustancia, reducción* / y todo vocablo nuevo». Porque, entonces, esos vocablos hoy comunes sonaban a extravagancia, al igual que muchos de los que ahora chocan serán de curso legal muy pronto tal vez.

Pero, entre tanto, no renunciemos a llamar *guays* a los que otrora *lindísimos* (porque no perdamos de vista ese *guay* juvenil, que incluye, aunque desbordándolo, lo bonito): son los que hinchan de viento el idioma, o inflalenguas. He aquí una muestra breve de cómo actúan.

Si alguien carece de prestigio, o, simplemente, no es conocido en un determinado ámbito, se dice que «le falta *incidencia*» en él, según se ha sentenciado del nuevo ministro de Trabajo respecto del mundo laboral. Este verbo *incidir* puede ser *emblemático* –ahora se llama así lo representativo– del modernísimo guay; no sólo sustituye a *influir* («El precio de la carne *ha incidido* poco en el IPC de este mes»), sino a *coincidir* («Las autonomías *inciden* todas en la misma demanda»), *ocuparse de algo* («El orador *incidió* en el problema de la vivienda»), *afectar* («La contaminación *incide* especialmente en los asmáticos»)...

Axial es también el empleo de *contexto*. Leo que la actuación de un juez de Valencia no fue correcta, dado «el *contexto* en que se desarrollaron las declaraciones de los implicados»; o que, «en otros *contextos*, lo imputado no sería reprobable». Era, hasta no hace mucho, un vocablo que empleábamos en Lingüística para designar el contorno que rodea a una determinada unidad, dentro del cual adquiere su valor (permite diferenciar, por ejemplo, los significados de *regla* en oraciones como «Le dio con la *regla* en la cabeza» y «Ya está todo en *regla*»); y la situación cultural o social que el hablante y el oyente deben compartir para que su mutuo entendimiento sea posible (se engañaría mucho un *conservador* dando un cordial abrazo correligionario a un conservador soviético). Pero los lindos actuales se han apropiado del tecnicismo para designar con él las *circunstancias*; pruébese a poner tal palabra en lugar de *contexto*, y se verá qué exactamente coinciden. Sin embargo, ¡resulta ésta tan exasperadamente bonita!

Como farolillos multicolores alegran también el aire de ese lenguaje nocturno los verbos que, sobre modelos ingleses o franceses, adoptan un *-izar* como cola suntuosa: *concretizar* por *concretar*, *objetivizar* por *objetivar*, *culpabilizar* por *culpar*; *optimizar* por *optimar*; *ilegitimizar* por *ilegitimar*; *priorizar* por *dar prioridad*, *liderizar* por *liderar*, *depauperizar* por *depauperar*, y tantos otros.

Fundamental para sentar plaza de guay avanzado es emplear los vocablos en sentidos corridos poco o mucho de significación. En vista de que la señora Thatcher puso menos objeciones en Dublín a la unidad europea, se ha escrito que «se mostró menos *beligerante*»; con menos lindeza se hubiera dicho *intransigente*. Se atribuye a nuestro Presidente haber afirmado (aparece entre comillas) que dicha señora «*ha llevado a cabo* un paso sustancial»; de *haberlo dado*, no sería nada guay. Aún más arcaico hubiera resultado el señor García Damborenea si, en lugar de estar *inmerso* en un expediente disciplinario, se hubiera limitado a estar *sometido* a tal formalidad.

Como verá el mencionado actor caribeño, no es tan plano el lenguaje de la Madre Patria; simplemente, preferimos lo guay a lo lindo. Aunque hay informadores que participan de ambas escuelas; así, quien transmitió el último partido Atlético-Madrid, mientras se alindaba como un ángel (con el «*restan* seis minutos para el final», por ejemplo), no vaciló en afirmar ancestralmente que un delantero remataba «de una manera muy *feble*». En todo hay eclécticos.

En un minuto

Curiosamente, TVE parece satisfecha del idioma que emplea. Uno de sus portavoces, en un debate sobre el lenguaje en los medios de comunicación a que asistí recientemente, arguyó, ante objeciones mías, que la expresión de la emisora responde al uso actual, y no a antiguallas; que gran parte de los dislates no son atribuibles a sus profesionales, sino a la multitud de los entrevistados o invitados a hablar ante las cámaras; y que otros son resultado de la prisa.

Así, pues, el más potente de nuestros medios no ejerce una autocrítica que permita sospechar propósito de enmienda, a diferencia de otros menos poderosos, hablados y, sobre todo, escritos, que manifestaron su procupación por la elocución clara, sencilla y compartida. La poderosa, como es normal, desdeña.

Obviamente, hay deslices idiomáticos absolutamente disculpables, sobre todo ante el micro. Contando la respuesta de la ministra portavoz del Gobierno a la pregunta de un periodista sobre la imaginaria dimisión del ministro de Cultura, una locutora (no de TVE) dijo que el rumor se había comentado con «jugosidad» en el Consejo, en vez de la «jocosidad» de que habló la señora Conde; cometía un lapsus accidental, achacable quizá al desconcierto que le produjo leer cómo asunto tan grave (la demora en cambiar el Gobierno, que una gran parte de los ciudadanos juzga excesiva), fuera celebrado en la Moncloa con risotadas.

Ya es menos justificable que, ahora sí en TVE, se siga hablando constantemente de la crisis *petrolífera*, cuando resulta obvio que debe decirse *petrolera*, ya que *petrolífero* es lo 'que contiene o produce petróleo'. Como también soprende que, en un noticiario reciente, se afirmara que «Bush ha perdido varias *gobernaturas*» (por los gobiernos de varios estados). Y causan cefalea sus anglicismos superfluos, como el extravagantemente empleado al informar de que una fábrica incendiada «no volverá a *ser operativa* hasta la primavera». ¿Contaría eso así el común de los hispanos, o diría más bien que esa fábrica «no volverá a funcionar hasta la primavera»? Es demasiada la presunción de TVE si se cree incorregible.

Son las tonterías constantes o las novedades gratuitas lo que suele ocuparme en estas crónicas. La sandez reiterada acaba instalándose en el idioma, anulando matices normalmente correspondientes a diferencias conceptuales que el español posee y, tal vez, comparte con otras lenguas de cultura. Muchos medios de comunicación no reproducen lo que es natural en la lengua moderna, sino que fuerzan a hacer natural lo que es contra natura, y a perder o a sustituir modos expresivos de superior precisión.

Confieso mi simpatía por la televisión de la Comunidad madrileña; trajo frente al monopolio de la estatal una frescura nueva en sus noticiarios, y trató asuntos que la otra evitaba. Poco más veo de ella –ni de ninguna–, salvo tales noticiarios, y las sabatinas futbolísticas, cuyo pertinaz aburrimiento alivia el sillón. No son muchas las prevaricaciones idiomáticas en lo leído por sus locutores; estremece, en cambio, lo que dice el habitual narrador de partidos.

Con todo, el principal locutor de los informativos nocturnos practica tenazmente lo del «punto y final», con ese absceso de *y* que pica en el oído. Y acostumbra a interrumpir la lectura de noticias con advertencias como ésta: «*En un minuto*, les contamos lo que sucede en el Golfo». Quiere decir que aguardemos un minuto, sin escapar de la emisora con el mando a distancia; y que, vaciada una alforja de anuncios, será saciada nuestra impaciencia por saber qué ocurre allí.

Pero no es eso lo que sugiere normalmente la preposición *en* seguida de una precisión temporal. Asegurar que un trabajo se hará *en dos meses*, significa que se emplearán dos meses en realizarlo, no que se empezará cuando hayan pasado dos meses. Por tanto, lo que TVM avisa a sus adictos es que se dispone a informarles de qué ocurre con tanto tanque y tanta fragata, tardando sólo un minuto en hacerlo. En un santiamén, como quien dice. «Pasado un minuto», o más simplemente, «dentro de un minuto», lo diría inequívocamente, y mejoraría el trabajo de tan discreto informador, y el buen hacer general de la emisora.

Del cual disiente el aludido locutor de los sábados balompédicos: cumple bien con la misión de barrenar el idioma, asumida por muchos informadores deportivos. De poder oírlo Don Quijote, creería que era aragonés porque, mucho más tenazmente que Avellaneda, omite los artículos (cosa que, en modo alguno, es rasgo de Aragón): se evaporan en su dicción, y no comparecen cuando se aguardan. Así, confirmando lo que vemos, afirma: «Villarroya corre por banda derecha», «Soler gana línea de fondo», «Butragueño dispara con pierna izquierda». Esa succión del artículo causa un vacío en el vientre, que llega a producir angustia, pues no da tiempo a reponerse: más de cuatro extracciones de *el* o de *la* llega a hacer *en un minuto*.

A cambio, proporciona sobresaltos con artículos inesperados, ya que, sistemáticamente, da en la flor de convertir los enunciados del tipo «despeja Juanito» o «despeje de Juanito», por «el despeje de Juanito». Y así, la visión de las jugadas va acompañada de una letanía de atributos: «La entrada de Nando», «El salto de Tomás», «El saque de Zubizarreta», «El despeje de Sanchis», «La carrera de Laudrup», etc., etc. Parece claro que intenta compensar con estas construcciones la poda en las otras. Pero eso, lejos de calmar la aflicción abdominal, la redobla.

Otras varias invenciones se deben al singular comentarista, pero el espacio sólo permite trancribir algunas; lo hago *en un minuto*: «El ambiente está a flor de piel», «Futre está fuera de toda perpendicular», «Gordillo se marcha en velocidad», «Nos informa nuestro compañero, que está a pie de césped», «La jugada ha sido no falta». Y, por supuesto, el omnímodo empleo de *sobre* («El agobio *sobre* la portería del Barcelona»), y la permanente confusión de la *envergadura*, o longitud de los brazos extendidos, con la estatura: «Parece mentira que, con su escasa envergadura, Baquero salte tanto». ¡Qué haría si tuviera los brazos más largos!

¡Santiago, y cierra, España!

En la barra de la cafetería oigo que un vecino de taza dice a su acompañante: «Antiguamente, hoy era fiesta en toda España». *Hoy* es el 25 de julio. Y *antiguamente*, sólo muy pocos años, cuya cifra, de un dígito, no me molesto en comprobar. Claro que quien hablaba era ofensivamente joven, y cuatro o cinco años atrás lo remitían a una profunda antigüedad.

Lo envidio, porque sólo sentimientos melancólicos me ha inspirado este soso día de Santiago, que ha pasado inadvertido, cada ciudadano en nuestro trajín, mar o monte, y todos con su calor insoportable a cuestas. Salvo en Galicia, en Compostela, claro, donde se ha celebrado la quema anual de la bandera mientras el Príncipe pedía al apóstol que mantenga las raíces del ser profundo de España.

Habrán celebrado su santo los innumerables Santiagos, Diegos y Jaimes o Jaumes, como testimonio de que alguna raíz sí comparten, pero con menos conciencia cada vez de que es la misma. Y el día siguiente, compruebo en un periódico nacional que tampoco están muy claras las circunstancias de esa raíz, que hicieron del hijo de Zebedeo patrono de toda la nación. Porque asegura: «El viejo grito de las batallas de la Reconquista, en que los guerreros cristianos pedían la ayuda del apóstol para *cerrar España*, no era, en definitiva, sino la manifestación ritual, mágica incluso, de llevar adelante ese proyecto». ¿Qué proyecto? ¿El de completar la Reconquista y rematar los muros de la nación, taponando las brechas sarracenas? Parece que sí, pues el articulista añade: «La toma de Granada en 1492, lo hizo realidad después de ocho siglos».

No menos sorpresa me produjo escuchar en un solemne acto público a un celebrado escritor y orador, su deseo de que el viejo grito *Santiago, y cierra España*, se sustituyera por el de pedir que la abra, para que se acabe el oscurantismo que tanto nos ha dañado secularmente. Cuando, al concluir, le advertí que cerrar no significaba lo que él creía, me aseguró que no lo ignoraba, pero que daba mejor sentido para su intención interpretar tal verbo como echar llave y cerrojo. Piadosamente no creí que lo supiera, pues la ignorancia se absuelve mejor que la tergiversación o el engaño adrede.

Pero ya Sancho Panza manifestaba el mismo desconocimiento cuando pregunta al Caballero: «Querría que vuesa merced me dijese qué es la causa por que dicen los españoles cuando quieren dar alguna batalla, invocando aquel san Diego Matamoros, *Santiago, y cierra España*. ¿Está por ventura España abierta, y de modo que es menester cerrarla?». Don Quijote le contesta: «Simplicísimo eres, Sancho» (II, 58), pero no se lo aclara. Deja que la pregunta quede como mera necedad de Sancho, porque no juzgaba necesario explicar algo tan obvio.

Por los testimonios anteriores, parece que ahora sí es necesario aclarar qué significa aquel exhorto guerrero. He aquí cómo lo explicaba el Padre Mariana: en la batalla de Clavijo (a. 844), dice: «Los nuestros, con gran denuedo acometen a los enemigos y cierran, apellidando a grandes voces el nombre de Santiago, principio de la costumbre que hasta hoy tienen los soldados españoles, de invocar su ayuda al tiempo que quiere acometer» (VII, 13).

Que tal invocación se producía lo prueba el *Cantar de Mio Cid*: en el fragor de la batalla, «los moros llaman Mafómat y los cristianos santi Yague» (v. 731).

En cuanto al sentido de *cerrar*, es neto: equivale a atacar. J. Corominas explica bien cómo tal acepción derivó del cerramiento o agrupamiento de fuerzas antes de entrar en la lucha. Y se mantiene aún en la frase *cerrar con* uno, es decir, atacarle.

Eso es, pues, lo que significa la hoy enigmática expresión: era una invocación de los combatientes al apóstol para que ayudara, y una exhortación a sí mismos, que son España, para acometer con fiereza. Una especie de sacudida al propio ánimo para que se fundiera, con el de todos, en un ímpetu incontenible. Muchos equipos deportivos practican hoy esta misma forma de sugestión.

Suele escribirse ahora la espoleante frase sin vírgula ante el vocablo final: *Santiago, y cierra España*. Pero va a hacer cien años que Rufino José Cuervo, aquel gigante colombiano de nuestra filología, dejó claro que España es un vocativo, y que, por tanto, debe precederle coma. En cuanto al verbo *cierra*, va en imperativo; sirva de testimonio este verso de Ercilla en *La Araucana*: «Gritando: ¡Cierra, cierra, España, España!». O estos otros de Quevedo: «Con Santiago en la boca solía España / salir a la campaña / diciendo en todo estrago: ¡España, cierra! ¡A ellos, Santiago!».

La última pieza supuestamente enigmática del exhorto es la conjunción: «y cierra...». El propio Cuervo explicó cómo es la misma que aparece en frases como «¡Ánimo, muchachos, y a ellos!»; «¡Un trago, y a correr!». Rodríguez Marín, por su parte, anotando el *Quijote*, añade otros usos coloquiales, y abundantes textos escritos antiguos, como la maldición que Lázaro de Tormes echaba al segundo de sus amos, el avariento cura de Maqueda: «San Juan, y ciégale». O esta otra petición, en el *Don Clarisel*, de Urrea: «¡Ay, Dios, y ayuda a tan buen caballero!». Se trata, pues, de una conjunción sin función copulativa; no une, sino que refuerza emocionalmente una estimulación vehemente, y vive plenamente en el lenguaje actual.

Todo esto es lo que Don Quijote no aclaró a Panza, porque entonces, y menos para un caballero, no precisaba aclaración. Hoy abundan los Sanchos, que, ante aquel grito legendario, se desconciertan buscando algo que cerrar. Ni siquiera consultan el Diccionario académico, donde leerían en la acepción 30, que *cerrar* significa 'trabar batalla, embestir, acometer'.

El desuso, por fortuna, de tan belicoso grito, ha hecho que se olvide ese significado de tal verbo. Y aunque no es cosa de rehabilitarlo para que resuene en los estadios cuando desfallecen, como suelen nuestras selecciones nacionales, sí parece propio que se le deje en paz, o, si se menciona, que no sea para hacerle decir lo que no dice.

Relax

Hace pocos meses se publicó el «libro de estilo» del gran rotativo norteamericano *The Washington Post*: algunos periódicos españoles dieron cuenta del riguroso código deontológico que en él se establece para garantizar la pulcritud de las informaciones, pero nada se dice –yo no lo vi– acerca de sus exigencias en el empleo del lenguaje. Tal omisión indicó que desde aquí esa cuestión no se juzgaba noticiable e interesante. Y, sin embargo, las consideraciones idiomáticas ocupan bastante más de la mitad del libro.

Éste, del que ha sido responsable Thomas W. Lippman, se abre con una elemental observación: «Las palabras son la materia prima de la información». El diario se destina a lectores de muy variados intereses y diverso nivel cultural, lo cual impone la precisión de exactitud y claridad. Es necesario comunicar la información, advierte, sin que distraiga o perturbe la forma de hacerlo. Sin olvidar tampoco que el periódico pasa por los ojos de muchas personas cultas, las cuales aguardan, dice Lippman: «que nos mantengamos en un alto nivel de uso del inglés. El rigor del estilo constituye una parte de la calidad excelente que los lectores tienen derecho a esperar».

No faltan en los medios de comunicación españoles los libros de estilo; alguno he contribuido a componer. Suelen hacer recomendaciones sensatas, que serían más eficaces si se consultaran más. No se escribiría tanto, por ejemplo, que un acusado «fue absuelto por falta de *evidencias*», en vez de «por falta de *pruebas*». Tampoco se repetiría que «se *escucharon* disparos por la noche», haciendo sinónimos *escuchar* y *oír*. Ni se diría «*en relación a* estos hechos», cuando la relación se establece *con* ellos.

Pero, claro, los libros de estilo no pueden preverlo todo; parten del supuesto de que los redactores cuentan con un dominio básico de su idioma, en el que no dudan. No sospechan que se pueda escribir (en un gran diario nacional): «En el pavimento de la calle Libertad del onubense pueblo de Cala, su alcalde ha decidido colocar cinco losetas con *anagramas* del PSOE». Hasta cinco veces se repite *anagramas* en la noticia para nombrar el símbolo o *emblema* del puño y la rosa. Es imposible adivinar que un redactor ignora que eso designa la palabra constituida por las mismas letras que otra, en orden diferente; no sólo invirtiéndolo (*Roma-amor*), según dice el Diccionario ateniéndose a la etimología, sino alterándolo de cualquier otro modo: recuérdese el feo y célebre *Avida dollars* que André Breton asestó al pintor de Cadaqués.

Un lector me envía, con todos los requisitos que garantizan su veracidad, esta breve relación de noticias espectaculares escuchadas por radio o televisión: «El ministro afirmó que sólo con la coordinación internacional se podrán *asentar* duros golpes al terrorismo internacional»; «Las cantidades (de divisas) que se pueden sacar por el procedimiento del maletín son *efímeras*»; «El señor Gil-Robles ha manifestado que debe defender al pueblo de las *inclemencias* de la Administración»; «Un frente frío que afecta *tácitamente* a todo el Norte de España»; «A Butragueño no le gusta hablar de su vida *intrínseca*»; en un pueblo vasco, a causa de la pertinaz sequía, el párroco ha decidido sacar en *prerrogativa* la imagen de su santo Patrono. Y, narrando una carrera ciclista: «Al final, el fugado *sucumbió absorto* por el pelotón».

Pero yo leo en periódicos cortesanos de este mismo mes: «El candidato a alcalde de Talavera se dedicó a hacer *trapichonerías*»; «Un concejal ha hecho un pacto *subterráneo* con el PSOE»; «La policía *da escolta* a la puerta de la clínica por temor a un atentado»; «El SED (un partido alemán) *acelera* su cambio de rostro; para ello va a cambiar de nombre». Un desventurado, a quien se había *dictaminado* un infarto, murió por falta de atención en un hospital de la Seguridad Social; quizá se hubiera salvado si, en vez de dictaminárselo, se lo hubieran diagnosticado. Y la metáfora según la cual se llama *flecos* a las cuestiones menores que quedan pendientes en una negociación, ha determinado, hace pocos días, que, en la Ley de Ordenación del Sistema Educativo, es decir, la LOSE, «queden aún algunos *flequillos*»; resultará más mona si se los rizan.

Repito: nada de esto es previsible en un libro de estilo. Procede de ignorancia, las más veces; y otras de lo que llaman los lingüistas laxismo o, en castellano mondo, dejadez. Multitud de profesionales de la palabra parecen usarla tumbados bajo un cocotero, adormilados con un feliz sopor satisfecho. Es decir, haciendo *relax*.

Oí por primera vez este vocablo en el jardín de un hotel puertorriqueño; hace muchos años, mientras, sentado ante un velador, me tomaba una piña colada. Cierta dama que reposaba en una tumbona, me invitó amablemente a ocupar otra próxima a la suya, porque tendría –eso me dijo– «mejor relax». Lo hice y, en efecto, me sentí cerca del éxtasis. No sospechaba que ese término inglés, de estirpe latina, cruzaría tan impetuosamente el Atlántico, y que su sentido contagiaría a nuestros *relajar(se)*, *relajación* y *relajamiento*. No era difícil, pues del latín habían recibido en español estas palabras el contenido genérico de *distender*; y desde siglos se usaron para significar *aflojamiento* (incluso de vientre), alivio en el trabajo y esparcimiento del ánimo. Pero también *corromper(se) las costumbres, enviciar(se)*. Esta última acepción, tenaz en el lenguaje de los moralistas, era dominante. La usaban también los médicos, al pedir al paciente de carnes tensas por el miedo que se *relajara*.

Pero la anterior prevalecía; decir de alguien que *se relaja*, suponía acusarlo de flojera moral. Y si tenía costumbres *relajadas*, lo mejor era desaconsejarlo como amigo a los hijos. De ahí provino el *relajo*. Pero he aquí que todo eso ha quedado redimido y hasta ennoblecido por el influjo benevolente del inglés *relax*; esta lengua, de manga tan ancha, ha prestigiado ya otros vocablos castellanos torvos, como *rutinario* o *agresivo*.

Y así, *relajarse* se ha constituido en el ideal psicohigiénico de nuestro tiempo. Todo el mundo cifra su ilusión en estar relajado. Hasta lo recomiendan, y cuánto, los entrenadores deportivos a sus muchachos, en lugar de la furia de antaño. Y, claro, lo practican con esmero quienes, al hablar o escribir, debieran tensar las neuronas. En lugar de eso, les entra a muchos la apatía, haronean, y se abandonan al laxismo desenfrenado que culmina en el ronquido. Pero ¿sólo sestea en eso nuestra vida nacional?

Verde

Muchas veces he hecho ya la necrología de vocablos que gozaron de sólido arraigo, y que han pasado a mejor vida en el neoespañol; ninguna tan justificada como la de *verde*, que, en su acepción de 'obsceno', ha sido barrido del lenguaje más joven. Lo he verificado ante un grupo de muchachos y muchachas; algunos sabían qué era un *chiste verde*, aunque aseguraban que eso no pertenecía a su hablar; pero ya se despistaban ante el sentido de 'viejo verde' o de 'película verde'. Si tal acepción no da encefalograma plano, está muy cerca de darlo.

Se extingue así aceleradamente la existencia de un uso muy español de tal adjetivo, que empezó a manifestarse en el siglo XVII. Se desprendió del tronco general latino que oponía la *verde juventud*, con sus atributos de fuerza, alegría y vigor, a la madurez y a la senectud, épocas de sazón y sensatez. Al viejo o vieja hostigados por el tiempo, pero que aún conservan un residuo juvenil, se les llamó en las lenguas románicas *viejo* o *vieja verde*, y se habló del *verdor* de su vejez, sin que ello connotase malicia: era sana su ancianidad.

Pero como es señal de lozanía la manifestación o afectación de actividad erótica, *verde* se cargó de ironía a finales del quinientos, para calificar a personas que, por sus comportamientos extemporáneos, resultaban escandalosas o risibles. De un individuo dice Castillo Solórzano que «era viudo y algo *verde* de condición, muy servidor de damas»; y Salas Barbadillo se refiere a «dos tías viejas *verdes*, que, en vez de refrenar sus inquietudes, aumentaban alas a su desenvoltura y ardores a su fuego».

Ese camino hacia el significado pleno de 'lascivo' se abrió más a lo largo del XVIII, y el *Diccionario de Autoridades* definía en 1739: «*Viejo verde* llaman al que mantiene o ejecuta algunos modales y acciones de joven, impropios de su edad». Esa definición subsistirá en todas las ediciones hasta la de 1817, que cambia así: «*Viejo verde*. El viejo que tiene las acciones y modales de mozo, especialmente en materias alegres». Ello daba fe un poco menos pudorosa –aún mucho– de que la acepción estaba plenamente instalada en la lengua.

Pero, insistimos, sólo para calificar a personas. En los Siglos de Oro, se llamaba *libro verde* al que daba cuenta de las historias familiares, descubriendo no pocas veces pasados deshonrosos; célebre había sido el *Libro Verde de Aragón* (1507) donde un judío aireó manchas ocultas en abundantes linajes de aquel reino. El mismo nombre recibían los autores de tales libelos. Gracián, hablando de las diversas transformaciones que el mundo conoce, afirma que «la prostituta se hace celestina, el matón para en maestro de esgrima y el infame en *libro verde*», es decir, en infamador. Los chistes, cuentos, libros obscenos no eran verdes, sino *colorados*. Lo atestiguan desde Gonzalo Correas, en el seiscientos, hasta los Diccionarios académicos. El de 1803, por ejemplo, aseguraba que era *colorado* «lo impuro y deshonesto que, por vía de chanza, se suele mezclar en las conversaciones de gentes de poca crianza». Y así continuó hasta que, en 1939, se suprimió tal definición, y se remitió para ese significado a *verde*.

De adjetivar a personas, había pasado, pues, durante el siglo XIX, a aplicarse a todo lo libidinoso, desplazando al otro color. Gallardo, por ejemplo, asegura de un poema que es «sátira libre y *verde*, digna del Aretino»; Selgas dice de un personaje que «posee un repertorio escogido de cuentos sumamente *verdes*». Tan triunfante fue ese sentido que los académicos lo antepusieron en 1852 al aplicable a personas, parafraseándolo de esta manera: «Libre, inmodesto, obsceno; se aplica –añaden– a cuentos, escritos, poesías, etc.».

Estos empleos, tan vivos hasta ayer mismo, son los que se están extinguiendo, como puede comprobar cualquier vigía del idioma. Naturalmente, no se trata de un mero accidente léxico, porque esas acepciones desaparecen sin dejar sustituto. Se desvanecen, simplemente; y ello es síntoma de que se están quedando sin función. Sería tarea de sociólogo más que de lingüista averiguar las causas; la más elemental, y tal vez verdadera, puede ser que lo lascivo ha dejado de merecer calificación especial, para fundirse con lo normal que a nadie sobresalta. Tras anunciar que van a contar un chiste, muchos esperan hoy que sea acogido igual un inocente juego de palabras que una tremenda lubricidad: se estima que ningún oyente va a sufrir en su pudor (sería descalificado) por lo que oiga.

Insistí, sin embargo, con los mozos y mozas que me informaban: de algún modo tenían que calificar al hombre o a la mujer maduros que se insinúan con ellos, o los persigue o solicita lúbricamente. La respuesta fue unánime: son *viejos guarros*, *tíos guarros*, *gua-*

rrones o *guarronas, guarrindongos* y *guarrindongas*. A nadie escapa el formidable desprecio que alienta en esos términos. El viejo y la vieja verdes eran vistos con ironía no enteramente descalificadora: se les miraba con sólo malicia e irrisión. A los nuevos españoles les merecen asco: tales individuos son sólo guarros.

¿Manifiesta esta palabra una actitud moral superior? Lo inmediato es contestar que sí, que son más sanos estos muchachos tan despectivos con los viejos aquejados de inmoderación sexual. Creo, con todo, que tal impresión debe matizarse. Más bien cabe pensar que, tras ese desdén, late la repulsa hacia quienes anhelan fuera de edad lo que a ellos sólo pertenece como normal, lo que ellos dicen y hacen sin considerar que cometen transgresión culpable. El senecto que merodea en torno a una joven con pretensiones de muchacho, la senecta que se insinúa con un adolescente, el viudo y la viuda que procuran ventajosa sustitución para lo que se comió la tierra, practican, sencillamente, la guarrería.

Es, sin duda, una actitud moral, pero de otra moral. Que acentúa, por cierto, la distancia impiadosa con que el juvenilismo de nuestros días considera a los mayores. Lo que a ellos no causa sobresalto alguno, constituye infamia cuando lo intentan carrocillas, carrozas y retablos. Tienen, sin duda, razón, pero es otra razón también. Se acabaron, pues, las personas y las cosas *verdes*; aquéllas, o son despreciablemente guarras o se han hecho notablemente ecologistas.

El taco

Es estupenda la variedad de acepciones que ha recibido esta palabra de ignorado origen. El Diccionario académico lo remite a la onomatopeya *tac*, y a ello se inclina también Corominas, sugiriendo que expresa el ruido del tarugo al ser golpeado.

Entre esos muchos significados tal vez fue primero el de 'tarugo para apretar o sujetar algo' (el taco ahora afianza también en el estómago el trago extemporáneo); más tarde designó el «bodoquillo» –según dice *Autoridades*– o pequeño bolo de esparto, cáñamo o papel que se ponía sobre la carga de la escopeta, y que recibía el empuje de la baqueta. De entre otras varias acepciones (por ejemplo, la de «martillo o mazo para golpear las bolas» en algunos juegos, que permitió llamar también así la vara pulimentada del billar), la de «bodoquillo» es, sin duda, la que ha motivado el empleo de *taco* con la significación de 'palabrota': ésta es expelida por el malhablado, cuando se le disparan los humores, como el pequeño burujo impulsado por el proyectil. En la lengua delincuente del siglo XVII, servía para nombrar el regüeldo. Y no poco de eructo tiene el ajo oral.

Por supuesto, el taco nada tiene que ver con las palabras rudas que designan cosas, acciones y personas con muy directo señalamiento. Éstas poseen sinónimos finos o menos hirientes. El «sudor de sobacos» puede ser mencionado en sociedad como «transpiración de axilas», mutando su naturaleza bárbara en delicado accidente. *Sobaco* no es taco, sino rudeza. Como tampoco lo son los múltiples verbos que designan el acoplamiento sexual, hoy sustituidos en gran medida por el atildado galicismo *hacer el amor*, que ha perdido su viejo significado de 'cortejar'. El taco es fundamentalmente interjectivo. Sufre también atenuaciones del tipo «cáspita», «caramba», «demontre», «mecachis», y cosas así.

Cela acuñó el certero término de *piadosismo* para este fenómeno de enmascaramiento, pero la piadosidad o la noñez no sólo afecta a los tacos. ¡*Caracoles!* es un taco piadoso; *hacer pis*, en cambio, que no es una interjección, no pasa de sinónimo fofo de un verbo tan educado como *orinar*.

He asistido recientemente a dos coloquios sobre el lenguaje actual, en sendas ciudades. En ambos salió pronto a relucir, como característica de nuestro tiempo, la abundancia enorme de tacos en la conversación. Han invadido, en efecto, dos territorios que les estaban hasta hace poco vedados; el idioma de las mujeres y el de los niños. En el de aquéllas, se evitaban enérgicamente como signos de feminidad; han sido conquistados ahora por muchas en nombre del feminismo. En cuanto a los infantes, cualquier osadía les dejaba huella en los carrillos. Veo y oigo ahora, a veces, en radio y televisión, programas con niños que apenas balbucean, y no los prodigan menos que en una jornada de remonta.

Imitan, claro es, lo que oyen, incluso en aquellos mismos medios, donde no pocos entrevistados aprovechan el micrófono para vomitar en él; y donde se les ofrecen bullendo en películas y series, españolas en particular, que los concentran para parecer realistas.

Se me preguntó en aquellos coloquios por mi opinión sobre este rasgo de la conversación moderna. Parece inútil descalificarlo en nombre de la urbanidad, concepto ya arcaico. Me acogí a mi propio sistema de valores, forjado en otra época. Habiendo sentido siempre el taco o el palabro como ajenos a la expresión femenina e infantil, no puedo, literalmente no puedo escucharlos en una mujer o en una criatura sin sentir repeluzno. Es como si las viera alteradas y trocadas contra natura. Eso no ocurrirá, supongo, a quienes hayan vivido tal situación sin haber conocido otra.

Pero no es esta cuestión, en que estética y ética andan entremezcladas, la que me suscita más preocupacion. En el taco se coagula un mensaje irreprimible que no admite espera. La emoción que suele producirlo no concede tiempo para formularla con mayor elaboración. Todos experimentamos ese impulso, aunque sean muchos quienes pueden refrenarlo. Un amigo mío se conforma con llamar *imprudente* al conductor que casi lo atropella. Confieso que no hago mucho por contenerme, y que han fallado siempre mis propósitos de enmienda.

Sin embargo, veo con enorme alarma su generalización como hábito, como forma de normal expresión, vaciado muchas veces de emotividad, vehículo simple de lo que no se sabría expresar de otro modo. Testimonio probable de una sociedad con pensamiento tan elemental que no precisa lenguaje alguno para comunicarlo: le basta el eructo oral, tan próximo al regüeldo de los jaques de antaño.

Bien merecidas vacaciones

Ya lo escuché el último sábado de junio, expelido por una linda locutora de televisión, que contaba cómo miles de ciudadanos se ausentaban esos días a gozar de sus *bien merecidas vacaciones*. Acuñación que se repetirá mil veces hasta septiembre. Todo el mundo se las ha ganado, según los medios de difusión, culpables de ese nauseabundo lugar común. Ni un solo pigre que no las mereciera se ha colado entre tanto extenuado. Cuantos escapemos más tarde, las habremos merecido también. Todos, sin descontar uno solo.

Asombrosa absolución la que ese tópico repugnante administra a la infinidad de cosas que hemos dejado de hacer o hemos hecho mal. Esa destilación de la estupidez que recidiva cada verano, y ya empezó a circular aquel sábado, alivió, sin duda, el malhumor de quienes, con el coche a tope de enseres y familia, rodaban como quelonios por los caminos que van a dar a la mar: «¡Lo tenemos bien merecido!». Nos consolará también.

Y qué placer llegar con la conciencia limpia. Qué maravilla hollar esa playa recién maquillada por el Ayuntamiento para que oculte su ajadura del año anterior. O ya marchita, qué más da, si la mente no siente culpa ante estas semanas que a nada obligan sino a alagartarse y a aletargarse.

Sólo aquella nubecilla velará tal placidez: la brevedad del asueto. ¡Cuán corto el placer, cuán largo el currar! Habrá que volver a la brega dura del otoño, del invierno, de la primavera; a la angustia de esos ridículos veinte minutos de abandono del tajo para desayunar, de esos fines de semana que no empiezan hasta el viernes; de esos puentes tan escasos; de esas festividades de las Pascuas que pasan de vuelo.

Pero tantas fatigas nos serán reconocidas por la prensa, radio y televisión cuando el año próximo repitan eso de las vacaciones que tanto nos merecemos, y obren como benéfico detergente sobre nuestros remordimientos.

Absolverán, por ejemplo, a quienes han dado en la flor de llamar *las antípodas* a Nueva Zelanda. El viaje, tan provechoso, parece, del príncipe don Felipe, ha sido devastador para el idioma, porque ha acabado de consagrar este femenino que se inventaron los deslenguados cuando nuestros Reyes recorrieron aquellas tierras.

Ya llamé entonces la atención sobre lo impropio de tal feminización gramatical de *antípodas*, en contra del uso secular del masculino *los antípodas*, y del puro sentido común, pues ese vocablo designa etimológicamente, como dice el *Diccionario de Autoridades* a «los moradores del globo de la Tierra diametralmente opuestos los unos a los otros. Es voz griega que vale tanto como pies contra pies».

Los *antípodas* son, pues, personas, pero los okupas de redacciones y emisoras han pensado que se trata de luengas tierras, de remotas quimbambas, y, más concretamente, de Nueva Zelanda. No estarán dispuestos a creerse que nosotros somos *las* antípodas de los neozelandeses, y que los peruanos, por ejemplo, tienen *otras* antípodas. Pero, si ya han impuesto el femenino a *maratón*, ¿cabe pensar que razonen y se arrepientan?

Como un vocablo es más sugestivo cuanto más raro, éste se ha instalado en el anémico vocabulario de cientos de informadores que fardan con él en instrucciones espeluznantes. Un diario explicaba que «el Príncipe Felipe no ha podido escapar al exotismo de Nueva Zelanda, *las antípodas españolas*». Dios sabe si cree que aquel archipiélago perteneció alguna vez a la corona de Castilla.

Y ya en pleno vértigo por el tobogán de la necedad, la televisión madrileña explicó el 19 de junio que «Ruiz Gallardón es *la antípoda ideológica* de Leguina». Imagino a éste saludando gentil al joven y veterano pepista por los pasillos de la Asamblea: «¿Cómo te va, *querida antípoda?*». Y no sería imposible que, en la campaña electoral autonómica, alegres carteles pendieran de las farolas de la Corte con la consigna: «Votad a *la antípoda*».

¿Les será imposible aprender a nuestros compatriotas de boli y micro que una persona es *el* o *la antípoda* de la que apoya sus pies (*podos*) en el otro extremo (*anti*) del mismo eje de la tierra? ¿Que el conjunto de personas que viven en una punta de un eje son *los antípodas* de los que viven en la otra punta? ¿Que el heredero del trono viaja a *los antípodas*, lo cual, por metonimia, designa también el territorio donde éstos habitan sin necesidad de cambiarle el género? ¿Y que *antípoda*, en el sentido metafórico de *antagonista* o *persona contraria a otra*, será vocablo masculino (*el antípoda*, si es el señor Ruiz Gallardón), o femenino (*la antípoda*, si fuera la señora Tocino)? El señor Leguina es también, por supuesto, *el antípoda* de uno y otra.

¿Cabe mayor miseria intelectual, si estas cosas, antes precisas para ingresar en el Bachillerato, no impiden graduarse en la Universidad? Pues sí, ya lo creo que cabe. Leo hoy, por ejemplo, en un diario nacional: «La posibilidad de cambios en el Gabinete no ha gustado a ministros que no están en la *égira* de Alfonso Guerra». Me he lanzado al diccionario para confirmar que *égira* o *hégira* o *héjira* es la «era de los mahometanos, compuesta de dos años lunares de 354 días..., etc., etc.». Y que empezó a contarse a partir de la huida de Mahoma a Medina el jueves 15 de julio del año 622. ¿Adónde ha huido el señor Guerra, con trascendencia para fundar una era? ¿Qué ministros le acompañaron a su *égira*?

Tal vez el informador quiera sugerir una sutil relación entre Mahoma y don Alfonso. O quizá, simplemente, haya confundido la *égira* con la *égida*, pero lo dudo; si así fuera, se habría referido a los ministros que están bajo su *égida*, esto es, bajo su protección. Si están *en su égira* es que se han fugado con él. Misterios.

Y como no hay drama incapaz de suscitar una sonrisa, he aquí cómo relataba el mismo diario el reciente suceso de la desventurada que murió al ir a sufrir una operación de tobillo: «Falleció cuando estaba anestesiada para practicarle una intervención en el tobillo, producto de una caída». ¿Era el producto la intervención? ¿Lo era el tobillo? Y sigue: «Los médicos de guardia consideraron necesario intervenirla quirúrgicamente, pero no lo consiguieron, ya que la paciente reaccionó negativamente a la anestesia. Ello obligó a intervenir al médico traumatólogo». Ahora está claro: el médico era el producto.

Tal vez, a estas horas, tales azorines y valleinclanes estarán sorbiendo sol y papando moscas en la playa, disfrutando de sus bien ganadas vacaciones. Que las merezcan y las gocen deseo a mis lectores en este tórrido julio.

Adanes

Antes de emprender el viaje de vacaciones, suelo poner orden en mis papeles; de lo contrario, el fantasma de mi mesa montañosa me perseguiría e impediría dormir. Contesto cartas del último trimestre, clasifico separatas, abro paquetes, devuelvo libros a sus estantes, y tiro bombillas fundidas, impresos, bolígrafos secos, catálogos, ofertas, convocatorias; doy por no recibidas invitaciones que olvidé, encuestas y notificaciones. Encuentro gemelos, llaves, gafas de sol, plegaderas que tenía en olvido; hasta una preciosa corbata china pintada a mano, preciado obsequio de una alumna. Y no paro en mi impaciente actividad hasta que aparece, por fin, el tablero de la mesa, el cual me sorprende siempre con un color inesperado.

Entre las cosas recuperadas, pocas estimo más que los recortes enviados por gentilísimos lectores de esta serie, con las estupendas barbaridades que detectan en periódicos y revistas. Suman centenares. Leyéndolos seguidos, se diría que sólo escriben orates. No: son los inevitables locos que nunca faltan en cualquier comunidad.

Tal vez no esté mal aliviar los rigores del verano sacando a la intemperie un tipo especial de alucinados: el de los adanes o inventores de idioma. Con aquellos que se sienten dispensados de emplear el código común, y remedan a Adán, invitado por Dios, recordémoslo, a poner nombre –¡esto es *nominar*!– a las cosas recién creadas. Sólo que estos adánidas los forjan sin necesidad, porque las cosas estaban ya bautizadas y registradas.

Se trata de una actitud bastante nueva ante la lengua; la cual era antes un sistema notablemente estable, y los vocablos poseían perfiles netos que se solía respetar. Al hablar o al escribir, se procuraba hallar la palabra justa, y cualquier error al localizarla se juzgaba reprensible atentado contra la propiedad. Dicho de otro modo: se confería el grado de analfabeto a quien lo cometía. Ahora, los adanes se sientes dispensados de tal cortesía, y acuñan el primer esperpento que se les viene a pluma o boca, con formidable orgullo.

Entre los recortes recobrados en mi actividad ordenadora, extraigo, pues, sólo algunos, reveladores del adanismo periodístico (de paso, recuérdese que adán se define en el Diccionario como «hombre desaliñado, sucio o haraposo»).

Fanático de la exactitud fue el cronista que, hace una semana precisaba cómo, en su ciudad, el termómetro había marcado treinta y seis grados *con seis centígrados*, trayéndonos la preciosa novedad de convertir el centígrado en unidad de medida. De la misma vesania matemática participaba otro corresponsal yacente en los Estados Unidos, el cual puntualizó en su diario que, en una de las preliminares, el candidato favorito sólo había obtenido *el tercio por ciento* de los votos. Ya no es sólo el lenguaje lo que renuevan estos adanes, sino la ciencia misma de los números.

Supimos por otro delirante que una esplendorosa actriz, esquivando el acoso de los fotógrafos que le aguardaban en el vestíbulo del hotel, «se sumió en la *claustrofobia* del ascensor». Así pues, aquella desventurada, por escapar del *flash*, contrajo la torturante enfermedad que, según es sabido, contagian los ascensores.

Mayor es el número de alucinados que ha decidido hacer el vacío a *cohesión*, y escriben (o pronuncian) *coexión* tal vez porque así la juzgan más explícitamente significativa. En efecto, lo que se cohesiona es porque coexiste; y si la coexistencia es íntima, aún le da mayor fuerza esa x de la *coexión*.

Fue un político, antiguo ministro y tal vez futuro, según van las cosas, quien, con el generoso propósito de tranquilizar a la opinión ante un acuerdo del Parlamento Europeo, tal vez avieso para la economía española, escribió, en pleno síncope de la razón: «No hay que dar a la cosa carácter *detrimental*. Quería decir que aquello no ocasionaba detrimento alguno a la economía, y abortó aquel fenómeno digno de ponerle carpa en la feria.

La actividad frenética de lengua y cheque desarrollada por el presidente de un club madrileño de fútbol, trae de cabeza a muchos informadores deportivos, que se hacen eco de cuanto vocea el locuaz prohombre, precursor de la *perestroika*. Y así, uno de ellos dio cuenta de «la *aseguración*» hecha por él, a propósito de no sé qué. El vocablo existió en castellano; ya nadie lo recuerda, y este lunático del boli lo ha reinventado porque se le vino a la lengua por inducción de *afirmación*, *aseveración* o algo parecido.

La droga: he aquí otro gran tema, comparable informativamente con el anterior. La policía busca esos polvos que viajan en suelas de zapatos, vaginas, maletas de doble fondo o suntuosos Cadillacs. Y persigue como puede a los agentes de la plaga. Días pasados, «como *resultancia* de sus pesquisas», desarticuló una red de traficantes. El Diccionario acoge ese vocablo como sinónimo de *resultado*. Su usuario no era, pues, un adán; pero sí un tanto avenado, porque ya es gana de incordiar esa de lanzarse a la *resultancia*.

Tal vez sea el juego la segunda calamidad pública, tras los estupefacientes. Se ha dicho, con verdad casi evangélica, que nuestra nación es una inmensa timba. En la cafetería, el tragaperras canta su musiquilla para recordarnos que está allí; por la calle, se vocea la suerte que nos perdemos si no la tentamos; el jeroglífico 1-X-2 alegra las fachadas de urbes y pueblos. Las radios sortean mercancías, pesetas o viajes entre las legiones de ávidos que telefonean para manifestar su inquebrantable adhesión a un producto. Y la televisión promueve bascas a todas horas, y la náusea desaforada e incontenible con algo que llaman «el precio justo». ¡Cuántos millones de ciudadanos viviendo al higuí! Un escribidor de chaveta estropeada calculaba, días ha, que «la población *jugativa*» puede alcanzar hasta el setenta por ciento (casi el *tres cuartos por ciento*, como diría el otro) de los españoles.

El verano se acerca y nos echa a la intemperie: sol y sal marina pueden destrozarnos la piel. Una especialista en cutis ha recomendado diversos conjuros contra aquel atroz peligro: hay que aplicarse varios zumos y menjunjes, y «proceder a su *secaje*» después de varios minutos.

Por fin –el espacio no da para más–, están los críticos de las diversas artes. Ha habido un concierto en algún lugar navarro, en el cual se interpretaron piezas del Padre Soler; pero los minués «resultaron un poco *pesantes*». No tuvo culpa alguna el intérprete, que se mostró «cómodo en cualquier *literatura* (?), sabio de *registración* y holgado de recursos».

Confío en que mis lectores sigan aumentándome estos tesoros; con el calor agosteño, los sesos hierven y se agrava la esquizofrenia idiomática. Pero ¿por qué se prestan rotativas y micrófonos a tales alunados?

A la moderna ultranza

Los cronistas de sociedad solían emperifollarse antaño con un estilo, más que refinado, relamido. No en vano la sociedad de que se ocupaban era la buena sociedad, de exquisito gusto y ejemplares costumbres públicas. Escribir sobre ella requería que el lenguaje se vistiera de esmoquin y destilara galanuras de léxico y sintaxis. Pasaron, por fortuna, aquellos tiempos del muaré gramatical, y entraron los de la tela vaquera para nuestros informadores de fastos de fuste.

El Príncipe don Felipe está acercándose a la edad de convertirse en novio oficial, y, como siempre ocurre cuando esto pasa en una familia reinante, se han desatado ¿cábalas?, ¿conjeturas? No: *especulaciones*. Un periódico reciente, recogiendo tan urgente actualidad, aludía a dos revistas que «no han perdido el tiempo en *especular* quién conquistará el corazón de la Familia Real española».

A la horterada de emplear el verbo *especular* en esa acepción de 'hacer suposiciones', la cronista, porque es mujer, añade la de forzarlo a ser transitivo, ahorrándose el *sobre* o el *acerca de* que ahí demanda el sentido común: *especular sobre* o *acerca de quién*. Con lo cual se podrá decir, volviéndolo por pasiva, que tal o cual agraciada «es especulada» como futura esposa del Príncipe. Se escribirá, habremos de verlo.

Pero la preocupada periodista añade este andrajo de dril: «Los rumores parecen indicar que la reina Sofía se ha decantado por la princesa noruega (Marta Luisa), una joven sencilla y deportista, educada a la vieja "ultranza real"». Se echa en falta la explicación de cuál sea esa *ultranza*, que ha resultado del concubinato cerebral de *usanza* con la locución *a ultranza*, tal vez porque aquella *usanza* es tenaz y las Casas Reales suelen mantenerla *a ultranza*, esto es, pase lo que pase.

Asombra que tantos cuyo trabajo consiste en contar claro puedan figurar en una nómina expectorando tales secreciones. Como aquel que habló de la *égira* (por *égida*) de Alfonso Guerra. O este otro que atribuye a la coalición IU el haber achacado su derrota en las urnas andaluzas «al *absentismo* de la población media urbana y de los jóvenes». Aparte el enigma de qué sea la población «media», otro cortocircuito mental le hace confundir *absentismo* (ausencia habitual del lugar donde deben desarrollarse actividades de trabajo) con la *abstención*. Pero, pluma en mano, da igual ocho que cuarenta a estos temerarios.

Los cuales han cursado normalmente una carrera, en la que han aprobado exámenes donde se les habían propuesto *temas*. Pero eso no impide a uno de tales universitarios escribir que tal Gobierno vasco va a exigir responsabilidades penales a HB por la filtración «de unos *exámenes* de oposiciones». Aparte de que no se suelen llamar «exámenes» a los «ejercicios» de una oposición, no serían *exámenes* los que se filtraran, sino *temas* de examen. Cuando *tema* abunda hasta la náusea, he aquí una oportunidad decente de aparecer que se le birla.

Nueva sublimidad: la linde de Rosal de la Frontera (Huelva) con Portugal va a poderse cruzar sin documento alguno. Un periódico acaba de hacer, sin embargo, la siguiente salvedad: «Para disuadir del posible fraude, se realizarán controles *episódicos* en caso de sospecha». El lector ha de adivinar que esos controles serán *esporádicos*, pero el informador ha hecho todo lo posible para despistarlo. Otro caletre más donde el idioma malvive en promiscuidad.

Muchas veces he señalado meandros expresivos, rodeos que soslayan la precisión, no porque deseen evitarla, sino porque el escribidor no acierta con el camino recto. Y entonces, el lenguaje rueda por todas las circunvoluciones cerebrales de tales perplejos, y sale así de mareado y retorcido: «Entre los informes favorables (sobre un joven murciano a quien no se indultó) se encuentra el de las propias personas a las que *cometió el robo*». Es decir, «las personas a quienes robó». Pero esto de «*cometerle un robo*» a alguien es un churro churrigueresco más bello que robarle. «Y usted, ¿qué quiere?», preguntará ya pronto el policía en el impasible mostrador de las denuncias. «Pues que me *han cometido un robo*», dirá la víctima mostrándole en el brazo el cardenal del tirón.

¿Y las tundas que tales vareadores del idioma propinan al régimen preposicional? Las muestras que siguen son ora de escribidores, ora de habladores de televisión. «Una nueva construcción se *integrará a la red* de instituciones culturales gallegas»; obviamente, nadie ni nada se integra *a*, sino *en*. «Anguita *insiste que* un acercamiento al PSOE es perder el tiempo»; vuelve a ser *en* la víctima del atentado, ya que debe aparecer tras *insistir* como su sombra, si se explicita aquello sobre lo cual se insiste. «Lo han decidido los ministros que *han participado a* la conferencia de Londres.» No, no es galicista ese *a* por *en*, sino escuetamente analfabeto. «IU no es *complementaria al* PSOE.» Mucho mejor le iría, gramaticalmente quiero decir, si fuese «complementaria de» él.

Producen verdadero asombro la insensibilidad, la desenvoltura, el atrevimiento, la contumelia, la impudicia de tantos y tantos profesionales del idioma, que, metidos en el oficio, jamás cuestionan sus ocurrencias. Ni se les pasa por el magín exigirse un poco de esmero, una pizca de pulcritud. Si amistosamente se les advierte, muchos de ellos reaccionan con la mirada de helado desprecio que les merece lo que llaman «académico». La ortografía, sin ir más lejos, porque hay que ver los *transehúntes*, los *expléndidos* que sus manitas espolvorean por el papel. No hace mucho afirmaba un comentarista de espectáculos que unas rumberas cubanas cubrían sus *exhuberantes* nalgas con brillantes *taparrabos*. Exactamente así; pero el dios de la cordura, que duerme siempre, no le lanzó una flecha con cicuta.

Es la manera de escribir a la moderna ultranza, como diría aquella cronista de las cosas de palacio que admirábamos antes. El nuevo estilo que sustituye al de la vieja usanza. El de *episódico* por *esporádico*, *égira* por *égida*, *absentismo* por *abstención*, y tantas otras cosas que, bien en vano, ensartan mes tras mes estos dardos, tan inútiles, tan inocentes, porque pretenden frenar el Amazonas, contener el diluvio, limpiar de marranadas esta playa donde ha tantos años asesino mi agosto.

¿Tú también...?

Un amable lector ha recortado una página de un escrito mío, y me la ha enviado encarcelando en un círculo la palabra *control*, que empleo en uno de los párrafos. Al lado de la celdilla, esta sucinta glosa: «¡Por Dios! ¡Usted no!». Mi conmoción, al ver eso, sólo fue menor que la de Bruto cuando, puñal en mano, escuchó el *Tu quoque* de César.

Pero ¿por qué yo no? En el Diccionario académico está *control*, palabra tan española como *jardín* o *jamón*, que vinieron también de Francia. El hecho de que sean más viejas no les borra el origen; *control* es voz hermana de ellas, y no se ve por qué habríamos de evitarla, cuando se ha revelado tan útil en todos los idiomas cultos. Ahí están *control* en inglés, *Kontrolle* en alemán, *controllo* en italiano... Todos ellos han sentido la conveniencia o necesidad de abrir la puerta a un término que expresa mejor lo que otros, del tipo *comprobación, verificación, inspección, fiscalización* o *intervención*, no acaban de decir, por exceso o defecto.

La presión del francés en ese ámbito conceptual es ya antigua. En el siglo XVI ocurrió su primer triunfo, al adoptar Carlos I en la corte castellana el cargo borgoñón de *controlador* (francés *contrôleur*, es decir, encargado de *contrôle* o *contre-rôle*, registro doble para verificar con más seguridad los datos), que intervenía las cuentas de la casa real y del ejército. Y ahí sí había claro desplazamiento de un término propio: *veedor*.

Pero *control* ha contado siempre con una ojeriza que no se ha aplicado a galicismos igualmente flagrantes y, tal vez, menos precisos. Se trata de una lucha inútil, pues, como dice J. Corominas, el vocablo ha echado raíces en todos los países de lengua española. Y no es sólo pugna vana, sino inconveniente. Si algo carece de sentido en los comportamientos idiomáticos, es el purismo; pretender que una lengua permanezca inmóvil supone tanto como propugnar la parálisis de sus hablantes. Cada palabra que se universaliza, sea cual sea su origen, constituye una victoria sobre la maldición bíblica de Babel. No es, ni de lejos, una actitud purista la que mantengo en estos «dardos», aunque el lector del «¡Usted no!» parece creerlo. Si algún extranjerismo fustigo es sólo el que obedece a pura sandez, por ejemplo, llamar *mitin* a una competición atlética, como ahora se hace a diario por las televisiones; pero jamás se me hubiera ocurrido combatir la introducción de *mitin* cuando prendieron en España las antes inexistentes congregaciones de público para extasiarse con fervorines políticos.

No he sido alguacilado, en cambio, por una formidable contradicción que alguien me ha advertido con suma piedad. Ya varias veces me he referido al femenino que la «moderna ultranza» idiomática ha impuesto al sustantivo *antípodas*, contrariando su género tradicional: desde el siglo xv, pasando por Cervantes, Quevedo o Lope, los hispanos hemos dicho y escrito *los antípodas*. Pero he aquí lo que, a propósito de tal palabra, escribe mi querido compañero de Academia don Manuel Seco en su imprescindible *Diccionario de dudas*: «Se usa frecuentemente como nombre masculino... También como nombre, generalmente en plural, significa «lugar de la Tierra diametralmente opuesto (al lugar en cuestión)» o, figuradamente, «posición o actitud radicalmente opuesta (a la de la persona en cuestión)». En estos dos últimos sentidos, el género es también masculino... sin embargo, en el nivel coloquial se oye con frecuencia el uso femenino (Vivo en *las antípodas*), que pasa a veces a la lengua escrita». Y aquí se producía el desconcierto de quien me lo ha advertido; el ejemplo que allí se aporta es éste: «Bally se sitúa en *las antípodas* de otro lingüista no menos eminente»; y lo firmo yo, en 1982.

No es que Manuel Seco me achaque nada falso: de ese modo figura donde dice; no necesita comprobarse nada que él afirme. Pero aunque así esté escrito, yo no lo he escrito. Ni siquiera inadvertidamente, porque me hubiera dado perlesía en la mano. Y de nuevo debo apelar a la explicación sencilla, aunque convenza menos que si fuera enrevesada; quien preparó para la imprenta aquel texto, me corrigió pensando que yo andaba demasiado inseguro con los géneros, quién sabe si por la edad.

(Que no alcanza, por cierto, la deducible por cierta noticia inserta en un querido periódico, donde aparezco retratado ante una lápida con que en mi pueblo, derrochando generosidad, han querido honrarme. Se lee en ella claramente que empieza así: «El Ayuntamiento de Magallón a F.L.C...». Pero inmediatamente debajo, el diario transcribe: donde fue descubierta una placa «A la memoria de F.L.C...». Acudí con un sudor frío al Diccionario, por si podía ser atenuada mi asociación del *in memoriam* con ultratumba. Imposible el alivio: de *memoria* se dice que es «recuerdo que se hace o aviso que se da de una cosa pasada», o algo «que queda a la posteridad para recuerdo o gloria de una cosa». Ni siquiera persona: sólo cosa, polvo, ceniza, nada.)

Pero no, no es flaqueza de la edad eso de *las antípodas* sino trágala que alguien me impuso con muy buena intención. Hace poco, escribía un conocido político: «Nunca se puede decir: *de este agua no beberé*». ¿Cómo que no, si él lo estaba diciendo? Tendría que haber escrito: «Nunca se debe decir...»; porque, claro, lo que debe decirse es «*de esta agua no beberé*»; pues bien, afirmo con tozudez que nunca he dicho ni diré *las antípodas* (ni *la maratón*): es agua que pienso dejar correr.

Releo lo escrito, y observo que no es dardo, sino adarga contra lanzadas justas o injustas, que me pusieran en trance de merecer la lápida. Y hasta de que se me *oficie una homilía*, como dijo un gran diario en julio, al dar cuenta del entierro de Miguel Muñoz, seleccionador que fue del equipo nacional de fútbol. ¿Qué idea tendrá el sagaz relator de lo que es una *homilía*? O de qué significa *oficiar*.

Adardear de cosas así no supone purismo, sino liberar cólera o pesadumbre: depende del momento; por una degradación colectiva del sentido común idiomático, cuya expresión más conspicua se advierte en muchos medios de comunicación.

La cumbre, culminada

El neoespañol, ese idioma aún feto pero en prodigioso estado de maduración, va a dar facilidades con que no contaron sus hablantes primitivos, a cuyo tramo final pertenecemos usted, lector, y yo. Una, por ejemplo, es la total libertad para formar palabras partiendo de una cualquiera. Quien lleve el castellano en los genes, juraría que, por ejemplo, del adjetivo *permanente*, derivado de *permanecer*, no puede salir nada, que es vocablo infecundo. ¿Sí? Pues ya hay champús para cabellos *permanentados*, y es palabra frecuente, me dicen, en las peluquerías (supongo que no sólo de señoras, dadas las ondas presuntas que penden de cueros varoniles). Ya que el participio llama al verbo como la sombra a Hamlet, cabe sospechar que los disidentes del pelo lacio dan la orden de rizarse así: «Permanéntame».

El castellano contó desde el siglo xv con dos nombres para significar la actividad de tutor: uno, derivado de esta voz, *tutoría*; y otro, directamente del latín: *tutela*. Pues bien, los incansables proveedores de nuestras televisiones han inventando, sin acepción diferente, *tutorazgo*, que abre el camino a *directorazgo*, *jefarazgo*, *arbitrazgo*...: un horizonte léxico de anchura infinita.

Hay también un producto envasado que posee un tapón *direccionable*. En un Jurado que tenía que comparar méritos de concursantes –me lo contaba un colega–, alguien sugirió que convenía *baremar*; y a ello se entregaron sin demora. La reciente huelga de transportes puso varias ciudades a punto de hambre, entre ellas Pamplona, en donde, según dijo nuestra TV-1, quizá fuera preciso *racionalizar* algunos alimentos. Por el mismo conducto, un dirigente del CDS aseguró que explicar al pueblo el programa de su partido tenía *prioricidad* absoluta; pues si no corren y aun vuelan... Pero hoy he oído en una sacra predicación que los fieles cristianos no debemos *idolatrizar* el dinero. Son, como vemos, formaciones que enriquecen la lengua a muy poca costa; sencillas, además, al alcance de mentes embrionarias.

Tal posibilidad de construir palabras no es la única ventaja que ofrece el idioma nuevo; está también la vaguedad que permite usar vocablos en contextos no tolerados por la intransigencia antigua. Que sólo permitía «contraer» deudas, enfermedades, obligaciones y otros enojos. Pero, según el testimonio inextinguible de TVE, son muy grandes los méritos *contraídos* este año por el Barcelona para ser campeón. *Otorgar* consistía en conceder algo solicitado; no solía ser, por tanto, una tunda; pero, leyendo la noticia de una carrera, el locutor aseguró que a un participante se le había *otorgado* la salida nula. Aseguró otro noticiario que cierto actor «*corrió a cargo* de ese papel»; antes era el papel el que corría a cargo de un intérprete: éste se encargaba de él, pero el papel se limitaba, a veces, a cargarse al intérprete.

Ese idioma no ha salido aún del útero social, pero se notan sus enérgicas patadas, anunciadoras de una vitalidad jayanesca. Y no sólo en los medios orales. Leo en un periódico nacional la estupenda noticia de que los miembros de la misión trinitaria no gubernamental que logró tan sonados rescates en Irak, con el fin de anunciarlos, «se subieron a una mesa para *pronunciar* una rueda de prensa». Si, como decíamos el mes pasado, se *ofician* homilías,

¿por qué no *pronunciar* ruedas? Y más cuando se celebran con los misioneros encaramados en mesas, trampolines o trapecios.

No sólo se otorga el derecho de las palabras al amor libre y a su perfecta promiscuidad; también se crean bellas figuras retóricas. La antedicha cronista de Bagdad refería también aquel momento terrible en que unas declaraciones de nuestro ministro de Asuntos Exteriores pusieron en peligro la operación del intrépido comando; por ellas, aseguró, «los negociadores vieron *temblar* sus gestiones». Esas gestiones temblorosas sólo pueden ser imaginadas por una cinceladora genial del idioma.

Como es igualmente hermosa la variante brindada por ese mismo periódico (donde resplandece diariamente el neoespañol) de la llamada «figura etimológica», artificio consistente en adscribir a un verbo un complemento interno, esto es, un sustantivo de su misma raíz o de significación estrechamente relacionada con la suya propia, según acontece en «vivir una vida disipada» o «dormir un sueño inquieto». Calcando estas acreditadas construcciones, el redactor las lleva al osado extremo de escribir, refiriendo los preliminares de una competición ciclista: «Entre los que piensan *culminar la cumbre* del monte...»; y remacha: «La *culminación* de la cima es un deseo y un reto». Si el latín *culmen* significa 'cumbre o cima', culminar una cumbre o una cima constituye una refinada proeza.

Las recientes elecciones vascas han aumentado el volumen del nonato lenguaje con aportaciones interesantes, siempre liberadoras. Así, un partido «*ha recurrido a* los Tribunales los resultados electorales» en cierta localidad. Era *recurrir* un verbo intransitivo, que significaba 'interponer recurso', o 'acudir a un juez con una demanda'; y se recurría *contra* una sentencia, un fallo o cualquier cosa que no se juzgaba ajustada a derecho. Ya se pueden recurrir los resultados electorales.

Esas elecciones han dado lugar a interesantes reformas de la Gramática misma. He aquí que un periódico distinto del anterior refería: «El líder socialista fue requerido para que le pusiera un adjetivo a su opinión de lo que ha pasado en estos comicios, y usó esta palabra: estabilidad». No cabe desdeñar lo difícil que es calificar una opinión antes de expresarla. Aun así, la Gramática hubiera objetado la inclusión de *estabilidad* entre los adjetivos. Pero como ello no importó mucho ni al señor Jáuregui ni a su cronista (si éste transcribió con fidelidad el requerimiento y la respuesta), es lícito suponer que se están dando patadas a la oración en sus partes.

El desdén que la pulcritud merece a quienes pululan por el lenguaje, se corresponde exactamente con las demás suciedades observables en nuestra vida social. Y ese desdén no cesa: se está culminando la cumbre de la miseria mental colectiva.

En loor de multitud

La locución *en olor de multitud* era aún reciente en 1975, año en que le dediqué uno de mis primeros *dardos* en el inolvidable *Informaciones* de Jesús de la Serna. Ignoro quién la inventó, pero es evidente que estaba sugerida por el clásico *en olor de santidad*. Narrando, en efecto, Teresa de Jesús la muerte de su monja Beatriz de la Encarnación, recoge el testimonio del capellán: «Y así lo dijo a muchas personas que al tiempo de echar el cuerpo en la sepultura sintió en él grandísimo y muy suave olor». También lo exhaló su propio cadáver, y en el convento carmelitano de Alba de Tormes se venera la mesa de piedra en que reposaron los restos de la santa, y en cuyo tablero perciben aún los olfatos piadosos el vaho aromático de la beatitud.

Es señal coadyuvante de predilección divina la del cuerpo incorrupto y glorificado con celestial perfume. De ahí el *olor de santidad* en que real o figuradamente mueren los bienaventurados. (A la inversa, almas también pías comentaron, al morir Unamuno, cómo el fuego del brasero que prendió en sus zapatillas y el olor a bayeta y goma chamuscadas fueron inequívocas señales de su destino.) Fallecer en aquel olor significa, por tanto, recibir, apenas se abandona el mundo terrenal, la bienvenida del eterno.

Todo lo que merece respeto y admiración deja percibir una deliciosa fragancia. Desde la de virtud, que Cervantes adscribe a la Virgen, a la sórdida y atractiva del dinero. Pero, entre todas, por su carácter no metafórico, está la de santidad, consagrada por la locución que nos ocupa.

La cual se prestó a acuñaciones paralelas; desde Fray Juan de los Ángeles a Quevedo, se ha orado para que el Altísimo reciba las plegarias *en olor de suavidad*. Doña Emilia Pardo Bazán habla de alguien que vivía *en olor de honradez*. Pero permite también quiebros burlones, y Larra declaraba que moriría *en olor de malicioso*.

Invenciones perfectamente posibles, éstas y más, ya que, como el *Diccionario de Autoridades* define, *olor* «se entiende de las cosas morales, por fama, opinión y reputación». Pero de las cosas morales se ha pasado a las otras con ese *en olor de multitud*, de éxito tan fulminante, con que se acoge a los populares. Si un suavísimo perfume acompañaba a los muertos como nuncio de su triunfo en el cielo, el *hircus* (nombre latino del macho cabrío y de su olor, que Nebrija identificaba con el de la sobaquina) otorga a los vivos gloria terrenal.

Ése es el olor, aunque atenuado sin duda por la distancia, que Vicente Aleixandre, solitario, aislado, percibe:
«Han pasado los años. Está de pie. Allí abajo, la plaza grande. Y oye...
Olor de multitud. Hombres, mujeres, niños, pasan...».

Pregunté un día al gran poeta qué opinión le merecía la nueva locución como loa y la rechazó riendo. Y es que el énfasis que en ella se pone y que pretende ser tan favorable a quien lo recibe se ve perturbado por esa sugerencia maloliente aneja al rebaño humano. Hace falta mucha asepsia metafórica para alejarla de la mente. Hace poco un lector en carta al director de un periódico impugnaba la expresión alegando «que las multitudes no huelen» (!), «a no ser que éstas se encuentren en el metro o en el autobús en hora punta y en pleno mes de agosto».

Por ello entiende dicho comunicante que *en olor de multitud* procede de haberse tergiversado la locución correcta *en loor de multitud*. De hecho, algunos ya dicen o escriben esto último. Pero el *loor* no ha precedido al *olor*, sino que es invención posterior. Ha resultado del fenómeno llamado etimología popular, por el cual se modifica un vocablo incomprensible en todo o en parte, aproximándolo a otro parecido, con el que no tiene parentesco genético.

Es lo que ocurre, por ejemplo, con la difundidísima forma *curasán* para designar al *croissant* ('luna creciente'), nombre con que los franceses designaron el centro vital de su desayuno, calcando el alemán *Hörnchen* ('media luna'), nombre de un pastel al que habían dado esa forma los pasteleros vieneses, tras una victoria sobre los turcos en 1689. Como el *cruasán*, así pronunciado, no dice nada a un hispano, se ha establecido popularmente su vínculo con *curar*, y hasta con *sanar* y *sano*. Es una manera de darle sentido, pensando en las virtudes reparadoras del sublime hojaldre. Otra etimología popular hace que muchos catalanes lo llamen *cruixant*, asociándolo con *cruixir*, 'crujir'.

Parecido cruce de cables ha ocurrido en el caso de *olor* y *loor*, aunque, en este caso, no porque el primero fuera ininteligible, sino porque se entendía demasiado bien, y parecía contradictorio con lo que pretende significar. La locución fue creada sobre el modelo *en olor de santidad*, como ocurrencia de un inventor sin olfato, y aceptada por una legión de acatarrados incurables. Ahora se intenta corregir las sugerencias molestas mediante el *loor*, que hace mucho más fino. Tendría mayor acierto quien introdujera nombres abstractos, que son inodoros, en la hiperbólica construcción. Ésta admitiría, incluso, gradación. Porque se podría recibir al famoso, o acogerlo, *en olor de repulsión, de frialdad, de indiferencia, de entusiasmo, de frenesí...*

No resulta imposible que la exquisitez del *loor* acabe imponiéndose, pero no como restitución de algo que jamás existió, sino como puro invento. Es correcta su formación, pero tiene en contra lo inusual de ese sustantivo, marginal siempre en el idioma por sus resabios cultos. Del verbo *loar* (pero igual podría decirse del nombre) asegura, con razón, Corominas: «Nunca fue palabra muy corriente, aunque pertenecía al lenguaje noble, y aun podía salir en algún proverbio de estilo elevado». En efecto, Juan de Valdés afirmaba en su famoso *Diálogo* (1535): «Loar por alabar es vocablo tolerable, y así decimos "cierra tu puerta y loa tus vecinos"». Puede tolerarse hoy también, pero no en toda ocasión. Sólo un miembro de esa familia léxica, *loable*, goza de vitalidad.

Se trata, pues, de una etimología popular *sui generis*, porque al revés de lo que suele suceder, aproxima un vocablo tan corriente como *olor*, al periférico *loor*. Tal acercamiento no lo ha maquinado, por tanto, la imaginación colectiva, que suele trivializar (ahí está el *curasán* de nuestras cafeterías), sino más bien la pedantesca que rebusca. Es una etimología seudoculta o petulante. Digna de un natural de aquel pueblo bienhablado del chiste, que llamaba antilopón a su alcalde.

Lenguaje transparente

Refería en el artículo anterior que era reciente en 1975 la locución modal [recibido] *en olor de multitud* prodigada en el lenguaje informativo. Y conjeturaba que, tras inventarla alguien sin olfato, se apresuró a acogerla una legión de acatarrados incurables. Un amable lector me advierte que aquella fecha debe adelantarse treinta años por lo menos, puesto que usó la locución Eugenio Montes en escritos del cuarto decenio. Nada impide que, acuñada tal vez por él, fuese repetida por periodistas adictos a su magisterio, pero que tardara en espesarse su uso los tres o cuatro lustros transcurridos hasta que me llamó la atención. Mi corresponsal hace, pues, una valiosa precisión cronológica, digna de gratitud; pero, a la vez, parece sentirse cómodo con aquel modismo, porque disiente del mal olfato que atribuyo a su probable inventor y a algún otro escritor eminente que cita. No cabe discutir sobre esa cuestión: pero, ¿quién, por excelsa que sea su pluma, está libre del virus catarral?

Si tantas veces he alzado mi queja por las tundas que se propinan al idioma, si he llorado a menudo apoyado en el hombro del sentido común idiomático, hora es de cantar la excelencia de otros momentos estelares que alcanza la lengua informativa, especialmente en algunas secciones de la prensa. Por ejemplo, en las llamadas culturales. He aquí fragmentos de la reseña publicada por un diario madrileño, de un concierto en que la Orquesta y Coro Nacionales interpretaron *La pasión según san Juan*, de Bach: «Pueden señalarse diversidades de tratamientos vocales e instrumentales, de enfoques expresivos y subrayadores; y aun de concepto macroexpositivo»; «Destacaron la versatilidad intencional y la proteicidad del discurso»; «La globalización de esos principios y la preocupación por la permanente calidad lógica de las secuencias imbuyeron propiedad espiritual y adecuación estilística, sin caer en tentaciones animadoras».

Es muy propio expresarse así, y, al leerlo, se recibe impresión tan viva, que parece estar oyendo el memorable concierto. Se trata de una cumbre de la función mediadora entre los hechos y el lector que corresponde al crítico de periódicos. Esa magnificencia verbal puede hallarse en otros muchos lugares de los medios escritos, cuyo mérito es justo resaltar. Hasta en las secciones deportivas, donde ya empieza a emplearse un lenguaje rigurosamente humanístico. Rivalizando con la crónica musical antedicha, y aun coincidiendo conceptualmente en mucho, ha podido leerse, por ejemplo, en otro diario, el relato de un partido de fútbol en que el equipo blanco, se dice, mostró su _juego luminoso_, por el sistema de que cada jugada superase a la anterior. Y ello porque «esta ambición estilística no está peleada con el sentido del equilibrio, que impide a los jugadores caer en un fútbol retórico». No podría decirse más y mejor de la prosa de Fray Luis de Granada. Sólo falta empezar a llamar _perífrasis_ el rodeo que da un jugador con el balón, sin avanzar derecho a meta. Puede denominarse también _quiasmo_ a lo que vulgarmente llaman pared; _oxímoron_ al hecho de que se junten dos contrarios en espera del balón; y _anáfora_ a los ataques o contraataques que siempre arrancan del mismo jugador. El equipo puede ser considerado como un _endecasílabo_, ora _enfático_, si el juego se escora por el lado derecho, con apoyo en las camisetas 6 y 10; ora _melódico_, cuando zigzaguea el balón entre los puntales 3, 6 y 10; o, decididamente, _de gaita gallega_ cuando es el número 4 quien asume el mando. Son inmensas las posibilidades que ofrece el fútbol al ser contemplado a través de considerandos estilísticos. No menos, según acabamos de ver, que los conciertos del Auditorio. Es menester que a los acontecimientos deslumbrantes corresponda un lenguaje de arco voltaico.

Por doquier pueden observarse parecidos esfuerzos para dignificar el idioma de la prensa. Hasta en lugar tan poco relevante como suele ser la sección que, con breves resúmenes de sus contenidos o argumentos, informa de los programas de televisión. Mi admirado amigo José María Stampa, penalista peritísimo, me llamó la atención, hace algún tiempo, sobre este texto referido a un «_videoartista_ neoyorquino dedicado a la experimentación en _videopoema_». He aquí cómo se enriquece nuestro léxico con dos neologismos imprescindibles. La última creación de este videoartista se titula «Sombra a sombra». Es, según el periódico, «una grabación elegía de remembranza y meditación sobre la arquitectura del abandono, como evocación en la poesía de César Vallejo», uno de cuyos poemas «es visualizado con puntillosa precisión generando una integrada imagen poética global».

No cabe mejor modo de meditar sobre el abandono que escrutar su arquitectura; ni mejor manera de visualizar los poemas que hacerlo con exagerado pundonor, ya que en eso consiste ser puntilloso, según el Diccionario. Quienes se inician en la videopoetización habrán aprendido que sólo mediante la precisión puntillosa alcanzarán eso a que aspiran: «una integrada imagen poética global».

Frente a este nobilísimo esfuerzo de la Prensa para elevar la dignidad del lenguaje informativo, acercándolo a lo que se llamó estilo asiático, radio y televisión prosiguen ternes en su indiferencia. Nadie puede discutir la palma del manfutismo a muchos comentaristas deportivos. En su parla, se oyen cosas así: «De poco le sirve al Rayo la victoria *cosechada* el domingo»; como si pudiera cosecharse una sola cosa, un pepino por ejemplo. Siguen confundiendo *señalar* con *señalizar* (que es poner señales), afirmando que «el árbitro ha acertado *señalizando* ese penalti». Y hay que declarar la formidable impericia metafórica demostrada por un comentarista de la televisión madrileña (el cual sigue llamando Baltazar, con zeta de *zurra*, al jugador brasileño, sin enterarse aún de cómo se pronuncia tal nombre), al denunciar la ineficacia del Barcelona en su último encuentro con el Atlético, porque, así lo dijo y lo copié, estaba «manoseando excesivamente el cuero». No es que los barceloneses tocaran el balón con las manos, cometiendo faltas innúmeras, sino que se entretenían mucho con él en sus botas, sin pasarlo a tiempo. Metáforas se han inventado muchas, y algunas de extraordinaria audacia; pero ninguna, puede jurarse, ha ganado en osadía a esa de manosear con los pies.

El tuteo

¿Somos capaces de calcular cuánto ha costado a la humanidad elaborar el código de conducta civilizado que ahora se desmorona? ¿Qué cantidad de doma tuvo que experimentar la especie para que, por ejemplo, sus crías cedieran su asiento en el autobús a los adultos desgastados o a las hembras visiblemente encintas? Nada más simple, en cambio, que ese tirón con que me derribó mi perro al acudir a un olor sexual irresistible; ventajoso, sin embargo, para mi perro, que, al verme en el suelo, vino a lengüetearme el rostro. Lo he recordado hoy cuando, en el Metro, yendo a ocupar un sitio libre, se me ha adelantado de un empujón una niña de siete u ocho años, azuzada por su madre. Al mirarme no era triunfal el destello de sus ojos, sino desdeñoso. No exento, ciertamente, de belleza: la de un animalillo joven contemplando altanero al macho torpe. Todos esos siglos de doma están abocando a un fracaso final. La descarnada lucha, más que por la vida, por la posesión deprisa y a ultranza, aliada con el prestigio de lo natural y de lo espontáneo, entendiendo por tal el empellón y la zancadilla y el todos iguales, pero a ver quién puede más, han supuesto una crisis para las normas que regulaban el trato en la vida social. Normas ciertamente convencionales, incómodas muchas veces, a contrapelo de lo que pide el cuerpo, pero con el mérito de haber sido pensadas en favor del otro. No me refiero, claro es, a las que significaban sumisión a diferencias injustamente impuestas, sino a las que expresaban una voluntad de autocontrol, y a la vez, de respeto a los demás y a sí.

El tuteo, pavorosamente extendido, es una de las manifestaciones más visibles de esa crisis. Al terminar una de mis últimas clases, se me acercó una alumna de fino aspecto; no quiso ofenderme con su pregunta: «¿Has publicado algo sobre esto que nos has dicho?». Ya era incapaz de entender la diferencia entre nuestros respectivos papeles sociales. No hace mucho, la televisión transmitió en directo la jornada de un servicio hospitalario de urgencia. Llegaban ambulancias con heridos, taxis con enfermos graves, y acudían a recibirlos enfermeras y enfermeros, con palabras solícitas: «Pero, ¿qué te pasa, hombre?». «No te apures, mujer, que aquí te pondremos buena.» Desde mi norma, era afrenta, y esperé en vano que alguno de aquellos afligidos parara los pies al agresor verbal imitando a Don Quijote, cuando un cuadrillero, hallándose maltrecho en la venta, osó llamarlo «buen hombre»: «¿Úsase en este hospital hablar de esa suerte a los heridos, majadero?». Me contaba una dama amiga su estupor cuando, en una clínica de lujo, al disponerse el enfermero a afeitar el pubis a su esposo, preparándolo para una operación, le decía jovial y estimulante: «Hala, que te voy a dejar pelado como un niño». Su esposo es uno de los más respetables varones de nuestro país; pero no merecía el usted del respeto más que el más pobrecillo paciente, en trance de tanta humillación.

Si en lugares tan serios se tutea a mansalva, cuánto más en el imperio de la trivialidad. Allá van entrevistadores y entrevistadoras de los audiovisuales expeliendo tús como flatos de campechanía, lanzados a diálogo con desconocidos visibles o invisibles, pero fugazmente entrañables, que les corresponden de igual modo, felices por llamar Isabel o Luis a tan famosos durante un minuto. Y si Isabel o Luis entablan coloquio con un importante, pongamos un Nobel, ¡cuánto de su prestigio les alcanzará si lo tratan con ese tú gorrón de famas!

Tal allanamiento empezó entre comunistas y fascistas. La distinción en el trato basada en la distinción entre personas era injusta, liberal y elitista. Los camaradas quedaban igualados mediante esa ficción verbal; por supuesto, sólo mediante ella, pero satisfacían el resentimiento contra lo superior que nutre tales ideologías. Poco a poco, el igualitarismo de trato ha empapado la sociedad entera, ya sin significado político, pero sí psicosocial. No entra en mis competencias analizarlo, aunque percibo que desempeña diversas funciones. Una muy visible es la de forzar connivencias beneficiosas. El profesor, por ejemplo, que acepta o fomenta el tuteo de sus alumnos puede sentir protegida su posible incompetencia por la camaradería que reina en el aula. El tuteo indiscriminado: anulación de diferencias naturales, trivialización de las relaciones humanas, falso desmantelamiento de la intimidad, destrucción de señales imprescindibles para un funcionamiento social civilizado.

Incautar

No sólo cabe desear que se apruebe cuanto antes la LOGSE (al publicarse esto, ya estará, supongo, recorriendo sus últimos tramos parlamentarios), sino que pasen como un soplo los años imprescindibles para que se note su terapéutico efecto. Porque en ella se prevé que la etapa secundaria habrá contribuido a desarrollar en los alumnos la capacidad para «comprender y expresar correctamente en castellano y, en su caso, en la lengua propia de la Comunidad autónoma, textos y mensajes complejos orales y escritos». Y a quienes lo cursen, el Bachillerato les proporcionará «una madurez intelectual y humana», que, entre otras cosas, consiste en «dominar la lengua castellana y, en su caso, la de la Comunidad autónoma».

«Correctamente», «mensajes complejos», «dominar»: altas palabras para admirables previsiones. Aunque alguna inquietud suscita el hecho de que ahora las leyes *contemplan*, y ya no disponen o mandan u ordenan; sin embargo, para todas esas cosas fueron inventadas las leyes, y no para papar moscas. Debe confiarse ciegamente en que la LOGSE no sea meramente contemplativa y que, con adecuados desarrollos, faculte a los próximos bachilleres para que se manejen en la lengua común mejor que quienes ahora redactan las leyes. Porque ésta, que debiera ser idiomáticamente inobjetable, empieza por ignorar los ordinales (*decimoprimera*, *decimosegunda*, por *undécima* y *duodécima*), introduce un considerable caos ortográfico, acentuando ora *décimocuarta*, ora *décimoquinta*, e inventa la doble tilde: *décimoséptima*.

Pero son cuestiones insignificantes al lado del desmaño léxico y gramatical que impregna el texto. Es de suponer que, a su paso por la Comisión y por el Pleno, saldrá con el rostro lavado. Desaparecerá, tal vez, el propósito expresado en la exposición de motivos de que la formación básica de los escolares sea «más versátil»; y el ideal de que la educación del futuro posea un «carácter versátil». Leída con ojos castellanos, la ley propugna, expresándose así, que los chicos y chicas se pasen sus estudios cambiando de opinión, dejando que las ideas vagabundeen por sus mentes, diciendo *sí* donde antes *no*, yendo del júbilo al llanto, de la vocación de dentista a la de juez, de Pepe a Manolo, y de Vanesa a Lidia..., o a Oscarito. Porque *versátil*, que, conforme a su etimología, se aplicaba antaño –aunque raramente– a lo que podía volverse con facilidad, como una espada de doble filo, quedó durante siglos en español para calificar a la persona 'de genio o de carácter inconstante'. Los grupos mixtos de Cámaras y Ayuntamientos cuentan con ejemplos abundantes de versátiles. Y todos los partidos, claro.

Es de suponer que no quieran tal cosa los legisladores; que, por el contrario, deseen firmeza de carácter en los jóvenes ciudadanos; y que sólo aspiren a que su formación básica les abra amplias posibilidades de futuro. Pero esto no lo logra la versatilidad, sino la apertura del sistema escolar, su aptitud, su capacidad para afrontar exigencias nuevas o cambios de rumbo en las vocaciones.

Ocurre, sin embargo, que se ha cedido a un falso hermano introducido por la publicidad, la cual bombardea ofreciendo objetos *versátiles*, como divanes que se transforman en paragüeros, en reloj de pared y hasta en piano de media cola. Y es que, en italiano, ese adjetivo sirve para calificar a personas que poseen aptitudes diversas, acepción que pasó al inglés, donde amplió sus sentidos para referirse también a lo fluctuante, lo variado, lo susceptible de ser empleado para usos diversos. Como, angloparlando, quiere el proyecto de ley que sea la educación de los españoles.

Repito mi seguridad de que, antes de asestarla en el *BOE*, a esta ley que va a nacer balbuceando el español, le arreglarán un poco los pelos idiomáticos. Lo merece más que ninguna. Porque, a este paso, va a ayudar a que *incauten* la lengua los malhablados. ¿No es así como lo dicen ellos? Las recientes acciones judiciales y policiacas contra el tráfico de drogas han ocupado los titulares de muchos periódicos y han poblado las laringes de muchos locutores con el sorprendente verbo *incautar*. Sorprendente sólo, claro, para quienes llevan el idioma en las células, los cuales no abundan obviamente en las salas de redacción. «La Guardia Civil *incauta* doscientos kilos de cocaína», o de heroína o de otro veneno. A los criminales de las rías (presuntos, por supuesto), hasta las cuentas corrientes les *han incautado*. Hoy se dice así, pero hasta ayer se decía *incautarse (de)*, única forma que figura en el Diccionario, porque jamás a nadie se le ocurrió dejarla rabona. Verbo pronominal que significa «tomar posesión un tribunal u otra autoridad competente de alguna cosa». Lo cual es idiomáticamente legal sólo si *se incauta de* esa cosa, no si *la incauta*. Pero cualquiera va a exigir legalidades lingüísticas que ni siquiera se respetan en el horno de las leyes.

Henos, pues, ante otro verbo secuestrado por la corriente supresora del pronombre anejo, como *entrenar(se)*, *calentar(se)*, *alinear(se)* y tantos otros, que altera profundamente la sintaxis al establecer relaciones distintas entre el sujeto y la acción. Empobrecedoras, por cierto, de la información que el pronombre aportaba. Pero no parece que el neoespañol avance por el camino de la sutileza mental, sino por el de la elementalidad.

En esta tendencia reductora y pueril, *incautar* es la gran moda: y, como siempre, a costa de eliminar otros vocablos posibles. ¿Se cae en la cuenta de lo apropiado que, en sus actuales contextos, resultaría el empleo de *decomisar*? Se trata de un derivado del sustantivo «comiso», definido así por el *Diccionario de Autoridades*: «Pena de perdimiento de alguna cosa que se trafica, vende o comercia contra las leyes». Por supuesto, en el caso de la cocaína la autoridad *se incauta* de ella, pero la incautación puede recaer también sobre cosas que no se emplean para traficar con ellas, como puede ser el arma arrebatada a un atracador. Tal acción no sería, en cambio, un comiso o decomiso.

Pero sí lo es la que priva de la droga a los traficantes: es el primer castigo que sufren, dejándolos sin materia para comerciar. En latín, *commissum* significó, precisamente, 'delito cometido', y también 'aquello que se quita al delincuente'. No procedería, en cambio, el verbo *confiscar* que concurre con los anteriores, puesto que significa 'privar a uno de sus bienes y aplicarlos al fisco'. Podría jurarse que la Hacienda no saca nada del esnife.

Sensibilidades

El aún reciente Congreso del PSOE (1990), con sus prolegómenos y escolios, ha difundido ese refinado vocablo para nombrar las disidencias de algunos de sus miembros frente al llamado aparato, o la abierta oposición a él. Oí hablar, por primera vez, de *sensibilidades*, en tal sentido, al secretario general, y nada extrañaría que fuera el autor del neologismo, dada su innegable habilidad verbal. Después, se ha repetido incansablemente por políticos y comentaristas: «En el partido conviven diversas *sensibilidades*», «las distintas *sensibilidades* existentes en el partido deben estar representadas en sus órganos de gobierno», etcétera.

Se trata, obviamente, de un eufemismo, de un quiebro esquivo a los nombres verdaderos que poseen las diferencias, desde la simple disconformidad a la pura hostilidad. Se tiende con él un velo púdico a las fracturas que, en toda corporación, igual en los cenobios que en los clubes recreativos, y, por supuesto, con lógica mayor, en los partidos políticos, causan la facultad personal de pensar, el juego de las afinidades o antipatías y, en los arrabales del mando, la ambición.

Pero si, como ocurre en este caso, los hechos no pueden negarse, se atenúa con el eufemismo su importancia, y se sugiere que las voces disonantes forman parte de un mismo orfeón, intérprete de la misma cantata. Incluso cuando más acordes eran, se habló de «contraste de pareceres». Las dictaduras prodigan las delicadezas verbales, con que maquillan tanto sus actos como sus conflictos internos. De paso, suavizan también su omnipotencia.

No es propio de una democracia el miedo a las palabras, porque a éstas deben sustentarlas siempre la verdad y la razón. Denominar *sensibilidades* a lo que, en casos bien públicos, mediando micrófonos, han sido y son notorios desacuerdos, y hasta diferencias polares de concepción política, es melindre que nada favorece a quien lo hace. El eufemismo delata siempre temor a la realidad, deseo vergonzante de ocultarla, antifaz de lenguaje impuesto a su rostro verdadero, y, en definitiva, afán de aniquilarla.

Pero lo que existe no se borra con palabras; ojalá fuera posible en el caso de existencias abominables, el terrorismo, por ejemplo, disfrazado por los asesinos y sus voceros como *lucha armada*; y también el caso de realidades aflictivas, como la ceguera, tontamente disimulada con *invidencia*; ha hecho bien la ONCE en llamarse así, en conservar esa *c* de los ciegos que mantiene descubiertos sus ojos.

El desvío significativo sufrido por *sensibilidad* en tal papel encubridor, resulta demasiado violento. Son muchas sus acepciones, pero ninguna sirve para ese fin. Ni la capacidad de sentir estímulos sensoriales, ni la de reaccionar con viveza al dolor, ni siquiera la de ser fácilmente afectado por determinadas emociones, tienen algo que ver con las pugnas internas de un partido ni con sus combatientes. Las emociones normalmente asociadas a la sensibilidad suelen ser nobles y delicadas, y se compadecen mal con los empujones, asechanzas y zancadillas, incluso, con el ansia legítima de ocupar puestos, mandar más e influir con ideas o actitudes propias en la trayectoria de una organización y de un país. El concepto de *sensibilidad* chirría en contacto con la lidia política, cuyo estímulo, no siempre ilícito, es la pasión de mandar.

Hay, sin embargo, un sentido de tal vocablo que justifica, tal vez, su traslación eufemística, aunque no se aplica a personas: el que tiene cuando decimos de un aparato que es muy o poco sensible, es decir, que posee mucha o escasa aptitud para captar estímulos y señales. ¿Consistirá la *sensibilidad* política en la mayor o menor capacidad de los militantes para detectar la voluntad de los jefes, y sintonizar ardientemente con ella? Como es natural, urge desechar y sustituir los cacharros insensibles.

Sólo un tipo de eufemismo es tolerable: el que encubre lo chocarrero, lo que hiere a eso tan indefinible que se llama el «buen gusto». Y, aun así, hay circunstancias particulares, en que sobra. No, por supuesto, cuando consagra públicamente una zafiedad. Contrasta con la invención del mohín político que comentamos, la del eslogan «¿Sin preservativo? ¡No jodas!», revelador, sin duda, de que, en los medios oficiales, sí que existen diversas sensibilidades. Los autores de ese insulto a la inteligencia poseen una agudeza caprina o de cualquier otra bestia montaraz. Justificarlo diciendo que así lo entienden mejor los jóvenes, porque hablan de ese modo, es lo mismo que recomendar la vacuna contra la peste equina relinchando.

Insistimos: la democracia, en un sentido elemental, pero básico, impone la necesidad de respetar a las cosas sus nombres; los criterios diferentes, las divergencias, las rivalidades, las discrepancias, no son *sensibilidades*. Pero, a la vez, asume la obligación de darles el nombre mejor, el establecido por el consenso más civilizado; la misión pedagógica del poder es irrenunciable. La generalización de la grosería no puede constituir un ideal democrático, a no ser que la igualdad se interprete como nivelación de la sociedad apretando el rasero hacia el sótano. Así la entienden, claramente, quienes han forjado ese bronco y cerril eslogan.

1991

Primer edil

De pronto, no se sabe por qué, los medios de difusión se encaprichan con una palabra, y dan con ella verdaderas palizas a lectores u oyentes. Exactamente igual que los nenes cuando les regalan un tambor o una trompeta. No puede afirmarse que el vocablo *edil* estuviera olvidado, ni mucho menos; pero sí que estaba borrándose de la memoria de los recién llegados al idioma. Los veteranos sabíamos que significa 'concejal' a secas. Los doctos podían añadir que fue una manera semihumorística y semipedante de llamar a los concejales en el siglo xIx, y de la cual había afirmado el *Diccionario de Autoridades*, en 1732, que era «voz latina y sin uso». No estaba mal traída al idioma, por semejanza del cargo con el de los ediles romanos, los cuales tenían bajo su cuidado, según su nombre indica –es derivado de *aedes* 'edificio, casa, templo'–, tales cosas de la ciudad.

Pues bien, alguien agudísimo descubrió el vocablo por los desvanes del Ayuntamiento, le gustó, pensó que era un modo muy refinado de decir 'alcalde' y, en las últimas elecciones municipales, contagió a otros habladores, y todos juntos se pusieron a llamar *ediles* a los máximos jerarcas municipales y a rubricarlo por escrito. Su estilo ganó, sin duda, en elevación, pero a costa de la dignidad aneja al más preclaro magistrado urbano, disminuido de grado con tal designación.

Como la inventiva idiomática, gracias a Dios, nunca falta, otro ingenio cayó en la cuenta –se lo advirtieron, tal vez– del error terminológico, y se sacó del caletre ese melindre que convierte al alcalde en *el primer edil*. No he oído ni leído que se le denomine «primer concejal», por la simple razón de que se tiene claro el significado sobrio y más bien rancio de esta última palabra, y a nadie se le ocurriría jugar con ella y forjar semejante sandez; pero *edil* es más volátil y vagaroso, lo cual facilita el trabajo a los sandios, que son incansables.

Y puesto que nos hemos metido en los agrestes predios municipales, bueno será recordar la gran lección idiomática que el duque de Alba ha propinado al alcalde de Sevilla. Según la noticia de prensa, el *premier* hispalense se enfadó muchísimo con el duque porque éste puso en duda la plenitud de sus facultades culturales. Y lo castigó despojándolo de un cargo –sin sueldo– del Ayuntamiento, diciendo a los periodistas que lo «había cesado» por el desacato. A lo que Jesús Aguirre, que corta un pelo en el aire con el filo de su humor, hubo de rectificarle advirtiendo que lo «había destituido», porque *cesar* es verbo intransitivo y no se puede cesar a nadie. Con lo cual, volvió a darle al alcalde en la matadura de la cultura. Gloriosa victoria para la lengua castellana la que habría obtenido el duque de Alba con esta pica puesta en el Flandes del lenguaje municipal, tan rebelde, si políticos, escribidores y habladores se enteraran de que uno puede cesar, es decir, dejar de desempeñar un cargo, pero no puede *ser cesado*, sino destituido.

Y es que cada vez estremece más el lenguaje que se gastan las gentes con poder. No sé quién lo tiene en la «Línea de alta velocidad Madrid-Sevilla», que se permitió insertar en la prensa, hace algunas semanas, el siguiente aviso: «A partir de las cero horas un minuto del día 1 del mes de Agosto, deberán considerarse en tensión los conductores pertenecientes a la citada línea de contacto, dispuesta para la tracción eléctrica. Cualquier contacto de las personas con los citados conductores, bien sea directamente o por medio de hierros, alambres u otras piezas metálicas, puede provocar la muerte por electrocución». Cuando un gentil lector me envió este recorte, pasé un minuto de fastuosa fantasía imaginándome a los desventurados conductores de trenes de esa línea avisando a familiares y amistades: «¡Consideradme en tensión!», y echando chispas y repartiendo calambrazos. Me costó caer en la cuenta de que esa empresa sólo anunciaba que ya había venido la luz. Con esta muestra pública de solvencia que ofrece, habrá que pensárselo dos veces antes de montar en su tren: la gramática lóbrega que gasta mueve a profunda desconfianza.

Desde Rubén Darío, lo municipal se asocia con lo espeso, de tal modo que ambas cualidades son poéticamente una misma. No salgo, pues, de un ámbito consistorial, si introduzco en esta crónica unos pocos tropezones hallados en el estilo de gachas que hoy es propio de tantos comunicadores.

La transitividad e intransitividad, responsables de líos como el de *cesar* que hemos visto, hacen que muchos comunicadores segreguen municipalidades como ésta: «Los jueces *han deliberado la senten-*

cia». El verbo intransitivo *deliberar* (que exige «Los jueces *han deliberado sobre la sentencia*»), es interpretado como vago sinónimo de algo así como 'discutir', y se hace grácilmente transitivo.

A la inversa, al verbo *debatir*, que es transitivo («El Consejo de Ministros *ha debatido* los presupuestos generales para 1992»), se le lleva al otro bando, y escribe el escribidor sin alma: «El Consejo de Ministros *ha debatido de* los presupuestos generales para 1992». El proceso mental que ha conducido a este error es el mismo que antes: la absoluta incapacidad para diferenciar matices. El escribidor, que conoce los verbos *deliberar* y *debatir*, no sólo les atribuye idéntico significado que a *discutir* o a *tratar de* –claramente más vulgares y obvios–, sino que los fuerza a las mismas construcciones. Es incapaz de percibir que los contextos en que deben funcionar tales vocablos son diferentes.

No abundan mucho en el lenguaje los fenómenos de cruce o contaminación, que dan origen a una palabra por mezcla de dos que poseen sentido próximo. Resultan siempre de la fritura lingüística que bulle en el caletre de los hablantes, como el de este informador que, días pasados, cruzando *respaldo* y *espaldarazo*, ha alumbrado este prodigio en un gran diario nacional: «El informe Abril Martorell tal vez no reciba el *respaldarazo* del Ministerio de Sanidad».

Claramente, los últimos casos constituyen perversiones que no parecen destinadas a generalizarse, y que revelan sólo el desparpajo con que se gana el pan bastante gente, sin el menor sudor de su lengua. En cambio, lo de *cesar* por *destituir* parece que ya no tiene arreglo. Y lo de *edil* lleva el mismo rumbo con el favor probable de muchos alcaldes, a quienes agradará ser motejados de *primer edil*. Al oído, es de una delicadeza superior.

Honestidad

Si uno de nuestros antepasados, aunque fuese reciente, sintiera curiosidad por averiguar cómo anda el mundo que abandonó –cosa improbable, según las estadísticas–, se llevaría una sorpresa al enterarse de que, entre las cualidades que se elogian en quienes administran, figura, muy en primer término, la *honestidad*. Si completaba su observación con la noticia de las medidas disuasorias del acoso sexual en el trabajo, con las loas que reciben la pareja estable, e incluso la abstinencia total, pensaría que un ramalazo de ascetismo había sacudido a los hispanos, hasta el punto de que, para ser ministro o presidente de un banco, por ejemplo, se preferia a los castos. Incluso para cualquier otro menester. Leería, sin ir más lejos, que un entrenador de fútbol ha dado pruebas de ser muy *honesto* en todos los clubes que lo han contratado.

Se extrañaría, sin embargo, de la campaña del «póntelo/pónselo», y de muchas facilidades actuales, contradictorias con el prestigio que parecen poseer la represión o el buen orden de la libido. Hasta que descubriera cómo se llama ahora *honestos* a quienes en vida suya se calificaba de *honrados*. Hoy, un gerente puede dar gusto a los instintos hasta extenuarse, sin perder un átomo de honestidad. ¡Tenía tan claro que, en su tiempo (incluido anteayer), la honradez habitaba al norte y la honestidad al sur del ecuador corporal! He aquí, con cuánta precisión definían los académicos dieciochescos el primer concepto: «Aquel género de pundonor que obliga al hombre de bien a obrar siempre conforme a sus obligaciones, y cumplir la palabra en todo». Y el segundo: «Moderación y pureza contraria al pecado de la lujuria».

Se acabó la distinción, y la honradez ha sido prácticamente jubilada: la otra ha invadido casi por completo su territorio semántico, conquistado en un lento proceso de conflictos que requeriría larga explicación tras ellos, tales vocablos llegaron al deslinde definido por el *Diccionario de Autoridades*, que ahora se desvanece con la omnímoda vigencia de la honestidad. Los conflictos se refieren, claro es, al hecho de que lo honrado se ha sentido secularmente anejo a lo honesto de la mujer: no podía ser honrada si no aniquilaba hasta la más pequeña concupiscencia. Como decía Villegas, «los pasos, Cleobulina, / de una mujer honrada, / son, de su casa al templo, / son, del templo a su casa». Sobre tales pasos fundaban su honra el marido y demás parientes varones. Los cuales, no precisaban de la castidad rigurosa para poseerla.

La honestidad era una virtud casi terminantemente femenina en toda Europa. Así en Francia, donde, junto al significado de 'probo o íntegro', que posee *honnête*, igual para hombres que para mujeres, se desarrolló una acepción desde el siglo XV sólo aplicable a la castidad de estas últimas: «Una mujer honesta es un tesoro escondido», sentencia una máxima de La Rochefoucauld. Pero, aclara Le Robert, con la evolución de las costumbres sexuales la palabra tiende a envejecer, y se ha aplicado a mujeres que, teniendo relaciones extraconyugales, salvan las apariencias. Por antífrasis irónica, *les honnêtes filles* pueden ser las prostitutas.

El caso es que ni el francés ni el italiano establecieron tan enérgica diferencia entre *honrado* y *honesto* como nuestra lengua, quizá por el prurito de la honra que caracterizó a los españoles antiguos, tan quisquillosos e inciviles. De hecho, la situación en tales idiomas, y en portugués, es más o menos la misma que ahora se impone entre nosotros: en *honestidad* confluyen las acepciones de 'castidad' e 'integridad', con claro predominio de ésta por devaluación social de aquélla. Y como el inglés registra idéntico fenómeno, en el plenario influjo de éste hay que buscar la causa de la confusión ya triunfante entre conceptos que, hasta hace no mucho, se distinguían bien. De hecho, cuando yo oigo elogiar la honestidad de alguien, hombre o mujer, mi primer impulso me lleva a imaginar con cuánto recato y pudor procede en pensamiento, palabra y obra. Me cuesta caer en que, simplemente, no roba, no prevarica, no miente y otras cosas así.

¿Gana algo la lengua con la indistinción? Los idiomas no se enriquecen sólo incorporando palabras para nombrar conceptos nuevos, sino también, y muy especialmente, afinando en la nitidez inequívoca de su léxico, trabajándolo para que permita diferenciar lo que, siendo próximo, no es idéntico. Fue lento quehacer de los siglos distinguir con exactitud la integridad en general de la integridad sexual. La pérdida de estima que ésta sufre, no impide que siga habiendo personas a las cuales sigue conviniendo la calificación de honestas.

La confusión es una consecuencia más de la laxitud, del déjame estar de las mentes dominantes. Leo en una información periodística que «Leopoldo Torres se ha manifestado a favor de que el Código Penal incluya *penalizaciones* contra el racismo». No es creíble que jurista tan distinguido afirmara eso, cuando es bien sabido cómo el Código Penal sólo se ocupa de las penas, y no de los castigos que se imponen en el deporte; porque eso son las penalizaciones.

A propósito de éstas, sobresale esa pléyade de locutores para quienes es lo mismo «*debe* ir solo» que «*debe de* ir solo». O ese comentarista político que reprocha a Gorbachov el haber mantenido su *adherencia* a la ideología comunista, y no su *adhesión*. U otro congénere a quien no tiembla el bolígrafo al diagnosticar: «La antigua URSS *confronta* una situación dramática», cuando lo que hace es *afrontarla*.

Esa misma plaga de reducción de matices y de anulación de útiles diferencias significativas, se observa al confundir *lapso* con *lapsus*; o al hablar de *erigir* un muro, evitando *construirlo* o *levantarlo*. Eso, y no los neologismos necesarios, son lo preocupante en la hora actual del idioma; no tanto por este, al fin simple instrumento, cuanto por el caos que delata en la sesera colectiva. La guerra a *honradez* da aún más que pensar.

Inmerso

Señalaba en otro «dardo» cómo muchos hablantes y escribientes se enamoran súbitamente de un vocablo, y apedrean con él sin tregua a los consumidores de sus noticias o comentarios. Al auge de *primer edil*, supera tal vez el de *inmerso*. Lacónicamente define esta palabra el Diccionario como «sumergido, abismado». En la primera acepción, era sólo empleado en labia muy culta; ni siquiera oí nunca, ni leí, que el principio de Arquímedes se enunciara diciendo: «Todo cuerpo *inmerso* en un líquido...». En cuanto al segundo significado, solía aplicarse a quien tenía enajenadas todas sus potencias en una actividad.

Pero no es ésta la significación que ha dado origen a la actual inflación de *inmerso*, sino la de físicamente 'sumergido' (como heredero que es del verbo latino *immergere*, 'meter en el agua'). De la cual, por metáfora nauseabunda, salen sus empleos cuando se dice que tal o cual equipo está *inmerso* en los últimos lugares de la clasificación, que un procesado está *inmerso* en al artículo 12 del Código Penal, que un magnate anda *inmerso* en deudas, o que un futbolista estaba *inmerso* en fuera de juego.

Cualquier hallazgo así fluye por el teclado de los escritorios con la insistencia de una mosca. Ocurre que los llamados patriarcas gitanos han resuelto impedir la venta de droga en sus poblados (son, por lo visto, lugares de jurisdicción exenta). Un informador denominó *ley seca* a esa medida, dándole el nombre de aquella veda total de alcohol que, en Norteamérica, alumbró la edad de oro del gangsterismo. La invención –tal vez graciosa en el caso del inventor, siempre que no se repitiera–, fue acogida con el fervor que cualquiera puede apreciar abriendo un periódico u oyendo un diario hablado. Es decir, que hasta para nombrar una situación característicamente hispana, resulta preciso el auxilio foráneo. Ni siquiera lo grotesco del invento frena a los deslenguados.

El cese de nuestra antigua capacidad metafórica se advierte igualmente en la coincidencia de dos periódicos que llaman *cadáver exquisito* al Parlamento, por el ejercicio sistemático de la inclemente y sorda mayoría gubernamental. Aquí, ni siquiera sospechan que ese cadáver no es ningún muerto, sino un ingenioso juego surrealista consistente en que varias personas escriben sucesivamente palabras, sin ver lo que han escrito quienes les preceden, dando lugar a frases disparatadas, cómicas y hasta poéticas. El nombre del juego se formó precisamente así: escribiendo alguien *cadavre*, y añadiendo otro al ignorado sustantivo el adjetivo *exquis*. ¿Tiene algo que ver eso con la apisonadora parlamentaria? El Congreso tiene algo de cadáver, pero de exquisitez, óigase a algunos diputados.

Si ya no excedemos en la creación de metáforas, tampoco se aprecia en muchos el empleo adecuado de las ya convertidas en léxico común, o de los modismos. No resulta fácil encajarlas a quien no las ha mamado; como aquel concienzudo hispanista holandés que se preciaba de hablar puro Cervantes, y que, al llegar a Barajas, adonde yo había ido a esperarlo, me disparó: «Ya estoy aquí, de golpe y porrazo». Algo parecido ha hecho ese informador enviado a Yugoslavia, que ha escrito: «La caída de Vukovar, convertido en símbolo de la resistencia croata, sigue *levantando ampollas* en las autoridades croatas». Otra reportera informa desde Moscú, para que lo comprendamos bien, que «los presidentes de Rusia y la URSS dieron ayer *la vuelta a la tortilla* en sus misiones clásicas». Nunca empleado con más propiedad ese tropo de cocina.

Aunque, a veces, el estro se les remonta a los forzados del idioma; así, cuando uno asegura que Ghali, el inminente secretario de la ONU, «fue el *arquitecto* del entendimiento entre egipcios e israelíes». Y ese otro, que atribuye a un ex ministro –no me lo puedo creer– la declaración de que «conviene restar *traumatismo* a los cambios de líderes en los partidos» creyendo que *traumatismo* es sinónimo riguroso de *trauma*, y sólo lo es cuando resulta de un garrotazo, trompazo o similar. Pero, a lo mejor, el declarante quería decir eso precisamente, que no deben dilucidarse los liderazgos a mamporros: el panorama admite esa posibilidad. Y ya metidos en énfasis, poco cuesta proponer, como un diario atribuye al PNV entre comillas, el deseo de «*profundizar* el aislamiento de HB». Pretende, sin duda, dejarlo inmerso.

Otra metáfora está abriéndose camino en el idioma con pujante fertilidad; la veo usada dos veces en lugares distintos del mismo periódico. Explicando cómo atracaban unos forajidos, puntualiza que tenían siempre la precaución de «*calzarse* un gorro o media en la cabeza para no ser reconocidos». Por su parte, aquella cronista de la tortilla, incluía el revelador detalle de que Gorbachov, ayer, «se *calzó* la *shapka*, una chaqueta de punto, y la sonrisa para conversar con el pueblo». He aquí, pues, cosas que ahora pueden calzarse: un gorro, una media, una chaqueta y una sonrisa. Antes era sólo lo que cubría pies o manos: ¿quién puede dudar de cuánto amplía la prensa la angosta extensión del lenguaje? Nada impide ya calzarse una camiseta, unas gafas o una peineta. Lo cual convence sólo si son prendas de cabeza, ya que muchos deberían someterla a un podólogo, pero deja perplejo en otros casos.

Parece muy grave la zafiedad que, con aceleración imparable, se está imponiendo en el empleo del idioma por quienes viven de él. Hay que referirla a la grosería que reina como norma en nuestras relaciones, y al caos mental anejo, tal como resplandece en la siguiente noticia acerca de unas investigaciones sobre las radiaciones ionizantes: «Estos trabajos demostraron que con las dosis actuales de radiactividad el riesgo de contraer cáncer o leucemia es de tres o cuatro veces superior al establecido como correcto». Hay, pues, una dosis establecida para arriesgarse correctamente a la enfermedad maldita; si aquella es mayor, se incurre en incorrección. Por supuesto, no pongo comas ni preposición. Todo gran texto debe respetarse.

Efectivos en el Oriente Medio

Ya tenemos guerra para distraernos los ratos de ocio. Encallecidos los tímpanos de escuchar atrocidades, sin defensas mentales para pensar que cada ráfaga perfora vidas y que cada bomba avienta entrañas. Nuestro tiempo ha realizado el viejo ideal de contemplar los horrores, que los viejos juglares satisfacían con exhortos dirigidos a los ojos de su público:

> Veríades tantas lanzas premer e alzar [...]
> tantos pendones blancos salir bermejos en sangre,
> tantos buenos caballos sin sos dueños andar.

Pues ya los vemos, con los subrayados espeluznantes de las crónicas. Su lenguaje nos acerca al conflicto o nos sitúa a más prudente distancia, según se refiera al *Oriente Próximo* o al *Oriente Medio*. Ambas cosas vemos escritas y oímos sin cesar, para aludir al mismo pedazo del globo. Y además, *Medio Oriente*, con extraño desorden de palabras que calca el inglés *Middle East*.

No se introduce con ello confusión alguna: se llame como se llame, todo el mundo sabe que esos términos diversos apuntan al mismo escenario. Pero quizá conviniera respetar el uso español, mucho más preciso que el anglofrancés. En efecto, en nuestros hábitos terminológicos, el *Oriente Próximo* o *Cercano Oriente* comprende Israel, Líbano, Jordania, Irak, Siria, Turquía, Arabia y Egipto. El *Oriente Medio* incluye Irán, Pakistán, la India y sus países limítrofes. Más allá queda el *Extremo* o *Lejano Oriente*, con China, Japón, Corea y países del Pacífico.

Ocurre, sin embargo, que ni franceses ni anglohablantes distinguen entre los que llamamos Oriente Próximo y Oriente Medio, y que con esta última designación engloban a todos los países que nosotros diferenciamos como hemos dicho. En francés, se emplea *Proche Orient*, Oriente Próximo, para aludir a las naciones de la Europa sudoriental: Albania, Yugoslavia, Bulgaria y Rumanía. Pero una reacción purista en que participa la prensa, tiende a rechazar *Moyen-Orient*, como calco del inglés *Middle East*, y lo sustituye por *Proche-Orient*. Idiomáticamente, no hay, por tanto, en francés, más que un Oriente Medio o Próximo y otro Extremo o Lejano. Los italianos proceden igual, y hacen sinónimos *Vicino* y *Medio Oriente*, aunque, a veces agrupan de este último modo Irán y el subcontinente hindú. La habitual distribución de países que establece nuestra terminología, parece más acorde con la geografía y, sobre todo, con el conflicto: el Oriente Próximo o Cercano engloba a todos los países metidos ahora en la danza de la muerte. Por una vez, parecemos más precisos, y estaría bien que los medios de comunicación se atuvieran a tal precisión.

A causa de la guerra, el lenguaje épico ha penetrado en los informativos con su brillante vigor. Vivía, pero refugiado en las crónicas deportivas, con sus *disparos*, *ataques*, *vanguardias* y demás metáforas aplicadas al fútbol, donde son *cañonazos* los chutazos, aunque éstos sean menos respetables que los vomitados por una buena batería. Sin embargo, no todo es ficción, pues también tienen sus muertos los estadios y aledaños. A pesar de ello, son meros remedos: la guerra ha restituido su valor pleno a las palabras.

Junto con la propiedad léxica, ha vuelto el énfasis, no ausente del idioma deportivo, pero menos justificado que en el relato de una animalada bélica. Hoy, 21 de enero, titula un diario nacional: «*Lluvia* de misiles sobre Arabia Saudí», y la imaginación del lector se excita figurándose un denso y vertiginoso descendimiento de incontables ingenios asesinos, tantos como las gotas de un aguacero. Pero se sigue leyendo, y ocurre que fueron sólo –o nada menos– seis seguros y tres probables. Ya en el desarrollo de la noticia, se engalla otra vez el estilo del redactor, y habla de «la *oleada* de misiles». Más agua; pero ahora compacta y embistiendo.

Otro diario de la misma fecha, cuenta la salvajada de este otro modo: «El Ejército iraquí lanzó varias *andanadas* de misiles Scud contra Arabia Saudí». Parece un poco más propio, pero no demasiado, si se tiene en cuenta que la *andanada* es la descarga simultánea de una *andana*, esto es, de un conjunto de piezas artilleras puestas en línea.

Vamos a acostumbrarnos a muchos perros inflados como ésos, que son la sal de la expresión guerrera. Otro ejemplo al azar. Narrando el tejemaneje que se traen americanos y turcos en la base de Incirlik, dice el mismo diario: «Varios testigos presenciaron el aterrizaje de cazabombarderos F-111, sin los correspondientes *arsenales* de bombas y misiles», que, lógicamente, habían lanzado sobre Irak; pero lo curioso es que un avión vuele con un *arsenal* a bordo, aunque sea mucha su capacidad. Visto el aterrizaje con ojos menos arrebatados, lo que faltaba en los F-111 era simplemente su carga destructiva.

Pero lo más seductor en la jerga noticiosa de estos días es el empleo que prensa y radio están haciendo de los *efectivos*. Se lee, se oye, por ejemplo, que «las tropas iraquíes en Kuwait alcanzan los

430.000 *efectivos*». Habíamos localizado ya esta gracia en varios locutores deportivos: «El Atlético avanza con tres *efectivos*», es decir, con tres jugadores; pero ya conocemos las piruetas de tales reporteros. Creíamos más serios a quienes trajinan con asuntos bélicos, pero no: les han quitado el juguete a sus colegas del balón.

Y así, un recluta, un *marine* o una rata del desierto son un *efectivo*. Pero *efectivos* son las fuerzas militares, estimadas cuantitativamente, que se hallan en disposición de combatir. Y es normal que el vocablo se emplee en plural, porque, si no me engaño, se consideran también efectivos, junto con las personas, las armas y los demás medios de acción con que cuentan. Llamar *efectivo* a un solo combatiente, es tanto como denominar orquesta al pianista o tripulación a una azafata. Nada constituye obstáculo, sin embargo, para la intrepidez con que se está edificando el neoespañol. Si la guerra se prolonga mucho, esa sandez acabará calando, y oiremos cómo una madre justifica su llanto diciendo: «Tengo a mi hijo de *efectivo* en el Golfo».

Ah, el pasodoble de *Las corsarias* atacado por una frívola posmoderna clamará: «Efectivo español, / efectivo valiente...».

Kuwait City

Cuando escribo, acaba de empezar «la madre de todas las batallas». Confieso no entender tal expresión. ¿Es alguna referencia coránica? ¿Se trata de un superlativo semítico, para ponderar la magnitud del enfrentamiento? Mejor, pues, traducirlo por «la batalla padre», que resulta más castizo y comprensible. El caso es que los medios de difusión repiten psitácicamente (esto es, como loros) el misterioso decir de Hussein, sin que nadie lo aclare, y, lo que es peor, sin que nadie pregunte, tal vez por miedo a mostrar pocas entendederas. Corro el riesgo de manifestarlas suplicando una elucidación.

El caso es que arde el *Cercano Oriente* u *Oriente Próximo*, ese trozo del planeta que el español nombra así, más precisamente que las lenguas que lo aluden como Oriente Medio. Una gentil lectora me advierte que, en inglés, existe *Near East*, equivalente a nuestra designación. Pero no; ese término, según lo que he podido averiguar, remite a comarcas muy distintas, que pueden ser el

Norte de África, Marruecos incluido, parte del Sur de Europa y, en ocasiones, Afganistán y la India.

Arde, en efecto, el Oriente Cercano, según claman hoy radios, televisiones y periódicos, con propiedad unas veces –porque están incendiados, en efecto, muchos pozos petrolíferos–, y otras, con metáfora tan sobada, que debería avergonzar usarla. Y con arenas y ciudades ardiendo, el lenguaje crepita, y huele a churrasco. Por supuesto, el ataque *se inició* –solamente: no *empezó* o *comenzó* para nadie–, apenas *finalizó* –y no *terminó* o *concluyó*– el plazo concedido por la coalición. De nada sirvieron las gestiones pacificadoras previas. Lo explica muy bien el informador de un gran diario nacional, dotado de amplias aptitudes épicas. Como tales gestiones se desarrollaron, dice, contra el reloj, a su pluma acudió, como el halcón al puño del cetrero, la siguiente belleza retórica: «A la bicicleta que compartieron la Unión Soviética e Irak, se subieron en marcha muchos dirigentes», pero éstos, los de Italia y Alemania, entre otros, «se caían del tándem en pocas horas». Es lógico, ya que no existe bicicleta capaz de brindar asiento a tantos rodadores.

Otro cronista, en distinto medio capitalino, informaba desde Amán que «el énfasis de las "emisiones" de la emisora» de Hussein (se observará el políptoton embellecedor), «estuvo dirigido» (se trataba pues, de un énfasis direccionable, como ahora se dice) a las tropas iraquíes. La destreza verbal del escribidor llega a este punto de elocuencia (transcribo como él, sin comas): «Las marchas militares que separaron unas comunicaciones de otras tuvieron ayer una especial incandescencia y corearon cánticos contra la traición y aleluyas por la victoria». Esas marchas incandescentes que corean cánticos y aleluyas debieron de ser dignas de escucharse.

La autorización de Bush para emprender la gran balumba, se ha convertido unánimemente en *luz verde*, metáfora semafórica que destelló el día 24 en prensa y ondas, de tal modo que Schwarzkopf, «con la *luz verde* en el bolsillo», dio la orden de avance.

Éste, según muchos de nuestros escribanos y locutores, *inflingió* graves daños al enemigo. Ganándose el pan con el sudor de la lengua, todavía no distinguen entre *infligir* e *infringir*, y sueltan aquel burdégano que, cabe suponer, seguirá coceando mientras dure la guerra. Como tampoco cesará lo de países *coaligados*, porque ya casi nadie parece enterado de que son *coligados*, esto es, *ligados* entre sí y no *aligados* (palabra ésta que sí existe, pero que nadie usa). La «coalición» ha metido ahí su hiato.

¿Cómo se ha vivido la espera del gran momento en las líneas de vanguardia? Con inquietud, sin duda, según narra sectariamente un periódico, aminorando la sublimidad del trance con la precisión de que los soldados norteamericanos han hecho acopio de «pastelitos de hojaldre, goma de mascar y papel higiénico», juzgando que éste les resulta más necesario «a medida que se aproxima el ataque». La larga mano de Bagdad ha llegado a algunas redacciones.

El nerviosismo, sin embargo, estaba más que justificado, y la esperanza en la solución negociada de que informaban los medios. Por lo cual, «muchos de los combatientes han estado conectados, en los últimos días, a las emisoras de onda corta». No se describe en el complicado uniforme de los aliados el enchufe para tales conexiones, pero, sin duda, allí está, oculto como preciado secreto militar. «Voy a conectarme –decía el *marine*– a una emisora de onda corta». Y al momento, Washington al aparato con rezos *ad hoc* (si es que no interfería Bagdad, con sus aleluyas).

Pero donde el idioma ha alcanzado un grado mayor de molimiento, trituración o linchamiento, es en el modo de nombrar la capital del Estado invadido. Muchos mapas, titulares y noticias coinciden en llamarla *Kuwait City*. Ni el menor asomo de sentido común ha hecho discurrir que esa es la denominación anglosajona para distinguir la ciudad («Al-Kuwait») del país («Dawla al-Kuwait»). Añadiendo *City* al nombre árabe, se alude a la capital; con sólo el nombre, al Estado.

Para nosotros, era sencillísimo neutralizar la ambigüedad del término, por el simple y normal expediente de mencionar «la ciudad de Kuwait» (o incluso empleando la aposición «Kuwait, capital»), cuando quiere hacerse referencia a ella; y reservar Kuwait para la nación. Pero el mimetismo acrítico que aqueja a los medios informativos ha preferido quedarse con el topónimo americano.

Introducido el sistema, ya nada impedirá hablar de «Madrid City», para mencionar la Cibeles y los autos que la rodean, con vistas a identificarlo frente a la provincia. «¿Cuál es la capital de España (o, más probablemente, del Estado español)?», se preguntará a los participantes en los concursos televisivos. Y los mas lúcidos responderán con un fulgor de sabiduría en los ojos: «¡Madrid City!». Lo cual será glosado por la presentadora con grititos de ¡formidable!, ¡fantástico!, y ¡maravilloso! Lo mismo vale para Murcia. Y menos mal que Santander se ha puesto a salvo por Cantabria.

Debe desearse que la guerra acabe pronto; no hace falta decir por qué. Pero, a lo que cabe decir, debe añadirse la espantosa devastación de nuestro idioma que puede ocasionar.

Nota: Visto y no visto. La guerra ha acabado mientras copiaba a máquina este escrito. No ha pasado de ser una escaramuza para el idioma. Por ello y por todo, loado sea Dios.

La madre de todas las batallas

No entendía el anuncio huseinita de que su enfrentamiento en tierra con el ejército aliado sería «la madre de todas las batallas». Ha acudido en mi ayuda el marqués de Tamarón, con un recorte de *The International Herald Tribune* del 25 de febrero, que reproduce un servicio del *New York Times* sobre lenguaje, y esclarece el enigma. Por lo visto, tan misterioso decir, que aquí se repitió a lo loro, inquietaba también a muchos norteamericanos: el buen amigo que me ha sacado de dudas y yo no estábamos solos. El sueño, evadido desde que habló Sadam, aunque escaso, ha regresado a mis noches.

Según lo que dice allí, en la literatura arábiga se alude con «la madre de todas las batallas», a la de Qadisiwa, que se libró el año 636, en la cual, unidos por vez primera los árabes para combatir al ejército persa sasánida, alcanzaron una gran victoria, ocuparon la capital, Ctesifonte, y conquistaron los territorios situados al oeste del río Tigris. El infame bocazas ya había utilizado varias veces, durante la guerra que sostuvo con Irán, tan enfática frase. Pero, como tal contienda estuvo sumida en un espeso silencio, nadie se fijó en ella. Fue la reciente guerra, hecha ante cámaras y micrófonos, la que hizo popular el dicho. Está claro, pues, su significado: Qadisiwa, por ser la primera batalla que ganaron los árabes unidos, fue madre de todas las que siguieron. Y algo hace pensar en los oscuros designios de la Historia el hecho de que los grandes monumentos de Bagdad fueran construidos con materiales procedentes de Ctesifonte: ¿habrán acabado los bombardeos extranjeros con todo vestigio de aquella recordada victoria?

En fin, casi acabada la pesadilla bélica, y aun antes de la rendición iraquí, los *media* españoles se pusieron a discurrir como orates acerca de lo que pasaría *el día después*. Fueron muchos los titulares de prensa que se imprimieron con esa gracia; ante los ojos, tengo el de un gran rotativo madrileño que reza así: «Oreja: Es obligado pensar en *el día después*». ¿Aseguró eso el señor Oreja, o le han vertido su declaración, hecha en ático, al beocio? Esto es, al inglés, donde «el día siguiente» o «el día de después» se dice *the day after*. Traduciendo a mocosuena, sale ese *el día después*, tan acongojante, al que, en neoespañol, hará obligada compañía *el día antes*. Bravo.

Pero esa construcción, en que día (o *año*, o *semana* o *mes*...) funciona como núcleo de un sintagma nominal, requiere en nuestro idioma un complemento, normalmente un adverbio, con *de* (el día *de después* o *de antes*, o *de hoy* o, con acepción más vaga, *de mañana*). Otra cosa observamos en las locuciones adverbiales del tipo: «Ocurrió *un día después* o *antes*; se trata de acuñaciones fijas, de idiomatismos, que escapan a la norma (como *calle adelante*, *río abajo*, *tiempo atrás*).

Otro término que ha pululado –parece que ya menos– por las secciones de internacional en los *media*, para aludir a qué sobrevendría tras la crisis, ha sido *poscrisis*. ¡Con qué fruición se ha escrito y se ha pronunciado tan redicho vocablo! Como si la crisis hubiera terminado, y una riente primavera hubiera estallado en el Cercano Oriente. Casi ni de posguerra se puede hablar con rigor, ¡conque para hacerlo de *poscrisis*! Pero, desde aquel sublime *autosuicidio* de las Cortes franquistas, se ha instaurado en la parla española un desenfrenado amor a los prefijos. Hemos de ver cómo acaba llamándose «posdomingo» al lunes.

Donde parece que la crisis no se resuelve es en la Justicia nuestra de cada día. Una sentencia que un alarmado lector ha puesto en mis manos, me cerciora con horror de que, en algunos sectores de ella, tiene nuestro idioma la madre de todas las derrotas. Cuando yo creía que éstas se estaban produciendo en los *media*, he aquí que algo horrible se trama contra él en ciertos Tribunales. El escrito a que me refiero, emanado de un Juzgado madrileño, es rigurosamente ininteligible. Sus dos folios consisten en una sopa de letras.

Me limito a reproducir el fallo: «Que estimando como estimo *la demanda promovia* por el Procurador Sr.... en representación *e...* contra..., debo *declarara* resuelto el contrato de *a rrendamiento* de local de negocio que les ligaba... Asi por esta *mis* sentencia, que *pronucio* mando y *firmao*, haciendo saber a las partes que la *misam* no es firme y que contra ella podran *interpomer*apelación ante este Juzgado para la *anterIlma.* Audiencia...». Pero, en el resto del documento, se lee *rperse ntación, exponeer, qu, resuleto, pertienentes, prubas, setnencia, propiet ria, trasnformó, denomiación, otrogada, deco ntrato, apoedrados, trqspasar, publicaidad, respos bilidad, Tribunal Supreimo, dipsuento...* Hago sólo una breve selección de monstruos.

Se queja el Consejo del Poder Judicial de los escasos medios con que cuentan los Tribunales. Compruebo ahora su gran razón: por no poder pagar dignamente al personal de sus despachos, contratan, sin duda, a niños sin escolarizar o a perturbados, para que les pasen a máquina sus sentencias. Y así, no es raro que en documentos como el presente se lea también «*vajo* el apercibimiento» o «*feacientemente*» o «Ley *Expecial*». Pero cabe preguntar si son responsables el mecanógrafo o la mecanógrafa. Porque esos folios vienen firmados por un juez. Quien firma, responde. A todos los efectos, es el juez quien ha escrito esas atrocidades. Después de haberse tomado seis años para resolver el pleito, ni de tiempo dispuso para echar una ojeada a lo escrito. ¿O sí la echó?

Otra pregunta más: ¿obligan una sentencia, o, incluso, una ley, cuando no se expresan decorosamente? Quien perdió en ese litigio, debiera haber apelado hasta la ultimísima instancia. ¿No convendría que el Consejo del Poder Judicial exhortase a todos los togados a respetar las leyes, incluidas las que el pueblo se ha dado para hablar y escribir?

Al leer esto que un juez de Madrid ha firmado, he sentido un enorme bochorno. Y hondo temor, por si el destino me depara caer bajo su firma.

Pro y contra los neologismos

Una lengua que nunca cambiara sólo podría hablarse en un cementerio. La renovación de los idiomas es aneja al hecho de vivir sus hablantes, al anhelo natural de apropiarse de las novedades que el progreso material o espiritual va añadiendo a lo que ya se posee, y de arrumbar, por consiguiente, la parte inservible de lo poseído. Novedades, claro, que es preciso nombrar, manteniendo como solución frecuente los términos de origen. Muchas veces, no sólo atraen los objetos materiales o espirituales nuevos, sino también palabras o formas de hablar ajenas, que se juzgan preferibles a las propias, por razones no siempre discernibles.

Pero ese movimiento, normal en todos los idiomas, no se produce sin resistencias que surgen entre los hablantes mismos, y que no son menos necesarias en el acontecer idiomático que los impulsos innovadores. Son fuerzas centrífugas, que tendrían efectos dispersadores si no actuaran otras de acción centrípeta que combaten la disolución.

Normalmente, el flujo de las novedades se produce desde una lengua a otra u otras cuyos hablantes le conceden explícita o implícitamente la condición de líder. Y han sido, históricamente, los más alertados, los más interesados en el progreso quienes han promovido y defendido la innovación. En Roma, fue Horacio quien sostuvo la licitud de emplear términos, sobre todo de origen griego, para poner al día las ideas: «Es lícito y siempre lo fue poner en circulación vocablos recién acuñados». Y añadía: «Del mismo modo que los bosques renuevan su follaje con la sucesión rápida de los años, así caen las viejas palabras y se ve, según sucede con los jóvenes, cómo florecen y adquieren fuerza las últimas que han nacido».

El castellano fue haciéndose lengua útil durante la Edad Media añadiendo al legado latino miles de arabismos que incorporó para nombrar cosas procedentes de aquella civilización entonces superior. Y acogiendo germanismos y galicismos que resultaron de los avatares sufridos por los reinos cristianos en los aspectos militares, administrativos, religiosos y políticos. No hay testimonio de que a este verdadero alud que caía sobre el retoño neolatino se opusiera resistencia alguna; las condiciones culturales no conocían ese tipo de

reacción, y el idioma recibió esas palabras como parte de su crecimiento natural.

La aceptación acrítica prosiguió en el Renacimiento; Juan de
Valdés, por ejemplo, comentando la abundancia de arabismos, asegura que «el uso nos ha hecho tener por mejores los (vocablos) ará-
bigos que los latinos; y de aquí es que decimos antes *alhombra* que
tapete, y tenemos por mejor vocablo *alcrevite* que *piedra sufre*
('azufre'), y *azeite* que *olio*». He aquí, pues, reconocida por Valdés,
una causa fundamental del neologismo: el tenerlo por mejor, sin
causa clara, que el término propio. No olvida, como era de esperar,
la otra causa, más evidente: la necesidad de servirse del término
árabe para «aquellas cosas que hemos tomado de los moros».

Más adelante, declara su posición ante las voces nuevas, las cuales, para él y en aquel momento, sólo podían ser italianas. Valdés,
que interviene con su nombre en su *Diálogo de la lengua*, enumera
algunas que el castellano debería adoptar (como *facilitar*, *fantasía*,
aspirar a algo, *entretener* o *manejar*), por lo que sufre el reproche
de otro de los coloquiantes, Coriolano, precoz purista: «No me
place que seáis tan liberal en acrecentar vocablos en vuestra lengua,
mayormente si os podéis pasar sin ellos, como se han pasado vuestros antepasados hasta ahora». Otro tertuliano, Torres, interviene
con decisión: cuando unos vocablos ilustran y enriquecen la lengua, aunque se le hagan «durillos», dará su voto favorable, y
«usándolos mucho», dice, «los ablandaré». Un cuarto personaje,
Marcio, toma la palabra: «el negocio está en saber si querríades in-
troduzir éstos por ornamento de la lengua o por necesidad que tenga de ellos». A lo que Juan de Valdés contesta resolutivamente:
«Por lo uno y por lo otro».

He aquí, pues, planteado el problema del neologismo a la altura
de 1535, bien manifiestas ya las actitudes fundamentales en torno
a él que habrán de ser constantes con el correr de los siglos. El *Diálogo de la lengua* ofrece, además, testimonio muy importante acerca de otro fenómeno que induce la mutación en los idiomas: la sensación de vetustez que rodea a ciertas palabras, y la necesidad que
sienten las generaciones jóvenes de sustituirlas por otras de faz más
moderna: la que había llevado, por ejemplo, a cambiar *ayuso* por
abaxo, *cocho* por *cozido*, *ca* por *porque* o *dende* por *de ahí*.

En cuanto a la actitud ante vocablos foráneos, aparte los latinos,
apenas hay testimonios del siglo XVII. He aquí lo que pensaba Fray

Jerónimo de San José, en su *Genio de la Historia*, de 1651; aunque la decadencia de nuestra patria era ya patente, todavía permanecía el orgullo imperial. «En España, más que en otra nación, parece que andan a la par el traje y el lenguaje: tan inconstante y mudable el uno como el otro. Lo cual, si con moderación y elección se introdujese, no calumnia, sino loa podría conciliar. Porque el brío español no sólo quiere mostrar su imperio en conquistar y avasallar reinos extraños, sino también ostentar su dominio en servirse de los trajes y lenguajes de todo el mundo, tomando libremente [...] lo que más le agrada y de que tiene más necesidad para enriquecer y engalanar su traje y lengua, sin embarazarse en oír al italiano o francés: este vocablo es mío; y al flamenco o alemán: mío es este traje. De todos con libertad y señorío toma, como de cosa suya [...] y así, mejorando lo que roba, lo hace con excelencia propio». Lejos de causar aprensión, los neologismos constituían un honroso botín.

Viene, pues, de lejos la preocupación por los vocablos nuevos en la lengua común (en la artística, las fuerzas se manifestaron de otro modo). Muchas y muy preclaras mentes los defendieron en los Siglos de Oro; pero, en general, con una condición: que tales vocablos enriquecieran nuestro idioma o lo ornasen. Lo que ahora no consideran muchos innovadores, que tantas veces obran por incultura y mera inconsciencia mimética.

Casticismo y purismo

El idioma francés, según es bien sabido, impone su yugo a los demás durante el siglo XVIII, en coincidencia con la instalación de la dinastía borbónica en Madrid y con una aflictiva depauperación cultural de España; cualquiera que sea la importancia de los ilustrados y de los «novatores» como testigos de que existía una conciencia más lúcida que la dominante, no podían contrarrestar la infecundidad de ésta.

Los franceses marcan la pauta de la modernidad, y nuestros hombres más reflexivos señalan el camino que deben seguir los españoles para instalarse en ella. Como paso previo, hay que asimilar el saber de nuestros vecinos, estudiándolo; y, para ello, hay que conocer su lengua. El siempre benemérito Padre Feijoo lanzará una proposición escandalosa: que los jóvenes no sean obligados a estudiar latín y griego, pues las obras maestras que en tales lenguas se escribieron, ya están traducidas a los idiomas modernos. Que aprendan, en su lugar, lenguas vivas, y, en primer término, francés, en el cual, afirma, «hablan y escriben todas las ciencias y artes sutiles». Esa *Carta erudita* de 1756 produjo un enorme revuelo: caía en medio de un fuerte afrancesamiento de las costumbres y parla diarias, y de la polémica consiguiente. Es por entonces cuando el problema del neologismo sale de los círculos minoritarios, para convertirse en un verdadero debate público.

Cobran cuerpo, en efecto, aquellas actitudes que, en mi crónica anterior, veíamos apuntar en el *Diálogo de la lengua*; las posturas resistentes se agrupan por entonces bajo dos banderas que deben distinguirse: casticismo y purismo. El casticismo había surgido en la primera mitad del siglo XVIII, apoyado por la Academia, que, al determinar en su Diccionario cuáles eran las palabras legítimamente castellanas, patrocinaba su empleo y, en su caso, la resurrección de las que eran de casta. La Academia no se fundó, en realidad, para combatir los galicismos, que aún no constituían problema a la altura de 1713, sino para «fijar» la lengua, que, según ella, había alcanzado su perfección en los Siglos de Oro. Será más tarde, ya en la octava década, cuando abandone aquella actitud, en cierto modo neutral, hostigada por una opinión muy extendida que la juzgaba inoperante, y por algunos intelectuales encabezados por Tomás de Iriarte, el cual la acusó ante Floridablanca de sólo «meterse a reimpresora de libros». Al convocar en 1781 el concurso para premiar una sátira contra los vicios introducidos en la poesía española, la Institución se incorpora al otro movimiento, gemelo, pero no coincidente.

Porque si el casticismo limita su aspiración a mantener activo el caudal léxico castizo, el purismo es una fuerza que combate directamente los galicismos. José Cadalso encarna la actitud casticista cuando asegura que, si ha de traducir algún texto extranjero, se pregunta: «Si yo hubiese de poner en castellano la idea que he leído, ¿cómo lo haría?». Intenta recordar si algún clásico nuestro ha dicho algo parecido, y, si lo encuentra, reviste con sus frases inmaculadas el texto traducido. Representa, en cambio, la obstinacion purista un «Jorge Pitillas», por ejemplo. Como es natural, nada impedía a un purista ser a la vez casticista: en realidad, se trataba de posturas necesariamente complementarias.

Los más inquietos espíritus del siglo intentaron romper tan estrechos corsés. Feijoo había emitido opiniones tajantes: «¡Pureza! Antes se deberá llamar pobreza, desnudez, miseria, sequedad»; los puristas «hacen lo que los pobres soberbios, que quieren más hambrear que pedir»; para introducir un neologismo, no es preciso que nos falte un sinónimo: «basta que lo nuevo tenga o más propiedad, o más hermosura, o más energía». Jovellanos desdeña a quienes se han alarmado por la impureza idiomática de su tragedia *Pelayo*. El primer Capmany asegura que «todos los puristas son fríos, secos y descarnados». José Reinoso, en la Academia de Letras Humanas de Sevilla, en 1798, reconoce el derecho que tiene toda persona instruida a innovar con tiento. Álvarez Cienfuegos, un año después, hablando con el lenguaje de la Revolución en sesión solemne de la Academia Española, expone que lo humanitario, lo fraternal, anula todas las diferencias de castas, pueblos y lenguas, y se pregunta: «¿Por qué no ha de ser lícito a los presentes introducir en la lengua nuevas riquezas traídas de otras naciones? [...] ¿No es una preocupación bárbara el querer que cada lengua se limite a sí sola, sin que reciba de las otras los auxilios que pueden darle y que tan indispensables son para los adelantamientos científicos?».

El problema más grave, entonces como hoy, lo planteaba la introducción de términos técnicos. En las antiguas artesanías existía un léxico ignorado que urgía rescatar para no admitir innecesarias novedades. La Academia quiso realizar esa labor, pero hubo de aplazarla para no retrasar la publicación del *Diccionario de Autoridades*. El Padre Terreros hizo el trabajo; pero su Diccionario constituía más bien un gigantesco panteón de formas escasamente rentables para la modernización de la ciencia y la técnica españolas. Era lo nuevo lo que había que nombrar, y aquella obra no dejaba de obedecer a un impulso casticista. Se precisaba orientar el trabajo por otro camino, el que emprendió Antonio de Capmany, en 1776, con su *Arte de traducir el idioma francés al castellano*, en cuyo prólogo reconoce que «el geómetra, el astrónomo, el físico, el crítico, el filósofo, no hablan ya el lenguaje del vulgo, con el cual se explicaban todos cien años atrás. Tienen otro vocabulario tan distante del usual como el de Newton lo es del de Ptolomeo». Está por estudiar lo que representó en la historia de nuestra lengua ese libro de Capmany, así como su posterior *Diccionario francés-español*

(1801). Una enorme valentía, que contrasta con el apocamiento general ante la superioridad técnica del idioma galo, informa toda su acción; por vez primera, un español se impone la misión seria y científica de comparar ambas lenguas, intentando hallar una justa correspondencia, cuando se trata de palabras patrimoniales, o fijando una forma que corresponda al tecnicismo francés. Quizá sea muy prematura esta afirmación, pero creo que la entrada o consagración de muchas docenas de palabras, hoy de uso general, hay que referirla al Diccionario de Antonio de Capmany.

Cauces del neologismo

Es patente que la precisión de nombrar realidades nuevas constituye la primera causa para prohijar neologismos. Pugnan para ello dos soluciones: la hispanización o el simple empleo del extranjerismo. La primera se ve favorecida cuando el término ajeno admite un fácil acomodo fónico. O cuando se presta a calco, como fue el caso de *cuarto de estar*, *fin de semana* o *vestidor*. Cosas, todas ellas, que nuestra sociedad ha reclamado como suyas por necesitarlas como mejoras de su vivir. No digamos nada de la *luna de miel*.

Se conserva, en cambio, el vocablo de origen cuando no es fácil su sumisión a la fonología y fonética propias. Ahí están rondando desde hace muchos decenios, sin que reciban la bienvenida oficial, vocablos como *sandwich* o *croissant*, porque no se sabría cómo transcribir la pronunciación que les damos sin que ofendiera a los ojos. Y, sin embargo, son del todo necesarios, y no menos legítimos que *jardín* o *botón*, antiguos galicismos.

Pero el idioma no se detiene ante esas cuestiones cuando precisa un vocablo. Si la Academia no las admite, ello obedece a criterios que tendrá que revisar más pronto o más tarde; ya que si, por una parte, se decidió a hispanizar, con e- protética, palabras como *estándar*, *eslogan* o *esprín*, no ha hecho lo mismo con *stop*, *spot* o *slip*, porque se resiste a que tales consonantes finales rematen palabras españolas. Sin embargo, los hablantes, incluidos los académicos, no les hacemos ascos, porque son indispensables. Hispanizó *clip* como *clipe*, adelantándose esta vez en exceso, porque es probable que ningún hispanohablante haya escrito o dicho jamás *clipe* o *clipes*. Parece que ese camino no lleva muy lejos.

Contra la nacionalización oficial de los extranjerismos, ha surgido un obstáculo importante: es la entrada simultánea del neologismo por vía oral y por vía escrita. Hoy se oyen, pero también se leen, en prensa, carteles y televisión, centenares de palabras extranjeras, angloamericanas sobre todo. En épocas anteriores, y aún no lejanas, pudieron hispanizarse fácilmente términos como *parqué, tiqué, champú, muaré, ponche, budín, bisté, yate, vagón,* porque se escuchaban más que se veían. En cambio, cuando la Academia hizo el tímido ensayo de castellanizar *güisqui,* se produjo un alboroto regocijado; los hablantes tenían «in mente» la imagen picuda del original británico. Se plantea así en español, al igual que en otras lenguas, un grave conflicto que, indudablemente, está cambiando su estructura: la necesidad de neologismos, por una u otra razón, no sólo está modificando el sistema fonológico, sino también el morfológico, con formaciones del tipo *camping gas, cineclub, auto-stop* o *cash-flow,* que invierten el orden castellano de los vocablos componentes.

Pero existe aún otra causa que ensancha el cauce abierto a muchos extranjerismos, hasta el punto de hacerlos necesarios: en grandes masas de población, se ha desarrollado una conciencia del matiz, que antes sólo poseían las elites. Ello les permite valorar en el objeto rasgos diferenciales que va creando continuamente la moda, y que la publicidad difunde hasta el punto de hacerlos intensamente apetecibles. Un *short,* un *slip,* un *body,* unos *bermudas,* un *panty* o unos *leotardos* jamás serán confundidos con otras prendas anteriores de similar factura o función. Cuando se extendió el consumo de *gin tonic,* que tiene como componente el agua tónica, y la propaganda de su fabricante principal prestigió tal bebida por los años sesenta, dejó progresivamente de pedirse el *gin fizz* de las dos décadas anteriores: la tónica era lo que importaba. Los tradicionales huevos con tocino o torreznos, casi desechados por la dieta urbana moderna, reaparecieron transformados en huevos con *bacon,* que se diferencia por el tipo de corte y las vetas de magro. Se inventó como alojamiento de los altavoces una caja estudiada para mejorar el sonido, llamada *baffle;* con ello, el altavoz con *baffle* se hizo más prestigioso que el carente de tal caja; y ésta, que aporta el matiz diferencial, cedió por metonimia su nombre inglés al *altavoz,* aunque el nuevo objeto se distinga poco del anterior. Existía el vaporizador o pulverizador para proyectar el líquido de un frasco en gotas muy menudas, apretando una perilla de goma; la cual fue sustituida por otro sistema de dispersión que funciona oprimiendo el tapón; la diferencia se marcó llamando *atomizador* al nuevo frasco, aunque siga vaporizando o pulverizando o, incluso, nebulizando igual que el de pera. Un libro de gran venta será *best-seller* si el *marketing* lo ha preparado para serlo; al verlo anunciado así, se abstendrán de adquirirlo, por principio, los lectores buenos –que no siempre coinciden con los buenos lectores–, al menos en Europa. Sin embargo el término inglés posee mucho prestigio entre las gentes de poco discernimiento literario, que comprarán un *best-seller*, seguros de que con ello cumplen con la cultura. Un *poster* se parece a un cartel como una gota de agua a otra gota, pero un rasgo los separa: el *poster* no anuncia nada (en todo caso, anunció); y no se fija a una pared con propósito publicitario, sino sólo ornamental y, tal vez, ideológico.

Sin embargo, muchas veces, ni siquiera existe diferencia en el objeto que justifique la adopción de otro nombre. De muy pocos años a esta parte, el remolque que se engancha a los automóviles como casa móvil, y que había cedido su nombre al francés *roulotte*, ha pasado a denominarse *caravana*, conforme al inglés; nada ha importado que tal nombre contradiga tanto los sentidos que *caravana* ha tenido en castellano, al menos desde el siglo XIV. Sencillamente, gusta más. Todas las Universidades que aspiraron antes a poseer un terreno acotado para reunir sus edificios, llamándolo Ciudad Universitaria según el modelo francés, lo denominan hoy *campus*, aunque en nada se parezca a las cuidadas y respetadas praderas de las Universidades norteamericanas, y carezca de los perfectos servicios académicos y no académicos que éstas suelen ofrecer en tales recintos. No cabe desdeñar, como causa de algunas innovaciones léxicas, este deseo mágico de poseer una cosa apropiándose de su nombre. Con ese método, nuestras autoridades educativas creen haber hecho una importante reforma, imponiendo a la inglesa los *departamentos*, las *áreas* de conocimiento, los *créditos*, los *masters*, los diseños *curriculares*, etc. También el orinal se ha ennoblecido considerablemente al anglobautizarlo como *sanitario*.

1992

La adopción de tecnicismos extranjeros

Ni los más recalcitrantes puristas se han negado nunca a la introducción de neologismos necesarios, concediendo que deben admitirse aquellas palabras que carezcan de equivalente castellano, y cuyo uso sea imprescindible en virtud de nuevas necesidades.

Pero esto que, formulado así, parece claro y razonable, tropieza enseguida con la dificultad de definir qué es lo necesario. Habrá acuerdo fácil, por ejemplo, en que los nuevos objetos deben ser nominados con vocablos antes inexistentes, o dotando de acepciones nuevas a voces anteriores. La incorporación del tren en el siglo XIX, creó el problema de llamarlo; el vocablo *tren* existía desde el siglo XVII, como galicismo, aunque, claro, con otras acepciones, una de ellas, la que ha sobrevivido en la frase vivir *a todo tren*. Recibido ahora como anglicismo, se aplicó al nuevo vehículo, pero era preciso dar nombre al moderno sistema de comunicaciones; el inglés ofrecía *railroad* o *railway* 'camino de barras'. El alemán (*Eisenbahn*), el francés (*chemin de fer*) y el italiano, que calcó del alemán su *ferrovia*, introdujeron en la denominación el concepto de 'camino o vía de hierro'. Los nominadores españoles imaginaron que las largas barras paralelas venían a ser como los *carriles* o rodadas dejadas por los carros, y juntaron esa metáfora con el hierro de estas últimas lenguas, para formar *ferrocarril*. Se combinaron así dos posibilidades para innovar: la de revitalizar una vieja voz del idioma con una nueva acepción, *tren*, y la de crear una palabra antes inexistente, por cierto con bastante originalidad: *ferrocarril*. A la vez, se adoptó como adjetivo el italiano *ferroviario*; ello contribuyó al cambio semántico en el sustantivo *vía*, el cual sirvió también para nombrar el nuevo *carril*.

¿Era necesario el cambio de significado en *vía*? Objetivamente, no: con *carril* bastaba; pero cada uno de los dos carriles fue visto como un caminito para el tren, como una *vía*. Aunque también es muy posible que causa de necesidad fuera, esta vez, la presión del idioma mismo, que, al haber adoptado el italianismo *ferroviario* en competencia con *ferrocarrilero*, igualaba los dos componentes finales, y, por tanto, *vía* con *carril*. Esa causa de necesidad que constituyen las presiones internas dentro del lenguaje, no tiene menor fuerza que las demás para inducir cambios neológicos. Quienes trabajaban en el nuevo invento, consideraron también preciso el anglicismo *raíl* que los ingenieros ingleses utilizaban; o de *riel*, que en catalán nombraba desde antiguo la «barra estrecha de metal fundido» (Corominas).

Entraron, además, con toda facilidad anglicismos crudos como *vagón, balasto, túnel, ténder, locomotora* (con que se adoptó *locomotive*), *compartimiento*... Eran realidades nuevas que se hacía preciso llamar, y los casticistas hubieran buscado en vano términos sustitutorios en la vieja arca castellana. Alguno, sin embargo, se halló, como *estación* o *andén*, pero, claro, injiriéndoles un significado inglés.

De entonces acá, ¡cuántas novedades hemos tenido que importar, normalmente con sus nombres, para poder vivir a la altura de los tiempos! En primer lugar, en ciencia y técnica. Ya en 1936, decía el ilustre Blas Cabrera, al ingresar en la Academia Española, que, en los albores del siglo xx, los físicos se vieron «forzados a descuidar la lengua materna en términos tales» que casi llegaron a desconocerla. Ahora, en los finales del siglo, se ven aún más obligados a pensar y hasta casi a hablar y escribir sólo en otra, con los físicos, quienes cultivan las ciencias de la Naturaleza, la Economía, la Informática y tantas otras actividades que tienen su principal foco de desarrollo en los Estados Unidos.

Es claro que los términos científicos y técnicos son neologismos necesarios, ante los cuales se han desarrollado dos actitudes principales. Una, apropiárselos sin más, y decir *by-pass, leasing* o *hardware*, escuetamente, lo cual se corresponde con una actitud pasiva y diríase que acríticamente rendida ante el superior modelo norteamericano; es posición dominante entre nosotros. Y otra, la de presentar cara a tan evidente superioridad con una cierta arrogancia, como no cediendo en la pugna de la investigación, y tratando de nacionalizar los tecnicismos extranjeros; es la postura patrocinada por el Estado francés, con las listas de vocablos que publica el *Journal officiel*, y que son de uso obligado por cuantos investigadores reciben ayuda estatal para su trabajo. Por ello, en 1976, dispuso que *by-pass* fuera sustituido por *dérivation*; *leasing* ha cedido su puesto desde 1966 a *crédit-bail*, y *hardware* es oficialmente *logiciel*, desde 1974.

La primera actitud, la de acoger extranjerismos técnicos sin adaptar, marca claramente la dependencia del extranjero; la segunda, la de nacionalizar, ayuda a disimularla; pero el hecho de llamar *ordinateur* obligatoriamente, desde el 12 de agosto de 1976, para denominar al *computer*, o utilizar *dérivation*, *crédit-bail* o *logiciel*, encubre apenas el hecho de que no nombran invenciones francesas. Ventaja de recibir sin disfraz: facilita internacionalmente la biunivocidad que conviene a la terminología científica. A cambio, introduce miles de palabras con catadura foránea en la lengua propia; sin embargo, ¿no les parecerían muy raras a los castellanos medievales que trajinaban con el agua, palabras como *atarjea*, *azud* o *almatriche*, cuando tuvieron que incorporarlas a su lengua, aunque no tuvieran conciencia histórica ni estética de ella? La segunda posición, la de sustituir con tecnicismos autóctonos los extranjeros, multiplica el castigo de Babel dificultando la comunicación de los científicos, aunque el idioma común obtiene el beneficio de no alojar a individuos de aspecto tan enojoso.

Pero, aun contando con la legitimidad de los extranjerismos crudos en ese limitado aunque importantísimo sector, cuando su uso se limita a círculos restringidos, resulta evidente que el estado de necesidad no puede, no debe justificar infinidad de términos que se han introducido por falsa afectación de cientificismo y por distanciamiento del habla vulgar. Nada puede excusar que, en el lenguaje clínico, se denomine, porque así se hace en inglés, *generalista* al médico no especialista (bastaba hasta hace poco con llamarlo *médico*, sin más), *analítica* al o a los análisis, *patología* a la enfermedad, y *terapia* o *terapéutica* al tratamiento. Esto obedece mucho más a necedad que a necesidad. Pero la expresión de la necedad es de necesidad en el caso de los necios.

Extranjerismos solapados

Ante todo, un acto de contrición. Dije en el «dardo» del mes pasado que el término inglés *hardware* es oficialmente en francés *logiciel*, y me han llovido las denuncias de mi error. En efecto, el término sancionado por el *Journal officiel* en 1974 es *matériel*.

El *logiciel* corresponde al inglés *software*; y esto es lo que yo había escrito, cuando la necesidad de abreviar la crónica para que cupiera en los espacios que le concede el periódico, me hizo mover equivocadamente el ratón borrador de la pantalla, y salió aquel aberrante emparejamiento. Fue, pues, un fallo al manejar mi *hardware*, para cuya enmienda no tenía instrucciones el *software*. Lamentable descuido.

Como lo es que aún no hayamos adoptado definitivamente *programa* para sustituir ese último término, que siguen empleando con impavidez nuestros informáticos. Vimos en artículos anteriores cómo es una causa inductora de la introducción de neologismos la consecución de prestigio para quien lo usa o para el objeto que nombra. Son constantes las sátiras literarias contra tal actitud, desde las molierescas preciosas ridículas hasta la carta marrueca contra los afrancesados, o la novela del puertorriqueño Emilio Díaz Valcárcel *Mi mamá me ama* (1981), burla estupenda del habla que, en su isla, emplea la gente filoyanqui.

Porque es lo cierto que, en el proceso neológico, interviene de modo determinante la actitud de los hablantes ante su propia lengua, que es muy diferente según la época histórica y según el nivel de cultura o de instrucción. Las actitudes puristas y casticistas suelen identificarse *grosso modo* con fervores nacionalistas o de reclusión defensiva en lo que se considera autóctono. Los movimientos antigalicistas del siglo XVIII coinciden con una actitud recelosa ante Francia, que ha desplazado a España de su papel europeo. Chris Pratt notó agudamente cómo el desastre del 98 indujo la inmediata publicación de un gran número de libros de cariz purista. La llamada «conjura internacional» contra el régimen de Franco determinó la prohibición legal de poner nombres extranjeros a los locales públicos.

Y porque esa actitud parece visiblemente reaccionaria, se suele tener por progresista la contraria, despreocupada ante tal cuestión. Nada, sin embargo, menos justo, en la medida en que, al menos en la época contemporánea, no han sido ni son precisamente reaccionarios los mejores escritores, los cuales han solido mostrar sumo tacto en el empleo del idioma. Porque la posición ante el neologismo, cuando se produce con seriedad, no está determinada por circunstancias políticas, sino culturales. Nace de un sentido profundo de los recursos de la propia lengua, que sólo se logra con la lectura abundante de quienes antes la han empleado, combinada con un sentimiento claro de sus deficiencias y necesidades; y también con algo tan indefinible como es el buen gusto idiomático, la capacidad para discernir si la novedad casa bien con lo llamado antiguamente «genio de la lengua».

Esa actitud responsable cuenta igualmente con los supuestos de que innovar es bueno, y de que, aunque sea sólo un pequeño matiz lo que aporta el neologismo, vale la pena no combatirlo si ese matiz permite una distinción útil. Creo haber censurado alguna vez el anglicismo *(e)sponsor*, presuntamente extendido en perjuicio de *patrocinador*; aunque es probable que no use nunca tal vocablo, hoy no lo rechazaría, porque el *patrocinio* es desinteresado, frente a la *(e)sponsorización* que es normalmente una forma de publicidad. Ese crudo anglicismo ofrece, ademas, la ventaja de no restar nobleza a los patrocinios; siempre, claro, que se sepa distinguir entre éstos y la mera publicidad disfrazada de altruismo.

Hoy, hablantes cuidadosos plantan cara a muchos extranjerismos por el hecho de mostrarse a faz descubierta, y, en general, oponen menor resistencia a otros que entran de matute, revestidos de cáscara –sólo de cáscara– española. He aquí una breve relación de anglicismos que han penetrado en los últimos cincuenta años, muchos por mediación del francés, sin suscitar sospecha: *poner el acento* sobre una cuestión, *ajustable, área* cultural, de descanso etc.; *alternativa*, 'cosa por la que se opta'; *audiencia* de radio o televisión, *banco* de sangre, de órganos, de datos, etc.; inglés, francés, español *básico; cámara* fotográfica, *columnista, comando, conceder* córner, penalti, etc.; *control* de natalidad, arma *convencional, desodorante, departamento* universitario o ministerial, *diseño* industrial, *detectar* algo no físico; un producto comercial *diferente*, para indicar que es mejor; fuerzas de *disuasión, dúplex, escalada* de precios, *ejecutivo, factual, dar luz verde, posgraduado, gratificante, guerra fría, operativo; oportunidad*, 'cosa adquirida en condiciones favorables'; *optimizar, opcional...* Podría prolongarse esta enumeración indefinidamente; son, insisto, términos con menos de cincuenta años de residencia española. Si alargamos este plazo un poco más, nos topamos con el Ministerio de *Educación*, así llamado en Burgos, con anglicismo flagrante, desde el 30 de enero de 1938, para diferenciarse del que, a la francesa, se denominaba de *Instrucción* Pública en el gobierno republicano.

Son, repito, anglicismos de apariencia inobjetable, que cuentan con el privilegio de no chocar a muchos suspicaces. Algunos gozan de oportunidad mayor, puesto que eran moribundas palabras españolas, reanimadas de pronto al llegarnos del mundo anglosajón. Ahí tenemos, por ejemplo, el adjetivo *obsoleto*, que la Academia tildó hasta 1970 de «anticuado», y al cual, catorce años después, tuvo que quitar esa calificación. Más sutil es el caso del verbo *finalizar*, que el castellano posee desde el siglo XVIII, y que no tenían ni el francés ni el inglés. Alternaba, siempre algo pedantesco, con los verbos *concluir, acabar, terminar*, etc. De pronto, en los medios de comunicación, ha desplazado a estos compañeros semánticos, para hacerse con todo su campo significativo. ¿Qué ha ocurrido? En el inglés de Australia, se formó hacia 1922 el verbo *to finalize*; de allí, saltó a los Estados Unidos, donde alcanzó un éxito instantáneo; a su imitación, en francés canadiense se forjó enseguida *finaliser*. Éste llegó por fin a Francia, y el *Dictionnaire Robert* de anglicismos le auguraba, hace tres años, un triunfo rápido. Aquí lo teníamos medio olvidado desde hacía doscientos años; y ha sucedido que, por anglización del habla, ocupa en los *media* toda la escena léxica de 'acabar'.

Cónyuges y oficios nuevos

Avanzaba hecho flecha el AVE hacia Sevilla el día de la inauguración de la Expo. Había atravesado paisajes ferroviariamente inéditos, sin vibrar, sin remolonear, conduciéndonos a los invitados: algún ministro, presidentes de Comunidades, embajadores, alcaldes, y otros afortunados de menor cuantía. Los más, con sus esposas. A medida que el prodigio rodante se acercaba a su destino, un bullicio jubiloso recorría los vagones: sólo dos horas y veinticinco. De pronto, una voz megafónica se hizo oír: daba instrucciones para la llegada. Los embajadores tendrían que acomodarse en los autobuses señalados con distintivos de un determinado color, a los españoles se nos fijaba otro destino cromático; por fin, los y las *cónyugues* tendrían que acomodarse en un tercero. Los hispanos callamos sobrecogidos. Aún no repuestos, la locutora repitió el mensaje: los *cónyugues*, a los autobuses azules. Parece sino nuestro: cuando todo ha sido dispuesto para la victoria, y está la meta a la vista, sobreviene la pifia, el pinchazo, el trompicón. En el tren se había atendido a los más pequeños detalles, menos a que el micrófono debía ser confiado a una persona escolarizada, no resistente a la consonante uvular cuando hace falta, como en el caso de *cónyuges*.

Llegaron los autobuses al lugar donde el acto inaugural iba a celebrarse. Pregunté a una muchacha uniformada por mi lugar, y me remitió a un *azafato* que había un poco más adelante. Así me lo dijo: *azafato*. Nuevo estrangulamiento de la corriente respiratoria; nunca había oído tan peregrina masculinización, en cierto modo paralela a la que llevó a llamar ridículamente *modistos* a los *modistas*.

Es bien sabido que *azafate* significaba en el siglo XV, 'bandeja', voz heredera del árabe *safat*, 'cestillo donde las mujeres colocan objetos variados, entre ellos, los de tocador'. En el siglo XVI, se formó el nombre femenino *azafata*, cuyo significado define el *Diccionario de Autoridades* con precisión: «Oficio de la Casa Real que sirve una viuda noble, la cual guarda y tiene en su poder las alhajas y vestidos de la Reina, y entra a despertarla con la camarera mayor, y una señora de honor, llevando en un azafate el vestido y demás cosas que se ha de poner la Reina, las cuales va dando a la camarera mayor, que es quien las sirve. Llámase azafata por el azafate que lleva y tiene en las manos mientras se viste la Reina».

Ignoro si tal oficio perduró en las costumbres palaciegas, pero es lo cierto que ya era voz anticuada al aparecer la aviación comercial. La cual requería que, entre la tripulación, hubiera personas encargadas de atender y servir a los pasajeros durante el viaje. Era un nuevo oficio, especialmente para mujeres jóvenes, que venía de Norteamérica con el nombre de *air hostess*. No se esforzaron mucho los franceses para inventar *hôtesse de l'air*; y nada los italianos, que aún se paran menos en barras a la hora de acoger voces inglesas, y que se limitaron a mantener *hostess*. Entre nosotros, empezó a hablarse de *aeromoza*, con poca aceptación: lo de *moza*, no agradaba a las muchachas normalmente distinguidas que empezaron ejerciendo profesión tan políglota. Tampoco *camarera*, por muy aeronáutica que fuera, convenía a tanto riesgo –al principio–, privilegio y elegancia. Por lo cual, alguien recordó el nombre de aquellas viudas aristocráticas que servían en la cámara regia, y *azafata* obtuvo un éxito inmediato; era cáscara vacía pero prestigiosa. Después, todos lo sabemos, ha servido para designar a las mujeres, casi siempre jóvenes, que desempeñan funciones análogas en otros vehículos o que acogen a visitantes o asistentes a determinadas reuniones.

No existe nombre para el equivalente varón que, conforme a una igualación profesional de los sexos, ha accedido a tal oficio. Y muy en serio, aunque parezca broma, ha empezado a llamarse *azafatos* a los hombres. Lo oí primero en Sevilla, pero ya lo he visto escrito en varios sitios. Se trata de una masculinización estéticamente aberrante, aunque fuera posible desde el punto de vista morfológico: si sobre el nombre del objeto *azafate*, se formó el nombre de persona *azafata*, bien pudo haberse formado *azafato* si el rey hubiera contado con un conde viudo, por ejemplo, que le ofreciera la vestimenta en bandeja. Pero ahora rechina tal formación. De no hallarse término mejor, ¿no cabría llamar *azafates* a los varones que desempeñan los mismos oficios que las azafatas? Son numerosos los nombres españoles de profesionales formados por metonimia a partir del nombre de una cosa: el espada, el trompeta, el paleta ('albañil', sobre todo en Cataluña) y tantos más. Y tenemos dos sustantivos masculinos de profesión, de origen árabe, acabados en -*ate*: *alfayate*, 'sastre' y *calafate*; junto a los cuales *azafate* tal vez no haría mal papel.

Eso de los oficios que antes estaban asignados a un sexo, y ahora son compartidos por el otro, está creando problemas. Y no sólo en casos especialmente difíciles, como el que acabamos de ver, o *fiscala* o *jueza*, de tan fea catadura, sino en otros que parecerían más sencillos. Una aguda corresponsal me envía la transcripción de un programa televisivo titulado *Grand National*, sobre una carrera de caballos, donde se dijeron cosas divinas, de las que extraigo ésta atingente al caso. Mostraba la cámara a unas muchachas trabajando en una caballeriza, y fueron presentadas así: «Estas señoritas son los mozos de cuadra». ¿Travestidos o señoritas efectivas? Y si lo segundo, ¿por qué no «mozas de cuadra»? Ignoro si esos puestos de trabajo serán fruto de una reivindicación profesional recientemente satisfecha: de ser así, también habrá que inventarles designación, porque es explicable la perplejidad del locutor, que seguramente compartimos muchos a quienes resulta poco grato asignar quehacer tan estercolado a unas señoritas. Pero aun así, nos resistimos más a llamarlas *mozos*. No milita entre nosotros el informador de la tele.

Lo malo sobreviene cuando no es el género gramatical lo que causa quebradero de cabeza, sino cuando no se sabe en qué consisten determinadas actividades. El hablador mencionado aludía a los *mentores* de un caballo, para designar a sus propietarios, y aseguraba que muchos *eruditos* lo daban por ganador. Tal vez quería significar *expertos*. No es que los eruditos desdeñen por principio asistir a los hipódromos, pero no creo que lo hagan en número bastante para crear opinión.

Épica y deporte

Nos disponíamos a apagar los audiovisuales, extenuados tras la Liga, la Copa y las ilustres hazañas del pedalista Induráin, cuando sobrevinieron las gestas olímpicas a modo de puntilla. Y no tanto por el desgaste que causa ver saltar o correr o pelotear a la elite multirracial del músculo, cuanto por el de que nos trepanen quienes cuentan sus proezas por el transistor. Tensan las cuerdas vocales como el jabalinista su bíceps, y lanzan, perforadora, la voz. Es tremendo. Cuando el Madrid metió el gol que abrió su *histórica* derrota en Tenerife, me contó un amigo que le saltó hecho añicos el vaso del whisky que se disponía a tomar. En la última contrarreloj de Francia, mi perro, de valor probado en cien rifirrafes callejeros, huyó espantado. Algo le ocurrió en el tímpano, porque ha perdido bastante oído.

Esa sostenida elevación del tono elocutivo, mucho más agudo que el empleado en las demás funciones orales del lenguaje, revela la naturaleza de registro especial que posee el idioma empleado para comentar los espectáculos deportivos. Por sí solo, es signo del carácter a-normal que lo caracteriza. Da cuenta de sucesos y de fenómenos no prácticos, ajenos a la experiencia del común de las gentes, para las que aquello es una afición improductiva –salvo que ganen en las quinielas–; lo cual no impide que sea muy vehemente la adicción.

También cambian de voz los recitadores de versos; ocurre que cuanto dicen, al igual que sucede con los locutores, es para la inmensa mayoría sólo cuestión de devoción, pero no de necesidad (salvo si se es poeta). Sus peculiaridades fónicas delatan a unos y a otros como habitantes de sendas islas idiomáticas.

No tan diferentes, sin embargo, que resulte imposible hallarles alguna afinidad. Es ya tópico postular que las pugnas deportivas, y sus relatos, constituyen la manifestación actual de la épica. La cual, al par que los otros géneros literarios, respondería a necesidades naturales de los hombres, manifiestas hoy de modos bien peculiares: la épica tiene su escenario en los estadios, la lírica en los conciertos multitudinarios de pop, rock y demás desmesuras cantables, y el género dramático en el cine y en los telefilmes.

El género heroico implica la necesidad de ver en acción a los guerreros. Para satisfacer la vocación y la curiosidad épicas, se idearon los palenques, los torneos y los juegos de cañas, las naumaquias, que permitían a los caballeros ejercitarse, y, al público, presenciar una versión estilizada de las escenas de batalla. Pero aun así, tales acontecimientos eran reservados a muy pocos. La literatura acudió a satisfacer la demanda de lo heroico, y los rapsodas y aedos antiguos, así como los juglares medievales tradujeron en palabras las contiendas de los paladines reales o legendarios. La intención de sus versos era hacer ver con la imaginación, bien clara en versos como estos del venerable *Cantar del Cid*: «Veríades tantas lanzas premer e alzar, / tanta adáraga foradar e passar, / tanta loriga falssar e desmanchar / tantos pendones blancos salir bermejos en sangre, / tantos buenos caballos sin sos dueños andar». Dígase si momentos tan vibrantes podía declamarlos el juglar sin aguzar la voz, sin alzarla al modo como los radiofonistas la encrespan y engallan hoy.

Los juegos deportivos modernos han venido a satisfacer el ansia de presenciar hazañas. Sólo que los adalides son hoy nadadores y demás portentos, y los ejércitos se han trocado en equipos de disciplinados muchachos que atacan y contraatacan, y tienen banderas propias, himnos y capitanes, y proceden con estrategias muy meditadas. Movidas por el furor épico, las multitudes se amontonan para ver descender a sus ídolos del autobús, igual que se asomaban los vecinos de Burgos para ver pasar por las calles a Rodrigo con los suyos. Después, asisten a sus gestas, no limitándose a presenciarlas, sino participando activamente con broncas e, incluso, tundas. Para quienes se quedan en casa, está el sucedáneo de las transmisiones audiovisuales, como antaño estaba la recitación en la plaza del pueblo o en el atrio de la iglesia. Los locutores de turno ejercen de juglares. «¡Qué bien detiene el balón Abel!», clama uno, como su predecesor medieval prorrumpía en igual grito exaltado: «¡Quál lidia bien sobre exorado arzón / mio Çid Ruy Díaz el buen lidiador!».

En la relativa soledad de su cabina, el locutor de radio –el de televisión procede a veces igual, explicando, con menos pormenor, pero siempre pleonásticamente, lo que estamos viendo–, se enfrenta con la dificultad enorme de verbalizar imágenes, para lo cual le bastaría un llano aunque tenso lenguaje representativo (más atento a la propiedad que al grito: ¡maestro Matías Prats!). Pero se cree en el deber profesional de aherrojar la atención de los oyentes chillando, emocionándose él mismo, aburriéndose, indignándose, alegrándose, si quiere contagiar emoción, tedio, cólera o júbilo a quienes lo escuchan. Esto es, acentuando lo que denominamos expresividad lingüística, consistente, como el nombre indica, en expresar o excarcelar las emociones presas en el espíritu. La competencia entre emisoras hace que ese elemento expresivo haya ido adquiriendo una importancia creciente en sus transmisiones, dando lugar a tan irritante exasperación de la tensión tonal, que degrada la condición humana de muchos locutores.

Pero la expresión reina omnímodamente en todas las manifestaciones idiomáticas del deporte, con un pugilato de invenciones entre los diversos informadores, que, unas veces, constituyen verdaderos aciertos, y otras, increíbles dislates. Y es que, en ese trance de relatar un partido o una carrera, el código lingüístico deja de ser respetable, pierden vigencia las normas y prevalece la creación personal. Es así como se logra el extrañamiento, fenómeno bien conocido en literatura, e imprescindible en los usos no prácticos del lenguaje, como son el de la poesía y el del juego.

Y mientras la transgresión fónica es de norma en las crónicas deportivas orales, la profusión de figuras retóricas caracteriza a las escritas. Es lógico: el redactor, tiene también la necesidad de extrañar, para lo cual, fuerza y violenta la prosa ordinaria de la noticia. No disponiendo de los recursos vocales del locutor, ha de compensarlos con un despliegue ostentoso de ornamentos. Algunos causan asombro.

Desmesuras deportivas

La transgresión idiomática, con chillido incluido, es de norma en las crónicas deportivas orales, mientras que la profusión de figuras retóricas caracteriza a las escritas. Y es que el redactor, para mantener la atención del lector, ha de «extrañarlo» mediante usos no habituales en la prosa ordinaria de la noticia. Careciendo de los recursos fónicos del locutor, los compensa con un despliegue ostentoso de ornamentos.

Toda la variedad de figuras retóricas que han sido codificadas desde Aristóteles, hallan acomodo en esta lujosa prosa. La metonimia se da en viejas acuñaciones como llamar *cuero* al *balón*, *trencilla* o *colegiado* al árbitro y *meta* al portero. Especialmente brillante es la que hallamos en *El gol de Kodro adormeció las piernas realistas*, ya que, probablemente, no les entró sueño sólo a esa parte del cuerpo.

La elusión aludiendo, como cuando Góngora escamotea el nombre de Ganimedes, y lo evoca refiriéndose sólo a su lugar de origen, *el garzón de Ida*, se emplea profusamente por los cronistas deportivos, unas veces para evitar repeticiones, pero, otras, por mero adorno y caracoleo del estilo. Y así, el desafortunado Marino Lejarreta es *el jabato de Bérriz*, de igual modo que Bahamontes fue apodado *el águila de Toledo*. Por este camino, se llega a la antonomasia, que produce resultados bastante constantes. *El coronel blanco* identifica inequívocamente para los *connaisseurs* al defensa brasileño Rocha, *los de Pucela* sólo pueden ser el Valladolid, de igual modo que *el sabio de Hortaleza* remite como una flecha al entrenador Luis Aragonés. Fue recurso bien acreditado en el lenguaje de los juglares: Ruy Díaz era *el de Vivar* o el castellano; Martín Antolínez, *el burgalés de pro*; Galin Garciaz, *el bueno de Aragón*. Aunque estas identificaciones juglarescas resultan muy primitivas ante hallazgos tan definitivos como el del periodista que, en la última Vuelta a España, llamó al ciclista Robert Millar *el perplejo escocés del pendiente en la oreja*. Nótese, además, la precisión: el pendiente le colgaba de la oreja y no de otra parte.

Los adalides épicos solían ser muy religiosos, y recibían premios celestiales. Durante su última noche en Castilla, el Campeador recibió en sueños la visita del arcángel San Gabriel. Cuando despertó, dice el juglar, «la cara se santiguó. / Signaba la cara, a Dios se fue a encomendar». También se santiguan muchos artesanos del músculo, y, en ocasiones, los futbolistas, al salir al campo, untan las yemas de los dedos en el césped, como si fuera un sacramental. El Cid ofreció alguna de sus victorias a Santa María de Burgos; los atletas actuales las brindan a las Vírgenes, de la Merced, del Pilar, de los Desamparados, según toque. No es raro que los informadores tiñan de expresiones religiosas sus descripciones.

De un jugador o jugadora a quienes todo sale bien, se asegura que está *en estado de gracia* (los informadores laicos suelen expresarlo con la grosería de que *tiene una flor en el culo*); si es el equipo el que acierta, *roza el cielo*; y ante un paradón inmenso del meta del Madrid, el locutor exclamó arrebatado: *¡Dios ha descendido sobre la portería de Paco Buyo!*

La pública religiosidad constituye el testimonio de lo afectivos que suelen ser atletas y deportistas. Incluso lloran, cuando una adversidad o gloria les sobreviene: los hemos visto en los Juegos Olímpicos mientras el juglar-locutor hacía notar que el semideo o la semidiosa «no puede contener las lágrimas». Ello es anejo al carácter épico del deporte. De Homero a Ariosto, pasando por las gestas medievales, todos los grandes héroes derramaron llanto. Qué hacen los capitanes de Carlomagno sino *plorer des oilz*, de igual modo que los del Cid *lloran de los ojos*.

Este lenguaje constituye el reino natural del énfasis y de la hipérbole. La emoción aumenta con la desmesura. En los toros ocurre igual, pero admite finos elementos líricos que raras veces se observan en el lenguaje deportivo. Sí, en la delicada *vaselina* balompédica, esa lenta jugada del balón pasando grácilmente por encima del portero, y aterrizando en la red. O en esta ocasional hipérbole de suaves imágenes: *Conchita se fue empequeñeciendo tanto, que a veces, parecía del tamaño de un cañamón.* O en el remoto aroma lopesco, que se percibe al leer que *Schuster se sacudió a un rival con cierto donaire*; no puede decirse con más melindre que le dio un empujón alevoso. No de Lope, sino de algún inspirado letrista para tonadilleras, es el elogio de quien compara a los que llama *chavales de la cantera* con esas mozas –dice–, *que florecen en primavera, es decir* –aclara–, *como un clavel reventón.* Pero estas joyas líricas son más bien raras en tan rudo lenguaje.

Porque, en general, las hipérboles deportivas suelen ser enérgicas, dinámicas, ardorosas, al igual que las de los viejos juglares épicos: *Los jugadores corrieron a morir*, extraño complemento moderno este *a morir* o *a muerte*, que convierte a los jugadores en *kamikazes.* La crueldad en los juegos puede ser extremada; según declaró Michel: *El Madrid ha padecido una presión criminal.* Era verdad: según un cronista testigo, la Real, *con una garra de acero, casi lo estrangula.* Y como ser vencido es menos honroso que morir, Arantxa, que lo estaba pasando muy mal, pero es, dice el narrador, *valiente y guerrera*, se mostró *más dispuesta a encontrar la muerte que a sufrir de agonía.* Nadie se anda con chiquitas: *Manolo apuntilló a los bilbaínos.* En el baloncesto ocurre lo mismo: *El Estudiantes recibió ayer un mortal mazazo.* Menos letal resulta que un corredor o jugador o nadador o jinete se muestre *intratable*, estúpido anglicismo que no lo califica de mal educado, sino de invencible.

Pero las hipérboles más frecuentes, como era de esperar, son las que extraen la exageración del ámbito épico-guerrero. Se trata de *desmantelar* a los rivales, y, para ello, son necesarios el arrojo, los explosivos, las armas, los ingenios bélicos: *Valdano sacó la trompeta para el toque de carga*; *El equipo de la ONCE se lanzó a un ataque enardecido*; *El drive de Arantxa fue una bomba cargada de pólvora*; *Mónica Seles jugó con una precisión de caza norteamericano*; *La delantera del Barcelona se convirtió, a partir de entonces, en una batería artillera.*

Mientras, los burócratas del llamado «movimiento olímpico» siguen diciendo que el deporte pacifica.

A punta de pistola

En el lenguaje se producen, a veces, coyundas de las que nacen híbridos peregrinos. Alguna vez me he referido al *curasán* con que miles de personas inyectan significado al francés *croissant*. Pronunciado algo así como «cruasán», no revela que es el nombre galo de la luna en cuarto creciente, pero con la introducción epentética de la *-u-* de *curar* se llena de sentido: cura y sana. Es la palabra mágica con que, mientras se pasa la mano por el tolondrón de la caída, se lograba en mi infancia que los niños dejáramos de llorar; no sé ahora. Evidentemente, el delicioso comistrajo alivia, si no la cura, esa pesadumbre matutina que precede al trabajo.

Con ocasión de actitudes que los *gays* estiman atentatorias contra sus derechos, ha empezado a difundirse por los medios orales y escritos el término *homofobia*, con el significado de 'aversión a los homosexuales'. Se ha creado recientemente, frente a *homofilia*, palabra ésta bien constituida con los elementos griegos *homos*, 'parecido, el mismo', y *philía*, 'amor, atracción por'; se trata, pues, de un sinónimo aceptable de 'homosexualidad'. Pero los formantes de *homofobia* han dado lugar a un significado distinto del que resulta de su suma, por cuanto *phobia*, en griego, significa 'odio, aversión': la *homofobia* es, por tanto, el 'rechazo de lo que es igual'; deberían ser calificadas de homófobas, en rigor, las personas que no sienten atracción por las del mismo sexo, es decir, las heterosexuales. El sentido aberrante que está triunfando, se ha acuñado, como era de esperar, en la ceca norteamericana. El *slang* de aquel país acortó el adjetivo *homosexual* en *homo*, y así pasó al francés hace unos veinte años. Por tanto, ya acumulada esa acepción a sólo el primer formante, nada tiene de extraño que ambas lenguas hayan adoptado *homofobia* para designar el rechazo social a los «homos». Y que aquí se haya acogido el extraño –aunque, reconozcámoslo, útil– mixto con mansedumbre.

Sigo sobresaltándome, y ya tendría que haberme acostumbrado, cuando oigo o leo que un malhechor realizó su fechoría, un atraco por ejemplo, *a punta de pistola*. Me pregunto siempre dónde tendrá la punta esa arma, dado que, donde podría estar, existe sólo el extremo del cañón bien redondo y romo. Carece, pues, del 'extremo agudo' que el Diccionario define como acepción de *punta*. Claro que también se habla de la punta del pie, pero sin grave distorsión, ya que un dedo suele adelantarse a los otros del manojo, y, además, el puntapié, para ser eficaz, ha de darse con la del zapato. En cualquier caso, siempre se ha aludido a la punta de un arma cuando la tiene y hiere con ella; eso dan a entender las locuciones *a punta de lanza* y *a punta de navaja*.

Pero esa precisión acerca de cómo se ejecuta esa acción, amenazando o pinchando con un acero agudo, ha dejado de ser sentida por miles de hispanohablantes forasteros en su idioma. ¿Hace falta decir que la pistola, aunque te la metan en los riñones, no está destinada a pinchar, entre otras cosas, porque no puede? Cualquier taxista, sobre todo si es nocturno, puede explicar con exactitud la diferencia que hay entre sentir una navaja y una pistola en el cuello.

La convivencia de las armas blancas con las posteriores de fuego, determinó que ciertas formaciones lingüísticas anejas a aquellas pasaran a éstas. No se ha acuñado, que yo sepa, en español el modismo *a punta de espada*. Se dice, en cambio, que alguien amenazó o atacó *espada en mano*. Y es esta locución la que indujo el calco analógico *pistola en mano*. Así se dijo siempre, hasta que la reciente parla informativa ha impuesto la innoble sandez de *a punta de pistola*, tan seductora para muchos, quizá por sentirla más dramática. Pero es infinitamente más tonta, como resultado de un desdichado concúbito de una pareja incompatible.

Y hablando de espadas, ¿no se están prodigando cada vez más expresiones como: «Ante el decretazo, el Gobierno y los sindicatos están con las espadas *en todo lo alto*»? Con ellas así estuvieron por radios, teles y páginas el Barcelona y el Madrid, hasta lo de Tenerife, inolvidable Aljubarrota blanca. Multitud de insensibles, incapaces de diferenciar las ortigas de los pétalos, han mezclado cosas tan diferentes como (estar) *con las espadas en alto*, que es como se quedaron Don Quijote y el vizcaíno cuando al narrador se le acabó el primer manuscrito; y (celebrar algo) *por todo lo alto*. Y aun, si no me engaño, los taurinos hablan de clavar una crueldad, no sé si el estoque o las banderillas, *en todo lo alto*, pero es también otra cosa. Ah, los celestineos del énfasis, que a tanta lujuria provocan.

¿Ignora alguien que *vis a vis* significa 'cara a cara'? (Algo más, en los encuentros carcelarios así llamados.) «¡A ver si me dice eso *vis a vis*!», exclama un colérico. Pero cosa tan simple resulta ajena a tantos balbuceantes, que sólo conocen de lejos su idioma, y escriben: «¿Podrá España medirse *de vis a vis* con la economía europea?». Otra vez un ligue cutre entre *vis a vis* y *de frente* o *de cara*, produce como fruto un burdégano.

Pero ningún apareamiento más contra natura que el oído por mí una de las últimas noches. No he hallado somnífero más inocuo que las emisiones deportivas nocturnas. Habiendo renunciado al que tomaba cuando se dijo en la prensa que vuelve homicida o lelo, y comprobado el fracaso de las hierbas silvestres, reconozco mucha virtud dormitiva a las noticias sobre fichajes, traspasos, árbitros, velocistas y demás circunstancias. Deseo el comienzo de los juegos olímpicos, que van a depararme reposo seguro durante muchas noches. Pero en el discurso hipnótico salta a veces algún hallazgo de idioma deslumbrante, y entonces falla el tratamiento, porque reírse desvela. Casi en blanco pasé esa malhadada noche, tras oír al hablador que un determinado asunto le había puesto *los pelos de gallina*. Si alguno de mis lectores tiene dificultades para dormir, olvídelo.

No parecía hablar el susoaludido en broma: su acento era de varón verdaderamente horripilado. Hay muchos para quienes, hablando o escribiendo, las gallinas crían pelo. Y también las ranas.

Recopilación

Lejos de circular con fluidez el idioma por los caletres más ordinarios, entre los que figuran muchos que viven de la pluma o del micro, forma trombos y zurrapas en número creciente, de tal modo que los infartos son normales en la prosa que se lee o se escucha cotidianamente.

Uno que se reproduce con rasgos de epidemia consiste en dar a *saga* insólitos sentidos. Designa, cualquier bachiller lo sabía antes, un tipo de relato histórico o mitológico de la literatura medieval escandinava. Dado que algunas de estas narraciones se referían a héroes o reyes y a sus descendientes, el término pudo hacerse significar, en su ámbito de origen, pero también en el anglosajón, 'relato novelesco que abarca las vicisitudes de dos o más generaciones de una familia', tal como anuncia el título famoso de J. Galsworthy *La saga de los Forsyte*. Viene a ser término sinónimo de novela río, en la que fluye la historia de unos personajes y de sus descendientes.

Lo cual autoriza a hablar figuradamente, pero sin abusar, de la *saga* de los Primo de Rivera, por ejemplo, o de los Osborne o de los Bienvenida, es decir, de personas no míticas ni literarias, sino realmente existentes y emparentadas, que se han sucedido a lo largo de una época no inferior a dos generaciones. Viene a ser un equivalente plebeyo de lo que, en las familias coronadas, es la dinastía.

Esos dos rasgos son esenciales para referirse con propiedad a una *saga*: el parentesco de sus miembros, y su consideración en tiempos sucesivos. De ahí la estupenda tontería de aquel comentarista de TVE (¿por qué tal emisora, que tiene la obligación de ofrecer una imagen solvente de España, cuenta con tantos redactores y locutores de muy precaria instrucción?), al decir de un jugador de fútbol «que sigue la *saga* de su padre». Como si una *saga* pudiera «seguirse» (el referido analfabeto evitaba decir algo tan corriente como 'afición' o 'profesión'), y bastaran un padre y su retoño para formar una *saga*. No menos nerviosismo produce, en ese y en otros medios, oír o leer que «el PP cuenta con una numerosa *saga* de concejales en todo el país». O que el Real Madrid carece de jugadores «como los de aquella *saga* que fueron Gento, Di Stéfano,

Puskas, Molowny o Juanito». Hasta del parentesco prescinden ya tamaños nescientes.

Otra agilísima estupidez se está columpiando por las ondas con acelerado vaivén. Aparece en noticias referentes a Somalia o a los fragmentos de Yugoslavia, con motivo de la ayuda humanitaria que reciben. Los noticiarios y los noticieros dan cuenta, en efecto, de que «se están *recopilando* alimentos» para tales países. Extraña recopilación, puesto que, a estas alturas del idioma, lo único que puede recopilarse son escritos sobre un asunto o de un autor, con vistas a formar un conjunto o compendio más o menos homogéneo. Recientemente se han recopilado, por ejemplo, las cartas dirigidas a Rosa Chacel. Pero recopilar macarrones, bacalao y leche en polvo, es hazaña sólo al alcance de mentes rasas. Y es que muchos huyen como del diablo de lo normal y mostrenco, y lo cambian por cualquier cosa que supuestamente deslumbre, desdeñando las risotadas que puedan provocar (o la indignación).

La gramática infantil nos familiarizó con el pronombre *se* cuando se une al verbo para indicar que la acción es recibida por el agente, como *peinarse*, o se realiza en él, como *arrepentirse*. Cuantos vivimos en paz con el idioma que al nacer mamamos, sabemos que el prefijo *auto-* funciona bien en *autocontrol*, es decir, 'control de sí mismo', pero que sería ocioso dislate afirmar que alguien se autoarrepintió o que se autopeina. Pero hay camorristas que andan a leñazo limpio con el sentido común, como el radiofonista de la media noche que dijo: «¿Cuánto tardará Mendoza en *autoconvencerse* de que se equivocó?» (por distracción, no dijo «se autoequivocó»). Se trata de un solo ejemplo entre mil posibles que cualquier lector de prensa o radioyente puede aducir.

Otro formante de sentido bien claro, *-geno*, que aparece en vocablos como *lacrimógeno*, 'que produce lágrimas', o *patógeno*, 'que produce o causa enfermedad', es obligado a significar lo que no puede en frase como «Le extirparon ganglios *cancerígenos*». No es que éstos causasen la enfermedad, sino que ya sentían su efecto; pero como ese adjetivo es más esdrújulo y largo que *canceroso*, mola más y se luce un montón quien lo emplea, aunque sea tan a tontas.

Innumerables son ya los dardos que he disparado a *especular*, usado por 'conjeturar o hacer conjeturas o cábalas', pero cada disparo tonifica al arrogante verbo, que ya no se conforma con su empleo intransitivo («*Se especula acerca de* una nueva devaluación de la peseta»), sino que ha podido leerse en un diario madrileño: «En el PSOE, *se especula el momento* más indicado para las elecciones». No se especula, pues, «acerca de» o «sobre» el momento más favorable para ir a las urnas, sino que es especulado (!) el momento mismo.

Este fenómeno consistente en saltar la frontera entre transitividad e intransitividad establecida por la norma, parece uno de los más pujantes del neoespañol, pues va alcanzando a mayor número de verbos cada vez, y cambiando con ello la faz del idioma. Hemos oído por ejemplo, que, en la cumbre europea, «*se reflexionaron* algunas soluciones posibles» al problema planteado por Dinamarca. Y con motivo del centenario del nacimiento de Franco, nuevamente TVE, pero esta vez la 2, aseguró que «fue un dictador que *perduró* a Hitler». Quería decir que le «sobrevivió» o que «duró más», pero empleó un verbo que significa 'durar mucho'; pariente próximo de 'durar más', aunque con rostro propio que sólo un cegato mental puede confundir.

Incalculable fuente de regocijo o de cólera, según los talantes, es la parla de los cronistas deportivos, a los que presto no inmerecida atención, ya que buen número de ellos va delineando el porvenir que aguarda al idioma cuando nuestra comunidad haya completado la idiocia presagiada por muchos concursos televisivos. Ya hemos hablado del de la saga de padre e hijo, pero nada tiene que envidiarle otro relator, éste de pantalla autonómica, que explicaba días atrás cómo, antes de comenzar un partido, el entrenador local había ordenado «el *regadío* del campo». También se le quedó corto el riego, y evitó que el rectángulo de juego –así dicen– fuera triste secano como su meollo, para –también lo dicen invariablemente así– la práctica del fútbol.

La «maglia rosa»

Recientemente, y convocado por el Gobierno de La Rioja y la Agencia Efe, un grupo de filólogos y de periodistas hemos dedicado en Logroño una semana al estudio del lenguaje deportivo: estamos, al fin y al cabo, en año olímpico. Y hemos coincidido en que es dentro de ese ámbito donde el idioma muestra mayor excitación. No me refiero sólo a los tecnicismos, sino al lenguaje empleado en su mera función descriptiva de jugadas, esfuerzos, hazañas y fallos, y también como vehículo de las emociones que cronistas e informadores pretenden comunicar a lectores y oyentes.

Una de las cosas más chocantes de estos parlantes es su absoluta sordera. Ahí están, por ejemplo, docenas de informadores siguiendo la vuelta ciclista a Italia (inevitablemente llamada el *Giro*), y escuchando a todas horas a sus colegas de allí nombrar «malla rosa» a la camiseta o jersey que viste el primer clasificado. Pero como, en el idioma local, el nombre del precioso atuendo se escribe *maglia*, así lo pronuncian, con la *gli* de *ganglio*, haciendo una higa al hecho de que tales letras representan en italiano el fonema que, en español, transcribimos con *ll*. Y no fiándose de la pronunciación de los nativos, por parecerles tal vez ignorantes, se niegan a oírlos.

La *maglia* es exactamente la *malla* española, voces ambas derivadas del francés *maille*, la cual procede de *macula*, 'mancha', nombre con que los latinos designaron también la «red», tal vez por ver en ésta un conjunto de manchas. Es, al menos, la explicación poco convincente de *Zingarelli*. El caso es que en las lenguas romances donde la evolución del latín produjo *ll*, esta consonante se representó por *ll* en español, *gli* en italiano, *ill* en francés, *lh* en portugués… Y de *maille* salió el *maillot* del «Tour», bien adaptado en catalán como *mallot*, sin la *i* que no suena.

Pero la pronunciación aglicerinada parece conferir alto prestigio, y a ella se acogen quienes considerarían desdoro ver en esa prenda una vulgar camiseta. Otros, sin embargo, con loable pulcritud, sustituyen ambos términos por *casaca*: y así, se reprueba en crónica reciente que dos ciclistas se dieran un paseo por una ciudad antes de empezar la etapa, «sin otro ánimo que el de lucir la *casaca* de la firma comercial que les paga». Ventajoso cambio; seguro que al cronista le quedan varias posibilidades de repuesto en su mochila idiomática: *sayo, peplo, dalmática, levita, jubón,* y muchas más.

El ciclismo es singularmente productivo, con aciertos indudables como el de *chupar rueda*, que ya ha pasado a la lengua general. Pero también estimula excesos. Sabido es que los corredores presentan tres variedades principales: escaladores, contrarrelojistas y velocistas. Con sus prestigios respectivos, son capaces de desencadenar las más audaces metáforas. Y así, los informadores transforman a los primeros en *escarabajos*; en *los grandes aliados de las manecillas del reloj* a quienes, como el tropo indica, fundan su triunfo en el segundero; por fin, a esos elásticos que, de pronto, emergen del pelotón, ¿qué elogio les conviene más que *purasangres*? En efecto, ninguna más exacta: salvo en el relincho, proceden como los corceles del hipódromo.

Paralímpico

Un tanto sonrojante ha sido que a los Juegos celebrados últimamente en Barcelona se los haya llamado *paralímpicos* en toda la prosa oficial y en gran parte de los medios de comunicación que la engullen sin crítica. Salió muy a tiempo don Valentín García Yebra, helenista de pro, advirtiendo que ese término constituía un grosero error y que la formación correcta en español era *parolímpico*. Apoyó esa evidencia don Francisco Rodríguez Adrados, de máxima autoridad en el mismo gremio. Supuse, claro es, que quienes estaban empleando aquel adjetivo, una vez advertidos, rectificarían enseguida, y que el legítimo se impondría a partir de entonces. Infundada esperanza, sólo propia de quien aún cree con ingenuidad en la fuerza de la evidencia, en que se respetará el criterio de los que saben, y en que, cuando ocurren casos así, la lengua misma da gritos de protesta en el alma de quienes la han mamado: siguió, y aún colea, el *paralímpico* quizá para siempre.

Se trata de una invención muy moderna, hecha no sé dónde por alguien que conocía el formante griego *para-*, muy empleado en las lenguas modernas con su significado de 'junto a, al lado de, que se parece a algo sin serlo'. Está presente en abundantes vocablos españoles (*paratiroides, paramilitar, paratifoidea...*), y no deja de producir, sobre todo, términos científicos. Tal formante, en cuantas lenguas lo emplean, se presenta con su última vocal perdida cuando precede a un vocablo que empieza por vocal (*paroxítona, parótida, parodia*, que son *para-* más *oxítona*, 'sílaba tónica final', y derivados de *otós*, 'oído', y *ode*, 'oda', respectivamente); por ello, en algunos diccionarios extranjeros tal formante se registra como *para-*, ante consonante, y *par-* ante vocal; los nuestros tendrían que señalarlo así.

Se imponía, por tanto, *parolímpico*, pero una analfabeta y desdichada ocurrencia de funcionarios que presencian tales acontecimientos en el palco, produjo *paralímpico*. Aunque tal vez les guiaba el propósito ofensivo de crear un icono, es decir, un término que, por su forma misma, sugiriera el significado. La ocurrencia pareció perfecta a los organizadores hispanos, y aquella demostración emocionante de a cuánto llega la voluntad humana, fue constantemente mancillada por el lenguaje público. No cabe la excusa de que es un término internacionalmente reconocido: obligaba menos que Maastricht. Pero nuestra mansedumbre ovina nos impulsa a dejarnos llevar haciendo el sueco.

Por ejemplo, ante *hipotizar*, que lleva tiempo buscando alojamiento en nuestro idioma, y que aparece en noticias como ésta «Una agencia de información llegó a *hipotizar* que Italia iba a cerrar hoy el mercado de cambio». Esa referencia geográfica apunta hacia la fuente del disparate, que debe de ser el italiano *ippotizare*, 'admitir como hipótesis'. No existe equivalente español; sí en inglés, que posee *hypothesize*, mucho mejor formado, puesto que mantiene la base del derivado (*hypothesis*). En nuestro idioma, *hipotetizar* sería una formación aceptable, si se estimase preciso acuñar léxicamente tal acción (?), ya que así entraría en la familia de *hipótesis* aliado con *hipotético*. La solución italiana destruye el núcleo significativo del vocablo, que es *tesis*.

La amarga madrugada del día 17, con el hundimiento del muro económico europeo, tan trascendente en la amistosísima guerra actual como lo fue en la fría el berlinés, produjo también sacudidas idiomáticas que aún es prematuro evaluar. De momento, recojo titulares tan sincopados como estos: «Gran Bretaña no puede sostener su divisa, *pese subir* los tipos hasta el 15 %», y «La moneda española se sitúa, *con lira y libra*, entre las más débiles del SME». Constituyen un síntoma de que la súbita contracción de nuestra reciente riqueza está afectando al lenguaje: por lo pronto, la locución conjuntiva *pese a* pierde su preposición, y *con lira y libra* sufre también una devaluación que ha aventado los artículos, alineándose así tal jerga con la de los locutores deportivos, donde «corre por banda» y «dispara con pierna derecha» constituyen una expectoración habitual. Seguiremos observando cómo evoluciona la crisis.

La cual produce inflación (¡aún hay quienes siguen diciendo y escribiendo *inflacción*!) como efecto abominable, reflejada en lo de «estar con *las espadas en todo lo alto*», y vemos ahora en «de todas estas noticias les *daremos buena cuenta* dentro de breves minutos», muletilla que prodigan los habladores de una conocida antena, tras haber enumerado las noticias del día en un sumario, para dar entrada a la publicidad. *Dar cuenta*, es decir, 'contar, informar', no les basta: el énfasis inflacionario les empuja a ese *dar buena cuenta*, como si estuvieran hambrientos ante una fuente de gambas.

Todo esto hace *destornillarse* de risa, según dijo ayer uno de esos rostros iletrados que saca la televisión, y que estarían mejor currando, no con micrófonos, sino con tornillos. Igual que otra colega, guapa eso sí, al revelarnos cómo un incómodo político pide «un referéndum para *abogar en favor o en contra* del tratado de Maastricht». Raro sería interceder en contra. Y que un referéndum sirviera para abogar.

Y dado que muchos profesionales de los medios parecen hablar sólo entre sí y sólo en su jerga profesional, contó uno de ellos en la última jornada europea de nuestro fútbol que cientos de aficionados napolitanos se habían desplazado a Valencia «para presenciar el encuentro en directo». Como si para presenciarlo en inverso, hubiera sido necesario cruzar el Mediterráneo. Otro síntoma de inflación. Que afecta con más intensidad a organismo tan débil y maltratado como es el lenguaje futbolístico, creador de un léxico superfetatorio que ha aclimatado *golpear* en la acepción de 'dar al balón con el pie', *zapatazo*, para designar el puntapié dado, cómo no, con la bota, y la delicada perífrasis de preciosa ridícula *perder la verticalidad*, con el simple significado de 'caer o caerse', que ya son ganas de oficiar de pedante. Lógicamente, cuando un jugador se ponga en pie, lo hará renunciando a la horizontalidad.

No hay duda de que, junto al lenguaje límpido y, por eso, olímpico, se está desarrollando otro resueltamente «paralímpico».

Macedonia de yerros

Oído en una televisión: «El Gobierno aprovechará los *faustos* del 92 para convocar elecciones». He aquí lo que, mes tras mes, vengo machacando: comparado con la macedonia idiomática que muchos trabajadores de la palabra tienen en la testa, los neologismos innecesarios son un gozo. *Faustos* o *fastos*, ¿qué más da? Igual que otro alelado, según el cual, determinado silencio de la ministra Portavoz daría «*pábilo* a rumores»; es decir, a una torcida esdrújula de vela.

Ese trueque de vocablos está dando señales cada vez más alarmantes de una falta de salud mental colectiva que, de veras, debería preocupar a quienes tienen el deber político o simplemente cívico de cuidarla. Personas absolutamente impreparadas para su función se asoman a pantallas y usurpan micrófonos o columnas de prensa, expresándose muchas veces de modo ajeno al que emplean en el trato personal, porque piensan que *coram populo* deben hilar más fino. Y yerran al hacerlo.

Así, refiriéndose a la última convención del Partido Popular, se dijo que Manuel Fraga *profesó* su apoyo a José María Aznar. En vista de que, engolándose, «profesar amistad» a alguien es más remontado que ser su amigo, también volará más alto profesarle apoyo que dárselo o manifestárselo. Últimamente se nos ha impuesto cautela ante cierto fármaco hipnótico. Otros productos lo han acompañado en el recelo, lo cual constituye una noticia formulada así por un diario: «Los medicamentos retirados no *revisten* alarma». De las dolencias que sí pueden (o no) revestir gravedad, el alucinado mensajero trasladó el verbo a esa frasecita, y lo rodeó de un contexto tan imposible como los naranjos en la Antártida. Según otro, un artefacto explosivo que explotó *propició* heridas de diversa consideración a quienes pasaban cerca. Y lo mismo he leído aludiendo a un torero empitonado. Quienes escribieron eso harían un corte de mangas al Diccionario si leyeran en él que *propiciar* significa «mostrarse favorable».

Se lamentaba hace poco un articulista de que, al trazar el TAV, esa exhalación ferroviaria que nos permitirá volver de Sevilla sin perder la silla, no se hubiera procedido con criterios «más *economicistas*». Y es que otro formidable barreno metido en el idioma lo constituye el prurito de injertar sufijos a los vocablos, para darles apariencia más sublime. Así se han producido abortillos como la *problemática* por los problemas, la *analítica* de los médicos, que ha sustituido en su jerga al o a los análisis; la *climatología*, inocente ciencia de los climas a la que se hace culpable de nevadas, huracanes o diluvios; y eso de los criterios *economicistas*, por evitar la vulgaridad de preferirlos simplemente económicos; pero resulta que economicismo es la doctrina que asigna a la economía un puesto preponderante en el conjunto de las actividades humanas, y no se mete en lo que cuesta un tren o un peine.

Es continuada la demostración de que, con pavorosa frecuencia, se emplean las palabras ignorando qué significan. Con motivo de un plante o algarada reciente del Ballet Nacional (ya no recuerdo si Lírico o Clásico) contra su director, algún periódico informó de que algunos de sus miembros «repartieron *pasquines*» a la puerta del teatro de la Zarzuela. ¿Para qué? ¿Para que los pegaran en las paredes los transeúntes? Imagino que distribuirían panfletos, hojas informativas, libelos..., un algo de ese tipo que, por su tamaño, se pudiera tomar. Porque el pasquín, según sabe quien no sea un neonato idiomático, es un escrito satírico o de protesta que se fija en un lugar público. Es decir, no está destinado al reparto. Como no lo estuvo desde su origen, el italiano *pasquino*, según se llamó a toda sátira que, en Roma, entre los siglos XVI y XIX se adhería a la estatua de Pasquino (nombre, por cierto, de un zapatero remendón que tenía su taller allí junto, y atribuido por broma al personaje esculpido).

La aflictiva reducción de vocabulario que tantas veces he señalado como propia del lenguaje periodístico más mostrenco −ese achicamiento sobrevenido a sistemas como el que forman *hacer*, *efectuar*, *construir*, *verificar* y cien verbos más que se esfuman ante el único *realizar*−, ha determinado que toda clase de subgéneros oratorios dejen su lugar a sólo uno: la *alocución*. Y así, en eso se han convertido el discurso que un parlamentario pronuncia en las Cortes, la salutación que el Rey dirige al Cuerpo Diplomático, la homilía del oficiante en una misa, la arenga del coronel a los soldados, la disertación de un conferenciante o la soflama de un demagogo. Cuando ocurre que *alocución* es la pieza oratoria que un superior dirige a sus inferiores en ocasión solemne.

Confusión de vocablos y reducción de sistemas léxicos se alían con otros destrozos. Así, con el que produce la invención de algunas nuevas palabras. Se ha empezado a oír *izada* para nombrar el acto de izar bandera; no hay, efectivamente, ningún término que lo designe, y se evitaba con rodeos como «se procedió a izar la bandera». Pues no: ahora, más sintéticos que áticos, hemos tenido que forjar *izada*, cuando bien a la mano estaba *izamiento*, analógico sin ir más lejos, de *levantamiento* o *alzamiento*.

Pero son los comentaristas deportivos quienes manejan un hacha más certera. Pueden llamar sin sonrojo *goleador* a quien ha marcado el único gol del partido. O *el línea*, así de escueto, al juez de línea. O *defender* a un jugador contrario, en baloncesto y, ay, ya en fútbol, a la acción de obstaculizarlo o frenarlo. Y podar el sufijo –porque la poda se alía con el injerto– al ya tradicional *marcaje*, para asegurar que «el Trueno Rodríguez» somete a estrecha *marca* al «Chepita Martínez». Porque ahora los locutores de la hermana América que aquí se han impuesto, aponen un motecito al nombre o apellido de los futbolistas, como antes se hacía en el *catch*.

Si todavía añadimos que tales habladores son muy capaces de negar lo que vemos en la pantalla, asegurando que «los jugadores *saltan* al terreno de juego», cuando es lo cierto que tantas veces salen lentos, mansos, abatidos por la profunda amargura de tener que currar, y que, más que saltar, se arrastran, llegamos a la conclusión de que se nos está poniendo el idioma hecho una pena. Como poco, una.

Espurio-espúreo

Escribí en mi crónica del mes último que no siempre es *espurio* lo que no figura en las columnas del Diccionario académico, y así, con ese correctísimo *espurio*, la envié para su publicación. Pero alguien, dónde y cuándo no lo sé, debió de interpretarlo como errata mía, si no como desfallecimiento mental, y me corrigió, haciendo que apareciera *espúreo*. Sufro con frecuencia tales correcciones; no hace mucho, enrojecí –no es hipérbole– de vergüenza al ver que a un *ay* interjectivo me lo habían convertido en *hay*. Pero ningún lector me alzó la voz escandalizado, quizá porque nadie se dio cuenta o, tal vez, porque nadie me leyó.

Pero esta vez, sí; y ha sido nada menos que Francisco Umbral. Me ha escrito recordándome cómo una vez le comenté que debía decirse y escribirse *espurio*, y que ahora salía yo por peteneras. Con toda razón, invoca a los testículos para que le diga de una vez cómo se escribe el dichoso vocablo. Es fácil responderle según los libros, el Diccionario académico entre ellos: *espurio*, por la buena razón de que deriva del latín *spurius* 'bastardo', y de que no escasea la documentación de *espurio* desde la más remota Edad Media, pasando, claro es, por los clásicos, hasta nuestros días.

Pero Corominas documenta *espúreo* muy a principios del siglo XVII, en la impresión de una comedia de Lope, aunque sospecha que por despiste del cajista que componía el texto. Hay apariciones posteriores, también hasta hoy; y todas, las antiguas y las modernas, se deben a ultracorrección, es decir, al intento de mejorar la supuestamente vulgar y ruda terminación *-urio*, y de restituir el vocablo a su imaginaria forma verdadera, alineándolo así con formaciones como *sulfúreo* o *purpúreo*. Se piensa que la pronunciación etimológica constituye una infracción semejante a la que se cometería diciendo *rectilinio* por *rectilíneo* o *venerio* por *venéreo*.

Pero la ultracorreción, que practican justamente los menos «correctos», es una de las fuerzas que secularmente actúan en la evolución de las lenguas. Y estoy completamente seguro de que, sometido el asunto a referendo, el número de hablantes que optan u optarían por la forma *espúreo* superaría con mucho a quienes prefieren la legítima *espurio*. ¿Incultos? Sin duda, pero, puesto a mojarme, confesaré, si no escandalizo, mi predilección por aquélla; la empleé una vez, y en algún libro anda registrada mi «falta». Sin embargo, al enviar la aludida crónica, intenté blindarme contra posibles censores, bien en vano como he dicho, utilizando la forma canónica.

No puedo, pues, sacar de dudas a Francisco Umbral, por mucho que refuerce su pregunta con una invocación glandular. Porque él, cuando prevarica idiomáticamente lo hace adrede y no por ignorancia, usando del derecho a salirse de las convenciones comunes reconocido por el Padre Feijoo a quienes llamaba «poetas príncipes». Puede hacer con el vocablo lo que quiera, y muy bien nos vendrá su testimonio cualquiera que sea la variante que haya preferido, si alguien decide sacar a relucir este asunto en la Academia.

Tampoco me aclaro en una cuestión que se ha planteado de golpe y con urgencia: el de cómo llamar a las mujeres admitidas por la Iglesia anglicana, según reciente decisión, al sacramento del orden sacerdotal. ¿Sacerdotisas? Pero en nuestro idioma (no se olvide que en cada lengua se aloja una historia cultural y una visión del mundo distinta), ese vocablo remite a un ámbito no cristiano, grecorromano o decididamente exótico. Y hay que forzarse para nombrar con él a las mujeres que compartan el ministerio con los clérigos servidores de Cristo. Por supuesto, no resultaría imposible: tal vez bastase con vencer un inicial momento de extrañeza, no absolutamente inmune a la ironía.

Pero podría dificultar el acuerdo la posible discrepancia de las así designadas, y no pocas feministas, aunque ya tenemos en el Diccionario *diaconisa* y hasta el *papisa* de la legendaria Juana. Es muy probable que reaccionen como las *poetisas*, muchas de las cuales, abjurando del sufijo, han decidido ser *poetas*, no importándoles en este caso compartir vocablo con los varones. Si tal fuera la opción de las ordenadas, la solución estaría bien a la mano: *el* o *la sacerdote.*

Pero es de temer que no satisficiera a quienes han impuesto *jueza* y *fiscala*, es decir, a las partidarias y partidarios de llevar la diferenciación sexual a todas las palabras, y de hacer inequívocamente unisexuales a las genéricamente comunes, lo cual impediría, claro es, que *sacerdote* desempeñara la doble función genérica. Criterio que, para lograr la debida coherencia, obligaría a acuñar formas masculinas (*artista/artisto*) o femeninas (*piloto/pilota, oyente/oyenta*) según los casos, y a jubilar algunas epicenas, es decir, las que, como *sus abuelos*, designan a la pareja humana, sustituyendo siempre ese sintético plural por *su abuelo y su abuela* para no hacer a ésta de menos.

Y está la solución *sacerdota*, que ya he visto impresa en algún periódico, no sé si en broma o en serio, y que es opción al alcance de indocumentados. Por supuesto, como *espúreo*, sólo que esta voz queda como ennoblecida al ser desvirtuada, y *sacerdota* no puedo escribirla sin que el ordenador me lance timbrazos de alarma. Es palabra sencillamente horrorosa y la razón estética suele ir aliada con la razón lingüística. Pero es que, además, falta esta última por completo a *sacerdota*. Alguien podrá defenderla arguyendo que muchas voces acabadas en *-ote* poseen moción genérica: *amigote/amigota, marquesote/marquesota*, y tantas más: las voces formadas con el sufijo *-ote*, que no sólo admite sino que exige tal variación. *Sacerdote* carece de tal sufijo: deriva de *sacerdotem*, acusativo de *sacerdos*.

Y aún he visto sugerir a un eminente lingüista, sin mucha convicción, es cierto, pero acogida con calor la sugerencia por una ilustre colega, la posibilidad de formar *sacerdotesa* (en italiano existe *sacerdotessa* equivalente a nuestra *sacerdotisa*), que entraría en línea con *abadesa, prioresa, alcaldesa* y cien más que a cualquiera se le ocurren. Es posibilidad para mí menos convincente que, aunque me convenza poco, *la sacerdote*, pero, en fin, ahí queda.

He reunido aquí dos casos de incertidumbre; pocas cosas tienen en el lenguaje la claridad del dos más dos. Pero tampoco hay muchas dudas tan atractivas para quien vive el idioma como pasión.

Deslegalizar-ilegalizar

Las acciones presuntamente delictivas que se han venido atribuyendo a miembros de cierto partido político vasco durante estas últimas semanas, han provocado discusión acerca de si es oportuno declararlo fuera de la ley. Por ello, los vocablos del título han irrumpido con frecuencia en las prosas habladas y escritas, y la preferencia por uno u otro ha suscitado no pocas discusiones y consultas.

Porque ocurre que ninguno de ellos figura en el Diccionario académico,[1] y ambos parecen compartir el mismo significado; pero las discrepancias acerca de su empleo, revelan que en la conciencia idiomática de muchos la igualdad de significaciones no resulta clara.

Tampoco acogen palabras equivalentes los diccionarios franceses e italianos que he consultado. Dentro del nuestro, hallamos, por analogía, *ilegitimar*, que se define así: «Privar a uno de la legitimidad; hacer que se tenga por ilegítimo al que realmente era ilegítimo o creía serlo». Pero esta definición se refiere sólo a personas; aunque quizá tal limitación sea errónea, y la ilegitimación, según sugiere el sentido común, pueda afectar también a cosas, acciones, instituciones, etc. Si esto último fuera cierto, no harían falta nuevas palabras, dado que *legítimo* es todo aquello que existe o se produce «conforme a las leyes»; la acción de retirar a algo tal condición, sería ilegitimarlo.

Pero aun así, ese término parece menos terminante que los ahora tan empleados. Y para que cupiera un razonamiento analógico, debería existir *deslegitimar*, que no figura en el Diccionario. Pero sí en el uso: escritor tan consciente como Antonio Elorza aseguraba en un artículo de hace pocos días que cierta acción posible «*deslegitimaría* una vez más al Estado». No hay duda de que ese verbo vive algo más que potencialmente en nuestro idioma, y que nada se opone ni a su empleo ni a su inequívoca comprensión. Evidentemente, un Estado deslegitimado ha perdido legitimidad, entendida como derecho a ser considerado como inobjetable cumplidor e impulsor de leyes justas; pero no ha dejado de ser legal.

1. *Deslegalizar* figura en el de 1992, con el significado de «Privar de legalidad a lo que antes la tenía».

De hecho, las dos palabras de tan lamentable actualidad parecen irreversiblemente incorporadas al léxico hispano, aunque sean probables anglicismos: existen en inglés, donde *to illegalize* significa 'declarar ilegal', mientras que *to delegalize* consiste sólo en revocar una situación legal o una autorización.

Parece que esta distinción de significados resulta aplicable a las nuevas voces. El rasgo diferenciador es sutil pero claro: si el aludido partido fuera *deslegalizado*, se entendería que se le privaba del estatuto que como tal disfruta, sin referencia a consecuencias ulteriores. Pero si se *ilegalizara*, no sólo se le retirarían sus derechos, sino que pasaría a constituir delito su funcionamiento público o clandestino; él, en cuanto organización, y sus miembros, adquirirían la condición de ilegales.

Además, algo sobre lo que no existía legislación, puede ser ilegalizado, pero no deslegalizado. No son, pues, términos sinónimos, sino sólo semánticamente vecinos; convendrá, por tanto, no confundirlos, y saber qué se dice con uno y con otro.

He aquí un caso patente de innovación útil, tanto si es anglicista, como si ha surgido entre nosotros. Lo último no resulta improbable: en el idioma pululan formaciones posibles acordes con el sistema, que sólo aguardan a que una necesidad expresiva las haga aflorar en el habla. Éstas no figuran en el Diccionario porque son muy recientes, pero su derecho de ciudadanía es incuestionable.

Claro que tampoco aparecen en él muchas voces que sí están oídas y leídas abundantemente. Y ello, por razones múltiples. Una, innegable, por descuido de que ningún diccionario del mundo está libre; sus responsables tienen que aceptar con humildad los reproches que ello suscite. Pero en otras ocasiones, la omisión puede resultar de la prudencia a que obliga el rápido trasiego de innovaciones fugaces, que se desvanecen con la misma rapidez con que aparecen. ¿Había hace pocos años palabra con más apariencia de definitiva que *carroza* como designación desdeñosa de aquel que se aleja de la juventud? Pero, de pronto, ha perdido vitalidad, y si no está extinguida, anda cerca. Hay que registrarla, pero en el Diccionario histórico, donde todo cuanto haya vivido en el idioma debe estar presente. ¿No resulta atinado aguardar a ver qué depara el tiempo a vocablos de apariencia indecisa o inestable?

Son curiosas las quejas que ausencias de ese tipo suscitan a veces. No es raro que las hagan quienes sólo están interesados en fallos del Diccionario, pero prevarican sin consultarlo contra lo indiscutible que contiene y que es lo más. Ahora mismo, por haberse difundido que la nueva edición incorporará el vocablo *gilipollas*, se han alzado voces de burla y jarana: ¡al fin se ha enterado la academia! Son ellos, sin embargo, quienes no se han enterado de que ese dicterio figura en el Diccionario manual desde hace varios años. Y tal vez no la Academia, pero estoy seguro de que muchos Académicos han empleado y emplean el ahora aireado palabro con suma propiedad. Por otra parte, resulta raro que sólo ese término haya sido resaltado entre los miles de enmiendas, adiciones y correcciones. Debe comprenderse, sin embargo, que haberse fijado en *acromatopsia*, por ejemplo, hubiera dado pie a menos ingeniosidades. Aunque nadie acuda al infolio para averiguar el significado de *gilipollas*, y tal vez *acromatopsia* precise consulta si alguien se topa con ella.

El Diccionario no delimita el empleo que hacemos del idioma; su función normal consiste en registrar lo que el uso va fijando, cambiando o jubilando. No precede al uso: lo sanciona, aunque a veces tenga que arbitrar en las disparidades, y pueda promover ciertos empleos. Que una palabra no figure en él, no quiere decir que sea «incorrecta» y de imposible utilización; si eso ocurriera, el idioma permanecería inmóvil y moriría. Ahora bien, sirve siempre de referencia para suscitar sospechas acerca de lo que no recoge; pero el hablante o escritor de buen sentido, sabe perfectamente si es él quien tiene razón. Recalco lo de buen sentido: el de quienes, por ejemplo, han lanzado al comercio idiomático *deslegalizar* e *ilegalizar*. No el perverso de aquellos que aún siguen empleando *reiniciar* por 'reanudar' o *envergadura* por 'corpulencia'.

Ello no excusa al Diccionario de ser más diligente. Lo será apenas tenga los medios para serlo.

Connotaciones

Un cantante de esos que lo son sólo según la clasificación laboral, afirmaba hace poco en una entrevista de radio: «Oh, esa canción tiene para mí muchas *connotaciones*». Un policía, ahora en la cárcel, responde a la pregunta que le hace un periodista radiofónico acerca de si alguien habrá asumido el papel que él desempeñaba en la lucha antiterrorista: «No creo que haya ningún funcionario que tenga mis *connotaciones*». Es el nuevo idioma, tan apto para no decir nada sugestivamente, para envolver en fonemas subyugantes un trozo de vacío. ¿Qué diablos le pasará a ese cantante con tal canción? ¿Qué demonios le sucede al policía para ser tan singular? He aquí un vocablo vigorosamente triunfante en la jerga de hoy, según los testimonios que acabo de mencionar: cuando en su empleo coinciden un *vip* pop y un funcionario del Ministerio del Interior, es que ya la cosa no tiene vuelta de hoja.

Hasta hace poco, eran sólo los lógicos y los lingüistas quienes empleaban el término *connotación*. Oponiéndola siempre a la *denotación*, aunque de diferente modo. En la distinción establecida por Stuart Mill, la denotación de un término alude a su extensión, es decir, al conjunto de objetos que pueden nombrarse con él. Así, la denotación del término *limón* es el conjunto de objetos de los que puedo decir: «Esto es un limón». En cambio, la connotación de ese término, su comprensión, son las notas o rasgos de color, tamaño, forma, olor, etc., anejos a él.

Para los lingüistas, a partir de Bloomfield, la denotación de las palabras es el significado en que todos los hablantes coinciden, mientras que su connotación son los valores suplementarios que no pertenecen al núcleo significativo del vocablo, y que puede variar según los hablantes. Términos como *obrero, patrono, sindicalista*, etc., poseen el significado denotativo que los diccionarios definen, pero connotan de distinto modo según la perspectiva sociopolítica en que está instalado el hablante. En muchas ocasiones, la connotación es compartida por todos los hablantes; sólo una institucionalización de las connotaciones anejas al término *perro* hace que podamos emplear frases del tipo *vivir como un perro, tratar como a un perro, noche de perros*, etc. Pero pueden ser completamente individuales; las connotaciones que para mí posee esa voz resultan de mis experiencias con tal mamífero (que, por cierto, han mejorado desde que tengo uno).

El papel que las connotaciones, es decir, que esas notas periféricas que acompañan al significado nuclear del vocablo, desempeñan en el funcionamiento del idioma es enorme. Pueden informar sobre la procedencia geográfica del interlocutor, su cultura, su edad, su medio profesional, su ideología, su situación afectiva, su sinceridad, sobre mil cosas más. Intervienen activamente en los cambios de significación que sufren las palabras y sugieren adjetivos, comparaciones y metáforas a los escritores. Nada hay en el significado de *arpillera* que tenga que ver con el dolor. Pero cuando Aleixandre habla de la *dolorosa arpillera*, lo hace inducido por la nota de pobreza que asocia a ese tejido.

Como podrá ver quien me haya seguido en esta simplificación y elementalización del concepto de connotación, es imposible imaginar las relaciones que mantienen con él el cantante y el policía aludidos al principio. Y no sólo ellos, sino el común de los hispanos, que nos hemos puesto a connotar desesperadamente.

Por supuesto, el inglés anda por medio en muchos casos. En tal idioma, connotación es 'lo que sugiere una palabra o cualquier otra cosa'. Con esta clave americana, ya resulta claro que, al cantor microfonista, aquella canción le despertaba muchas evocaciones, le traía recuerdos, le suscitaba nostalgias, añoranzas… El policía quería decir otra cosa, que ni con el inglés se entiende; porque se refería a que no creía que ningún otro funcionario reuniera sus condiciones o circunstancias. Y no es él, ni mucho menos, quien emplea aquel tecnicismo en esa acepción: he oído decir a un actor que un determinado teatro por lo insalubre de los camerinos y por «otras connotaciones» debía ser clausurado por la autoridad.

El idioma se nos pedantiza, pues, en lo que ahora se llama –ésa es otra– alta velocidad. Importamos términos cultos a través del inglés, como ocurre en este caso; pero, luego, como no se sabe qué quiere decir exactamente aquello, se emplean por aproximación, al buen tuntún y a mocosuena. Y así, de decir anglohablando «¡Qué *connotaciones* maravillosas guardo de esa noche!», se ha pasado a la posibilidad de anunciar un puesto de trabajo neohispánicamente, con sólo advertir a los solicitantes que hagan constar todas sus *connotaciones*. La terminología gramatical no ha quedado libre de saqueo en estas incursiones por la pedantería. Ya había aportado *semántica*, para designar los matices de lenguaje carentes de importancia: «Estamos de acuerdo en todo; nuestras diferencias son sólo *semánticas*». Y ocurre que la Semántica es la ciencia de las significaciones, de los contenidos; si las diferencias son semánticas, es que son totales. Claro que esto es asunto menudo frente a la actual trivialización de la *filosofía*, cuando se habla, por ejemplo, de la *filosofía* municipal de la recogida de basuras, o se afirma que la furia ya no figura en la *filosofía* de la selección nacional de fútbol.

Los pedantes ignaros, que, para darse mayor lustre, sustituyen la palabra propia por otra que juzgan más docta pero que significa algo muy distinto, son especialmente conmovedores. Así los que creen, y son muchos, que *homilía* significa 'misa' o 'funeral' («Todo el pueblo asistió a la homilía»); o quienes confunden *veredicto* (que ha de emitir un jurado) con 'fallo' («Hoy se hará público el veredicto del juez»). O el cronista que se lució al dar cuenta de una charla mía, en la que afirmé que el amor, según Unamuno, es de necesidad *ontológica*, y él pensó que *deontológica* quedaba aún mejor. Y sí: queda mejor; bendito sea. Aunque, en este caso, al escribidor, tan misterioso debía de resultarle un adjetivo como el otro.

Argumentos

Es de Chirac la afirmación de que el buen empleo del idioma contribuye a mejorar la calidad de la vida. Lo cual supone que emplearlo mal agudiza las aflicciones que solos o en conjunto padecemos. Las ocasiones de sentir depresión abundan, y a muchos nos afecta a juzgar por la abundante cantidad de recortes con subrayados o con transcripciones de lo recién oído que me envían numerosos corresponsales. Y como yo mismo practico esa cetrería, puedo certificar que es inagotable el pesar de que podremos seguir disfrutando los aficionados a tan inocente deporte.

Y no es que nadie pretenda infligirnos tantas amarguras: el causante, en general, obra tan inadvertidamente como quien hunde el tacón en un pie vecino; se sospecha que menos del cinco por ciento de las veces no querría hacerlo. Es inculpable, pero el doliente suele reaccionar con furor advirtiendo al descuidado que mire dónde pisa. Sin furor, pero con sentimiento, puede observarse que los pisotones al idioma, lejos de decrecer, aumentan. Y parece lícito –mejor: imprescindible– amonestar a los pisadores. No sólo tunden el idioma: en una de las emisiones que, para cumplir con la cuota cultural, dedicaba una importantísima radio a la música clásica, el locutor anunció que íbamos a escuchar un *área* compuesta por Bach. Pertenecía, prosiguió, a un grupo muy notable de *áreas*.

Un diario de máxima difusión nacional, dando cuenta de la entrega del Premio Carlomagno a Vaclav Havel, ilustró la noticia recordando que el galardón se denomina así en «memoria del *dirigente* del siglo VIII». Y otro periódico algo menos ilustre, pero aun así mucho, daba cuenta de que el novelista Graham Greene iba a ser enterrado en un pueblecito suizo «a orillas del lago *Genova*», con el grosero y viejo error de traducir de ese modo *Genève*, es decir, Ginebra.

Fantástico fue también escuchar en el noticiario de una emisora de televisión, cómo el Carnaval concluiría con una batalla entre Doña Cuaresma y su secular rival, a quien el locutor travestía de fémina, incluso tal vez, con ablación: *Doña Carnal*. Así lo reiteró varias veces, para quitarnos toda duda, y dejarnos convencidos de que es posible dar la cara al país en una emisión informativa, no sólo sin haber leído uno de los más tópicos pasajes del *Libro de Buen Amor*, sino habiendo atravesado el Bachillerato sin sufrir la menor contaminación literaria.

Es de temer que estas cosas tomen incremento (o excremento) con los actuales planes territoriales de estudio, que ponen límites a la Geografía y a la Historia, a la Literatura y la Lengua, de tal modo que esos conocimientos no desborden las fronteras de la Comunidad: ¿para qué han de alzar sus ojos los muchachos, si lo que importa es que aprendan a conocer sus ombligos? Carlomagno fue un dirigente, Ginebra es Genova (sin acento), don Carnal se amujera, y España será pronto algo tan remoto y vago como la Liga Hanseática.

También la memoria del idioma se desvanece, y en lugar de asegurar que el derribo de cierto hotel en Barcelona podría constituir un precedente, ya se escribe que tal derribo, si se produjera, «podría *devenir* en precedente». Intentó o pensó dimitir el entrenador de un equipo madrileño de fútbol; no lo hizo porque «el presidente lo *persuadió* de hacerlo». Ambas cosas han aparecido escritas en sendos periódicos de la Corte que se precian de vigilar la expresión, pero abrigo la sospecha, hace tiempo, de que en la prensa, mezclados con los redactores competentes, hay quintacolumnistas empeñados en desprestigiar el medio en que trabajan, y en la voladura definitiva del idioma español. Si no se hace adrede, resulta inexplicable que en lugar de una palabra (*disuadir*) se emplee su antónima.

Porque este último dislate –utilizar un vocablo con el significado de otro–, no es esporádico, sino constante. Un informador oral llegó a la temeridad de decir: «Hoy habrá huelga de Metro, como todos ustedes tendrán *memorizado*». Creía el pobre que este verbo significa 'tener presente' o 'recordar'; y, en efecto, se memoriza re-

cordando, pero cosas más complicadas que esa cotidiana trivialidad de una huelga.

Entre las lindezas mejor arraigadas en el lenguaje televisivo, figura el empleo de *argumentos* con el significado de 'noticias': «En
el paisaje informativo de hoy figuran los siguientes *argumentos*».
Y se llama así a un incendio, a un asesinato, a una estafa... «¿No
te has enterado del *argumento*?», podremos preguntar muy pronto: «¡Anacleto se divorcia!».

Prosigamos, pues, con los argumentos. Por ejemplo, con el empujón que está dando *centralizar* al viejo y breve *centrar*, acción
que ya va quedando casi sólo en el fútbol (veremos hasta cuándo).
Y así, por las antenas se emiten cosas como ésta: «La pugna política se ha *centralizado* en torno a la corrupción». Porque es en el empleo de los verbos donde el neoespañol se está remozando hasta el
infantilismo. He aquí construcciones características: «El entrenador *osó en* dejar fuera del equipo a Butragueño»; «Un grupo de manifestantes increpó a Li Peng con *lanzarle* huevos»; «El sistema
Mitterrand ha *degenerado* el esquema constitucional francés».

Los desplazamientos semánticos producidos por la inseguridad
en el significado de las palabras, producen extrañas alianzas de este
tipo: «Los huelguistas esperan *obtener más reivindicaciones*»; las
reivindicaciones no pueden obtenerse ni dejar de obtenerse, sino, a
lo sumo, aquello que se reivindica. ¿Lo entenderá el escribidor?
Otro caso semejante: «El Juzgado es custodiado por *fuertes medidas de seguridad*». No explica el informador con qué van armadas
las medidas.

Las pérdidas que sufre el idioma con tales erosiones se compen-
san en parte con intrépidas aportaciones que aumentan su caudal.
Poseíamos, por ejemplo, *erizamiento* para nombrar el resultado de
erizar o erizarse el pelo. Pues, según un periódico madrileño, aquella desventurada exorcizada en Granada «experimentó *erización*
de sus largos cabellos». ¿Debíamos conformarnos con el adjetivo
inspector(a)? Ese mismo diario (insisto; de los mejor escritos) ha
acuñado su doble, refiriéndose a la «función *inspeccionadora*» de
una Comisión. Y no tenemos por qué resignarnos a sólo raciocinio,
desde que allí mismo un politólogo ha reprochado a otro su «*razo-
cinio* carente de imaginación»; es un raciocinio con más dosis de
razón. Pero ya no me caben más argumentos en el paisaje de hoy.

1993

Insalud

¿Qué extraño temor al acento agudo ha impuesto en el uso general la pronunciación *Insálud* que se oye a todas horas? Porque en todas surgen ocasiones para referirse a ese ingente organismo que tiene a su cargo reparar el de los españoles. Nada hacen médicos, jefes, enfermeras, fisioterapeutas, camilleros y demás para impedir que permanezca así de grave tan sobado nombre, cuya dolencia se ha instalado en todos los audiovisuales sin que ninguno la note; faltaría más. Así que se ha hecho crónica, y será tenido por extravagante quien pronuncie bien, acentuando la última sílaba en atención a que el núcleo de tal vocablo es el sustantivo *salud*, añadido a las siglas de algo así como *Instituto Nacional*. Deja perplejo que palabra tan traída y cotidiana como *salud* no sea reconocida, y le haya causado tal quebrantamiento una enorme masa de ciudadanos con diversidad de grados de instrucción: a la hora de las tundas idiomáticas, un mismo ideal igualador suele unir a analfabetos y a licenciados y doctores. Se diría que, en muchos hablantes, es más furioso cuanto más grados alcanzaron.

Creo que ya disparé, con el resultado habitual, contra los *efectivos* militares y policiales que han ocupado prensa y antenas. Como cada vez me topo más a menudo con el invasor, vuelvo a ensayar el tiro, aunque con acrecido escepticismo. El desayuno me ha exigido un antiácido a los tres minutos de leer lo que sigue en un importante diario nacional: «Los cuadros de mando de las FAS se reducirán a 49.728 *efectivos*». Eso ha escrito un profesional, licenciado en Ciencias de la Información (seguro que pronuncia *Insálud*), y sin retoque alguno ha ido pasando de ojo en ojo hasta alojarse en un titular.

Los guerrilleros del neoespañol están logrando que algunos *pluralia tantum*, es decir, vocablos únicamente usados en plural, dejen empleo tan exclusivo y segreguen extraños singulares. Tal le ocurre a *condiciones*, que sólo así, en plural, era capaz de significar 'aptitud o aptitudes'. Ahora, los deportivos, gremio al que están alistados tantos remendones de la lengua, han empequeñecido la voz para decir, valga el ejemplo, que «no es buena la *condición física* de Schuster». Me agoto buscando el origen de tal ablación, y todas mis pesquisas conducen a la necedad. Me recuerdan los tales a aquel personaje de una comedia de Tono, creo, que, ante la extrañeza de los presentes cuando les cuenta que en su boda la gente le había arrojado confetis (así dice), rectifica: «Bueno, un confeti». Según parece, el confeti, la condición física quiero decir, que le flaquea o le flaqueaba al futbolista germano es el tobillo.

Viene el rodeo a cuenta de que también resulta que cada soldado y cada policía es un *efectivo*. «¿Quién es ese chico?», pregunta la amiga a la amiga, y obtiene como respuesta: «Ahora es efectivo de Artillería, pero al acabar la mili quiere ser efectivo de tráfico». Hasta ayer mismo, un buen periodista hubiese titulado: «En las FAS, los mandos se reducirán a 49.728» (aunque hubiera procurado, tal vez, averiguar el porcentaje de la reducción para llevarlo al titular, en vez de esa cifra tan exacta como opaca para el común ciudadano). En cualquier caso, el periodista bien hablado sabría que el vocablo plural *efectivos* denomina a la «totalidad de las fuerzas militares o similares que se hallan bajo un solo mando o desempeñan una misma misión». Y, por tanto, que no hay un efectivo, ni dos, ni 49.728, sino que, en los efectivos de las Fuerzas Armadas, los mandos van a ser reducidos a 49.728 jefes y oficiales. Y sabría también que los efectivos de un ejército no los forman sólo personas, sino también el material. Un mortero forma parte de unos efectivos con tanto derecho como un teniente; y, por tanto, constituye ofensa para el teniente meterlo en la misma cuenta que los morteros.

Sigue su progreso en los *media* el nombre *repaso* usado así: en su discurso de ingreso en la Academia de Bellas Artes, «Carmelo Bernaola dio un *repaso* a la historia de la música occidental». Lo dudo, porque el notable compositor conoce, estoy seguro, tal historia, y no necesita repasarla; esto se hace deprisa para afianzar algo en la memoria, y la suya no lo precisaba, y no es cosa de pasar hojas aprisa y corriendo ante tanta gente. Pero ese cronista, y tantos compañeros suyos, viven del lenguaje sin que nadie les dé un repaso.

Que lo merecen en las costillas, junto con esos dobladores de filmes norteamericanos que, cuando un personaje habla ante una concurrencia, le hacen introducir indefectiblemente su perorata con un *Damas y caballeros*. Pero ¿es que nunca han asistido a actos así entre nosotros? ¿No han oído jamás cómo la invocación al auditorio indiscriminado se hace con un *Señoras y señores*?

Indudablemente, muchos con voz pública fueron destetados antes de aprender a decir «ajo», y les faltó el imprescindible fundamento idiomático que aporta la leche materna. Entre los cuales –recaigo invariablemente en ellos– figuran quienes en la televisión autonómica que me ha tocado por empadronamiento, se ocupan de deportes, capaces de decir, pues lo han dicho, que ese nuevo astro bilbaíno de diecinueve años llamado Julen Guerrero ha sido llamado a la selección nacional «a pesar de su corta edad». O de denominar *jugadores de campo* no se sabe si al equipo entero menos el portero, o sólo a los titulares, o también a los reservas del banquillo. Parece que eso de *jugadores de campo* sugiere en los muchachos no sé qué de palurdo, o, bien mirado, también de mariscal, cosas ambas improcedentes. Como ni una supuesta precisión (nada importa que sean de campo o de ciudad), ni menos, el ringorrango son precisos, valdría más que esa televisión los dejara en simples jugadores.

Es, por cierto, la emisora que se ha sacado lo de *friqui* en inglés de Tribulete Street, para sustituir *golpe franco*, adaptación ya firmemente española del nombre de esa sanción. Y he aquí cómo un medio tan influyente, en Madrid al menos, renuncia a contribuir a que el idioma irradiado desde la Corte parezca cuando menos pulcro, y se aplica a emporcarlo con cargo al presupuesto.

Son esos mismos muchachos que para decir que Zamorano le ha dado un golpe fortuito al portero del Atlético, dicen que «*ha impactado* con la pierna izquierda en Abel». Y que llaman *pospartido* a lo que sucede después del partido, es decir, a los chismes, comentarios y fechorías de los hinchas energúmenos. Modesta tontería, al alcance de mentes sin graduación.

Vis a vis

En un semanario editado en Madrid, la informadora entrevista a un varón, y le indica –él asiente– que «no hay como el vis a vis». Aunque la foto del entrevistado no lo sugiere –muestra a un caballero bien puesto, sentado en un silloncito de diseño–, me lo imagino recluso en una de nuestras cárceles modernas, tan confortables. Y lo supongo de tal condición, porque, entre otras comodidades, los presos y presas –*internos* e *internas* se les llama, con dulzón eufemismo colegial– disfrutan del derecho humanísimo de encontrase a solas con sus amistades particulares. Como sabemos todos, se ha dado en llamar *vis a vis* a ese encuentro recreativo y reparador, y, por ello, me precipito a suponer que el interrogado habla desde el trullo: tal frase tiene que ser de alguien que evoca con fruición tan confortadora amenidad.

Pero dicho señor, lejos de cumplir condena, es el director comercial de una empresa de telecomunicación, al que se le interroga sobre la difusión en España de esos aparatos que advierten al portador, dándole pitidos en el bolsillo, que se le está requiriendo en alguna parte (otra monstruosa invención para dificultar aún más la huida de nuestras obligaciones). Pues bien, tras explicar el director comercial las ventajas del insolente ingenio, la penetrante entrevistadora le sugiere si no será mejor verse las caras que andarse con pitidos. Pero trufa su apostilla con la pólvora de una tremenda falta de ortografía que estalla en el titular: «No hay como el *bis a bis*». Así, con esas dos bárbaras *bes*, porque, ella (caso de que sea la responsable, o, si no, quien lo sea) imaginó como asunto de dos eso de verse y hablarse viéndose, y por tanto como un *bis*.

Pero, si hubiera una pareja de bises, y siendo bis por bis igual a cuatro, ocurriría que eran otros tantos los implicados; lo cual es posible, claro, y creo que ocurre; pero con notable menoscabo de la intimidad. Y es que *vis a vis* nada tiene que ver con el *bis* latino, sino con el *vis* medieval francés, que significó 'rostro', derivado del latín *visus*, participio a su vez del latín *videre*, 'ver'. Es la forma que aparece en el vocablo galo *visage*, modo moderno de designar la cara. Por lo cual, tal locución, flagrante aunque aceptado galicismo en español, significa literalmente 'cara a cara' o 'frente a frente'. Modo, sin duda, más perfecto que el de los pitidos electrónicos de dar avisos, lo cual quería decir la entrevistadora.

No es muy grave, con serlo, ese desliz suyo, por cuanto se produce un cruce de dos palabras homófonas. Pero constituye indicio de algo que, habiéndose generalizado, tiene ya una manifestación constante en la prensa y aun en libros: abundan las faltas ortográficas. Eso que, antes de la malhadada supresión del examen de ingreso en el Bachillerato constituía excepción, es hoy norma. Se trata de una muestra más del laxismo o dejadez ante cualquier convención.

Y no es ésta de rango menor, a juzgar por cómo es zarandeada por la legión de los arbitristas en asuntos idiomáticos. Los más, piden a la Real Academia que determine una simplificación radical en la correspondencia entre fonemas y letras, como si ello entrara dentro de sus competencias: descuidan el hecho de que la lengua española es una copropiedad, y que resultaría extremadamente difícil acordar las voluntades de todas las naciones que la poseen como propia. Porque los cambios tendrían que aceptarse unánimemente para no romper la unidad.

No caen tampoco en la cuenta de que, en el instante mismo en que se impusiera la reforma, y en libros y periódicos empezásemos a leer, por ejemplo, *bibo*, *umiyar* ('humillar'), *uebo*, *seresa* ('cereza', no olvidemos que son muchos más en el mundo los seseantes), *qerer*, *cerer* o *kerer* (las tres soluciones se han propuesto), *zepiyo*, y cosas de ese jaez, se abriría un hiato entre lo escrito así y lo publicado la víspera, que habría quedado vetusto en sólo veinticuatro horas.

No resultaría prudente acometer reformas ortográficas de envergadura. Las normas españolas son de tal simplicidad, que cualquier persona bien escolarizada puede asimilarlas antes de la adolescencia. Y sería temerario que nuestra comunidad se lanzase ahora a una posible disgregación, que ya quedó conjurada cuando más posibilidades tenía de haber triunfado: al producirse la emancipación de las nuevas repúblicas americanas y propugnar muchos la ruptura con cuanto uniese con España.

Fue providencial en esto el prócer venezolano Andrés Bello, uno de los más activos combatientes por la independencia, que, con su inmensa autoridad intelectual, sostuvo sin embargo que era preciso mantener la unidad idiomática. Manifestando su profundo respeto a la Academia («No sabemos qué es más de alabar, si el espíritu de liberalidad con que ha patrocinado e introducido ella misma las reformas útiles, o la docilidad del público en adoptarlas, tanto en la Península como fuera de ella»), promovió, no obstante, una reforma ortográfica que permitiera conformarla mejor con los sonidos, porque la Corporación no aplicaba resueltamente los supuestos fónicos en que decía querer basar la lengua escrita.

Se justificaba su intento, en la medida en que, tanto en España como en Ultramar, la escritura se hallaba en total anarquía. Las reformas de Bello, que habían sido acogidas en Chile y otros países con fervor, conocían un fuerte retroceso, y todos compartían el caos reinante, al igual que la antígua metrópoli. La Academia, instada por Isabel II, publica la *Ortografía* de 1844, que, en conflicto con la de Bello, iba a servir como banco de prueba de su autoridad en América. Los resultados están a la vista: nuestro idioma cuenta con una extraordinaria uniformidad en la escritura, sin el cual la unidad en otros niveles resultaría imposible. Y, como escribió el también insigne venezolano Ángel Rosenblat «el triunfo de la ortografía académica es el triunfo del espíritu de unidad hispánica».

Ello debe computarse en el haber del Instituto fundado por Villena, gracias al respeto que hacia él había atraído Bello en los años más conflictivos. Y por su propia política que, en palabras del académico Manuel Cañete, honró siempre al maestro americano, y tendió «los brazos con desinteresado y noble afecto a los que si ya no son españoles según la política, lo son y lo serán siempre por su lengua y por su literatura».

Más valdrá, pues, que quienes yerran en la ortografía, se enfrenten vis a vis con su propia ignorancia y la aprendan.

Espesura

La extensión territorial del español lo hace especialmente poroso para absorber neologismos. Son muchos los países en que a éstos se les ofrece carta de ciudadanía; digo que se les brinda, pues ellos no invaden y nunca acuden si no son llamados. Ojalá nos mostráramos menos activos en tales demandas, y más diligentes para crear lenguaje; pero la creatividad idiomática no acontece aislada: surge y actúa como consecuencia de otros desarrollos inventivos que, en gran medida, nos faltan.

No es desdeñable la actividad de hispanizar cuanto pueda resultarnos útil a todos, si ello ensancha el caudal de conocimientos, o aumenta la posibilidad de entender y nombrar mejor la realidad física y más aspectos del mundo moral, o dilata nuestra capacidad para percibir rasgos y establecer diferencias. A mí me parece admirable cada adquisición de este tipo, tanto si se produce en España como si viene cruzando el Atlántico. Resulta, en cambio, perfectamente ociosa la importación de material cuando se adquiere para sustituir los usos que aquí y en Ultramar reconocemos como propios, y que compartimos tal vez sin excepción.

Cualquier hablante bien avenido con su idioma experimenta el regocijo –que, probablemente, es ira cambiada de signo para conjurar la hipertensión– con que el marqués de Tamarón, que mantiene siempre antenas acechando la memez, me suele enviar argumentos para mi carcaj. Así, esta delicia del corresponsal de un gran rotativo madrileño en París, que, haciendo conjeturas (esto es, *especulando*, dicho en buen castellano de Arkansas) sobre cuál de los aspirantes al Elíseo, llegado el momento, tiene posibilidades de triunfar, se decide por Chirac frente a Giscard d'Estaing. ¿Por qué? Muy sencillo: «Porque ha conseguido *dar espesura* a su personaje».

Es decir, la ventaja que el alcalde galo ha tomado a su rival se debe a que se ha puesto más espeso. O sea, Diccionario en mano, porque ha logrado estar más «sucio, desaseado y grasiento»; pero si eso se ha leído en algunos países americanos, como Argentina o Perú o Venezuela, se habrá entendido que el señor Chirac puede ser pronto Presidente de Francia, gracias a que, al fin, ha llegado a hacerse «pesado, impertinente o molesto».

Con estas acepciones en la mente, únicas posibles cuando la espesura se predica de una persona, produce verdadera molestia a los sexagenarios y más –a mí en concreto–, seguir leyendo que «quizá por su edad, 60 años recién cumplidos, Chirac parece más próximo a la gente normal». Es decir que, al alcanzar esa edad, y por haberse hecho más guarro o más pelma, ha conseguido por fin hacerse un ciudadano corriente. Todo eso pensará horrorizado el lector de a pie, si anda inadvertido de que *dar espesura* traduce a mocosuena el francés *donner épaisseur*, lo cual significa 'dar consistencia, profundidad o solidez, conferir riqueza'. Es lo que, sin duda, quería decir el corresponsal, sin intención alguna de ofender al famoso personaje con alusiones a su falta de aseo o de sal.

He aquí, pues, un extranjerismo que podrá medrar a poco que unos cuantos informadores se empeñen. ¿No podría decirse, por ejemplo, que las últimas elecciones han respetado la *espesura* al Presidente González mientras que le han aumentado la suya al señor Aznar? Cuando es bien visible el adelgazamiento que les ha infligido la campaña, lo pulcramente que visten y la frecuente amenidad de sus comparecencias. Pero consideraciones de este tipo importan poco a quienes están dispuestos a hacerse un nombre dando pellizcos de tornillo al idioma.

Es pronto para barruntar qué puede pasar con esa novedad; en cambio, los avances observables en el anglicismo *transar* ya permiten presumir que el español le rendirá pronto las pocas trincheras que aún le resisten. Ya puede leerse en un diario de la Corte (que, como el anterior, cuenta con su libro de estilo, revelador de la pulcritud idiomática exigida a los redactores), cómo la reciente visita del Papa a España ha reafirmado, refiriéndose al aborto, la negativa de la Iglesia «a *transar* con la cultura de la muerte». Tal verbo figura en el Diccionario desde hace bastantes años, aportado por varias Academias americanas, y referido su empleo a sólo aquel continente, con el significado de «transigir, ceder, llegar a una transacción o acuerdo». ¿Hacía falta, existiendo estos últimos verbos, y otros más, que ofrecen la posibilidad de expresar y, sobre todo, de matizar las variedades de tal tipo de acción? Evidentemente no; con ese verbo, alguien quiso calcar el inglés *to transact*, que permite obviar todo tipo de precisiones acerca de cómo se transige o pacta, achicando el esfuerzo de buscar el término apropiado; de paso, sentó plaza de culto, y su ocurrencia triunfó. En América, ciertos países y círculos lo miraron con recelo; en España, ni se miraba. Pero vemos cómo ya cuenta con alguna cabeza de puente. De que el innecesario neologismo avance, consuela algo el hecho de que, al extenderse, grapa una mínima fisura entre el español de allí y el de aquí. Una de esas fisuras tan temibles, porque, si llegaran a formar sima, múltiples simas, la fuerza real o posible de la comunidad hispanohablante se hubiera extinguido.

Este *hubiera extinguido* recién escrito me obliga a defenderme de reproches velados o estentóreos que algunos lectores suelen dirigirme por preferir el pluscuamperfecto subjuntivo (*hubiera cantado*) al condicional perfecto (*habría cantado*) en la apódosis de las frases condicionales, del tipo: «Si lo hubiese sabido, *hubiera ido*». Este final es el que me censuran, exhortándome a decir *habría ido*. Pero no quiero: a la Gramática académica me acojo, que concede igual legalidad a ambas formas verbales con la autoridad, por ejemplo, de Cervantes: «Qué tonto *hubiera andado* yo si hubiera escogido los despojos de la primera aventura». Interpongo, pues, recurso de casación. Perdería espesura si me callara.

No la pierden, en cambio, los no pocos informadores que escriben *cohexión* por *cohesión*, ni los locutores que impulsan la *x* hacia el micro como si fuera un desecho laríngeo, pero con un tono desdeñoso de competencia ortológica.

Vulgarización

Se ha difundido el rumor, temor más bien, de que van a mitigar a la llamada Radio 2 su actual dedicación exclusiva a la música clásica, y un coro de voces justamente clamantes se ha alzado contra el supuesto proyecto de aligerarla. ¿Cómo van a hacer tal barbaridad, han dicho por ondas y rotativas, con la única radiodifusora dedicada a la *vulgarización* de la música clásica? Puesto que de ella se trata, convendría mayor afinación, pulsando *divulgación*, nota próxima pero no idéntica a *vulgarización*. Ésta consiste sobre todo, en traducir el ático al beocio, llamando «ático» a la música clásica –traductor insuperable, entre nosotros, un señor Cobos–, a la literatura, al pensamiento y a cuanto alcanza un alto grado mental. Porque *vulgarizar* algo es, normalmente, 'hacerlo vulgar', 'trivializarlo', mientras que *divulga* quien procura mayor difusión a las cosas, sean noticias, sean saberes o sea música clásica. ¡Qué curiosa incoherencia la de quienes protestan porque se piense introducir vulgaridad en Radio 2, y piden que siga *vulgarizando*! Pero siempre estimula ver a rudos habladores subyugados por Vivaldi.

Abundan, en cambio, quienes hacen cuanto pueden para huir de lo que juzgan vulgar mediante una educada dicción y refinada prosa. Así, la locutora de TVE que, uno de los aflictivos días pasados por la Familia Real en Pamplona, aseguró que ésta había *escuchado misa* en la Clínica Universitaria. Es error muy común hacer sinónimos los verbos *oír* y *escuchar*, acción esta última que no sólo consiste en oír, sino en hacerlo intencionada y atentamente. En la oposición significativa entre ambos verbos, es *oír* el término que se denomina no marcado (carece de la marca o nota semántica 'con atención deliberada'), y, por eso, puede emplearse siempre en vez de *escuchar* («Lo oyeron enfervorizados»; «El camarero, aunque disimula, está oyéndonos»), pero no al revés: decir que «No escucho bien con este oído» erizaría el pelo.

Y eso sigue ocurriendo cuando hay cosas que se pueden oír sin oír, como la misa: un sordo que asista a ella, la oye aunque no pueda escuchar nada. Y es que si, en su origen, esa acuñación léxica aludía, efectivamente, al hecho de oír los latines normalmente no entendidos del oficiante, y, por eso, sólo oídos, pasó después a designar, como el Diccionario recoge, la acción de asistir al sacrificio, conforme al mandamiento de la Iglesia cuya acuñación antigua ordenaba «Oír misa entera los domingos y fiestas de guardar». Precepto que no hace excepción de los tenientes, ya que ellos también pueden cumplirlo. Lo oído y escuchado por TVE confirma cómo los débiles de lengua consideran más refinadas las palabras largas que las cortas, y, por tanto, que, para ellos, *escuchar misa* es algo que conviene al rango de la Familia Real más que oírla.

Ignoro si ese mandamiento se enuncia ahora de otra manera, porque me he quedado en mi catecismo. Tal vez hoy se ordene algo así como asistir a la *eucaristía*, sublime y elongado vocablo heleno con que se ha desplazado al humildísimo y breve *misa*. Es ya muy raro oír esta palabra en la parla de clérigos e iniciados: su erradicación, a punto de ser completa, ha sido cosa de pocos años, y casi ha dejado a las puertas del templo a quien se niegue a comulgar con tal pedantería, aunque no ignore que *eucaristía* es, quizá, voz más apropiada. Pero la lengua española tiene también sus derechos, uno de los cuales, respetado por muy buenos cristianos, prohíbe cambiar por cambiar, si en el trueque no hay ganancia, como ocurre con éste, que hace de *eucaristía* un vocablo innecesariamente disémico, obligándole a nombrar a la vez el sacramento y la misa. No hará falta decir que, en esto, también se ha obedecido a la lengua inglesa, en la cual se designan con tal palabra, no sólo la misa católica, sino celebraciones litúrgicas de otras iglesias y sectas cristianas. Ah, si se enteraran los padres de Trento.

Pero en nada se advierte más la escasez de sentido común que en las cosas del habla. ¿Podrá alguien considerar amenazador el anuncio de que llueva en la parte de España hoy sahariana? Pues ahí están los meteorólogos repitiendo que en Madrid, por ejemplo, (¡agua, por Dios!) habrá cielos nubosos, con *riesgo* de alguna precipitación. Ignoro si *riesgo* es un término convencional en la expresión técnica de quienes vaticinan meteoros, pero resultaría menos sarcástico en los boletines dirigidos a ciudadanos que miran al cielo con boca seca y media ducha, si se hablara, no de *ries-*

go, sino de *posibilidad*, y hasta, para hacer menos impávidos a augures y sibilas, de *venturosa posibilidad* o *esperanza*.

Lo más hilarante, sin duda, que ha podido oírse estos últimos días es que «a José María Aznar se le *ha restado* una hernia descomunal». No es gracioso este paso del esperanzado político por una mesa de operaciones, cómo va a serlo, sino que le *restaran* una hernia (calificada, además, de descomunal). Ese verbo, no conforme con haberse zampado *faltar* y *quedar* en el lenguaje periodístico, irrumpe ahora en los quirófanos y devora potras. A los herniados ya no los operarán de ellas o se las reducirán, sino que se las *restarán*. Laus Deo.

No juzgaría concluidas estas columnas si no las asentase sobre un par de pellas encontradas en la cantera deportiva. Sea la primera aquella imagen televisiva de un joven y poco conocido atleta norteamericano, de quien, habiendo realizado proezas en un *mitin* –que es, todo el mundo anglohispanoparlante lo sabe, una reunión deportiva–, cabe profetizar que pronto merecerá la idolatría. El locutor formuló así el presagio: «Hoy ha iniciado una carrera que será *pródiga*». ¿En qué? El deslenguado quería decir con este adjetivo lo dicho, que al muchacho yanqui le aguardan innumerables triunfos, pero se le acabó de pronto el *fiato*.

La otra pella. Se recordará muchos años, si es que llega a olvidarse, el último partido Valencia-Barcelona: ambos equipos parecieron descendidos del cielo de los héroes para enseñar a los mortales el arte del regate y del chut, también llamado ahora zapatazo. Pero como a todo hay quien gana, ganó el equipo catalán, obediente a su destino. Tal triunfo fue glosado así por un Píndaro de la Corte, en crónica de uno de los principales diarios: «Una victoria como la de anoche es de las que *te autoconvencen* de que puedes ser campeón». Otra vez, y puesto que hoy nos hemos acogido bastante a lo piadoso: Laus Deo.

Detentar

«Andando y a la calle, ciudadanos, que ha brotado la Primavera y el blanco perfume anuncia brisas de incienso y cera virgen por los barrios, que se oyen a lo lejos secos golpes de llamador y alegres revuelos de niños surcan la tarde como golondrinas.» ¿Quién osó emparejar lo municipal con lo espeso, cuando calificó así al vulgo? Bien claro está que lo municipal puede ser ligero y hasta etéreo, cuando hay alcaldes finamente sensitivos como éste de una ciudad andaluza, que abría de manera tan elocuente como emotiva su bando de Semana Santa. En él, invitaba a sus paisanos al respeto, a respirar «silencio en el silencio», a emplear las papeleras para deshacerse de «las dichosas latas», contribuyendo así «a la mayor gloria de la Ciudad», y a desplazarse a pie renunciando al coche.

Son exhortos que un alcalde corriente formularía con calloso y juanetudo prosaísmo, pero que, en la pluma de un munícipe con donaire, pueden alcanzar ese grado de cautivadora elevación fácilmente perceptible con sólo leer el citado primer párrafo del bando. Si se lee entero, no sólo subyuga: embriaga de lirismo.

Un ciudadano anónimo y mal intencionado me ha remitido fotocopia del precioso texto, orlándolo de comentarios burlones, y yo salgo en su defensa y loa con entusiasmo, porque va siendo hora de contar con autoridades que arrumben el estilo emético con que se expresan los tres poderes, desde los bandos parietales hasta los Boletines de Provincia, Autonomía o Estado. Yo no pienso votar en el próximo junio a ningún candidato inhábil para escribir, por lo menos, un pareado, y, si es andaluz, una soleá. Ya no respetaré a un Ministro de Hacienda incapaz de arrancarnos olés a los contribuyentes con sus instrucciones para declarar la renta. Y como el *élan* poético no hay que suponérselo al actual primer magistrado aludido, pues lo ha probado, contribuiría a su reelección con mi voto enardecido, si lo tuviera.

Por cierto que el pérfido remitente dice en una de sus glosas que el por él vituperado alcalde *detenta* el cargo desde hace... Y eso no: los limpios derechos democráticos que le asisten constan a todos. Pero ese fotocopiómano que esconde la mano, ignora que *detentar*, el Diccionario lo garantiza, significa «retener y ejercer ilegítimamente algún poder o cargo público». No es único en su nesciencia: la comparten muchos hablantes y escribientes que, cabezones ellos, siguen haciendo un empleo insolvente del dichoso verbo. Ya lo he advertido aquí más de una vez, pero es normal que tal cohorte (me) lea poco.

Otro caso: denuncié el mes pasado la necedad de las predicciones del tiempo que anuncian *riesgo* de chubascos cuando más de media España padece una sequía somalí. Pues bien, nunca he leído y oído más esa obscenidad que estos días en que, por fin, nos han sobrevolado algunas nubes. Entre los muchos comunicantes partícipes de mi irritación por el uso de tal término, que viene a echar un chorro de sarcasmo en un verdadero drama, figura el meteorólogo don Jaime García-Legaz, el cual, muy gentilmente, me ha enviado el *Manual de Estilo* publicado por el Instituto Nacional de Meteorología (1992), en el cual se proscribe hablar de *riesgo* en las predicciones del tiempo, pues tiene connotaciones de «peligrosidad, que no se corresponden con lo que se quiere predecir».

¿Quién es responsable de que tal despropósito se perpetúe? Muy probablemente, aquellos meteorólogos que, arrastrados por el torbellino de la inercia, hacen una higa al Manual, sin olvidar el hecho, mi comunicante me lo advierte, de que muchos medios de comunicación cambian a su antojo los textos que reciben de los técnicos.

La abundancia y densidad de quienes detentan el oficio de informadores, adquirió singular relieve en los días que siguieron al fallecimiento del Conde de Barcelona. ¡Cuánto loable cariño pusieron los medios en honrarlo, dando cuenta de todos los pormenores, en especial, los del sepelio! ¡Y cómo lució la incompetencia de algunos! Mínimo resultó el desliz de quienes precisaron cómo fue *de corpore insepulto* la misa celebrada en el Palacio Real. Hubieran quedado mejor diciendo que era *de cuerpo presente*, pero tendrían que haber omitido la preposición *de* si querían parecer Brocenses. Llegó la caravana fúnebre ante el monasterio de El Escorial, y fue recibida, todos lo vimos, por ciudadanos que, al paso del ataúd, *irrumpieron* en aplausos. Así lo contaría un gran periódico nacional.

Penetró en el templo el austero e impresionante cortejo de la Familia Real tras el féretro, recibieron éste los frailes, y rezaron un responso. Una televisión, la que vi, explicó que, terminada la *breve misa*, el cadáver del augusto Señor iba a ser descendido al pudridero del panteón. Días después, una emisora de radio llamó *alocución* a la oración fúnebre que pronunció el cardenal Suquía en las exequias del monasterio. Pero ¿es que los medios no disponen de personas letradas capaces de hablar o escribir sintonizando con la onda de lo que transmiten, cuando no es la muy corta que emplean en sus trivialidades consuetudinarias? ¿Ni para algo tan excepcional son capaces de averiguar que el público, al aplaudir, no *irrumpe*, es decir, no entra violentamente en un lugar, sino que *prorrumpe* en aplausos; que un *responso* no es una *misa corta*; y que las *alocuciones*, propias de un coronel, resultan impensables en un cardenal de la modernidad democrática?

Y para que el espacio no se me vaya en sólo asuntos serios, lo completaré con la habitual visita de cortesía al que sus habitantes llaman mundo del deporte. Antes, un pequeño alto en un coso taurino, donde, según el cronista, un conocido diestro toreó «con mucha templanza», es decir, con la virtud cardinal que modera los apetitos y los excesos de los sentidos, estilo de lidia, nadie lo duda, superior al que sólo emplea temple.

Ya en el insurrecto recinto del deporte, daré cuenta de dos disparos hechos por la incorregible televisión de mi autonomía: «Como ya decían los griegos, *mens sana in corpore sano*», pues nadie ignora que los helenos hablaban en latín. Al meneo que se está dando a la transitividad o intransividad de los verbos, añade esa emisora su caritativo óbolo: «El balón *merodea* el portal del Barcelona», en vez de merodear *por* él. Ay, cuántos detentan.

(In)válidos

De pronto, ha irrumpido en el lenguaje informativo el adjetivo *válido* aplicado a personas, cuando únicamente se solía adherir a actos o documentos –una votación, un matrimonio o un billete de tren– para indicar que valen legalmente.

Según el Diccionario académico, existe una segunda acepción ('robusto, fuerte o esforzado'), que califica de «poco usada». Debe de serlo tan poco, a diferencia de lo que ocurre en francés, italiano o portugués, que jamás la he leído ni oído en español moderno. En latín, sí podían ser válidas, en su acepción de fuertes, las personas: Plauto habla de *homines validi*, hombres vigorosos. Tal acepción sólo se documenta en español entre autores del pasado que quisieron alatinar la expresión, pero tal propuesta no prendió en el habla común. En ésta, repetimos, sólo cosas con validez amparada por un derecho pueden ser *válidas*.

Pero ha aumentado la longevidad, y ha surgido la precisión de que los viejos se almacenen o sean almacenados en las llamadas residencias. Algunas acogen a quienes precisan de ayuda para atender al cuidado de su persona; implícitamente se les supone *inválidos* aunque quizá no se utilice este término.

Por contra, hay alojamientos más selectivos y exigentes, próximos a funcionar como hoteles o pensiones, cuyos huéspedes, para ser admitidos, han de poder bastarse por sí mismos. Y es a estos ciudadanos a quienes se ha empezado a calificar de *válidos* en tales lugares, que son último paraíso o cárcel final: «Se ha inaugurado una residencia para ancianos válidos» se oye o se lee ahora en el lenguaje informativo o publicitario.

Se trata, casi seguro, de un galicismo, ya que, en francés, *valide* significa 'sano, capaz de trabajar, de hacer ejercicio', sin llegar a ser gallardo, robusto o vigoroso, según puntualiza el *Robert*. Tengo la impresión de que así sucede también en portugués e italiano. Los viejos, pues, si se valían por sí mismos, ya podían ser *válidos* en gran parte del mundo románico, antes de serlo aquí.

Pero podría ocurrir que el mote fuera de creación indígena (lo digo sin fe, pues no creo en tanta inventiva), gracias a una elemental operación léxica: buscando un término para caracterizar a tan hábiles viejos, se pudo haber pensado que son lo contrario de los *inválidos*. Y puesto que, al igual que amputándole el prefijo a lo *invisible* resplandece lo *visible*, y que se queda *tranquilo* quien le saca el tapón negativo a *intranquilidad*, con hacerle lo mismo a *inválidos* tendremos modo de designar a los viejos privilegiados.

Poco hubiera importado a los inventores advertirles que no siempre funcionan tales ablaciones. Lo contrario de *indefenso* no es el inexistente *defenso*, ni es *demne* el que no quedó *indemne*. Se argüirá que, a diferencia de esos nonatos adjetivos, *válido* ya tenía existencia en el idioma, y sólo se le ha agregado otra acepción: algo muy normal. Es verdad, y habrá que acostumbrarse; de momento, me parece que cae, pegado a ancianos y ancianas, como las consabidas pistolas a un santo. Si me dicen, aludiendo a un nonagenario, que «A sus noventa años, sigue siendo válido», lo primero que entiendo es que el senecto aún no ha prescrito, que sigue vigente su derecho a vivir; no se me ocurre pensar que aún puede ducharse sin ayuda y ponerse él solito los calcetines. Pero es inútil argüir, porque la chocante acepción no ha debido de forjarse en nuestra lengua: también la han inventado ellos, y triunfará porque es útil. Debe consolarnos que, esta vez, acompañamos a nuestros principales parientes neolatinos.

Extender validez a ese significado no implica que acojamos a huéspedes indeseables. La última chiquillada que he anotado a la cuenta de los habituales e indomables activistas del anglicismo, fue cometida por un médico con mando en plaza de toros al asegurar que «a veces se puede *premonizar* que el torero va a resultar cogido». Sobrecoge más que coge (utilizo este verbo, huelga decirlo, con el significado que posee en ciertos países de América) ese *premonizar*, extraído, casi seguro, de alguna revista de Medicina donde se hable, por ejemplo, de *to premonish* el curso de una dolencia. No le bastaba al quirurgo con *presentir* si se refería al barrunto, o con *predecir* si se acogía a lo profético: tenía que aromar su parla taurina con algún anglicismo flatulento: ¿cómo será hablando en profesional? No olvidemos las burlas clásicas de los médicos por chamullar latín a todas horas; ahora, a muchos, les da por el inglés. Parece cosa del oficio.

Esas erosiones al idioma son más graves cuando resultan de ignorar sus recursos que cuando se le incrustan términos extranjeros, a veces muy útiles. He denunciado con frecuencia cómo está dejando de ser sentido el significado reflexivo o medio que poseen muchos verbos pronominales, y se confía la expresión de ese valor gramatical al prefijo *auto-*, casi siempre sobrante y no pocas veces ridículo. Añado a la fácil cosecha la reciente redundancia de un conocido humorista nada adicto al Partido Popular: «Si gana el del bigote volveré a *autoexiliarme*»; será que cuando a uno lo echan de su país, lo heteroexilian.

Decididamente hay muchas cosas no válidas que vale la pena denunciar. Insisto, por ejemplo, en que los medios audiovisuales debían contar con locutores mínimamente versados en aquello que han de narrar. No hizo buen papel quien, transmitiendo hace poco un solemne acto de la Universidad de Madrid, llamó *gentilicio* al topónimo Cómpluto; aseguró que el coro estaba cantando el *Veni Creator*, mientras sonaba el *Gaudeamus igitur*; y que la Reina cubría sus hombros con la muceta de Filología (es azul), cuando todos veíamos el color amarillo que distingue a los médicos.

No son errores idiomáticos, pero sí reveladores de cómo se ahonda cada vez más la distancia que media entre información pública y cultura. En otra crónica, señalé algunos casos de erroreshorrores leídos u oídos con motivo del fallecimiento y sepelio del Conde de Barcelona; por olvido, me dejé en el teclado que una radio de la Corte atribuyó al finado, como hombre de mar, una gran *afición* a la Virgen del Carmen.

Incidentes

Oyéndolo por radio o televisión, había empezado a extrañarme hace poco, pero no creía lo que oía; lo achacaba a desperfecto en los oídos y me estaba inquietando. Como ahora lo veo escrito, suspendo la visita al otorrino: con absoluta seguridad, muchos que hablan y escriben para el público confunden el *incidente* con el *accidente*. Véase, si no, este titular de letra gorda en un periódico que, desde Madrid, irradia su influencia a toda España: «Un tren conducido por Mercé Sala sufre un *incidente*». E insiste en el texto de la noticia: «Un tren de cercanías conducido por la presidenta de Renfe, Mercé Sala, tuvo ayer mañana un *incidente* cuando, al detenerse, los vagones de pasajeros sufrieron una sacudida». Pero es que por micrófonos se ha llamado *incidente* –ahora puedo certificar que no era error mío– al mal aterrizaje de un avión, a la muerte de unos soldados en Somalia, y al disparo de un policía que mata a su –«cosiddetta» en neoespañol– compañera sentimental.

Parecen cosas imposibles, pero ocurren; debemos ir acostumbrándonos a convivir en la confusión de Babel, consistente, según algunos exegetas antiguos, en que un descendiente de Noé pedía agua y le daban una sandalia o le vendían una cabra. Siempre me pareció una explicación pueril, pero empiezo a encontrarla razonable, ante compatriotas nuestros que viven de hablar y escribir.

Sin embargo, existiendo la posibilidad –remota, lo sé– de que me lea algún infractor, copiaré cómo define *incidente* el Diccionario: «Disputa, riña, pelea entre dos o más personas». Mientras que *accidente* tiene, entre varias acepciones, la de «suceso eventual o acción de que involuntariamente resulta daño para las personas o las cosas». Está más clara que el agua destilada la imposibilidad de que a un tren, que no por grande deja de ser cosa, le acaezca un incidente.

Según se me alcanza, la confusión se origina por creer que el incidente es un accidente menor, que sólo son accidentes de veras los que tienen muerto. Lo que causó doña Mercé, a pesar de que fue, según ella, un sacudión inevitable, un zarandeo inopinado, un tumbo sin daño, es un accidente, todo lo diminuto que se quiera, pero un accidente. Como lo es también, aunque más espeluznante, el aterrizaje de un avión arrastrando el morro por la pista. No tiene tal categoría, en cambio, la muerte de unos cascos azules en una emboscada, ni el disparo adrede del airado a su querida. Pero mucho menos puede llamárseles incidentes; sería tanto, por atenerme a un poeta, como llamar arroyo al Amazonas y colina al Himalaya.

En caso de ser oídos, sí que darían lugar a incidentes los calificativos con que millones de hispanohablantes bien avenidos con el idioma distinguen a quienes les provocan a punta de micro o de tecla (no tienen punta, lo sé, pero tampoco las pistolas y, sin embargo, es sandez que se lleva mucho). Asegura la televisión, y es de creer, que millares de ex yugoslavos contemplan con pavor cómo se acercan los fríos, porque, dice la locutora, con la falta de alimentos, temen un invierno muy _cruento_. Lo será, claro, si además se tirotean y cañonean y corre la sangre; sin ésta, lo sabe casi todo el mundo –algunos comunicadores, no–, su invierno será _cruel_, pero nada cruento.

Junto a _señalizar_ (poner señales) por _señalar_ (indicar), se está desarrollando otra confusión paralela: la de _planificar por planear_. «_Planifico_ vivir parte del año en Miami», dice una de esas guapas deficientemente escolarizadas y convertidas en celebridades por las revistas del corazón. (Usan mucho, por cierto, lo del _compañero sentimental_, pero eso no viene ahora a cuento.) Se verifica, una vez más, que los inseguros con su lengua, y las inseguras con la suya, prefieren las formas largas a las cortas.

Entre las palabras que forman una abigarrada ensalada en la mente de muchos, están las referentes a acciones y cosas que tienen que ver con hablar u oír. He aludido en ocasiones a algunas, como aquello de que los Reyes _escucharon_ misa en Pamplona; o de la _arenga_ del Papa a los fieles; y de la _alocución_ del ministro exponiendo un plan de viviendas... Las posibilidades del caos aumentan con esta noticia reciente: «Aquí tienen ustedes el cambio del cambio, _exhortó_ Julio Anguita ante la Cámara». Sería, si lo fuera, una rara manera de exhortar. Pero es la primera palabra que extrajo de su bandullo cerebral el informador, en el juego del todo vale.

Juego tan divertido y tan extendido hoy, que proporciona combinaciones pasmosas; como la lograda por quien redacta la noticia de que el alcalde de Marbella, proverbialmente gentil, felicitó el pasado día de los Santos Arcángeles «a la policía local por su *onomástica*». Puesto que ese nombre designa el «día en que una persona celebra su santo», la noticia comete la infracción de atribuir a la policía la condición de persona; no la tiene aunque la compongan personas: es algo que enseñan a los bebés en las guarderías. Además, no se felicita a nadie por llamarse como se llama, Geofredo verbigracia, sino que parientes y amigos, entre los que puede haber algún alcalde, le desean venturas al llegar el 8 de noviembre, día de su onomástica; se le felicita *en* tal fecha y no *por* llamarse así.

Comprendo que son sutilezas, pero ocurre, considerada la cosa con alguna seriedad, que el periodismo constituye desde hace años una carrera universitaria; una carrera que, esencialmente, faculta para la comunicación pública mediante el empleo del idioma; y que da resultados como los aquí inútilmente comentados. Los cuales bien poco justifican el sacrificio fiscal de los ciudadanos. Sucede, además, que no sólo es escasa en extremo la formación idiomática de demasiados, sino que, para colmo, obtienen su título haciendo higas al instrumento básico de su trabajo, y creyendo que el buen profesional debe tocarlo como Bartolo la flauta.

Arte en que exceden muchos instrumentistas deportivos. Uno de los que más *descollan* −así conjuga él−, dice habitualmente en sus retransmisiones que un futbolista *se intercepta* entre dos contrarios y se lleva el balón, haciendo pronominal el transitivo *interceptar* ('detener algo en su camino, impedir que llegue a su destino'); el futbolista intercepta el balón, no se intercepta él. Pero en el juego del todo vale, se pueden ganar millones, como se asegura de este famoso esforzado de la glotis.

La chupa del dómine

Quienes prevarican gravemente contra el idioma ignoran las iras que suscitan. Casi a diario recibo cartas de lectores que han hallado una barbaridad en el diario de su mañana, o han oído una inepcia en un punto concreto del dial o en el programa televisivo que menos les cansa. No omiten casi nunca el nombre del infractor o infractora, y son muchos quienes me incitan a no callármelos. Ganas, claro es, no me faltan, pero siempre acude a conjurar mi tentación la caridad, que prescribe odiar el pecado y compadecer al pecador. O es quizá la prudencia, pues aspiro a seguir saliendo sin escolta a la calle.

Una de las dos cosas, no sé cuál, me impide apuntar aquí la gracia del crítico de arquitectura de un periódico dotado de libro de estilo, que, denominando una institución escurialense en un gran titular *el nuevo ágora*, da a este sustantivo la inconveniente compañía de un artículo y un adjetivo masculinos. Celebraría igualmente poder airear el origen familiar de quien escribe que el Papa ha dicho una misa *en honor* de Pablo VI. Y hacer lo propio con la escribidora que anunciaba la luego frustrada *fenomenología* celeste de la noche de San Lorenzo.[1] Y con el cronista taurino, de quien los astados merecieron elogio por no hacer *rehúso* alguno a los caballos.

Respeto, en cambio, con gusto el anonimato (la verdad es que no sé cómo se llama) del inculpable portero de una casa, que me comunicó la necesidad de encaramarme a pie al cuarto piso, porque el ascensor *no estaba operativo*; sólo le sucedía que no funcionaba. Pero impondría multas con foto de inserción obligada en estaciones y aeropuertos, a los responsables del lenguaje bancario, que han sido capaces de inventar lo de *aperturar* una cuenta, por abrirla.

No se equivocan los tales al emplear los términos *balance* y *saldo*, masivamente confundidos, en cambio, por los medios de comunicación cuando dan cuenta de la acostumbrada carnicería de las carreteras: «Veintidós muertos y dieciocho heridos es el *balance* de víctimas del último fin de semana» Eso no es el balance, sino el saldo; el balance tendría que precisar también cuántas personas salieron indemnes de la aventura finisemanal. Emplear el vocablo exacto debería ser un consejo de la Jefatura de Tráfico; de esos consejos que, si no los cumples, te cae sanción.

(Aunque pocos ciudadanos hay más reacios al consejo que estos prevaricadores. Por ejemplo, muchos previsores de meteoros.

---

1. En la de 1993, la lluvia de estrellas se produjo con menos intensidad que la anunciada.

Aunque provoca un clamor airado en la más de media España seca –y en el propio Instituto Nacional de Meteorología– leerles u oírles que, en tal o cual lugar, existe *riesgo* de lluvia, siguen tan pertinaces en ello como la sequía. ¿No tienen algún amigo entrañable que se atreva a recomendarles los sustantivos *posibilidad* o *probabilidad*?)

Un agudo lector me hace notar el escalofriante empleo de *cobrar(se)*, en textos, como éste: «ETA se cobró una quinta víctima». Pero es verbo del lenguaje de montería, que el Diccionario explica así: «Recoger las reses y piezas que se han herido o muerto». Estremece imaginar a un asesinado como res o pieza (que, por cierto, no recoge quien lo asesina). Por respeto a las víctimas, debería evitarse *cobrar(se)*, aunque sea bastante exacto suponer a los terroristas planeando sus asesinatos como siniestras partidas de caza. Lo cual no es moderno: ya los malhechores sevillanos con quienes se juntó Pablos el Buscón, salían «a montería de corchetes». Pero Quevedo hacía humor de azabache, y la realidad actual está teñida de rojo sangre.

Alguien me envía, en son de protesta, el titular: «Los publicistas norteamericanos no saben cómo enganchar a las nuevas generaciones». Se refiere, claro es, a los profesionales de la publicidad, a quienes, en el cuerpo de la noticia, se les llama, sin embargo, *publicitarios*; es el término que prefiere mi corresponsal. En efecto, sería el adecuado si en ello coincidiera la comunidad hispana, pero el Diccionario reseña *publicista* como muy generalizado por América, alternando con *publicitario* en la acepción de «persona que ejerce la publicidad».

Parece claro que, al crearse tal profesión, se apeló al derivado *publicitario* con el fin de soslayar el molesto equívoco a que daría lugar *publicista*, ya existente para designar a quien «escribe para el público, generalmente de varias materias». La solución léxica fue perfecta: *publicitario* refería a publicidad, y *publicista* a publicación. Pero dos circunstancias han alterado la situación en América (y, como vemos, también aquí): el mayor número de profesiones con nombres terminados en *-ista*; y, sobre todo, el empleo escasísimo de *publicista* en su acepción anterior. El vocablo había quedado prácticamente vacío; fue hasta hace unos cuarenta años el honroso título de plumíferos indefinidos, capaces de escribir lo mismo de fauna que de flora. Nadie, imagino, aceptaría hoy con gusto ser llamado así, aunque sea igual de polivalente: todo escribidor aspira a ser tenido por escritor. Recuérdese cómo también el padre de Pablos –puesto que hemos aludido al hijo–, se avergonzaba de ser llamado barbero, «diciendo que él era tundidor de mejillas y sastre de barbas».

Por fin, mi perla Peregrina de hoy, luciente carbonato crecido en la ostrera inagotable de las crónicas deportivas. Al olor de nuestra peseta, atractivo él aunque devaluada ella, ha regresado para jugar esta temporada un conocido goleador, contra el cual se ha despachado el no menos conocido presidente de un club al que antes sirvió el maduro as con sus mercenarias botas. Pues bien, según un radiofonista, el tal presidente lo puso *de chúpate dómine.* Exactamente así: lo juro. ¿Cómo funcionarán los sesos del locuaz? ¿Qué, según él, tendría que chuparse el dómine?

Y es que, dentro del cráneo, se le entró el *chúpate esa* como lo más cercano que podía relacionar con la por él ignorada locución *poner como chupa de dómine,* y del cruce le salió *poner de chúpate dómine,* con un *de,* por cierto, arrebatado a *de vuelta y media.* Todo este desbarajuste se le organizó al infeliz por ignorar que había dómines (como Cabra, sin salir de Quevedo) tan sucios y desastrados que llevaban chupas de asco. Pues el tal sujeto –sigo mortificándome sin declarar su nombre– vive de ensuciar la chupa del idioma castellano sin que a su empresa le avergüence pagarle.

Derby

O *derbi,* que también con esta grafía más castiza se halla en las crónicas deportivas el ecuestre sustantivo inglés. El cual se emplea ordinariamente para denominar los partidos de insufrible rivalidad que se juegan entre equipos de la misma población o de dos vecinas. Aquí, los entendidos empezaron a llamarlos de ese modo porque así lo hacían los franceses; pues es notorio cómo, también en léxico, que inventen ellos. Ocurrió como sigue.

Duodécimo titular del condado británico de Derby fue Edward Stanley, célebre no por armas ni por letras, sino por la razón piafante de haber organizado en 1780 la carrera de caballos, universalmente famosa, a la que dio nombre y lustre con su título. Pero nuestros vecinos del Norte, hace poco menos de cuarenta años, bautizaron también con el aristocrático término los encuentros deportivos, en especial futbolísticos, del tipo antedicho, es decir, con rasgos casi fratricidas, como pueden ser el Oviedo enfrentado al Sporting de Gijón o el Sevilla al Betis. Y así, desde no hace mucho, como *derby* o *derbi* son conocidas entre nosotros tan pungentes refriegas.

El anglogalicismo empezó a usarse como en Francia, pues de allí venía. Pero, siendo extrema la exaltación que producen los *derbys* o *derbis* (tal vez los llamen *derbies* quienes dicen y escriben *penalties*), la voz inglesa se ha empapado de sugerencias excitantes, y el rasgo semántico 'tremenda emoción' se ha ido inflando hasta invadir y ocupar el cuerpo entero del vocablo: muchos inquietos cronistas ya no se exigen para soltarlo que los equipos contendientes sean geográfica o urbanamente vecinos: basta con que figuren en la espuma de la tabla clasificatoria. Y así, suelen ser *derbis* los Madrid-Barcelona o viceversa. Excepcionalmente, de ese modo ha sido aludido las pasadas semanas el Madrid-Deportivo de La Coruña, ya que este animoso David se está hombreando con aquellos dos prepotentes. Quede consignada la nueva acepción como muestra del agitado tejemaneje idiomático que se traen los voceros del deporte.

Entre los cuales militan quienes engordan el verbo *señalar*, en ocasiones en que, por ejemplo, el juez de línea *señaliza* un fuera de juego, o tarda demasiado el árbitro en *señalizar* el final del partido. Ya se sabe que la obesidad no indica fortaleza, y ese verbo es mentalmente débil cuando se saca de su significado ('colocar señales') y se emplea en vez de *señalar*. Tal elongación, indicio evidente de ignorancia lingüística o, lo que es igual, de ignorancia monda, obedece a la suposición de que las palabras largas son más distinguidas, más guays (dicho con propiedad adolescente) que las cortas. Lo cual se extiende fuera de lo deportivo, pues leo hoy mismo en la sección de internacional de un gran diario, que la atención informativa lleva varios meses *centralizada* en la antigua Yugoslavia. Leí igualmente hace días que los vaivenes dados a la ley de huelga, están *tensionando* las relaciones del Gobierno con los sindicatos. En el caso de antes, cualquier seso despierto hubiera segregado *centrar*, pues *centralizar* consiste en hacer depender de un mismo centro o someter a él cosas que andaban dispersas; y *tensionar* circula borde y sin partida de nacimiento que le autorice a competir con *tensar*.

Pero volviendo un momento a los estadios, ahí está el nuevo modo de mencionar el fuerte golpe que al balón da un jugador con el pie. Aludo al *chut* o *chu* de antaño, y a otros términos podológicamente adyacentes, como *disparo, zambombazo, cañonazo,* etc., extraídos de la panoplia guerrera. Esto, aunque los dotaba de una sugestiva aura épica, no los hace particularmente recomendables ahora que se intenta erradicar la violencia de los campos, y cuando los organismos deportivos recomiendan eutimia y sofrosine, esto es, «los pajaritos cantan», como dice sarcásticamente el exaltado apologeta de los atributos viriles y cerebral entrenador argentino Bilardo. Por eso tal vez, dos vocablos menos belicosos, sólo propios de altercado de barrio, se están abriendo paso para nombrar la violenta impulsión que da el pie a la bola: *patear,* que indica la acción («Nando *patea* con fuerza la pelota...»); y *zapatazo* como nombre del resultado («...pero su *zapatazo* lo detiene el portero»). De modo tan trivial son designados incluso los remates, casi siempre sublimes, de Bebeto.

Definitivamente por hoy, salimos de las gradas para otear otra pieza menos graciosa, repugnante casi. Revolotea desde hace años por entre la compleja enramada lingüístico-política del país, y sus aletazos son de este tenor: «Desde allí, la heroína se distribuía por todo *el Estado español*». Siendo que Estado es el «conjunto de los órganos de gobierno de un país soberano», los imbéciles que sienten aprensión ante el nombre de España están afirmando que la droga circula por los ministerios, gobiernos autonómicos, subsecretarías y concejos con facilidades de suministro vedadas a los consumidores sin mando. Es muy curiosa la permanencia de términos acuñados por el régimen anterior; éste, por ejemplo, pero ahora como airón de progresismo o de «retrogresismo» medievalizante.

Ya parece imposible devolver a los verbos *faltar* y *quedar* los bien delimitados territorios que les ha arrebatado *restar,* lo cual permite decir en los medios de comunicación que «*restan* dos días para que se cumpla el plazo» (por *faltan*), o que «en algunos pantanos, ya sólo *resta* agua hasta junio» (por *queda*). No satisfechos aún sus fanáticos, le entregan *permanecer* o *quedarse,* como hace un notable columnista: «Sería conveniente que Arzallus tuviera la gallardía de visitar y *restar* más de un día en Sarajevo» (aparte de que no pueden enlazarse así esos dos verbos por su distinto régimen). Cuando tantos comunicadores afirman que el lenguaje periodístico es el más próximo al de la calle, cabe preguntarles si, al llegar tarde a la cita en la cafetería, se excusan diciendo: «Perdona, pero he tenido que *restar* unos minutos más en la emisora»; y obtienen como respuesta: «Ya me iba porque dudaba si era aquí donde habíamos *restado*». Asombro del impuntual: «¡Me *resto* de piedra! Pero ¡si *restamos* siempre en este sitio!».

Para quien recuerde la infección, ya denunciada aquí alguna vez, que afecta a verbos intransitivos mutándolos en transitivos y al revés, he aquí otro caso: en Colombia, según un rotativo nacional, hay una organización antidroga decidida «a *desaparecer* a Pablo Escobar de la faz de la Tierra». Asombroso.

Aladdin

Digamos adiós a nuestro viejo amigo; al nombre, quiero decir, con que se acogió en la lengua española al personaje de *Las mil y una noches*, desde que vino a morar en ella con su lámpara y su obediente Genio. Hemos de despedirnos de él, ahora que los sucesores de Disney han instalado a Aladino en el centro de la popularidad universal con su película *Aladdin*. Así, con el nombre inglés, se anuncia en España, sin que a nadie, parece, eso le haya suscitado duda, ni le haya merecido respeto alguno el hecho de que, en la gran familia hispanohablante, llamáramos Aladino desde siempre al famoso personaje.

Quizá no haya ejemplo más contundente del poder que, sobre el idioma, ejercen prensa y audiovisuales, ni de la celeridad con que, a impulso de ellos, prenden los cambios en la masa hablante. Dentro de muy poco, probablemente en muy escasas semanas, los libros de cuentos donde figure el de Aladino escrito así, habrán adquirido un tinte rancio y arcaico, propio del lenguaje de papá o de la abuela. Y eso, repito, habrá acontecido en muy pocos días. Confiemos en que a los estudios Disney no les dé por hacer una película sobre las Cruzadas, y podamos seguir llamando Saladino al enérgico sarraceno.

No sólo de aquella forma extravagante se escribe Aladino, sino que, además, en algunas partes, se le pone un acento, *Aladdín*, que sólo si fuera vocablo español poseería. Y de ese modo, el atentado lesiona las dos lenguas. Por supuesto, ya están *Aladdin* escrito y

Aladín sonoro en las televisiones. De esta manera, el estreno del filme va a crear un tajante corte generacional: a un lado, quienes, durante un tiempo al menos, continuarán diciendo Aladino, pues así figuraba en el cuento que leyeron; de otro, niños, adolescentes y mentes sin graduación, que lo llamarán Aladín, porque tal es el título de la película que han visto. Algún pedantito bien leído puede llegar, incluso, a pronunciar *Alad-dín*.

La rapidez que imprimen a los cambios los medios, más potentes en eso que la lámpara, esplende de modo espectacular, lo he señalado algunas veces, en el travestismo de verbos que, siendo intransitivos, se disfrazan de transitivos, y al revés. Fue *cesar* uno de los primeros en la danza, cuando, por evitar la dureza –tan higiénica en ocasiones– de *destituir*, el régimen anterior decía de vez en cuando que *cesaba* a un jerarca, y que el tal había sido cesado. Si se hubiese empleado *destituir*, la cosa habría parecido más despótica y autoritaria, cuando ocurre lo contrario: el presunto eufemismo no sólo privaba al jerarca de su bicoca, sino también del derecho gramatical de cesar. Podían quitarle el cargo, destituirlo, ponerlo en la calle, echarlo a puntapiés; pero cesar, sólo él podía hacerlo. Desde hace ocho o nueve lustros, año más año menos, ya puede decretarlo quien manda; para nada ha influido la transición.

Pero *debatir* ha seguido el camino contrario: de transitivo que era –«El Congreso *debate* hoy el proyecto de ley de arrendamientos», «Próximamente *se debatirá* (o *será debatida*) esa cuestión en el Parlamento»–, se está haciendo por instantes intransitivo: «Los socios *debatieron* cuatro horas sin ponerse de acuerdo»; «Juristas, médicos y teólogos *debaten sobre* el aborto». Los diccionarios son, sin embargo, tajantes al atribuirle carácter transitivo, desde el cual, ejemplos como los últimos resultan por completo extravagantes.

La rapidez y fruición con que al uso transitivo de *debatir* se ha añadido el intransitivo, hace sospechar que un nuevo anglicismo ha acampado entre nosotros. Porque *to debate on* es normal en inglés; y ese empleo foráneo está relegando en español a *discutir*, verbo que sí admite desde siempre la doble construcción: «Algunos directivos *discuten* la validez de los acuerdos» o «Se pasan el día *discutiendo*». Sucede con estas palabras aureoladas por un tinte más culto y fino (parece más tenue *debatir* que *discutir*), suelen gustar una barbaridad entre quienes tienen aversión a lo llano, que, en esta ocasión, sería el segundo de tales verbos.

El caso es que *debatir* fue también intransitivo durante la Edad Media. En verso y en prosa, los poetas debatían asuntos o, simplemente, debatían, sobre cuestiones de amor con frecuencia. Un género poético de la época fueron los debates, aptos para el arte de ingenio. Pero es muy probable que, desde mediados o finales del siglo XVI, ya no existan muchos restos del empleo intransitivo. A partir de entonces, lo normal ha sido *debatir* alguna cosa, generalmente de interés público. Lo de *debatir* a secas o *debatir sobre* algo es la novedad que señalo. Pero no sería preciso volver a las andadas medievales (que no es vuelta, sino contagio por promiscuidad con el inglés), si se respetara a *debatir* su empleo transitivo y se acudiera a *discutir* para los usos intransitivos. ¿Que no? Pues qué le vamos a hacer: un palmo más de lenguaje gibraltarizado.

Tales mudanzas obedecen al afán de novedades, lógico cuando se gana con ellas. Pero es dudoso que produzca ganancia alguna al idioma el placer de innovar, de distinguirse, de salirse del montón. Es, de seguro, la satisfacción de ese gusto lo que excita a muchos redactores de partes meteorológicos. No contentos con haberse cargado *clima* y *climático* a expensas de *climatología* y *climatológico*, y de continuar anunciando *riesgo* de lluvias cuando éstas se están acogiendo con delirante entusiasmo en muchas partes, les ha dado ahora por anunciarnos tiempo *soleado*. Lo cual se decía hasta ayer de las viviendas con zonas que reciben sol durante algunas horas del día, siempre que ello se considerara apetecible. Esta última nota es fundamental. Si el sol enoja, no solea; asola más bien.

Sin embargo, ahí está en las predicciones modernas: las mesetas, las costas, las ciudades, el país entero, el continente pueden pasarse el día *soleados*. Busco en el Libro de Estilo del Instituto Nacional de Meteorología: no existe tal término. Hallo sólo *despejado* para calificar el cielo sin nubes. Si no las hay, parece obvio que lucirá el sol. Pero lo obvio y lo evidente repugnan harto a quienes prefieren adornarse con revoleras y faroles. A ser posible *made in USA*. Aunque, esta vez, parece mero galicismo: en francés, si no me engaño, *un jour soleilleux* o *ensoleillé* es un día durante el cual brilla el sol. Ese sol que no brilla en tantos caletres hispanos, porque prefieren la luz de la lámpara de Aladdin. Y si no, cualquier otra.

Enfrentar, confrontar, afrontar

Son tres verbos cuyo uso indiscriminado proporciona un aspecto herpético al estilo de muchos informadores. Y eso que sus empleos comunes no pueden ser más simples. Una opinión contraria *enfrenta* a unos con o contra otros; o bien hace que dos personas o facciones *se enfrenten*. Es la acepción de «poner o ponerse frente a frente» que el Diccionario define. Acepción que éste atribuye también a *confrontar*, por lo cual puede decirse que Fulano y Mengano se han *enfrentado* o *confrontado*, y que el proyecto de ley de huelga *enfrenta* o *confronta* a sindicatos y a empresarios. Pero los significados fundamentales de *confrontar* son los definidos como «carear una persona con otra» y, sobre todo, «cotejar una cosa con otra», es decir compararlas teniéndolas a la vista para verificar su grado de coincidencia o parecido: la copia de un documento, por ejemplo, se *confronta* con el original para ver si lo reproduce con exactitud.

Está, por fin, *afrontar*, con su acepción fuerte de 'hacer frente a algo o a alguien', y que suele ser el gran desconocido de los medios, porque éstos acostumbran a decir que el nuevo gobierno tiene que *enfrentar* una difícil situación económica, o que, en el reparto de los fondos de cohesión, España ha tenido que *enfrentar* la oposición de Irlanda. Cuando tan simplemente normal sería asegurar que el Gobierno *afronta* imponentes dificultades dinerarias, y que el ministro español hubo de *afrontar* la terca renuencia de Irlanda.

Pero, en el embrollado reparto de los ecus comunitarios, un periódico madrileño ha complicado a otro verbo, *pelear*, que bien ajeno vivía a tal maraña. Entre cronistas deportivos, era frecuente atribuirle el sentido de *disputar* («El Barcelona está *peleando* muy bien el balón»), y lo creía habitante exclusivo de ese tantas veces frívolo barrio de la lengua. Donde resulta posible volver transitivo al intransitivo más huraño, y darle por compañía complementos imposibles. Pero ahora ha saltado ya a zonas menos joviales del idioma, y el aludido diario ha sido capaz de escribir, sin que se le cayera la página de vergüenza: «España *peleó* a Irlanda el dinero de los fondos de cohesión». O sea, el balón de oxígeno.

La versalidad o indiferencia con que los verbos cambian de intransitivos a transitivos, y al revés, en el lenguaje de los medios, ha llegado también al taurino, tan solvente en los maestros del periodismo oral anterior (ahí sigue probándolo Matías Prats), y que está siendo reducido a papilla por algunos de sus actuales oficiantes. Así, el que en reciente transmisión informó de los subalternos a quienes tocaba *bregar al toro* que acababa de salir a la plaza. Piensa, pues, el tal locuaz que, en lugar de bregar alguien con el toro, lo brega. El buen lenguaje empleado para relatar el festival nacional de la muerte era una de las pocas cosas que hacían a éste respetable; ¿ni eso va a quedar?

No hace mucho que llamé la atención sobre el perverso empleo, ya tan extendido, del sustantivo *efectivos* (totalidad heterogénea de medios de combate, es decir, de combatientes y de material con que cuenta una fuerza militar o policial), haciéndole significar, simplemente, 'soldados' o 'agentes': «Doscientos nuevos *efectivos* saldrán mañana para Bosnia». Pues, bien, por si semejante tontería –sólo a la nominal me refiero– fuese escasa, pare la abuela en un noticiario televisivo, y dice que los recientes choques armados en Somalia se han saldado con la muerte de *nueve tropas* italianas. De veras, pienso a veces que la lengua española ha experimentado un cambio genético, y que es distinta la que están mamoneando las nuevas generaciones.

No deportivo, sino bien docto quiere ser el *priorizar* que, sobre el galicismo *prioritario*, han engendrado gobernantes y políticos de uno y otro color del arco parlamentario, dicho con brillante metáfora actual. Y así, un ministro recién nombrado se ha apresurado a dejar constancia de su familiaridad con el lenguaje de las cumbres: «A la vista del presupuesto, ya veré qué *priorizo*». Decir «a qué concedo o doy preferencia» hubiera sido indicio de bisoñez.

Continúe el lector confrontando, si le place, el estilo de diarios, telediarios y radiodiarios con el sentido común idiomático, y se verá impelido a respingos casi continuos. Cuidado que es simple aprender que la forma masculina del artículo sólo precede inmediatamente a sustantivos (¡sólo a sustantivos!) que empiezan por a- o ha- tónicas: *el agua, el aura, el hacha;* (sin embargo, *la hache*), en cambio, debe aparecer la forma femenina cuando no existe contacto directo con el sustantivo: *la escasa agua, la difusa aura, la afilada hacha.* Y, claro, ante inicial átona, *la alameda, la aurora, la hacienda.* Pero algunos locutores y redactores de magín inope siguen concordando a la funerala *el nuevo área* de descanso en una carretera, y *el fuerte alza* del dólar *registrado* esta semana. También he podido oír, en una transmisión de la vuelta ciclista a Francia, que «nadie ha querido agitar *los aguas tranquilas* de la etapa»; le faltó al hablador la perfección última de haber dicho *los aguas tranquilos*. Otro locutor –éste de madrugada: ¡a qué martirios de auricular obliga el insomnio!–, profirió anoche mismo que íbamos a escuchar melodías que aún anidan en algún repliegue *de nuestro alma*. Y es que la confusión de muchos no se limita al artículo singular: lo extienden al plural y a otros determinantes. Entre profesores, de Filología incluso, no es raro oír *ese aula*.

No hace mucho me referí al triunfo de otro tropo mentecato: el *a punta de pistola* con que ahora se atraca, habiéndose jubilado por viejo *pistola en mano*. Y ya va dejando descendencia a su paso: un lector me asegura haber sorprendido al narrador televisivo del primer encierro de Pamplona afirmando que los mozos provocan a los toros *a punta de periódico*; no lo creería de no ser tan digno de fe mi comunicante. Lo cual implica, según el inventor, que para sacar punta a un periódico, se arrolla.

Son tan flagrantes y múltiples las pruebas de que algo muy importante está fallando en la enseñanza del español en España, que hace falta poner urgente remedio: son graves los problemas económicos, y es lógico el actual intento enérgico de paliarlos. Pero nadie parece darse cuenta de que el déficit idiomático de los españoles, índice inexorable de su estatura mental, está dando señales de enanismo.

1994

«Alante»

Era muy común la sustitución menestral de *adelante* por *alante*. Pero, hablando en público, sólo se permitía a los personajes de Arniches, genial notario del habla suburbana. La cual es muy natural en quien, por su desgracia, no ha tenido medios para instruirse más. Esa rudeza, en particular, puede incluso caer bien si es forzoso usarla. Daría grima que un refinado dijera de un varón inarrugable que es «un señor muy echado para adelante». Si hay que manifestar eso, una de dos, o se dice que «es un tipo muy *echao p'alante*» o se calla uno. Yo mismo, que, sin llegar a hablar con una flor en la boca, miro algo lo que digo, tal vez pidiera a alguien que tirara *p'alante*. (Ahora que lo veo escrito, rectifico: no me atrevería.)

Parece, sin embargo, que los narradores del fútbol, que sí han ido a la escuela y cuyos decires carecen por tanto de la inocencia atribuible a un desheredado, parece, digo, que deberían prescindir del *alante*, multitudinariamente proferido por muchos de ellos en tele y radiomicros; es una plebeyez que añade a su parla tan *in* unos delatores mechones de pelo de la dehesa.

Es muy antiguo el *alante* como evolución de *adelante*, no difícil de explicar en el habla popular, pero refrenado siempre por la escuela y por la presión de la lengua escrita. *Adelante* –como todo en el lenguaje– resulta de una convención; es una regla de juego que lo mismo podía haber dado validez a *alante*. Pero no ha ocurrido así, y parece un deber de decencia social que quienes se valen del idioma para vivir jueguen bien el juego, respetando las reglas de ese delicado pacto que es el lenguaje. Una de las cuales, de las más elementales por cierto, no sólo ha fijado la forma *adelante* como única reglamentaria, sino que desautoriza *alante* con la marca de 'extremada vulgaridad'. De ahí que oír partido tras partido, una y cien veces, «El portero echa el balón *alante*», «Camarasa debía jugar más *alante*» (o «Jesulín se saca el toro por *alante*», pues también es achaque de bastantes taurinos), apesadumbra el hígado hasta la ictericia. (¿O *tiricia*? Dudarán los del *alante*). Tales infractores, que suelen exhortar a jugar deportivamente, deberían aplicarse el cuento, vigilando su locuela de arrabal.

Característica de ese suburbio mental es la tenacidad con que se adhieren ciertos vocablos a la lengua o al teclado de sus vecinos. Tal acontece con *líder* y *liderar*. El arrogante forasterismo ha expulsado cuanto en nuestro idioma podía hacerle competencia. El término *leader* posee en inglés gran número de significados, con reflejo más o menos exacto en nuestra lengua, en la cual designó primero a quien, en virtud del prestigio que lo aureola, conduce o dirige la mente y el comportamiento de otros, sobre todo en política. Pasó a aplicarse en otros órdenes de la vida social. Y así, podía –y puede– hablarse con bastante propiedad, de líderes religiosos, culturales y de otros tipos de creencias y actitudes: juveniles, feministas, nacionalistas, abortistas...: siempre se trata de personas (o cosas: *la marca líder de la moda*) a las que se reconoce fuerte capacidad para guiar a otros.

Pero es este último rasgo el que ha ido desapareciendo en los empleos más recientes de *líder*. Lamentablemente, porque tal vocablo (y *liderazgo*) enriquecían originariamente nuestro idioma con ese importante matiz de la 'autoridad poseída por méritos propios', que es obedecida y seguida por otros. Pero en las carreras ciclistas, por ejemplo, se dice que «Induráin sigue de líder», cuando, aun reconociendo su supremacía, todos cuantos van detrás, exceptuando tal vez a su equipo, aspiran a desbancarlo. Lo hacen líder los cronistas sólo porque va más *alante*; los demás lo siguen, sí, pero a la fuerza. Y para decir eso, ya no hacía falta el vocablo inglés: basta con llamarlo *primero*. Tampoco debería ser nombrado así, y por el mismo motivo, el equipo que encabeza la clasificación (significado que registra ya nuestro Diccionario), o el carrerista de pata, rueda o pie, de aire o de agua, que va primero.

Pero ya es abuso constante y ubicuo llamar *líder* al portavoz de un grupo parlamentario (quizá porque eso sucede también en francés, aunque el tal, como ocurre a veces, sea un berzas o cuente con mucha hostilidad en su propio grupo), al torero que, bien o mal, ha despachado más toros, y hasta al más votado en unos comicios: leído tengo que «Álvarez del Manzano conservará el *liderazgo* en las próximas elecciones municipales», en el sentido de que seguirá siendo alcalde de Madrid. Es muy lógico que un elegido pueda ser o llegar a ser un líder; pero no es cierto lo contrario: los líderes, en un uso plausible del vocablo, no resultan serlo por ganar unas elecciones.

O por llegar al mando porque les ha tocado el turno, como al vecino que este año preside la comunidad. Hay cosas de estas que autoriza la enorme polisemia del inglés; otras nos llegan por algún idioma intermediario; por fin, no faltan las de creación ibérica.

Hubiera sido útil *líder* de haber contenido su desarrollo. Ahora es ya un grisáceo comodín, con el cual, ya lo veremos, los soldados del pelotón llamarán líder al sargento, los fieles a su párroco y los músicos de la banda al director. Produciría una enorme tristeza que los subalternos de la cuadrilla dieran ese nombre a su torero. Pero, insisto, todo se andará; y los nenes y nenas que ya suelen referirse a su papá llamándolo «el jefe» (tropa estolidísima, gente imbecilísima, tribu miseranda), acabará llamándolo sin tardar «el líder».

Quienes hablan improvisando tienen licencia para marrar setenta veces siete. No así algunos que escriben en semanarios, con tiempo para cuidar la prosa. Se me acaba de caer de las manos –lo cuento urgido– uno que dice: «El mismo día que Lluch [*en que* debería decir] se sumaba jubiloso y nada gratuitamente a la confabulación [quería decir que Ernest Lluch creía en la existencia de una confabulación contra el Rey, condenándola por cierto; tal como ahí se dice, el ex ministro sería un confabulado], José María Aznar en Buenos Aires, exultante por el recibimiento *propinado* por el presidente Menem...». Imposible seguir *alante*. Porque ese *propinado* no parece broma ni figura de estilo: cree el autor que Menem propina los recibimientos, es decir, que los asesta, los sacude, los atiza... ¿Tendremos lío con la Argentina? Los deslenguados son tremendos.

Humanitario

Los brutales acontecimientos de Ruanda han sido calificados por bastantes medios de comunicación como catástrofe *humanitaria*, cuando es precisamente lo humanitario lo menos catastrófico de aquel horror. De nuevo, atropellados comunicadores mal avenidos con el idioma español, han vuelto a incurrir en desidia profesional agrediendo con ella a lectores y oyentes: son bastantes, más que en otras ocasiones, las personas que me han expresado su escándalo o su ira por tal sandez.

Se ha producido en tales agresores el pueril entusiasmo que desencadena en los niños un juguete nuevo. Porque es evidente –pues ignoran su significado– que desconocían aquel adjetivo, y lo han descubierto con motivo del horror ruandés, por la *ayuda humanitaria* a que ha dado lugar. Les ha gustado mucho, y han interpretado tal expresión como vagamente alusiva a la humanidad: *humanitario* sería algo así como 'que tiene que ver con los humanos', representados en este caso por aquel mísero pueblo de África. Ignoran de ese modo, cuadrupedalmente, que lo *humanitario* es lo que «mira o se refiere al bien del género humano», y más esencialmente, lo que se siente o se hace por humanidad, es decir, por «sensibilidad o compasión de las desgracias de nuestros semejantes», según define el Diccionario.

En este último sentido, no es otra cosa que la caridad, desprovisto el vocablo de adherencias cristianas. Su invención, puede suponerse, se produjo en fecha no muy lejana, y según puede suponerse también, la invención es francesa. Se trata de un vocablo vecino de *fraternité*, palabra ésta ya existente desde antiguo, pero que fue lanzada a una significación rigurosamente laica por la francmasonería, significación que luego privilegiaría la Revolución francesa. No tenía por qué extrañar a los cristianos, dado que era vocablo utilizado en el lenguaje de la espiritualidad religiosa. Los revolucionarios adoptaron el término sin ninguna reserva; y no lo habían tomado necesariamente de los francmasones: Michelet, apóstol de tal sentimiento, escribió acerca de él, en 1817, que era tan antiguo como el hombre, que existía en todo el mundo, y que había sido «étendu, approfondi par le Christianisme». (Más escéptico, Flaubert dirá poco después que «la fraternité est une des plus belles inventions de l'hypocrisie sociale»). El español, que ya tenía *fraterno* y no desconocía *fraternidad* desde bastante antes, la colocó al lado de *hermandad* y, frecuentemente, frente a ella: era emblema de la modernidad seglar representada por el país vecino, y señal, si no siempre de librepensamiento, sí siempre de pensamiento libre.

En francés no habían cesado las creaciones léxicas dentro del mismo ámbito significativo (aunque, claro es, con matices diversos), y con el mismo deseo de marcar distancias respecto de la caridad. Surgieron así *solidarité*, a principios del siglo XVIII, incorporada a nuestro idioma como *solidaridad* a mediados del XIX; y, por entonces también, *humanitaire* y *humanitarisme*, avecindados en España con toda prontitud.

En Ruanda no se ha producido una crisis humanitaria. La cual hubiera acontecido si la humanidad –como, por otra parte, hace de ordinario, ahora mismo sin ir muy lejos con motivo de otras catástrofes–, en vez de acudir en ayuda de los desventurados ruandeses, hubiese mirado a otra parte. Lo que allí ha acontecido y acontece es una catástrofe *humana*. Pero la tentación de alargar los vocablos, distorsionando su significado, atrae a los malhablados como a las moscas un flan.

Es evidente que, mucho o poco, todos incurrimos en el mal decir. Incluso a un texto presuntamente perfecto, puede aplicarse *mutatis mutandis*, el axioma médico según el cual, cuando se dice de una persona que está sana, es porque no ha sido bien examinada. Pero no hay que examinar muy a fondo el *Boletín Oficial del Estado*, donde el idioma español debía fulgir, para sentir asombro por lo que firman ministros, subsecretarios y demás elite de la gobernación. Me parece exagerado, por eso, que una gentil corresponsal jurista se alarme por ver escrito en tal papel que a un organismo clasificador de los presos a efecto de concederles o negarles el tercer grado, se le denomine instituto *clasificatorio* por *clasificador* (otra vez un vocablo más largo), y que a la situación de quien delinque por primera vez, se le llame *primariedad delictiva*.

Me tienta, a veces, explorar el dichoso *Boletín*, pero temo perder la sindéresis. Me divierte más el lenguaje de los reporteros deportivos, y como prueba de que no les quito ojo (hasta el punto de extrañar a mis amigos más estrechos o estrictos, adjetivos que son etimológicamente lo mismo), deseo elogiar un rasgo de discreción de dos relatores de fútbol que no he visto loar, y es justo que se airee.

Sucedió este verano, en un partido televisado. El equipo que había venido a tornear con el adversario español era portugués, y uno de sus ases más activos durante el partido, poseedor de un gran talento, dotado con una portentosa claridad de ideas, deslumbrante a veces, y cuyas jugadas pueden prestarse a diversidad de lecturas, como el *Quijote* o *Esperando a Godot* –obsérvese

cómo aprendo el estilo de los actuales *rhétoriqueurs* del balompié–, auténtico lujo de su delantera, se llama Polha.

De sobra sabían los dos retransmisores que -*lh*-, en portugués,
suena elle, de tal modo que, por ejemplo, *coelho*, el conejo y Claudio, suenan aproximadamente *cuello* (escrito *coelho*), y *palha* es
palla, tanto para nombrar la paja como la ganadería brava. Lo
sabían muy bien, pero no ignoraban que una dicción demasiado
correcta podía herir la sensibilidad común. De ahí que, acertada-
mente, optaran por pronunciar *pola*. En algún momento, con
idéntico acierto, introducían una leve aspiración tras *pol-*, como
indicando a los entendidos que allí había una hache, y que la ve-
laban «pudoris causa».

Pensemos, en efecto, cuán mal hubiera sonado el relato cuando tal jugador quería, por ejemplo, ganar la espalda del defensa o
que, siéndole imposible penetrar por el centro, atacaba ora por un
flanco, ora por otro.

De ahí la gratitud que merecen quienes, tal vez protestando así
por las marranadas que se dicen en los medios sonoros, disimula-
ron el nombre del notable jugador luso. Porque es evidente que lo
hicieron adrede (¿o no?).

¿Ons, culpable?

Ons parece un conjunto de siglas, pero es, como nadie ignora, el
nombre de una isla pontevedresa, no lejos de las Cíes. Su apariencia resulta atractiva, pero me inspira algún recelo desde este verano, en que unos fraternales amigos concibieron la idea de condu-
cirnos a mi mujer y a mí a conocerla en su barco.

Monté en él con alguna aprensión por el destino: acababa de leer
en un importante diario de la ría vecina un informe sobre la isla, escrito por alguien que acababa de visitarla; era extraordinariamen-
te inquietante. Decía el anónimo escribidor que la tradición adve-
raba la existencia de enormes reptiles; exponía cómo allí se abre el
«buraco do Inferno» (debe de tener varias bocas, pues yo conozco
algunas, todas temerosas, en España y Portugal), devorador de
cuanto semoviente asoma la cabeza. Y certificaba que por sus tro-
chas y veredas vagabundea la Santa Compaña, avisando de una
muerte próxima a quien la ve. Aunque navegábamos a medio día,

siempre queda la inquietud de si aquellas almas noctívagas (o hijos de puta, según razonable duda de don Juan Manuel Montenegro) se habrían quedado rezagadas, sin respetar la salida del sol. Todo eso me inquietaba y algo que enseguida diré. Se confirmó pronto que mi inquietud no era infundada: a muy pocas millas del lugar, el marinero que nos preparaba el almuerzo subió a cubierta con el anuncio terrible de que el marisco, pan nuestro de aquel día, estaba vacío. Era a todas luces un efecto gafante de Ons a distancia: ¿qué podía ocurrir si, no respetando el aviso, nos atrevíamos a hollar su orilla? Por fortuna, nuestra anfitriona dio orden de regresar a puerto a toda máquina, en busca de crustáceos densos. Se encontraron con toda facilidad, y pudo conjurarse la alevosa asechanza.

Fue mientras fondeados en un abrigo de la costa serenábamos la pitanza, cuando me atreví a expresar a mis comensales el alivio por haber escapado a los riesgos que nos aguardaban de haber llegado a Ons. Gracias a aquel temprano maleficio, eso no había ocurrido. La procesión de los espíritus, el buraco y todas las amenazas isleñas, meigas incluidas, me preocupaban menos que otra sobrenaturalidad por mí descubierta. Y es que allí habita el súcubo que impide, o perturba si se tienen, las facultades gramaticales y ortográficas. Para probarlo, extendí ante sus ojos el diario antedicho, con la crónica acerca de Ons. Entre otras cosas, decía: «La Santa Compaña también se paseaba de noche por allí, como dice la *tradicción* gallega. Comenzaba su andadura desde la playa de Melide para llevarse consigo *algún pobre alma*. Muchos isleños ponen ramos de hierbas secas en las puertas de su casa para *expantarla*». ¿Caben más horrores en dos centímetros de prosa? No seguí leyendo, ni antes a solas, ni ahora en compañía. Aquello lo había escrito alguien que, casi seguro, contaba con titulación académica, pero que había sido maleficiado por Ons. Es decir, que había sido trocado en puro analfabeto.

No aceptaron mis amigos ni mi mujer tal hipótesis, tildándola de endeble y hasta de infundiosa. Y dos días después me mostraron la contraprueba: en un periódico de la Corte, nada menos, un renombrado clínico y profesor universitario, nada menos, escribía de María Antonieta, la pobre, que fue «*exhuberante* de belleza y vitalidad». ¿Culpa de él o de quien tecleó el escrito? En cualquier caso, Ons quedaba exonerado.

Fue mi refutación tan fácil, que casi avergüenza: ¿y si el autor o el teclista habían visitado Ons? A lo que saltaron con que los periódicos de todas partes estaban llenos de disparates ortográficos y de infamias léxicas y sintácticas, y que era absurdo atribuir una plaga tan extendida a miasmas isleños. Callé, considerando descortesía insistir, pero, si yo fuera responsable de un periódico, exigiría a todos los redactores un certificado de no haber pisado Ons ni haberse aproximado a la ínsula menos de cinco millas. ¡En algún lugar tiene que habitar ese súcubo, y la pista del escribidor que he dicho parece evidente!

Pero mis amigos tienen razón: es sonrojante el número de faltas ortográficas que hormiguean por los medios escritos. Contribuyen a fortalecer la desagradable impresión que tantas veces produce el lenguaje impreso, cuyos errores no pueden atribuirse a la instantaneidad improvisadora del oral. Ya he escrito algunas veces que esto aterra, no sólo por razones estéticas, sino sobre todo, éticas y cívicas. George Orwell acertó al proclamar que «la mayoría de las corrupciones sociales comienzan con la de la lengua». Los responsables de la instrucción nacional durante los últimos decenios, deberían tener en ello un motivo para no dormir. Aseguraría que la mayor parte de los corruptos comete faltas de ortografía. Y que los faltones tienen mucho camino andado para ser corruptos.

Esa infracción del diario madrileño es una de las más comunes. *Exhuberante* puede leerse en muchos anuncios por palabras que ofrecen carne femenina en gran parte de la prensa. La exuberancia constituye un atractivo infalible para el varón bien orientado, y la industria pícara lo sabe. Pero ella y tantos ignoran que tal palabra tiene que ver con *uber*, 'ubre', órgano que funda la verdadera exuberancia.

Que tal falta fuera la única en el largo escrito del médico renombrado, denota un simple lapsus, una fuga del alma al limbo. No precisa ser atribuida a influjo de la isla gallega, a diferencia de lo que ocurre cuando los errores se acumulan en poco espacio. O si las faltas son esporádicas pero estrepitosas.

Sospecho, sin embargo, que Ons no influye fatalmente en todo el mundo. Hará falta, imagino, cierta predisposición, porque conozco a algún habitual suyo que escribe como los ángeles; y es muy posible que los habitantes de la ría se hallen inmunizados. Víctimas son sólo aquellos forasteros como yo, que ven oronda la isla allá a lo lejos, y piensan qué bonita, y quieren retratarse allí, y urden maneras para ir, y se hacen o se dejan llevar, y entonces la Compaña, las fauces infernales y el súcubo antigramatical se encrespan, y ocurre lo que ocurre. Pero es de esperar que, portando un buen amuleto, lo que ocurra sea nada. Me limito a prevenir.

En cualquier caso, si pueden ir a Ons, no se contengan. Con precauciones, pero vayan. Ah, y a las Cíes. Galicia es el lugar del mundo donde tierra, mar y aire se conjugan con mayor perfección.

«Stage»

Me desveló acongojado en lugar de adormecerme, hace algunas noches, oír en una de las emisiones deportivas nocturnas que me sirven de hipnótico, cómo un muchachote –o, mejor, *muchacheto*– brasileño se excusaba por retrasar su vuelta al club coruñés. «Estoy cansado, muy cansado», decía, abriendo y cerrando las vocales españolas, y meciendo las palabras en la dulce marea tonal de su idioma. «Estoy muy cansado», repetía. Y en su voz gemía el cansancio de los esclavos que alzaron las pirámides, de todos los segadores que abatieron las mieses castellanas, de cuantos marineros doblaron a vela el cabo de las Tormentas... ¡Pobre *muchacheto*! ¿Más cansado que los jornaleros del tajo al sol de agosto? Mucho más; incluso más que yo: bastaba oír su quejumbre, su lamentación luctuosa, su gimiente plañido.

Apeló, después, al amor a su pueblo, para no volver. Y ahora el que profesa a los coruñeses para quedarse. Muchos amores. (¿Y al dinero?) Según el Diccionario, los antiguos castellanos llamaban sebosos a los portugueses por sus derretidos enamoramientos. ¿No merecerá este joveneto (Góngora inventó tal preciosidad), con apellidos tan lusos, ese calificativo por derretido de amores? Aún no se ha ido. De todos modos, buen viaje.

Ignoro si el equipo coruñés hizo el *stage*; por supuesto, no el extenuado. Muchos clubes han celebrado esa cosa, y bien sonada ha sido la semihiga que otro coterraño también molido le hizo al Barcelona. Noche a noche, aguardando el advenimiento del sueño, he ido averiguando qué es eso del *stage*. Se trata de un veraneo que fortifica a los frágiles chicarrones del estadio en un lugar bien oreado, donde se les mima con masajes, duchas, pediluvios, vitaminas, flexiones, estiramientos, correteos con o sin balón y dietética *ad hoc*, mientras su tutor les enseña jugadas: tuya, mía, suya, de él, y a puerta. (Cuando juegan de verdad, un contrario les estropea el invento.)

El lugar donde acontece el *stage* jerarquiza económicamente a los equipos. Así, el campeón liguero de este año ha hecho su *stage* en Holanda, mientras que el campeón copero, mi venerado Zaragoza, se ha ido con toda su grandeza a Biescas, Huesca. No es que Biescas tenga nada que envidiar a Holanda –hay, sí, menos quesos de Holanda que en Holanda–, pero es que está a un rato de autobús de La Romareda, y eso sólo abusando puede llamarse *stage*. Porque esa cosa requiere más lejanía y más de todo, aunque a Biescas no le falte nada.

Tal forasterismo nos ha llegado del francés, donde el vocablo sirve para nombrar el período de estudios prácticos exigidos para desempeñar ciertas profesiones, y la realización de cursos breves de formación para ejercer una actividad. El fútbol, en este caso.

Se trata de un derivado del latín *stare*, con el cual soslayaron nuestros vecinos el legado de la lengua madre, que era, nada menos, *tirocinium*. Se llamaba así en el mundo romano al aprendizaje para hacer algo, la guerra pongamos por caso; nuestra lengua adoptó *tirocinio* con ese significado y con el de 'noviciado'. Tal vocablo, y se explica, ha sido usado sin frenesí. En italiano, obtuvo más éxito, y se ha recomendado por algunos para evitar *stage*. No me atrevería yo a tanto en nuestro idioma, por temor a caer en un precipicio de carcajadas. ¿Qué pensarían las novias y esposas de los futbolistas si éstos les anunciaran que se iban de tirocinio? Pero harían bien quienes usan y abusan de *stage*, si avecindaran ese significado en algún derivado de *estar*, como *estadía*, *estada* o, simplemente, *estancia* preparatoria. ¡Esto sí que puede hacerse, y maravillosamente, en Biescas!

Por lo demás, el campeonato del mundo y los partidos de pretemporada han deparado un verano placentero para cuantos practicamos la telecontemplación del balompié. Mucho nos ha ayudado a sobrellevar un estío de sed, sangre y fuego. Para empezar, los teóricos de la pelota nos han descubierto los entresijos estructurales de las jugadas, basadas, y no lo veíamos, en triángulos, rombos, circularidades, densidades del juego y otros conceptos así de sorprendentes para quienes creíamos que el balón va por donde quiere más que por donde se quiere. Será preciso observar a estos nuevos *rhétoriqueurs* del cuero, sobre todo platenses, grandes conmovedores de la parla deportiva.

Novedades léxicas no las ha habido. Pero se han consolidado usos y costumbres recientes. Así, los modernos oficios del equipo, el de *carrilero*, por ejemplo (que no debe *especular*), y el de *punta* (cuyo deber es *definir* o *codefinir*). Se ha hablado tesoneramente de la *señalización* de faltas. Y como el árbitro no va sembrando el campo de señales a medida que se producen los plantillazos, zancadillas e insultos, que eso sería *señalizar*, convendría ponerse a hablar de *señalamiento* de las faltas, lo cual es propiamente la acción de señalarlas. Esa acepción, supongo, iría derecha al Diccionario.

Impenitentemente, un *grupeto* (ya consigné este diminutivo de origen neciofónico) de cronistas sigue omitiendo el artículo, como prestigioso distintivo técnico de su jerga; *Corre por banda, recibe un golpe en rodilla izquierda, no aciertan a puerta*, etc., etc. En la fugaz Otumba (para el Madrid) gaditana, el teleperorante aseguró varias veces que el jugador había tirado el pelotón hacia el *palo corto*. Como sospecho que los verticales son igual de cortos, me produce zozobra no entender a cuál de los dos apuntó el jugador que lo disparó desde un punto (fatídico lo llaman siempre los entendidos) equidistante de ambos. Y es que yo vivía con la certeza plena de que, en el lenguaje de los expertos, *palo corto* designaba el más próximo al jugador cuando da el llamado zapatazo. ¿Cómo creer en nada, si se hunden así las más sólidas certidumbres?

Que el deporte de competición, el fútbol sobre todo, asume la función social desempeñada antaño por la épica, se ha dicho, y lo he dicho, muchas veces. No en balde se juegan en torneos las copas de los veranos. El lenguaje acusa el electrizamiento que antes producían Troya o Lepanto, y por tal causa, dos nuevos verbos han venido a aumentar la bivalencia que está sobreviniendo a tal clase de palabras (obsérvese cómo, paralelamente, crece la bisexualidad humana). Son *pelear* y *luchar*, antes sólo intransitivos, y hoy también transitivos: *Martínez pelea* o *lucha un balón a Rodríguez*. Y así. ¡Ay, qué juglares estos!

Profesional

Causó mucha sorpresa el apogeo del cheli, y hasta la gente de buenos modales coloreó juvenilmente su expresión con algunos de sus vocablos. Probablemente continúa proliferando esa jerga, pero choca menos, y está donde debe: en el mocerío del barrio y de la discoteca, del sábado de la litrona y, quién sabe, de alguna que otra calada perversa. O más. Pero ese lenguajillo de por acá resulta ser un transparente manantial si se compara con el usado por las bandas de muchachos marginados en México.

De allá me mandan un recorte que narra la visita de Cuauhtémoc Cárdenas a un suburbio pobre de la capital, buscando votos en su última intentona electoral. Deseando conocer a aquellos jóvenes desheredados, oía cómo su portavoz le iba informando: «Al chile, hay bandas a bandas. Hay bandas con dos tres machines con la butibandón. Hay bandas de cábulas y bandas de culebras; pero al tiro, el resto de banda es alivianada y buena onda. Chingo de banda nos ponemos nombres, el buti nel, pero la neta tochos somos banda». El candidato, sumido en la bruma mental más turbadora, tomaba notas asintiendo halagadoramente con la cabeza a su posible elector. Y escribía en su cuadernillo: «A este gobierno no le importa la gente, no repara en sus necesidades de salud, educación, condiciones de trabajo»; y así, cada penumbra que emitía el chavo era convertida por el político en ascua para su sardina, anotando ideas que pudieran servirle en sus discursos, hasta que llegó el momento de prometer a su auditorio desharrapado que, si llegaba a gobernar, respetaría las bandas y las sacaría de la marginación.

Ejemplar decisión la de Cárdenas, dignándose ir al epicentro de la miseria urbana. Cualquiera puede advertir que si he escrito este elogioso epifonema es porque ya somos pocos los que decimos y escribimos *dignarse hacer* esto o lo otro, pues abundan más quienes prefieren el andrajoso rodeo *dignarse a* hacerlo. Y así, se oye o lee, por ejemplo, que los políticos no se *dignan a* ponerse en contacto con la calle (cosa que sí hace en México, acabamos de verlo, el señor Cárdenas). Se trata, claro, de un viejo vulgarismo, anómalamente extendido entre gentes que tienen el idioma adherido al cerebro con un clip. Como lo es la casi omnímoda formulación *en relación a* tal cual asunto, que ha ocupado el lugar de las bien acreditadas *en relación con* (puesto que una cosa se relaciona *con* otra, y no *a* otra) o *con relación a.* ¿Tan difícil es construir *En relación con ese asunto* o *con relación a ese asunto*?

Pero, lógicamente, es en los usos verbales donde la arbitrariedad ejerce su mayor despotismo. Estas crónicas viene señalando mes tras mes las dislocaciones que se producen en la transitividad o intransitividad, cambiándoles el juego constantemente. Entre mis notas, hay una que he recuadrado, subrayado y enfatizado con todos los signos del regocijo, oída por televisión cuando el noticiario, sin manifestar sorpresa alguna por el hecho, daba cuenta del entusiasmo con que había sido recibida en su pueblo la vecina encarcelada en un país asiático por tráfico de drogas, la cual acababa de ser puesta en libertad. Pero no es el entusiasmo –que, augura por cierto, el cordial arrebato con que serán recibidos por sus paisanos, si alguna vez son capturados, ciertos famosos pájaros fugitivos– lo que me produjo estupor, sino el modo televisivo de explicar cómo «el encuentro de la excarcelada *ha estado reinado* por la emoción». ¿No es extraordinario?

Y es que algunos locutores y locutoras sienten como exigencia hablar sin detenerse, sin rectificar cuando yerran, y seguir adelante, atropellando la razón si es preciso, pisoteando los convenios gramaticales, deshaciendo a manotazos el sistema léxico, conculcando leyes, hollando el sentido común; y, en caso de extrema necesidad, subvirtiendo el orden del universo. Pero ocurre que una corrección oportuna sería signo de su solvencia profesional.

Término éste, por cierto, cuyo significado ha experimentado un curioso ennoblecimiento. No tanto, quizá, como *rutinario* que, de calificar lo que se hace por mera práctica y sin que intervenga en exceso la razón, ha ascendido casi al Gotha del idioma en frases como la que califica de *rutinarios* los registros que hacen en la aduana los carabineros, o los reconocimientos médicos semanales a que se somete un potentado. Queriendo decir con ello que se hacen con asiduidad y atención.

No ha ascendido tanto *profesional* pero, también por influjo inglés, se ha ahidalgado y es ahora emitido y recibido con respeto. Pertenecía hasta anteayer al común, y servía para distinguir a quien ejercía una actividad como profesión, de quien lo hacía por gusto, como afición o –dicho en buen castellano– como *hobby.*

Y así, los practicantes de muchos deportes podían ser aficionados o profesionales, caracterizados estos últimos porque vivían, o lo intentaban, del rédito de sus músculos. Muy neta era la raya que separaba en los servicios del amor a las simplemente altruistas y desinteresadamente consoladoras, de aquellas otras que se alquilaban, y eran denominadas *profesionales*.

Pero como en inglés se califica así a quien, *Webster* lo dice, «posee mucha experiencia y pericia en una determinada función», aquí hacemos igual, y no cabe mejor loa a quien curra en cualquier curre, si se practica bien (hasta de las más altas personas se ha dicho exaltando rudamente su buen estar y su buen hacer), que elogiarle la «profesionalidad». Se trata de una gracia perfectamente innecesaria. Nos conformábamos antes con decir de alguien que era un buen cirujano, un buen taxista, un buen juez o lo que fuera; o que ese quien sea era muy buen cumplidor. No hacía falta poner en peligro la útil oposición «profesional/aficionado», ya que con ella nos iba tan ricamente. Pero eso son tiquismiquis para quienes, por parecer algo, tienen que hablar raro.

Ya de salida, tengo que rectificar algo afirmado en un «dardo» anterior, refiriéndome a un futbolista portugués de quien creí que se llamaba *Polha* (es decir, *Polla*), porque así me parecía oírlo a los locutores deportivos. Elogiaba a éstos por pronunciar castamente *pola*. Me han advertido que el jugador no se llama así, sino *Folha* (esto es, *Folla*). Por fortuna, mi error acústico me impidió ir más lejos en la procacidad del comentario.

«Airbag»

Es fantástica invención: vas conduciendo, chocas de frente, y en lugar de romper con el cráneo el parabrisas, o el volante con las costillas, eres acogido por un piadoso cuadrante o almohadoncillo que ha surgido súbitamente ante ti, y se ha inflado en menos que dura un ¡zas!

El milagro fue llamado *airbag* por sus inventores, es decir, 'saco o bolsa de aire'. Sabiendo eso o no, todos empleamos ya el vocablo con la misma soltura que un neoyorquino. La bombardeante publicidad de la automoción ha difundido el objeto y su nombre, y pocas marcas de semovientes mecánicos dejan de ofrecer entre sus ventajas el colchoncillo. Mejor dicho, los colchoncillos, porque tales dispositivos suelen colocarse ante ambos asientos delanteros: dos por el precio de uno. Y así, llevar o no *airbag* posee intenso valor distintivo para los *gourmets* del motor: decide el aprecio o la desestima que merecemos los cochehabientes.

Ignoro cuánta es la eficacia del ingenioso arbitrio. En cualquier caso, me abstengo de él por temor a que se me dispare cuando, al entrar en mi plaza de garaje, me topo todos los días con la pared como último freno: no estoy psicológicamente preparado para afrontar semejantes inflamientos a diario.

Tal vez siga empleándose en el futuro esa cosa; tal vez la sustituya otro artificio aún más sutil. Pero el nombre *airbag* habita por ahora entre nosotros, sin que el ramo automovilístico haya intentado hispanizarlo. Menos aún el publicitario, donde se sabe que una cosa nueva con nombre inglés resulta irresistible. *Airbag* (que muchos pronuncian algo así como *ahí va*, inducidos quizá por lo instantáneo y asombroso de su engorde) ha gustado una barbaridad, y, sin mirarle el caletre, lleva camino de quedarse como término necesario para nombrar algo antes desconocido.

¿No convendría, sin embargo, fijar un cierto límite, cuando se puede, a la ávida capacidad hispana para absorber lo ajeno? No se trata de oponer un purismo estéril al torrente de novedades, procedentes en su mayoría del área anglosajona. Pero sí de actuar con una cierta inventiva en el nombre que damos a ciertas cosas, ya que no las inventamos. Así se piensa, sin ir más lejos, en Cataluña, donde por el organismo lingüístico competente se ha propuesto sustituir *airbag* por *coixí* (es decir, cojín) *de seguretat*, que calca casi exactamente el termino inglés y hace buen juego idiomático con el cinturón de seguridad (*cinyell de seguretat*). Se trata de una buena solución, fácilmente adoptable por el castellano: es, en efecto, un cojín de aire lo que acoge al sobrevenir el morrazo. Y sería bueno que, en la adopción de tecnicismos y, en general, de neologismos, todas las lenguas de España anduvieran acordadas: las ayudaría mucho a convivir. ¡Cuánto convendría que de esa coincidencia participara el español de Ultramar!

Si en ello tuviera yo voz, no me opondría al cojín, pero pensando que el destino del *airbag* es el pecho, y que poseemos el *peto*, antiguo protector de tal parte del cuerpo, es ése el nombre que me atrevería a proponer en la hipotética mesa de los acuerdos: *peto de seguridad*. Designaba esa palabra, todos lo sabemos, la parte o pieza de la armadura destinada a evitarle al tórax lanzadas de moro o de cristiano. ¿Qué otra cosa hace el *airbag*? Sin embargo, considerando la cosa así, otro término podría servir también: *escudo de aire*, quizá más descriptivo aún que el anterior.

Permítaseme que me gusten tales invenciones. *Cojín* parece muy bien, más que en castellano en catalán, donde no existe la paronomasia (o parecido fónico de dos palabras) capaz de producirme sonrojo al contar en casa que, otra vez, al chocar en el garaje, se me han hinchado esas cosas.

Pero de un modo u otro el idioma sigue creciendo, lo cual importa como señal de que los hablantes tenemos más necesidades comunicativas. No sé si satisface alguna el desarrollo de la posibilidad que yacía en las viejas locuciones locativas registradas por el Diccionario como *a pie de fábrica* (para precisar lo que vale una cosa en el sitio donde se produce), o *al pie de la obra* –juraría haber oído más a menudo *a pie de obra*– para señalar lo que cuestan los materiales puestos ya en el sitio donde algo se está construyendo.

Pues bien, la fuerza procreadora de tan vetustas locuciones empezó a manifestarse, creo, en cierto locutor deportivo intensamente prevaricador. Esa afición a agredir al idioma le hizo y le hace establecer comunicación con un colaborador suyo que está *a pie de hierba* (o *de césped*, o *de campo*, porque dispara con balas diversas), es decir, en una banda junto al terreno de juego, para entrevistar a los jugadores o al árbitro si se dejan. En principio parecía una sandez. Lo es. Pero la construcción empieza a cobrar incremento (¿poligénesis?), porque ya leo que tales o cuales personajes esperaban a Sus Majestades *a pie de coche*, y que unos huelguistas seguirán *a pie de negociación* mientras haya alguna esperanza de mantener los puestos de trabajo. Lo de *a pie de coche* parece bastante bien, puesto que evita un rodeo para decir lo mismo. Pero lo de *a pie de hierba* o *de negociación* o de cosas así, que no tienen al lado una parte más baja o pie donde sea posible situarse, ustedes dirán. El caso es que avanza.

Por cierto que lo relativo al pie anda algo revuelto en el mundo del fútbol, según leo u oigo. Son múltiples las glosas que ha merecido el gol inaudito de Hagi en Vigo. Todos recordamos el prodigio: llega un balón al talentoso rumano, y, desde cincuenta y dos metros, conecta un zapatazo, como dicen, hacia donde sospecha que está la portería celtista –no se veía a causa de una niebla densa y blanca como una *vichyssoise*–, y el balón, horadando vapores y perforando dorondones, atravesándolos con obstinación de misil, se cuela por el marco y burla al portero vigués. Portento del siglo. Y ¿qué es lo que, según un periódico madrileño, comenta el entrenador del Barcelona, orgulloso de la gesta? «Yo no tenía ni tengo fuerza para meter un castañazo como este. Ni con las manos llegaba tan lejos.» Pues si casi pueden lograrse castañazos así con las manos, ¿a qué se aguarda para agrandar las canchas de baloncesto? Ah, y escuchen durante la fiebre del domingo tarde en las radios, cómo en tal o cual partido, tal o cual jugador ha fallado un gol que tenía *en las manos*.

Grafólogo

Las consecuencias derivadas del asunto GAL han desbordado lo imaginable. Ni siquiera el idioma ha quedado exento de su mefítico influjo. Sucedió, en efecto, al pedir el juez Garzón un peritaje sobre ciertos manuscritos, con el fin de poder atribuirlos o no a los inculpados. Dichos papeles fueron sometidos al examen de cinco entendidos, los cuales coincidieron en señalar con el dedo a los mismos autores. Se dijo –cuando escribo, no sé si se ha hecho–, que otros expertos serían llamados a opinar también, requeridos por la defensa en busca de divergencias.

De tal trajín no cesaron de dar cuenta los medios de comunicación; y una parte notable de ellos se hartó de llamar *grafólogos* a los peritos en escrituras. Tan panchos se quedaron, confundiendo la grafología con la caligrafía. Porque aquélla es, como define el Diccionario, el «arte que pretende averiguar, por las particularidades de la letra, cualidades psicológicas del que la escribe». ¿Era eso lo que interesaba averiguar al juez? ¿Quería saber si los acusados eran introvertidos, soberbios, crueles, sentimentales, enamoradizos, iracundos o avarientos? Obviamente, no; pero el oficio de comunicador, en un número alarmante de casos, permite tocar el instrumento idiomático ignorando el do, re, mi; se puede confundir la grafología con la caligrafía, y seguir adelante sacando do pecho.

Sin embargo, cualquier hispanohablante medianamente escolarizado sabe de sobra que tales voces sólo tienen en común lo que dice el formante *graf(o)*, esto es, 'letra'. Y que, mientras la primera se remonta al *logos*, tan sublime, la segunda se aneja a la belleza, que en griego era *kállos*, porque el oficio primero de los calígrafos fue escribir documentos con hermosa letra; a los cuales se les denomina también pendolistas por haberlo hecho antiguamente con plumas de ave o *péndolas* (del latín *pinnula*, plumita). Después, el término se aplicó a las personas capacitadas para dictaminar acerca de la autenticidad o falsedad material de un texto manuscrito, cotejando el problemático con otro verdadero. Es en lo que se ocupan los participantes en el ruidoso proceso susodicho: *calígrafos*, que no *grafólogos*.

Más propia de ortógrafos y ortófonos sería la caritativa acción de explicar a algunos activistas del micro y de la tecla cómo se escribe y pronuncia *cohesión*, dada cierta tendencia a escribirla como *coexión* o *cohexión*, con tan espuria *x*, y, sobre todo, a hacer que ésta suene en los altavoces. Lo cual resulta de un simple cruce de cables entre vocablos de significado diverso, y hasta muy diverso. Porque –también lo sabían los chiquillos de la escuela, cuando las aulas eran menos lúdicas–, la *cohesión* es una fuerza por la cual cosas, materias, moléculas se juntan entre sí. Mientras que la *conexión* es lo que hacemos al conectar, concatenar o enlazar una cosa con otra para que entre ellas se establezca comunicación o circule algún tipo de flujo. Exige que alguien la establezca; la cohesión, por el contrario, actúa por impulsos internos. Sólo a quien se desliza distraídamente por la piel del idioma como por una pista de nieve, le es posible confundirse, pero ¡hay tantos patinadores con voz y letra públicas!

Por ejemplo, aquellos que, en número creciente, añadiendo un adoquín más a nuestro idioma, llaman *panfleto* al prospecto o al folleto. Es anglicismo puro; adapta *pamphlet*, forma derivada en inglés del título de la célebre comedia latina del siglo XII *Pamphilus sive De Amore*, cuya adaptación en el *Libro de Buen Amor* conocía cualquier bachiller nuestro de los de antes. Se hizo popularísima en toda Europa durante la Edad Media; en alguna partes, se la denominaba familiarmente *Pamphilet*, y dado que su texto cabía en muy pocas páginas, el inglés *pamphlet* significó primero eso: folleto.

Sin embargo, dado el malicioso contenido de la pieza —el engaño amoroso que inflige un Don Melón de entonces a una Doña Endrina—, el vocablo se tiñó con el color de 'burla' hasta adquirir el más subido de 'libelo difamatorio' y de 'opúsculo de carácter agresivo', significados que nuestro idioma importó del francés anejados a la palabra misma. Son los únicos que con razón acoge el Diccionario, ya que el español no ha conocido nunca el de 'folleto' hasta ahora, cuando hablantes y escribientes distraídos se lo están endilgando.

Aumentan vertiginosamente las pruebas de que el lenguaje seudoculto, si cabe opción y aunque no quepa, tiende a preferir las palabras más largas. Obsérvese cómo, en el lenguaje del fútbol, ya no se dice que el árbitro ha pasado por alto el tortazo a la remanguillé que, al saltar, ha dado Pérez a Gómez, porque no ha apreciado *intencionalidad*. Ni por prescripción médica dirán tales empecinados que no ha estimado *intención*. En cambio, otro juez, éste de juzgado, sí ha apreciado *culpabilidad* en el vip de turno, en vez de *culpa*. Y, metidos en pleitos, singular diversión en que los españoles nos entretuvimos mientras pasábamos del año último a éste, es bien notorio cómo hay banqueros, testigos, policías, políticos y demás protagonistas del triste espectáculo, que merecen *credibilidad* mientras otros carecen de ella. Ahora es *crédito* la palabra que los malhablados han desterrado de su léxico. Muy raro será que un detenido haya recibido buen o mal *trato* en comisaría; lo corriente será oír que se le ha dado un *tratamiento* bueno o malo, como si aquel lugar fuese un ambulatorio o le hubieran tuteado sin atender al hecho, ahora nada anormal, de que es o ha sido un usía o un vuecencia. Por supuesto, dando noticia de un suicidio, por ejemplo, será rarísimo glosar la determinación del suicida diciendo que se ignoran los *motivos* que lo indujeron a ella; el coro de los comunes dirá que sus *motivaciones* son desconocidas.

Estos incansables alargadores de palabras suelen constituir la aguerrida tropa que confunde a los grafólogos con los calígrafos, la cohesión con la conexión y los panfletos con los folletos.

Copias

Son innumerables las ocasiones de satisfacción que proporcionan los audiovisuales a quienes desean para su idioma un futuro de esplendor. Ahí están innovaciones tan importantes como la tendente a borrar de nuestro uso el sonido *g, j*, ya tenido por algunos prohombres dieciochescos como afrenta infligida al castellano por los moros. No tenían razón al asignarle tal origen, pero su disgusto con ese rasguño en la garganta que hay que hacerse para pronunciar *Jauja* o *Gijón*, es compartido hoy por cualificados conductores (se dice ahora así) de programas informativos, como la bella locutora que, habiendo expulsado de su boca la uvular de *cónyuge*, lucha ahora por erradicarla de *ambages*; hasta dos veces leyó hace pocos días en una sola emisión *sin ambagues*. ¡Cuánto mejor sonarán, si triunfa en su empeño, *cónyugue* y *ambagues*, tan apacibles, tan suaves!

Barrida ha quedado también la *g* de *Gerona*, al haber decidido el Parlamento soberano que, en castellano, sea *Girona* el nombre de tal ciudad. Con lo cual, y dado lo incumplible de esa norma, que, caso único en la historia de las lenguas, introduce un fonema nuevo por mera voluntad de los legisladores, ocurre ahora que la letra *g* representa tres sonidos distintos: el de *goma*, el de *gente* y el de *Yirona*, que es como se pronuncia en el ancho mundo hispanohablante. Los locutores, como personas corrientes que son, están sometidos a las leyes fonológicas, mucho más severas que las dictadas por el Parlamento; éstas, por otra parte, no valen apenas se cruza el Atlántico. Y así, el rebautizo en español ha dejado a la heroica ciudad sin su nombre castellano y sin su nombre catalán: *Yirona* no es lo uno ni lo otro. A cambio, el Congreso ha ayudado a la aludida aniquilación de la *g*, y al enriquecimiento teórico del español con un fonema que, oficialmente, existe en sólo una palabra. Gran lujo.

En cuanto a la entonación audiovisual, se han establecido con firmeza algunas variedades distintivas de ciertos especialistas. Así, para desempeñar una corresponsalía en el extranjero, debe lograrse que la línea tonal descienda a breves trechos regulares, coincidan o no con la sintaxis, y que en cada fragmento se reitere el mismo trazado cansino; algo así como el *Bolero* de Ravel sonando en un disco rayado, o como el canto de la pedrea que hacen los chicos de la lotería. Apenas la entonación ha avanzado un poquito, cae y vuelve al punto de partida, igual que en el *ora pro nobis*. Es muy hermosa simplificación de nuestra innecesaria variedad tonal.

De especialistas archiexpertos es la dicción que transmisores suramericanos de fútbol han implantado en los españoles como distintivo de alta cualificación radiofónica. Unos y otros ponen su voz en vilo, la agudizan y la hincan en el oyente a modo de rejón. La sostienen así a lo largo del partido, y, hecha berbiquí, taladra el oído, electriza poco a poco los sesos, encabrita las neuronas, y les provoca un frenesí exasperado cuando Laudrup corre por la banda, se dispone a centrar, y centra y ¡goooooooool!... ¡gol, gol, gol de Romario! Es el momento en que, a mí me pasa, brota un punto de dolor terebrante sobre una ceja, y hay que aventar el transistor. Lo cual no impide que me alegre por ese nuevo toque de operatividad que ha recibido nuestra lengua, al hacerse apta para provocar espasmos, calambres, tembleques y hasta baile de San Vito.

Sin embargo, donde más riqueza aportan muchos comunicadores es en el vocabulario. Y no sólo cuando improvisan, sino cuando leen, es decir, cuando tal vez ellos o el redactor de turno han escrito antes el texto, meditándolo. Al improvisar, todos cometemos fallos, y no choca que, por ejemplo, con la emoción de una primicia, diga un informador: «En la rueda de prensa que acaba de terminar en el estadio Bernabeu, Benito Floro se ha puesto hecho un *obelisco* al preguntarle» no sé qué. Repito: eso le pasa a cualquiera, sobre todo si asiste a una de tales ruedas.

Por esos tropezones esporádicos no sobreviene mejora alguna a nuestro idioma, sino por las noticias previamente escritas, reveladoras de una consciente voluntad de hacerlo más *souple*, más *light*, más divertido y moderno, aunque a algunos parezca simplemente idiota. Y el método transformador es simple: basta con usar las palabras con significados que no tenían, como *obelisco* por *basilisco*. Otro ejemplo: el verbo *propiciar*, ¿no quería decir 'favorecer, procurar a algo condiciones favorables'? Pues dígase, como ha ocurrido en una emisión noticiosa, que un sujeto ha ingresado en el hospital a causa de «una paliza *propiciada* por los cabezas rapadas». Así se habrá roto, al menos, en un punto, el antipático rigor con que el idioma antiguo obligaba a quien quería ganarse el pan con él.

Pero es que, por fortuna, son muchos los puntos en que nuestra lengua va adquiriendo un aspecto más jovial. Vean si no; un futbolista ha sido víctima de muchas faltas, hasta que se le sitúa la indignación entre las ingles, y repele. Comenta el narrador (que esta vez sí improvisa): «López lo ha castigado mucho, pero eso no es *óbice* para cometer esa falta». La frase hubiera quedado mejor con *excusa*, pero funciona también con *óbice* y hasta con *oboe*. No cabe mayor agilidad en un idioma.

En esa carrera deshuesadora de los significados, llevan mucho adelantado los pinchadiscos de las radios, de dicción yanqui tan rigurosa que parecen hispanos nacidos en Fifth Avenue. No hay nasalidad que omitan, ni gangosidad que ahorren al trufar su parla con nombres de canciones, de músicos, de orquestas, de cantantes. Si muchos pusieran tanto cuidado al emplear las escasas palabras españolas que utilizan, contribuirían poco al interesante cambio de *look* que comento. Por fortuna, no es así: tanto lo mudan que, al recorrer el dial de la FM, cuesta muchas veces trabajo saber si es española la emisora sintonizada. ¡Qué aspecto formidable posee nuestro idioma pareciendo inglés! Así, me hace particularmente feliz oír, por ejemplo, que tal o cual cantante ha vendido millón y medio de *copias* de su última canción, es decir, de discos. Lo cual imitan ya quienes, hablando de libros, aseguran que de una novela se han despachado no sé cuántos millares de *copias*, es decir, de ejemplares.

Es un triunfo más del inglés, que, con la ayuda de tantos profesionales del micro (y del teclado), está poniendo centenares de huevos en nuestros nidos. Copio, copias, copia...: ¿para cuándo un arranque?

1995

Ataviado

Narrando la toma de posesión del Gobierno Vasco el 4 de enero, leo en un diario madrileño muy responsable que los consejeros iban «*ataviados* con trajes oscuros». No es la primera vez que percibo tan dudoso empleo del verbo *ataviar*, definido por Covarrubias en 1611 como «componer, asear, adornar», sin que lo haya desmentido o corregido la lexicografía posterior. El Diccionario académico se limita a reproducir tan insuficiente definición; por su parte, María Moliner precisa sólo que tal acción consiste en «vestir y adornar a alguien», y ejemplifica tal significado con la frase: «La ataviaron con el traje de novia». Este añadido de que se atavía sólo a personas, resulta cierta, al menos en los usos modernos, pero en mi sentimiento del idioma, *ataviar* o *ataviarse* implica además vestir a alguien o vestirse de modo bastante inusual o chocante (lo que no ocurre con las novias en su boda). Y no siempre hacen falta adornos: el atavío puede consistir en un disfraz. Por Carnaval, verbigracia, se hace perfectamente el oso con atavíos de moro o de Sherlock Holmes. Si unos atuendos no se apartan de lo que requiere la ocasión, no constituyen un atavío: no lo son, por ejemplo, los uniformes de gala militares en la Pascua; ni la toga y la muceta de los profesores en la apertura de curso: constituyen sus respectivas vestimentas ordinarias en tales actos. El atavío hace excepcional; los aragoneses que antaño iban vestidos de cachirulo y faja no iban *ataviados*. Y, sí, en cambio, quienes ahora se ponen tales prendas y otras anejas el día del Pilar. Se *atavían* de majos y majas los que así se disfrazan para una corrida goyesca. Y los maceros a quienes ciertas corporaciones visten cruelmente «a la antigua usanza».

Esa nota de ropa o arreglo no usuales, o incluso de disfraz, presente desde la Edad Media, subsiste hoy en la conciencia mayoritaria de los hablantes, y sólo la comprensible necesidad de abreviar movió seguramente a la señora Moliner a definir el participio *ataviado* como «vestido y arreglado», justificando esa acepción con «Estaba *ataviado* como para salir a la calle». No me parecería muy normal que alguien se expresara así, a no ser que se vistiese de un modo raro para salir de casa. Los ciudadanos del montón no nos *ataviamos* para acudir al trabajo con esa chaqueta y ese pantalón o esa falda de todos los días: nos limitamos a vestirnos con ellos. Ni los consejeros vascos se *ataviaron* al ir de marengo o de azul marino a su toma de posesión, porque, dentro de nuestras costumbres, vestirse de esa manera es lo normal en trances tales.

Si el olfato idiomático no me falla, con el atavío se produce, pues, una rareza. En tal sentido, también hay prosas extrañamente ataviadas. Tal ocurre en el periódico aludido, donde leo el mismo día –aparte un *vaído*, de donde ha sido expulsada la *h* entrometida– cómo, en 1993, dejaron de cumplirse más de treinta mil jornadas laborales, «*gracias* a la indisposición» real o táctica de los trabajadores. Los redactores de la noticia creen sin duda que no acudir al trabajo por alifafe convicto o presunto, es beneficioso para las empresas, En efecto, Diccionario en mano, la locución *gracias a* significa: «Por causa de alguien o algo que produce un bien o evita un mal». El absentismo laboral, por tanto, según tan ocurrentes informadores, funcionaría como impulsor de los negocios, o, al menos, como eficaz protector. De triunfar ese atavío verbal, pronto se dirá que tal o cual prócer ha sido encarcelado *gracias a* sus sucios negocios, o que ha muerto *gracias a* que le ha llegado su infarto.

Que los aludidos redactores consideran las pupas de los trabajadores como una bendición, viene a confirmarlo lo que dicen a renglón seguido: «El 80 % de las indisposiciones *disfrutadas* por los trabajadores se produjeron en fechas concretas», siempre empalmando con días de fiesta o en puentes. Probablemente querrán decir que usaron o disfrutaron de los días de inasistencia al trabajo por enfermedad a que tienen derecho, pero eso de *disfrutar una indisposición* constituye un ornato de mucha fantasía. Aunque así se diga en medios laborales, entre lo hablado y lo escrito media un trecho que debe recorrerse traduciendo de uno a otro.

Modo muy prestigioso de añadir guindas a la tarta informativa es, lo decíamos en un «dardo» anterior, sustituir con palabras largas las que, siendo más cortas, significan con mayor propiedad, como *credibilidad* por *crédito*. Pero si a esa inflamación verbal, presuntamente culta, se añade un desplazamiento de significación, lo dicho o escrito se convierte en suntuosa cola de pavón. Véase, si no cuán lujosamente atavió su relato el locutor deportivo que, desde Santiago, recordaba cómo el admirable Zaragoza seguía perdiendo *momentáneamente*. En efecto, quedaban aún muchos minutos de partido, y el comentarista expresaba con tal adverbio su convicción, desmentida por el resultado final (¡ay, estos árbitros!), de que la derrota de mi equipo era transitoria y accidental. Quería decir que, *de momento*, *por el momento* o, simplemente, *por ahora*, perdía el Zaragoza. Pero, conforme a una primitiva álgebra, igualó tales locuciones adverbiales con el longísimo adverbio *momentáneamente*, que significa: «inmediatamente, sin detención alguna», y «que se ejecuta prontamente y sin dilación». Lo cual, dicho de lo que sucedía en el estadio compostelano, deja la frase en mero sinsentido. Y es que su autor se atenía al designio de preferir las palabras largas, y más si son esdrújulas o, aún mejor, esdrujulísimas, en cuyo empleo sitúan muchos profesionales del lenguaje la cima del atavío, aunque ello produzca frases de orate.

Es deslumbrante el porvenir que aguarda al español con ese ir y venir de significados que se escapan de su antiguo habitáculo para entrometerse en otro. Hasta en los más corrientes vocablos opera tal trajín: moliente más que corriente es el sustantivo *palo*, pero no queda libre de que otro periódico lo emplee para aseverar que unos vecinos de Alcorcón «le dieron una paliza a un drogadicto con *palos de hierro*». Serían de golf, si es que en ellos se emplea tal metal. O, incluso, báculos, dado que no hace mucho se han esgrimido para apalear cristianamente. Pero no creo que ni estos ni los otros abunden en Alcorcón, y supongo que el redactor se ha limitado a ejercer su libertad tropológica llamando *palos* a las barras (e, implícitamente, *hierro* a la madera).

Moción de censura

Los políticos y sus glosadores tienen gran culpa de lo que antes se llamaba corrupción (del idioma), término a todas luces excesivo, vistos sus contundentes usos actuales. No es corrupción, sino mero moho lo que muchos de los tales le pegan a la lengua que mamaron, eliminable con sólo un toquecillo de cultura. Entre las cotidianas higas que hacen a su parla, entra la de referirse a la *moción de confianza* invitando al Gobierno a que la presente, o declinando éste con cortesía la invitación. Convidadores y convidados suelen ignorar que eso, en la jerga de su oficio, se denomina *cuestión de confianza*; la cual se define en el Diccionario como la planteada por el Gobierno en el Parlamento para comprobar el respaldo con que cuenta, haciendo depender de la votación de la Cámara su continuación en el poder. No *moción*, por lo tanto, sino *cuestión* es lo que el Gobierno puede suscitar ante el hemiciclo en la Casa de las Leyes, donde tantas veces se vulneran las más respetables de todas, las lingüísticas (por haberlas elaborado el pueblo en un dilatado consenso; y porque nos obligan internacionalmente). No hace falta decir que esa espuria *moción* resulta del contagio con otra posibilidad diferente en los usos parlamentarios, la *moción de censura* que sólo la oposición puede presentar, si es malcriada.

Se trata de un cruce de cables en molleras inertes: de circular corriente por ellos, los confundidos hubiesen sufrido calambrazos. Constituyen muchedumbre las gentes que hablan o escriben para el público con los conductos mentales obturados. Aquel cronista deportivo, por ejemplo, que, censurando recientemente el mal juego de quien fue un as del balón, aseguró que *hacía aguas por su banda*. No es infrecuente tal desmayo mental: hay muchos a quienes también parecen lo mismo *hacer aguas*, es decir, 'orinar', y *hacer agua*, que, referido a una embarcación, consiste en aprovisionarla de agua potable; o, también, entrarle el líquido por una grieta u otro destrozo, con riesgo de que se vaya a pique. Por lo cual, metafóricamente, puede significar, como el verbo *naufragar*, que alguien o algo han puesto rumbo al pozo. Así, pues, el susodicho futbolista, si se interpreta su *hacer aguas* «a pie de Diccionario» (depósito del sentido idiomático común), no es que estuviera hundiéndose en el fracaso, sino que estaba dedicando una cochinería a la forofada, enojado tal vez con sus silbidos. Y menos mal que era por la banda y no en medio del campo. Lo que el cronista quería decir y no supo es que el juego del ex astro *hacía agua*.

Puestos a hablar de interferencias, ¿cuándo será conjurada la confusión entre *especie* y *especia*? Por televisión se está emitiendo el anuncio de unas *especies*, según asegura el altavoz, riquísimas. Pero debería decir *especias*, que eso son el clavo, la nuez moscada o el azafrán. No sólo la televisión: muchos dicen *especie* porque les parece más fino que *especia*. En realidad, ambos vocablos son el mismo; proceden del latín *species*, voz que tenía muy variadas acepciones en esa lengua. Entre ellas la de 'mercancía'; y figurando entre las más preciadas los condimentos antedichos, acabaron siendo las *species* por antonomasia. Nuestra lengua recibió ese vocablo muy tempranamente, hacia el siglo XII, para nombrar aquellas delicias del gusto, adoptándola como *especias*. Sólo dos centurias más tarde, nuestros antepasados sintieron la necesidad mental de nombrar al resto de las cosas no culinarias que los latinos denominaban *species*, y como *especie* fue recibida cada una de ellas, dejando las *especias* como estaban, para el uso exclusivo de las cocinas.

Se oye hablar más cada vez de los *autores intelectuales* de tal o cual fechoría. A juzgar por el mío, imagino el frío que, al oírlo o leerlo, pondrá tieso el espinazo a las personas idiomáticamente sensibles. Designar el planeamiento de un atraco, de una estafa, de un atentado o de una matanza como un acto *intelectual* coloca al intelecto bajo sospecha y remite a aquellos años en que se abría ficha a quienes lo hacían funcionar (¡con qué santo horror se hablaba de «los intelectuales»!). Pruébese, por Dios, a decir *inductor*, y si no basta, utilícese *planeador*. No tiene por qué servir este término tan sólo para nombrar a la aeronave que vuela sin motor, sino a todo aquel que piensa el plan para realizar algo, lo mismo una peregrinación a Fátima que un bombazo en una guardería. Tampoco estarían mal *urdidor* o *maquinador*, si es un crimen lo que se planea. Todo antes que llamarlo *autor intelectual*.

Cosas hay, sin embargo, que suceden sin tramarlas nadie. En el lenguaje, me refiero. Hace pocas semanas, hice notar la súbita vitalidad sobrevenida al viejo y mortecino sintagma *a pie de obra*, cuya estructura se estaba copiando en *a pie de hierba* (lo dicen los radiofonistas del fútbol cuando hablan pegados al terreno de juego), o *a pie de coche* (cortés modo de recibir al personaje muy importante que llega en automóvil). Valdrá igual, imagino, *a pie de piragua* si ése es el vehículo. Debe suponerse que aquel fraile de antaño, a quien un conocidísimo escritor actual ponía en viaje *a bordo de un burro* para ir a cumplir el encargo de su reina, sería recibido *a pie de burro* al llegar a su destino. Otros muchos usos se están prodigando en las útimas semanas. Los Bancos hacen préstamos *a pie de ventanilla*, se atiende a los accidentados *a pie de accidente*, vuelan por Andalucía las saetas cantadas *a pie de procesión*... Lo menos siete casos así tengo anotados. Parece milagrosa tal superfetación de pies, acaecida, repito, en poquísimo tiempo y en *olor de multitud*. El viaje del fraile en el asno resolvió un importante asunto al reino: fue justamente *histórico*. Como lo fue el partido *versus* (horror) el Limoges en la *Final Four* (más horror) de baloncesto, acontecimiento memorable que procuró nuevo verdor a los gloriosos laureles del Real Madrid. Escaseaban antes las posibilidades de entrar en la historia: Recaredo, las Navas de Tolosa, los sitios de Zaragoza, Daoiz y Velarde, cosas y sujetos de tamaña entidad. Ahora todo puede ser *histórico*, desde una canasta hasta una minifalda de Dior. Lo cual, si bien se mira, resulta justo: ¿por qué iba a quedar la historia al margen de la plebeyización triunfante?

En directo

Inolvidable me resultó el último Domingo de Ramos. Siendo como soy entusiasta aficionado de sofá al fútbol, se me ocurrió acrecentarme lo festivo del día asistiendo al Bernabeu para presenciar, eso esperaba, la victoria del Zaragoza. De paso, quería ver el estadio tras la ampliación, y mostrárselo a un amigo extranjero, ignaro en materia de estadios. Además, la televisión no ofrecía el encuentro. Mientras equipos de chicha y nabo son frecuentemente privilegiados por las cámaras, rara vez tenemos ocasión de admirar desde el cuarto de estar el juego sobrio, creativo y elegante de mi equipo, al que sólo los árbitros son capaces de vencer; si no, los supuestos grandes, ¿de qué?

No había, pues, más remedio que asistir al partido *en directo*. Ahora se dice así. Antes de que a nuestra lengua le afectara la posmodernidad, me habría bastado con decir que había asistido. Ahora es preciso aclarar lo claro con ese *en directo*, empleado en el lenguaje de la televisión para advertir que aquello que se emite está aconteciendo en aquel momento, y no procede de vídeo o frigorífico; es lo contrario, ¿hace falta decirlo?, de *en diferido*.

Todavía puede justificarse afirmar que tantas o cuantas personas están presenciando *en directo* un suceso si éste se televisa, diferenciándolas así de quienes contemplan su retransmisión; pero *asistir en directo* patentiza un síndrome de tontedad adquirida:

pocas cosas son más contagiosas que la televisión. Para verla, conviene protegerse los sesos con un casco: póntelo, pónselo.

Tonta de veras resultó mi decisión de Ramos. Suponiendo que mucha ciudadanía estaba ya de vacaciones y que, por tanto, no sería difícil adquirir localidades, acudí tarde a las taquillas, pero había que bracear entre la multitud para acercarse, y me afligí. Vino en mi auxilio un reventa con la noticia de que no había entradas, y le compré las que me brindaba, tribuna casi a ras de la hierba, aseguró. Precio: como de Scala milanesa, y aun de Folies-Bergère a pie de *vedette*.

El espanto empezó cuando hubimos de entrar por una torre, y llegar a su tremenda cumbre, y descender luego por una fina escaleruela con pendiente del 75 %, hasta localizar nuestros asientos en el último voladizo y hallar el mío ocupado por un beodo, al que, reuniendo mis últimas fuerzas y con la ayuda de mi amigo conseguí expulsar.

Con los diez mil –incluido el citado borrachuelo– que, según la prensa, se habían colado minando la decencia de algunos porteros, el estadio estaba orondo, pero pronto se me tornó monstruoso. Si no fuera distinto mi propósito, describiría la odiosa grita con que fue acogido el Zaragoza (¿por qué?), y la digna altivez de este coloso del balón para soportar la vociferación hostil, los cánticos berreados por miles de hinchas, el bramido con que gran parte de las gradas reclamaba faltas que no cometían los educados futbolistas aragoneses; y, por fin, el estruendo espantoso, la escandalera mamífera y el rebumbio retumbante con que eran acogidos los goles locales, uno tras otro hasta tres, injustísimos. El cemento de las gradas se estremecía, y el estadio entero expelía una vaharada fragorosa, un gigantesco bufido zoológico. Si mi propósito no fuese otro, me pondría grave o triste y hasta quizá reclamara más o mejor escuela como un regeneracionista de antaño. Y medios de vigilancia para dificultar que unos pícaros estafen a pardillos vendiéndoles entradas de nube a precio de asiento de *a pie de campo*, como dirían algunos cronistas.

No iba a explayarme en eso, sino en la hipersaturación de público que se produjo aquel día en el estadio madrileño, la cual dio lugar a la noticia ofrecida así en titulares por un gran diario de la Corte: «La policía cerró el Bernabeu por exceso de *aforo*». Diversos órganos de prensa, radio y televisión, coincidieron extrañamente en informar de que aquella encerrona policial a que fuimos sometidos el domingo de autos, se debió al exceso de *aforo* del campo. El error de un periodista no hubiera sido sorprendente, ¡pero el de tantos!

Es el mal que tan terca como estérilmente vengo haciendo observar desde hace lustros: muchísimos profesionales del idioma, que viven de usarlo en público, carecen de competencia, curiosidad y sensibilidad lingüísticas, con la justificación e impunidad que proporcionan pertenecer a una sociedad crecientemente incompetente, distraída e insensible en materia de lenguaje, es decir, de mente.

Parece claro que para tales, el aforo es el número de asistentes al partido. ¡Cuánto *aforo* tenemos hoy!, hubiera exclamado gozoso el gerente del club cuando aún ignoraba lo del tifus intruso, si no estuviera mejor avenido con su idioma, supongo, que esos narradores para quienes el *aforo* se estira y se encoge como un matasuegras. Cosa no siempre fácil según cuenta el Diccionario, ya que el *aforo* es la «capacidad total de las localidades de un teatro u otro recinto de espectáculos públicos». No sobraba, pues, aforo ese día; al contrario, faltaba bastante.

Como resumen, me he prometido regresar, para siempre tal vez, a mi sosiego de *voyeur* doméstico y de oyente de transistor. En éste, aunque las enfáticas erres arrastradas y las eles sostenidas y lelas de algún locutor me pongan convulso, es posible escuchar el neoespañol empleado con toda su pureza. Así, muchas veces lo llevo dicho, las palabras venideras serán más largas y, a ser posible, menos corrientes, de acuerdo con la ley de que a mayor necedad, mayor presunción. Por obedecerla, se tornan en preciosas ridículas algunos informadores. Ejemplo: el de aquel radiofonista que, narrando un partido, precisó el otro día que éste había «*penetrado*» en los últimos cinco minutos».

Pero, a veces, logran acuñaciones idiomáticas definitivas. Los encuentros no terminan ya cuando el llamado trencilla (no otro nombre merecen los árbitros dañinos para el Zaragoza) inyecta el último soplido al pito. Bien al contrario, cada *match* deja tras sí un triduo, como mínimo, en forma de crónicas, artículos, coloquios, glosas, improperios, loas y otras elucidaciones, entre las que cuentan de modo esencial la rueda de prensa –¡cuánto morbo!– que sobre la derrota ofrece el entrenador, así como la que concede su homólogo triunfante. Pues bien, toda esa parafernalia verbal ha sido bautizada posmodernamente como *pospartido*, posvocablo que bien merece para su inventor un puntapié en el póstero o una patada en lo prepóstero. Propínese a voluntad.

Españolitos

Temo hartar repitiendo que muchos, puestos a elegir entre una palabra corta y otra más larga cuyo significado les parece igual, se lanzan a ésta teniéndola por más guay. Se afirmará, por ejemplo, que, en Londres, durante la conmemoración de la victoria aliada, hubo momentos de gran *emotividad*. Decir simplemente que fueron de gran *emoción*, piensan tales hablantes –si es que piensan–, hubiera supuesto rebajar abusivamente el número de lágrimas vertidas.

Es el neoespañol, en que son especialmente diestros bastantes de quienes informan desde el extranjero. Qué fructífera para ellos fue la tarde del día 7 de mayo, con el triunfo de Chirac. Corresponsales y comentaristas, cumpliendo con su deber, se entregaron a hacer conjeturas (*especulaciones*, suele decirse) acerca de qué podía pasar el día siguiente (*el día después*, lo llaman), y sobre cuándo entregaría el poder Mitterrand al tenaz alcalde. Gráficamente lo formulaba por la pantalla un locutor, afirmando que se ignoraba cuándo se produciría la *pasación* de poderes. Sumido en una sobrecogedora indigencia idiomática, favorecida quizá por la escasa frecuencia con que acontece ese fenómeno en España, desconocía que eso se llama en nuestra lengua *transmisión de poderes*, y echó mano de la *passation* que oía y leía en París. Curioso locutor. Es, me aseguran, el mismo que, hará año y pico, dijo aquella luminosa sandez de que un presidente de club de fútbol había puesto *de chúpate domine* a un jugador, queriendo decir que lo había puesto *de chupa de dómine*. Lo conté a su debido tiempo.

Este prodigioso hablista deparó a los oyentes/videntes una estupefacción más en la jornada electoral; llamó al Presidente electo –se habían contado ya los votos suficientes– nada menos que Presidente *in pectore*. Como suena. El simpático malhablado se ganará, seguro, sus buenas divisas por apalear las palabras con que trabaja. Porque *in pectore* significa 'guardado en el pecho, pensado o proyectado sin manifestarlo', aludiendo a la secreta intención de alguien. La locución es particularmente usada cuando se hacen cábalas (*especulaciones* vuelven a decir los malhablados) acerca de quiénes son *cardenales in pectore*, significando que seguramente van a ser promovidos a tal dignidad según las intenciones que se adivinan en el Papa. Pero trabucarlo todo, confundir churras con merinas y *foie gras* con *paté* es arte en que los creadores del español posmoderno exceden a toda ponderación. Este de quien hablo sobresale en términos imperiales.

El moderno idioma, como vemos, no renuncia a las incrustaciones latinas habituales en las lenguas cultas. Y así dice, por ejemplo, misa *de corpore insepulto* (donde sobra la preposición), *urbi et orbe* o *urbe et orbi* por *urbi et orbi*, cosas que, ante un improbable regreso al latín en la enseñanza, aconsejan su enérgica prohibición por ley. No en vano advirtió el Brocense que «latine loqui corrumpit ipsam latinitatem». Óbrese, pues, en consecuencia, y dado que el español carece de defensas, protéjase a su madre.

Cualquier página de casi cualquier periódico puede hacer del lector un pasmado. Veamos, si no, lo que dice uno de los dos o tres grandes rotativos nuestros, dando noticia de las escandalosas duchas higiénico-pedagógicas que se atribuyeron, semanas atrás, al arzobispo de Viena. Según la corresponsal, algún diario de aquella ciudad sostenía que la solución más elegante «sería que el Vaticano nombrara un *koadjutor*»; y lo dejaba así, en alemán, con una ortografía que parece de *okupas*. Previendo, sin embargo, que los lectores no entendieran el término, lo aclaraba de este modo: «Traducido al castellano quiere decir *corregente*». Continúa: «El discurso de los clérigos, cada vez más agresivo, ha incluido la exigencia de 36 sacerdotes de la diócesis de Viena para que...». Era voluntad de la escribidora informar de que esos clérigos pedían la urgente investigación de los presuntos abusos; pero prefirió exponerlo de esa manera umbrosa. Formulaba mucho más claramente que el arzobispo había expresado a sus colaboradores el deseo de seguir *liderando las liturgias* de la Semana Santa. Predije hace tiempo que ese verbo acabaría permitiendo que los guardias urbanos lideraran el tráfico o que el podólogo del segundo liderara a la comunidad de vecinos. No ha hecho falta aguardar más de un año a que el vaticinio se cumpliera: ahí está un cardenal liderando liturgias. Animémonos a que el dentista lidere sus extracciones, el barman sus cócteles y el taxista sus carreras: «Declaró que ha sido atracado ya seis veces por los viajeros del taxi que lidera».

La periodista que también lidera su corresponsalía en Viena, remata la noticia señalando que el cura denunciante del prelado, estaba recibiendo calurosas muestras de adhesión «por la honestidad y valentía de su confesión». Si siempre es vituperable confundir la *honestidad* con la *honradez*, parece que aquí valdría la pena respetar la frontera con rotundo rigor. Cualquiera sabe qué pasó hace treinta años debajo de una ducha vienesa.

El desconocimiento de las terminologías a que estamos llegando es ya aflictivo. Acabamos de ver ese presidente *in pectore* (por *electo*), y hablaba hace poco de la *moción* (por *cuestión*) *de confianza*. Las elecciones municipales están consagrando el alelamiento de llamar *primer edil* al alcalde. Son bobaditas usuales que divierten a muchos que hacen política o la glosan. Pero el desconocimiento del léxico religioso o litúrgico es aún más llamativo. Ignoro si se trastrueca por desprecio o por trastorno mental permanente. Hace meses señalé cómo se había escrito que un sacerdote había *celebrado* una homilía. Pues bien, ahora al contrario, se ha impreso en un diario de difusión nacional que el obispo de Evreux, destituido por Roma, «*pronunció* su última misa en su antigua diócesis». Majadería, en verdad, digna de palio. Y están cerca de merecerlo por la misma causa quienes hablan de los *españolitos de a pie*, o simplemente de *españolitos*. Tristes tópicos. Antonio Machado se refería a niños españoles a quienes su patria les helaría el corazón. Con ese diminutivo, sus usuarios quieren referirse ahora al *cittadino qualunque* aunque sea nonagenario, lo cual, por lo menos, implica falta de respeto para el nombrado y sesitos muy simples y poco originales en el nombrador. Españolitos de remate.

Memoria histórica

No hemos llegado aún a ver a nuestros parlamentarios intercambiándose lapos y obleas, que son los argumentos más claramente *ad hominem* que pueden formularse. Eso ocurre en otros parlamentos de democracia menos tímida. Pero ya no estamos lejos de ellos, pues los bayonetazos verbales que se endilgan los diputados desde un medio hemiciclo al otro, permiten suponer que está próxima esa dialéctica brava.

Aplausos, en efecto, y gritas con subrayados pedestres suelen repartirse el espacio sonoro de la Cámara en sus tardes más triunfales y pedagógicas. Así se contó por televisión, una bronca reciente: la sesión, dijo la locutora, «ha estado *jaleada* por pateos y aplausos». Para descifrar qué quería decir, conviene pasar por alto la primera acepción de *jalear* – «llamar a lo perros a voces para animarlos a seguir la caza»–, y pasar a la segunda: «Animar con palmadas, ademanes y expresiones a los que bailan, cantan, etc.». Esto es, decirles *¡hala!, ¡hala!,* con aspiración meridional. Babel sigue en marcha; parece que el castigo de la torre consistió en que, cuando uno pedía un higo le daban una avellana, y al preguntar la hora le respondían amén: se había desestabilizado el significado de las palabras, y, por tanto, al higo se le llamaba de todo menos higo. De esa manera, al menos, lo explicaba el Padre Martín Sarmiento hace dos siglos, y no hay nada más probable.

Pues en ésas estamos: quería decir la señorita del noticiario (eso pondría el papel por ella leído) que la sesión había sido *jalonada* por palmas y aporreo de pies, pero le salió *jaleada*. Como si un buen concierto de pies pudiera levantar los ánimos. ¿Lapsus circunstancial? Puede ser: quien tiene boca se equivoca, famoso ripio cierto, pero que sirve de burladero a muchos que no se equivocan, sino que ignoran. Esto cabe sospechar de quienes, al eyacular un error, no sienten un calambre en la lengua capaz de obligarles a rectificar. En el caso que nos ocupa, no hacerlo indica mayor familiaridad con el jaleo (¡anda jaleo, jaleo!) que con la metáfora topográfica del jalón, situada varios grados más alta en la escala idiomática.

A ese estado babélico imperante, obedece la noticia sobre un maratón (*una maratón* dicen ahora), que leo en un periódico: «La participante más joven fue Silvia Aguirre. Es todavía una (?) bebé. Tan sólo cuenta con cuatro meses de edad. Corrió llevada por su padre. El *homónimo* de Silvia, el deportista más veterano, tenía 84 años». Por tanto, el vigoroso anciano lleva como nombre Silvia. Agarraría de seguro, un berrinche de oírse llamar así. ¿Tanto cuesta aprender que *homónimas* son las personas o cosas 'que tienen el mismo nombre'?

También oído en televisión: «*Previo* a estos acontecimientos, el ejército serbio ha bombardeado...». Está sucediendo a menudo: la remoción de los viejos adverbios y empleo de sustitutos pedantes. *Antes* está pereciendo asfixiado por *previamente* («¡Yo he llegado previamente que tú!», increpa un automovilista a otro que acaba de birlarle un hueco junto a la acera). Y *previamente* se encoge en *previo* que sólo funcionaba como adjetivo hasta hace poco, o como nombre, en la adaptación poco exitosa de *trailer*. No es raro en español el empleo de adjetivos con función adverbial, pero en condiciones gramaticales muy diferentes (*trabajar duro, tirar alto, actuar sucio*). Ese *previo* cumple a la perfeccion el objetivo de jubilar las piezas más venerables de nuestro idioma.

Más de una vez he señalado aquí el abuso de *histórico*, que ha pasado a querer decir casi siempre 'digno de recordación', perdiendo el más solemne significado de 'recordado por la historia', lo cual sólo puede saberse calificando aguas muy pasadas e historiadas. Pero cada día se cuentan seis u ocho sucesos *históricos*, olvidados horas después. Por ejemplo, la plétora de turistas en San Fermín, la venturosa circunstancia de que Alaejos, es un decir, ya ha dado dos *misses* a Castilla y León... Fracasa un joven jugador en un partido trascendental, y se comenta que ha desaprovechado una ocasión *histórica*. Acabo de oír por la radio el final de la vuelta ciclista a Francia: el locutor, enardecido, no se contentaba con gorgoritar la victoria *histórica* de Miguel Induráin; puntualizaba que el formidable atleta entra «en la Historia con mayúscula». Más aún; si hemos de creer a otro, se incorpora a la Mitología, con un sitio entre los dioses. En sus corazones, ávidos de énfasis, no cabía la posibilidad de limitar a la historia del *tour* o, si se quiere, del ciclismo, la hazaña magnífica del navarro.

Pues bien, desde hace poco se ha producido la asociación *memoria histórica*, que no se apea de habladores y escribidores. Esa asociación apareció en contextos sensatos, como al decir que los españoles tenemos *memoria histórica* y no pondremos en peligro nuestra convivencia (no cause esto alarma; es un simple ejemplo), aludiendo al recuerdo pleno o difuso del pasado nacional. Pero ahora reina ese cliché para todo: no hay *memoria histórica* de que torero alguno haya cortado tantas orejas en una temporada, ni de que se hayan derretido, como este verano, hasta los leones del Congreso. Ya no basta con afirmar que «no se recuerda», que «nunca ha ocurrido» tal o cual cosa, o, sencillamente, que «no hay memoria»: los locos de hoy han de decir que no existe *memoria histórica* de ellas. Todo se muestra propicio para que Don Juan Tenorio, en su famosa relación de fechorías, pueda decir, en adelante: «Yo a las cabañas bajé, / yo a los palacios subí, / yo los claustros escalé, / y en todas partes dejé / *memoria histórica* de mí».

¿Sirven de algo estas reflexiones? Recientemente, según noticia de prensa, un académico criticó a los compañeros «que aparecen en artículos de prensa explicando "hay que decir esto, y esto no". Así no se adelanta, la lengua va a su aire independientemente de lo que digan los académicos». Estoy, sin duda, entre los aludidos por el citado gramático, pero jamás he intentado hacerle cambiar de aire al idioma, porque sería una necedad. Por mi culpa, tal vez, no se entiende que estos articulillos carecen de afán purista, y que se limitan a criticar aquello que va contra los usos generales, bien por ignorancia, bien por pedantería, y priva a la lengua de matices, o la hace menos creadora consagrando automatismos. Contra todo aquello que, desviándola de su aire, sea cual sea, quiere imponerle un vuelo peor que rasante: de murciélago. Propugnan, simplemente, que el idioma se enseñe mejor, lo cual ningún Ministerio ha permitido hasta ahora, reforma incluida.

Limpia, fija y da esplendor

No habrá muchos ciudadanos ignorantes del lema de la Academia: es raro, al referirse a ella, que no se eche por delante ese octosílabo métrico, según el cual, la Institución creada por el marqués de Villena en 1713, *limpia, fija y da esplendor* al idioma. Tal mote (que muy bien parece publicidad de un detergente, según gracioso dictamen del académico electo Antonio Muñoz Molina), junto con el crisol al fuego, figura desde entonces en todas las publicaciones académicas.

Fue temprana preocupación de los fundadores la de dotarse de un emblema, como correspondía a una Corporación instituida por el rey, y, por tanto, con alguna ínfula nobiliaria. Era asunto que urgía, y a tal fin, en 1714, se convocó un concursillo interno de ideas: hasta veintiséis fueron los proyectos aportados, y, al fin, mediante votación unánime, triunfó el del crisol. Alguna historia de la Corporación, que las actas no confirman, lo atribuyen a don José de Solís, conde de Montellano, que lo habría presentado con este otro impresionante lema: «Con el ocio, lo lucido desluce. Rompe y luce», inmediatamente sustituido por el aprobado. Y menos mal, porque el otro proyecto finalista, lindo de veras, consistía, según el acta de once de noviembre de 1714, en «una abeja volando sobre un campo de diversas flores», con la leyenda *Aprueba y reprueba*.

Conocido en París el emblema académico, nada menos que el entonces influyentísimo *Journal des savants*, leído en toda Europa, incluidos los *savants* españoles, infligió un varapalo sensacional al instituto madrileño: ¿es que no saben esos señores –venía a decir–, que el crisol tiene la función contraria a la de fijar, porque sirve para licuar sólidos tan compactos como son los metales?

Escoció a los académicos, entregados ya a la impresionante tarea del *Diccionario de Autoridades*, aquella objeción de los altivos franceses, y se tomó el acuerdo de defender a la Academia de la imputación mediante argumentos expuestos en un discurso impreso que tratara de su historia. El cual no llegó a aparecer hasta 1726, formando parte del proemio que precedía al primer tomo del Diccionario. Allí, de refilón, según el acuerdo académico, se hace notar la evidencia: que el metal representa las palabras, y el crisol, el trabajo de la Academia, «que las limpia, purifica y da esplendor». En cuanto a fijarlas, bien se entiende que se realiza tras sacar el crisol del fuego, y examinarlas. Los *savants* franceses, pobres, ignoran que sólo haciéndolos pasar por la ardiente vasija o por «el martirio de la copela», puede extraerse de los minerales la escoria. «Y entendidas así empresa y mote, no podrá negarse que, en el todo de uno y otro, está significado con rigurosa propiedad el asunto de la Academia».

Tal era, en efecto, el asunto de la Academia entonces, según pensamiento compartido por los beneméritos ciudadanos que la idearon. Se trataba de una creencia antigua (arranca de los gramáticos alejandrinos, y había dejado huellas en Nebrija), según la cual los idiomas evolucionarían hasta un momento de plenitud, tras el cual, si no se había logrado fijarlos, les sobrevendrían inexorables la ruina y extinción. El español, pretendían aquellos eruditos congregados por Villena en su palacio de la plaza de las Descalzas, ha llegado a su apogeo en los siglos xvi y xvii, y había que consagrarlo en un diccionario comparable a los de Italia y Francia (luego, sería mejor).

¿Y qué idioma había que fijar? Justamente el usado por escritores de tales centurias, calificando de anticuadas las voces ya amortizadas, añadiendo los vocablos «provinciales» arraigados en sus respectivas provincias, y los extranjerismos avecindados en España, aunque fueran recientes; y bien se cuidan de señalarlo en casos como *cantarín, danzarín, saltarín*, procedentes del italiano; o en el de los de galicismos *bayoneta, metralla, gabinete*... Les molestan invenciones como *inspeccionar* por *averiguar*, y el «barbarismo» *pontificar* en lugar del sublime giro *presidir a la Iglesia universal*. Censuras y rechazos de ese tipo pertenecían a la acción de *limpiar*, que, como vemos, se desempeñaba con la irregularidad impuesta a tal misión por quienes tienen la potestad de hacer y deshacer: los hablantes.

Y estaba la tercera misión que la Corporación se imponía: la de dar esplendor. Resultaba de las dos anteriores: una lengua depurada de vulgarismos y novedades injustificadas, y definitivamente fijada en su momento mejor, luciría como mármol bruñido. Los académicos no pretendían ser ellos quienes dieran lustre al idioma con sus obras: en general, eran modestos humanistas, y de sólo uno, Gabriel Álvarez de Toledo, se sabe que era poeta.

Bien está que el célebre emblema se recuerde tanto; pero sabiendo que obedece a un momento europeo convencido de que todo, incluido algo de libre propiedad colectiva como es el idioma, podía ser sometido a normas rigurosas. Convendría, sin embargo, que la atención se desviase de una vez hacia la misión que asignan a la Corporación los Estatutos aprobados por el Gobierno y sancionados por el Rey, hace dos años. Dice así su artículo primero: «La Real Academia Española tiene como misión principal velar por que los cambios que experimente la Lengua Española en su constante adaptación a las necesidades de sus hablantes no quiebren la esencial unidad que mantiene en todo el ámbito hispánico. Debe cuidar igualmente de que tal evolución conserve el genio propio de la lengua, tal como éste ha ido consolidándose con el correr de los siglos, así como de establecer y difundir los criterios de propiedad y corrección, y de contribuir a su esplendor». Puede advertirse de qué modo matizado asume hoy la Corporación su lema: *limpiar* se resuelve en procurar que los cambios, necesarios y constantes en el idioma, no desdigan de su secular naturaleza. Asume el encargo originario de establecer y hacer conocer –más adelante el Estatuto advierte que junto con las Academias americanas– mediante su Diccionario y su Gramática, los criterios de corrección y propiedad, que, en una lengua cambiante, nunca pueden ser fijos. Y, por fin, se le encomienda contribuir al *esplendor* del idioma, se entiende que en concurrencia con todos cuantos, hablando y escribiendo, contribuyen a ese esplendor.

Pero a esos fines se antepone otro que los académicos dieciochescos no podían prever, y calificado de principal por los Estatutos: el de velar por que el español pueda seguir siendo mucho tiempo más la lengua con que una parte enorme de la humanidad ha escapado a la maldición de Babel.

Sin paliativos

Suele rayar a altura de Alpe d'Huez el énfasis ditirámbico de quienes hacen oficio y negocio del ocio. Ha podido comprobarse este verano, en el sahumerio de ídolos tipo Iglesias o tipo Rollings o tipo Induráin, estimulando el ansia rebañega de los muchos que, como las ranas, demandan rey, esto es, alguien a quien donar el alma.

No a uno sino a dos de estos alabanceros, por radio, y a otro en letra impresa, he sorprendido in fraganti diciendo que el del ciclista navarro fue un triunfo *sin paliativos*. Querían decir que fue contundente, neto, sin sombra de duda, indisputable, incontestable, indudable, indiscutible o algo así. Pero les salió eso de *sin paliativos* que convierte en fallo la victoria. Porque significa 'sin nada que atenúe o mitigue' un dolor, una derrota, un delito, un fracaso, un error, una mentira o algo de ese tipo, pero en modo alguno la gloriosa conquista a pedal del quinto *maillot*. Es otra vez el trueque babélico de una palabra por otra, el más corriente de los trastornos mentales transitorios que sufre la sociedad parlante, a punto ya de hacerse crónico.

El *Tour*, por cierto, ha proporcionado ocasiones innúmeras para elogiar a tal o cual corredor por su *punta de velocidad* o, al contrario, para reprocharle la carencia de esa punta. Lo cual no ha nacido entre nosotros, sino que ha sido importado del francés (*une pointe de vitesse*). Se entiende que tal punta sobreviene –o no– cuando el ciclista, exigiéndose todas sus fuerzas, alcanza un relevante máximo de velocidad, normalmente en los *sprints*. Nacida la expresión, en efecto, en el ámbito de ese deporte, su uso se ha extendido a otros: los futbolistas, por ejemplo, tienen o no *punta de velocidad*.

Parece un neologismo útil y expresivo; pero, como siempre, cansan su abuso y mal uso, porque sus consumidores lo emplean como sustituto de *velocidad* sin más. «No se jugó con la debida punta de velocidad»; «El pelotón ha rodado con buena punta de velocidad». Como vemos, la misma inercia que denunciábamos hace poco a propósito de *memoria histórica* en vez de *memoria* a secas. Es la incapacidad de analizar lo que se dice, unida a la tendencia a alargar, característicamente indocta, según tenemos ya muy advertido. Para lo cual, este método de emplear acuñaciones resulta muy práctico. Véase, si no, cuánto se repite lo de *fútbol español*, cuando no haría falta. No se dirá, por ejemplo, «he aquí los resultados de la primera división», sino «he aquí los resultados de la primera división del fútbol español», para distinguirlos, tal vez, de los del fútbol polaco. Mientras *España* desaparece como principio activo, *español* sirve como excipiente inerte de lo trivial.

Volvamos a montar en bicicleta, porque la vuelta francesa proporcionó abundantes ocasiones para que sus narradores siguieran llamando *unidades* a los corredores («El grupo de cabeza está formado por seis unidades»), tratándolos como a vagones de mercancías. Sólo que, ahora, uno de sus maestros más rerreantes (es decir, más inflaerres) lo perfecciona y da el nombre de *unidad* no sólo al ciclista, sino también al lugar en que pedalea («Van en cabeza dos unidades ocupadas por Escartín y Jalabert»). Cautivadora gansada. Ya verán cuánto se lleva en la vuelta a España.

Pero, en fin, es el fútbol el manantial perenne de donde fluye el idioma más alucinado. Juro haber oído por televisión que un equipo dotado de extrema fertilidad goleadora durante la pretemporada, había procurado «estirar los guarismos» al máximo en todos los partidos: quería decir, resulta latente, 'obtener abultados tanteos', pero le han salido esas cifras-chicle.

Y ese mismo artista, al ser expulsado el portero de un equipo que jugaba con once jugadores mientras el contrario lo estaba haciendo con diez, alcanzó la sublimidad advirtiendo que ambos conjuntos estaban ya «en equidad numérica». Semejante matemático es, seguro, de los que juran hablar el lenguaje de la calle (tan natural, tan sencillo, frente al engolado de los académicos, como suelen decir tales tontainas).

Sírvanos el fútbol como tránsito natural hacia el idioma más mostrenco. Seguí con pasión por radio en la alta noche del 1 al 2 de agosto, cómo Vigo y Sevilla empezaban a reaccionar enérgicamente contra el descenso de sus clubes a los infiernos de la futbolería. (Luego no pasaría nada: no han muerto ni romanos ni cartagineses, antes bien, otros dos equipos, han sido gozosamente añadidos a la cuadrilla privilegiada. Y así, una inmensa alegría estival sucedió al inverecundo acuerdo de los presidentes.)

Pero tras la decisión sancionadora, justamente *el día después* (¡se nos queda, se nos queda en el idioma este horror!), pude leer en uno de los dos grandes diarios de mis mañanas, cómo «los aficionados no daban *veracidad* a la noticia de que su equipo...». Tristes tiempos en que la *credibilidad*, el *crédito*, la *verdad* y la *veracidad* andan confundidos. ¿Se puede *dar veracidad*? ¿No es algo que poseen, sin que nadie se las dé, las personas y las noticias por el hecho de ser veraces, esto es, por ajustarse a la verdad? Lo que todo bicho viviente, incluidos sevillanos y vigueses, ponía en duda era el *crédito* que merecía la disparatada noticia; es lo único que se le podía «dar». Otro alargamiento babélico, pues, que se ha repetido centenares de veces con este tejemaneje veraniego de acusaciones, declaraciones, retractaciones, infundios, denuncias, calumnias, embrollos, patrañas, dosieres, trolas y demás bascosidades que han convertido el país en charco.

Retornando al léxico, muy raro es en el lenguaje de los medios el fenómeno contrario al de alargar: el de acortar las palabras y despuntarlas, por lo cual, al sorprenderlo en un semanario, me apresuro a comunicarlo. Refiriéndose al presidente de una Sala del Tribunal Supremo, dice que es «de extracto conservador». *Extracto* por *extracción*; ¿será convertible el magistrado en sopa instantánea? Paso página y doy con esta afirmación, altamente consoladora para Felipe González: «Lo que el líder socialista nunca podrá recuperar es la hostilidad manifiesta de una porción considerable de los ciudadanos». Eso supone que éstos han desistido de su hostilidad. Y que se niegan inconmoviblemente a recuperarla. Felicitaciones merece, pues, el antes aborrecido. Pero el escribidor quería decir, sin duda, que el Presidente «nunca podrá recuperarse de la hostilidad». Babel, Babel sin paliativos.

El «kamikaze»

Estamos distrayendo demasiadas veces la mirada ante cosas que pasan: se escurren insidiosamente, tal vez entre alarmas o ascos inactivos, y no tardará en producirse el agotamiento de todas las respuestas que pudieran conjurarlas. Como es natural, ni de lejos me refiero sólo al lenguaje, pero en estas crónicas sólo de él me ocupo. Y son ya muchas las veces en que he clamado por una mejor y más extendida enseñanza del idioma, si se quiere evitar que el país acabe en la mudez mental –ya hoy muy avanzada– y que, ante las razones, responda sólo *mu* antes de embestir.

Como la degradación expresiva de los hablantes se observa mejor que en parte alguna en los medios de comunicación donde escriben y hablan profesionales de la palabra, mi preocupación se aplica a ellos preferentemente, no con una estúpida pretensión censoria, sino con la más estúpida aún –por inocente– de que los gobernantes consideren el grave problema nacional que he dicho. El mal trato dado en los planes de estudio al aprendizaje del español, y las metodologías, muchas de ellas aberrantes, que se imponen al profesorado han conducido a un déficit expresivo cuya contemplación hiela el alma.

Y no se trata del desconocimiento muchas veces disculpable de cosas rarillas, sino de las más triviales. ¿Habrá algún hispanohablante que ignore el significado de la locución *boca abajo*? Nadie disentirá, imagino, de la definición del Diccionario: «Tendido con la cara hacia el suelo». Y, sin embargo, hace unos cuatro meses, la nación entera experimentó un repeluzno ante la noticia de que, en Pontevedra, un carrusel que gira verticalmente y a cuyos asientos fijos quedan sujetos los ocupantes (por lo cual han de quedar en posición invertida al pasar por lo más alto del ascenso), se había averiado en pleno funcionamiento. Apenas puedo imaginar cómo es el espantable artilugio, bautizado propiamente como «Kamikaze». El caso es que el 8 de agosto, algo se bloqueó en la horrible máquina, y «los veintiocho ocupantes quedaron *boca abajo*, a una altura de casi veinte metros, durante más de una hora», según decía la noticia.

Quien la había redactado para un diario nacional no ahorraba detalles espeluznantes: a los atrapados en tal posición, se les bajó la sangre a la cabeza, alguno perdió la conciencia, y, desde la altura, se pusieron a arrojar material digestivo hacia la tierra remota. Pero nunca se han visto tan graves alteraciones sobrevenidas por estar boca abajo, es decir, tendido sobre el vientre. Multitudes veraniegas se tuestan así, a lo saurio, al sol de las playas, y no hay noticia de que ello maree u obre como emético.

No importaría tal error si fuera mero despiste eventual, de quien nadie está libre. Pero lo preocupante es que fue cometido por abundantes periódicos y emisoras: yo, en agosto, disponía de tiempo para leer diarios y explorar noticiarios: más de media docena de veces pude comprobar que *boca abajo* equivalía a *cabeza abajo* –que era la posición de los rehenes secuestrados por el «Kamikaze»– para otros tantos compatriotas que trabajan con el lenguaje. (Noticias posteriores, dieron cuenta de cómo, a raíz del accidente, la gente formaba largas colas para montar en el carrusel, y se pedía a su gobernante que lo detuviera al llegar arriba. Es otra cuestión.)

Mientras decrece el interés por conocer el propio idioma, aumenta multitudinariamente el de aprender el inglés. Se responde así a una necesidad evidente, que no obliga a despreciar el de casa. Pero, a veces, la publicidad exhorta a hacer ambas cosas, a aprender el uno y a desaprender el otro. Como en el anuncio de un colegio, inserto en un importante periódico, donde se lee: «El único colegio español en el que nadie juega a fútbol en el recreo, sino a *football*». Sutilmente (?) quiere decir que, en tal centro, está excluido el empleo del español. Lo cual parece muy bien, puesto que intenta insuflar el inglés hasta el tuétano. Pero ocurre que, en los colegios españoles, los educandos juegan *al fútbol*, y no *a fútbol*. Por lo cual es falsa la parte del reclamo, según la cual, el de marras es «el único colegio español en el que nadie juega a fútbol»; juraría que eso pasa en todos.

Y sigue constituyendo un fracaso publicitario considerable oponer *fútbol* a *football*, porque cualquier lector medianamente avisado sabe que ambas formas suenan más o menos igual, y el no avisado puede creer que, en inglés, hay que pronunciar *football* como se escribe. Con más acierto e indudable elegancia se hubiese procedido afirmando que es el único colegio español donde a las *five o'clock* se toma el *tea*. Cosas así, la del «Kamikaze» y las que siguen, hacen dudar de que sea tan imprescindible la imprescindible libertad de expresión.

Especialmente de la que se toman los políticos. Se avecinan elecciones, cuyas campañas previas son peores que un nublado, ya que éstos pueden llegar a ser benéficos. (Por cierto, ¿se ha notado que aún se oye por televisión eso de que hay *riesgo* de lluvia? Es increíble.) Me refiero, entre otras cosas, a cómo se redacta a veces la propaganda electoral. Prometo no votar al partido o a los partidos que escriban sus soflamas en un idioma obtuso. Como el responsable de uno de ellos en mi distrito madrileño, que, en los pasados comicios, tuvo la osadía de dirigirse a los vecinos con una circular en que todas las frases repelían. Empezando por el «Querido/a amigo/a», con la llamada por Francisco Umbral barra estructural, y que me desamiga instantáneamente (aparte de que no era amigo: tanto me desconoce, que ignora mi sexo o me insulta). Me tuteaba, sin haberle dado motivo, y me invitaba a una visita «al distrito de don JSC, presidente de» no sé qué. Intentaba decir que tal señor visitaría el distrito, pero lo que decía es que se iba a visitar el distrito de don JSC, como si fuera el de Moncloa o Chamartín. (¿Tan difícil era escribir que habría una «visita de don JSC al distrito»?)

Seguía: «Para los que les interese el tema, deben apuntarse llamando...». El nefando *tema*. Y ¿por qué ese intolerable anacoluto «Para los que... deben apuntarse»? Y echaba así la despedida: «Por último, recordarte que la sede está abierta...», donde se usa del más imbécil de los tics modernos: ese infinitivo no dependiente de verbo alguno. Juzgué ofensiva tal circular. Y, claro, no voté al tremendo prevaricador. Debiéramos montar durante una semana en el «Kamikaze» a los candidatos que así se expresan, o correrlos a gorrazos por la calle al grito boxístico de ¡analfabetos, fuera!

Perdonar

En el ámbito futbolístico se ha desarrollado hace poco con virulencia agresiva una metáfora que juzgo incurable. La oímos a diario (esta temporada, literalmente a diario): el equipo se estira, el delantero le gana la espalda (?) a la defensa, está solo ante el portero en uno contra uno, el gol se ruge ya por la multitud, pero el *crack* chuta y manda la pelota a hacer gambetas al banderín. Y en ese instante, indefectiblemente, el comentarista-filósofo que suele acompañar en las retransmisiones al narrador, emite su solvente excogitación: el Zaragoza (lo nombro porque lo quiero y porque es diestro en esa pifia) «está *perdonando* mucho». Luego, el exegeta asevera grave: «El equipo que *perdona* mucho acaba perdiendo». Y enseguida, sentenciará más hondo aún: «El fútbol es así».

Es probable que toda la comunidad hablante adopte pronto el verbo *perdonar* con ese inusitado significado intransitivo: «En el fútbol, desperdiciar repetidamente un equipo las ocasiones de meter gol», antes se decía simplemente *fallar*. La nueva acepción, por el momento, sólo pertenece a la jerga balompédica, pero como el fútbol sale hasta por el tubo del dentífrico, el vocablo será muy pronto de conocimiento general. Y de este modo, un tropo inventado como graciosa creación personal por un ignoto artista de la crónica deportiva, ha cundido hasta rebosar por toda la extensión de las ondas y del papel.

Ello constituye buena prueba de que el desenfado de muchos de tales comentaristas, puede convertir en triunfo el dislate. Porque *perdonar*, significa en el habla común «alzar la pena, eximir o liberar de una obligación» a alguien. Y el arquero no tenía obligación de dejarse meter gol: no había que eximirlo, al contrario. Por otra parte, quien perdona lo hace adrede y cobra fama de misericordioso, pero las gradas embravecidas suelen llamar imbécil al futbolista o al equipo que, queriendo arrasar al contrario –¡todo menos perdonarlo!–, marra el tanto teniéndolo a huevo.

Evidentemente, el idioma del estadio y de sus aledaños periodísticos es el más desenfadado de todos, y en él se produce la mayor creatividad imaginable, en gran parte bastante estólida. Pero hay otro sector de parlantes que no le anda a la zaga: el de los pedagogos oficiales, a cuyo cargo corre algo tan delicado como es la reforma educativa. La están acometiendo a golpe de dicharachos, que han sido puestos en solfa muchas veces; piensan, sin embargo, que eso los engrandece por la ignorancia de sus críticos. Uno de estos disconformes me envía un *BOE* con el Real Decreto 732/1995, relativo a los derechos y deberes de los alumnos. Aunque no lo dice, supónese que afecta también a las alumnas: es raro que el *BOE* utilice en esto un lenguaje tan políticamente incorrecto. Porque, en todo lo demás, es más que correcto: relamido. ¿Qué hacer con los estudiantes que dañan las instalaciones de su centro o roban material y cosas así? ¿Aplicarles sanciones? De ninguna manera: son *correcciones* lo que habrá que administrarles. Pero *correcciones*, según el Diccionario, son las reprensiones: ¿habrá, pues, que llamar *malos* a quienes cometen falta, y en todo caso *bribones* si han hecho una barrabasada? No: el *BOE* prevé otras *correcciones* ademas de las verbales, que serán graduadas en función de las circunstancias. Y éstas, según los pedagogos legisladores, son de dos tipos: *paliativas* y *acentuantes*. ¡Así se habla, sí señor/a, con sal y gracejo políticamente hipercorrectos! Fuera aquello de *atenuantes* y *agravantes*, que parecen términos carcelarios, incompatibles con la inocencia de las criaturas. Y adelante con la reforma educativa, aunque tantos pensemos que se funda en buena parte en una tremenda e irresponsable manipulación de la lengua española. De esta lengua que los reformadores evidentemente no aman, y bien que lo prueban al escribir y al planear.

No están solos. Hay muchos prevaricadores en todos los gremios. El de los necrólogos, sin alejarnos demasiado. Actúan en los *media* escribiendo dos palabras o doscientas sobre el prócer que muere, sobre su difunta esposa, sobre aquel o aquella ilustre o pudiente que fallece. Aquí tenemos a una dama que ha tenido la desgracia de perecer en diciembre. La evoca un gran periódico de la Corte: parece que había sido importante en la política y en las letras. Y explica el necrólogo: «Sus restos fueron inhumados el día 28 y, por su voluntad expresa, serán esparcidos en el mar». Me envía esta joyuela un anónimo lector –se la agradezco–, que comenta lacónico: «¿Pensará el autor que los restos fueron ahumados?». Tiene razón: *inhumar* es, simplemente, enterrar, porque *humus* era 'tierra' en latín, y para esparcir un cadáver inhumado habría que exhumarlo previamente, trocearlo y hacerlo picadillo. Sólo así se le podría dispersar y aventar y desparramar sobre las olas. Si se tira al agua un muerto entero, es evidente que no se le dispersa: simplemente se le chapuza. ¿Ocurrirá que el informador piensa que inhumar equivale a incinerar? Es de temer, confirmando cómo una porción enorme de personas que viven del lenguaje lo guardan en la cholla hecho un popurrí. Este escribidor vio en *inhumar* (del latín *humus*, 'tierra') el *humo* (del latín *fumus*), por la humareda que soltamos cuando nos meten en el horno. «Se hizo humo», decían nuestros antepasados de alguien achicharrado por la Inquisición. Pero aquí no es el humo fugitivo, lo que importa, sino el montoncito de ceniza, el polvo enamorado o no que queda tras arder. Eso es lo que puede esparcirse.

Por fin, los publicistas: otro gremio de agresores. Uno de los principales Bancos anuncia en folleto elegantísimo que ha entrado «en el segmento de banca al *retail* doméstico». Quedo perplejo ante ese *retail doméstico*, me voy derecho al *Webster*, y entre nieblas colijo que debe de ser que se dispone a trabajar al por menor, en las pequeñas cosas en que también operan los Bancos, y vuelve a sumergirse mi mente en la fosca. Se enturbia aún más al continuar: las oficinas de éste ostentan en su fachada «el color amarillo en degradé», palabra la última que no sé en qué diccionario buscar, porque, si fuera francesa, llevaría acento en la primera sílaba.

Cronistas de fútbol, pedagogos, necrólogos, publicistas...: nadie perdona a nuestro idioma desventurado.

Sensible

La necesidad es inductora normal de las novedades idiomáticas. Esa necesidad constituye simple necedad cuando los hablantes sólo quieren parecer modernos o, por mejor decir, *modelnos*. Otras veces, las innovaciones responden a la intención de disimular o de evitar la palabra propia, por temor, melindre o piedad: son las causas habituales del llamado tabú lingüístico (bicha por culebra, pipí por orina, invidente por ciego). Ocurre, sin embargo, con frecuencia que tales innovaciones sólo tienen la pretensión de engañar. Ejemplo bien inmediato: el Gobierno está calificando de *sensibles* los papeles que niega a un juez (aunque ya aburren por demasiado conocidos). Pacato eufemismo para evitar llamarlos documentos *comprometedores*, que es como siempre han sido conocidos los escritos que ponen en apuros al Estado, al Gobierno o al vecino del tercero. *Comprometer* es, en efecto, Diccionario en mano (o en pantalla, puesto que se consulta ya en el ordenador) «exponer o poner a riesgo a alguna persona o cosa». ¿Por qué *sensibles*? ¿Es que sienten, que son capaces de sentimientos, que pueden ser percibidos por los sentidos («sensible al tacto»)? Todas estas cosas y más, pero no 'comprometedor', significa el atildado adjetivo. Y bien contrariamente a la última acepción, lo que se pretende ocultando el botín Perote es hacerlo «insensible», que no se cate ni se toque. Puede ocurrir, sin embargo, que con documentos *sensibles* se quiera decir que causan tristeza, como en la «sensible pérdida» de los tópicos mortuorios.

Pero sucede a menudo que los términos nuevos se introducen porque se necesitan verdaderamente. Hasta donde llega mi reconocida erudición futbolística, hace aproximadamente mucho tiempo que dos equipos no compartían durante varias tensas jornadas la cabeza de la clasificación. Ha sucedido esta temporada, que día a día, y no semana a semana, se está haciendo ya muy madura, y con dos conjuntos impensables. No había, pues, un líder sino dos. Grave conflicto para los cronistas: ¿cómo llamar a ese par de fenómenos? A uno de los píndaros, tal vez al más rerreante, se le encendió la bombillita que en los tebeos se pone sobre la cabeza de quien alumbra una idea: cada uno de esos dos conjuntos punteros sería *colíder*.

He aquí, pues, un caso preclaro de neologismo inducido por la necesidad. Premio al inventor. Sobre *líder* ya señalé la impropiedad de llamar así a quien va primero en una competición (nadie va detrás de un líder por fuerza, sino por convicción y admiración); lo de *colíder* es aún más beocio, porque líderes, como las madres, sólo hay uno. Pero, en fin, el uso consagra, y si ya se emplea *líder* con normalidad, *colíder* será pronto diccionariable. (¿No puede calificarse así a lo que es digno de registrarse en el diccionario, siguiendo la tendencia a evitar rodeos usando un solo término? Un sólido ex dirigente sindical ha pedido hace poco al Partido Socialista que se *recentre*, esto es, que se deje de bobadas liberales y se vuelva al centro (?) socialdemócrata. ¿No es *recentrarse* una escueta y bella palabra?)

Pero, otras veces, un neologismo o una acepción neológica surge por ostensible desnutrición mental. Ahí tenemos ya muy firme *can-*

cerígeno con la acepción de 'canceroso': un tumor maligno no produce o engendra cáncer, pues eso significa *cancerígeno*, sino que es *canceroso*. Y, sin embargo, en un gran periódico se lee este titular: «El Insalud pagará veinte millones de pesetas por no detectar un tumor cancerígeno a tiempo». El prestigio de los esdrújulos es inmenso entre el personal lingüísticamente malcomido.

Acepción neologista muy traída y llevada estos meses, debida igualmente a inanición cerebral, es la de *tampón*. Ha circulado estas semanas que el muy oficial CESID fabricó para una organización homicida un sello con las siglas de ésta. Pues bien, ese sello (imputado) ha aparecido con el nombre de *tampón* en multitud de medios escritos o sonoros. Se trata de un increíble tropo fundado en la contigüidad de las cosas nombradas (como llamar trompeta al instrumento y a quien lo toca, o título a un marqués), en este caso, el sello y la almohadilla entintada para untarlo, que, como préstamo del francés (*tampon encreur*) es el tampón. Pero la metonimia sólo parece aceptable cuando se crea adrede y no por colapso del sentido común. Tan agreste es llamar *tampón* a la estampilla como lo sería denominar churro a la taza en que se moja.

Tales desarreglos sí que son verdaderamente sensibles. Y es que llegar a sentir profundamente un idioma no está, a veces, ni al alcance de sus más voluntariosos exegetas. Un lector me envía páginas de un libro publicado por el Insalud hace ya algunos años, que aireo por su valor ilustrativo. Se reproduce en él un decreto del Ministerio de Trabajo, en uno de cuyos artículos se lee: «En todo caso, se aplicará el grado máximo a las faltas cometidas en convivencia con otras personas». Pero al editor de dicho texto le debió de resultar raro eso de que las personas se dedicaran a convivir para cometer faltas, y anotó a pie de página la siguiente advertencia: «Debe querer decir conveniencia». ¿No es fantástico? Ningún escrito, ni siquiera los muy venerandos del Gobierno, están libres de erratas. Pero el compilador del decreto, ignorante tal vez del vocablo *connivencia*, que es lo que diría el documento emitido por las altas covachas ministeriales, fue incapaz de imaginar que era un error del teclista, y lo «aclaró» del susodicho modo.

No menos sensible es el empleo de la preposición *en* para desempeñar la función que corresponde a *dentro de* («Vuelvo en dos minutos», significa que tardo dos minutos en irme y volver; «vuelvo dentro de dos minutos» precisa que hasta dentro de dos minutos no volveré; ya hablé de ello en antiquísimo «dardo», con inoperancia manifiesta). Véase cómo titula el mismo gran periódico de antes, y en portada nada menos: «Solbes anuncia que en quince años los españoles no podrán cobrar sus pensiones». No es melonada intrascendente: me alteró el pulso, pensando que iba a quedarme sin mi PAR de viejo durante quince años; lo cual no hubiera sucedido de haber escrito inequívocamente el dichoso titular que el cierre de la espita acontecería *dentro* de quince años, lo cual me da un plazo muy razonable para perfeccionar la calvicie.

Cosechar

¿No han oído o leído ustedes que tal película *cosechó* al estrenarse un rotundo fracaso? ¿O que el Zaragoza –el gran equipo, mi antiguo dolor– *cosechó* el domingo otra derrota? Desconcertante, ¿no? *Cosechar* se asocia con la recogida de los frutos del campo en su sazón, con los carros, en mi tiempo, rebosantes de mies rumbo a las eras, y, hoy, con los tractores tirando de remolques henchidos de remolacha y seguidos de veinte turismos desesperados. Eso es la cosecha, una masa de uva, aceituna u otra criatura vegetal que se recoge en el campo al llegar su tiempo. Vocablo tan sugerente ha producido un uso figurado que define el Diccionario como «conjunto de lo que uno obtiene como resultado de sus cualidades o de actos, o por coincidencia de acaecimientos: *cosecha de aplausos, cosecha de disgustos*». Por tanto, puede haber una cosecha de fracasos o de derrotas, pero nunca de un solo fracaso o de una sola derrota.

Sin salir de esta gama semántica, he aquí una noticia que leo en un gran periódico, a propósito de una serie televisiva retirada no hace mucho de pantalla: «Los malos resultados *conseguidos* durante los primeros capítulos han sido el detonante de esta decisión». Pero dice de *conseguir* el diccionario: «Alcanzar, obtener, lograr lo que se pretende o desea». Así pues, según el redactor, la cadena en cuestión estaba deseando que la serie fracasara.

Unas veces porque no se usan apropiadamente las palabras existentes, y otras porque se forjan vocablos o acepciones inexistentes, el idioma está hecho un revoltillo de mucho cuidado. Cualquier pedagogo inventa lo de circunstancias *paliativas* y *acentuantes* en la apreciación de las faltas escolares, según veíamos en crónica anterior, y tal sandez va al *BOE*. Cualquier aturdido puede escribir, en un pie de foto, cómo se espera de una diputada que aclare si ha sido ella o no quien ha filtrado *manipuladamente* determinada noticia. Es claro que el sistema español admite formaciones de ese tipo, y que, si *equivocadamente* significa 'con equivocación', nada impide que *manipuladamente* equivalga a 'con manipulación'. Pero no parece que formar palabras por decisión meramente glandular sea un comportamiento responsable; en este caso, son palpables, o la prisa del redactor para meterle enseguida el pie –¿o la pata?– a la foto, o su incapacidad para expresarse mejor.

Esta falta de educación que a título de libertad se comete, es causante de que un alto cargo con responsabilidades económicas pueda escribir acerca «de las diferencias radicales de los mercados internacionales de los diferentes productos *estocados*...». Lleva mucho tiempo trayéndonos a mal traer el término inglés *stock*, de plena difusión internacional. Tiene que ver con lo almacenado, pero no es igual. En el Diccionario no aparece ninguna hispanización de esa palabra; podría ser, aunque horrible, *estoc* (trece vocablos tenemos en el Diccionario con una *-c* final); los portugueses han hecho *estoque* y, en Brasil, *estocagem*. Pero en otras lenguas europeas –francés, italiano, alemán–, parece normal el empleo de *stock*, y así figura en sus principales diccionarios. Es la solución que personalmente prefiero: hoy, los extranjerismos entran por los ojos tanto como por los oídos, y una adaptación aproximadamente fónica puede parecer en muchos casos ruda o risible. Pero el alto cargo en cuestión, pasa por alto el problema del sustantivo, y se va derecho al verbo, españolizándolo como *estocar*. No sé si éste es normal en la jerga del comercio; por lo pronto, ese verbo significa en nuestro idioma 'herir con el estoque', al igual que el hoy preferido *estoquear*. Menos descortés con su lengua, podría haber escrito: «...los diferentes productos existentes en *stock*», o algo así.

Palabra nueva traída a nuestro idioma por la Real Academia sin que aún sea normal en el uso, pero sí necesaria, es *millardo*. Algunos no lo creyeron: la noticia de tal decisión salió en la prensa el día de Inocentes. Al leerla en su noticiario la locutora de la televisión madrileña, ilustró con un gentil mohín su comentario: «¡Qué lío!». Y el lío consiste en que los norteamericanos (como en francés antiguo) llaman *billion* a los mil millones, esto es, a la unidad seguida de nueve ceros. Y ocurre que, muchas veces, *billion* se identifica por inexpertos trujamanes nuestros con nuestro *billón*, es decir, con un millón de millones (unidad seguida de doce ceros) lo cual produce cantidades literalmente astronómicas. Y no es para tanto: un *billion*, la experiencia lo demuestra, es cifra bien alcanzable por cualquier corrupto. Pero se hacía preciso acabar con el equívoco, tal como advirtió el Presidente de Venezuela, don Rafael Caldera, a la Academia de aquel país, de la cual es miembro muy eminente. Sugirió que *millardo* era una buena solución para traducir *billion*. La Venezolana hizo suya esta sugerencia, la trasladó a la Española, y ésta coincidió con tal dictamen.

No ha sido preciso un gran esfuerzo inventivo: el francés tiene desde el siglo xviii el término *milliard* (y, desde el xvi, *miliart* y *milliart*), para nombrar los mil millones. A él acudieron el italiano y el alemán para formar *miliardo* y *Milliarde*, respectivamente; en algunos diccionarios del inglés británico, figura *milliard*, pero acogen también *billion* en el sentido norteamericano. Una prudente medida anti-Babel obligaba a adoptar, como los demás, la solución francesa. Y no existe el lío sonreído por la linda locutora: traduzcamos el *billion* anglosajón por *millardo*, y ya está.

Aunque no todo está. Por lo pronto, los yanquis llaman *trillion* al billón europeo, con lo cual nuestro trillón (un millón de billones, es decir, la unidad seguida de dieciocho ceros) se queda nuevamente a la intemperie. Por otra parte, los franceses tienen *milliardaire*, los italianos *miliardario*, los alemanes *Milliardär*... ¿Llamaremos *millardarios* en español a los desventurados, corruptos o no, que pasan de los mil millones?

Sufrir mejoras

Me asegura el embajador Alfonso de la Serna, tan atento y juicioso observador del lenguaje, que eso del título decía un periódico de su hermosa tierra montañesa: cierta marca de automóviles estaba «*sufriendo* constantes mejoras». Tan tierna memez está en línea con lo de *conseguir* malos resultados un equipo de fútbol o un partido político a que me refería en crónica anterior. Es la negación del sentido común, que progresa insidiosamente al amparo de una instrucción idiomática bajo mínimos. Habiendo sido desterrado casi todo humanismo de los planes de estudio, no es imposible que un joven ciudadano pueda llegar a admitir como normales esos absurdos lógicos. Petrarca, en un verso hermoso y desolado, vio a la Filosofía pobre y desnuda; Julián Marías lo glosaba agudamente no hace mucho. ¡Pues anda, que la Filología, el amor al lenguaje, a la palabra! Como si éste fuera lascivia, se procura ahuyentarlo de la mente de los españoles, y los españoles se lo dejan espantar gustosamente. Va mísera y en puritita pelota.

La penuria filosófica no necesita demostración. Con que sólo un hilillo de discernimiento regase nuestros predios, no nos hubiésemos dejado clavar el rejón yanqui que un entrenador de fútbol le mete al idioma hablando de otro entrenador: «Tengo las diferencias con Clemente que todos conocemos en el terreno *conceptual* o *filosófico*». No se refería a cuestiones de Metafísica, sino al hecho de preferir el juego vistoso a la sórdida eficacia sin salero. Es un entrenador encumbrado ayer, y hoy en desgracia madridista, de quien se hace befa porque es culto y habla «demasiado bien». Es cierto que, a veces, revienta las costuras del idioma angloparlando con eso de la *filosofía*; o introduciendo en la jerga del fútbol el llamar *sociedad* a la pareja de jugadores o de líneas que combinan particularmente bien su juego. Sus detractores lo acusan de tener demasiada labia, incluso de ser cursi, asombrados de que un personaje del balompié se exprese con cordura, incluso con belleza, y no con la barbarie a veces silvestre de muchos merodeadores del balón. Ignoro si sus tácticas son menos eficaces que su verbo, y además no me importa para estimarlo. De él procede, si no me engaño, como reflejo de su defensa del juego alegre, el calificar de *descarado, atrevido, desenvuelto, resuelto* y adjetivos de esta gama, empleada como elogio, al futbolista o al equipo que arriesgan sin sentirse inhibidos por el temor al fallo o el respeto. *Audaces fortuna juvat.* Son múltiples los rasgos –giros, metáforas– con que Jorge Valdano ha enriquecido el idioma del fútbol, muchos probablemente de cepa argentina; con ellos e, incluso con sus lamentables anglicismos, ha aireado el recinto enrarecido del vernáculo deportivo. Rindo homenaje a este bienhablado (con reparos) caballero.

Calificación, por cierto, que no merecen muchos habladores o escribidores profesionales. He aquí a alguien que profetiza el tiempo en un diario importante de la capital, y lo hace así: «Lo que va a suceder a lo largo del mes de febrero –tradicionalmente casi tan pluviométrico como enero– no lo podemos saber aún, pero desde luego antes de que finalice la presente treintena no parece que la atmósfera se vaya a estabilizar totalmente». La rendición de este ignaro a la jerga periodística es de enamorado. Ahí está la locución *a lo largo de*, que, sin más mérito que su longitud, sustituye a *durante*. O *finalice*, porque es de reglamento en la prensa. Jugando a la elegancia, llama *treintena* a enero a pesar de que este mes se sale del tropo por un día. Y sobre todo, en *casi tan pluviométrico*, evita la ordinariez del adjetivo *lluvioso* remontándose a ese *pluviométrico* que tumba de estupor. Porque el tal adjetivo hace referencia al pluviómetro, aparato que mide la cantidad de lluvia caída. Es tanto como decir que un calenturiento está *termométrico* o que han multado a un curda por ir *alcoholimétrico*. ¿Pedante Valdano? Pedante ese informador, y, además, lego en el idioma de los meteoros. Por si fuera poco, continúa: «Durante lo que resta de semana y los inicios de la próxima». ¡Con qué desdén miraría, desde su bien sabida jerga periodística, a quien se atreviese a escribir: «Durante lo que queda de semana y al principio de la próxima...»! *Povera e nuda...*

No recuerdo haberme ocupado nunca del orden de palabras, de las ambigüedades que produce, y que parecen importar a muy pocos. Procuraré fijarme en ello de aquí en adelante, vistos los galimatías a que da lugar. Por hoy, una sola muestra. Dice el antetítulo de una entrevista, citando lo que supuestamente ha dicho el entrevistado: «Los políticos conservadores quieren utilizar sólo la figura de Azaña». Pero no se sabe si a tales políticos solamente les interesa Azaña para utilizar su figura, o si es Azaña la única figura que quieren utilizar. Evidentemente, es frase necesitada de *sufrir mejoras*.

Y ¿qué decir de tópicos y marbetes que se ponen a tantas personas, artistas sobre todo, cuando dan lugar a una noticia? Hace poco, una enfermedad embistió a Rafael Alberti, de la cual se libró el gran poeta con una larga cambiada («...cógeme, torito fiero»). La prensa dio la noticia de la arremetida y de su conjuro posterior con el martilleo unánime de que el gaditano pertenecía a la «generación del 27», como si ésta tuviera una existencia tan evidente como la tienen los cuadrúpedos o las criptógamas. Aparte de que muchos negamos la realidad literaria de tal generación (empezando por algunos de sus supuestos miembros: ¡qué cosas escribía Jorge Guillén a Gerardo Diego, abominando de ese encuadramiento!), es irritante ese modo de disolver en una entidad colectiva y elementalmente pedagógica la individualidad de genios como Alberti. O Azorín o Unamuno o Baroja, cuyos nombres raramente salen al público sin airear la divisa que los remite al 98.

Terminemos con una nota risueña. Recibo la hoja publicitaria de una empresa instaladora de puertas automáticas. La cual empieza así: «La firma DOSAS tiene la gentileza de ofrecerles sus productos para comunidades, chalet privado, fincas, fábricas, etc.». Es encantador el singular *chalet*, revelador de cuán difícil es formarle el plural, pero fascina más el hecho de que una empresa atraiga clientes con la *gentileza* de quererles vender algo. ¿Cómo no corresponder con la cortesía de comprárselo? El resto del impreso reza así: «Con tal motivo, al dorso le ofrecemos una pequeña orientación, invitándoles a que nos llamen por teléfono en caso de una mayor información». Olé: viva la libertad de expresión.

1996

En detrimento

Cunde entre las gentes del balón una polémica de hondo calado «filosófico». Sostienen unos que debe mantenerse intacto el elenco de los jugadores jornada tras jornada, de tal modo que hasta los aficionados más amnésicos puedan repetir de carrerilla la alineación. Frente a estos clásicos, los modernos proclaman la conveniencia de que ningún jugador se sienta titular, porque el equipo debe formarse en función de la táctica aplicable a cada encuentro; y también porque, al menor desfallecimiento, debe dejarse posar al desmadejado en la madera o el cemento. «Todos en mi equipo son titulares», afirma con resolución el «míster» progre. Frente al cual, el conservador mantiene el sistema de juego, sean el Ajax o el Numancia los adversarios, y perdona los fallos cometidos hoy por un muchacho, para que se recobre mañana sin perder la moral. El banquillo no constituye desdoro para el balompedista sometido a esta «filosofía»: se sabe suplente y aguarda, impaciente o no, su oportunidad. Desdora, en cambio, a los pupilos del entrenador que profesa la contraria.

A consecuencia de ello, abundan los píndaros del estadio que se expresan así: «Hoy juega Gregoriev *en detrimento* de Paulovich» (nuestros equipos son hoy campamentos de eslavos). Y puede que tengan razón, que Paulovich sufra en su ánimo por la sustitución: *detrimento* significa 'daño moral'. Sin embargo, si se ha estatuido como norma el cambio de jugadores en función del planteamiento que exige cada partido, la alineación de Gregoriev no debería producirse con menoscabo de Paulovich, y los cronistas podrían conformarse con informar de que hoy juega Gregoriev. Pero todo el mundo sabe que sí hay detrimento y que si Paulovich no juega es porque no gusta al entrenador y hasta le revienta. No digamos Paulovich, que siente la exclusión como una patada subecuatorial. De ahí que no esté mal, aunque hastía oírlo siempre, el *detrimento*; no jugar daña su prestigio.

Lo malo es que ya he oído –aún no leído– cómo Gregoriev jugará el próximo partido «en detrimento de Paulovich, que está lesionado». ¡Creen algunos radiohabladores que *en detrimento* significa 'en sustitución de' o 'en vez de'! Permanezcamos alerta en los restaurantes: será posible oír a alguno de ellos que diga tal vez al camarero, corrigiendo prudentemente su irreflexivo pedido (*comanda* en los comedores de lujo) anterior: «Tráigame consomé en detrimento de las ostras».

Lleva muchos años extrañándome el empleo del verbo *exigir*. Lo oíamos en las peticiones políticas o sindicales disidentes de la dictadura, y se sentía un hondo vacío estomacal entre la exigencia y las posibilidades de obtener aquello que se exigía. Pero el verbo sigue empleándose con la misma discordancia: se exige, por ejemplo, a ETA que libere a sus secuestrados, con el éxito a todos notorio. Y ¡qué duda cabe de la propiedad de ese uso, dado que el vocablo significa, según el Diccionario: «Pedir imperiosamente algo a lo que se tiene derecho»! Pero debería precisar que sólo puede exigir quien posee alguna fuerza para alcanzar su demanda. La razón no basta para convencer a quienes arrebatan tan conscientemente el derecho a la libertad: haría falta una correlación más ceñida entre la potencia significativa del vocablo *exigir* y la disponible para obtener lo exigido. Lo cual produce cierto desánimo, por muy grandes que sean la razón, la vehemencia y la emoción que dictan la elección de tal vocablo. *Instar* («urgir la pronta ejecución de una cosa») convendría más, visto que no se puede *intimar*, esto es, «exigir el cumplimiento de algo, especialmente con autoridad o fuerza para obligar a hacerlo». Pero mantengamos la exigencia, a sabiendas de que nos estamos limitando a instar.

Cunde en extremo el verbo *recepcionar*, feo como Picio. Más de tres lectores me han escrito lanzándole justos anatemas, y considerándolo inútil existiendo *recibir*. Lo cual no es seguro porque no se trata sólo de recibir algo, sino también de mostrar conformidad con lo recibido, sea esto un reloj comprado en la televenta, sea un chalé adosado que entrega el constructor: es entonces cuando se produce la *recepción* o acto de recibir aceptando explícitamente lo recibido. De ese nombre se ha sacado *recepcionar*. Su sentido está muy claro en un catálogo de librería que alguien me ha enviado con su protesta: «Los pagos se efectuarán por transferencia bancaria, salvo indicación en contrario, una vez que usted haya *recepcionado* el pedido y consecuentemente muestre su conformidad al mismo». (Omito comentar el nauseabundo y sobrante *al mismo*, donde además se hace mal uso de la preposición: se está conforme *con* el pedido, no *al* pedido.) Pero el librero hace notar a los posibles clientes el sentido en que deben entender *recepcionar*: una vez recibidos los libros, deberán decir amén, y, si no, a devolverlos. Juzgo innecesario ese verbo. Tenemos otro de la misma familia, mucho más presentable, si bien provoca alguna sospecha. Es *receptar*, que el Diccionario define como simple sinónimo de «recibir, acoger». Lo malo es que también significa «ocultar o encubrir delincuentes o cosas que son materia de delito», pero estas coincidencias de dos significados –y más– en una misma palabra son muy frecuentes en el idioma, y *receptar* tiene bien poca vida fuera del ámbito policiaco y penal. Lo prueba este titular de un gran diario madrileño: «El arcipreste condenado por refugiar a etarras pide la libertad de Aldaya y Ortega». No está mal usado *refugiar* ('acoger o amparar a uno, sirviéndole de resguardo y asilo') pero, en ese contexto, *receptar* hubiera sido más propio, ya que no siempre se condena por el hecho de *refugiar*. A no ser, cosa improbable, que el titular connote asepsia, su autor no conocía el verbo *receptar* o desconfiaba de que lo conocieran sus lectores.

Aún menos complacencia merece otro verbo de vitalidad nauseabunda, *aperturar*, primero en el lenguaje bancario, y ya en el administrativo y oficial. Empezó por el *aperturar* una cuenta corriente, formando ese verbo sobre el sustantivo *apertura*, que funciona perfectamente en la *apertura* de una cuenta. Pero no se entiende por qué ha parecido necesario a banqueros y bancarios sustituir el limpio verbo *abrir* por ese horrorcillo. «Aperturado» el camino, nada impide que *lecturar* sustituya a *leer*, *baraturar* o *abaratar* y *licenciaturarse* a *licenciarse*, pongamos, en Derecho.

Interceptar

Si algún lector lo vio, es difícil que lo haya olvidado; me refiero a la noticia presentada hace poco por televisión acerca de una especie de coso canino instalado en una ciudad española (nombrarla a este propósito volvería a ofenderla), donde se ofrecían luchas de perros para que unos desalmados gozasen contemplando cómo se destrozaban unos chuchos enfurecidos, mientras cruzaban apuestas. Sólo las matanzas de humanos me han inspirado mayor estremecimiento. Y aun así, esta de irracionales tiene algo que la hace supremamente cruel, porque no se les mata, sino que se les obliga a matarse.

El vídeo en que alguien grabó una de esas espantosas carnicerías mostraba la saña con que dos animales se revolcaban agarrados entre sí, lanzándose dentelladas, ciegos de ira, sangrando, desollándose, asesinándose, muriéndose. Fue difícil arrancar el vencido al vencedor, que seguía arrastrando de la pata aquel guiñapo; su propia cabeza, mostrada en un primer plano, había sido acribillada monstruosamente por cien mordiscos. Un angustioso sobrealiento anunciaba la muerte que le sobrevino también poco después.

Los medios dieron cuenta de tal horror, y un diario de la ciudad de mis atascos lo hizo diciendo en un titular que la policía había *interceptado* una pelea de perros. A la violencia de las imágenes, se sumaba ésta hecha al idioma, otra más, sin importancia se dirá, pero, en definitiva, también violencia, reveladora de la insensibilidad con que muchos profesionales de la noticia echan a combatir las palabras en un circo inclemente. Porque cualquier hablante bien avenido con el idioma que ha mamado, sabe que *interceptar* significa una de estas tres cosas: «apoderarse de una cosa antes de que llegue a su destino», «detener una cosa en su camino», o «interrumpir, obstruir una vía de comunicación». Siendo así que nada de eso puede hacerse a una pelea de perros, está claro que ese verbo está allí tan fuera de lugar como si los tales hubieran estado en misa. Además, la policía hizo algo más que interrumpir una pelea: no es su misión impedir que los perros propiamente dichos se enzarcen; lo que hizo fue descubrir una salvaje ilegalidad.

En este sarao de las palabras que organizan prensa, radio y televisión unidas —juntas, jamás serán vencidas—, todos practican el baile; he aquí un solvente y austero periódico madrileño, dando cuenta fervorosa de un acto electoral: «El silencio se rompió a las cinco de la tarde, cuando miles de simpatizantes del PSOE *irrumpieron* en aplausos ante la llegada de Felipe González y su esposa Carmen Romero». Como *irrumpir* significa «entrar violentamente en un lugar», deberíamos entender que, al llegar los mencionados políticos, una turba enardecida entró a empellones, atropellándose, pisándose, dándose codazos, en un sitio misteriosamente denominado «aplausos». Pero el redactor quería decir que el gentío *prorrumpió* en aplausos, ya que este verbo equivale a manifestar sonoramente —con lamentos, sollozos, insultos, vítores, etc.— una pasión irreprimible; es lo que hicieron los simpatizantes del PSOE para liberar su emoción: prorrumpir en aplausos. La policía intercepta peleas, los aplaudidores irrumpen: es el neoespañol de los medios.

Y sigue la danza léxica, que, muchas veces, consiste en un fino y elegante minué (como los de aquel pueblo que llamaban antílopes a las cabras, y al alcalde en aumentativo). Véase, si no, esta exquisita y grácil manera de contar otro periódico cómo eran las heridas que un toro intolerante infligió a un mozo en un encierro: «La primera *residía* en la región torácica derecha con fractura de la sexta a la décima costillas». Ahorro las definiciones que de *residir* ofrece el Diccionario; en cualquier caso, las heridas no residen en parte alguna, sino que están o se localizan, palabras que se le ocurrieron, sin duda, al redactor, pero las desechó pensando tal vez que aquello expresado así, quedaba..., no sé, como menos galano y donairoso.

Junto a estos desajustes, surgen en el idioma palabras nuevas. Hay una que ha salido al encuentro de los ojos lectores hace muy poco. Pertenece al lenguaje del comercio, está bien formada, fundada en razón latina, pero, como nueva, chocantísima. Es *fidelización*, aneja a un verbo *fidelizar*, que, por lo colegible, se refiere al hecho de procurarse un negocio clientes fieles, que repitan una y otra vez sin que se los arrebate otra empresa competidora. Antes, era el buen trato del tendero, cuya preocupación por nuestra salud, las noticias picantes de los vecinos, los caramelos para los niños de casa, el redondeo de la cuenta por lo bajo, la chorrada, los gramos o centímetros de más y otras delicadezas semejantes subyugaban la voluntad del parroquiano, que volvía y volvía. Ahora, los hiper y los super, por ejemplo, con dependientes y dependientas cuando no inencontrables raramente atentos, de conversación imposible, todo envasado y a precio fijo, están vedados a la conversación cordial; a lo más que llegan para cautivar es a dar puntos en la caja según la cuantía de lo comprado, con la pretensión de que el comprador no quiera desperdiciarlos. Pues, por lo visto, se acabó: ahora las grandes empresas cuentan con directores de *fidelización* −así se llaman− velando porque no huyamos, imbuyéndonos un fervor integrista por sus productos, haciéndonos regresar a sus firmas como torna a la mano el yoyó.

Por fin, algunas notas sobre el inextinguible lenguaje del fútbol. Sigue admirándome que los jugadores *salten* al campo, en lugar de salir a él. Los ves aparecer subiendo de los vestuarios con paso cansino, y dicen los locutores que ya están saltando al terreno de juego, y la verdad es que no, que no saltan en absoluto. Pero no es eso lo que maravilla, sino la constancia con que los locutores del estadio coinciden en su jerga profesional. Un equipo potente ha sido humillado por el Numancia, pongamos por ejemplo, y los radiofonistas de todo el dial dirán que el gigante prepara en el partido de vuelta su *vendeta*, pronunciando de ese modo, con la sola *t* de *teta* o *regordeta*. Se hacen admirar como bastante políglotas, y evitan hablar de venganza, que es acción fea. ¿Y si probaran con el castizo *desquite*? Pero ya comprendo que resultaría pobre.

Ese loable afán de distinción es causante de otra graciosidad que pulula por el espacio radioeléctrico. Puesto que el verbo *colocar* funciona a menudo como sinónimo de *poner* («pon o coloca estos libros en su sitio»), anuncian sagaces: «El Mérida *coloca* la pelota en juego». No dudarán, imagino, en decir que el equipo está *colocándose* nervioso y que la gallina ha *colocado* un huevo.

Sociedad mediática

La palabra es aún niña en Francia, tiernamente adolescente como mucho: sólo han pasado doce o trece años desde su invención allí. *Médiatique* se emplea para calificar lo concerniente a los medios de comunicación, o a lo transmitido por ellos. Y con tan escasa edad, ya se pasea con disfraz hispano y pisando fuerte por nuestras prosas habladas y escritas, confiriéndoles un alto grado de distinción. Así, se dice, se oye que vivimos en una sociedad *mediática*, queriendo significar con centelleante concentración la importancia, constitutiva casi, que en la sociedad contemporánea poseen los *media* o medios por antonomasia. Es evidente que ciertas corrupciones hubieran permanecido ignoradas sin la acción *mediática*, y fuentes *mediáticas* de toda solvencia aseguran que el Gobierno está resuelto a aplicar el programa de su partido si gana las próximas elecciones. El vocablo se ha puesto de moda y nadie que se precie en ese mundo, y en el político, hermano suyo en echarle rumbo al lenguaje, perderá la ocasión de usarlo y de abrillantarse con él. Se ha formado, resulta obvio, partiendo del segundo componente del inglés *mass media*, un latinismo crudo (plural de *medium*) al que se le ha pegado el fecundo sufijo del mismo origen *-ático*. Los italianos, que también gozan metiéndole espuela a su fastuosa lengua, han creado *massmediatico*, que tiene más cuerpo y aún menos alma, pero está aún sin descubrir por nuestros oteadores; ojalá se les escape: ya nos basta con este nuevo inmigrado, tan patéticamente pedante. Sin poder remediarlo, se me asocia con el otro médium, el de los espíritus; y tiene una faz tan redicha que parece inventado para albergar un concepto esotérico en compañía de voces tan arcanas para los profanos como *iniciático, melismático, entimemático...* Pues no: sirve sólo para darse postín.

Y para evitarse rodeos, según una tendencia que lleva algunos años actuando, y que ha producido, por ejemplo, el desvío semántico de *partidario* para significar 'perteneciente o relativo a un partido político' (*intereses partidarios*, en vez de *intereses de o del partido*), con la violencia que representa construirlo sin el complemento con *de* que acompaña normalmente a ese adjetivo (*partidario de* nuevas elecciones). Arrastrado por esa corriente que poco a poco va cobrando vigor, nada extraña que un periódico andaluz, dando noticia de un posible convenio entre dos organismos, haya escrito que «el PSOE defendió en Pleno, la necesidad de *conveniar* con Diputación la financiación...». Figura este esperpento debajo de una fotografía; el texto fue, pues, del pie productor al pie difusor.

Se observará también en tal texto la omisión del artículo (ante *Pleno* y *Diputación*), práctica muy estimada por una gran parte de la profesión mediática, según hemos señalado varias veces. Cúmpleme ahora dar cuenta de otro rasgo de esta jerga, que observo desde hace poco –tal vez por falta de atención, pero no lo creo–, constitutiva ya de una verdadera pandemia que tunde a fondo el cuerpo del idioma. Me refiero a formular así las noticias: «El Parlamento se reunirá hoy *a partir de* las diez de la mañana»; «El encuentro Valencia-Extremadura podrá verse por esta cadena *a partir de* las ocho de la tarde». Hasta hace poco el español de siempre o paleoespañol empleaba la simple preposición *a*: el Parlamento se reunía *a* las diez, y el encuentro se televisaba *a* las ocho. Es cierto que esta precisión horaria marca el comienzo de un proceso (la sesión parlamentaria o el encuentro deportivo) que se desarrollará durante un cierto tiempo, pero no es imprescindible marcarlo porque lo importante del mensaje está en señalar el momento del comienzo. No ocurriría lo mismo si se dijera que la exposición podrá ser visitada *a partir de* las cinco de la tarde, donde esa formulación resulta necesaria para dejar claro que los posibles visitantes disponen del tiempo hábil que sigue a las cinco; por supuesto, nadie que practica ese henchimiento dirá a la amiga o al amigo que los espera en la puerta del cine *a partir* de las siete menos diez; pero metido a comunicador ha de expresarse como tal, es decir, rarillo.

Obedece, en efecto, tal novedad a la tendencia a dar mayor cuerpo a los elementos de relación, las preposiciones de manera especial, que apunta claramente en la evolución de nuestra lengua (se abre *por medio de* una llave, y no *con* ella, entraron *a través de* una ventana, preferido a *por* una ventana, etc.). Tendencia que, en este caso, se refuerza con las frecuentes extravagancias en la indicación del tiempo horario (cima de todas ellas: *son diez minutos sobre las doce*), entre las que cuenta, ya plenaria y triunfal, el uso de *en* con el valor de 'dentro de': «Estará *en* cinco minutos», nos dice el operario que cambia el aceite al coche; «Volvemos *en* unos instantes», asegura el presentador televisivo llamando, por cierto, «instantes» a esa temporada de anuncios que irrumpe en su programa.

Ante quien corresponda, clamo otra vez desde este recoleto desierto para que, de una vez, empiecen a tomarse medidas ante el aspecto menesteroso que, desde el punto de vista idiomático, pero no sólo, presentan abundantes pobladores del universo mediático. Las cosas andan bastante mejor en otros aspectos; en general, se informa con rapidez y bastante precisión, hay columnistas, articulistas y comentaristas excepcionales, secciones y emisiones que se buscan con interés. Pero las pifias idiomáticas emborronan demasiadas páginas, numerosos programas, cosa que no ocurre tanto en nuestro vivir cotidiano: de vez en cuando, se distrae un camionero y vuelca la mercancía, pero los mercados suelen estar bien abastecidos; no faltan las denuncias de errores médicos, aunque es normal que los hospitales sean sanatorio más que tanatorio; y así en casi todo. Pero en los medios no sorprenden sólo las faltas idiomáticas sino los yerros, dislates, fiascos y demás planchas que hieren los sentidos.

Así, por ejemplo, el informador que, comentando el sorteo de equipos europeos clasificados para la Liga de campeones (el que se precie, dirá a su modo *Champions League*, porque eso y *Bundesliga* aromatiza culturalmente el mensaje), aseguró de un once chipriota que era «el más débil del Continente».

Gran escándalo produciría, si fue oído, en la isla de Arosa, cuyos vecinos distinguen tan claramente la insularidad, que llaman «o continente» a la tierra firme de ahí al lado, distante de ella poco más de un tiro de piedra. Precisión no les falta; ya la querría para sí el evaluador de equipos.

Como el equinotécnico que, narrando una boda descomunal acaecida en abril, después de describir en un diario de tronío el atuendo de la novia, color de lentillas incluido, aseguró que ésta «llegó a la ermita en una calesa tirada por cuatro alazanes blancos». O se equivocaba a fondo, o quien está errado es el Diccionario, según el cual *alazán* «dícese del color más o menos rojo, o muy parecido al de la canela. Hay variedades de este color, como alazán pálido o lavado, claro, dorado o anaranjado, vinoso, tostado, etc.». Es disculpable el error del cronista nupcial, porque no se puede entender de todo, pero conviene consultar de vez en cuando el infolio, el cual, si se desea, sale a la ventana del ordenador con un simple golpe de tecla.

Puede disculparse, insisto, no saber mucho de caballos, pero no es perdonable ignorar los rasgos de la propia especie, como le ocurre al corresponsal vigués del mismo periódico de la Corte, en trance de notificar un suceso acaecido en aquel puerto. Ocurrió, como plásticamente describe, que una pareja, poseída en el interior de un coche «por un irreprimible estallido de amor», se desentendió del vehículo; éste se deslizó y cayó al mar. Los amantes, tras salir a nado, tuvieron que marcharse con el atuendo propio del caso: «en traje de Adán» puntualiza el informador. De uno dice que era varón; ¿y el otro?

No te escucho bien

La confusión es antigua pero ya constituye plaga en los audiovisuales, que es donde suenan la frase o el verbo. Y en casa, en la calle, en los ateneos, en las aulas, en las novenas y, sobre todo, en las discotecas con sus pavorosos estruendos. «Apague el transistor, que se está acoplando y no se le *escucha* bien», dice la gentil animadora de un programa radiofónico nocturno al oyente que ha llamado para explicar que, siendo novio simultáneo de dos hermanas, se ha enamorado ahora del hermano. O al que, habiéndole arañado un gato en la espalda durante el acto amoroso, ya es incapaz de afrontarlo sin las uñas del gato. O a la casada que está de cuatro meses, la cual, habiendo yacido con un negro, no sabe si ésa es la causa de la preñez, y teme que extrañe al marido el color del *nasciturus*. Son cosas de que me entero por la radio, auténticas tragedias a veces, durante los feroces insomnios de la madrugada. Aliviadas con frecuencia por la dulcísima e impasible voz de la locutora: «Aléjese de su aparato de radio, porque se acopla y no podemos *escucharle*».

Un querido colega causó el estupor de un conferenciante que preguntó al público si se le *escuchaba* bien desde el fondo del salón: «Por aquí lo estamos *escuchando*, pero no lo oímos», fue su respuesta. No cabe más sucinta y didáctica explicación de lo que impide la sinonimia entre los verbos *oír* y *escuchar*: éste añade al primero la nota de deliberación y de atención que se pone al oír. La Academia definía así *escuchar* en 1732: «Oír con atención y cuidado», y en 1992: «1. Aplicar el oído para oír - 2. Prestar atención a lo que se oye». Son las acepciones que corresponden respectivamente a usos como *Creo que Rosendo intenta escucharnos* y *Nunca me escuchas cuando te hablo*. Parece que el Cesid sabe mucho de la primera, y el Gobierno –los Gobiernos–, muy poco de la segunda. Esa distinción significativa, que proviene del latín (*audire* y *auscultare*), se ha mantenido hasta ahora en todas las lenguas románicas (*ouïr, entendre-écouter; udir-ascoltare; ouvir-escutar; oir, sentir-escoltar*, etc.). Pero en la nuestra sufre un violento ataque confundidor.

Con mucha frecuencia, la significación de *escuchar* se refuerza con un complemento como *con atención* o *atentamente*. Y su oposición a *oír* queda abolida cuando este verbo se construye con uno de tales complementos. Entre *lo oyeron atentamente* y *lo escucharon con atención*, sería difícil hallar diferencias, pero sin ellos son claras, y su frecuente maraña se debe a la acongojante sordera que está asolando los tímpanos hispanos. Y también las retinas. Si a estas alturas del siglo hiciera falta alguna prueba concluyente, he aquí la peripecia de un joven cuyo coche quedó atrapado por la nieve en febrero, y fue rescatado, según el parte médico que copia el periódico, con un cuadro de fracaso renal agudo, deshidratación y signos clínicos de congelación. Pero el informador resume a renglón seguido que el susodicho «fue hallado *sano y salvo* a las 12,15 horas». Dado que *sano y salvo* significa 'sin lesión, enfermedad o peligro', el tal escribano parece muy capaz de vérselas con saludables cadáveres y vigorosos agonizantes.

La pereza auditiva se ha manifestado con pujanza tras las elecciones, con la necesidad sentida por los medios de dar título a quien, habiendo ganado su partido, llegaría a presidente si obtuviera la investidura. Ya hablé de esto a propósito de Chirac. Ahora, ¿qué más a mano que llamar al señor Aznar *presidente in pectore*? ¡Queda tan culto, tan latino! Pero presidente en el pecho... ¿de quién? Porque *in pectore* se dice de los eclesiásticos elevados al cardenalato, «pero cuya proclamación o institución se reserva hasta el momento oportuno el Papa», es decir, que son cardenales en el pecho o en el corazón del Papa. Queriendo entender el desatino, he llegado a pensar que, en este caso, el pecho del *pectore* era el del señor Pujol, pero no creo que los analistas y politólogos, como se llaman, penetren tanto; así que he desechado la explicación para atribuir el dislate a simple gansada (recuérdese que los gansos echan por la boca lo que oyen o escuchan, sin cogitación propia, los pobres).

Y esta falta de cogitación o de reflexión, como también puede decirse –incluso meditación– resulta patente en un par de tics o «movimientos convulsivos, que se repiten con frecuencia», difundidos por los parloteadores públicos en los últimos meses. A troche y moche se oye contestar cuando alguien inquiere algo que el interrogado juzga de difícil respuesta: «Ésa es la pregunta del millón». La frasecita alude, claro, a los concursos radiotelevisivos, cuando en una escalada de preguntas se llega a aquella que, de ser contestada, se retribuirá con un *kilo*» (término este que, junto con *pela* por 'peseta', ocupa la cima del hablar hortera, en compañía de «me gusta o la quiero *un montón*»).

La otra sandez que florece en la más reciente habla palmípeda es «la prueba del nueve». Apenas se aduce una razón, una demostración, una evidencia de que algo es verdadero, los neohablantes dicen que aquello es «la prueba del nueve». Parece muy probable que muchos sepan en qué consiste esa operación aritmética con que se verifica la exactitud de una división. Pero es aún más verosímil que, en esta época de las calculadoras, tan rápidas y exactas, sean muchos más los desconocedores del gozo que nos producía a los escolares de antaño la aparición de dos cifras iguales a ambos lados del aspa. Para ellos, lo de «la prueba del nueve» que con tanta modernidad repiten debe de tener el encanto de lo esotérico, la fascinación de lo recóndito: un elegante modo de expresarse «comme il faut».

En modo alguno es disparatado hablar de «la pregunta del millón» o de «la prueba del nueve». Fueron buenos hallazgos en quien inventó ambas cosas. Pero cabe aplicarles aquella reflexión de no recuerdo quién, según la cual el primero en comparar a una mujer con una flor fue un poeta, el segundo un cursi y el tercero un imbécil. (Tampoco estoy seguro de que fuera así la gradación, pero resulta bastante plausible.)

Y para dar fe de la atención con que escucho –no sólo oigo– el lenguaje futbolístico, puedo jurar que un radiofonista osó llamar hace poco *vicecolista* al Mérida, queriendo señalar con ello que ocupa el penúltimo lugar de la clasificación, ante el Salamanca que es el *colista*. Y puesto que *vice-* significa 'en vez de' o 'que hace las veces de', cabe pensar que el aguerrido píndaro contempla la tabla clasificatoria con un cierto amodorramiento etílico.

Rumorología

De pronto, la palabra *usuario* se ha salido de madre y se ha esparcido con rapidez por campos ajenos, favorecida por el hecho de que la lentitud evolutiva de antaño se ha trocado –hablo del léxico– en atropello y prisa. Con mucha frecuencia, se producen simultáneamente la percepción de una novedad y su difusión: choca, de pronto, algo que se lee u oye, y no pasan quince días sin asombrarse comprobando cómo la usa un gentío con la misma soltura que si la hubiese ingerido vía pezón. Radios, televisiones, tenderos, prensa, catedráticos, entrenadores, magistrados, locutoras de radiotaxi, ministros del Gobierno o del altar, *starlettes*, y demás géneros de hablantes se encaprichan con ella, y la prodigan a su alrededor, ora profiriendo, ora garabateando. Simultáneamente, montan una conjura de silencio contra otros vocablos que ayer mismo gozaban de excelente salud, y los mandan al sumidero: se escurren los desahuciados apagadamente, dejando tan sólo y de milagro su imagen gráfica en los diccionarios; lo hemos repetido mucho en estos «dardos». Una verdadera desgracia, porque así languidecen y se esfuman voces de suma utilidad que en paleoespañol permitían distinguir matices y expresarse mejor. Lo ejemplifica a la perfección este *usuario*: acaba de debutar en su nuevo papel, y ya nos tiene a muchos hasta las glándulas.

Leo, por ejemplo, el aviso municipal que anuncia el cierre de una plaza al tráfico; habrán de tenerlo en cuenta sus *usuarios* para evitarla. El Gobierno, en su ágil carrera hacia el abismo, lanza la sonda emponzoñada de que los *usuarios* de la Sanidad Pública tendrán que pagar por servicios ahora dispensados gratis total. Los *usuarios* de una piscina rechazan ciertas presencias, mientras que los de un mercado reclaman medidas higiénicas. Y así, incesantemente: los que antes eran automovilistas o conductores y los enfermos, bañistas o parroquianos son ahora *usuarios*. Y también quienes tomamos taxis, paseamos por los parques o bebemos agua sin gas; pronto serán eso los clientes de un establecimiento bancario, de un restaurante, de una peluquería, de un otorrino, los lectores de los periódicos, los compradores de amor, los alumnos de un cole, los drogadictos, los fieles de un templo, los aficionados al boxeo o a la boina...: el sinfín enorme de quienes nos servimos de algo, lo utilizamos, frecuentamos o empleamos: todos de uniforme, todos *usuarios*.

Ejemplifica admirablemente, digo, la mengua deplorable de capacidad para matizar conceptos y diferenciarlos que está experimentando nuestro idioma; se la infligen unos «usuarios» cada vez menos necesitados de precisión, más conformes con lo vago e incoloro con tal de que sea más cómodo y ahorre esfuerzo. Nuestros hablantes, en número estremecedor, progresivamente inclinados a no exigir a cambio de no exigirse sin ser exigidos, renuncian a la exactitud, a la justeza, a la información propia de unos vocablos, si un comodín los libera del esfuerzo de buscar en el gran archivo del idioma y, claro es, de haberse tomado el trabajo previo de ahondar en él. A ello se debe el triunfo analfabeto de *tema* para designar cualquier cosa, y de *iniciar* para todas las acciones que significan 'dar comienzo', o de *finalizar* para las contrarias. Sé que es inútil clamar: quienes pueden hacer algo por remediarlo suelen pertenecer a ese censo entre haragán y maula.

Por eso, para no desmayar en mi viejo anhelo de acabar mis días siendo ciudadano español, procuro, entre otras cosas, no leer Boletín Oficial alguno, pero, a veces, hay lectores que me envían recortes o fotocopias de tales papeles como testimonio fehaciente de sus indignadas denuncias, y debo leerlos con agradecida cortesía. Este de hoy, por ejemplo, anuncia cursillos sobre materias arcanas –el CSI; la CIABSI, el EPHOS–, destinados a unos, para mí, enigmáticos destinatarios como son quienes tienen responsabilidades en las TIC, y se señalan fechas, horas y lugares de *impartición*. Hace años que la pedantería pedagógica precursora de la actual sustituyó lo de dar clases por impartirlas. ¿A qué horas *impartes* hoy?, nos preguntábamos bromeando los profesores en mi juventud. Parecía una bobada efímera destinada a desaparecer; ignorábamos aún que nada inventado por los pedagogos desde el poder, con un régimen u otro, se extingue *per se*; sólo es capaz de relegarlo al olvido otra invención aún más necia. Y así, *impartir*, lejos de esfumarse, ha abortado esa *impartición* que tanto luce en el texto oficial de marras.

El cual, entre los asombrosos cursillos que convoca, incluye uno dedicado a la «formación para responsables de formación (GO SYSTEM)», es decir, según las apariencias, a alguacilar a alguaciles o, lo que es lo mismo, a dar o impartir clases de chino a chinos. El primer objetivo que se propone esa tanda formativa consiste en «*vehiculizar* la cultura de la organización, contribuyendo a construir un lenguaje común», lenguaje que lógicamente será el susodicho chino. Debemos de ser muchos quienes no hallando en el Diccionario un verbo capaz de indicar figuradamente que algo sirve de vehículo difusor de algo, de la cultura por ejemplo o de aspectos de ella, hemos tenido que dar un rodeo para evitar una metáfora tan a la mano. Otros, menos respetuosos con el infolio como el convocante de estos cursillos, han optado por *vehiculizar*, formado como *ridiculizar*, *obstaculizar* o *escrupulizar*, cediendo así a la presión del fecundo sufijo *-izar*, que a los mal avenidos con el idioma les permite crear palabras largas y, por tanto, de apariencia más culta que las cortas. ¿Por qué no *vehicular*, de conformidad con *cuadricular*, *matricular* o *articular*, y también con otras lenguas hermanas: francés *véhiculer*, italiano *veicolare*, portugués *veicular*, catalán *vehicular*? Es palabra, sin duda, que debe hallar acomodo en nuestro léxico: lo enriquece sin expulsar como hace *usuario*.

Mérito que, sin duda, no posee un vocablo usadísimo entre los hispanohablantes de clase cultural media baja, en la cual milita una buena parte de quienes animan con chismes las revistas llamadas del corazón –a menudo, de pornografía rosa–, las emisiones equivalentes de radio o televisión, y no pocos profesionales de la hablilla deportiva, aunque no sólo ellos. Me refiero a *rumorología*, uno de los vocablos más cutres y míseros, de cuantos salen de labio o tecla. Según la *rumorología*, asegura una infinidad de menesterosos verbales, tal famosa (lo es porque se habla de ella) está embarazada a consecuencia de su relación sentimental (*sic*) con un vaquero de la Finojosa. Mientras, otros colegas dan pábulo (*pábilo* dice más de uno) a la *rumorología* según la cual el Dépor va a traerse a otro joven talento (*sic*) brasileño. El tal hexasílabo no cesa de empellar al bisílabo *rumor* o al trisílabo *rumores* porque su gran tamaño seduce a sus mediocres entusiastas, que también podíamos llamar usuarios.

Típico de la rumorología entreverada de simpleza es atribuir al buen tuntún la paternidad de frases célebres: tanto da el citado vaquero como Sócrates. Durante un par de veladas nocturnas, los participantes en una tertulia, con una refinada percepción de las posibilidades poéticas medievales, convinieron en asegurar que pertenecían al *Cantar del Cid* los versos lorquianos «¡Qué blando con las espigas! / ¡Qué duro con las espuelas!». Mucho más generalizado es atribuir al Guerra la sandez según la cual «lo que no puede ser no puede ser y, además, es imposible», que uno de sus entusiastas usuarios, y en libro, llama «luminosa redundancia». Mucho debió de inventar el famoso torero, pero no esta gracia, que es, sin duda mucho más antigua. Probablemente, Quevedo ya no la forjaba cuando un loco arbitrista dice a Pablos el Buscón, refiriéndose a un proyecto suyo: «¿Quién le dice que no se puede hacer? Hacerse puede, que ser imposible es otra cosa». Ah, si además de hablar y escribir se leyera un poco.

Sensaciones

El último «Tour» ha sido pródigo en sucesos, el principal de los cuales consistió en el abandono de Induráin; lo ocurrido en la Vuelta ha avivado la sospecha de que el tiempo está empezando a minar la juventud del gran campeón, en quien son igualmente admirables la discreción, la capacidad atlética y el talento (aquí sí tiene adecuado lugar este argentinismo que algunos aplican a cualquier deportista de ágil y hábil soma, aunque sea un ceporro). En modo alguno lo creo –otra cosa es que esté harto de pasarse tanto mes a dos ruedas–, pero es cierto que este año no ha estado *intratable*, como por elogio sumo califican muchos píndaros a los mejores, sino cortésmente humano, lo mismo al vencer con otro en la prueba olímpica que al rendirse en la subida a los lagos astures.

Rodea a estas grandes carreras una inmensa algarabía sonora; lo merecen, por cuanto exaltan a nuestra especie en su más alto grado de esfuerzo físico y sacrificio, pero es raro que el vocerío no depare curiosidades idiomáticas a quien atiende. El Giro ha dejado en la expresión de algún enfático el llamar finamente *grupeto* (sic) al grupo pequeño de corredores; aún sería más deslumbrante la bobería si se dijera, también a la italiana, *gruppetino*. Otro lindo vocablo del mismo origen –a la acepción me refiero– les han pegado los radiofonistas de aquel país a bastantes de los nuestros, que llaman *unidades* a los corredores, tanto si van en grupeto como si se amontonan en un gran *paquete* (término que en sentido ciclista es francés, como lo es en el significado anatómico: nuestra imaginación actual ya no da de sí ni para esas partes). El lenguaje de tales facundos se tecnifica de este modo y aparenta corresponder a saberes profundos, lo cual les granjea –creen– admiración.

El francés ha seguido contagiando a nuestros narradores del «Tour»: lo hace desde los orígenes mismos del ciclismo. De él nos vino, por ejemplo, con el *paquete*, la graciosa metáfora *chupar rueda* (*sucer la roue*), útil también fuera del velocípedo. Mucho menos brillante es el último legado: *sensaciones*. En los eventos deportivos veraniegos, y especialmente en entrevistas a ciclistas y a sus entornos, se manifestó con extremada espesura: cada medio minuto, *sensaciones* que te casco. En frases así: «¿Qué *sensacio-*

nes tienes de la etapa de mañana?». Se preguntaba, claro es, qué barruntaba el corredor. Del mundo de la rueda ha pasado ya al del balón, y un rudo presidente de club confesaba que el partido a punto de comenzar no le inspiraba buenas *sensaciones*. «Y ¿a qué se deben tus malas *vibraciones*?», le preguntó el entrevistador, certificando así con su profundo conocimiento de jerga tan menesterosa la identidad semántica de ambos vocablos, y su coincidencia en el de, aproximadamente, 'presagios' o 'barruntos'. La invención de *vibraciones* en esa acepción fue graciosa; en cierto modo, la metáfora concebía tal actividad anímica como una especie de temblor o de palpitación que, incluso, podía entrar en armonía o discordancia con el espíritu de otras personas según emitiera o no vibraciones a la recíproca. Modo de concebir que casi evoca la pitagórica concordancia entre los números del alma y Dios que cantó Fray Luis de León.

Sensaciones es, en cambio, un término mostrenco: su empleo ahorra la fatiga de hacer funcionar el cerebro en busca de la palabra precisa. Milita en el bando de *tema, usuario* o *incidir, iniciar* y de tantos otros comodines que han ido saliendo en estos artículos a lo largo de los años. Empobrece al ocupar un extenso territorio semántico al que pertenecen voces como *presentimiento, corazonada, intuición, sospecha, barrunto, augurio, presagio, sentimiento, simpatía, afinidad*...: tantas más, y tantas maneras de expresar matices y de variar los enunciados en función de los contextos. Es una nueva manera de simplificar –hacer más simples– las mentes hispanas.

Continuando en el siempre dudoso lenguaje de los radiadores deportivos, es heroica su abdicación del sentido común cuando una gran multitud de ellos asegura que *continúa inalterable el resultado inicial de cero a cero*. Tanto si es *inalterable* como si efectivamente se trata de un *resultado*, no se entiende que sigan jugando los nigerianos, eslavos, brasileños, holandeses y demás aristocracia internacional del fichaje que hoy trota campo arriba campo abajo partiéndose el pecho por el honor del fútbol español. Porque si al comienzo (ellos dicen *inicio*) del partido ya se ha producido el resultado, apaga y vámonos.

Tenía la sospecha de que tales juglares, aficionados tantas veces a hablar por hablar sin escuchar (siempre emplean este verbo donde debían usar *oír*; ya lo dijimos, y hasta hubo un falso arrepentimiento público), confunden continuamente dos términos próximos y diferentes: *táctica* y *estrategia*. Un amable capitán de navío me cerciora de que no andaba ofuscado: cuando emplean de manera indistinta ambos términos haciéndolos sinónimos, yerran hasta el corvejón y hasta más arriba. Como señala mi comunicante, el Diccionario académico deja bastante clara la diferencia. De *táctica* dice que es «el conjunto de reglas a que se ajustan en su ejecución las operaciones militares», y define *estrategia* como el «arte de dirigir las operaciones militares». Realicemos la simple operación metafórica de sustituir *militares* por *futbolísticas* y comprenderemos que quien, por ejemplo, ha planeado dejar sistemáticamente a los contrarios en fuera de juego es un estratega, pero los futbolistas que efectivamente provocan la falta cuando lo permite el juego, están aplicando una táctica. Para el francés, dice resolutivamente el *Robert*: «Stratégie (opuesta a *táctica*). Arte de hacer evolucionar un ejército en un campo de operaciones hasta el momento en que entra en contacto con el enemigo». Dicho con palabras de mi comunicante, una vez que el árbitro «da el soplido al silbato, todo es táctica». Conviene, pues, reservar *estrategia* para los planes que trama el mister con sus pupilos, y dejar el vocablo en el túnel de vestuarios apenas saltan los equipos al rectángulo de juego (así se habla).

De la labilidad de ese idioma, en el que tantas veces so y arre son la misma voz, donde todo es caos y tiberio, ofrecemos todavía otra prueba. Ocurre a menudo que a la puerta llega un balonazo, y que el portero lo ataja devolviéndolo al campo con las manos o mandándolo a córner. Para cualquier desconocedor del dialecto balompédico, será evidente que no ha *atrapado* el cuero, pues lo que ha hecho es, justamente, no *atraparlo*: este verbo, significa para él desde la infancia 'coger una cosa', y nada se coge (con perdón de millones de americanos), se ase, se agarra, se prende, se apaña, se toma, etc., cuando se hace justamente lo contrario; porque la acción del portero ha consistido en rechazar o repeler la pelota. Pues bien, son bastantes los narradores para quienes *atrapar* significa 'detener', podándole la precisión de que se ha detenido sujetando la pelota con las manos. Esta supresión de matices significativos es lo más preocupante —y no los anglicismos— que le está sucediendo al español actual; abarata las mentes con amenaza de ruina.

Dentro y fuera del estadio, avanza imparable la afición a las palabras corpulentas y rollizas, engordadas por ciertos hablantes a quienes estimula una anemia cerebral que los induce a un consumo patológico de sílabas. Parecen disgustarles las palabras gráciles, y les añaden adiposidad superflua. Y así, quienes prefieren *climatológico* a *climático* o *analítica* a *análisis*, o *credibilidad* a *crédito*, sienten la compulsiva necesidad de decir *condicionamiento* en vez de *condición*. Ocurre hasta en textos oficiales donde se lee, por ejemplo, que «quienes cumplan ambos *condicionamientos*, podrán optar a...». Son cosas que inspiran penosas sensaciones.

ÍNDICE DE TÉRMINOS

Círculo de Lectores, S.A. (Sociedad Unipersonal)
Galaxia Gutenberg, S.A. (Sociedad Unipersonal)
Valencia, 344, 08009 Barcelona

13 15 79 02 14 12

Diseño de Norbert Denkel

© Fernando Lázaro Carreter, 1997
© Círculo de Lectores, S.A. (Sociedad Unipersonal)
y Galaxia Gutenberg, S.A. (Sociedad Unipersonal),
1997, por la presente edición

Depósito legal: B. 810-1997
Fotocomposición: punt groc & associats, s.a., Barcelona
Impresión y encuadernación: Printer industria gráfica, s.a.
N. II, Cuatro caminos s/n,
08620 Sant Vicenç dels Horts. Barcelona, 1997
Printed in Spain

ISBN Círculo de Lectores: 84-226-6396-1
ISBN Galaxia Gutenberg: 84-8109-132-4
N.º 33480